애니메이션 작업을 위한 모션그래픽 활용법

이나영 지음

세진사

※ 이 연구는 2011년 교내 교재 개발 연구비에 의해 수행되었음

머리말

애프터이펙트"본인의 상상력에 재미있는 날개를 다는 도구"

오랜 기간 동안 교육 현장에서 학생들에게 다양한 프로그램 습득과 애니메이션 작업을 지도하면서 재미있는 일도 허다하게 많았다. 그 중 가장 재미있는 것을 뽑으라고 하면 대다수의 학생들이 '영상작업'하면 엄청나게 힘들고 어려운 작업이라는 선입견을 가지고 있다는 것이다. 그런데 그건 그렇지 않다. 오히려 매우 쉽고 재미있는 작업이다.

영상 혹은 애니메이션을 초반에 기획하고 제작하는 과정에서 작업의 능률을 높일 수 있는 프로그램에 대한 정보가 없어 간단하게 해결할 수 있는 일련의 과정을 많은 시간과 노력을 통해 만들어 내는 것을 종종 보았다. 그런 학생들에게 제작 과정을 줄일 수 있는 프로그램을 소개하고 활용해 보라고 하면 처음에는 관심을 보이다가 결국 다시 원점으로 돌아가 다시 오랜 시간의 시행착오를 거쳐 작업을 완성하는 일이 빈번하다.

"왜그럴까?" 하는 생각에 관찰을 해보니 프로그램에 대한 막연한 두려움에 활용해 볼 시도조차 안 해 보고 포기해 버리는 것이다. 아예 그 프로그램은 '어렵다'라는 선입견을 가져버릴 뿐만 아니라 본인은 사용할 수 없다고 단정해 버리는 일이 빈번하게 발생하였다. 이런 과정이 반복되다 보니 안타까운 맘이 들어 애니메이션과 연계된 수업에 실질적으로 활용할 수 있는 교재를 구성해 봐야겠다는 생각이 들게 되었다.

학생들 본인이 가지고 있는 무한한 상상력은 다양한 도구와 프로그램을 통하여 구체적으로 구현되어 대중에게 전달될 때 작품 또는 상품으로서 가치를 가진다. 이런 완성된 단계까지 가기 위해서는 크리에이티브라고 하는 아이디어 단계의 착상을 거쳐 가시적으로 구체화(영상화)하는 과정을 거쳐야 한다. 다시 말하면 아이디어를 도출하고 표현하는 것 이상으로 디지털화면 안에서 조화롭게 구성되고 표현되어 전달되어야 한다는 것이다. 이러한 과정 속으로 가장 많이 시각적인 표현구축 수단으로 사용되고 있는 영상편집 프로그램이 바로 애프터이펙트이다. 간혹 텔레비전의 CF 광고애니메이션 혹은 프로그램 타이틀 애니메이션에서 영상 표현의 직접적인 수단으로 또는 애니메이션 본 과정의 효과적인 측면을 위해서도 애프터이펙트의 활용은 매우 폭넓고도 손쉽게 활용되고 있다.

애프터이펙트라는 명칭에서 알 수 있듯이 영상이나 애니메이션의 효과를 더해 후반 편집 작업의 완성도를 높일 수 있는 가장 범용적으로 사용되고 있는 영상편집 프로그램 중 하나이다. 영상특수효과, 영상타이틀, 영상브릿지, 애니메이션 편집 등……, 뿐만 아니라 다양한 특수효과 플러그 인 등을 활용하여 모션그래픽 분야에서 현재 가장 폭넓게 사용되고 있으며, 특히 2D 그래픽 이미지에 3D 느낌의 결과물을 제작할 수 있는 카메라 및 조명 등의 기능들은 2.5D라는 차별화된 영역으로 우리 학생들과 같이 영상편집의 세계로 입문하려는 초보자들에게는 매우 매력적인 프로그램이다.

따라서 우리 학생들이 이 프로그램으로 표현할 수 있는 다양한 기능들을 효과적으로 능숙하게 숙지한다면, 여러 영상(애니메이션) 작업 면에서 효율적인 기획과 작업과정을 통해 애니메이션의 데이터를 준비하고 제작할 수 있는 능률과 효과를 몇 배 더 배가 시킬 수 있는 장점을 가지게 될 것이다. 그러나 이런 과정 속에서 프로그램의 기능을 익히는 데만 급급하고 만족하면 다양한 콘텐츠의 제작을 어려워진다고 할 수 있다. 자신의 창조적인 작업이 다소 축소 지향적으로 변하게 되며 제한적 표현에 머무르게 되기 때문이다.

즉 창조적인 콘텐츠 영상 작업이란 본인 작업의 결과물을 보는 사람들에게 얼마나 재미있게 전달할 수 있을 것인가를 고민하며 프로그램을 손쉽게 활용하는 것이 핵심이기 때문이다. 프로그램은 수작업(손으로 하는 작업)할 때 이미지를 표현하는 연필과도 같은 도구일 뿐 사용자가 얼마나 잘 사용하느냐에 따라 창의적이고 완성도 있는 결과물을 만들 수 있는 마법의 지팡이가 되는 것이다.

따라서 창조적 학습자들은 프로그램 습득에만 급급하지 말고 이 책을 통해 알게 된 기능들을 다른 작업들과 유기적으로 사용하여 얼마나 최상의 창작을 이끌어 낼 것인가에 대한 한층 차원 높은 고민을 더불어 해야 한다. 끝으로 학생 여러분 모두의 성공적인 학습과 창작이 될 수 있도록 이 책이 한 알의 밀알이 되길 진심으로 기원한다.

월계동 연구실에

차례

▸▸▸PART 01 애프터이펙트 알아보기

▸▸▸PART 02 애프터이펙트 기본기 익히기

PART 01

애프터이펙트 알아보기

01 화면의 구성요소

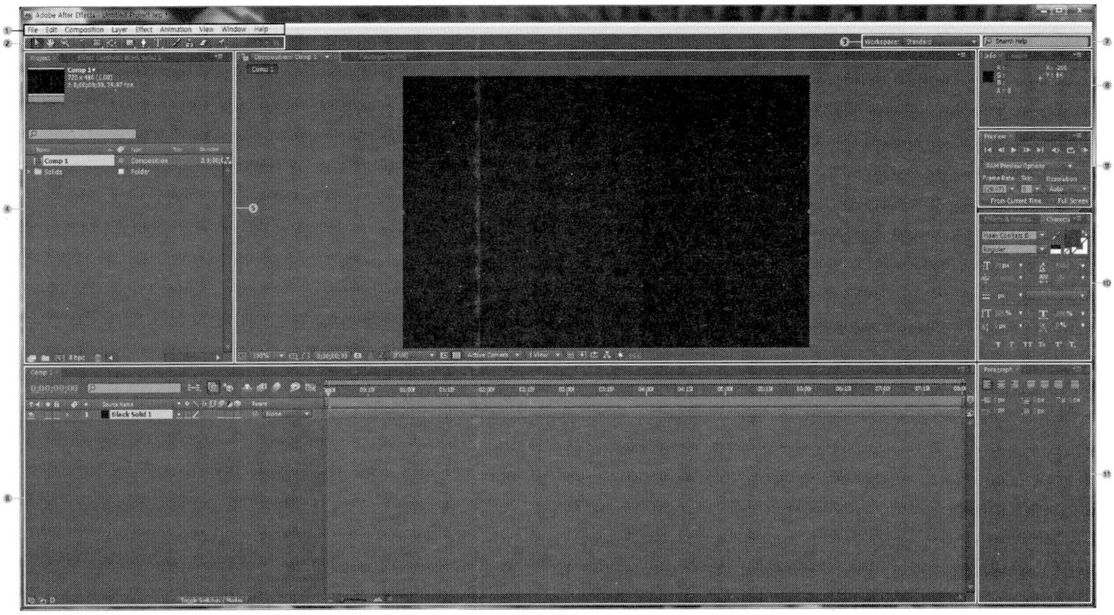

❶ **메뉴표시줄** : 애프터이펙트의 다양한 기능들을 분야별로 메뉴화하여 모아 놓은 곳이다.

❷ **Tool Panel** : 애프터이펙트에서 다양한 오브젝트들을 선택, 이동, 확대, 회전, 도형, 글자, 지우기 등을 입력하거나 수정할 때 사용되는 아이콘 형식의 패널이다. 카메라, 도형, 펜, 글자, 핀 등 오른쪽 아래 부분에 ' ◢'를 길게 클릭하면 관련 툴 메뉴가 나온다.

❸ **Workspace Panel** : 다양하게 저장된 작업환경 설정값을 작업환경에 맞게 불러와 편리하게 패널들을 구성하여 편리하게 화면을 구성하는 기능이다.

- All Panels
- Animation
- Effect
- Minimal
- Motion Tracking
- Standard
- Text

- Undocked Panels
- New Workspace...
- Delete Workspace...
- Reset "Standard"...

④ **Project Panel** : 애프터이펙트에서 사용되는 소스(이미지, 동영상, 오디오)들을 불러오고 정리하여 각종 정보들을 확인할 수 있다.

⑤ **Composition Panel** : 애프터이펙트에서 만들어지는 다양한 작업, 즉 마스크, 텍스트, 이펙트 등을 확인하는 공간으로 배열에 표시되는 옵션들을 제어한다.

⑥ **Timeline Panel** : 작업 중인 레이어 들을 배열하고 오브젝트 간의 시간 배령, 다양한 효과, 애니메이션을 제어하는 공간으로 레이어에 적용되는 효과와 기능을 표시하며 진행되는 타임코드도 보여준다.

⑦ **Search Help 창** : Adobe Community Help를 실행하여 애프터이펙트에 관련된 도움을 검색한다.

⑧ **Info Panel** : 선택된 레이어, 콤포지션, 오디오 등의 색상, 위치값, 프로세스 등을 표시한다.

⑨ **Preview Panel** : 작업 중인 콤포지션을 재생, 멈춤, 반복 재생 등을 하여 애니메이션을 확인한다.

⑩ **Effect & Preset Panel** : 애프터이펙트에서 지원되는 효과, 프리셋 등을 모아 놓은 곳이다.

⑪ **Paragraph Panel** : 애프터이펙트에서 문자를 입력할 경우 문단의 정렬을 제어하는 곳이다.

02 기본 패널의 이해

02-1. 툴 패널(Tool Panel)

❶ **Selection Tool** : 오브젝트를 선택할 때 사용하는 툴이다.

❷ **Hand Tool** : 콤포지션 패널에서 화면을 이동할 때 사용하는 툴이다.

❸ **Zoom Tool** : 작업 화면을 확대하거나 축소할 때 사용하는 툴이다.

❹ **Rotation Tool** : 선택된 오브젝트를 회전할 때 사용하는 툴이다.

❺ **Camera Tool** : 카메라를 다양한 방법으로 사용하는 툴이다.

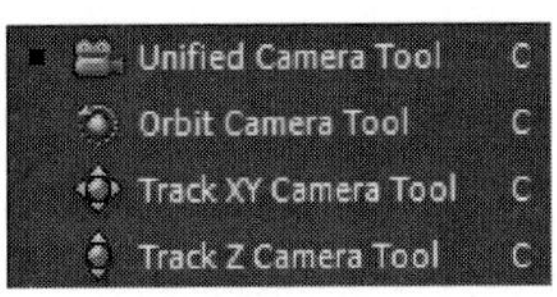

▶ Orbit Camera Tool : 카메라를 상하좌우로 움직일 때 사용하는 툴이다.

▶ Track XY Camera Tool : 카메라를 X, Y축으로 이동시킨다.

▶ Track Z Camera Tool : 카메라를 Z축으로 이동시킨다.

❻ **Pan Behind Tool** : 오브젝트의 중심점(Anchor Point)을 이동할 때 사용하는 툴이다.

❼ **Mask and Shape Tool** : 여러 가지 모양의 마스크를 생성하거나 쉐이프 레이어를 생성하는 툴이다.

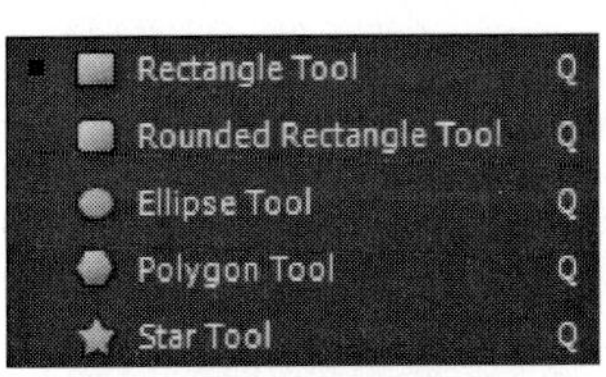

❽ **Pen Tool** : 펜 툴을 사용하여 마스크나 쉐이프를 생성하는 툴이다.

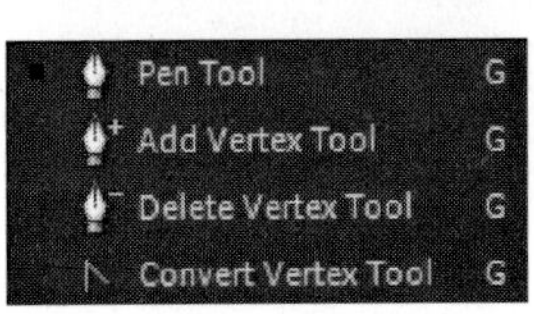

⑨ **Type Tool** : 콤포지션 패널에 텍스트를 생성할 때 사용하는 툴이다.

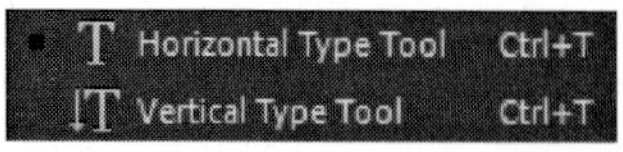

⑩ **Brush Tool** : 레이어 패널에 직접 그림을 그릴 때 사용하는 툴이다.

⑪ **Clone Stamp Tool** : 레이어 패널에 복사하려는 원본 영역을 'Alt'키를 누른 상태에서 복사할 영역을 드래그하면서 해당 부분을 복사하는 툴이다.

⑫ **Erase Tool** : 레이어 패널의 오브젝트들을 지울 때 사용하는 툴이다.

⑬ **Puppet Tool** : 이미지에 자연스러운 모션을 적용할 때 사용하는 툴이다.

▶ Puppet Pin Tool : 이미지의 특정 부위를 핀으로 고정하여 키프레임을 추가하여 이미지 위치를 변경하여 애니메이션을 주는 툴이다.

▶ Puppet Overlap Tool : 다른 것과 중복되었을 때 앞에 보이게 하고 싶은 부위를 결정할 때 사용하는 툴이다.

▶ Puppet Starch Tool : 왜곡되어 있는 부분을 수정할 때 사용하는 툴이다.

02-2. 프로젝트 패널(Project Panel)

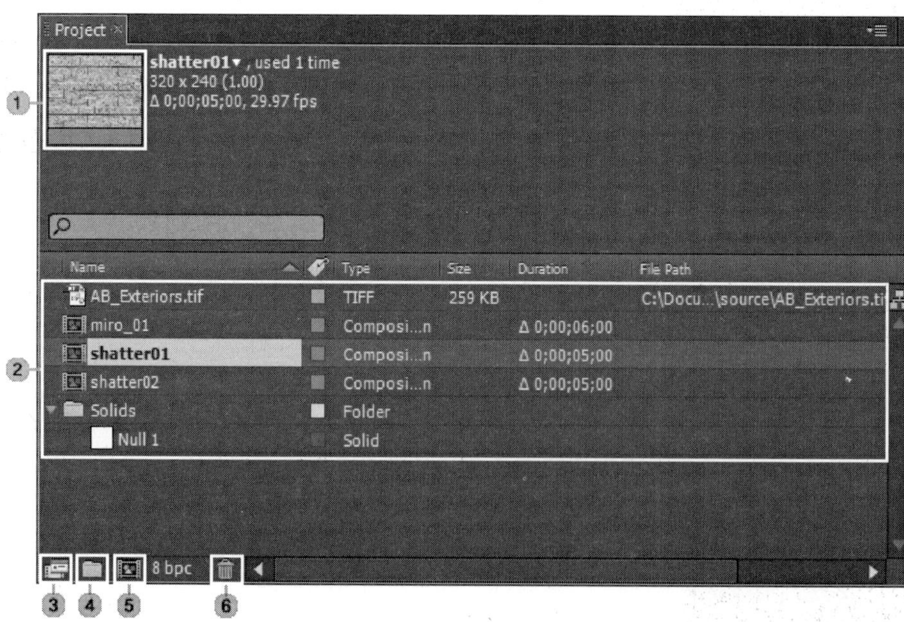

❶ **Source Thumbnail** : 프로젝트 패널에 데이터를 불러와 파일을 클릭하면 해당 파일에 대한 정보와 이미지를 확인할 수 있다.

❷ **Import Source Area** : 선택한 파일의 타입, 크기, 타임, 저장 위치 등에 관한 세부 정보를 확인할 수 있다.

❸ **Interpret Footage** : 불러온 이미지, 동영상, 시퀀스, 오디오 파일의 설정값을 알파, 프레임 비율, 필드 옵션 등으로 재설정해 줄 수 있다.

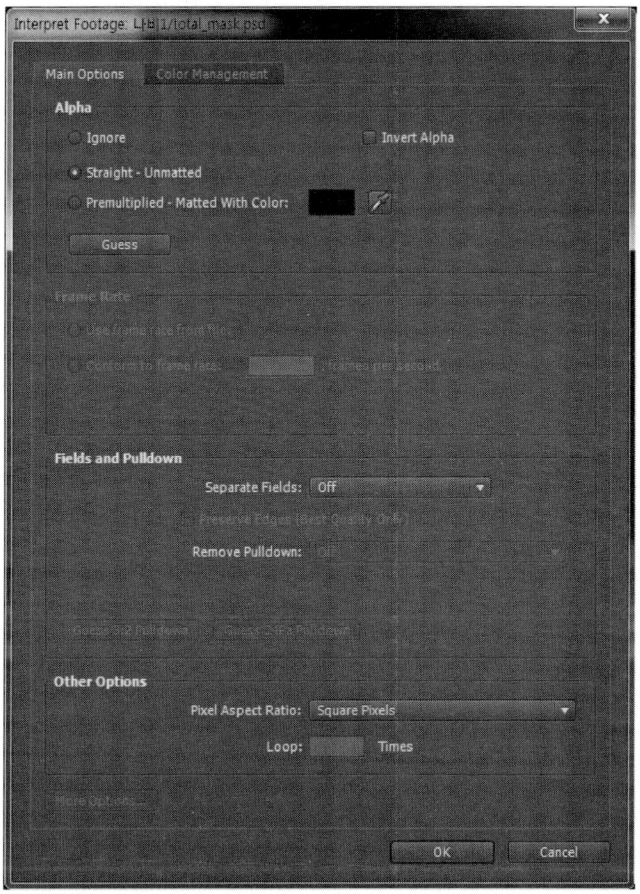

▶ Alpha : PSD, PNG, TIFF 등 알파값을 갖고 있는 그래픽 파일과 동영상 파일, 시퀀스 등도 알파값을 조정해서 불러올 수 있다.

▶ Frame Rate : 불러온 소스의 프레임 비율값을 설정한다.

▶ Fields and pulldown : 1프레임은 2개의 필드를 가질 수 있다.

▶ Other Options : 불러온 소스의 픽셀 비율을 설정할 수 있으며, 소스가 반복되는 횟수를 변경할 수 있다.

❹ **Create a new Folder** : 프로젝트 패널 안에 새로운 폴더를 생성한다.

❺ **Create a new Composition** : 새로운 콤포지션을 생성한다.

❻ **Delete selected project items** : 프로젝트 패널에 있는 선택된 소스 파일을 삭제한다.

02-3. 콤포지션 패널(Composition Panel)

❶ **Triangle for opening viewer menu** : 열려 있는 콤포지션 패널의 이름별로 보여준다.

❷ **Always Preview This View** : 현재 보이는 작업 부분을 보여준다.

❸ **Magnification radio popup** : 콤포지션 패널의 확대, 축소 비율을 나타낸다.

❹ **Choose grid and guide option** : 그리드, 가이드, 안내선, 타이틀 안전존과 액션 안전존을 나타낸다. Title Safe/Action Safe는 작업할 때 TV에서 작업물이 나올 때 타이틀과 움직이는 영상이 잘리지 않고 나타날 수 있게 하는 안전장치이다. 작업할 때 항상 나타나게 하면 안전하다.

❺ **Toggle Mask and Shape Path Visibility** : 오브젝트에 Mask를 적용할 때 Mask 패스의 영역을 보여준다.

❻ **Current Time** : Current Time Indicator가 위치한 현재의 시간을 알려준다.

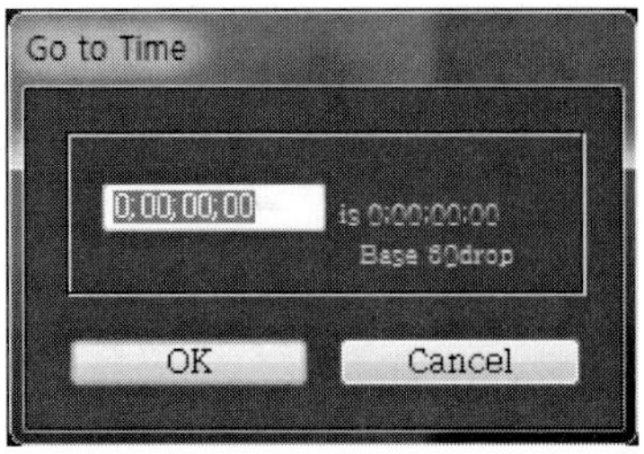

▶ Current Time을 클릭하면 "Go to Time" 입력창이 나오는 데 직접 시간을 입력하면

▶ Current Time Indicator가 입력한 시간대로 이동한다.

❼ **Take Snapshot** : Snapshot 아이콘으로 현재 장면을 촬영한다.

❽ **Show last Snapshot** : Snapshot으로 촬영해 놓았던 이미지와 현재 작업하고 있는 상황을 비교할 때 사용한다. 아이콘을 길게 클릭하면 마지막으로 Snapshot 아이콘으로 촬영했던 장면이 보인다.

❾ **Show Channel** : Red, Green, Blue, Alpha, RGB Straight 채널을 각각 확인할 수 있다.

❿ **Resolution** : 작업할 때 콤포지션 패널의 해상도를 결정해 준다.

- Full: 100%, Half:1/2, Third:1/3, Quater:1/4, Custom:사용자가 지정한다.
- 레이어가 많거나 작업 데이터가 큰 경우 콤포지션의 해상도를 낮추면 프리뷰가 짧게 걸린다.

⓫ **Region of interest** : Region of interest를 클릭하고 드래그하여 확인이 필요한 부분만 프리뷰를 할 수 있게 해준다.

⓬ **Toggle Transparency Grid** : 오브젝트에 알파값이 있을 경우 화면에서 보여준다.

⓭ **3D View layout** : 다양한 방향으로 카메라 앵글을 확인할 수 있다.

- 기본값은 Active Camera로 설정되어 있으며 Front, Top, left, Right, Back, Bottom, Custom 등으로 설정할 수 있다.

⓮ **Select View layout** : 카메라 작업을 할 때 다양한 방법으로 화면을 분할하여 작업할 수 있는 환경을 설정할 수 있습니다. 1 View, 2 View, 4 View 등이 있다.

⓯ **Toggle Pixel Aspect Ratio Correction** : Non-Square Pixel 종횡비를 켜거나 끄고 작업할 수 있습니다. 디스플레이에서만 적용되고 렌더링에는 영향을 주지 않는다.

⓰ **Fast Preview** : 프리뷰 속성을 선택하여 속도를 빠르게 해준다.

⓱ **Timeline** : 현재 작업하고 있는 콤포지션 패널의 타임 위치를 타임라인 패널 위로 활성화한다.

⓲ **Comp Flowchart View** : 현재 작업 중인 콤포지션 패널을 플로차트 형태로 보여준다.

⓳ **Reset Exposure** : Adjust Exposure에서 노출 설정한 값을 초기화한다.

⓴ **Adjust Exposure** : 수치를 직접 입력하여 노출값을 설정한다.

02-4. 타임라인 패널(Timeline Panel)

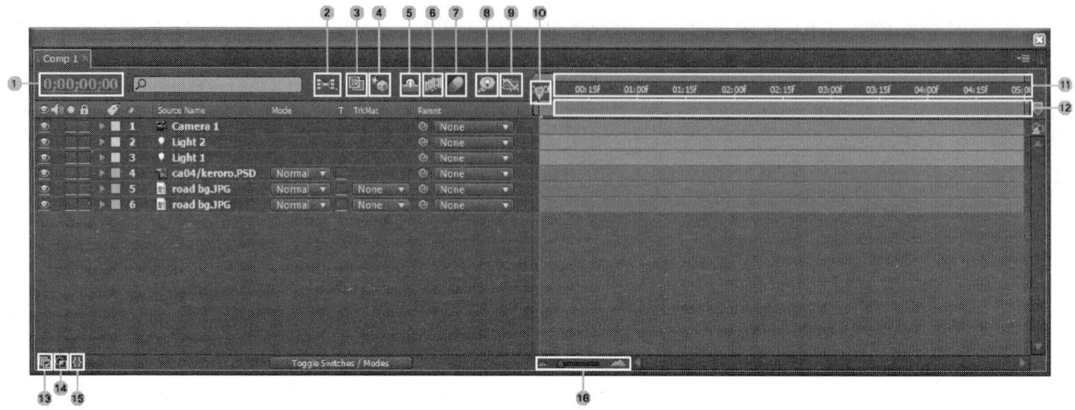

1. **Current Time** : 현재 인디케이터가 설정하고 있는 시간을 알 수 있다.
2. **Open Parent Composition** : 현재 콤포지션에 있는 레이어를 선택하고 아이콘을 선택하면 선택된 레이어의 콤포지션의 상위 콤포지션으로 이동할 수 있다.
3. **Live Update** : 모든 오브젝트의 움직임이 실시간으로 프리뷰된다.
4. **Draft 3D** : 이미지를 3D로 전환 때 사용한다.
5. **Hides all layers for which the 'shy' switch is set** : Shy 기능이 체크된 레이어들을 숨긴다. 복잡한 작업을 할 경우 레이어가 많아지면 작업하기 힘들어져 현재 작업과 관계없는 레이어들은 숨기고 작업하면 간편하게 작업할 수 있다.
6. **Enables Frame Blending for all layers with the Frame Blend switch set** : Frame Blend가 체크된 레이어에 적용한다. 움직이는 영상에 적용할 수 있고 적용시 자연스러운 영상의 움직임을 만든다.
7. **Enables Motion Blur for all layers with the Motion Blur switch set** : 오브젝트에 Motion Blur를 적용할 때 사용하는 아이콘이다.
8. **Brainstorm** : 임의의 레이어 속성에 여러 가지 값을 랜덤하게 입력하여 나타나는 결과물을 확인할 수 있다.
9. **Graph Editor** : 키프레임 적용된 애니메이션의 그래프를 수정하거나 편집할 때 사용한다.
10. **Current Time Indicator** : 현재 타임 인디케이터가 위치한 시간을 알려준다.
11. **Time Navigator** : 바를 드래그하면 타임라인 패널을 확대하거나 축소할 수 있다.
12. **Work Area** : 프리뷰할 때 원하는 영역을 지정할 수 있다.

⑬ **Expand or Collapse the Layer Switches pane** : 이 아이콘을 클릭하면 Shy, For Comp layer/For Vector Layer, Quality, Effect, Frame Blend, Motion Blur, Adjustment Layer, 3D Layer의 속성을 수정할 수 있다.

⑭ **Expand or Collapse the transfer Controls pane** : 이 아이콘을 클릭하면 Blending Mode, Preserve Underlying Transparency, track matte의 속성을 수정할 수 있다.

⑮ **Expand or Collapse the In/Out/Duration/Stretch panes** : 이 아이콘을 클릭하면 레이어의 타임 속성을 조절할 수 있다.

⑯ **Zoom in to frame level, or out to entire comp(in time)** : 타임라인 패널을 확대하거나 축소할 때 사용한다.

03 작업환경 설정하기

03-1. 콤포지션이란(Composition)

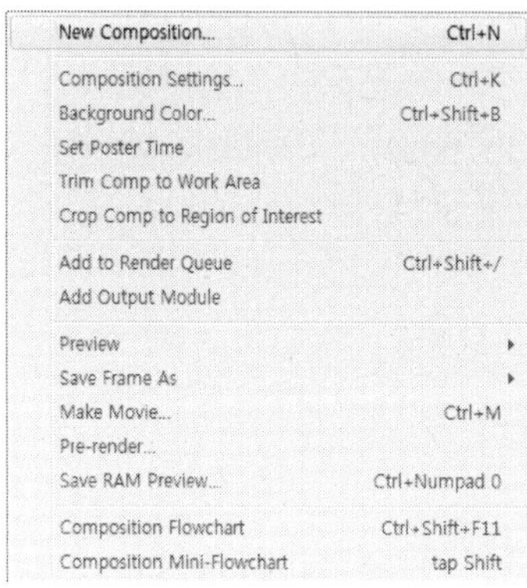

애프터이펙트에서 작업을 하기 위해서는 가장 먼저 콤포지션을 생성해야 한다. 작업이 시작되기 전에 출력할 영상의 포맷을 정확하게 설정하고 작업하는 습관을 들여야 최종 결과물을 원하는 포맷으로 완성할 수 있다.

03-2. 콤포지션 설정(Composition Setting-Basic)

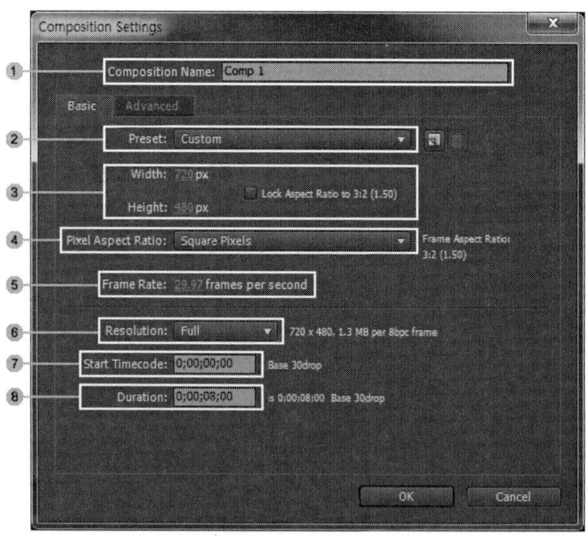

❶ **Composition Name** : 새롭게 작업할 콤포지션의 이름을 설정한다.

❷ **Preset** : 작업할 콤포지션의 출력포맷을 설정한다.

▶ Web Video : 인터넷상에 올라갈 애니메이션을 제작하는 포맷이다.

▶ Web Banner : 인터넷상에 올라갈 배너를 제작하는 포맷이다.

▶ NTSC : 미국과 우리나라 등에서 사용되는 방송 포맷이다.

▶ PAL : 일본과 유럽에서 사용되는 방송 포맷이다.

▶ HDV/HDTV : 고화질 디지털 비디오나 디지털 TV에서 사용되는 포맷이다.

▶ DVCPRO HD : 미국과 일본, 우리나라 등에서 사용되는 포맷이다.

❸ **Width/Height** : 콤포지션의 크기를 설정할 수 있다. 'Lock Aspect Ratio to 3:2 (1.50)'을 체크하면 자동으로 가로 세로 비율을 일정하게 유지하면 설정할 수 있다.

❹ **Pixel Aspect Ratio** : 픽셀의 가로·세로 비율을 결정할 수 있다. 최종 영상이 출력될 매체에 맞게 설정하여 작업한다.

❺ **Frame Rate** : 초당 프레임수를 설정한다.

❻ **Resolution** : 콤포지션의 보이는 해상도를 설정하며 영상 출력물의 해상도와는 무관하다. 고해상도로 작업하면 좋으나 RAM을 많이 사용하게 되므로 적절하게 설정하여 작업한다.

❼ **Start Timecode** : 시작하는 타임 시간을 설정한다.

❽ **Duration** : 콤포지션의 전체 시간을 설정한다.

03-3. 콤포지션 고급설정(Composition Setting-Advanced)

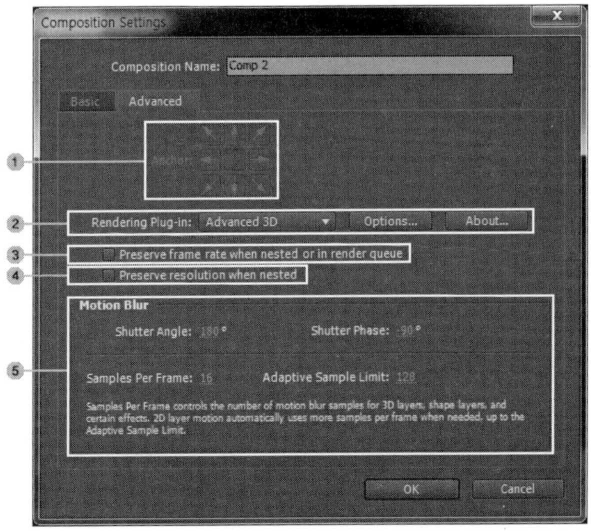

❶ **Anchor** : 콤포지션의 중심축을 설정한다.

❷ **Rendering Plug-in** : 렌더링의 플러그인을 설정한다.

❸ **Preserve frame rate when nested or in render queue** : 작업 중인 콤포지션과 출력 영상물의 초당 프레임수를 같도록 설정한다.

❹ **Preserve resolution rate when nested** : 작업 중인 콤포지션들(메인과 서브 콤포지션)의 해상도가 같도록 설정한다.

❺ **Motion Blur** : 콤포지션에 적용된 모션 블러 효과의 옵션을 조정할 수 있다.

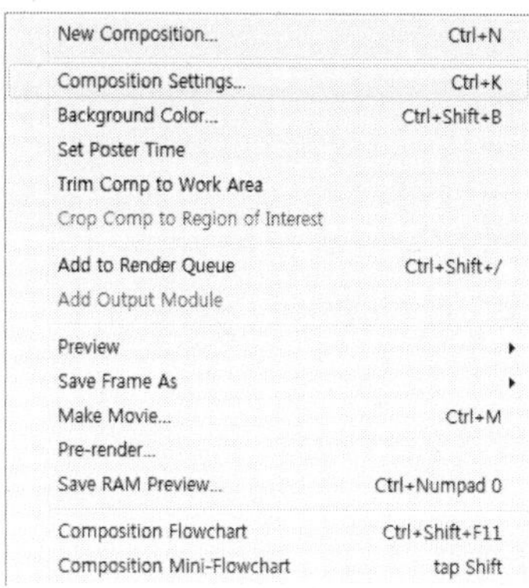

이미 작업 중인 콤포지션의 설정값을 수정할 때 Composition > Composition Setting... 메뉴로 들어가 설정값을 수정한다. 그러나 화면 크기가 수정될 경우 작업 중이 이미지의 위치 및 크기 수정이 같이 이루어져야 하므로 작업초기부터 설정값을 잘 잡아야 한다.

03-4. 영상 출력하기(Make Movie)

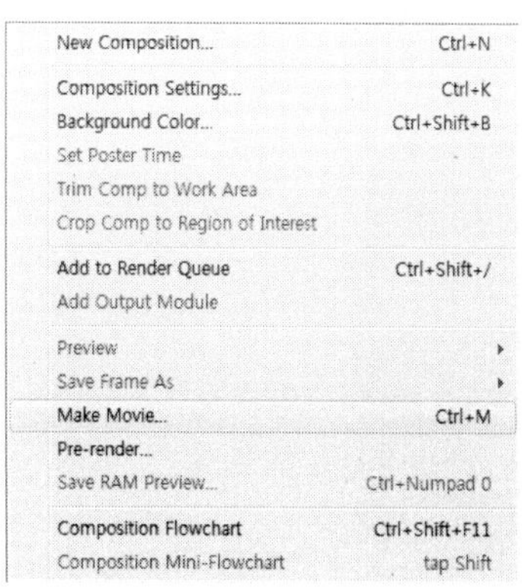

애프터이펙트에서 작업이 완성된 파일을 영상으로 출력하기 위해서는 Composition > Make Movie... 메뉴로 들어가 렌더링 포맷을 설정한다.

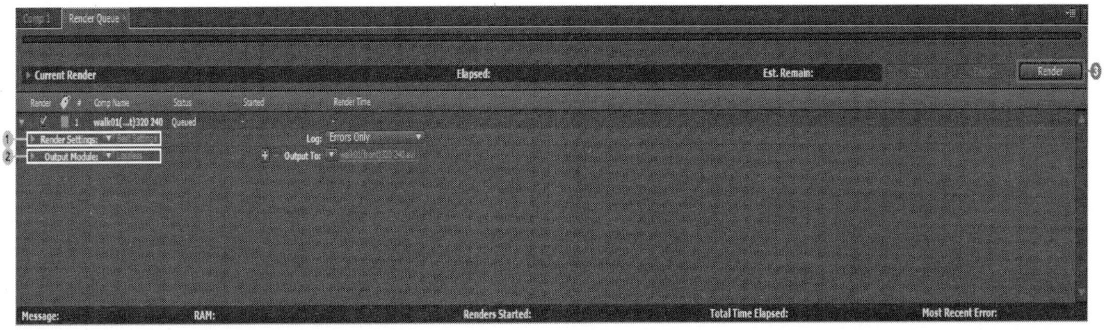

❶ **Render Settings** : 렌더링될 콤포지션 영상의 질과 해상도 등을 설정할 수 있다.

❷ **Output Module** : 렌더링될 콤포지션의 영상 포맷(avi, mov, flv, swf) 또는 이미지 포맷(tag, 이미지 시퀀스) 등을 설정할 수 있으며, 영상의 코덱과 오디오 포맷 등을 설정할 수 있다.

❸ **Render** : 콤포지션의 해상도와 영상 포맷의 설정이 끝나면 'Render'를 클릭하여 렌더링한다.

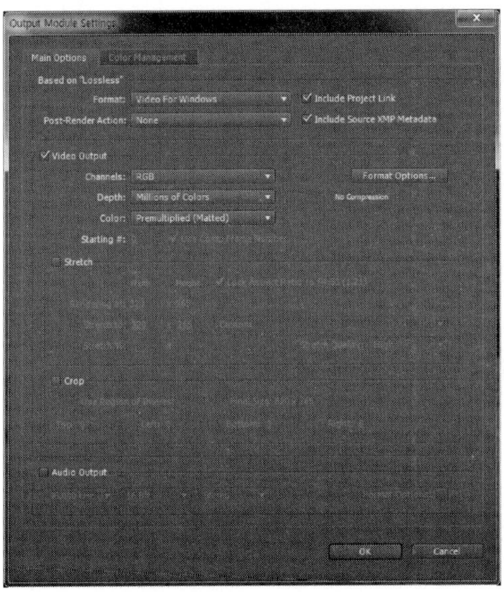

〈Render Settings〉

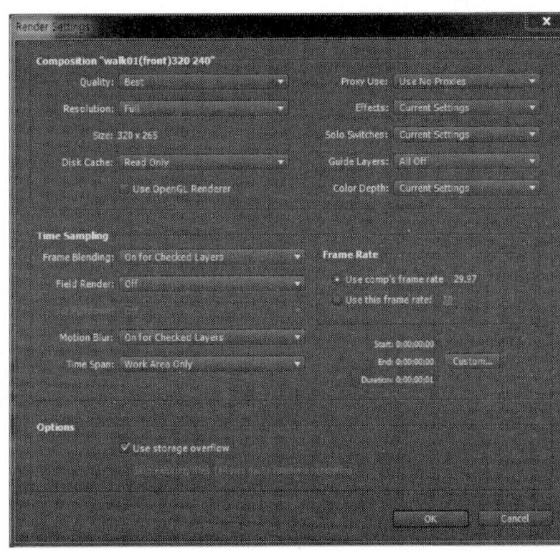

〈Output Module〉

PART 02

애프터이펙트 기본기 익히기

01 Solid를 활용한 크기 및 투명도 익히기

애프터이펙트로 처음 작업할 때 가장 기본이 되는 메뉴가 Transform이다.
Transform은 고정점(Anchor Point), 위치(Position), 크기(Scale), 회전(Rotation), 투명도(Opacity)로 구성되어 있다. 이번 학습은 Scale과 Opacity를 이용하여 애니메이션 장면전환 기법 중 가장 많이 사용되는 Fade-in의 효과를 제작해 본다.

학습메뉴

- Scale, Opacity
- Solid

01 **[Composition]-[Composition Settings]**를 선택하여 **'Composition Name:review / Width:320, Height:240 / Square Pixels / Duration 3:00'**을 입력하여 시작화면을 설정한다.

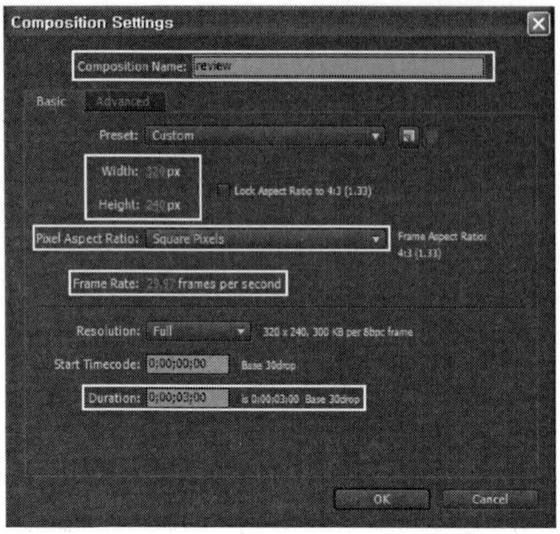

02 **[Layer]-[New]-[Solid]**를 선택하여 옵션 창이 나타나면 **'Make Comp Size'**를 클릭하여 '01'에서 설정한 화면과 크기를 맞추고 Color: **#FFFFFF**로 설정하여 흰색 Solid를 생성한다.

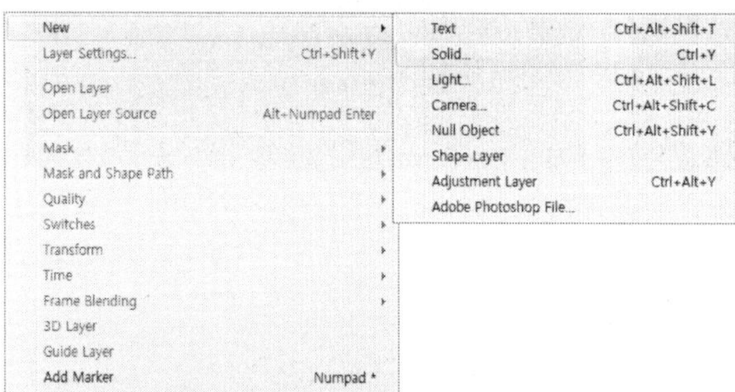

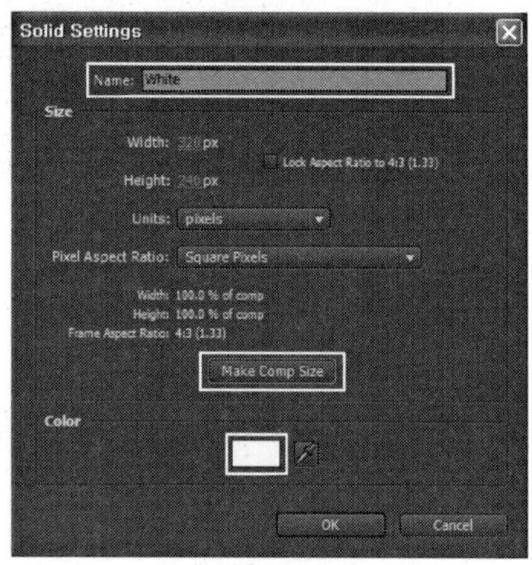

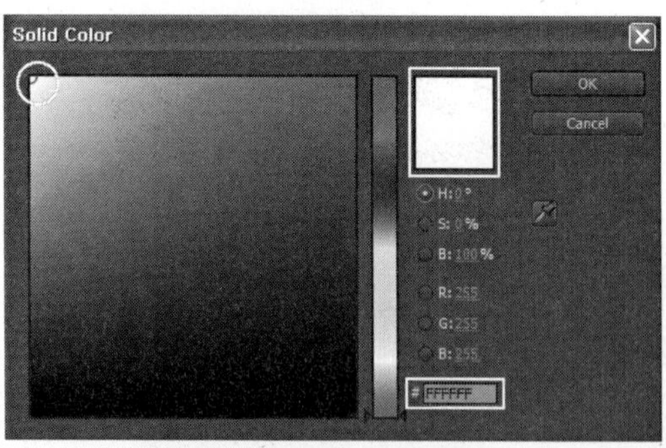

solid는 애프터이펙트에서 이미지를 작업하거나 배경으로 사용하거나 혹은 다양한 Effect를 적용할 때 주로 사용하는 레이어이다. 특히 2D이미지를 3D 이미지로 전환할 때 그림자 효과, 조명 효과 등이 잘 표현될 수 있도록 자주 사용하는 레이어로서 그 활용범위가 넓다.

03 [Layer]-[New]-[Solid]를 선택하여 #FF0000(빨강), #FFDE00(노랑), #18FF00(초록), #0024FF(파랑), #000000(블랙)으로 선택하여 Solid를 차례대로 다섯 개로 추가한다.

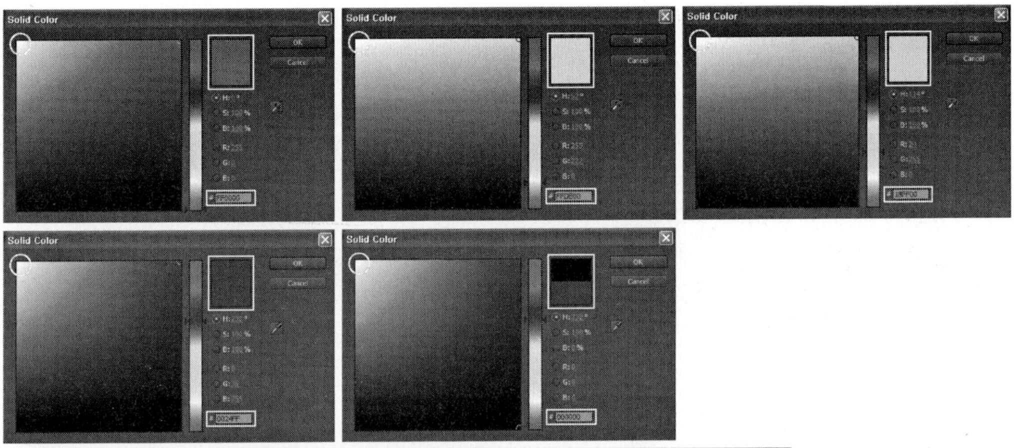

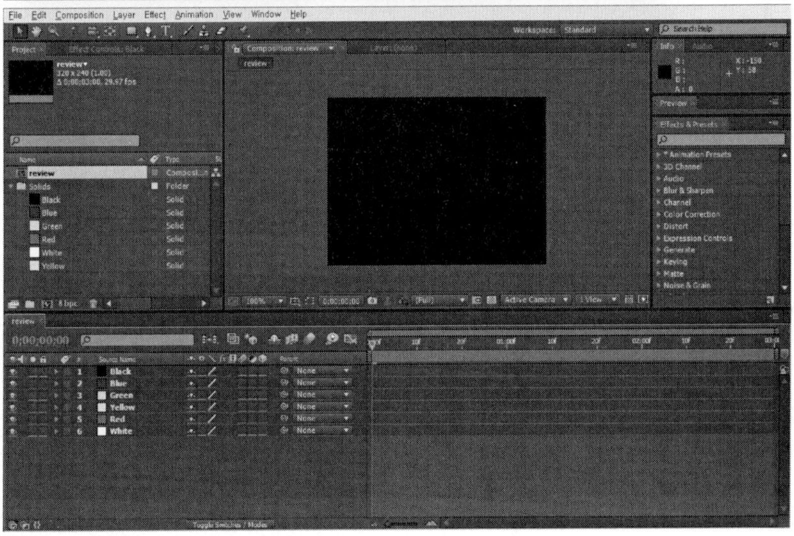

04 맨 위에 배치된 '**Black Layer**'를 선택한 후 **Shift**를 클릭한 후 가장 아래 있는 '**White Layer**'를 클릭하여 Layer를 모두 선택한다.

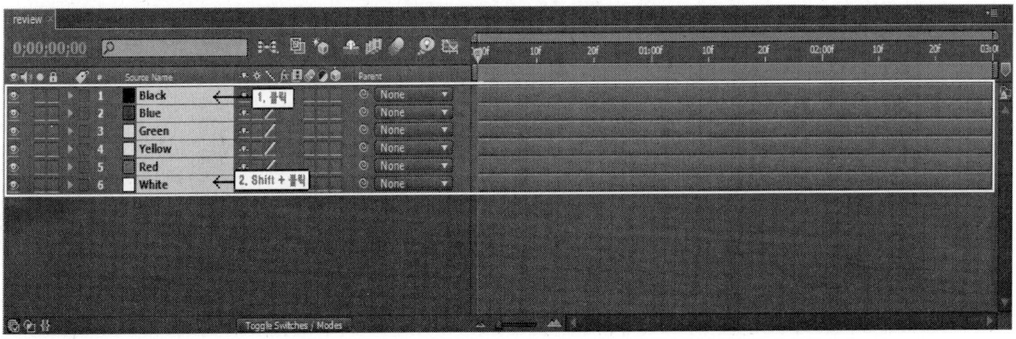

05 Layer가 모두 선택된 상태에서 단축키 '**S**'를 클릭한 후 **Shift**를 누르고 '**T**'를 클릭하여 Transform 옵션에서 '**Scale**'과 '**Opacity**'만 나오게 한다.

Transform의 Anchor Point는 'A', Position은 'P', Scale은 'S', Rotation은 'R', Opacity는 'T'의 단축키를 클릭하면 해당 메뉴만 Timeline 패널에 나온다.
두 개 이상의 옵션을 작업할 때는 Shift를 누른 상태에서 원하는 옵션 단축키를 클릭하면 된다.
여러 개의 이미지 레이어를 동시에 작업할 때 Transform 메뉴 중 원하는 메뉴만 설정해 놓을 수 있는 간편한 팁이다.

06 Black Layer를 선택하고 Scale과 Opacity의 스톱왓치 아이콘을 클릭하여 키프레임을 설정한다.

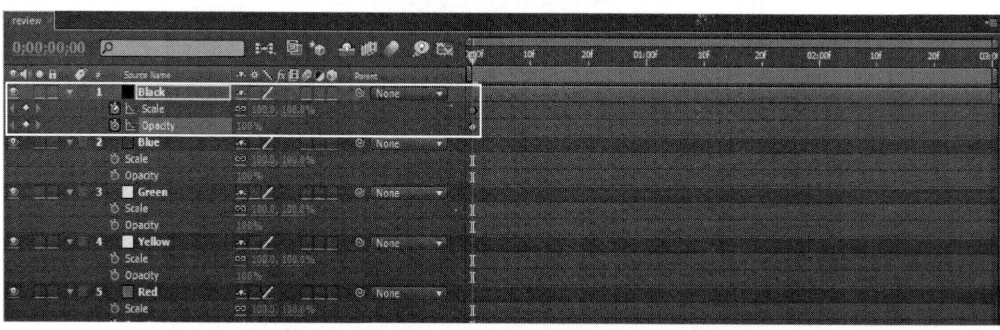

07 '**Current Time**'을 클릭하여 '**Go to Time**' 창이 나오면 '**100**'을 입력하여 Indicator를 1초로 이동한다.

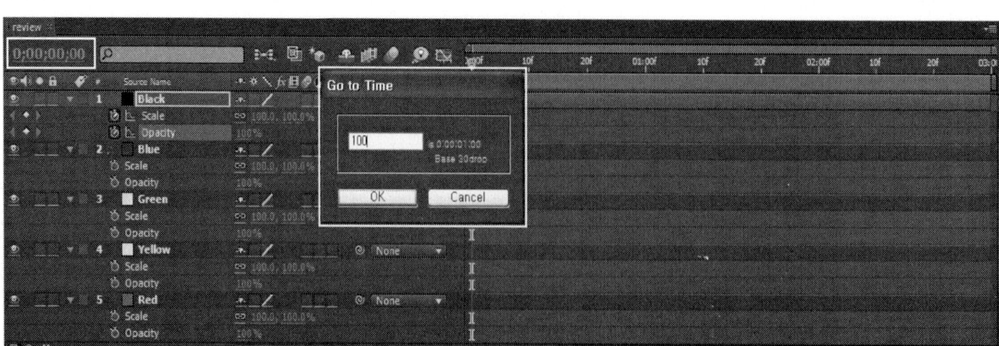

0;00;00;00

시;분;초; 프레임을 나타낸다. 초당 29.97프레임을 기준이며 해당 시간대로 이동을 해야 할 경우 원하는 시간대의 수치를 입력하여 이동할 수 있다.

08 **Scale**은 **20%**, **Opacity**는 **0%**를 입력하여 이미지의 크기는 축소하고 투명하게 하여 화면에서 black solid 안보이게 한다.

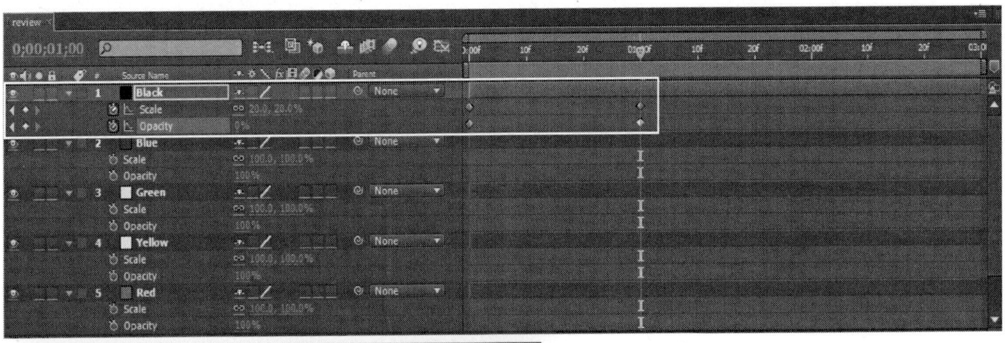

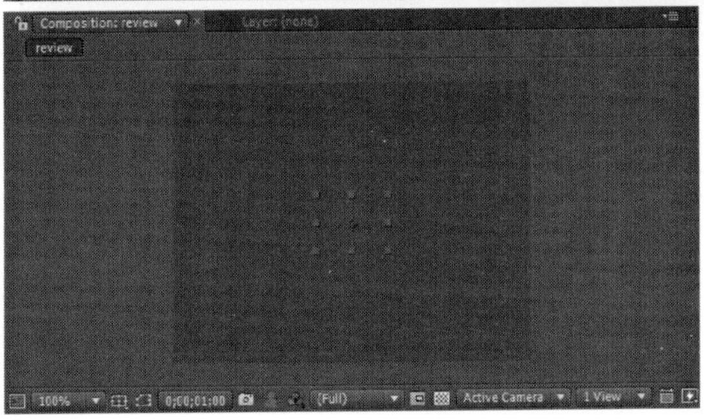

09 **Blue Layer**를 선택한 후 **'Current Time'**을 클릭하여 **'Go to Time'** 난에 **'15'**를 입력하여 Indicator를 15프레임으로 이동한 후 **Scale**과 **Opacity**의 스톱왓치 아이콘을 클릭하여 키프레임을 설정한다.

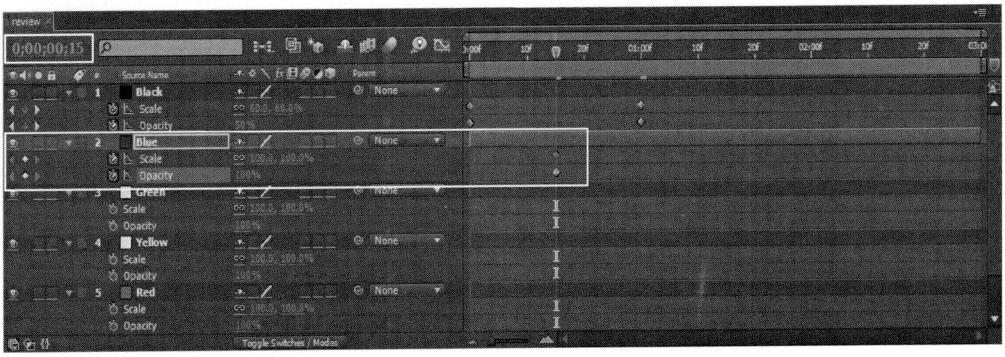

10 **'Current Time'**을 클릭하여 **'Go to Time'**난에 **'115'**를 입력하여 Indicator를 1초 15프레임으로 이동한 후 **Scale**은 **20%**, **Opacity**는 **0%**를 입력하여 이미지의 크기는 축소하고 투명하게 하여 화면에서 bule solid가 안보이게 한다.

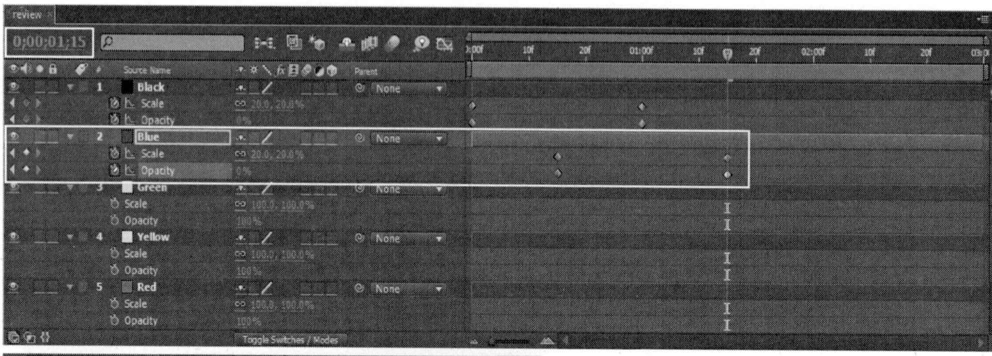

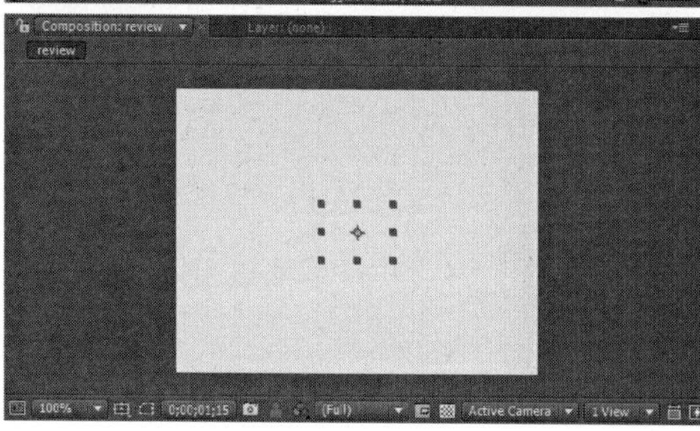

11 **Green Layer**를 선택한 후 **'Current Time'**을 클릭하여 **'Go to Time'**난에 **'100'**을 입력하여 Indicator를 1초로 이동한 후 **Scale**과 **Opacity**의 스톱왓치 아이콘을 클릭하여 키프레임을 설정한다.

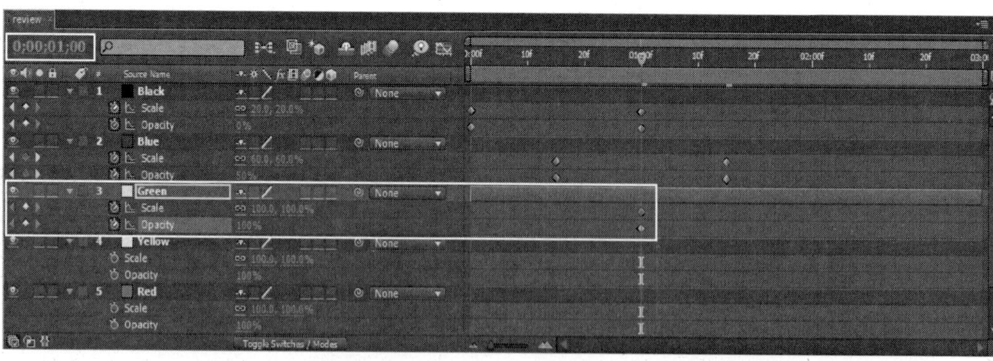

12 **'Current Time'**을 클릭하여 **'Go to Time'**난에 **'200'**을 입력하여 Indicator를 2초로 이동한 후 **Scale**은 **20%**, **Opacity**는 **0%**를 입력하여 이미지의 크기는 축소하고 투명하게 하여 화면에서 Green solid가 안보이게 한다.

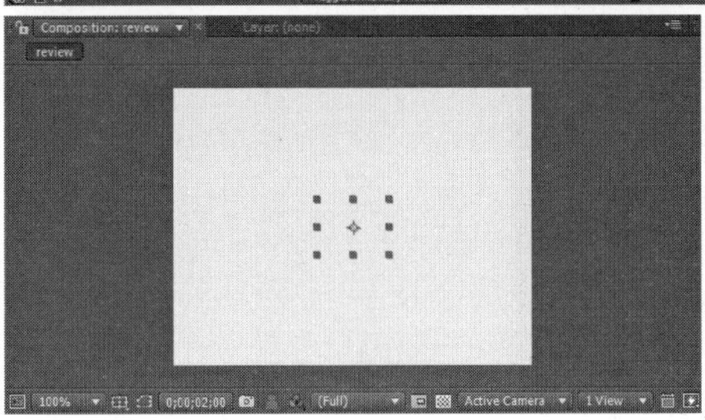

13 **Yellow Layer**를 선택한 후 **'Current Time'**을 클릭하여 **'Go to Time'**난에 **'115'**를 입력하여 Indicator를 1초 15프레임으로 이동한 후 **Scale**과 **Opacity**의 스톱왓치 아이콘을 클릭하여 키프레임을 설정한다.

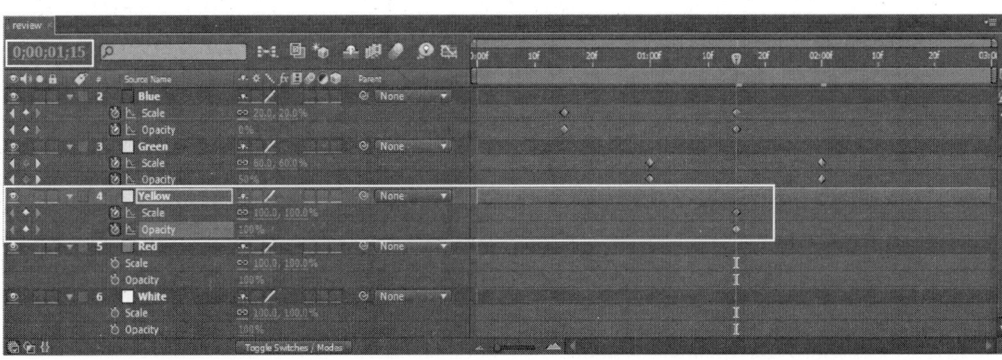

14 '**Current Time**'을 클릭하여 '**Go to Time**'난에 '**215**'를 입력하여 Indicator를 2초 15프레임으로 이동한 후 **Scale**은 **20%**, **Opacity**는 **0%**를 입력하여 이미지의 크기는 축소하고 투명하게 하여 화면에서 yellow solid가 안보이게 한다.

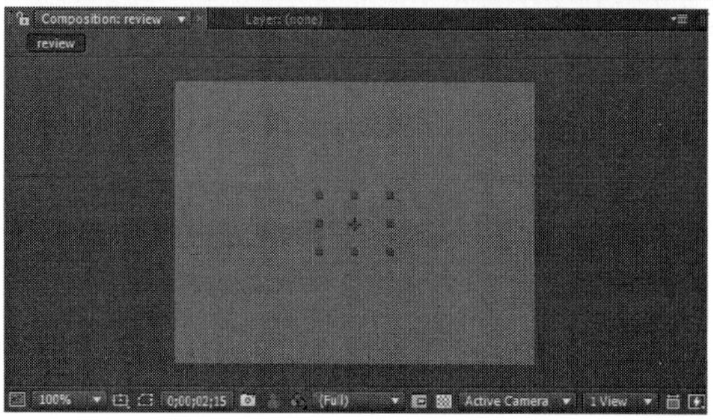

15 **Red Layer**를 선택한 후 '**Current Time**'을 클릭하여 '**Go to Time**'난에 '**200**'을 입력하여 Indicator를 2초로 이동한 후 **Scale**과 **Opacity**의 스톱왓치 아이콘을 클릭하여 키프레임을 설정한다.

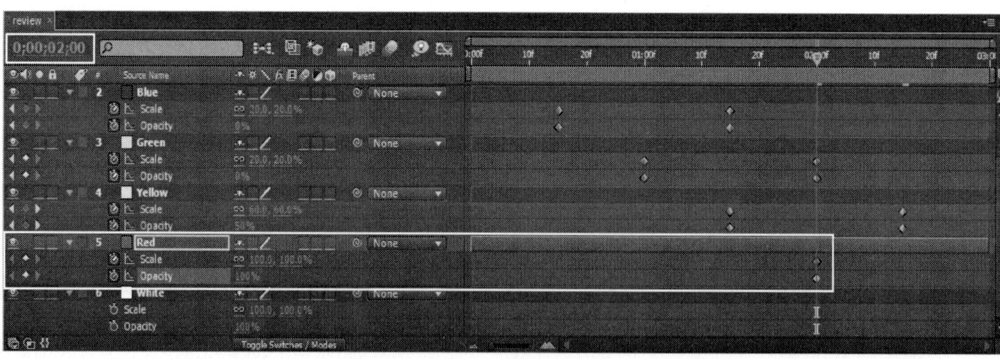

16 **'Current Time'**을 클릭하여 **'Go to Time'**난에 **'300'**을 입력하여 Indicator를 3초로 이동한 후 **Scale**은 **20%**, **Opacity**는 **0%**를 입력하여 이미지의 크기는 축소하고 투명하게 하여 화면에서 red solid가 안보이게 한다.

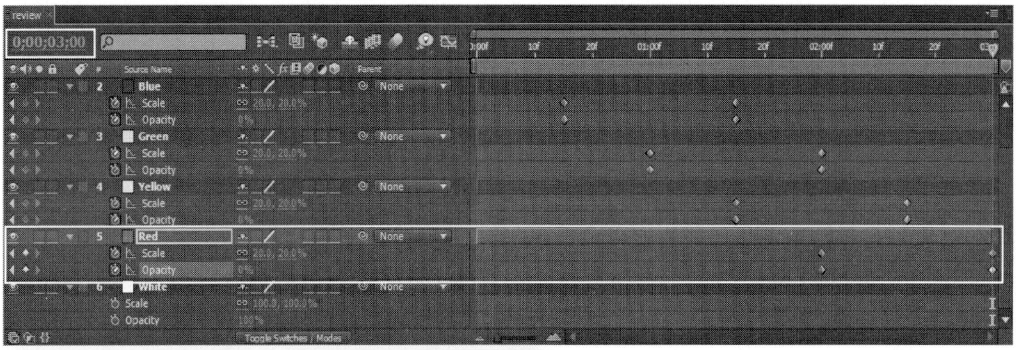

17 **White Layer**를 선택한 후 **'Current Time'**을 클릭하여 **'Go to Time'**난에 **'215'**를 입력하여 Indicator를 2초 15프레임으로 이동한 후 **Scale**과 **Opacity**의 스톱왓치 아이콘을 클릭하여 키프레임을 설정하여 완성한 후 결과를 확인한다.

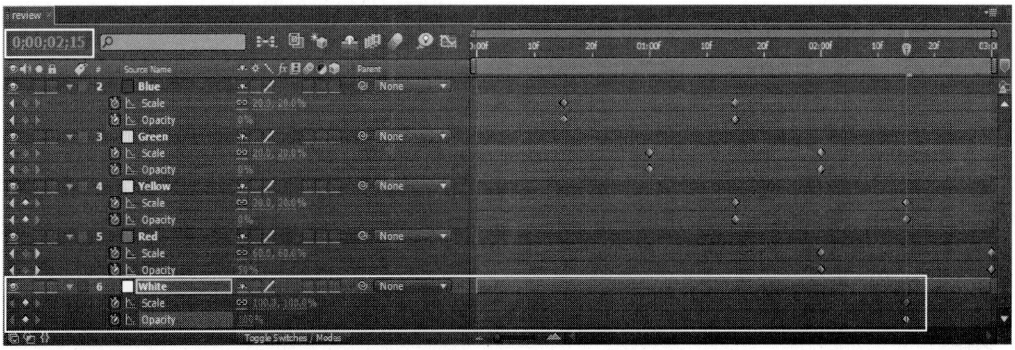

02 트랜스폼 활용하기

Transform 중 위치(Position), 회전(Rotation)의 기능을 중점으로 이미지에 변화를 주어 간단한 애니메이션을 만들어 보기로 한다.
위치(Position)와 회전(Rotation)은 가로와 세로를 기준으로 변화값을 줄 수 있다.
Position은 오브젝트들의 등장과 움직임을 줄 때 중요하게 사용되며 Rotation은 0~360도까지의 회전 각도와 오브젝트의 회전횟수를 따로 적용할 수 있는 것이 애프터이펙트의 특징이다.

학습메뉴

- Position, Scale, Rotation, Opacity
- Solid, Audio

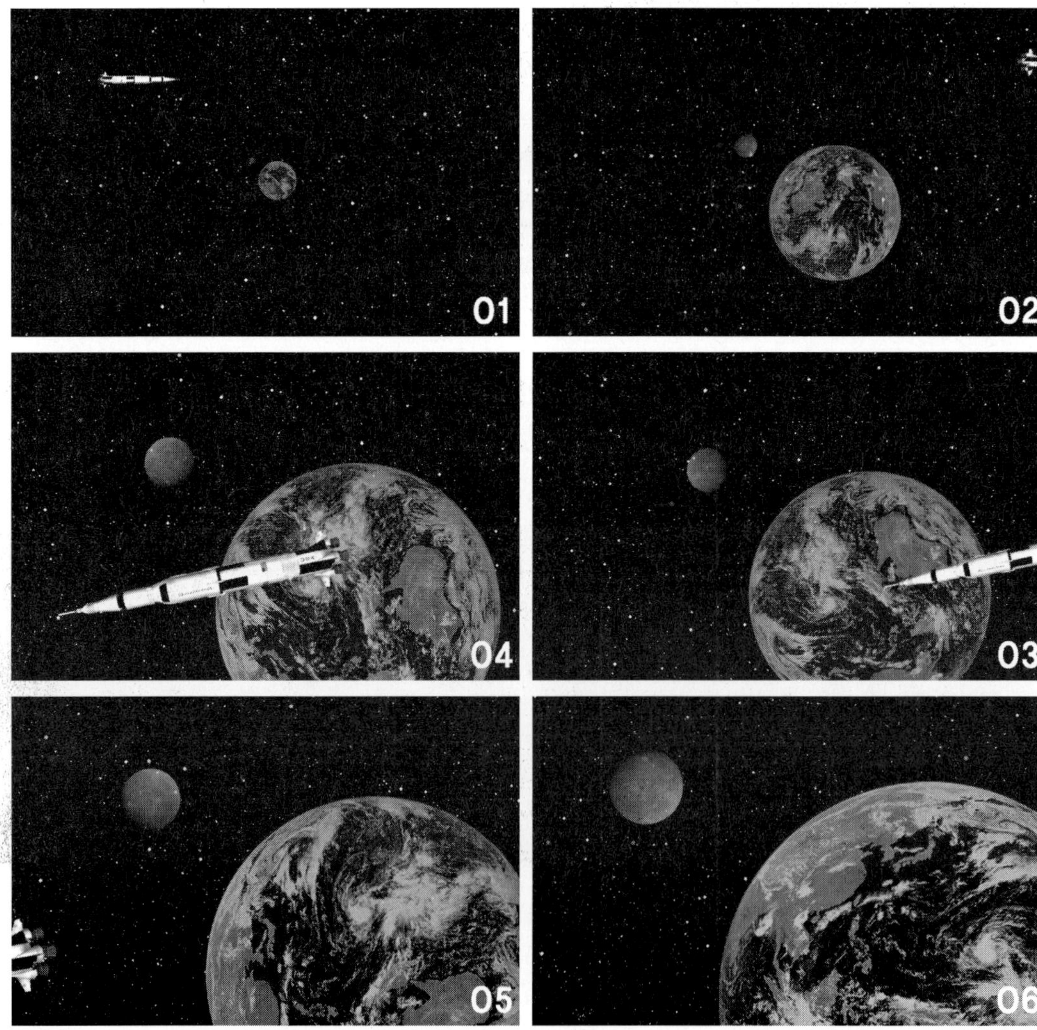

01 [Composition]-[Composition Settings]을 선택하여 'Width:720, Height:480, Square Pixels, Duration 6:00'을 입력하여 시작화면을 설정한다.

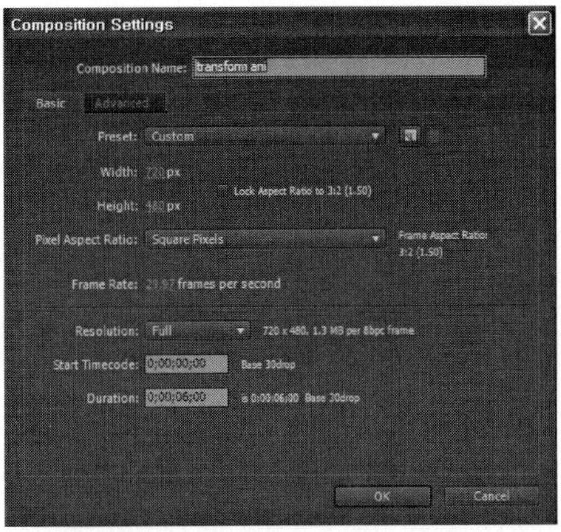

02 [File]-[Import]-[File]을 선택하여 'earth'를 클릭하면 Interpret Footage 화면이 나타난다. 현재 불러올 이미지 배경에 투명도가 적용되어 있으므로 'Guess' 버튼을 클릭하여 불러올 이미지의 알파 값을 확인, 적용한다.

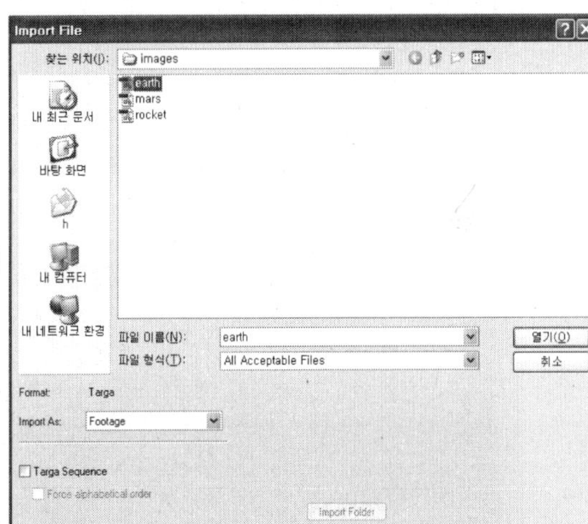

그래픽이미지를 불러올 때 세 가지의 포맷 중 Layer 의구성을 선택할 수 있다.

- Footage : Layer가 없이 이미지 작업을 한 경우
- Composition : Layer가 있게 작업한 이미지를 콤포지션 화면 크기와 상관없이 가져옴
- Composition-Cropped Layer : Layer가 있게 작업한 이미지를 콤포지션 화면에 맞춰 가져옴

03 **[File]-[Import]-[File]**을 선택하여 '**mars**', '**rocket**', '**39-Audio**'도 같은 방법으로 차례로 불러온다.

04 Project 패널에서 선택하여 '**earth**' 이미지를 클릭하여 Transform 패널로 드래그하여 위치시킨 후 Transform 옵션을 나타나게 한다.

05 Transform패널의 '**earth.TGA**' Layer의 **Position, Scale, Rotation, opacity**의 스톱왓치 아이콘을 클릭하여 키프레임을 생성된 후 **Scale:0.0, 0.0%, Opacity:0%**로 수정하여 화면에서 이미지가 안보이게 한다.

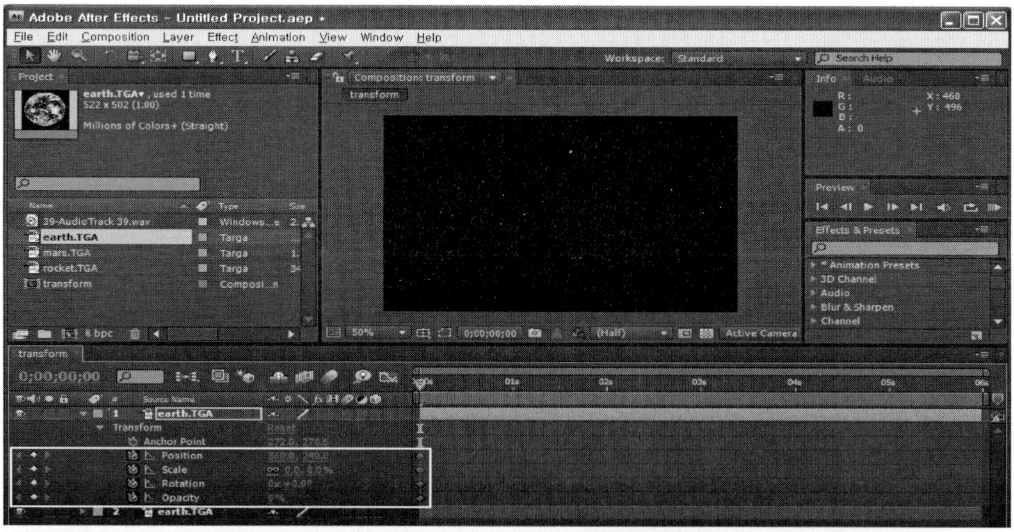

애프터이펙트에서 애니메이션 작업을 하기 위해서는 키프레임이 설정되어야 한다. 따라서 Stop Watch 아이콘을 클릭하여 활성화시키는 것이 애니메이션의 첫 시작이다.

06 Indicator를 15프레임에 위치시키고 **Opacity:60%**로 수정하여 이미지가 나타나게 조절한다.

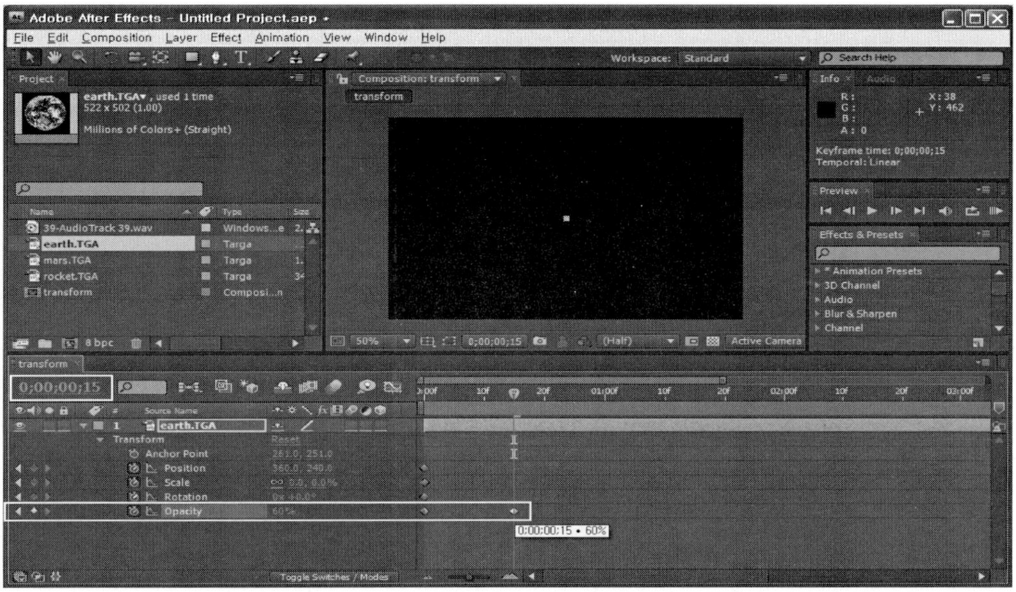

07 Indicator를 0;00;05;29로 이동한 후 **Opacity:80%, Rotation:1×0.0°, Scale:130.0, 130.0%**로 수정한다. **Position**은 이미지를 클릭하여 화면 오른쪽 하단으로 드래그하여 지구 이미지의 위치를 아래로 수정한다.

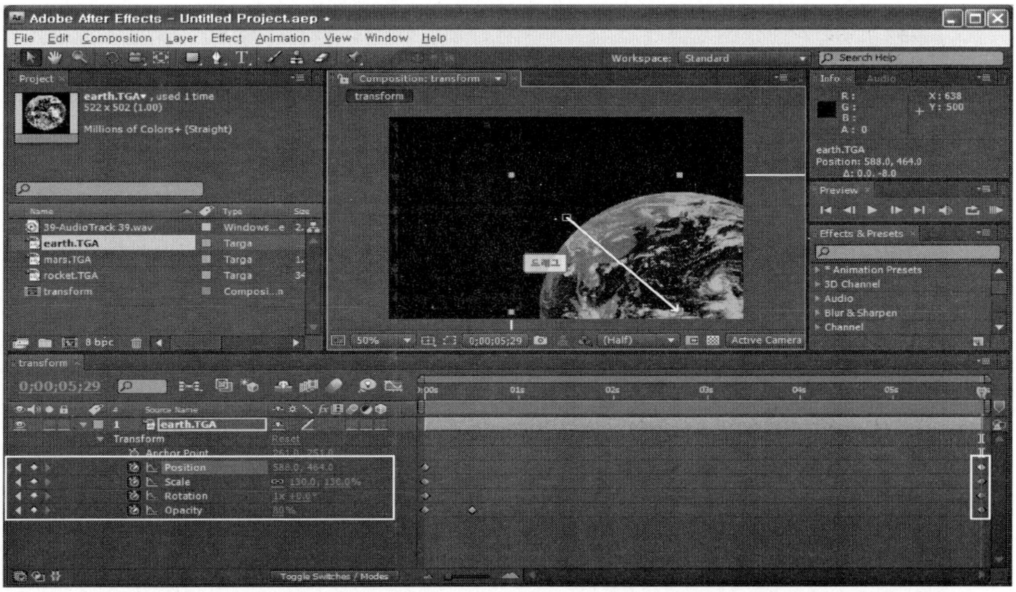

08 Project 패널에서 '**Mars**' 이미지를 클릭하여 Transform 패널로 드래그하여 위치시킨 후 Transform 옵션을 활성화시킨다.

09 Transform패널의 '**mars.TGA**' Layer의 **Position, Scale, Rotation, Opacity**의 스톱왓치 아이콘을 클릭하여 모든 옵션의 키프레임을 설정한 후 **Scale:0.0, 0.0%**, Opacity:0%로 수정하여 화면에서 사라지게 한다

10 **Current Time**을 클릭하여 나타난 옵션 창에 '**15**'란 수치를 입력하여 Indicator를 15프레임으로 이동시킨 후 **Opacity:40%**로 투명도를 수정하여 이미지가 살짝 나타나게 한다.

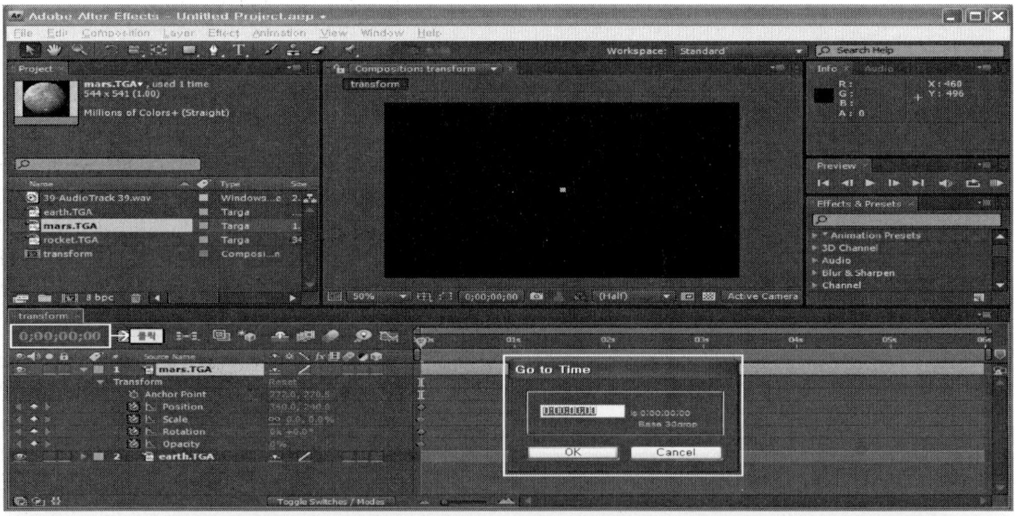

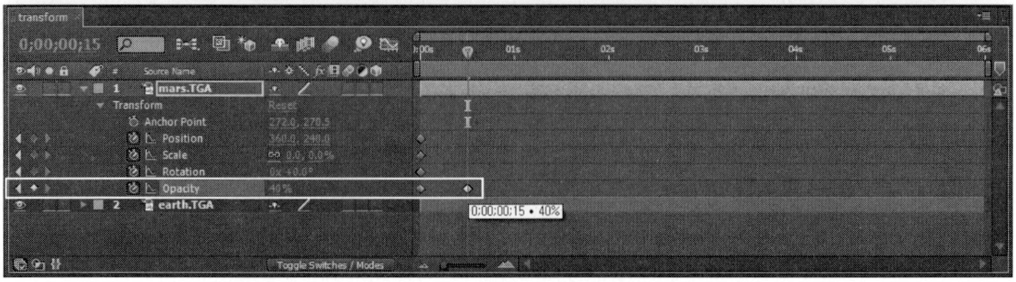

11 Indicator를 0;00;05;29로 이동한 후 **Opacity:70%, Rotation:−2×0.0°, Scale:20%**로 수정한다. **Position**은 이미지를 클릭하여 Composition 패널의 화면 왼쪽 상단으로 드래그하여 위치를 수정한다.

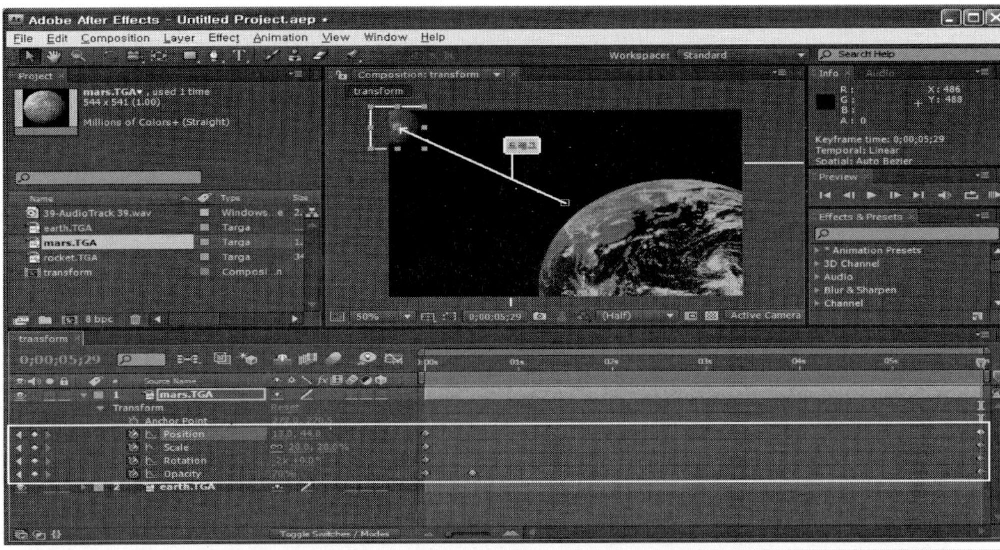

Rotation에서 0×0.0°에서 앞에 수치는 오브젝트의 회전 횟수를 입력하는 것이고 뒤에 수치는 회전값으로 회전을 제어한다. 앞의 수치 회전횟수로 회전시킬 경우 '+'으로 입력할 경우 시계방향으로 회전하고 '−'값으로 입력하면 시계반대방향으로 회전하다.
입력하는 수치는 바로 앞에 있는 키프레임의 회전값을 기준으로 회전수치가 정해진다.

12 Project패널에서 '**rocket.TGA**' 이미지를 클릭하여 Transform 패널로 드래그하여 위치시킨 후 **Rotation:0×90.0°, Scale:15.0, 15.0%, Position**은 화면 왼쪽 상단 외곽으로 위치시킨다.

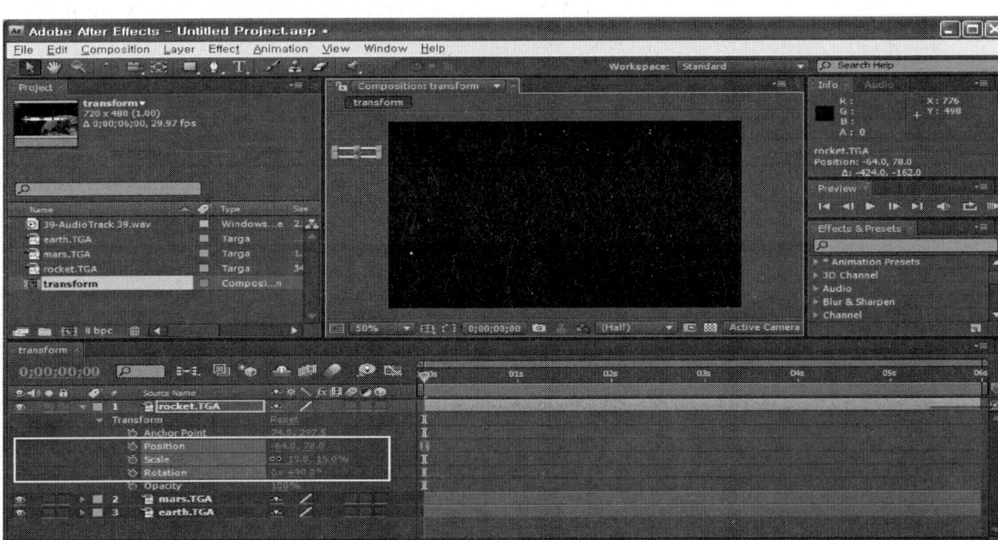

13 **Rotation, Scale, Position**의 시작부분에서 스톱왓치 아이콘을 클릭하여 키프레임을 설정한 후 **Current Time**을 더블클릭하여 **'200'**을 입력하여 Indicator를 2초로 이동한 후 **Rotation:0×90.0°, Scale:36.0, 36.0%**로 설정하여 이미지를 회전하고 축소한다. **Position**은 로켓 이미지를 클릭한 후 'Shift'키를 누른 후 화면 오른쪽으로 수평 이동시켜 위치시킨다.

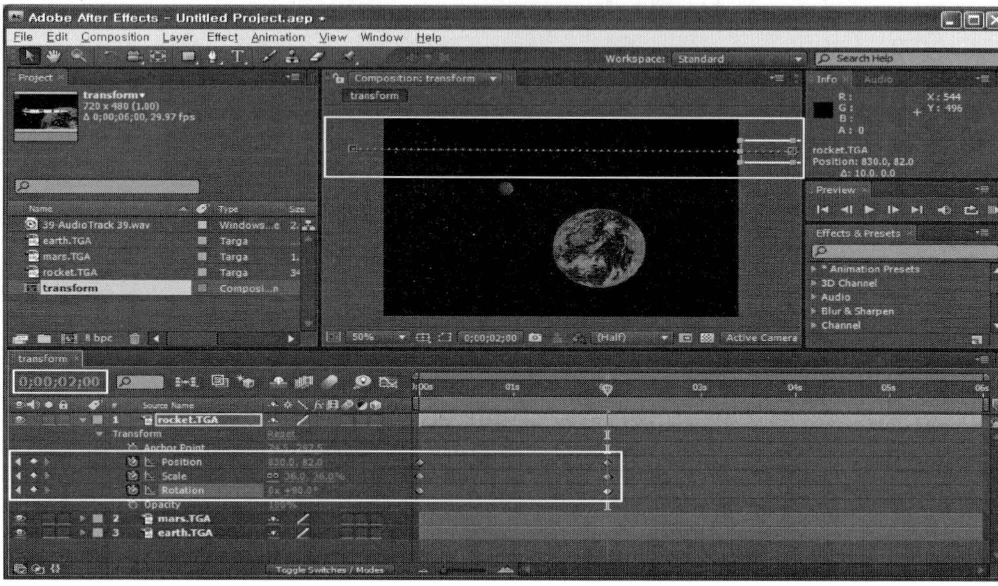

14 **Current Time**을 더블클릭하여 **'300'**을 입력하여 Indicator를 3초로 이동한 후 **Rotation:0×258.0°, Scale:45.0, 45.0%**로 설정하여 이미지를 회전하고 크기를 수정한다. 로켓 이미지를 클릭 드래그하여 아래 이미지같이 화면에 위치시켜 이미지의 **Position**을 변형한다.

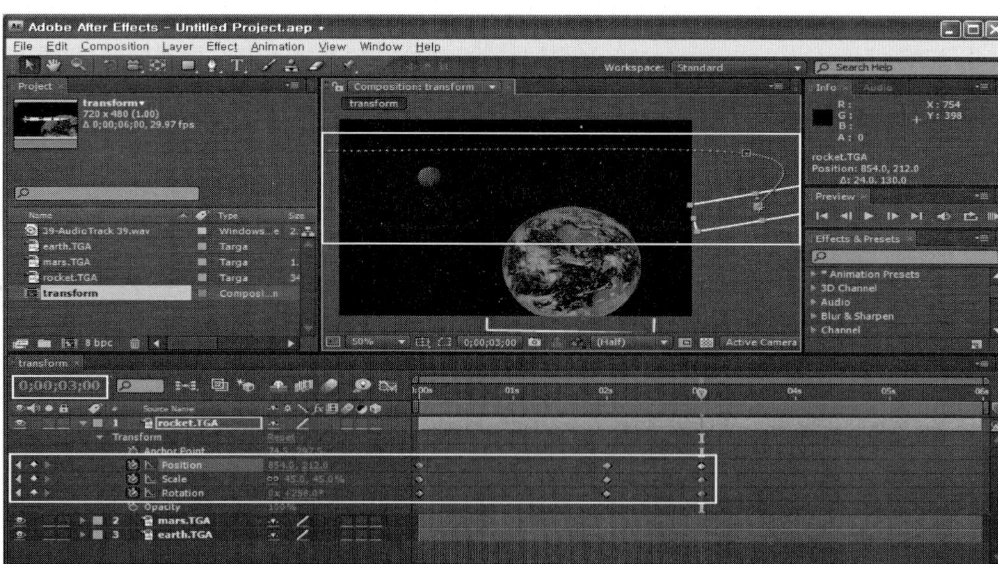

15 **Current Time**을 더블클릭하여 **'500'**을 입력하여 Indicator를 5초로 이동한 후 **Rotation:0×255.0°, Scale:100.0, 100.0%**로 설정하여 회전과 크기를 또 한번 수정한다. **Position**은 로켓 이미지를 클릭 드래그하여 아래 이미지 같이 화면 왼쪽 하단으로 위치시킨다.

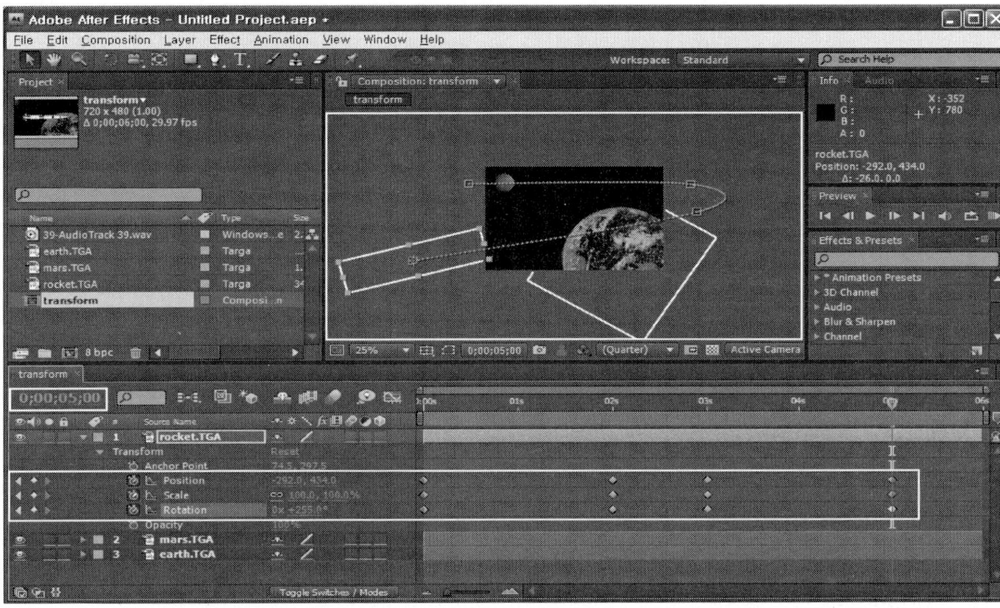

16 Indicator를 0초와 2초대 사이로 이동하여 **Position**에 키프레임을 2개 삽입하여 로켓 이미지를 클릭한 후 드래그하여 위치를 위 또는 아래로 약간씩 이동시킨다. 역시 Indicator를 3초와 5초 사이로 이동하여 키프레임을 2개 추가하여 로켓 이미지를 이동하여 위치를 약간씩 이동한다.

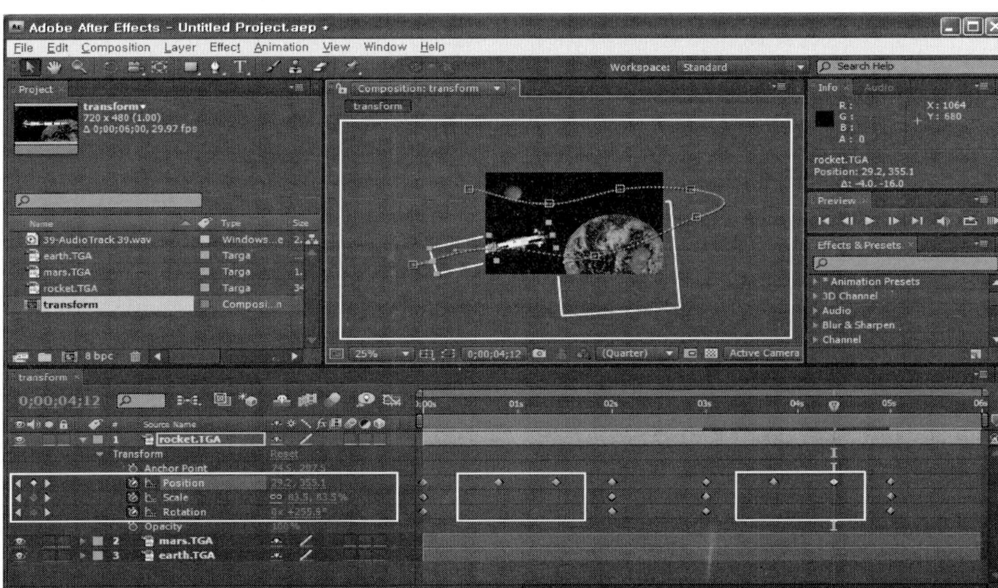

17 **[Layer]-[New]-[Solid]**를 선택하여 옵션 창이 나타나면 '**Make Comp Size**'를 클릭하여 작업 중인 화면과 크기를 맞추고 Color:**#FFFFFF**으로 선택하여 Solid를 흰색으로 수정한다.

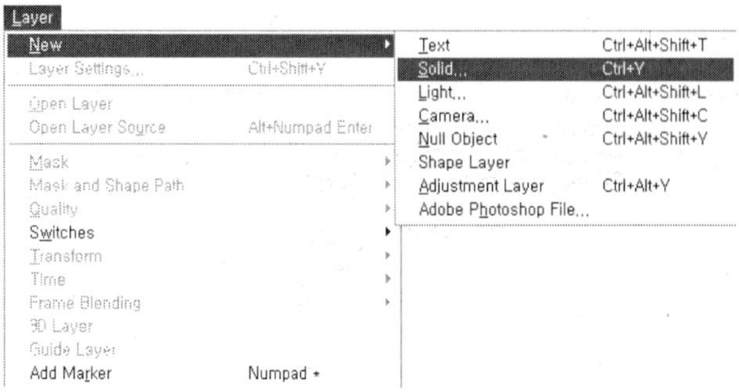

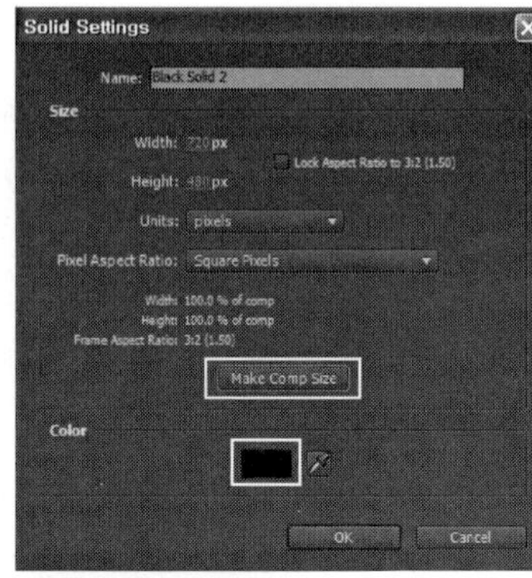

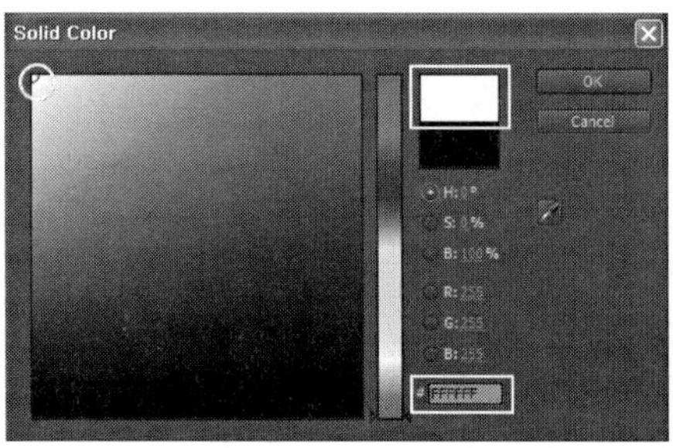

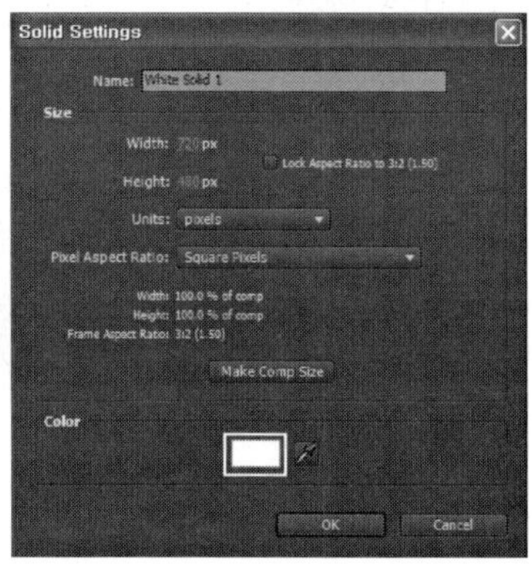

18 새로 만들어진 '**White Solid 1**' Layer를 클릭 드래그하여 Timeline 패널에서 가장 아래로 이동시킨다.

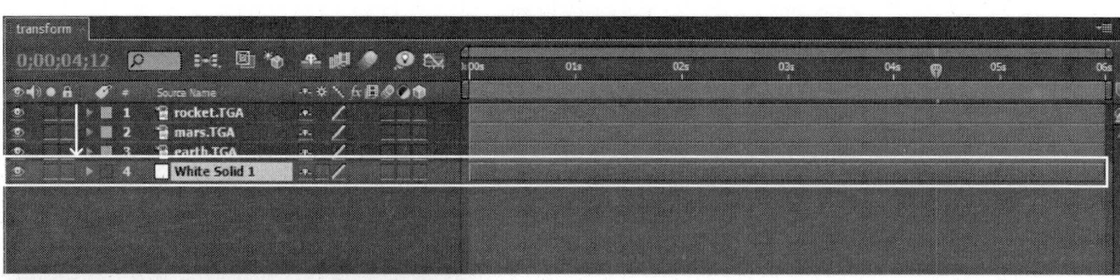

19 **[Effect]-[Simulation]-[CC Star Burst]**를 선택한 후 **'Effect Controls'**를 클릭한 후 **Scatter:200, Speed:0.50, Grid Spacing:2, Size:70**으로 옵션을 수정하여 우주공간 느낌으로 설정한다.

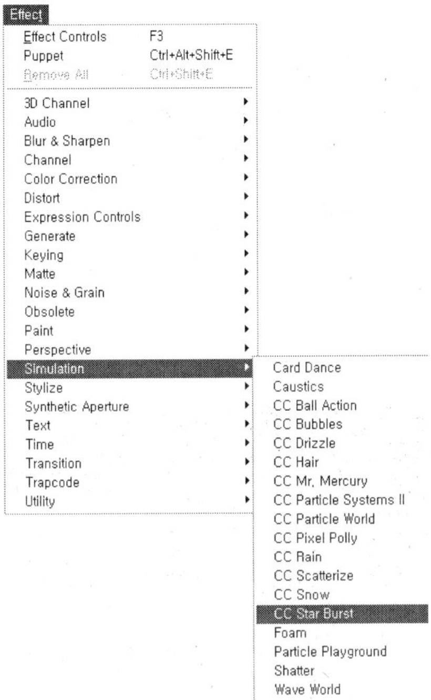

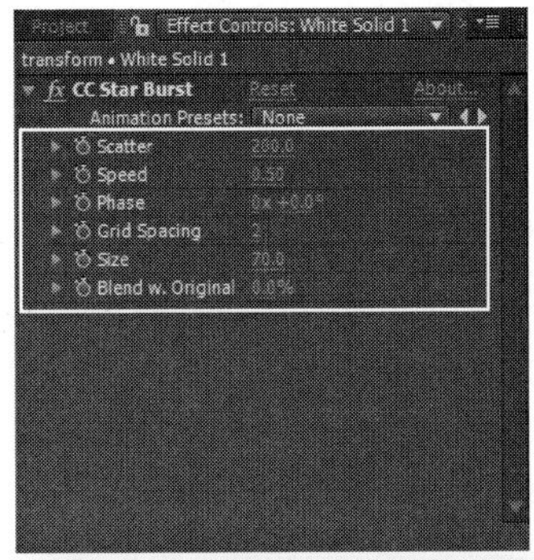

20 프로젝트패널에서 **'39-Audio Track 39.wav'**을 드래그하여 Transform 패널로 드래그하여 완성된 이미지에 오디오를 적용시켜 완성한다.

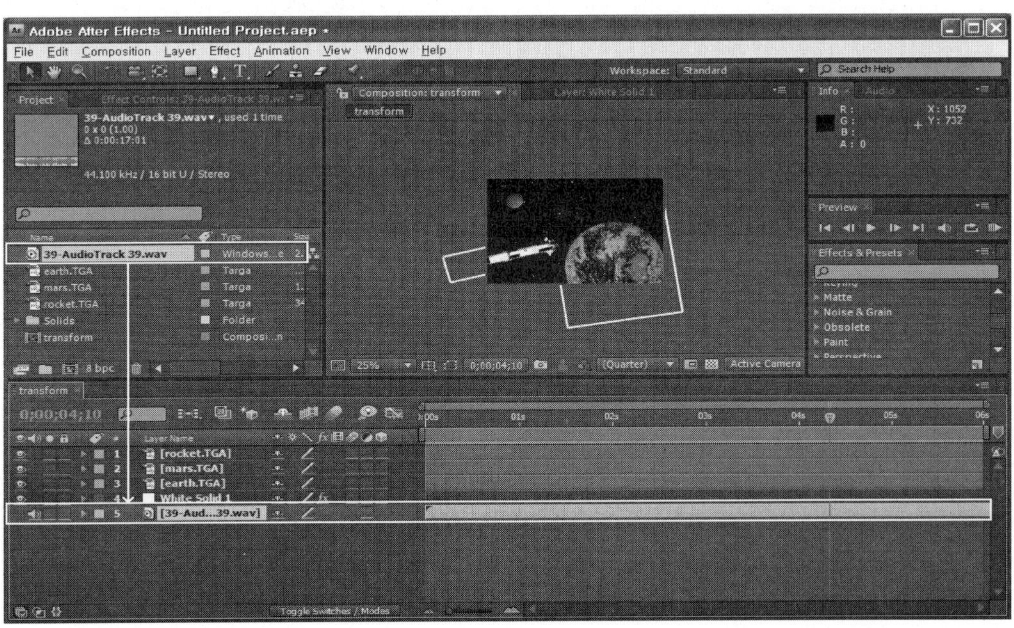

03 앵커 포인트 이해하기

Anchor Point는 이미지의 중심점을 잡아주는 기능이다. 회전값을 지정할 때 사용자가 원하는 기준점을 잡아주거나 카메라가 바라보는 앵글의 기준점을 잡아주는 등 이미지가 이동할 때 고정점의 기능을 한다. 이번 예제에는 앵커 포인트를 활용하여 회전값을 주는 기본 기능을 익히도록 한다. 특히 모션블러 효과를 이용한 이미지의 움직임의 효과도 익히도록 한다.

학습메뉴

- Anchor Point, Rotation, Motion Blur
- Effect_Ramp

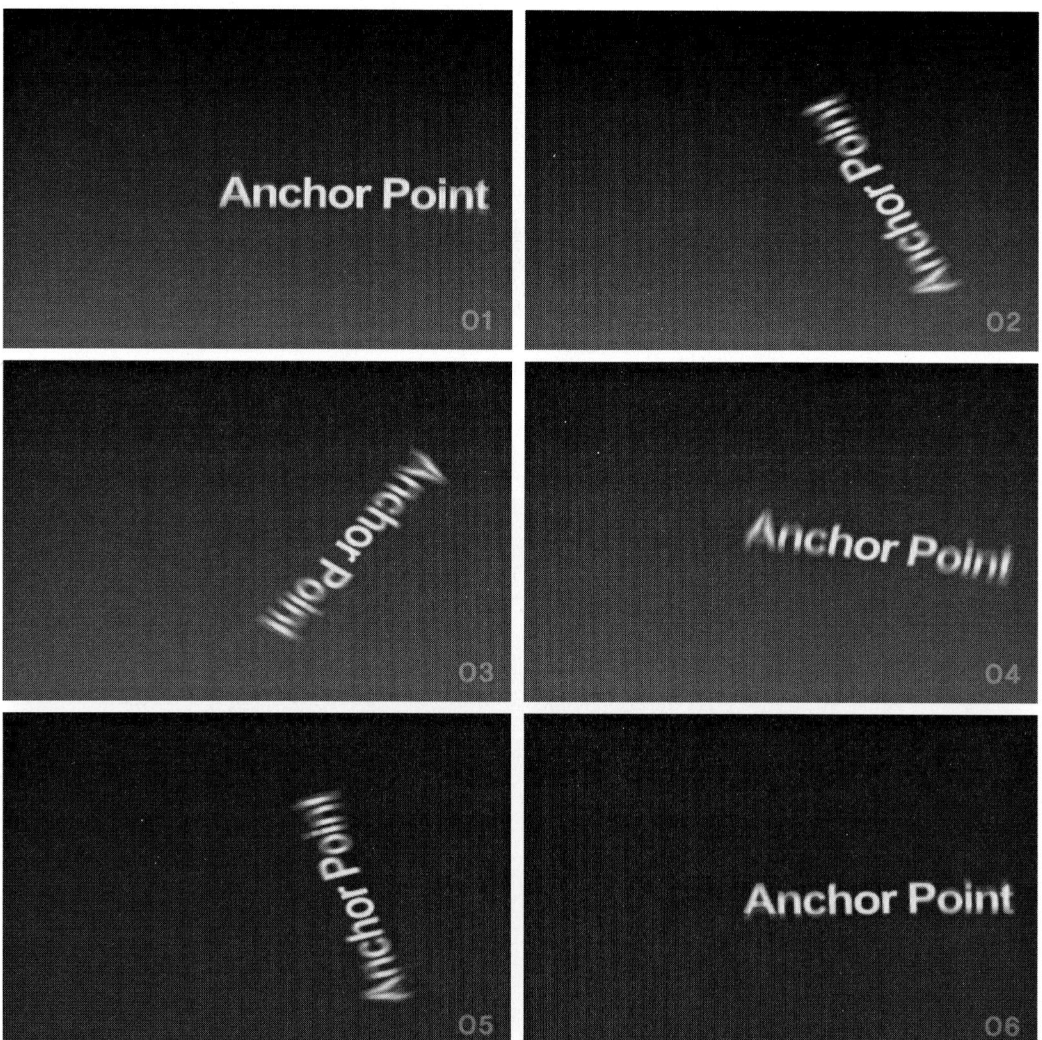

01 **[Composition]-[Composition Settings]**을 선택하여 **'Composition Name:anchor point / Width:320, Height:240 / Square Pixels / Duration 6:00'**을 입력하여 시작화면을 설정한다.

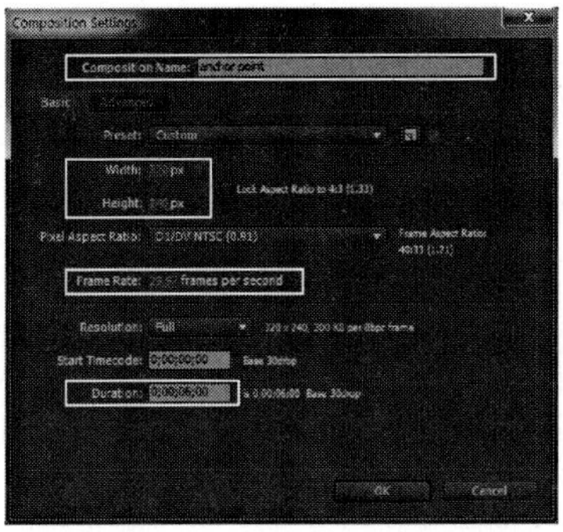

02 **[Layer]-[New]-[Solid]**를 선택한 후 옵션 창에서 Make comp Size를 클릭하여 새로 생기는 Solid Layer를 composition과 크기를 맞춘다.

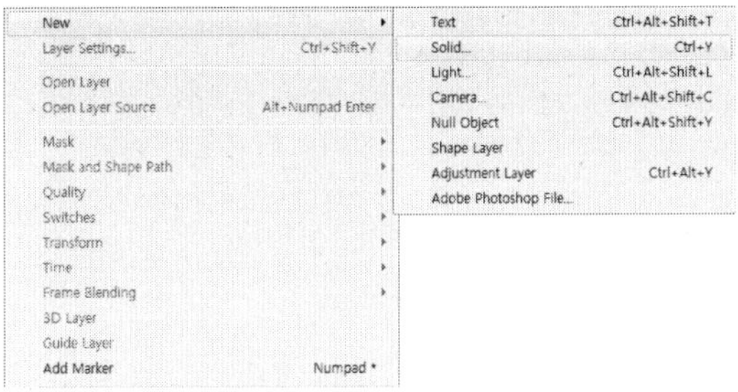

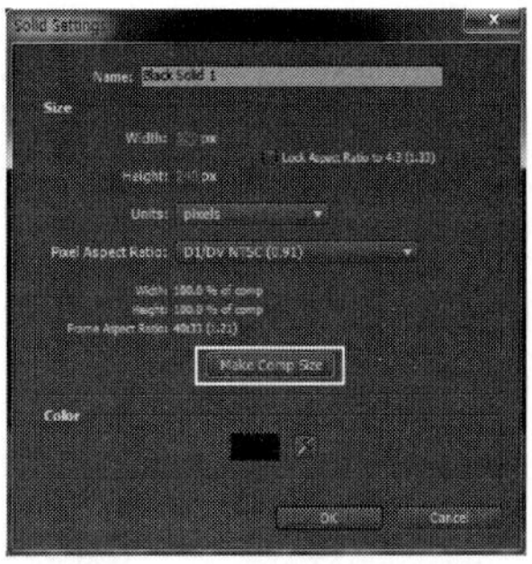

03 **[Effect]-[Generate]-[Ramp]**를 선택하여 '02'에서 생성한 Solid Layer에 필터를 적용한다.

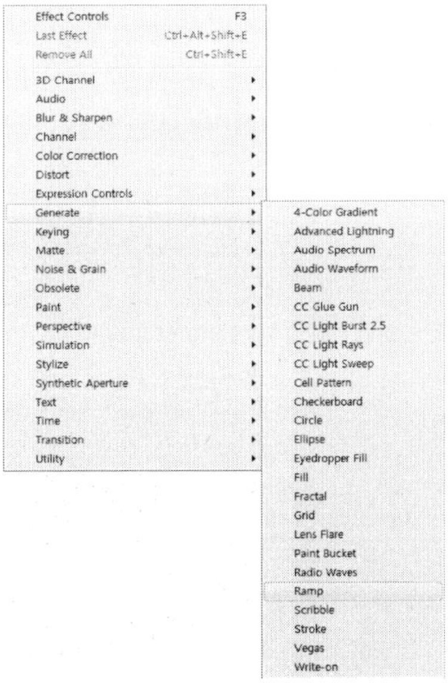

04

Effect Controls 패널의 옵션에서 Start Color 난을 클릭한 후 나타난 옵션 창에서 **'#061354'**를 입력하여 색상을 선택한다.

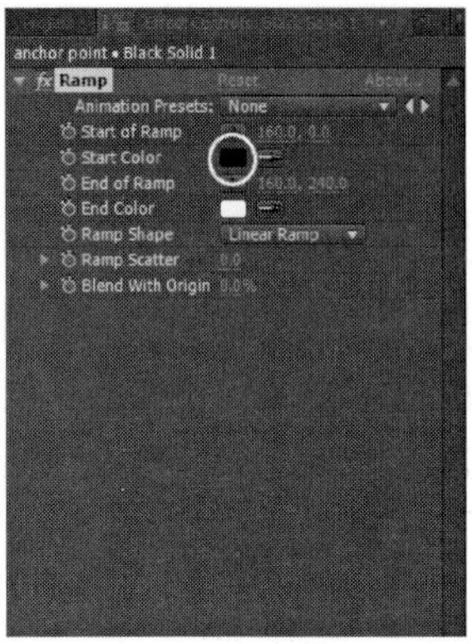

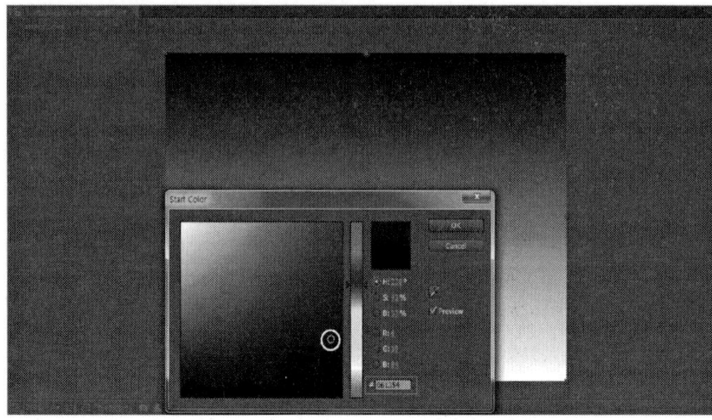

05

'End Color'난을 클릭한 후 나타난 옵션 창에서 **'#107A8D'**를 입력하여 색상을 선택한다.

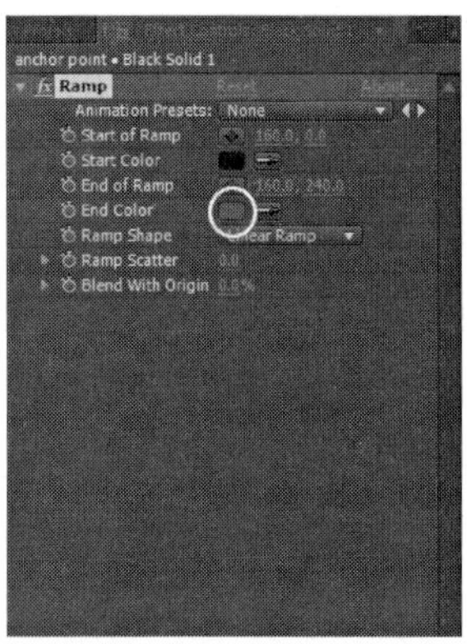

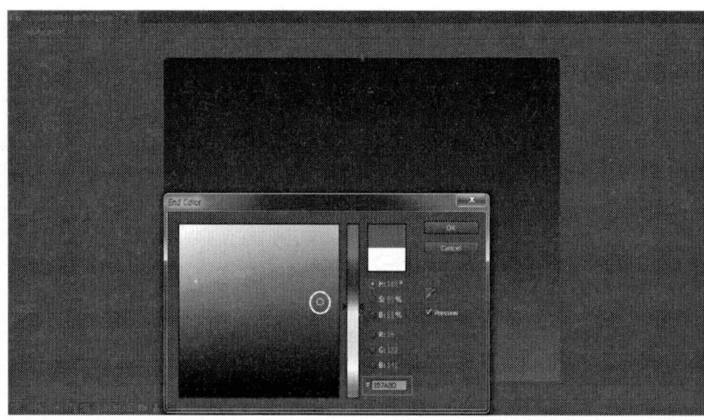

06

Text 툴을 선택한 후 Composition패널을 클릭한 후 'Anchor Point'라는 텍스트를 입력한다. Character 패널에서 **Arial / Bold / 30px**로 설정한 후 자간:**−50 / Horizontally Scale:90%**로 설정하고 화면에서 오른쪽 아래 부분에 위치를 선정한다.

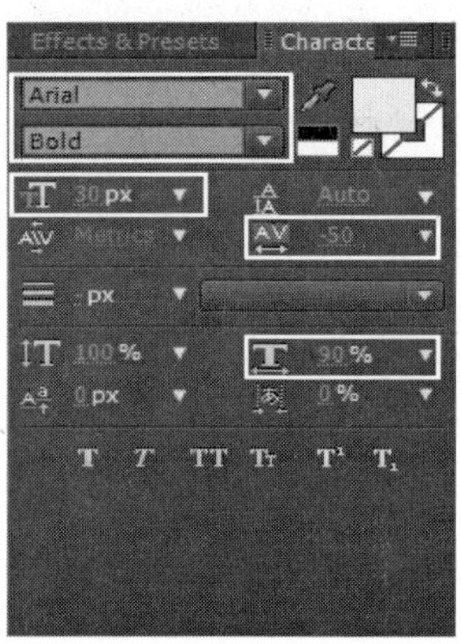

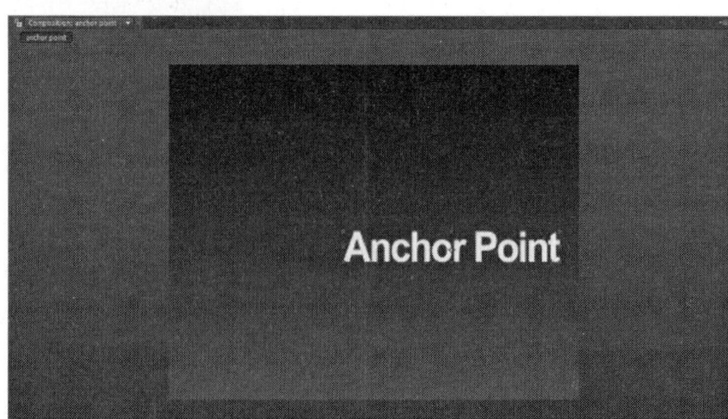

07 Timeline 패널에서 Anchor Point Layer를 선택한 수 'A' 단축키를 클릭한 후 Shift 키를 누르고 **'R'** 단축키를 클릭하여 Transform 메뉴에서 **Anchor Point / Rotation**만 나타나게 한다.

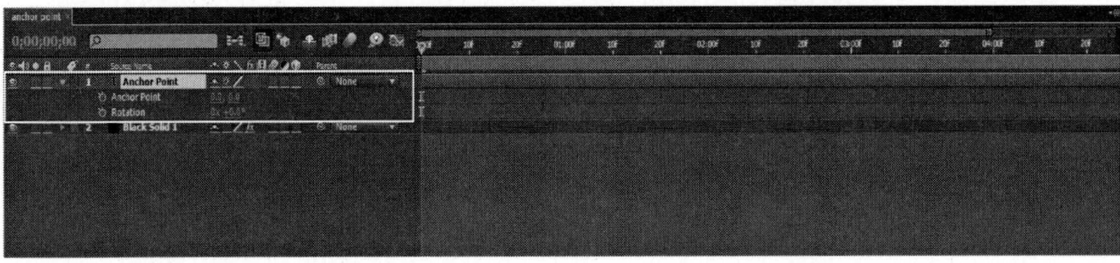

08 **Pen Behind** 툴을 선택한 후 Composition 패널에서 텍스트 왼쪽 하단에 있는 Anchor Point를 텍스트 중앙으로 드래그하여 이동한다.

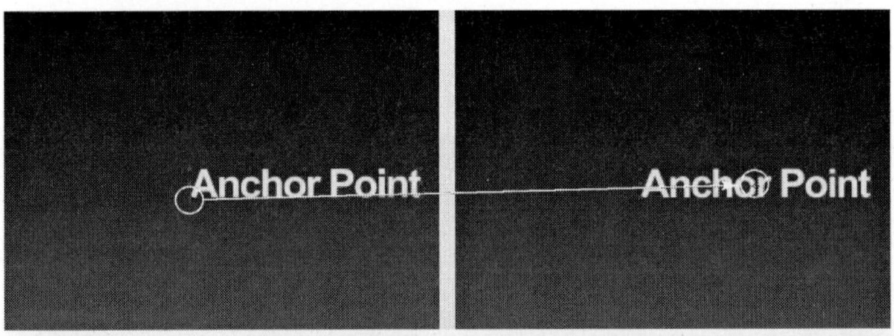

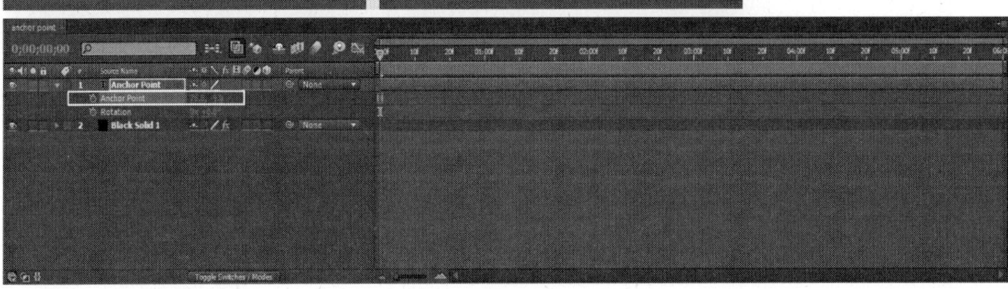

09 Indicator가 00;00;00에 위치한 상태에서 **Rotation** 스톱왓치 아이콘을 클릭하여 키프레임을 설정한다.

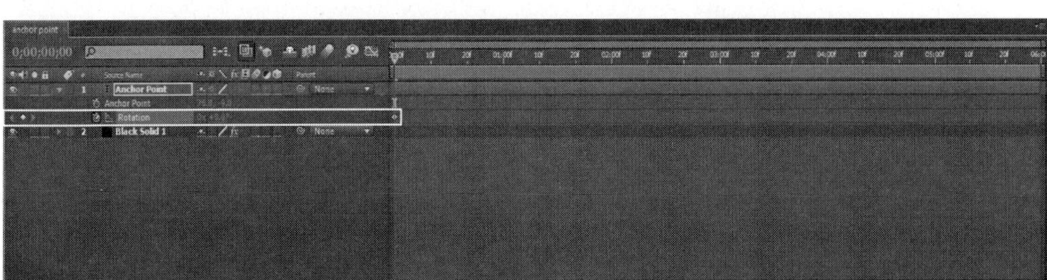

10 **'Current Time'**을 클릭한 후 **'Go to Time'** 창에서 **'600'**을 입력한 후 키패드에서 **'Page Up'** 버튼을 클릭하여 한 프레임 앞으로 Indicator를 이동한다.

- 키패드에서 Page Up 버튼을 클릭하면 Indicator가 한 프레임씩 앞으로 이동하고 Page Down은 한 프레임씩 뒤로 이동한다.
- Shift를 클릭하고 Page Up / Page Down을 클릭하면 Indicator가 10프레임씩 앞이나 뒤로 이동한다.
- 키패드에서 Home 버튼을 클릭하면 Indicator가 맨 앞 프레임으로 이동하고 End 버튼을 클릭하면 Indicator가 맨 뒤 프레임으로 이동한다.

11 **Rotation 10×0.0°**을 입력하여 시계방향으로 10바퀴가 회전하게 설정한다.

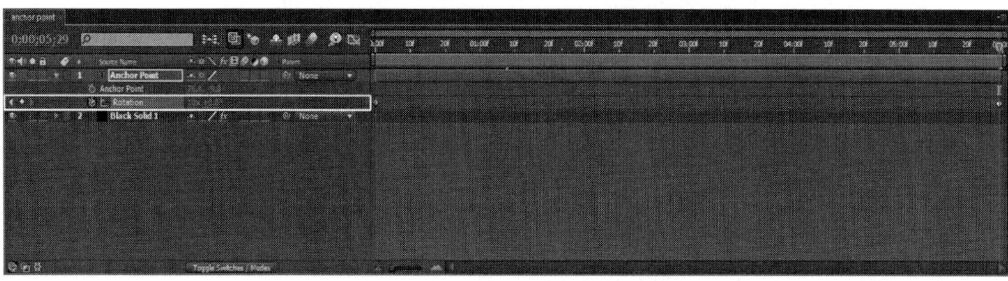

12 Anchor Point Layer 아이콘을 클릭하고 Timeline 상단의 아이콘도 클릭하여 Motion Blur를 적용한다.

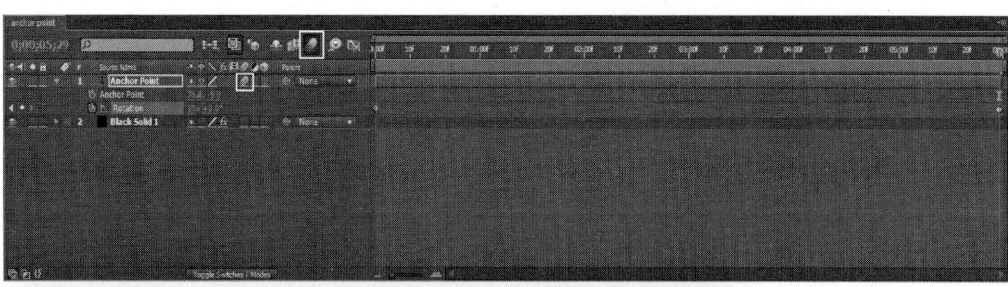

04 앵커 포인트와 Parent

외부에서 그래픽 파일을 불러오는 다양한 방법 중 타임라인에 레이어를 형성하면서 가져오는 메뉴에 대하여 알아본다.
앵커포인트 활용방법 중 중심되는 오브젝트를 따라 하위 오브젝트가 같이 움직이는 방법에 대하여 알아보며 그 활용 예제를 통해서 방법을 익힌다.

학습메뉴

- Anchor Point, Rotation, Position
- File Import, Parent

01 **[File]-[Import]-[File]**을 선택하여 나타난 옵션 창에서 **'Images>baby'** 파일을 선택하여 불러온다.

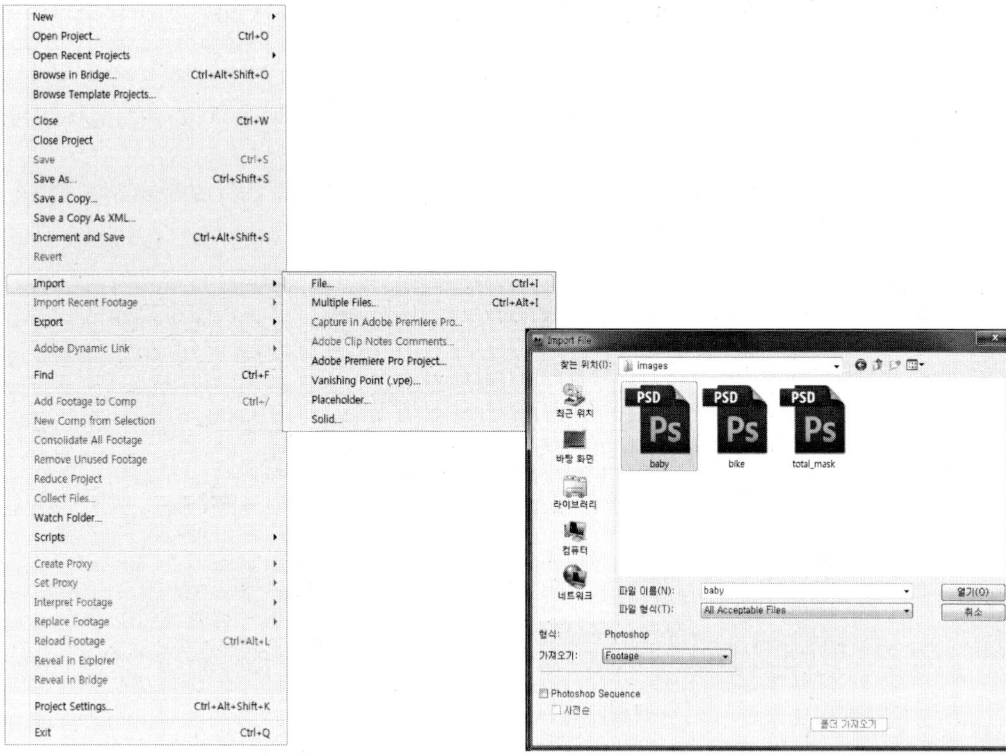

02 **Import** 옵션 창이 나타나면 **Import Kind**를 **Composition-Cropped Layer**를 선택하고 **Layer Options**는 **Editable Layer Styles**를 선택하여 포토샵에서 작업한 Layer 순서대로 그대로 애프터이펙트에 나타나도록 설정한다.

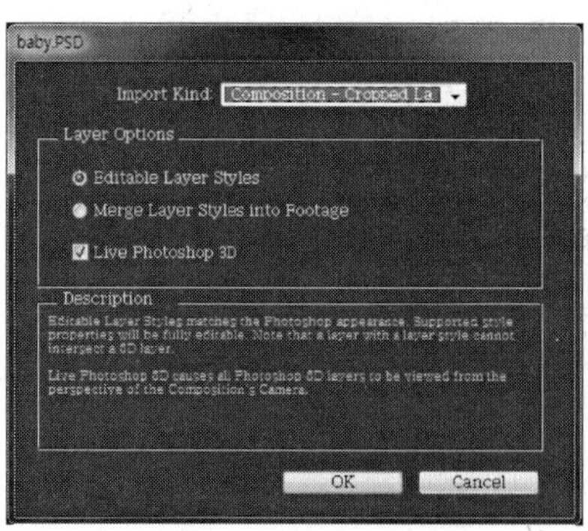

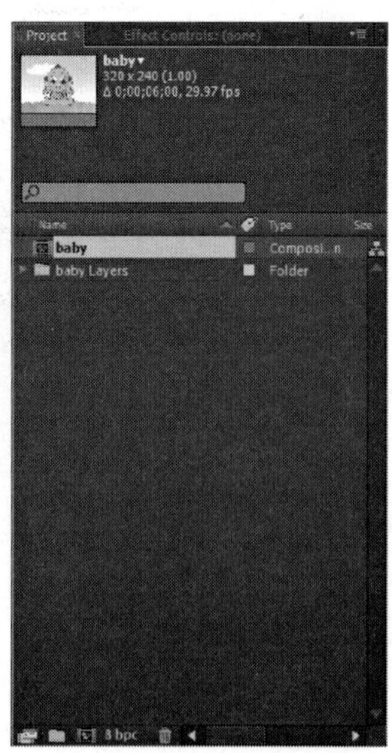

03 Project 패널에 불러온 ‘baby’ 파일을 더블클릭하여 Timeline 패널에 포토샵에서 작업한 순서대로 Layer를 배치시킨 후 ‘**Cloud**’ Layer를 선택한 후 **[Edit]-[Duplicate]** 선택하여 ‘**Cloud2**’ Layer를 생성한다.

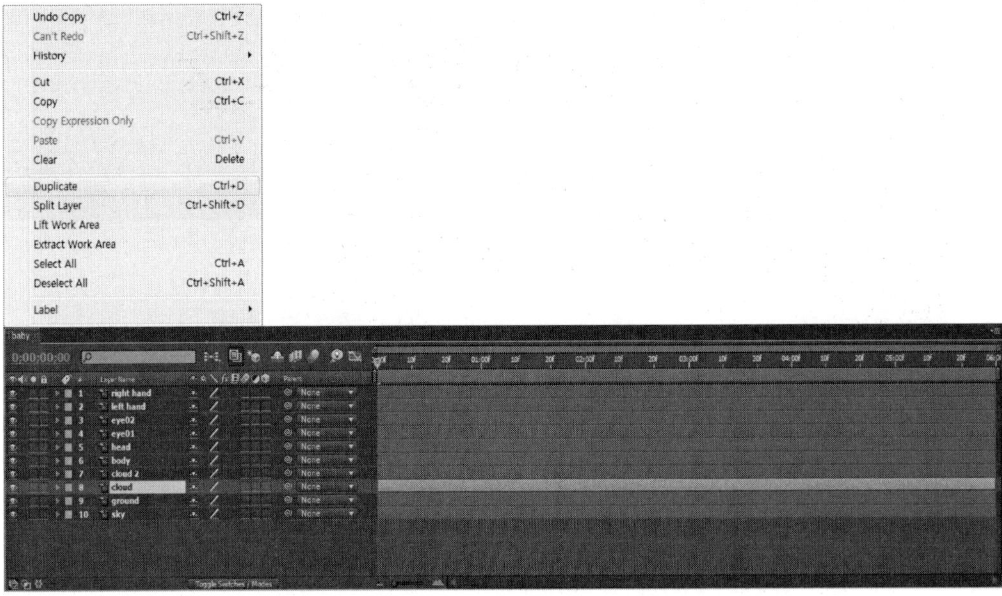

04 ‘**Cloud**’ Layer를 선택한 후 Composition 패널에서 해당 이미지를 화면 왼쪽 하단으로 드래그하여 위치를 변경한 후 ‘**P**’ 단축키를 클릭하여 Transform 패널의 **Position**이 나타나게 한 후 스톱왓치 아이콘 을 클릭하여 키프레임을 설정한다.

05 '**Current Time**'을 클릭하여 '**200**'을 입력하여 Indicator를 2초로 위치시킨 후 '**Cloud**' Layer를 드래그하여 화면 왼쪽 중앙으로 이동한다.

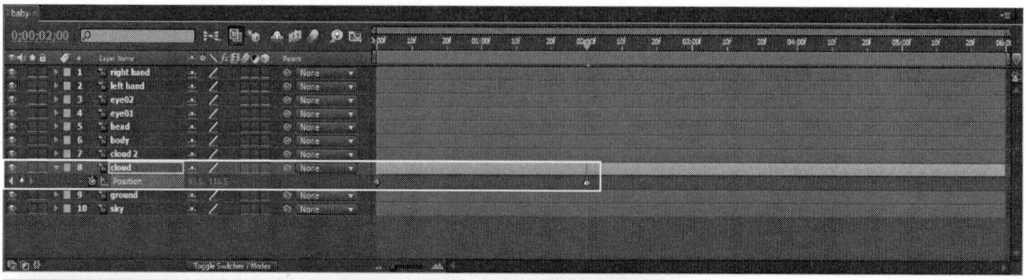

06 '**Current Time**'을 클릭하여 '**328**'을 입력하여 Indicator를 3초 28프레임으로 위치시킨 후 'Cloud' Layer를 드래그하여 화면 오른쪽 아래로 이동한다.

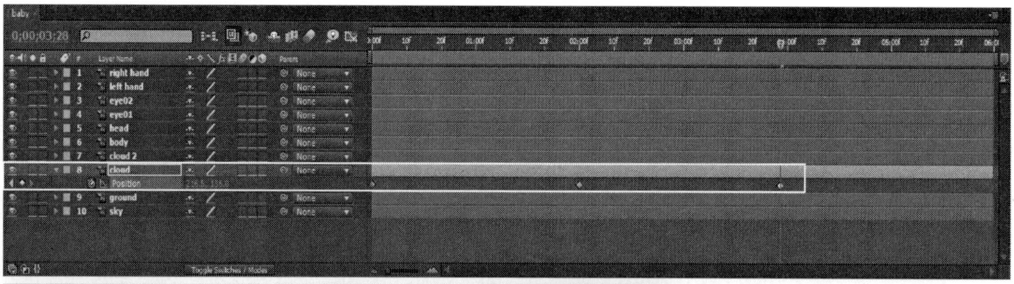

07 '**Current Time**'을 클릭하여 '**529**'을 입력하여 Indicator를 5초 29프레임으로 위치시킨 후 '**Cloud**' Layer를 드래그하여 화면 오른쪽 밖으로 이동하여 사라지게 한다.

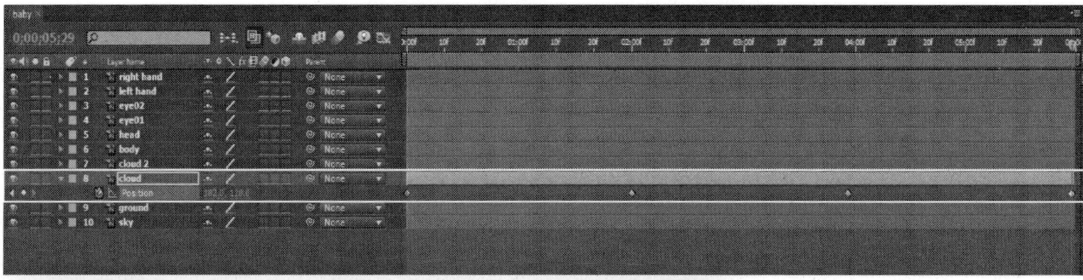

08 '**Cloud2**' Layer를 선택하여 '**Cloud**' Layer와 같이 '**Current Time**'에서 '**0;00 / 1;10 / 2;15 /4;03 / 5; 08**' 수치를 입력하며 이미지를 구름 이미지의 위치를 'Cloud' layer는 조금씩 다르게 수정하면서 화면 오른쪽으로 이동시킨다.

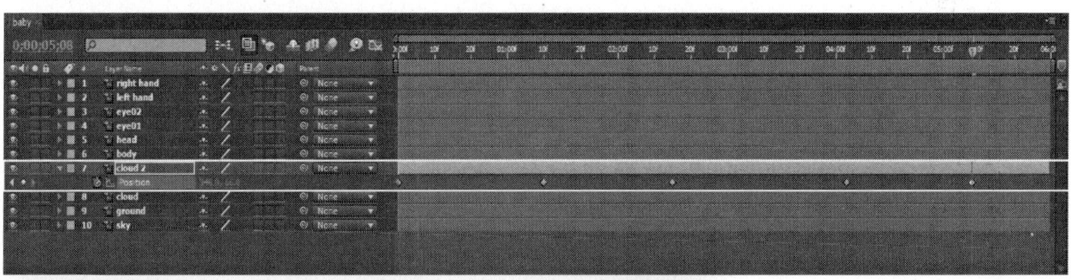

- 'Cloud'와 'Cloud2' 이미지의 Position값을 자유자재로 설정하면서 각각의 이동을 설정해본다.

09 **'Head'** Layer를 선택한 후 **'Pan Behind'** 툴을 선택하여 Composition 패널에서 선택된 이미지의 앵커 포인트를 얼굴의 하단 중심으로 이동한다.

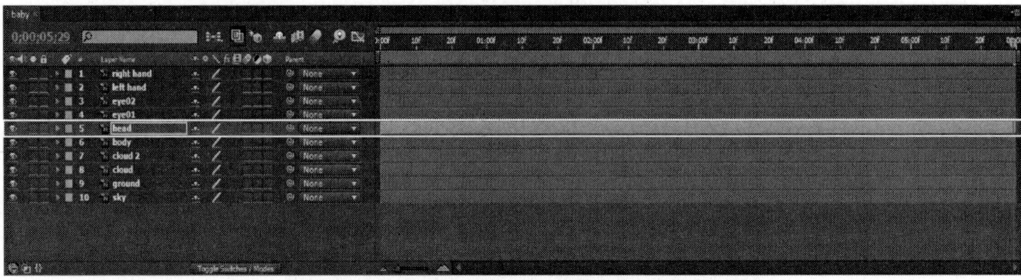

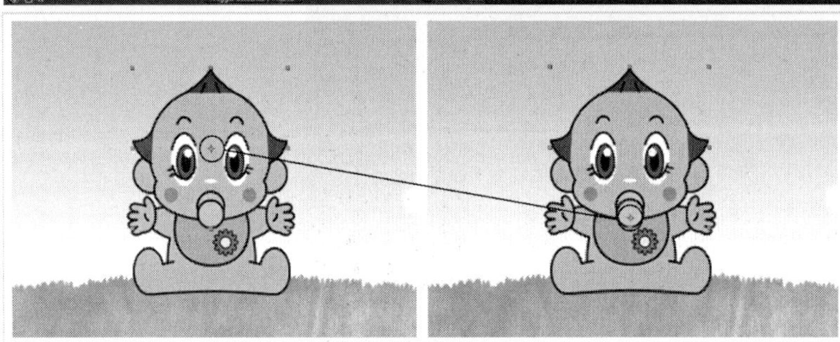

10 **'Head'** Layer가 선택된 상태에서 **'Current Time'**을 클릭하여 **'100'**을 입력하여 Indicator를 1초로 위치시킨 후 **'R'** 단축키를 클릭하여 Transform 패널의 **Rotation**이 나타나게 한 후 스톱왓치 아이콘 을 클릭하여 키프레임을 설정한다.

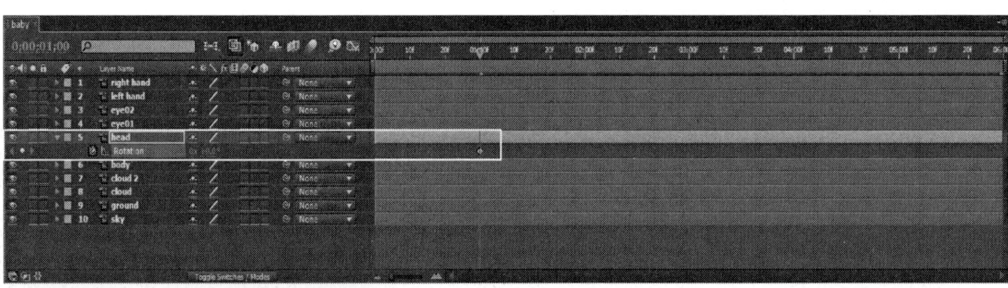

11 **'Current Time'**을 클릭하여 **'200'**을 입력하여 Indicator를 2초로 위치시킨 후 **Rotation**값을 **'0×+10.0°'**를 입력해서 회전값을 오른쪽 10도로 설정한다.

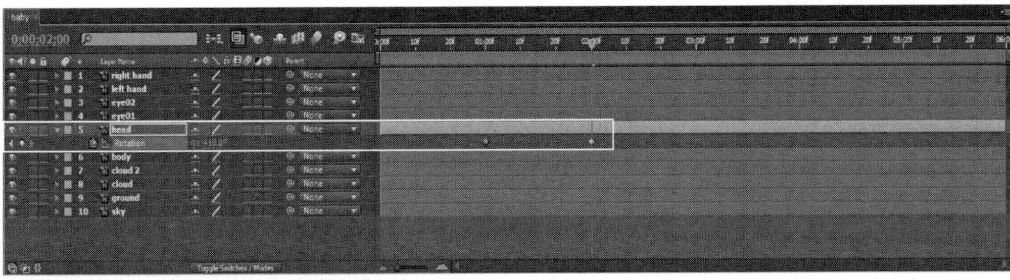

12 **'Current Time'**을 클릭하여 **'210'**을 입력하여 Indicator를 2초 10프레임으로 위치시킨 후 키프레임 아이콘 을 클릭하여 추가하여 10도로 회전된 얼굴 이미지가 한 순간 정지하게 한다.

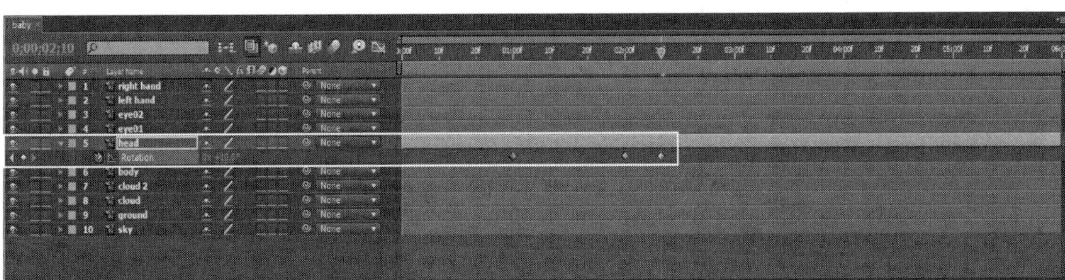

13 **'Current Time'**을 클릭하여 **'310'**을 입력하여 Indicator를 3초 10프레임으로 위치시킨 후 **Rotation** 값을 **'0× −10.0°'**를 입력해서 회전값을 설정하여 얼굴이 왼쪽으로 10도 회전하게 한다.

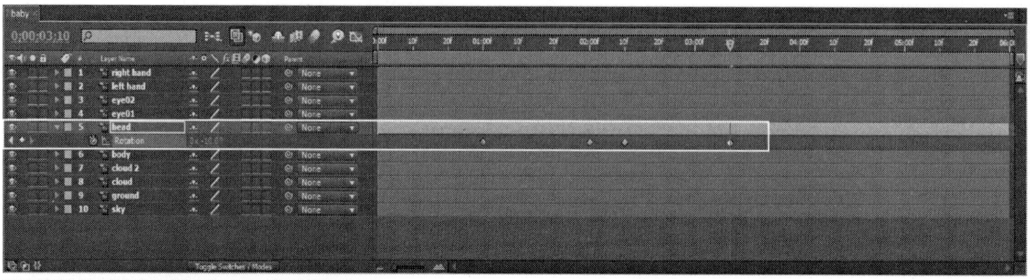

14 **'Current Time'**을 클릭하여 **'320'**을 입력하여 Indicator를 3초 20프레임으로 위치시킨 후 키프레임 아이콘 을 클릭하여 추가하여 왼쪽으로 회전된 얼굴 이미지가 한 순간 정지하게 한다.

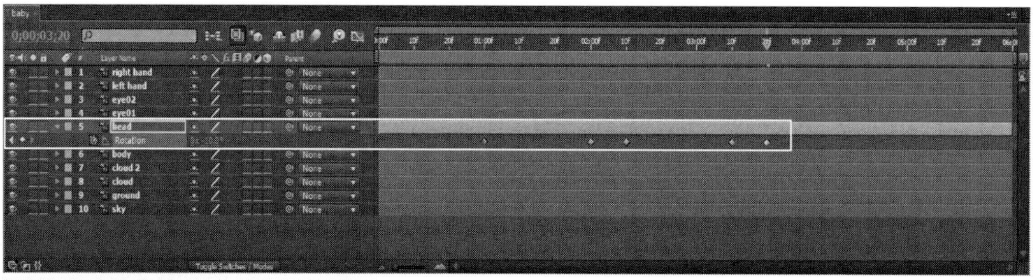

15 **'Current Time'**을 클릭하여 **'420'**을 입력하여 Indicator를 4초 20프레임으로 위치시킨 후 **Rotation** 값을 **'0×0.0°'**를 입력해서 회전값을 설정하여 얼굴 이미지가 다시 똑바로 위치하게 한다.

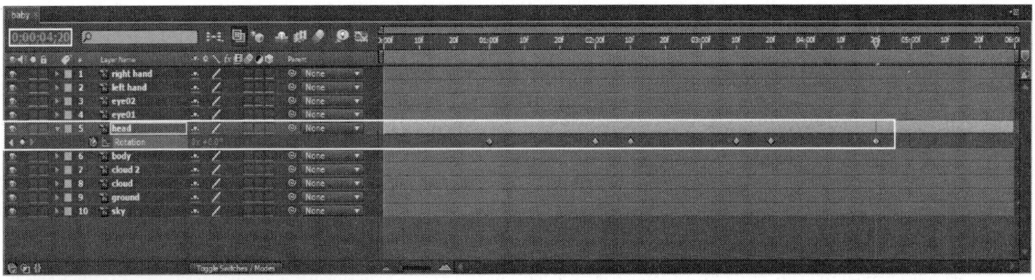

16 **'eye02'** Layer의 **'Video-Hides Video'** 아이콘을 클릭하여 해당 이미지를 숨기면 아기 눈 아랫 눈썹 이미지가 사라진다.

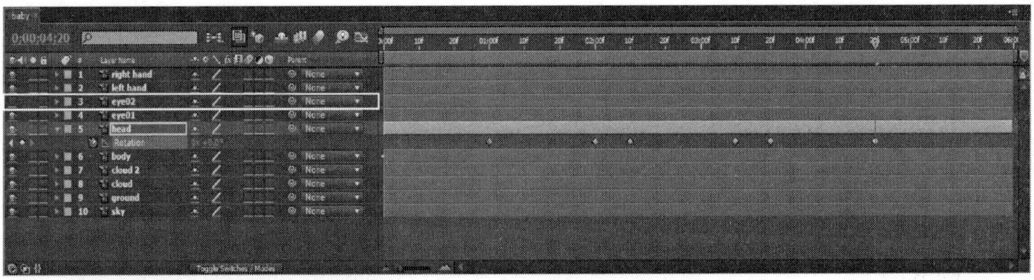

17 **'eye01'** Layer를 선택한 후 **'Current Time'**을 클릭하여 **'200'**을 입력하여 Indicator를 2초로 위치시킨 후 **[Edit]-[Split Layer]** 선택하여 **'eye01'** Layer와 **'eye03'** Layer를 2초를 기준으로 두 개의 Layer로 분리시킨다.

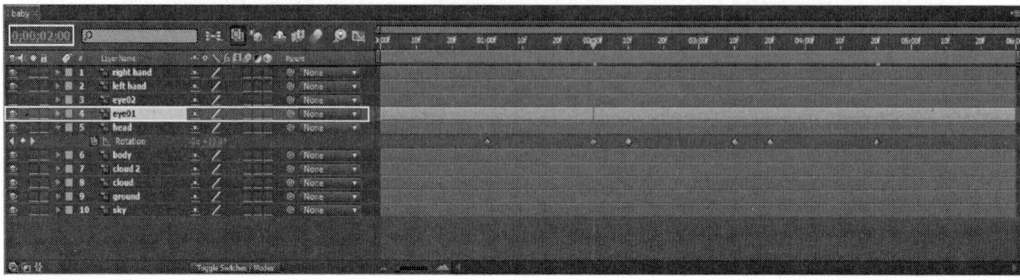

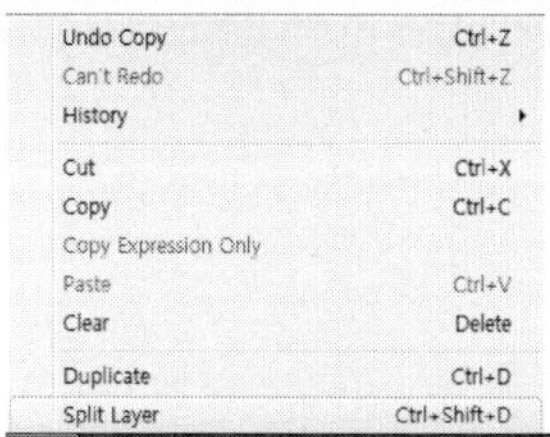

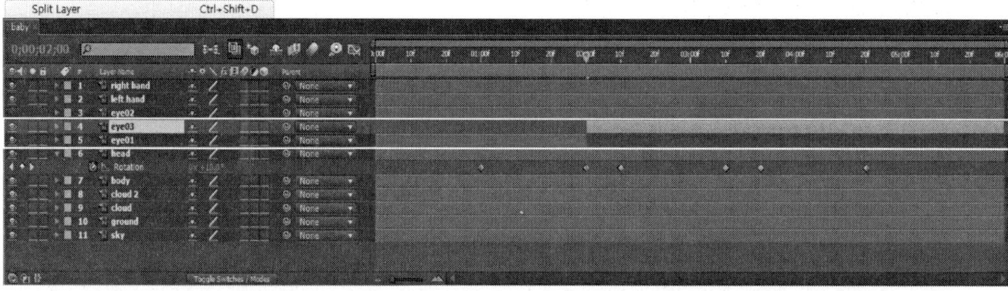

18 새로 생긴 **'eye03'** Layer를 선택한 후 시작지점을 **'2;10'**로 드래그하여 조정한다.

19 **'eye02'** Layer를 선택한 후 시작지점을 **'eye01'** Layer의 끝나는 지점과 맞추고 끝나는 지점은 **'eye03'** Layer의 시작지점과 맞춰서 **'eye01'** Layer와 **'eye02'** Layer 사이에 위치되게 조절한다.

20 **'eye01'** Layer의 **'Parent'** 아이콘을 클릭 드래그하여 **'Head'** Layer에 드래그하여 연결한 후 **'eye03'** Layer와 **'eye02'** Layer도 동일한 방법으로 **'Head'** Layer의 움직임과 연결한다.

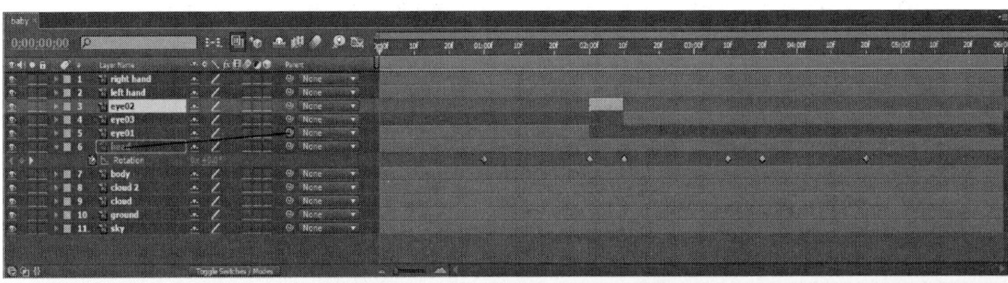

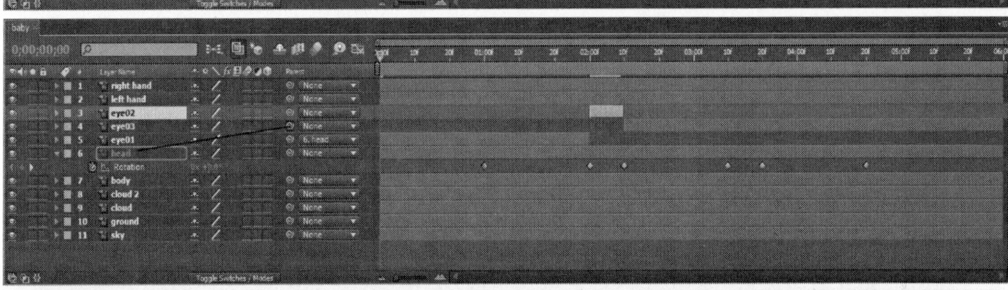

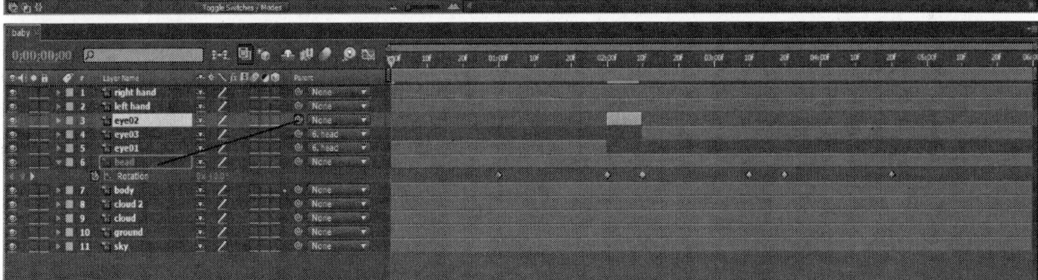

- 'Columns'의 'Parent'는 움직임을 원하는 Layer에 종속시키는 기능이다.
  즉 여러 개의 Layer 중 원하는 이미지의 움직임을 부모의 이미지로 하고 그 이미지에 연결될 이미지를 자식의 이미지로 연결해서 같은 값의 움직임으로 설정되게 연결하는 기능이다.

21 **'left hand'** Layer를 선택한 후 **'Pan Behind'** 툴을 선택하여 Composition 패널에서 선택된 왼쪽 손 이미지의 하단 중심 포인트를 이동한다.

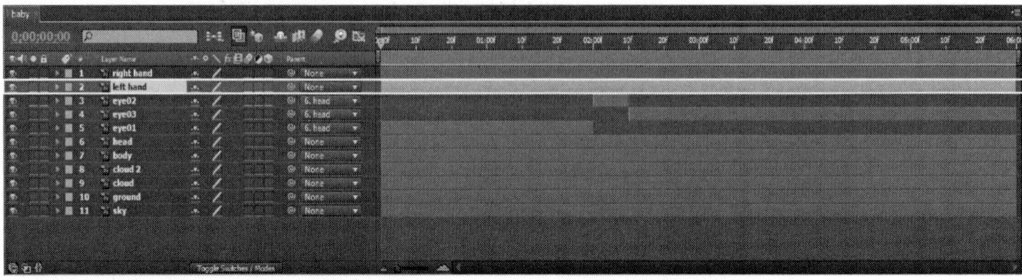

22 **'left hand'** Layer를 선택된 상태에서 **'R'** 단축키를 클릭하여 Transform 패널의 **Rotation**이 나타나게 한 후 스톱왓치 아이콘 을 클릭하여 키프레임을 설정한다. 선택된 상태에서 **'Current Time'**을 클릭하여 **'20'**을 입력하여 Indicator를 20프레임으로 위치시킨 후 **'Rotation**값을 **'0×−13.0°'**를 하여 손이 아래쪽으로 살짝 회전되게 설정한다.

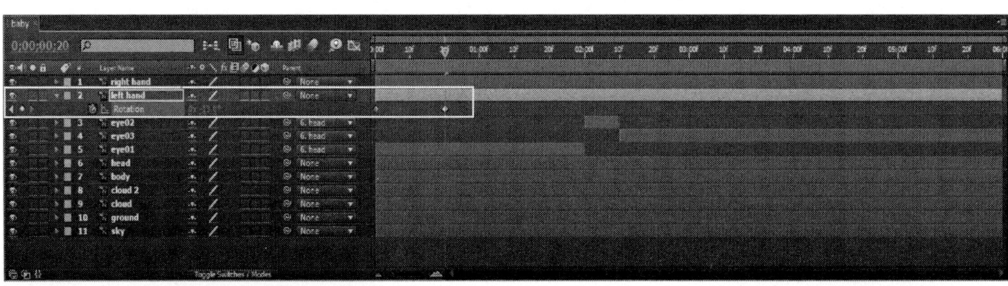

23 **'Current Time'**을 클릭하여 **'110'**을 입력하여 Indicator를 1초 10프레임으로 위치시킨 후 **Rotation** 값을 **'0×+13.0°'**를 입력하여 손이 위쪽으로 살짝 회전되게 설정한다.

24 **'Current Time'**을 클릭하여 **'200'**을 입력하여 Indicator를 2초로 위치시킨 후 **Rotation**값을 **'0×+0.0°'**를 입력하여 원위치로 설정한다.

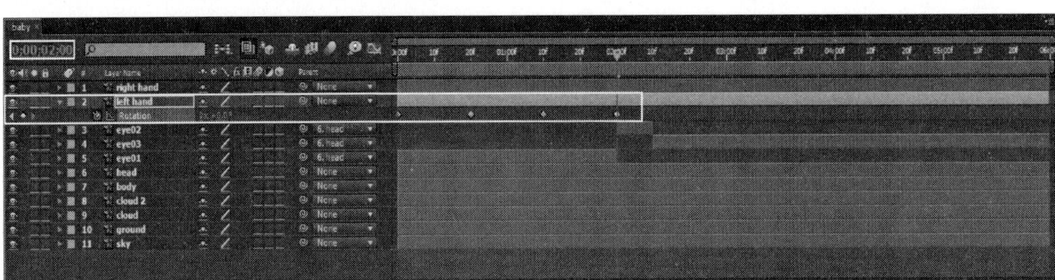

25 **'left hand'** Layer의 생성된 키프레임을 드래그하여 모두 선택한 후 **[Edit]-[Copy]**를 선택한다. **'Current Time'**을 클릭하여 **'400'**을 입력하여 Indicator를 4초로 위치시킨 후 **[Edit]-[Paste]**를 선택하여 키프레임을 모두 복사하여 앞에서 작업한 회전값을 동일하게 적용시킨다.

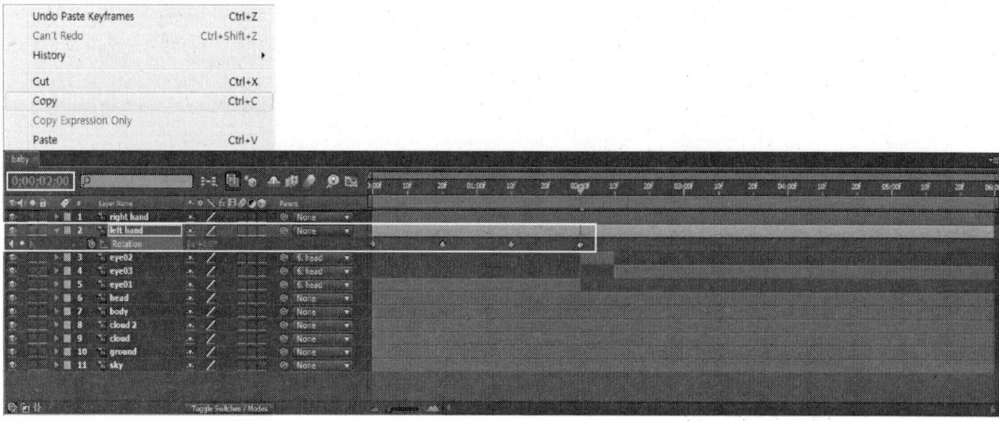

26 **'right hand'** Layer를 선택한 후 **'Pan Behind'** 툴을 선택하여 Composition 패널에서 선택된 이미지의 앵커 포인트를 오른쪽 손 이미지의 왼쪽 중심으로 이동한 후 **'R'** 단축키를 클릭하여 Transform 패널의 **Rotation**이 나타나게 한 후 스톱왓치 아이콘 을 클릭하여 키프레임을 설정한다.

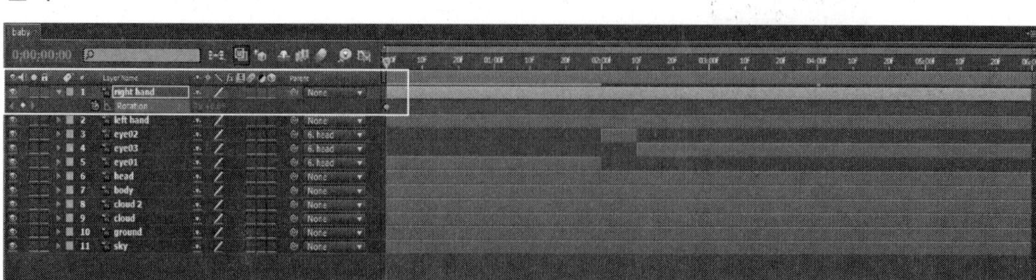

27 **'Current Time'**을 클릭하여 **'20'**을 입력하여 Indicator를 20프레임으로 위치시킨 후 **Rotation**값을 **'0×+13.0°'** 하고 **'Current Time'**을 클릭한 후 **'110'**을 입력하여 Indicator를 이동한 후 **Rotation**값을 **'0×－13.0°'**, 마지막으로 **'Current Time'**을 클릭한 후 **'200'**을 입력하여 Indicator를 이동한 후 **Rotation**값을 **'0×+0.0°'** 입력하여 오른쪽 손도 살짝 움직이게 한다.

28 **'right hand'** Layer의 생성된 키프레임을 드래그하여 모두 선택한 후 **[Edit]-[Copy]**를 선택한다. **'Current Time'**을 클릭하여 **'400'**을 입력하여 Indicator를 4초로 위치시킨 후 **[Edit]-[Paste]**를 선택하여 키프레임을 모두 복사하여 앞에서 적용된 회전값이 동일하게 적용되게 한 후 완성한다.

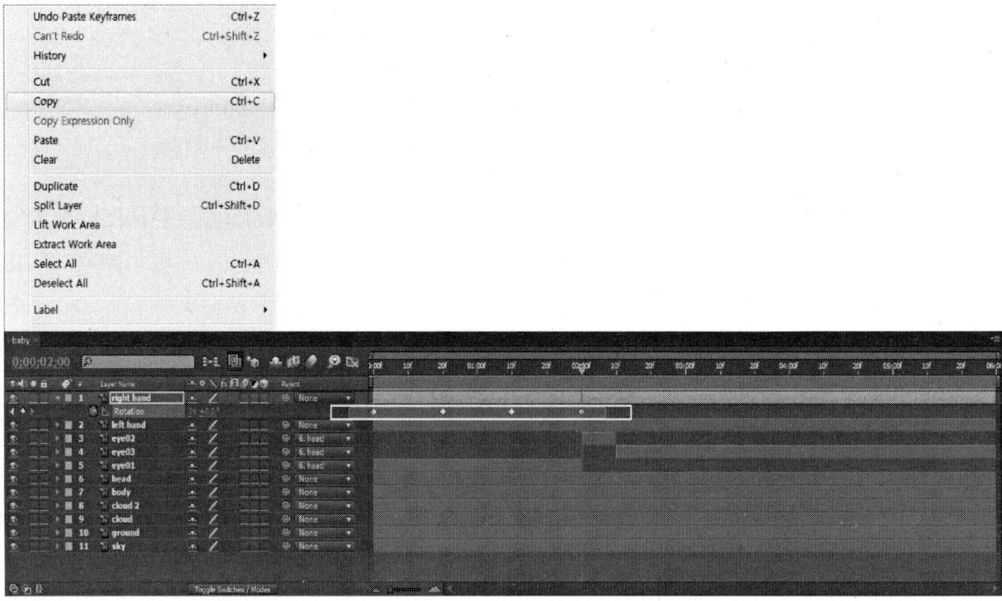

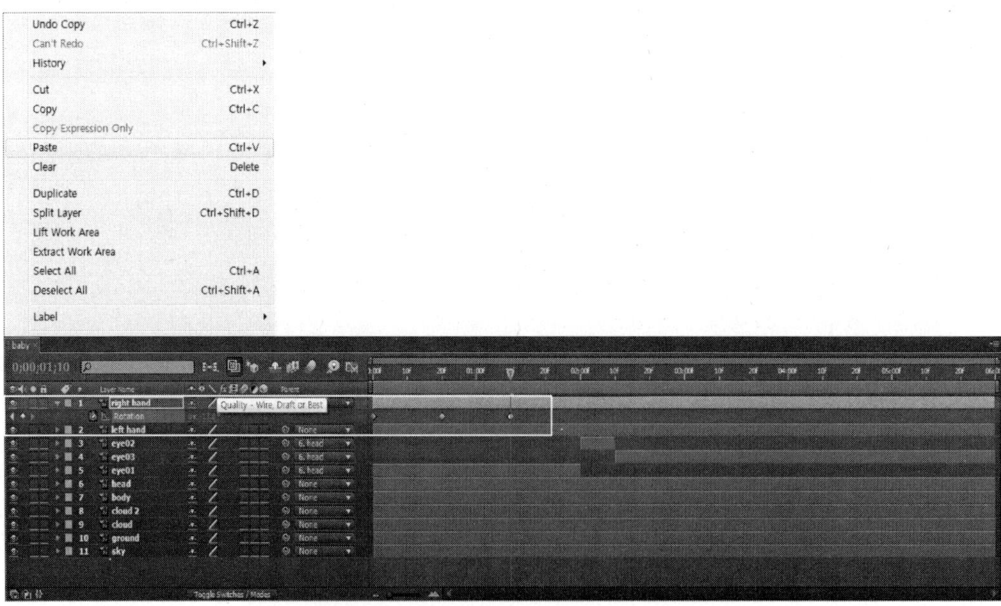

05 마스크 이해하기 1

Mask는 화면의 일부분만 보이게 편집할 수 있는 기능이다. 마스크가 적용되길 원하는 Layer를 선택하고 마스크를 적용하여 화면의 다양한 레이아웃으로 이미지가 등장하게 구성할 수 있다.
Text 편집의 다양한 기능을 살펴보면서 이미지와 텍스트 레이아웃의 완성도를 높이는 연습을 해 본다.

학습메뉴

- Mask
- Text

01 **Project** 패널의 바탕을 더블클릭하면 **'Import File'** 옵션 창이 나타면 **'Forest.jpg'** 파일을 선택한다.

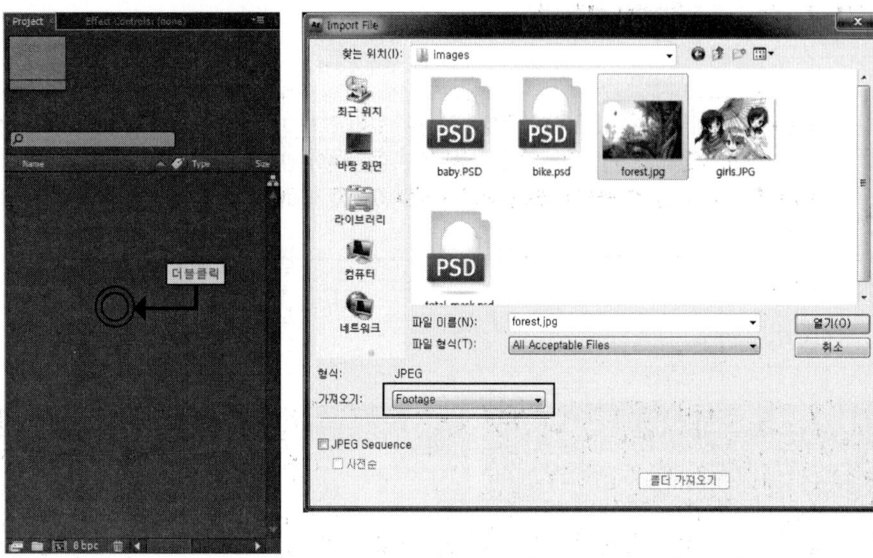

02 **Project** 패널의 **'Forest.jpg'** 파일을 선택하여 **'Timeline'** 패널로 드래그하면 **Forest Composition**이 생성된다.

03 Timeline 패널에서 '**Forest.jpg**'를 선택한 상태에서 '**Ellipe**'  툴을 선택한 후 이미지 하단에 작게 드래그하여 원을 만들면 마스크가 생성되면서 적용된다.

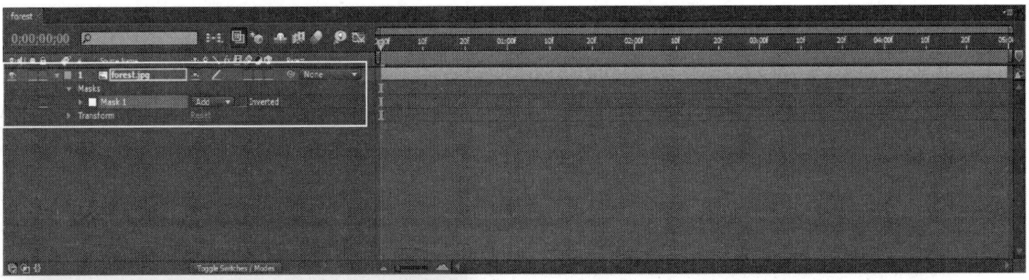

- 이미지에 마스크를 적용할 때는 마스크가 적용될 이미지가 선택된 상태에서 'Shape' 툴을 적용해야 한다. 이미지가 선택되지 않는 상태에서 'Shape' 툴로 이미지를 만들 경우 Timeline에 새로운 Shape Layer가 생성될 뿐 마스크 환경이 적용되지 않는다.
- 'Shape' 툴의 종류는 Rectangle/Rounded Rectangle/Ellipse/Polygon/Star 등이 있으며 원하는 모양은 펜툴로 만들 수 있다.

04 Timeline 패널의 Mask 1의 옵션을 클릭하여 마스크 옵션 메뉴가 나타나면 Mask Path의 스톱왓치 아이콘 을 클릭하여 키프레임을 설정한다.

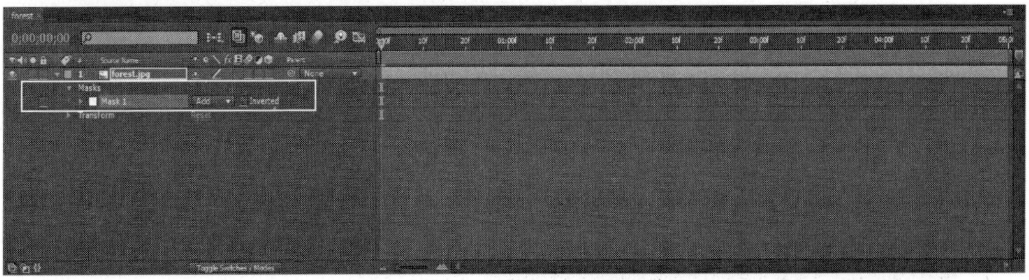

05 **'Current Time'**을 클릭하고 나타난 **'Go to Time'** 창에 **'20'**을 입력하고 Indicator를 20프레임으로 이동한 후 **'Composition'** 패널에서 마스크가 적용된 이미지를 툴로 더블클릭하여 Transform 환경으로 설정한 후 **'Shift+Ctrl+Alt'**키를 동시에 누르면서 모서리에서 대각선으로 드래그하여 마스크 원의 크기를 원하는 원형 만큼 크게 하여 키프레임을 추가한다.

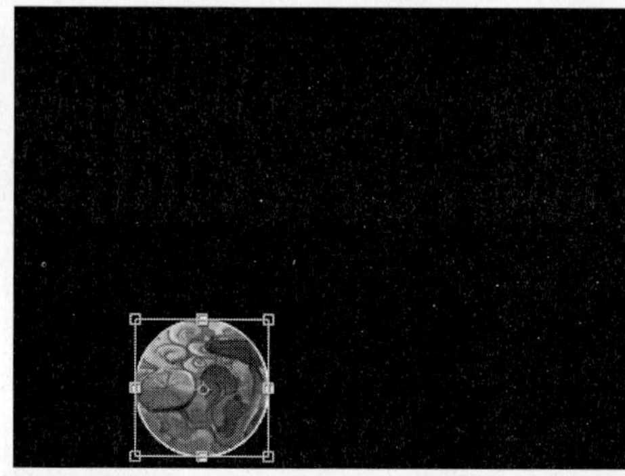

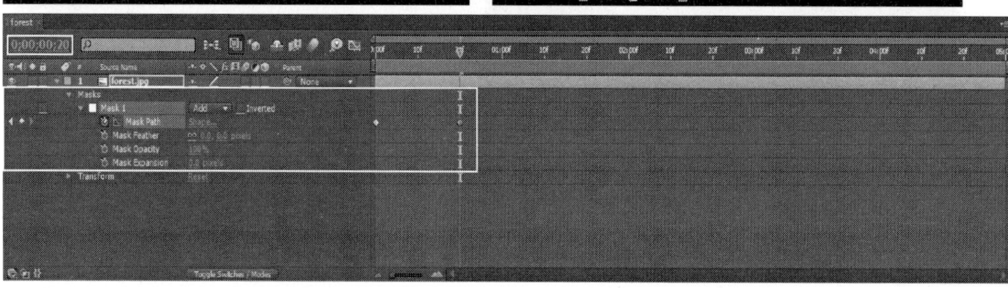

06 **'Mask Feather'**값을 **'30.0pixels'**로 수정하여 마스크 원의 외곽부분을 부드럽게 처리한다.

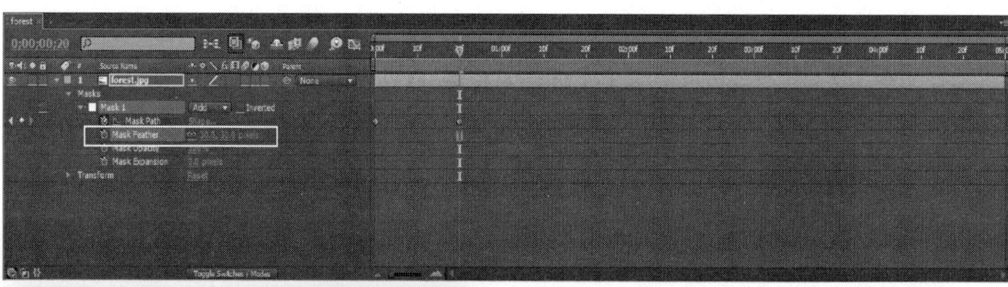

07 '**Current Time**'을 클릭하고 나타난 '**Go to Time**' 창에 '100'을 입력하고 Indicator를 1초로 이동하여 키프레임 만 추가하여 앞에 설정된 마스크값이 유지되게 한다.

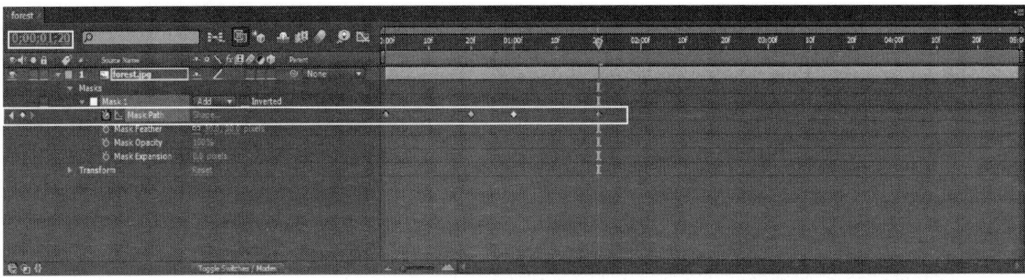

08 '**Current Time**'을 클릭하고 나타난 '**Go to Time**' 창에 '120'을 입력하고 Indicator를 1초 20프레임으로 이동하여 Composition 패널에서 마스크를 화면 왼쪽 상단으로 이동한다.

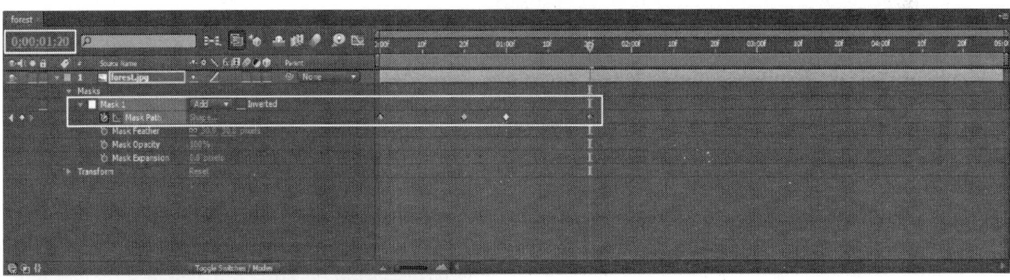

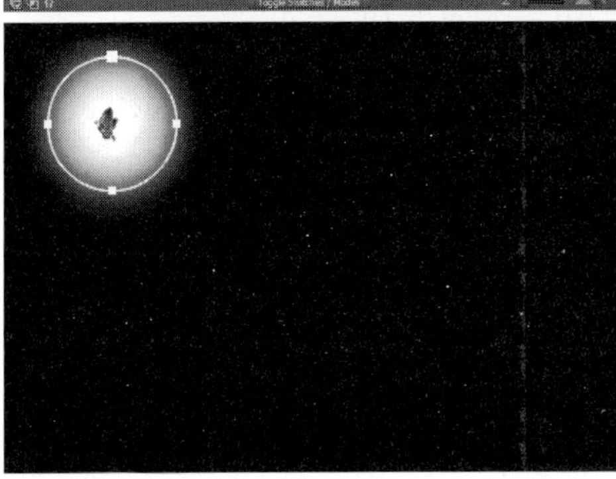

09 '**Current Time**'을 클릭하고 나타난 '**Go to Time**' 창에 '200'을 입력하고 Indicator를 2초로 이동하여 키프레임 만 추가하여 앞에서 설정된 값이 유지되게 한다.

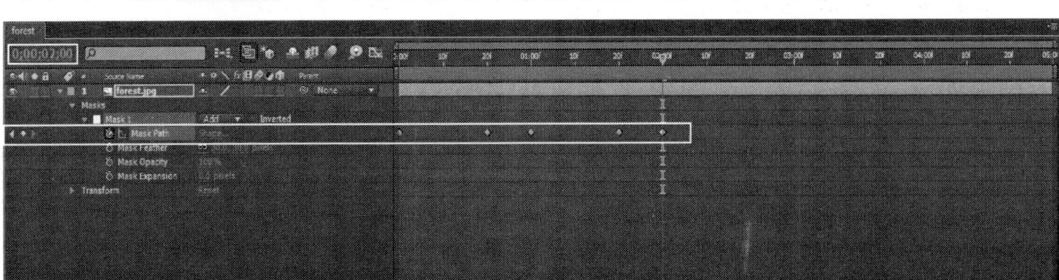

10 '**Current Time**'을 클릭하고 나타난 '**Go to Time**' 창에 '220'을 입력하고 Indicator를 2초 20프레임으로 이동하여 Composition 패널에서 마스크를 화면 중앙으로 이동한다.

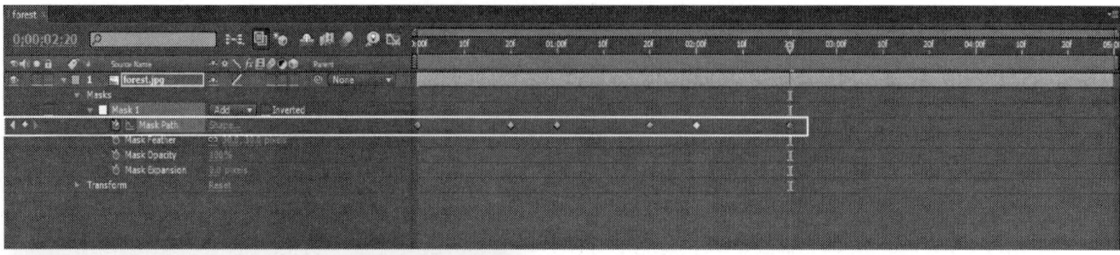

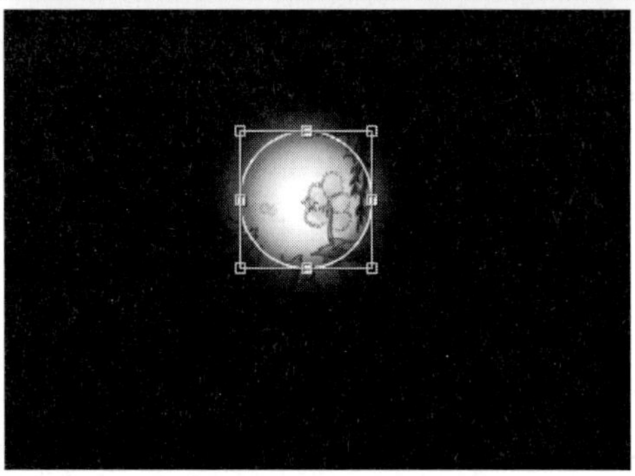

11 '**Current Time**'을 클릭하고 나타난 '**Go to Time**' 창에 '300'을 입력하고 Indicator를 3초로 이동하여 키프레임 ◀ ◆ ▶만 추가하여 설정된 값이 유지되게 한다.

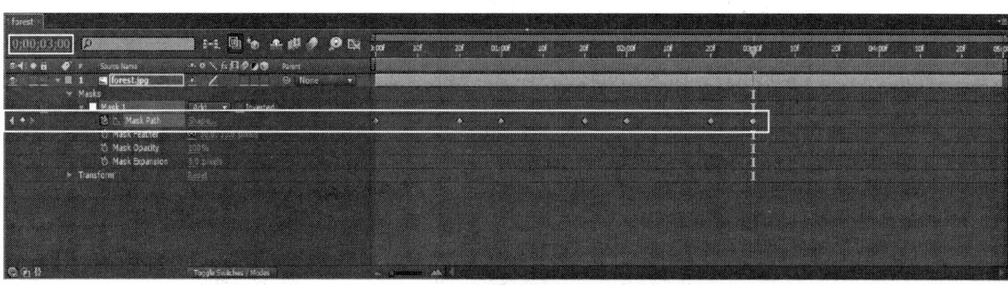

12 '**Mask1**' 옵션 중 '**Mask Expansion**'의 스톱왓치 아이콘을 클릭하여 키프레임을 설정한다.

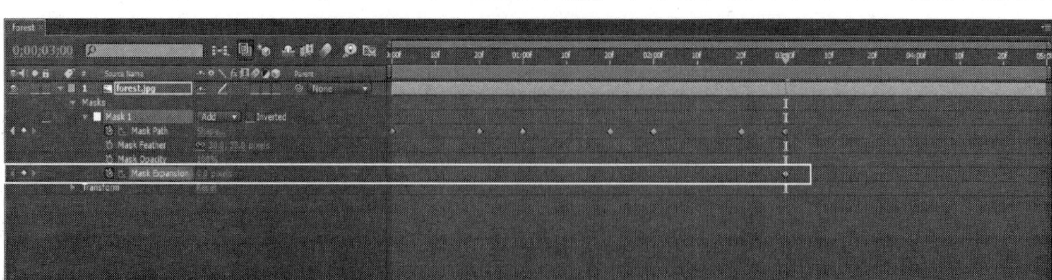

- 'Mask Expansion'은 마스크가 적용될 범위를 정해준다. '−'값은 마스크 영역이 축소되고 '+'값은 마스크 영역이 확대된다. 'Mask Path'는 Shape의 크기로 마스크가 적용된다.

13 **'Current Time'**을 클릭하고 나타난 **'Go to Time'** 창에 '400'을 입력하고 Indicator를 4초로 이동한 후 **'Mask Expansion;246.0 pixel'**로 수정하여 이미지가 모두 보이게 영역을 마스크 원의 영역을 확장시킨다.

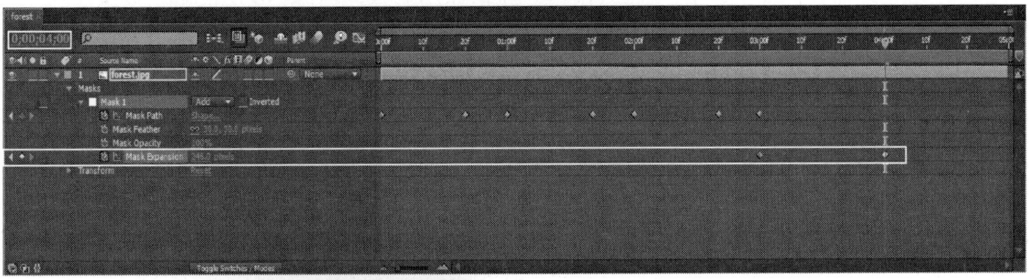

14 **'forest.jpg'**를 선택한 후 **[Layer]-[Pre compose]**를 선택하고 나타난 옵션 창에 **'New composition name:forest_move'**라고 입력한다.

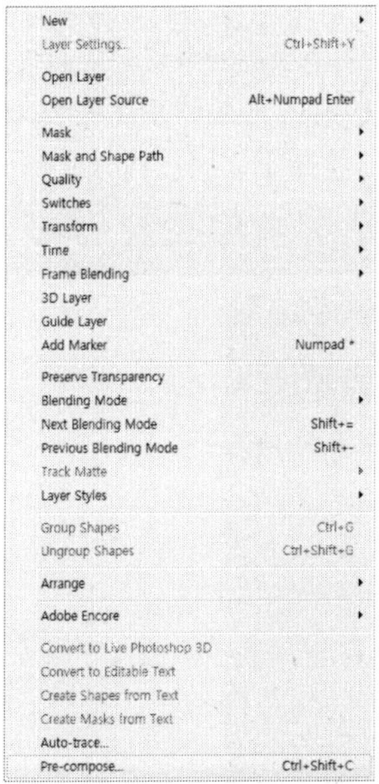

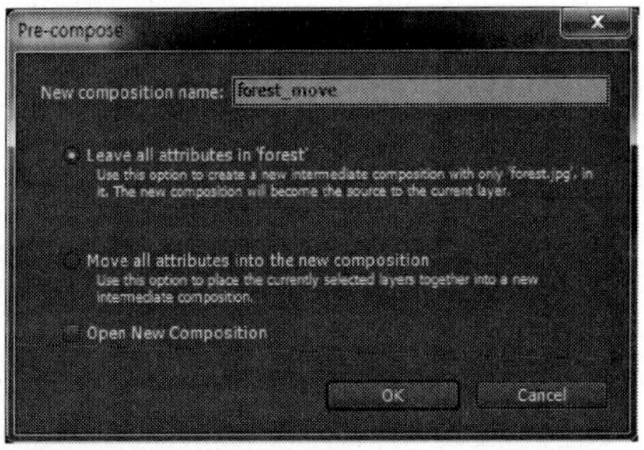

15 **[Composition]-[New Composition...]**을 선택한 후 **'Composition Name:forest2'/ Width:400, Height:283 / Square Pixels / Duration:5;00**을 입력한다.

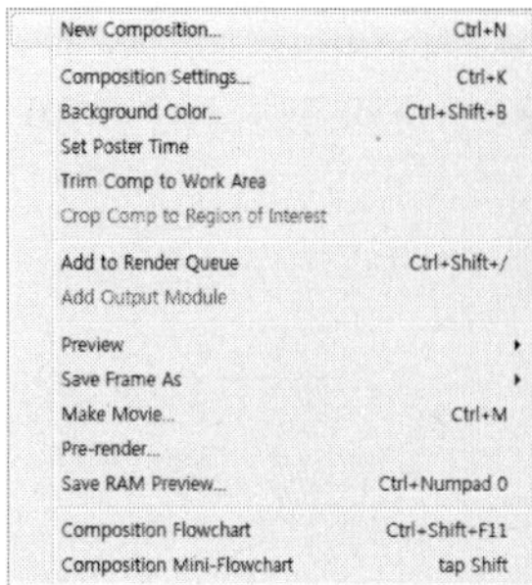

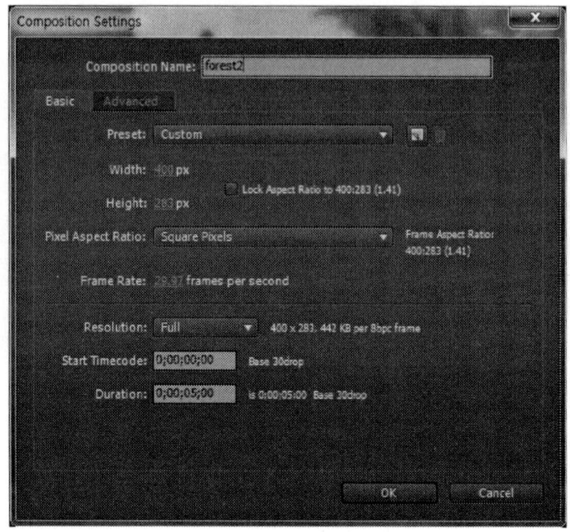

16 Project 패널에서 **'forest.jpg'** 이미지를 선택해서 Timeline 패널의 **'forest2'** composition에 드래그하여 위치시킨다.

17 **'forest.jpg'**가 선택된 상태에서 **'Rectangle'** 툴을 선택하고 Composition 패널에서 드래그하여 이미지에 사각형의 마스크가 적용되게 한다.

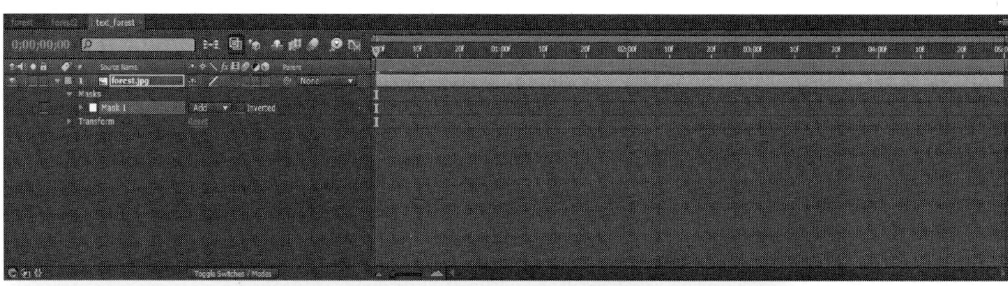

18 '**Mask1**' 옵션 중 '**Mask Feather**'의 **link** 아이콘을 클릭하여 가로 세로 비율이 각각 적용되게 설정한 후 0.0, 30.0 수치를 입력하여 세로로만 Feather값이 적용되게 한다. '**Mask Expansion: 10.0**'으로 입력한다.

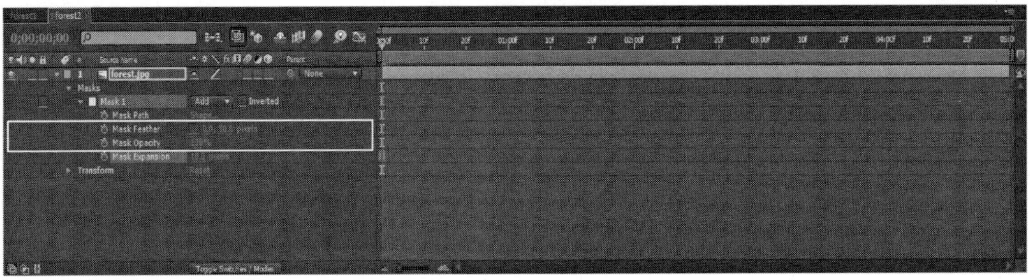

19 '**Current Time:0;00;00;00**'일 때 'Mask Path'의 스톱왓치 아이콘을 클릭하여 키프레임을 생성한 후 '**Current Time**'을 클릭하고 나타난 '**Go to Time**' 창에 '20'을 입력하고 Indicator를 2프레임으로 이동한 후 키프레임 만 추가한다.

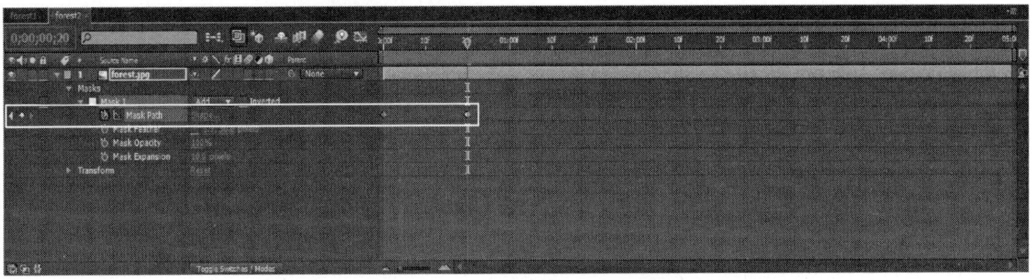

20 '**Current Time**'을 클릭하고 나타난 '**Go to Time**' 창에 '120'을 입력하고 Indicator를 1초 2프레임으로 이동한 후 Composition 패널에서 이미지의 상단 두 점만 **Selection** 툴로 드래그 선택하여 줄인 후 하단 두 점도 Selection 툴로 드래그 선택하여 줄인다.

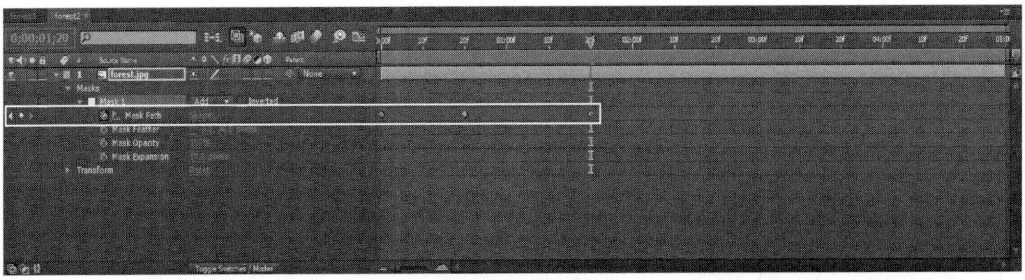

21 Text 툴 선택한 후 Composition 패널에 클릭하여 '**Beautiful Forest**'라고 입력한다. **서체: BrushScriptBT / 색상:#febe67 / 크기:30px / 자간:-50**으로 설정하여 텍스트 스타일을 결정한다.

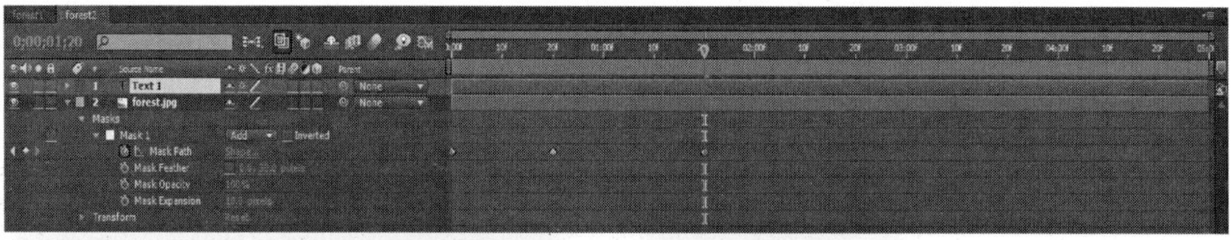

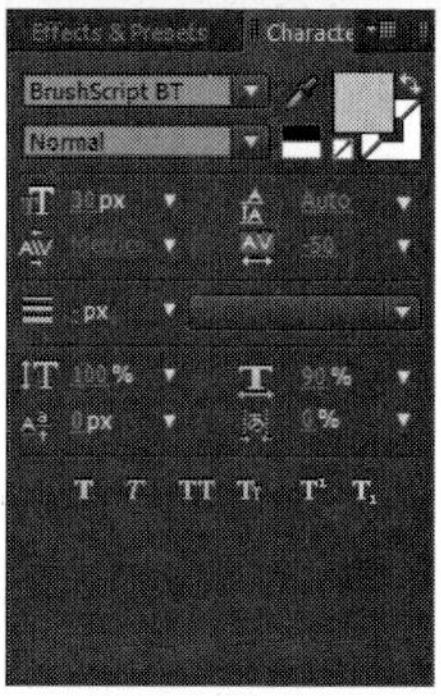

22 'Rectangle' 툴을 선택하고 Composition 패널에서 '**Beautiful Forest**' 텍스트 앞에 드래그하여 텍스트에 마스크를 적용한다.

23 **'Current Time'**의 1초 2프레임에 키프레임 만 추가한 후 **'Current Time'**을 클릭하고 나타난 **'Go to Time'** 창에 '220'을 입력하고 Indicator를 2초 2프레임으로 이동한 후 Composition 패널에서 이미지의 오른쪽 두 점만 **Selection**  툴로 드래그 선택하여 글자가 보이는 지점까지 드래그하여 모두 나타나게 한다.

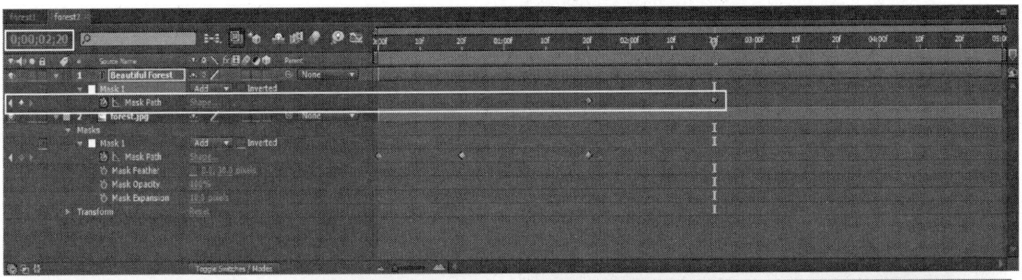

24 Timeline 패널의 두 개의 Layer를 모두 선택한 다음 **[Layer]-[Pre compose]**를 선택하고 나타난 옵션 창에 **'New composition name:forest_text'**라고 입력하여 작업한 Layer를 그룹화시킨다.

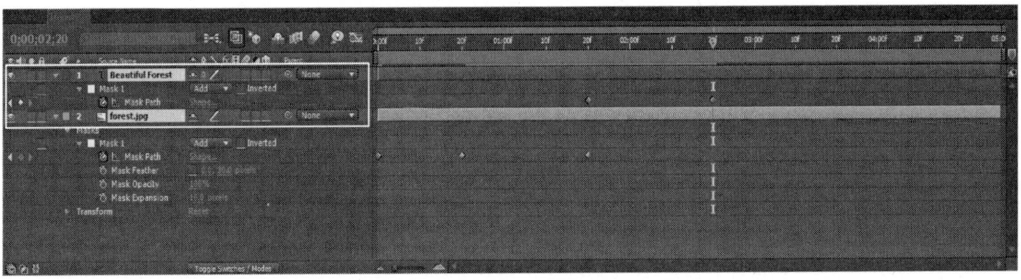

25 **[Composition]-[New Composition...]**을 선택한 후 **'Composition Name:total_forest'/ Width:400, Height:283 / Square Pixels / Duration:10;00**을 입력한다.

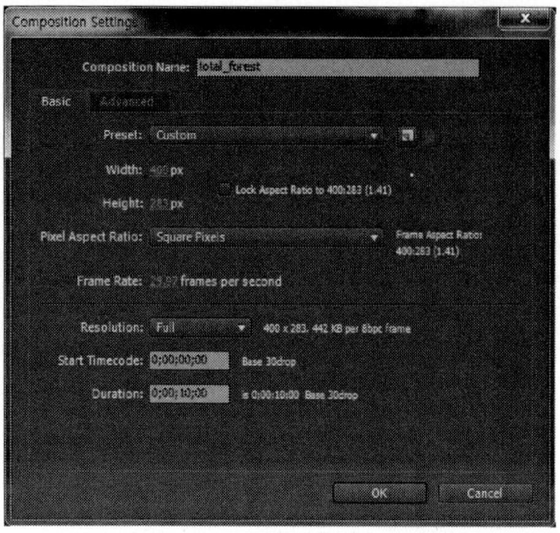

26 **'forest_text'**와 **'forest1'**를 Timeline 패널에 드래그하여 아래와 같이 'forest1'이 먼저 나타나게 한 후 'forest_text'가 나타나게 완성한 후 결과물을 확인하다.

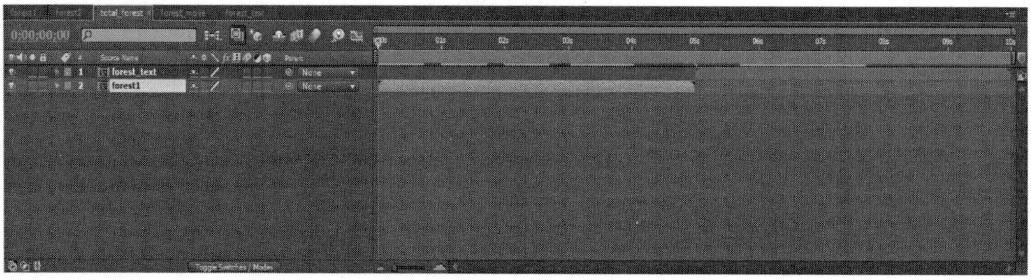

06 마스크 이해하기 2

하나의 사진 이미지를 레이어로 분리하여 펜 툴을 통해 마스크 영역을 자유자재로 적용하는 방법에 대하여 살펴본다. 일단 하나의 포토샵 이미지를 펜 툴을 사용하여 세 개의 패스작업을 한 후 레이어로 각각 이미지를 분리하여 PSD로 저장하여 애프터이펙트로 불러와 시간대 별로 등장하게 하여 2D의 평면적 이미지에 공간감을 줄 수 있다. 또한 Glow 이펙트를 적용해본다.

학습메뉴

- Mask_pen Adjustment Layer
- Effect_Glow

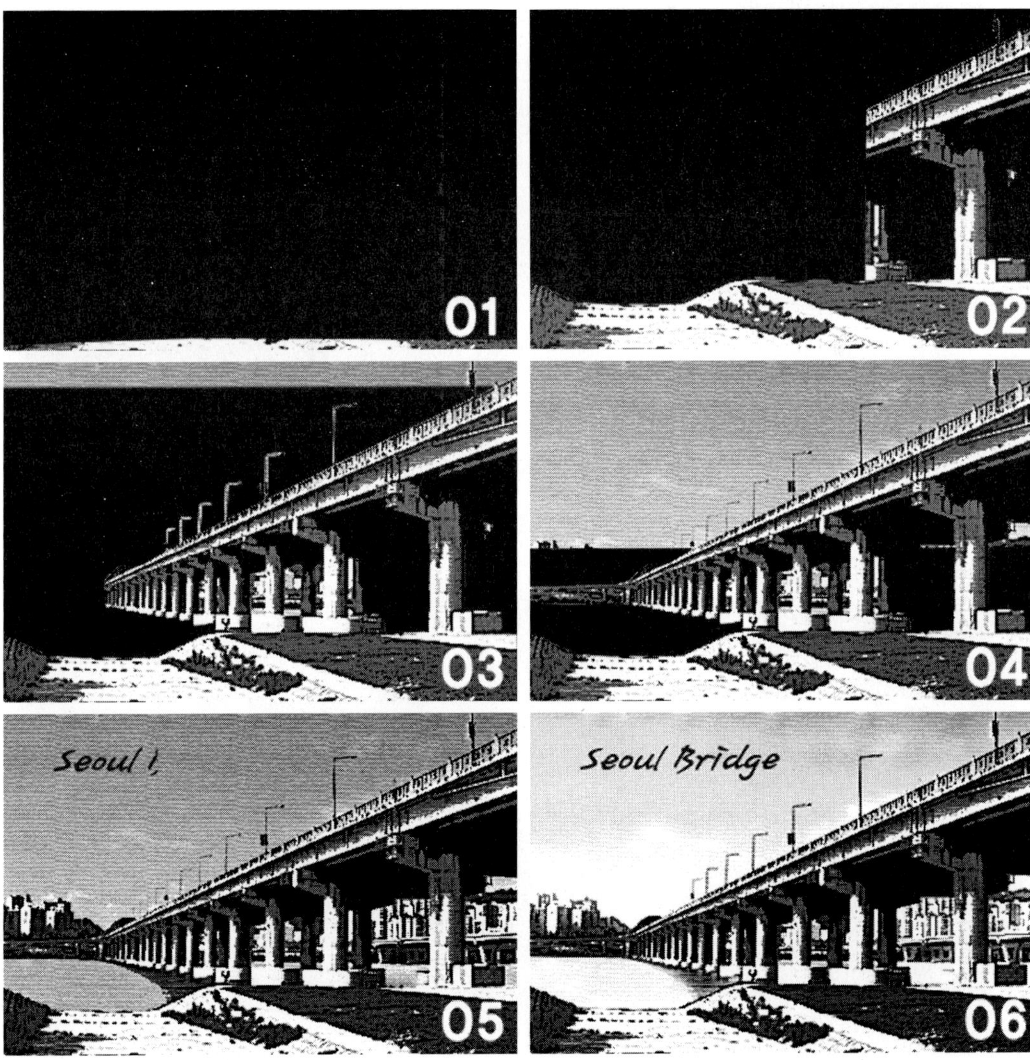

01 **Project** 패널의 바탕을 더블클릭하면 **'Import File'** 옵션 창이 나타면 **'seoul_bridge.PSD'** 파일을 선택한다.

02 **[Layer]-[New]-[Solid]**를 선택한 후 옵션 창에서 Make comp Size를 클릭하여 새로 생기는 Solid Layer를 composition과 크기를 맞춘다.

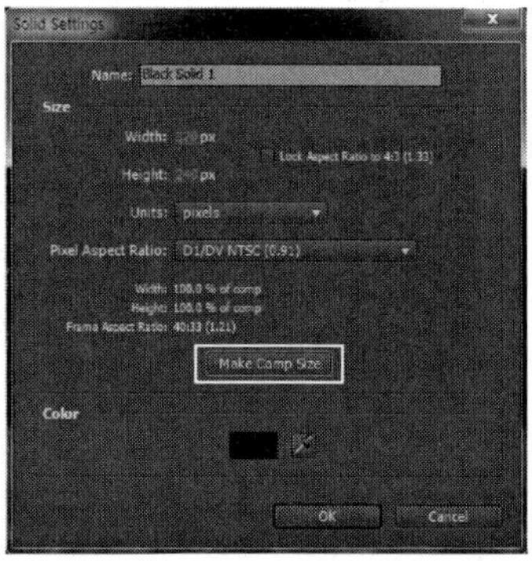

03 **'seoul_bridge'**를 더블클릭하여 Timeline 패널에 **'ground'**, **'bridge'**, **'BG_Image'**, **'Background'** Layer가 포토샵에서 작업한 Layer 순서대로 나타나게 한다.

04 Timeline 패널에서 '**bridge**' Layer의 시작 부분을 드래그하여 20프레임에 맞추고 '**BG_Image**' Layer는 1초 10프레임, '**Background**' Layer는 2초에 맞춘다.

05 '**ground**' Layer를 선택한 Pen 툴로 하단의 바닥 이미지만 보이게 필요한 영역을 원하는 모양으로 작업 마스크 영역을 만든다.

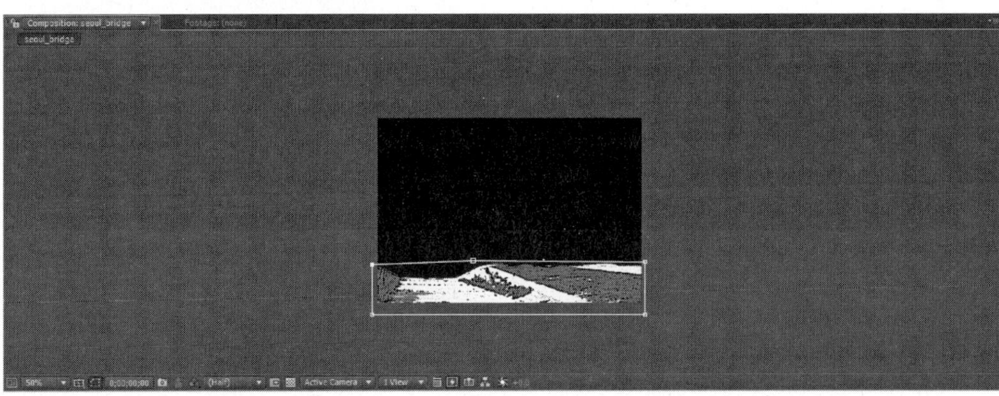

06 Timeline 패널의 '**ground**' Layer가 선택된 상태에서 단축키 '**M**'을 클릭하여 Mask Path 옵션이 나오게 한다.

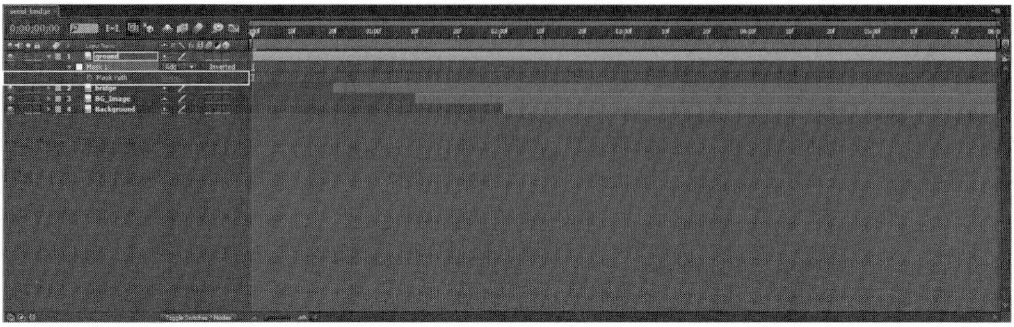

07 '**Current Time**'을 클릭하여 나타난 '**Go to Time**' 옵션 창에 '100'을 입력하여 1초로 Indicator를 이동한 후 스톱왓치 아이콘을 클릭하여 키프레임을 설정한다.

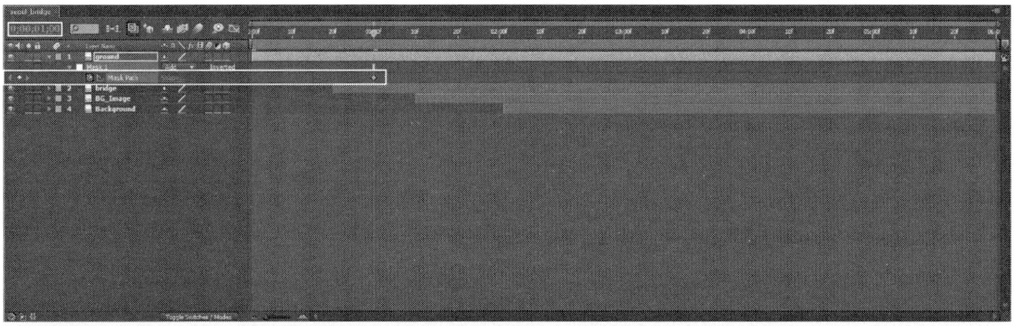

08 Indicator를 맨 앞으로 드래그하여 이동한 후 키프레임 아이콘을 클릭하여 키프레임을 설정한 후 Selection 툴로 위에 세 점만 선택하여 화면 아래 밖으로 드래그하여 이미지를 완전히 가려 마스크 영역을 축소시킨다.

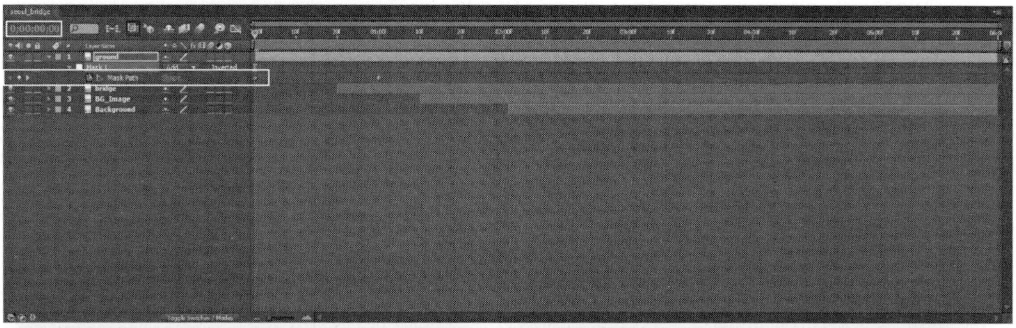

09 '**bridge**' Layer를 선택한 Pen 툴로 다리 이미지 전체가 보이게 원하는 형태로 작업하여 마스크 영역을 만든다.

10 '단축키 '**M**'을 클릭하여 Mask Path 옵션이 나오게 한 '**Current Time**'을 클릭한 후 '**Go to Time**' 창에서 '**120**'을 입력하여 1초 20프레임으로 Indicator를 이동한 후 스톱왓치 아이콘을 클릭하여 키프레임을 설정한다.

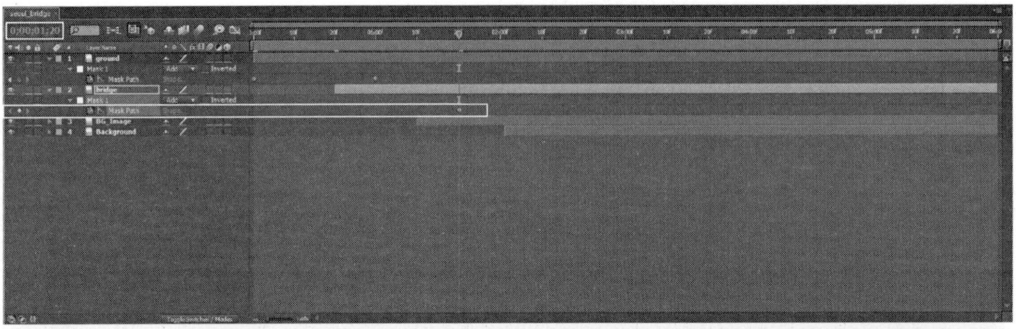

11 '**Current Time**'을 클릭한 후 '**Go to Time**' 창에서 '**20**'을 입력하여 20프레임으로 이동한 후 **Selection** 툴로 위에 한 점만 선택하여 오른쪽으로 드래그한 후, 왼쪽 두 점을 동시에 선택하여 오른쪽으로 드래그하여 다각형의 점이 모두 화면 밖 오른쪽으로 이동하여 마스크 영역을 축소한다.

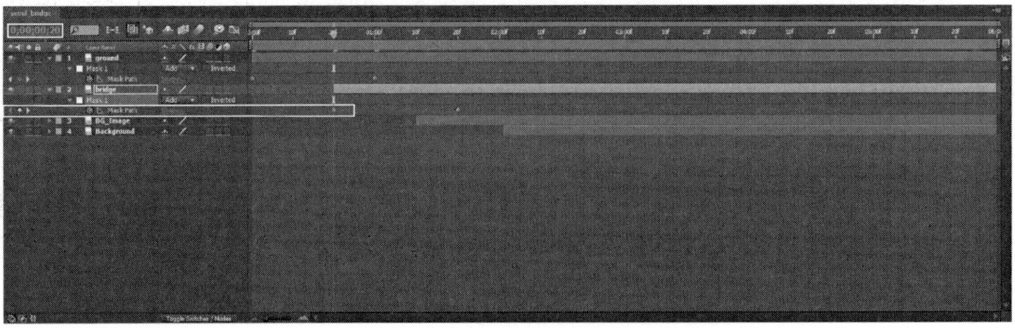

12 '**BG_Image**' Layer를 선택한 '**Rectangle**' 툴로 화면 위쪽 밖 상단에 사각형을 드래그하여 마스크 영역을 만든 후 '**Current Time**'을 클릭한 후 '**Go to Time**' 창에서 '**110**'을 입력하여 1초 10프레임으로 이동한 후 키프레임 아이콘을 클릭하여 키프레임을 설정한다.

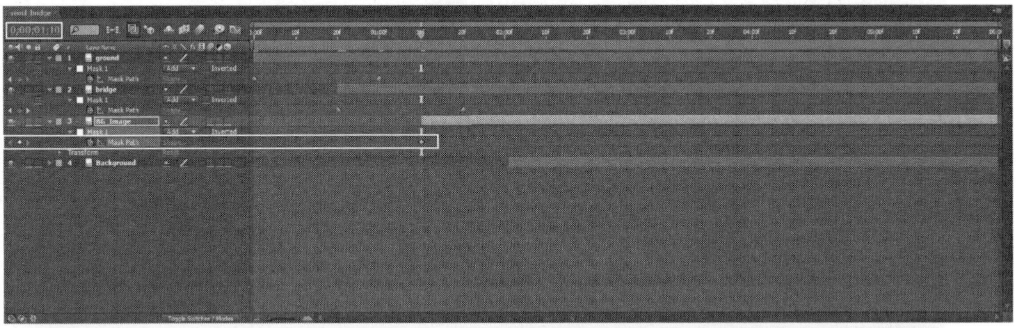

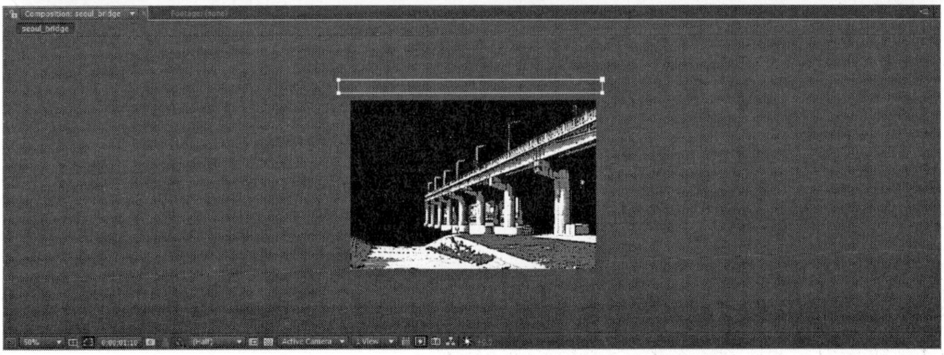

13 '**Current Time**'을 클릭한 후 '**Go to Time**' 창에서 '**210**'을 입력하여 2초 10프레임으로 이동한 후 **Selection** 툴로 사각형 아래 두 점만 선택하여 이미지가 완전히 다 보이도록 Shift를 누른 채 드래그한다.

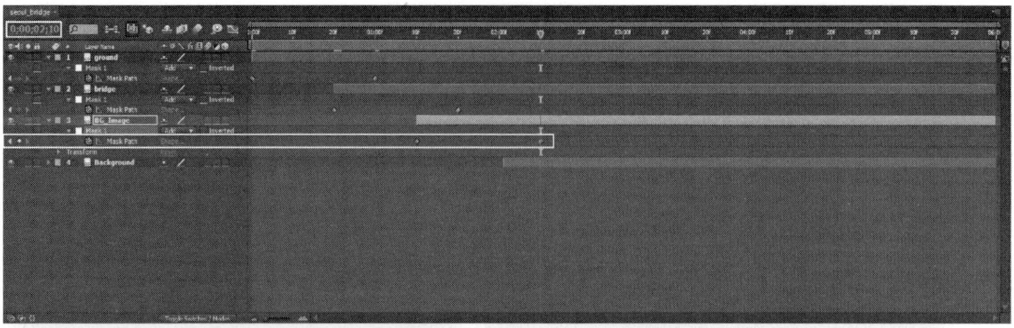

14 **[Layer]-[New]-[Adjustment Layer]**를 선택하여 Timeline 패널에 Adjustment Layer가 생성되면 마우스의 오른쪽 버튼을 클릭하여 나타난 메뉴 중 **[Effect]-[Stylize]-[Glow]**를 선택하여 이펙트가 적용되게 설정한다.

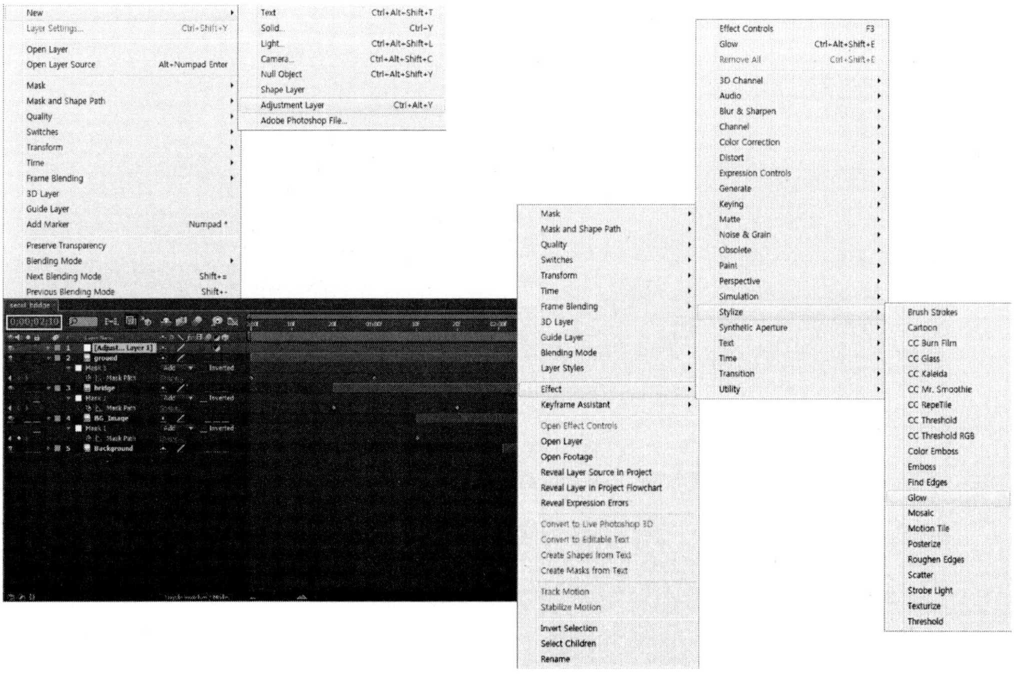

15 **'Current Time'** 2초 10프레임에서 **'Glow Threshold:100.0% / Glow Radius:0.0'**으로 설정하고 스톱왓치 아이콘을 클릭하여 적용한다.

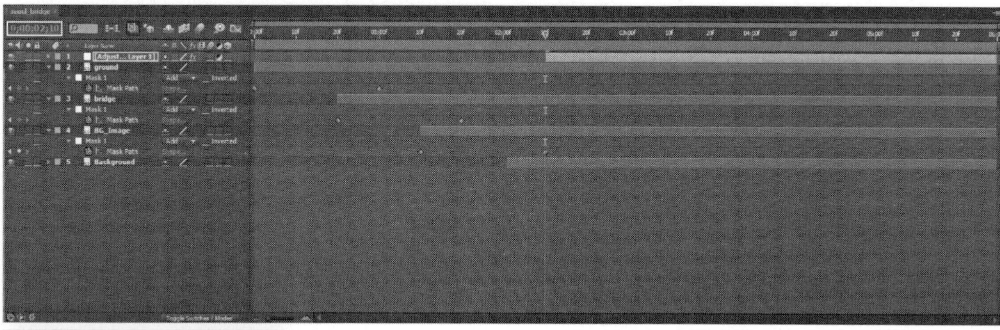

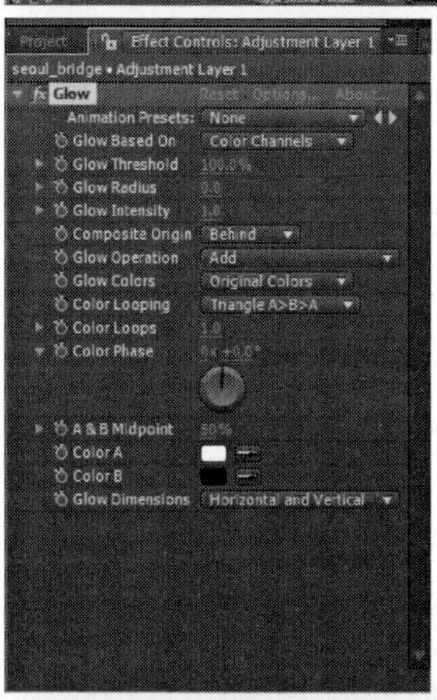

16 **'Current Time'**을 클릭한 후 **'Go to Time'** 창에서 **'300'**을 입력하여 Indicator 3초에서 **'Glow Threshold:50.0% / Glow Radius:50.0'**으로 설정 적용한다.

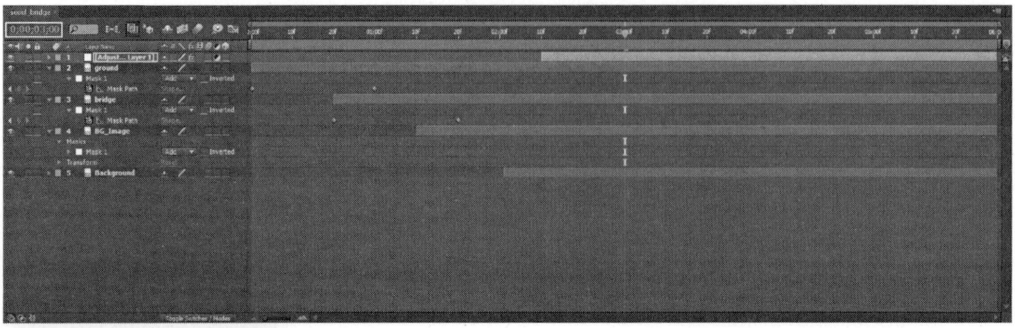

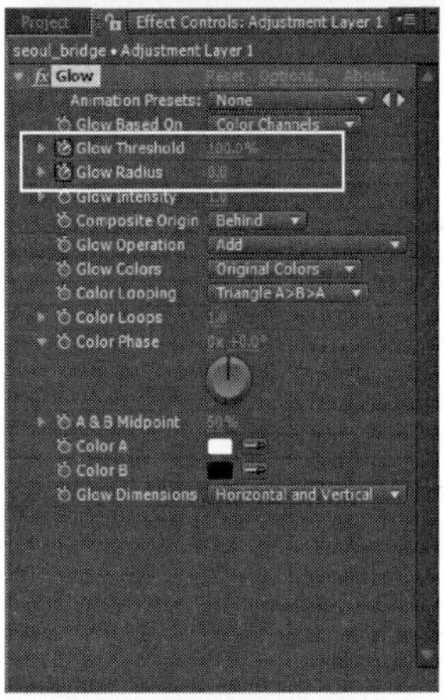

17 **'Current Time'**을 클릭한 후 **'Go to Time'** 창에서 **'310'**을 입력하고 **'Glow Threshold:100.0% / Glow Radius:0.0'**으로 설정하고 **'Current Time'**을 클릭한 후 **'Go to Time'** 창에서 **'400'**을 입력하고 **'Glow Threshold:50.0% / Glow Radius:50.0'**으로 설정 적용한다.

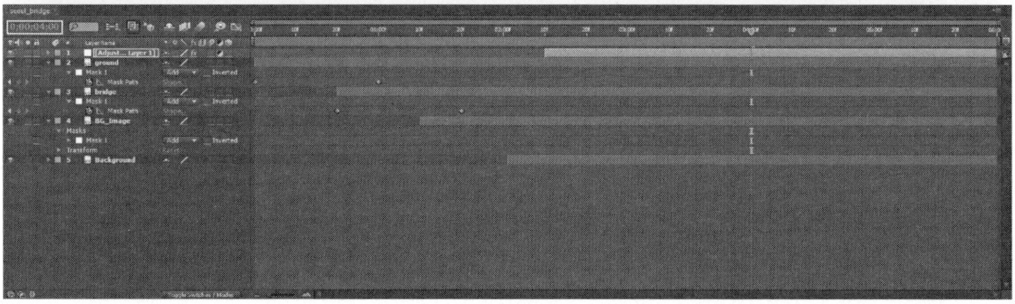

18 Timeline 패널에서 **[Adjust... Layer1]** 선택하여 **BG_Image** Layer 바로 위로 Layer의 위치를 드래그 이동하여 Glow 효과가 **BG_Image**에만 적용되게 설정한다.

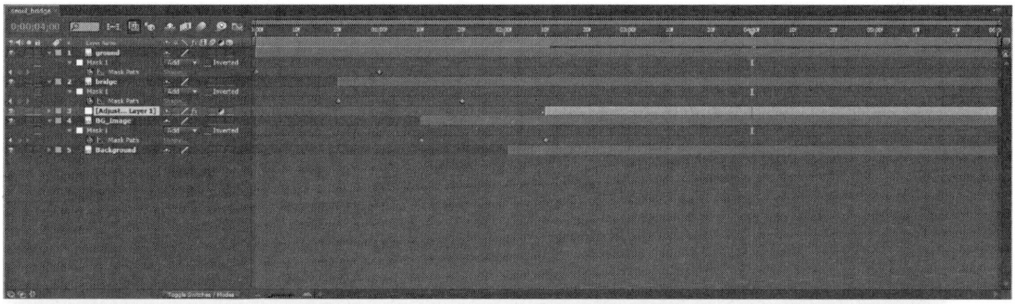

19 Timeline 패널에서 ground layer를 선택한 후 Text 툴을 선택한 후 화면에 'Seoul Bridge'라고 입력한 후 **서체:H22n Cooljazz B / 크기:79px / 자간:−77 / 색상:062d9c**로 설정하여 텍스트 스타일을 정한다.

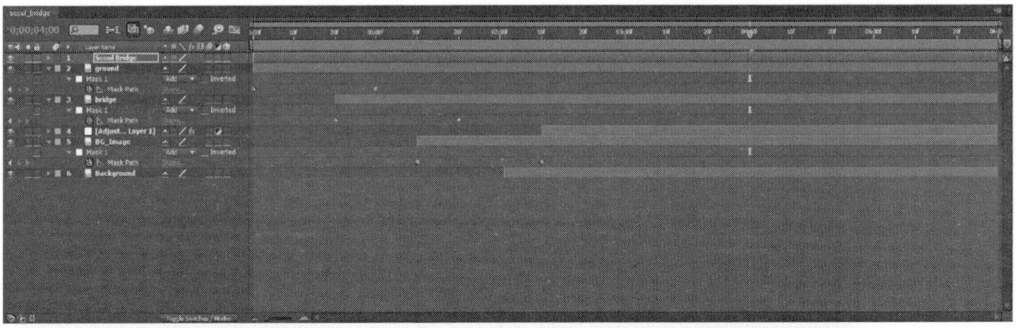

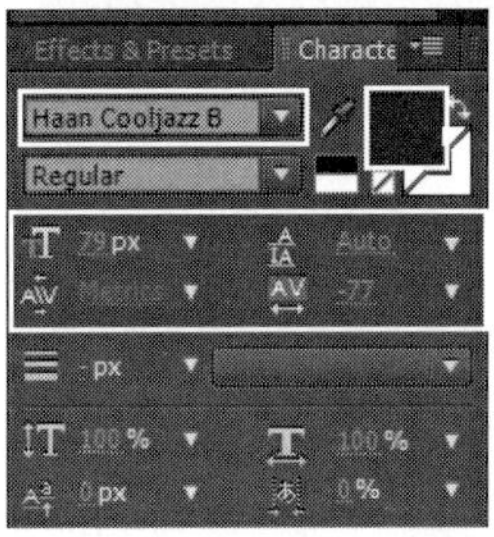

20 Text Layer의 앞부분을 클릭 드래그하여 2초에 시작 지점을 맞춘다.

21 Text Layer가 선택된 상태에서 '**Rectangle**' 툴로 글자 앞쪽에 사각형을 드래그하여 마스크 영역이 적용되게 하여 시작할 때는 텍스트가 안보이게 설정한다.

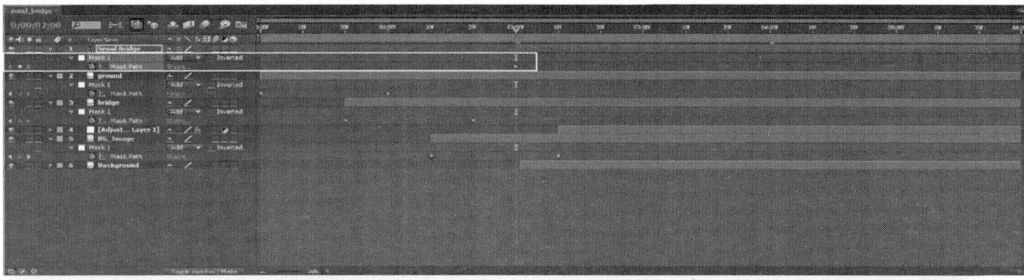

22 단축키 '**M**'을 클릭하여 **Mask Path** 옵션이 나오면 2초에 키프레임 아이콘을 클릭하여 키프레임을 설정한 후 '**Current Time**'을 클릭하여 **Go to Time** 창이 나오면 '**220**'을 입력하여 2초 20프레임으로 이동한 후 **Selection** 툴로 마스크 사각형의 오른쪽 두 점을 동시에 선택하여 오른쪽으로 이동시켜 글자가 보이게 설정하면 완성된다.

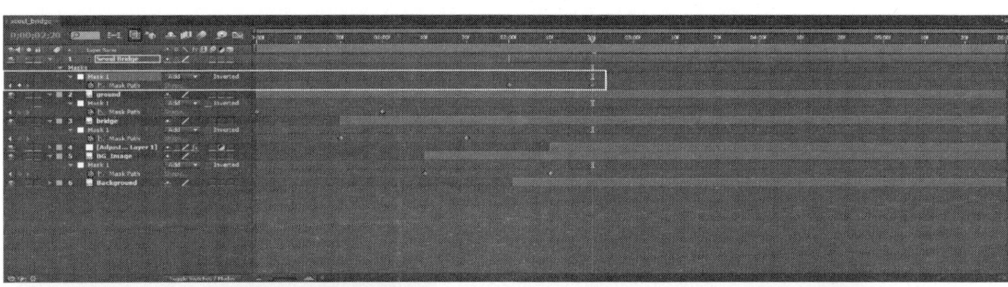

07 다중 콤포지션 이해하기

2D 애니메이션의 기본이 되는 동작 연결법에 대하여 살펴본다. 1초당 원하는 프레임만큼 움직임의 원화를 작업하여 하나의 동작으로 만들고 만들어진 기본동작을 하나의 단위동작으로 등록하여 계속 반복시키는 작업이다. 자연스러운 동작 연결을 위해 초당 9프레임이 기본이나 애프터이펙트에서는 다양한 옵션으로 움직임의 변화를 줄 수 있으므로 어색하지 않을 만큼의 프레임수로 작업의 효율성을 가질 수 있다.

학습메뉴

- Pre_Composition, Position, Scale
- Sequence Layer

01 **Project** 패널의 바탕을 더블클릭하면 '**Import File**' 옵션 창이 나타나면 '**walk01(front).PSD**' 파일을 선택한 후 나타난 옵션 창에서 '**Import Kind:Composition**'을 선택한 후 이미지를 불러온다.

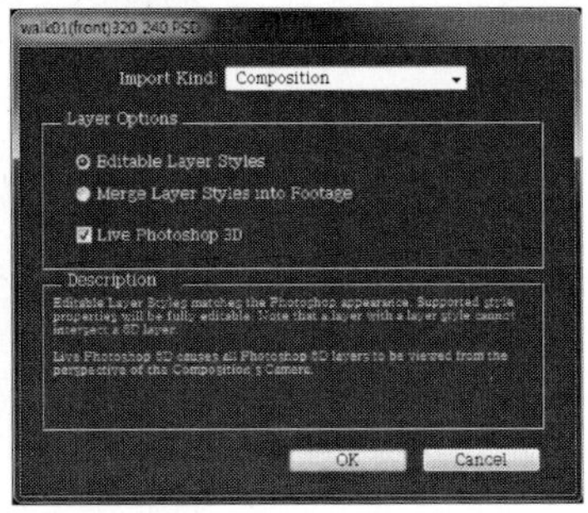

02 '**walk01(front)**'을 더블클릭하여 Timeline 패널에 Layer가 생성되게 한 후 '**Background**' Layer는 삭제하여 일단 사람이 걷는 이미지만 작업할 수 있게 한다.

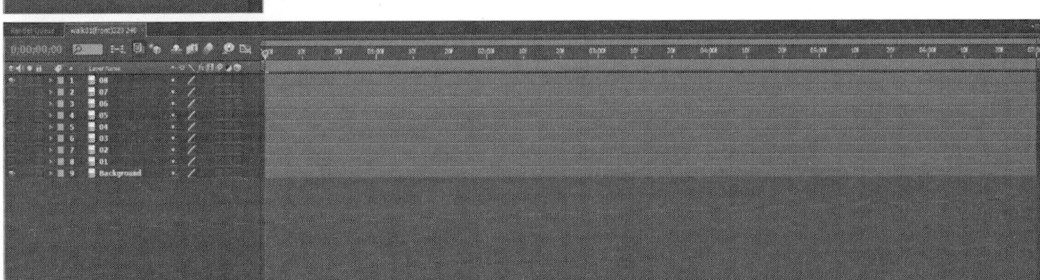

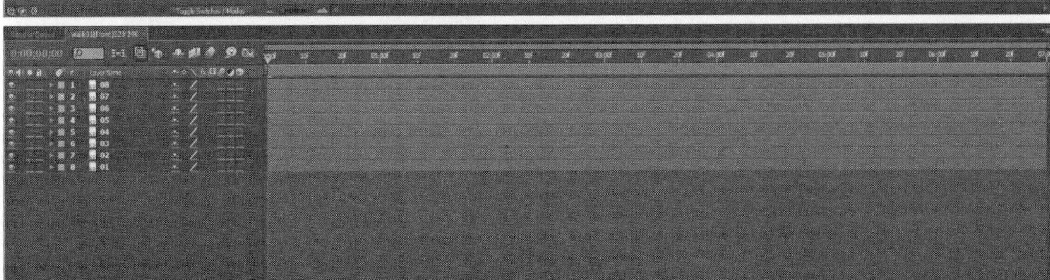

03 **[Layer]-[Composition Settings...]**을 선택한 후 옵션 창에서 **Duration: 0;00;00;24**로 설정한다.

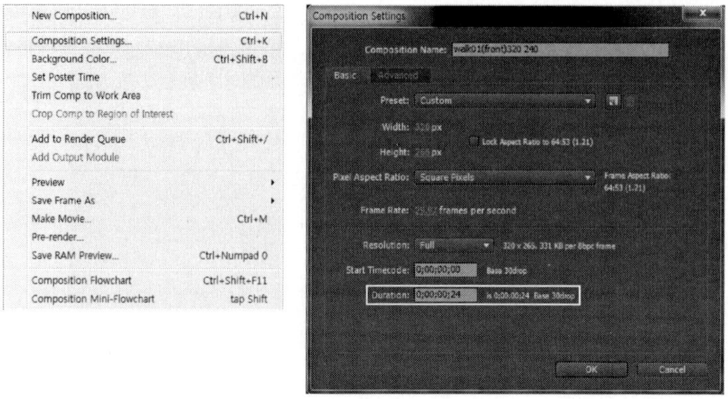

04 Timeline 패널에서 **'01'** Layer 클릭한 후 Shift키를 누른 상태에서 **'08'** Layer 클릭하면 전체 Layer가 선택되면 레이어의 길이를 Timeline의 왼쪽 방향으로 드래그하여 Layer의 길이를 줄인다.

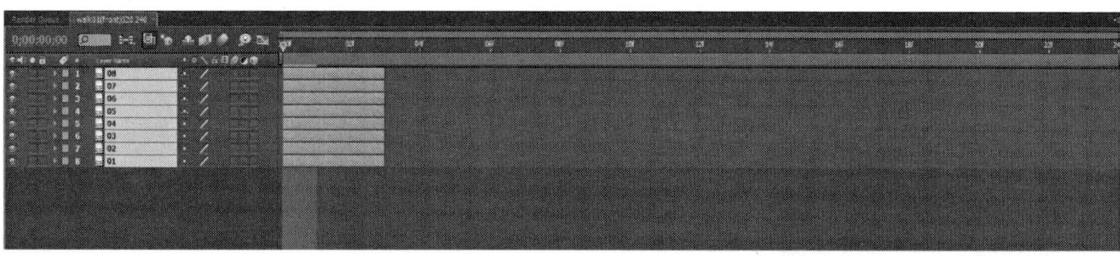

05 Layer가 선택된 상태에서 마우스의 오른쪽 버튼을 클릭하고 **[Keyframe Assistant]-[Sequence Layers...]**를 선택한 후 나타난 옵션 창에서 옵션 창에서 OK버튼을 클릭하여 이미지가 연결된 시퀀스 이미지로 적용시킨다.

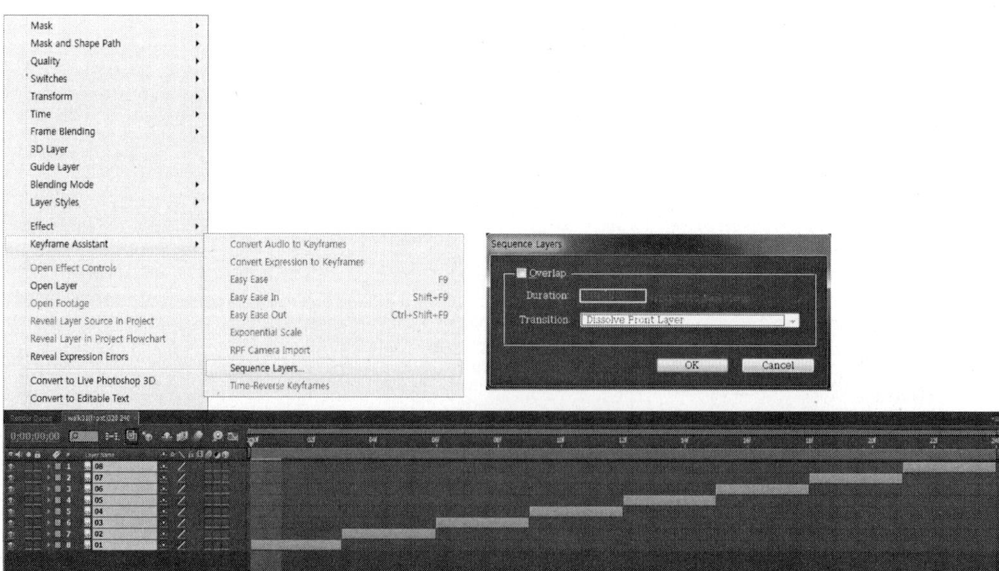

06 레이어를 모두 선택한 후 **[Layer]-[Pre Compose...]**를 선택한 후 옵션 창에서 '**New composition name:walk1**'이라고 입력한 후 OK버튼을 클릭하여 하나의 단위 애니메이션을 만든다.

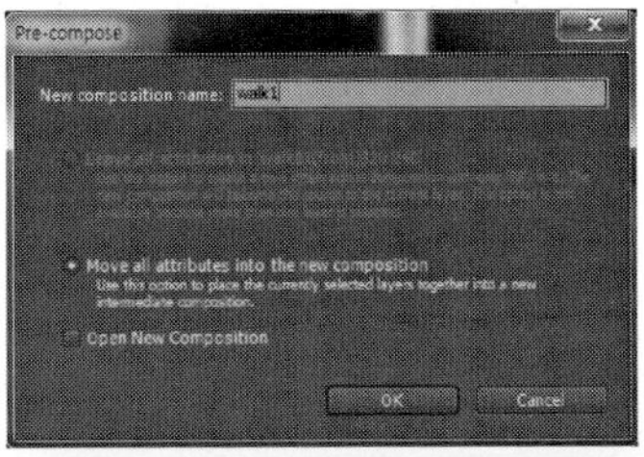

07 **[Layer]-[Composition Settings...]**를 선택한 후 '**Composition Name:walk2 / Duration: 0;00;07;00**' 입력하여 걷는 단위 애니메이션의 Composition의 작업시간을 초로 수정한다.

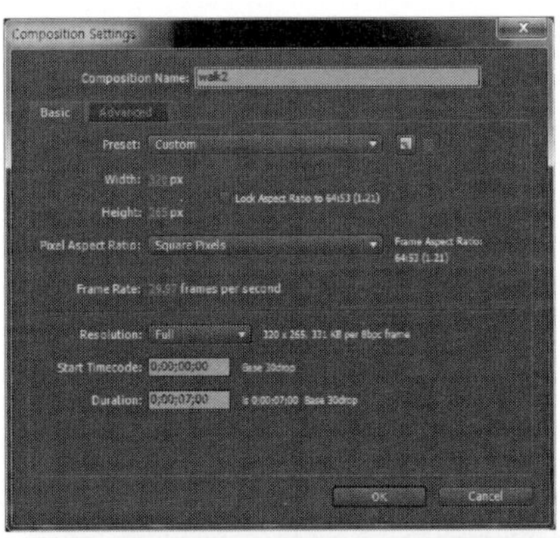

08 **[Edit]-[duplicate]**를 8번 선택하여 모두 9개의 레이어를 생성한 후 모든 레이어를 선택한다. 9의 Layer가 모두 선택된 상태에서 마우스의 오른쪽 버튼을 클릭하여나 나타난 메뉴 중 **[Keyframe Assistant]-[Sequence Layers...]**를 선택한 후 옵션 창에서 OK버튼을 클릭하여 연결된 동작의 반복 이미지를 만든다.

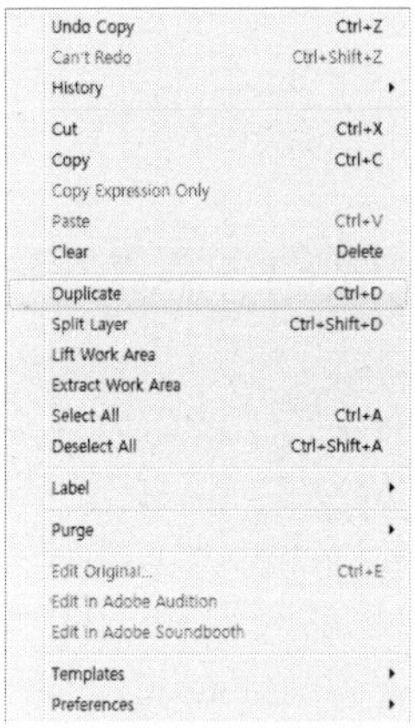

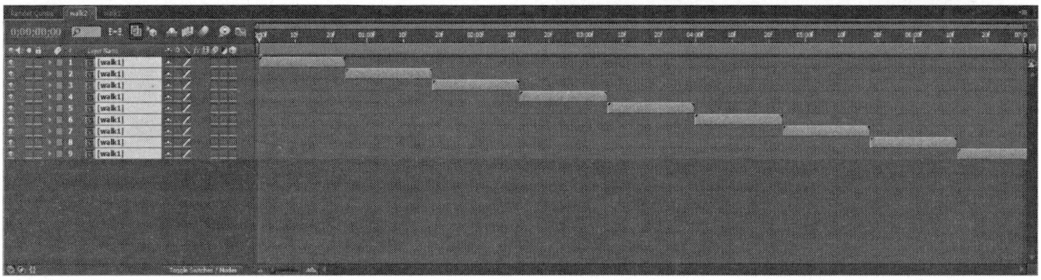

09 레이어를 모두 선택한 후 **[Layer]-[Pre Compose...]**를 선택한 후 옵션 창에서 '**New composition name:walk3**'이라고 입력한 후 OK버튼을 클릭하여 또 하나의 단위 애니메이션을 만든 후 단축키 '**P**'를 클릭한 후 Shift키를 누른 상태에서 단축키 '**S**'를 클릭하여 '**Position**'과 '**Scale**' 옵션이 동시에 나오게 설정한다.

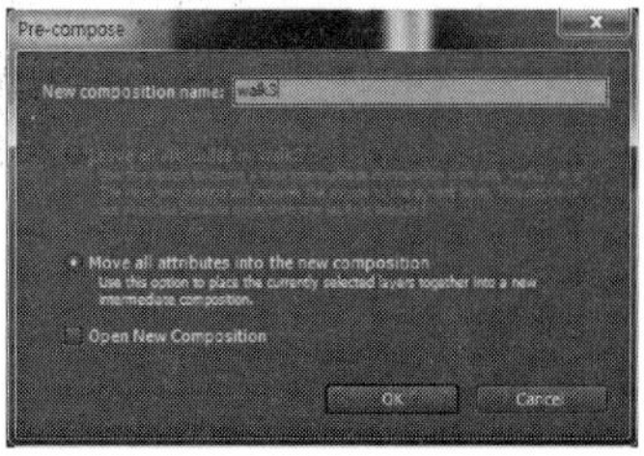

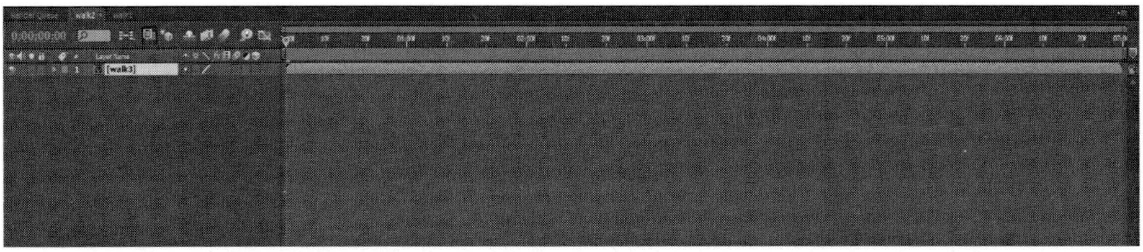

10 Project 패널에서 'background' 이미지를 클릭하여 'Timeline' 패널로 드래그하여 맨 아래에 위치시킨다. 'Walk3' layer를 선택한 후 **'Position:115.0, 114.5'**, **'Scale:45.0, 45.0%'**을 입력하고 스톱왓치 아이콘을 클릭하여 키프레임을 설정한다.

11 **'Current Time'**을 클릭한 후 Go to Time 옵션 창에서 200을 입력하여 2초로 이동한 후 **'Position :158.0, 139.5'**로 설정한다.

12 '**Current Time**'을 클릭한 후 Go to Time 옵션 창에서 400을 입력하여 4초로 이동한 후 '**Position :203.0, 169.5**'로 설정한다.

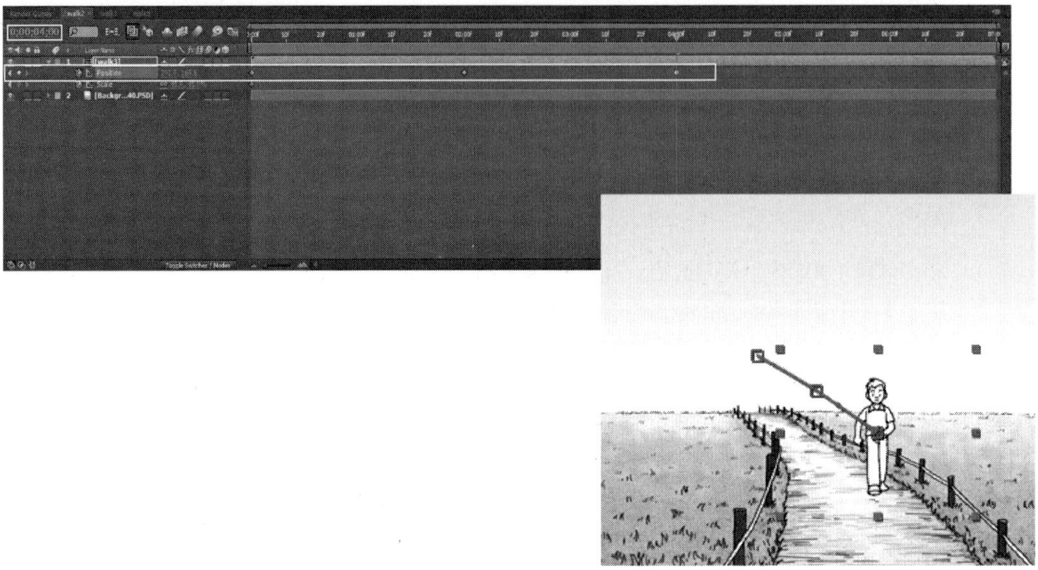

13 '**Current Time**'을 클릭한 후 Go to Time 옵션 창에서 600을 입력하여 6초로 이동한 후 '**Position :243.0, 210.5**'로 설정한다.

14 **'Current Time'**을 클릭한 후 Go to Time 옵션 창에서 700을 입력하여 7초로 이동한 후 키보드의 'Page Down'을 한 번 클릭하여 한 프레임 앞인 6초 29프레임으로 이동한 후 **'Position:282.0, 247.5, 'Scale:130.0, 130.0%'**로 설정한다.

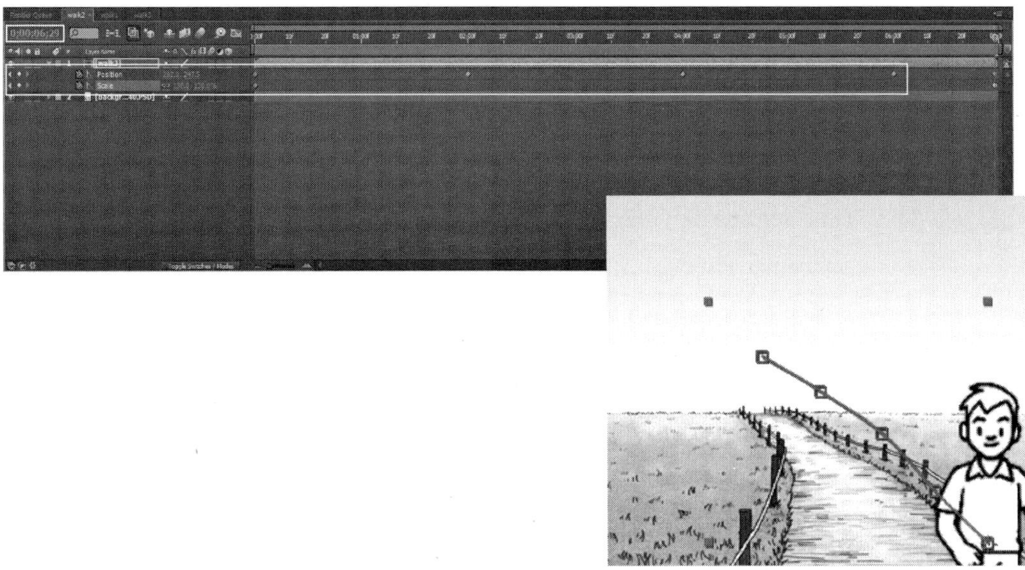

15 두 번째 키프레임을 선택한 후 배경 이미지의 길에서 벗어나는 동작은 화면에서 직접 움직이며 수정하여 완성시킨다.

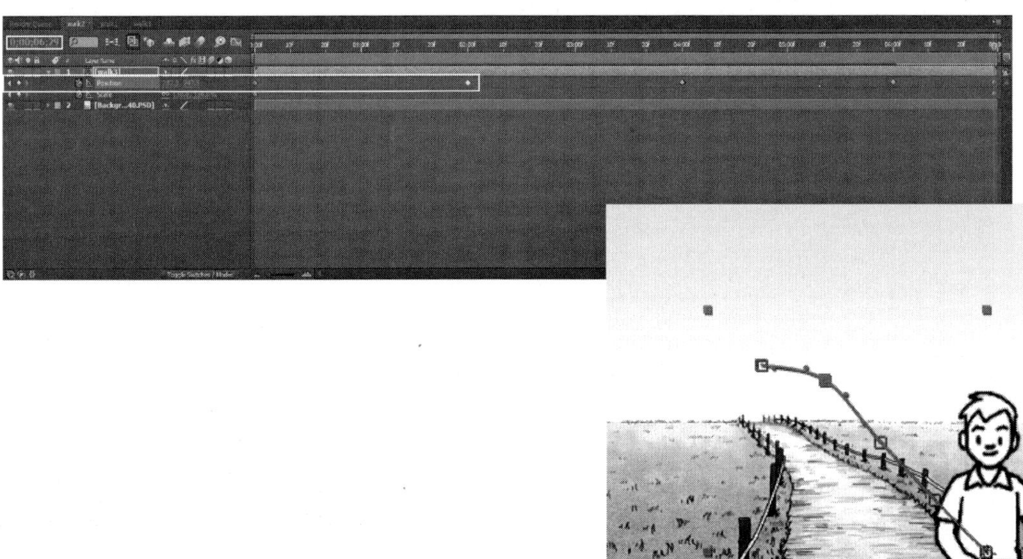

08 시간조절 방법 이해하기

애프터이펙트에서 동영상이나 애니메이션 파일의 플레이 시간을 원하는 시점에서 멈추게 하거나 플레이하게 할 수 있다. 또한 빨리 돌리기, 느리게 돌리기 등이 키프레임을 제어를 통해 가능하다. 특히 애니메이션 제작 시 등장 캐릭터의 대사를 음성과 맞추는 작업을 할 경우, 특정 시간에 원하는 이미지의 움직임을 나타나게 하거나 사라지게 할 수 있는 유용한 메뉴이다.

학습메뉴

- Time remapping/Time reverse/Time stretch/Freeze frame
- Animation Preset

01 **Project** 패널의 바탕을 더블클릭하여 '**Import File**' 옵션 창이 나타나면 '**talk.PSD**' 파일을 선택한 후 나타난 옵션 창에서 '**Import Kind:Composition**'을 선택한 후 이미지를 불러온다. '**사랑합니다.wav**' 오디오 파일도 **Project** 패널 바탕을 더블클릭하여 나타난 옵션 창에서 불러온다.

02 **[Layer]-[Composition Settings...]**을 선택한 후 옵션 창에서 **Composition Name:lip, Duration: 0;00;00;06**로 설정하여 새로운 콤포지션을 생성한다.

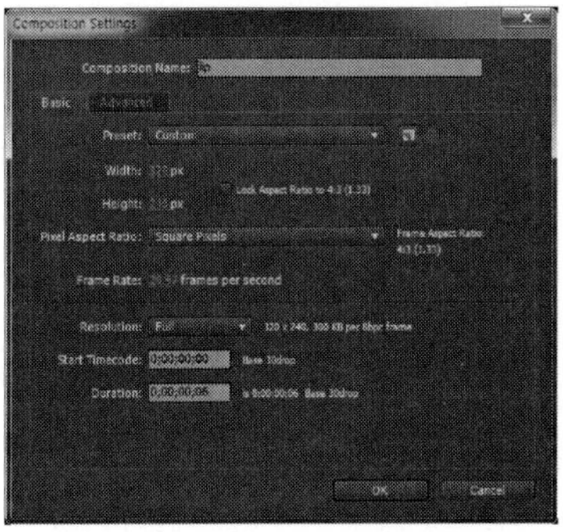

03 **Project** 패널에서 talk Layer의 하위 레이어를 열은 후 '**face**' 레이어만 제외한 6개의 입모양 레이어를 선택하여 Timeline 패널에 드래그하여 배치시킨다.

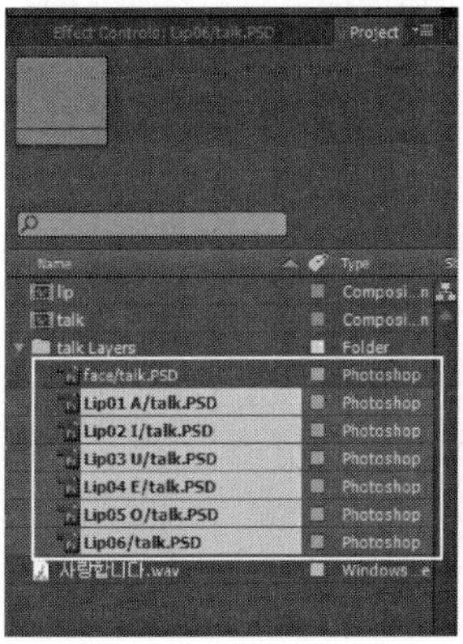

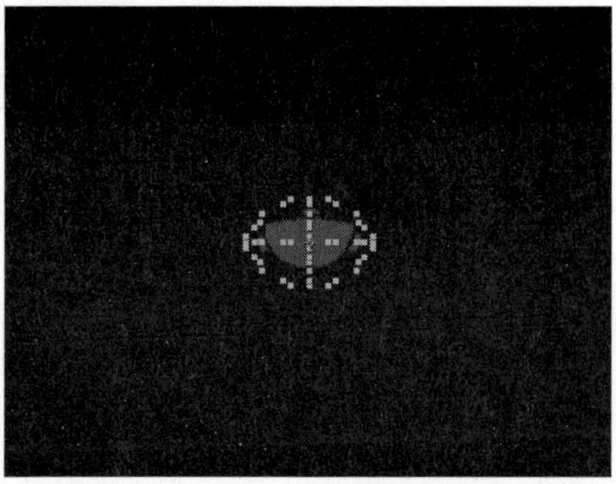

04 Timeline 패널의 배치된 Layer가 모두 선택한 상태에서 레이어의 길이를 왼쪽으로 드래그하여 '**01f**'까지 줄여 이미지가 모두 한 프레임씩만 설정되게 한다.

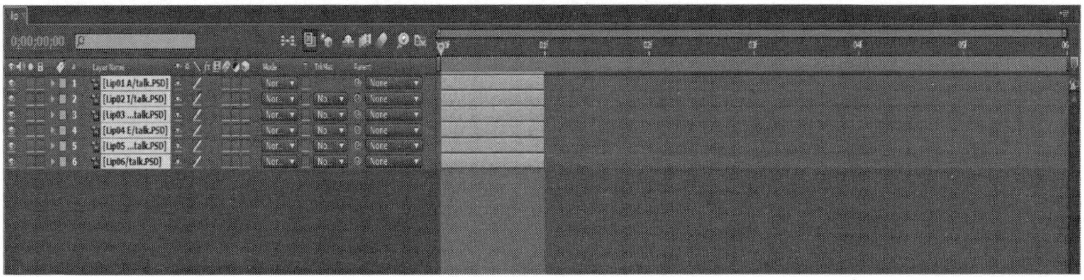

05 Layer가 선택된 상태에서 마우스의 오른쪽 버튼을 클릭하고 **[Keyframe Assistant]-[Sequence Layers...]**를 선택한 후 옵션 창에서 OK버튼을 클릭하여 입모양 시퀀스 이미지를 만든다.

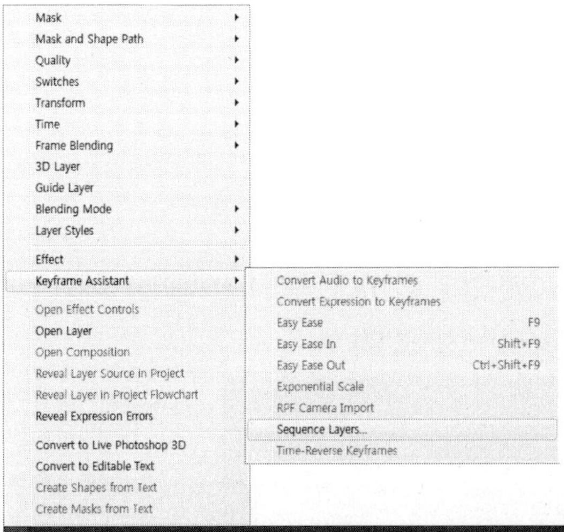

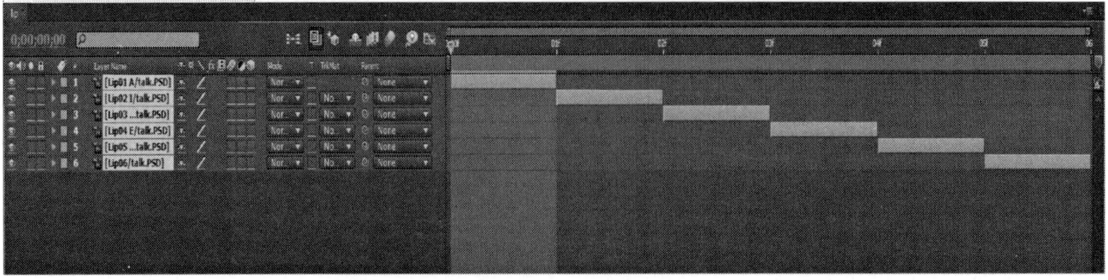

06 레이어를 모두 선택한 후 **[Layer]-[Pre Compose...]**를 선택한 후 옵션 창에서 **'New composition name:t_talk'**이라고 입력한 후 OK버튼을 클릭한다.

07 **Project** 패널에서 **'talk'** 콤포지션을 더블클릭하여 **Timeline** 패널에 레이어가 나타나면 이번에는 **'face'** Layer만 남기고 모두 삭제한다.

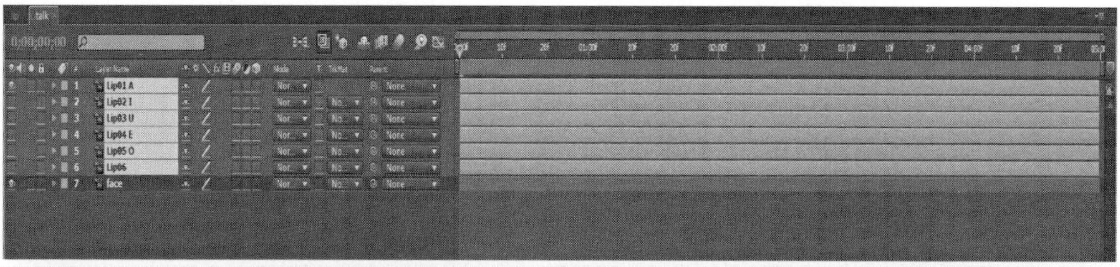

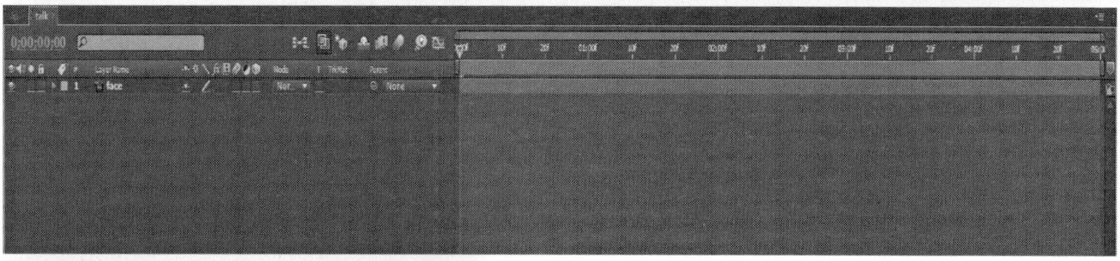

08 **[Composition]-[Composition Settings...]**를 선택한 후 옵션 창에서 **Duration:0;00;01;10**으로 설정하여 오디오의 길이와 콤포지션의 길이를 맞춘다.

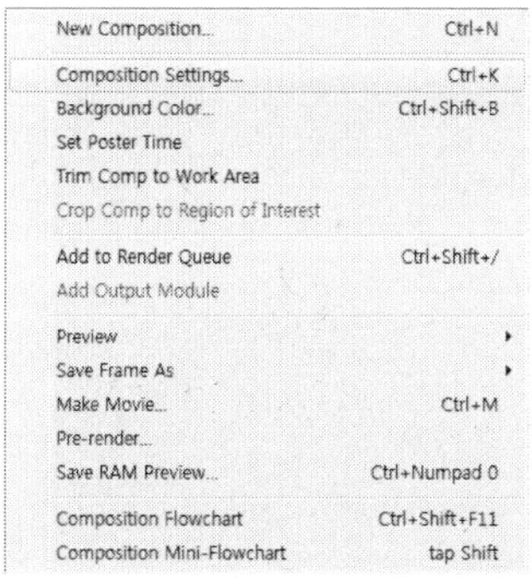

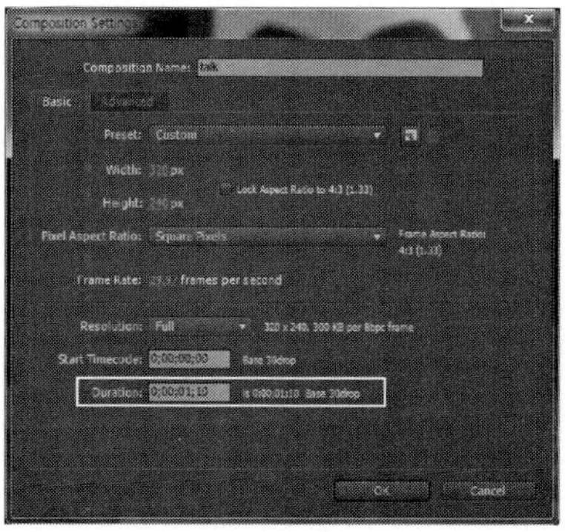

09 **Project** 패널에서 '**t_lip**' 콤포지션을 클릭한 후 **Timeline** 패널로 드래그하여 '**face**' Layer 위에 배치시킨 후 이미지의 위치를 잡는다.

10 '**Timeline**' 패널에서 '**t_lip**' 콤포지션을 선택한 후 마우스의 오른쪽 버튼을 클릭한 후 [Time]-[Enable Time Remapping]을 선택한다.

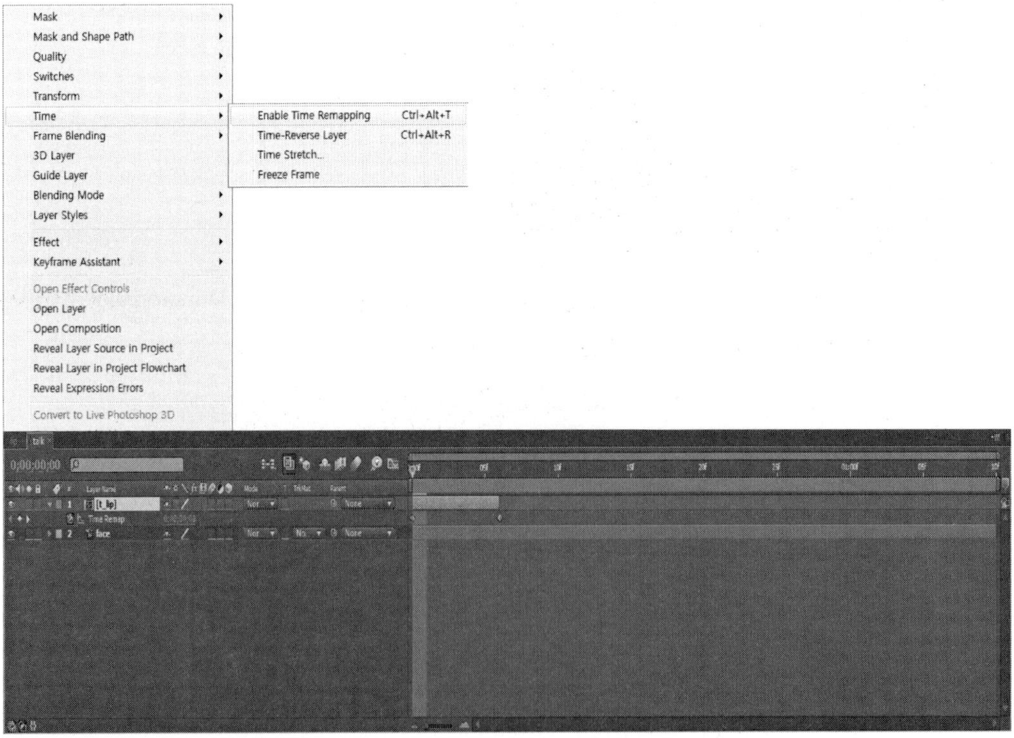

11 **'t_lip'** 콤포지션의 끝 부분을 클릭하여 **Timeline**의 끝까지 드래그하여 시간의 길이를 맞춘다.

12 '**Timeline**의 두 번째 키프레임을 선택한 후 Delete시킨 후 가장 앞에 있는 키프레임을 선택한 후 마우스의 오른쪽 버튼을 클릭한 후 [Toggle Hold Keyframe]으로 선택한다.

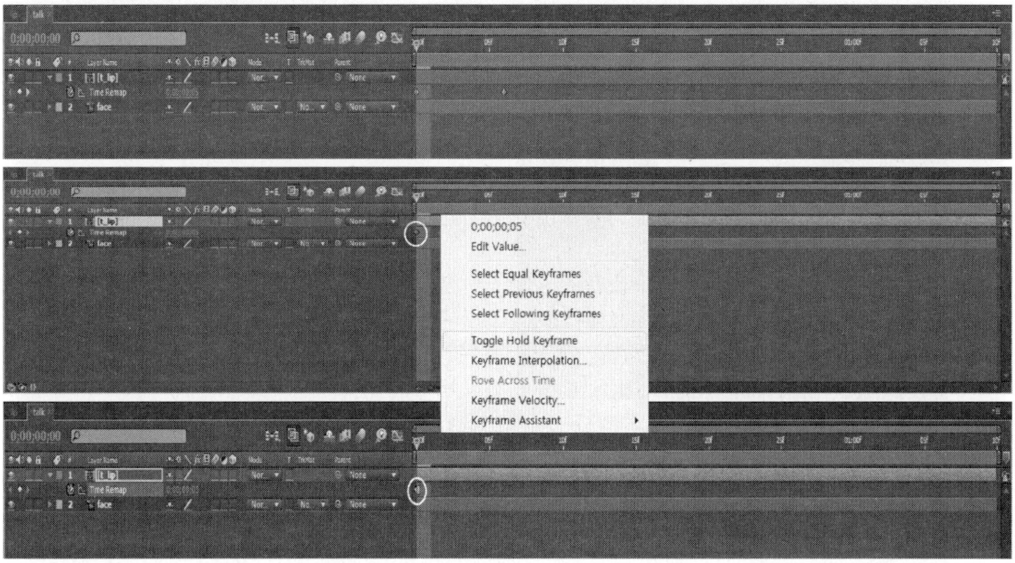

13 **Project** 패널에서 '**사랑합니다.wav**' 콤포지션을 클릭한 후 **Timeline** 패널로 드래그여 '**face**' Layer 아래에 위치시킨 후 하위 옵션 메뉴를 열어 Waveform을 확인한다.

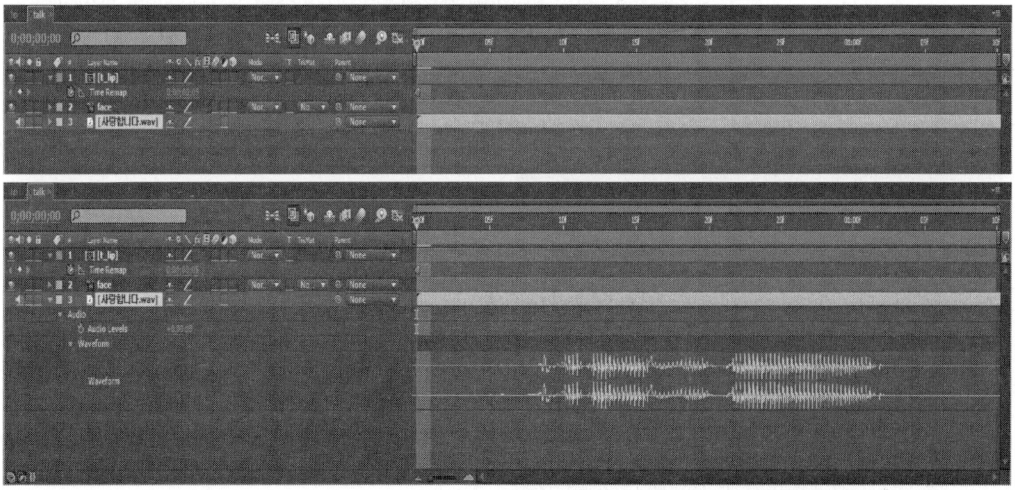

14 **Timeline** 패널의 '**Time Remap**' 옵션에서 '**0;00;00;05**'를 설정하여 해당 시작하기 전의 입 이미지가 나오게 한다.

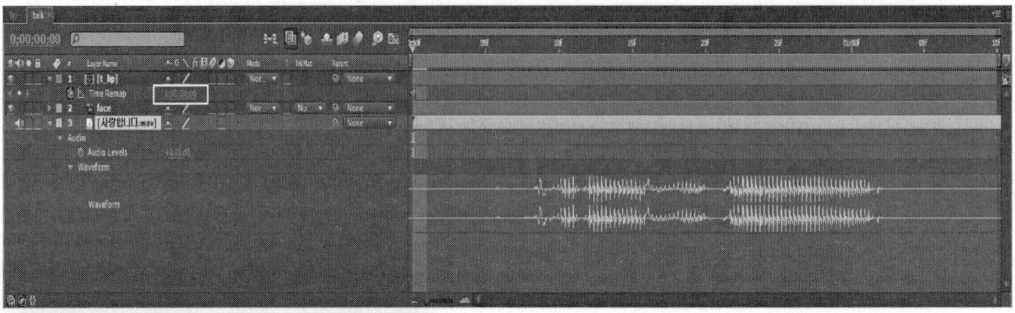

- 't_talk' 콤포지션에서 'A':0.0f / 'I':0.1f / 'U':0.2f / 'E':0.3f / 'O':0.4f / '_':0.5f로 작업된 각각이 입모양을 먼저 확인하면 작업하기 수월하다.

15 **Timeline** 패널의 '**Time Remap**' 옵션에서 '**0;00;00;00**'을 설정하여 '**사**'와의 Waveform과 맞는 입 모양의 이미지가 나타나게 한다.

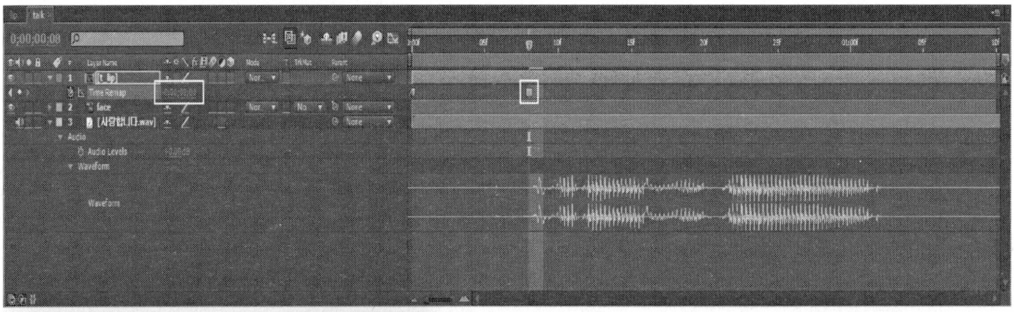

16 **Timeline** 패널의 '**Time Remap**' 옵션에서 '**0;00;00;03**'을 설정하여 '**랑**'과 맞는 입모양의 이미지가 나타나게 한다.

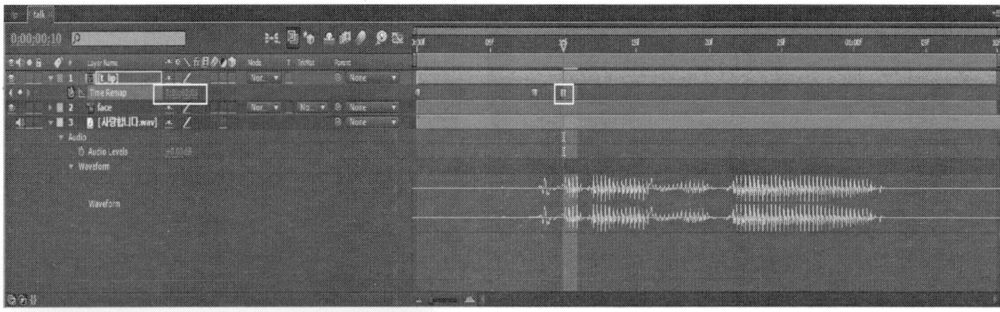

17 **Timeline** 패널의 '**Time Remap**' 옵션에서 '**0;00;00;05**'를 설정하여 '**합**'과 맞는 입모양의 이미지가 나타나게 한다.

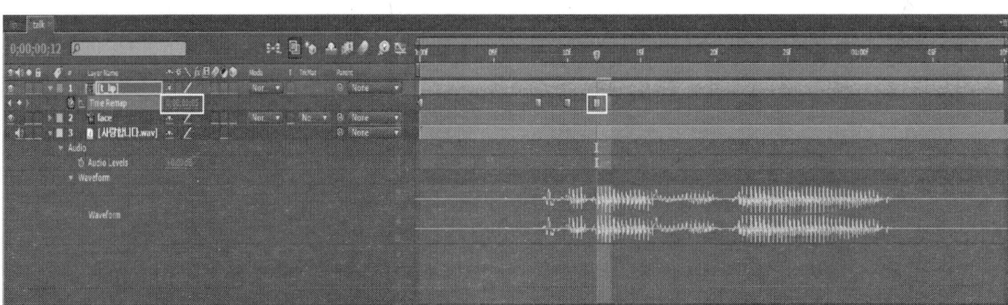

18 **Timeline** 패널의 '**Time Remap**' 옵션에서 '**0;00;00;01**'을 설정하여 '**니**'와 맞는 입모양의 이미지가 나타나게 한다.

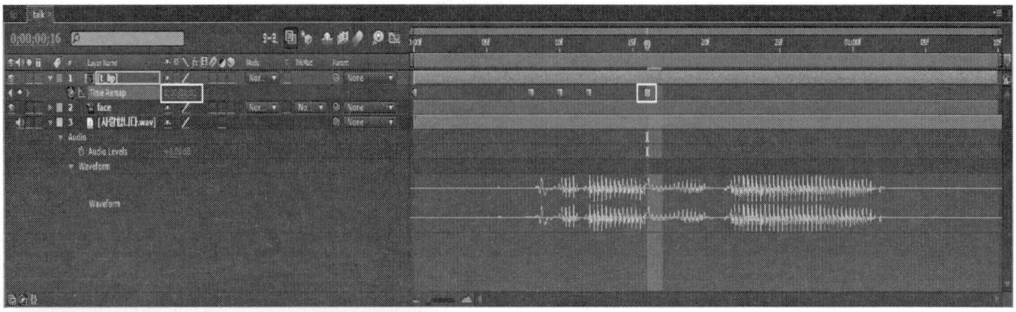

19 **Timeline** 패널의 '**Time Remap**' 옵션에서 '**0;00;00;00**'을 설정하여 '**다**'와 맞는 입모양의 이미지가 나타나게 한다.

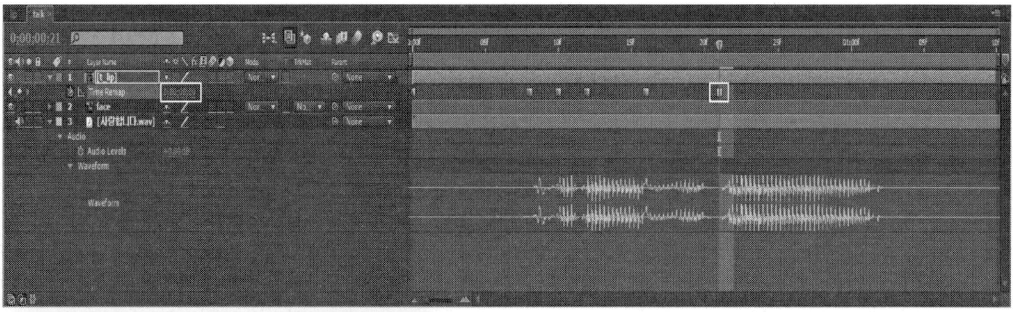

20 **[Layer]-[New]-[solid]**를 선택하여 새로운 Solid Layer가 생성되면 클릭 드래그하여 맨 아래로 내린다.

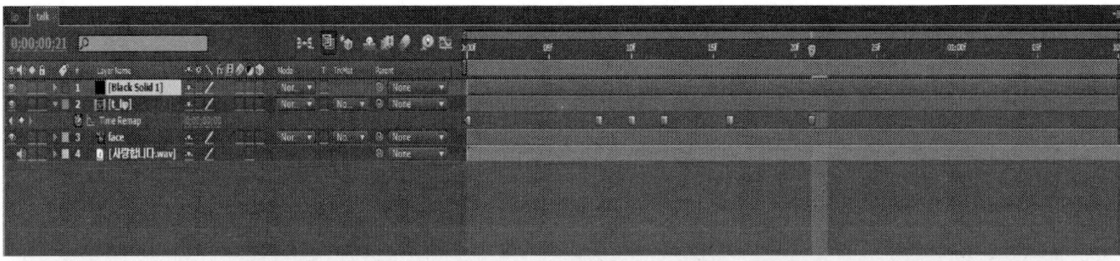

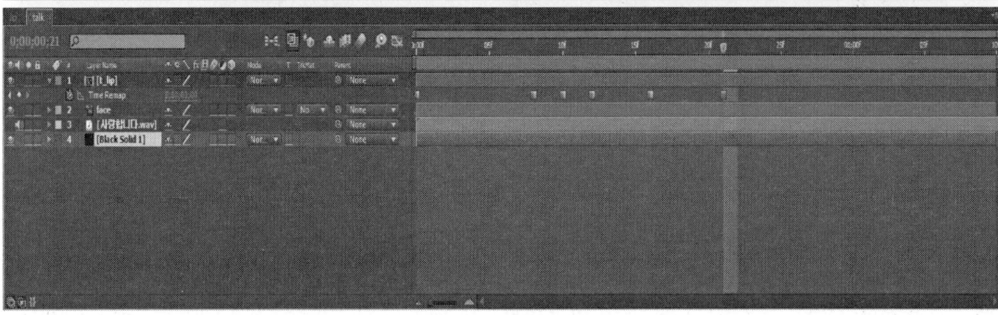

21 **[Animation]-[Browse Presets...]**를 선택한 후 나타난 Preset 창에서 '**Backgrounds**' 아이콘을 더블클릭한 후 '**Indigestion.ffx**'를 더블클릭하여 Solid Layer에 적용시킨다.

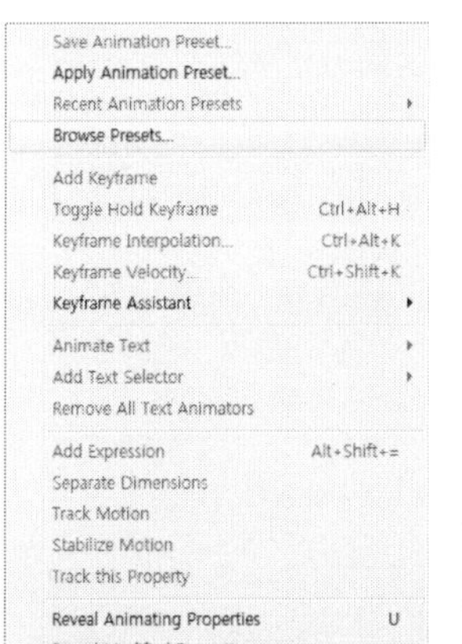

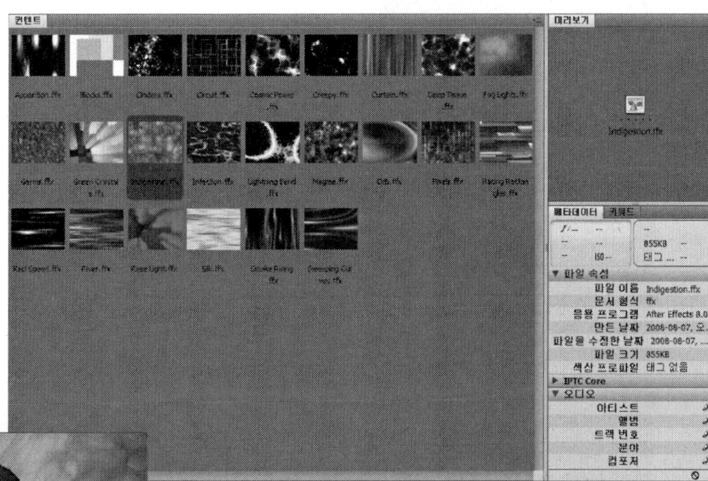

- 'Preset'은 애니메이션 작업 중 사용될 움직이는 다양한 효과를 분야별로 작업하여 저장된 파일이다. 여러 개의 Effect를 이용하여 애프터이펙트에서 보여 줄 수 있는 효과가 많은 예제가 있으므로 Effect를 이용한 효과 적용하기 공부하기에도 매우 도움이 되는 메뉴이다.

22 **Effect Controls** 패널에서 'Fractal Type:Turbulent Smooth'을 선택하여 적용한 후 Brightness 스톱왓치 아이콘을 클릭하여 키프레임을 설정한다.

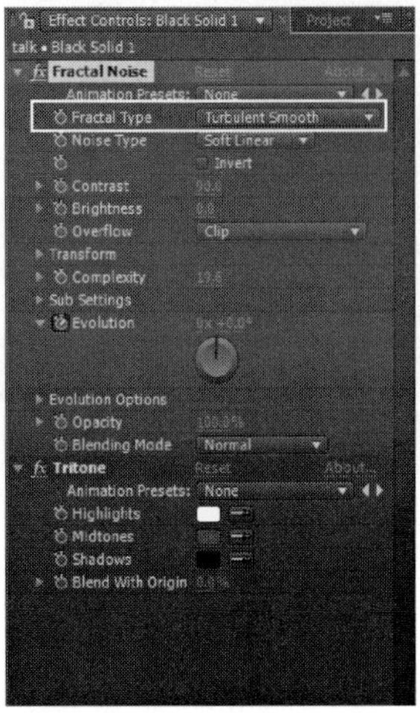

23 **'Current Time'**을 클릭한 후 **'Go to Time'** 창에서 15를 입력하여 15프레임으로 Indicator를 이동한 후 **Effect Controls** 패널에서 **Brightness:24.0**으로 적용한다.

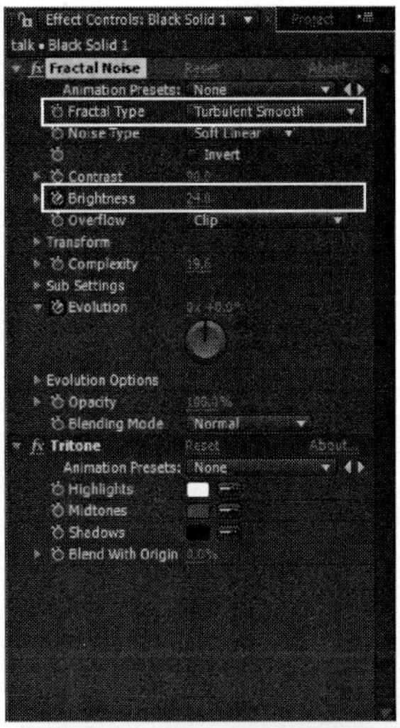

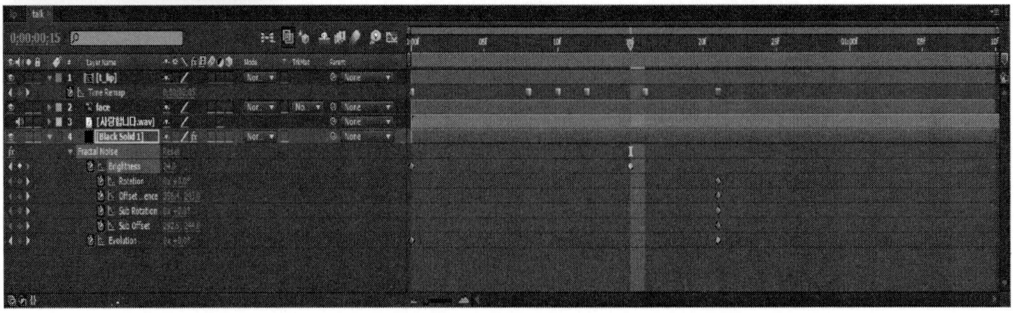

24 단축키 'U'를 클릭하여 키프레임 작업된 메뉴가 나타나게 한 후 이미 적용되어 있는 키프레임을 선택하여 앞부분으로 드래그하여 적용시켜 완성한다.

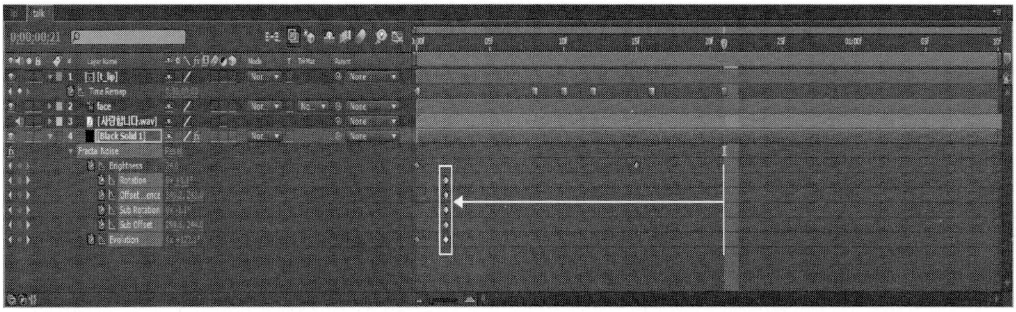

09 Puppet Pin 이해하기

이미지에 자연스러운 모션을 적용할 수 있는 툴이다. 특히 손쉽게 자연스러운 캐릭터의 움직임을 작업할 수 있어 간단한 이미지 움직임을 작업하기에 적합한 툴이다. 그러나 이미지의 왜곡이 있으므로 사용할 때 적용되는 범위를 잘 조절하여 사용해야 한다.

학습메뉴

- Puppet Tool

01 **Project** 패널의 바탕을 더블클릭하면 '**Import File**' 옵션 창이 나타나면 '**rabbit.PSD**' 파일을 선택하여 불러온다.

02 **Project** 패널에서 'rabbit' 콤포지션을 더블클릭하여 Timeline 패널에 레이어를 배치한다.

03 **Timeline** 패널에서 '**rabbit02**' 레이어를 선택한 후 **Puppet Pin** 아이콘을 선택한 후 **Composition** 패널에서 해당 이미지에 4곳 클릭하여 적용한다.

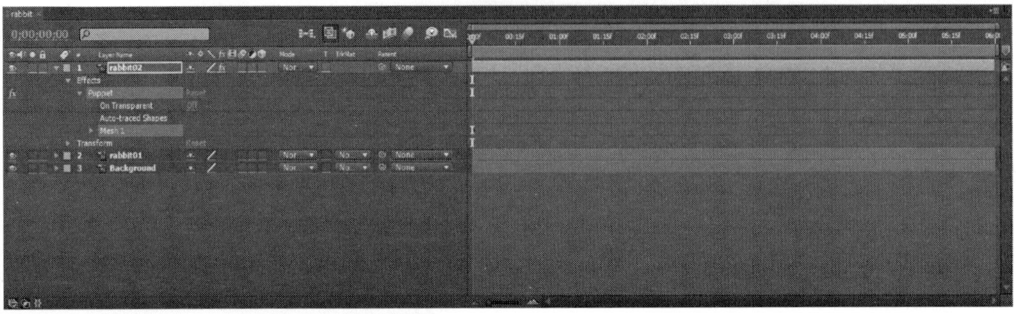

04 단축키 '**U**'를 클릭하여 **Timeline** 패널에 Puppet Pin 키프레임이 나타나게 한 후 '**Puppet Pin2**' 키프레임만 선택한다.

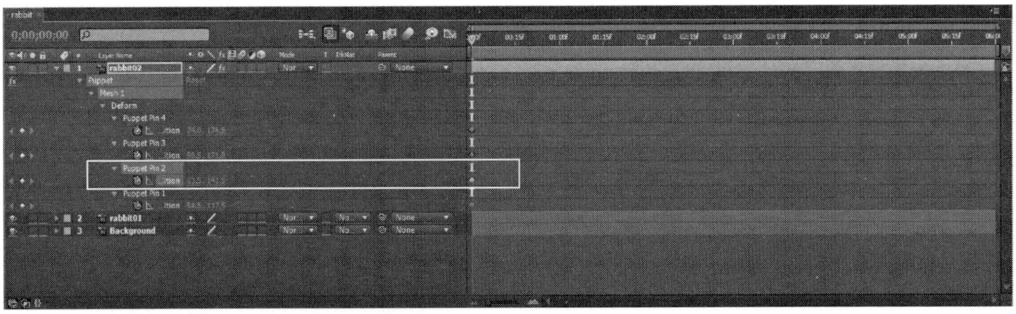

05 **'Current Time'**을 클릭한 후 **'Go to Time'** 창에서 **'22'**를 입력하여 **Indicator**를 22프레임으로 이동한 후 **Composition** 패널에서 해당 **Puppet Pin**을 클릭 드래그하여 움직임을 준다.

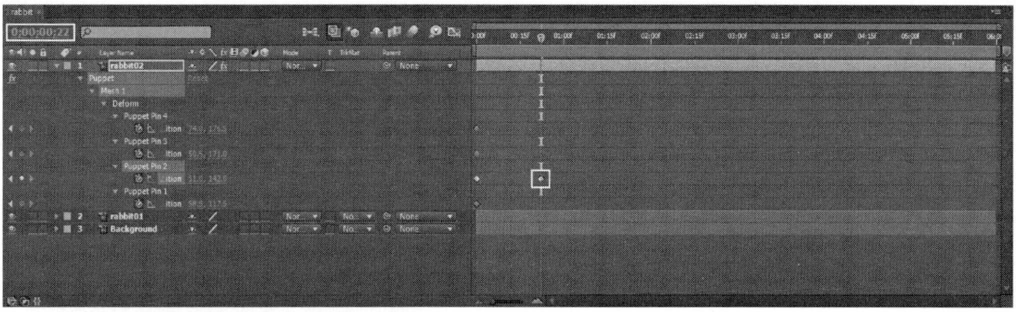

06 **'Current Time'**을 클릭한 후 **'Go to Time'** 창에서 **'150'**를 입력하여 **Indicator**를 1초 15프레임으로 이동한 후 **Composition** 패널에서 해당 **Puppet Pin**을 클릭 드래그하여 움직임을 준다.

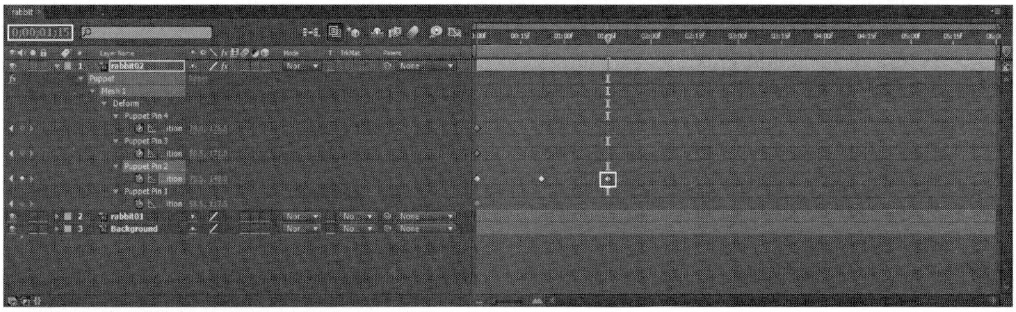

07 **Timelune** 패널에서 3개의 키프레임을 드래그하여 모두 선택한 후 **'Ctrl+C'**를 하여 키프레임을 복사한다.

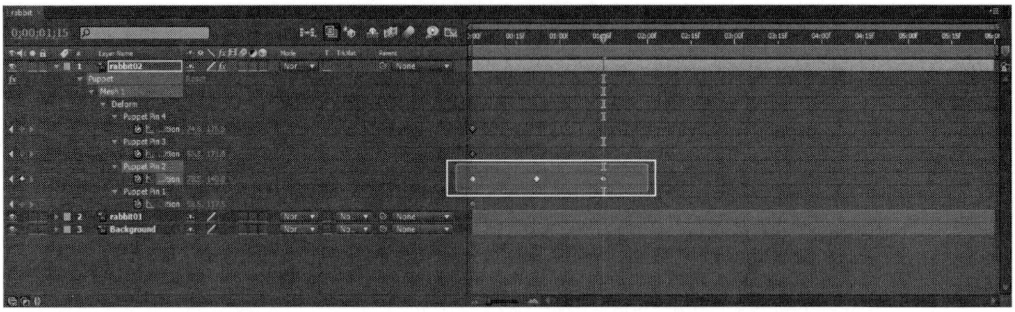

08 **'Current Time'**을 클릭한 후 **'Go to Time'** 창에서 **'208'**를 입력하여 **Indicator**를 2초 8프레임으로 이동한 후 **'Ctri+V'**를 하여 복사한 키프레임을 붙여 놓는다.

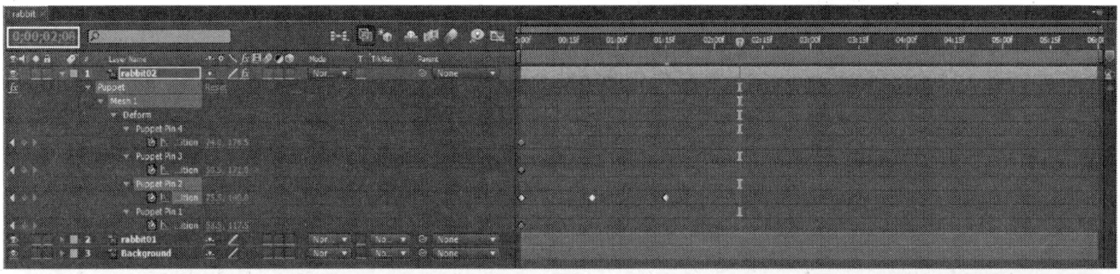

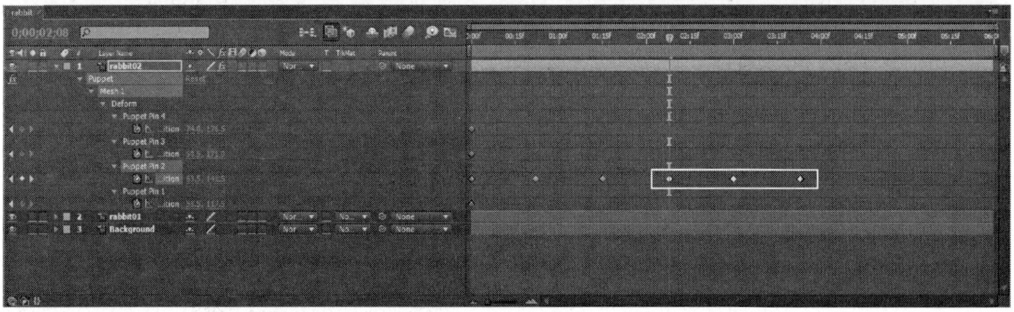

09 **'Current Time'**을 클릭한 후 **'Go to Time'** 창에서 **'415'**를 입력하여 **Indicator**를 4초 15프레임으로 이동한 후 한번 더 **'Ctrl+V'**를 하여 키프레임을 복사한다.

10 **Timeline** 패널에서 '**rabbit01**' 레이어를 선택한 후 **Puppet Pin** 아이콘을 선택한 후 **Composition** 패널에서 해당 이미지에 7군데 클릭하여 적용한 후 단축키 '**U**'를 클릭하여 **Timeline** 패널에 Puppet Pin 키프레임이 나타나게 한다.

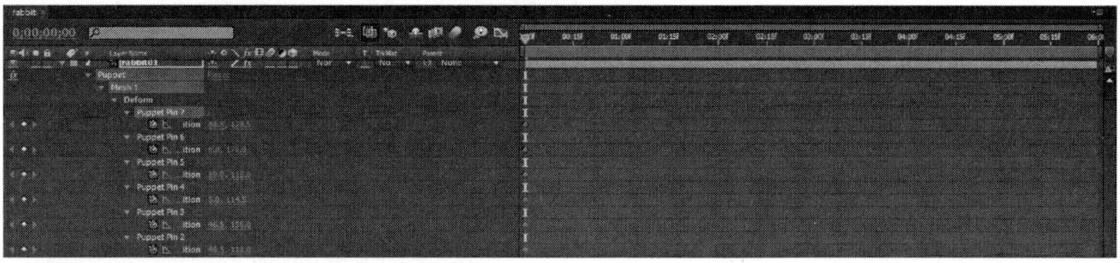

11 **Timelune** 패널에서 7개의 키프레임을 드래그하여 모두 선택한 후 '**Ctrl+V**'를 하여 복사한 키프레임을 붙여 놓는다.

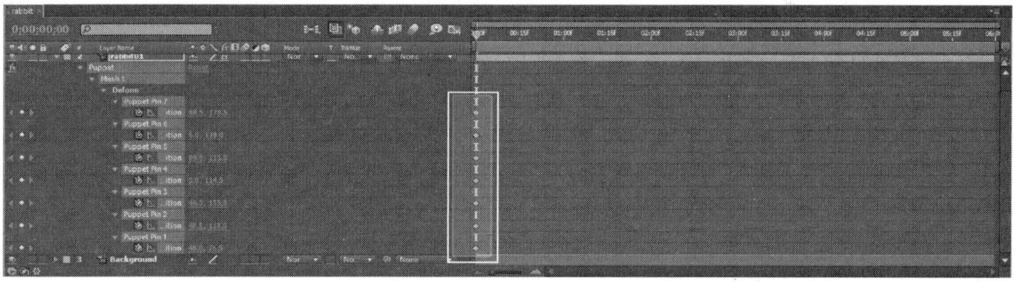

12 '**Current Time**'을 클릭한 후 '**Go to Time**' 창에서 '**100**'를 입력하여 **Indicator**를 1초로 이동한 후 '**Ctrl+V**'를 하여 복사한 키프레임을 붙여 놓는다.

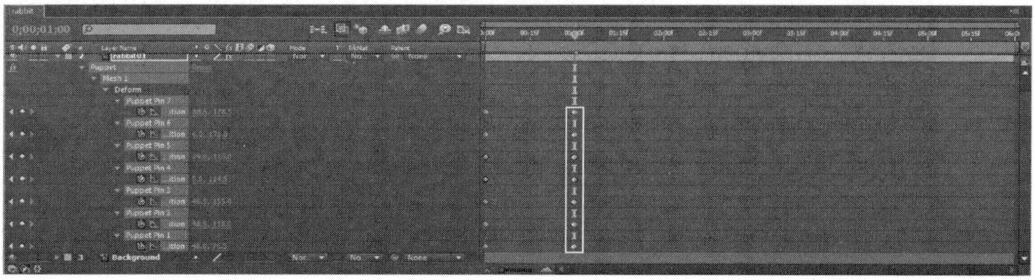

13 **Indicator**를 3초, 4초, 5초 6초로 이동한 후 '**Ctrl+V**'를 하여 키프레임을 붙여 놓는다.

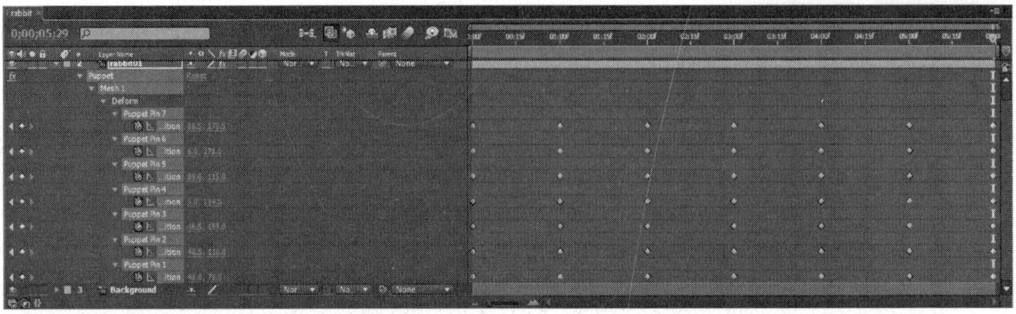

14 **Timeline** 패널에서 Indicator를 15프레임으로 이동한 후 '**Pin1, Pin5, Pin6**'을 차례로 클릭 드래그 하여 조금씩 움직인다.

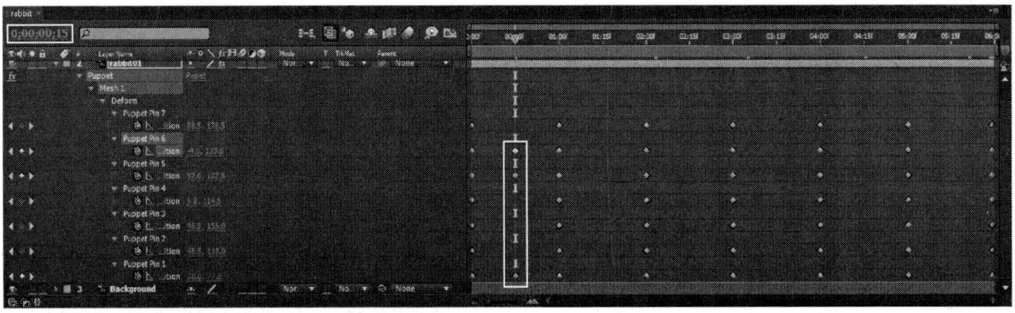

15 '**Pin1, Pin5, Pin6**' 키프레임을 드래그하여 선택한 후 '**Ctrl+C**'를 한다.

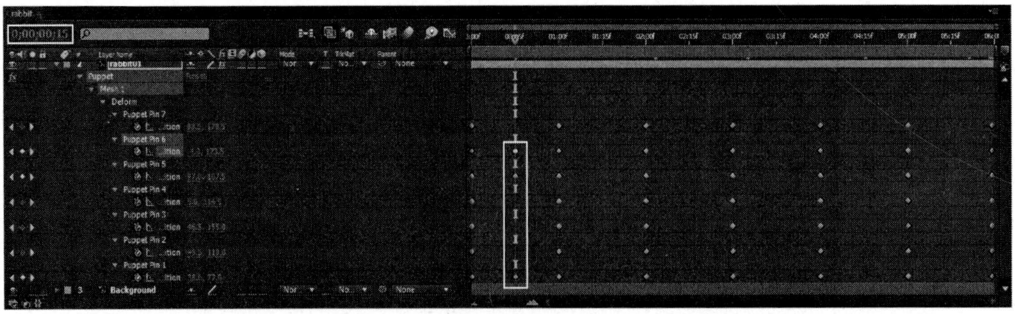

16 **Timeline** 패널에서 Indicator가 2초 15프레임(2:15f)일 때 '**Ctrl+V**', 4초 15프레임(4:15f)일 때 '**Ctrl+V**'를 하여 키프레임을 추가여 완성한다.

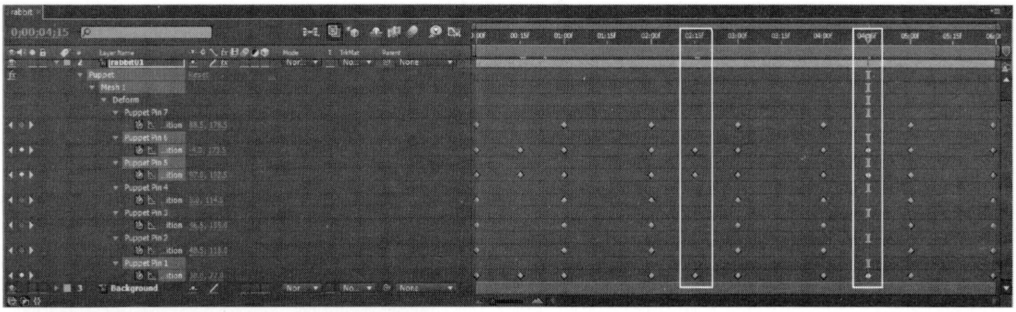

10 트랙매트_알파매트 이해하기

트랙매트는 이미지를 원하는 영역만 보이게 하는 기능으로 포토샵의 알파채널과 비슷하다. 트랙매트 중 알파매트는 적용하고 싶은 이미지를 단색으로 작업하여 적용하면 된다. 매트는 적용될 이미지와 적용할 이미지 두 개의 레이어로 구성되어야 하며 적용할 이미지가 적용될 이미지 아래에 위치해야 한다.

학습메뉴

- Track Matte/Alpha Matte
- Fast Blur

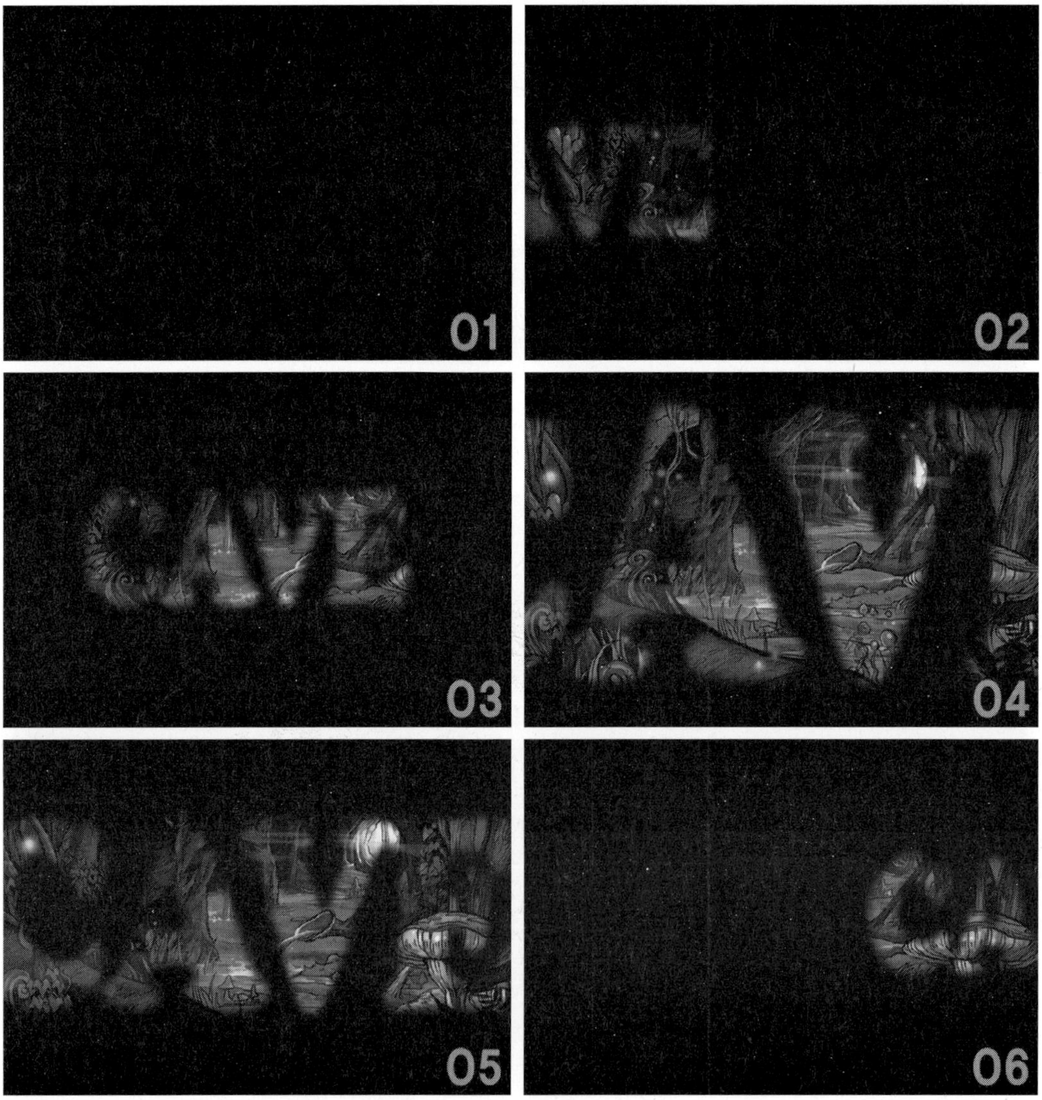

01 **[Layer]-[Composition Settings...]**를 선택한 후 옵션 창에서 **Composition Name:alpha/ Width:720, Height:480/Duration: 0;00;00;06**로 설정하여 새로운 콤포지션을 생성한다.

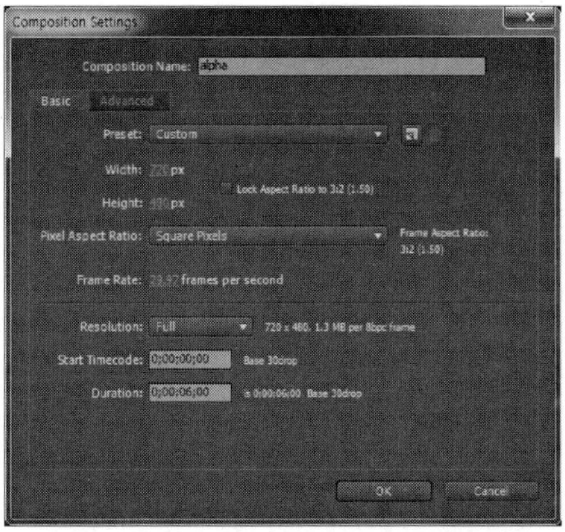

02 **Project** 패널을 더블클릭한 후 **Import** 옵션 창이 나타나면 **'cave.psd'**를 선택한 후 불러온다.

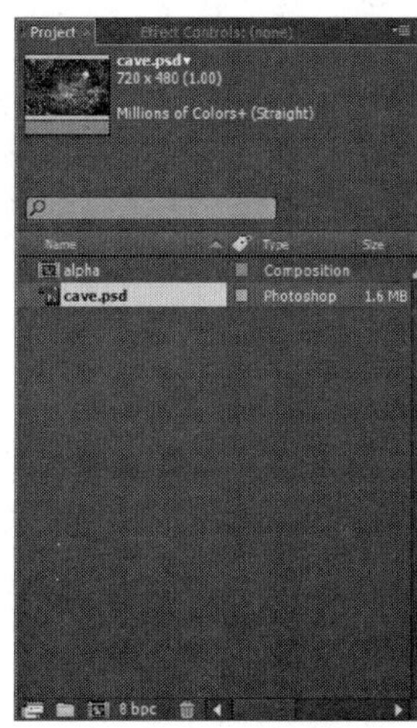

03 **Project** 패널에서 **'cave.psd'**을 Timeline 패널로 드래그한 후 Text 툴을 클릭하여 'CAVE'를 입력한다. **서체:Cooper Blk BT / 크기:160px / 자간:−50 / 세로크기:130% / 색상:bfffda** 설정한다.

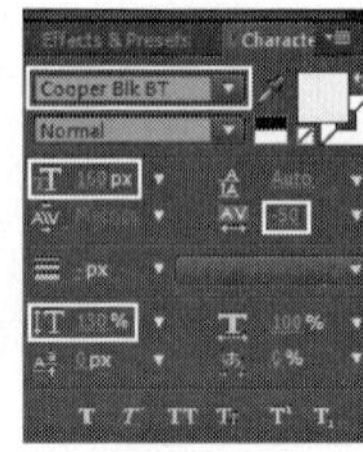

04 **Pen Behind** 툴을 선택한 후 글자 왼쪽 하단에 있는 Point를 중심으로 드래그하여 이동한다.

- 'Point'는 이미지의 기준점이 되는 것으로 크기를 줄이거나 늘릴 때 설정된 Point를 기준으로 이미지가 변형된다.

05 **Selection** 툴을 선택한 후 글자 이미지를 화면 왼쪽으로 수평 이동한다.

06 **Timeline** 패널에서 텍스트 Layer를 선택한 다음 단축키 **'P'**를 클릭한 후 **Shift**키를 누른 후 단축키 **'S'** 클릭하여 **Position**과 **Scale** 옵션이 나타나게 한다.

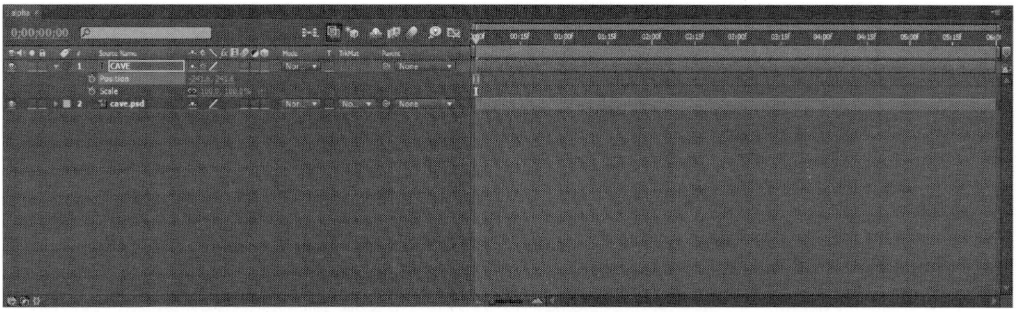

07 **Position**의 스톱왓치 아이콘을 클릭하여 키프레임을 설정한다.

08 **'Current Time'**을 클릭한 후 **Go to Time** 창에 100을 입력하여 1초로 이동한 후 **Composition** 패널에서 왼쪽에 위치한 텍스트 이미지를 드래그하여 중앙에 배치시킨다.

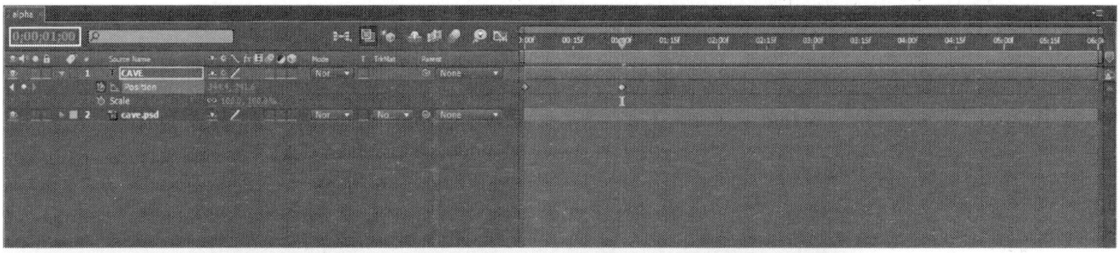

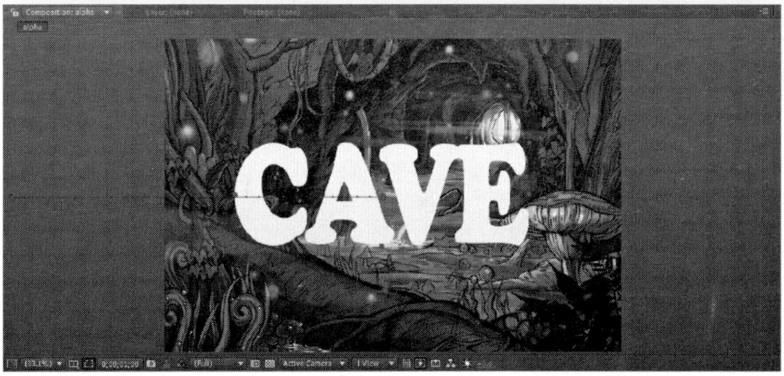

09 **'Current Time'**을 클릭한 후 **Go to Time** 창에 115을 입력하여 1초 15프레임으로 이동한 후 키프레임 아이콘을 클릭하여 키프레임을 추가하여 텍스트가 화면 중앙에서 잠깐 멈춰있게 설정한다.

10 **'Current Time'**을 클릭한 후 **Go to Time** 창에 207을 입력하여 2초 7프레임으로 이동한 후 **Scale:240.0, 240.0%** 조절하여 텍스트의 크기를 키운다.

11 **'Current Time'**을 클릭한 후 **Go to Time** 창에 225를 입력하여 2초 25프레임으로 이동한 후 키프레임 [◀ ◆ ▶]만 추가하여 확대된 텍스트가 화면에 잠깐 멈춰있게 설정한다.

12 **'Current Time'**을 클릭한 후 **Go to Time** 창에 315를 입력하여 3초 15프레임으로 이동한 후 **Scale:100.0, 100.0%**로 텍스트의 크기를 조절한다.

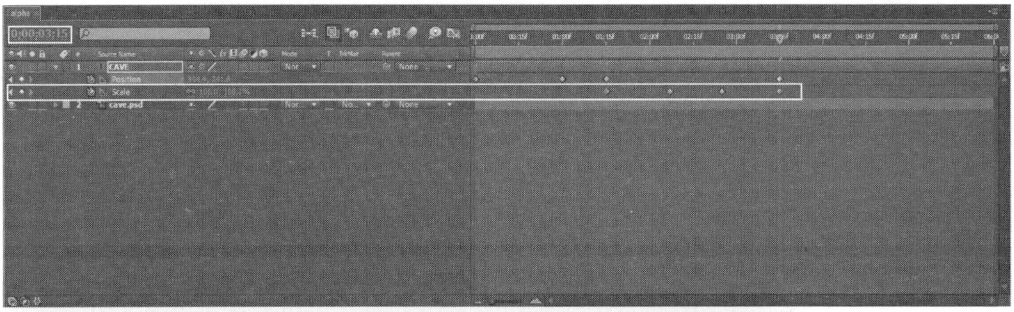

13 **'Current Time'**을 클릭한 후 **Go to Time** 창에 415를 입력하여 4초 15프레임으로 이동한 후 **Composition** 패널에서 텍스트를 클릭 드래그하여 오른쪽 화면 밖으로 이동한다.

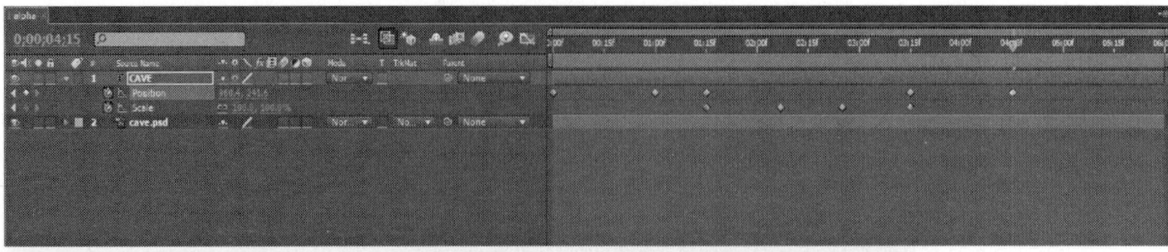

14 **Timeline** 패널에서 **'cave.psd'** Layer를 선택한 후 **'Track Matte'**난을 클릭하여 **Alpha Matte 'CAVE'**를 선택하여 텍스트 이미지가 배경 이미지에 알파매트로 적용되게 한다.

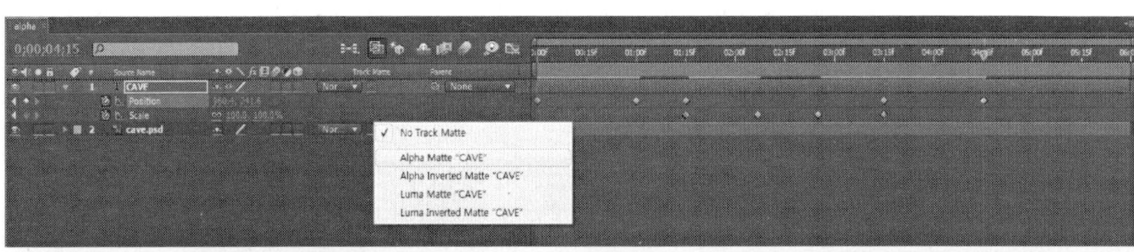

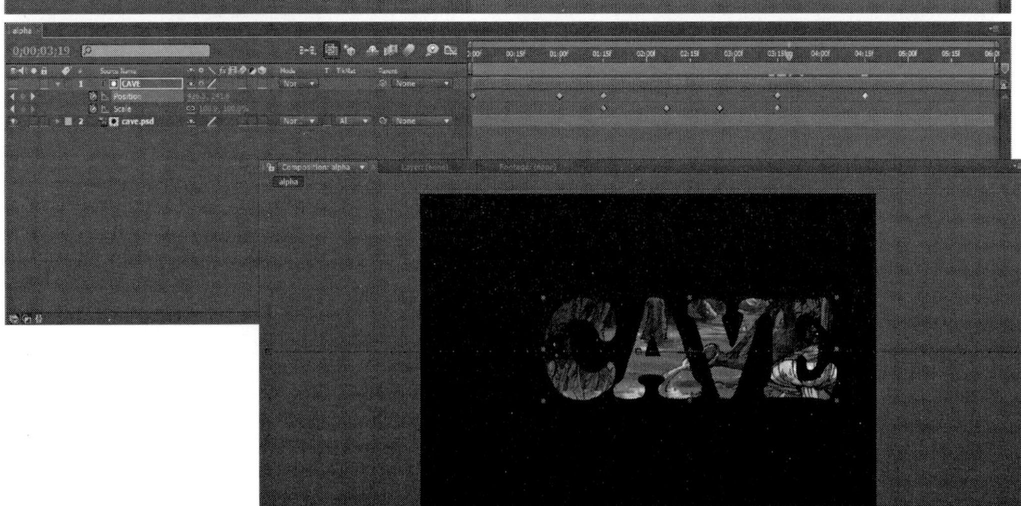

15 **[Effect]-[Blur & Sharpen]-[Fast Blur]**를 선택한 후 **Blurriness:15.0**으로 설정하여 완성한다.

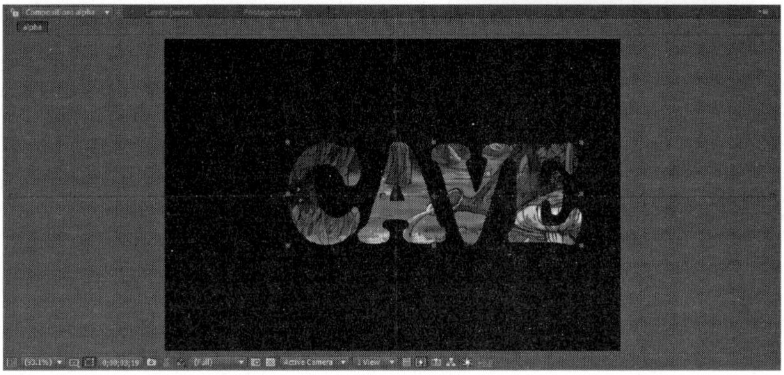

11 트랙매트_루마매트 이해하기

트랙매트에서 루마매트는 흰색에서 검은 색으로 연결된 시퀀스 이미지를 매트로 적용할 때 사용하는 메뉴이다. 하나의 흑백이미지로 적용되는 것이 아닌 검정색에서 흰색으로 역동성을 주는 느낌의 이미지로 표현하거나 적용 또는 이미지가 등장할 때 많이 사용되는 메뉴이다.

학습메뉴

- Track Matte/Luma Matte

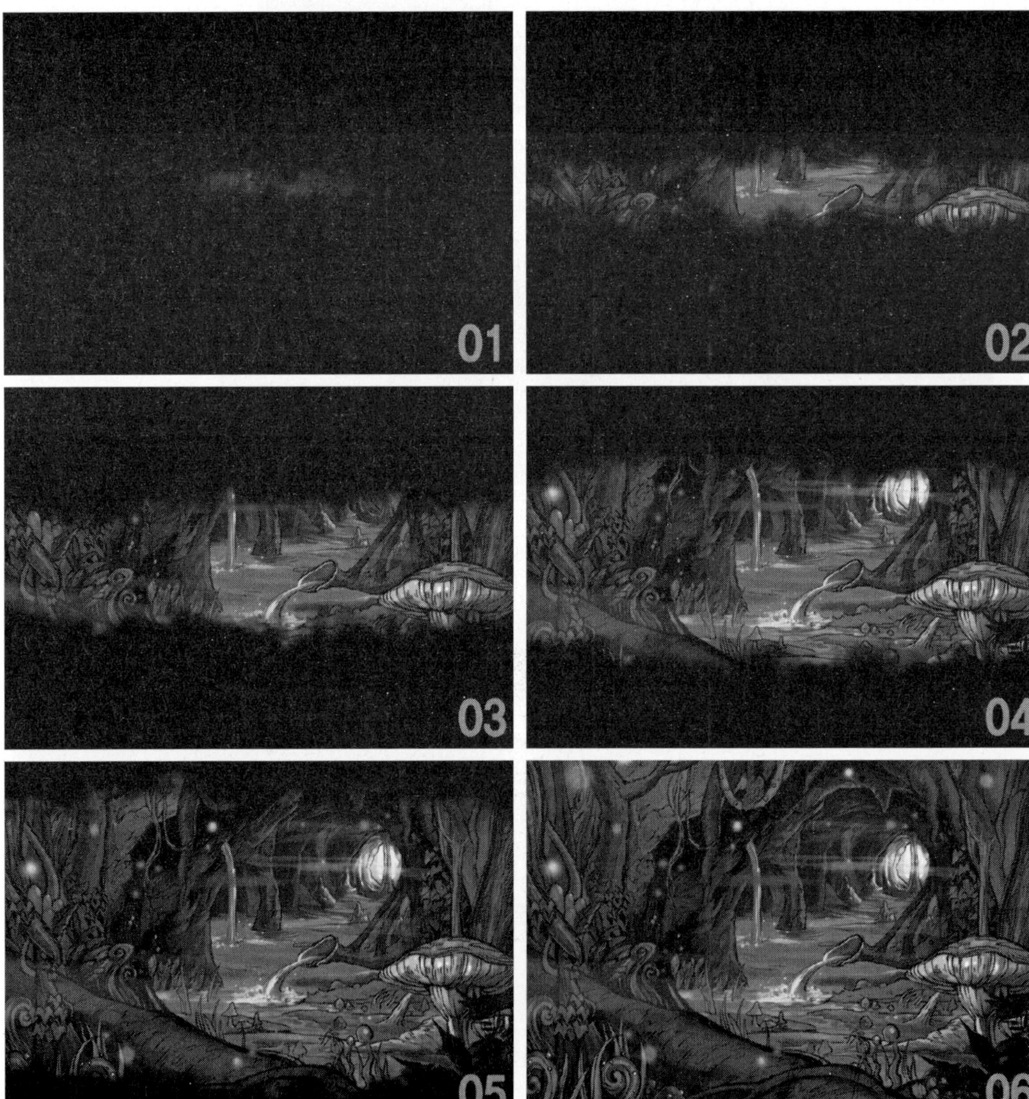

01 **[Layer]-[Composition Settings...]**을 선택한 후 옵션 창에서 **Composition Name:Luma_matt / Width:720, Height:480 / Duration: 0;00;05;00**으로 설정하여 새로운 콤포지션을 생성한 후 **Impot File** 창이 나타나면 **'MAtte_00000'** 파일을 선택한 후 **'JEPG Sequence'** 옵션을 체크하고 열기 버튼을 클릭한다.

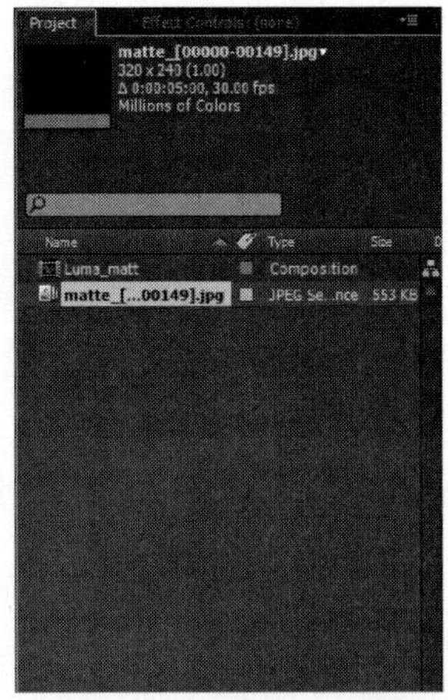

- 'JPEG Sequence'는 각각의 작업이 연결된 2D 이미지를 연속으로 불러오는 메뉴이다. 이 때 파일 이름이 규칙성을 가져야 맨 앞에 있는 이미지만 선택을 하여도 모두 불러올 수 있다.

02 **Project** 패널을 더블클릭한 후 **Import** 옵션 창이 나타나면 **'cave.psd'** 선택한 후 불러 온 후 **Timeline** 패널에 드래그하여 위치시킨다.

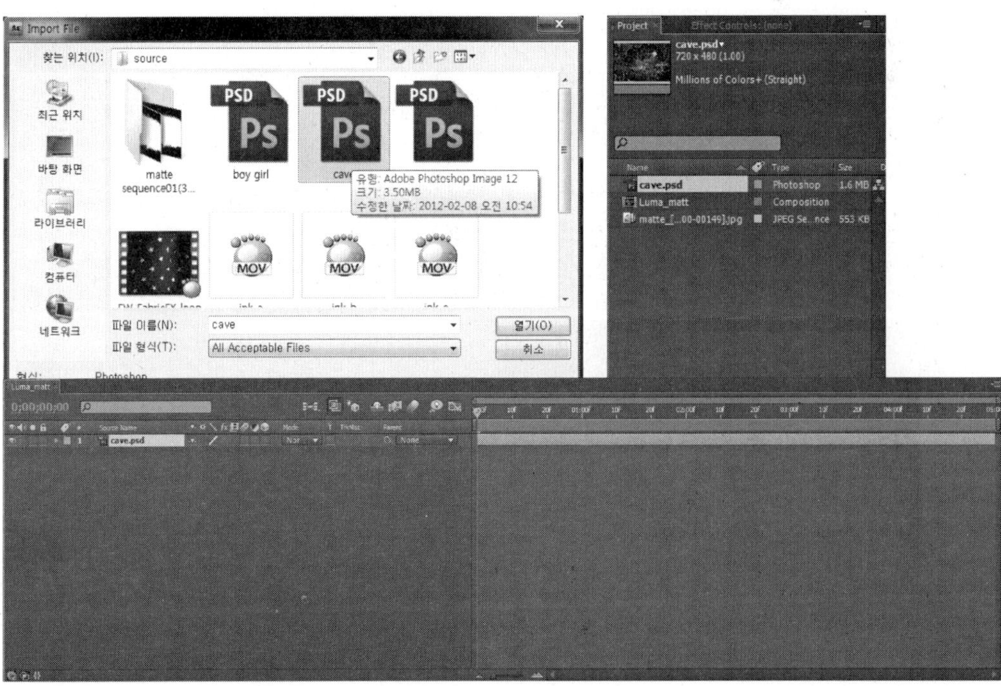

03 Project 패널에서 시퀀스 이미지로 불러온 Matte[...49].jpg 이미지를 클릭 드래그하여 Timeline 패널에서 cave.psd 파일 위에 위치시킨다.

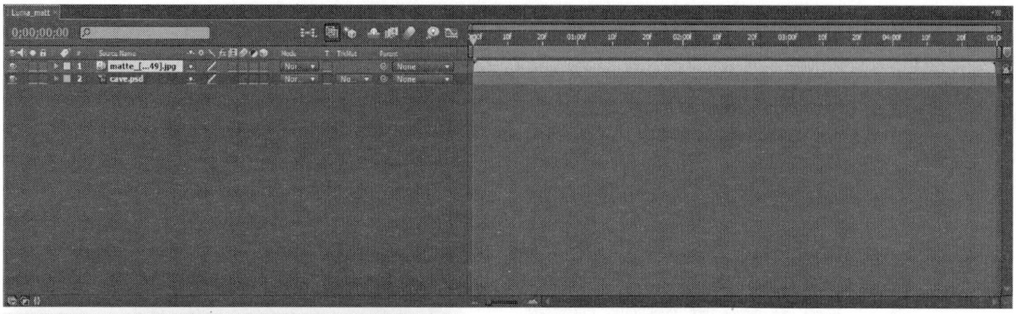

04 단축키 S를 클릭하여 Timeline 패널에 Scale 옵션이 나타나게 한 후 226.0, 226.0%로 설정하여 화면 전체를 가리게 한다.

05 'cave.psd' Layer를 선택한 후 **Track Matte** 메뉴를 클릭하여 **Luma Matte 'Matte_[00000_00149].jpg**를 선택하여 이미지에 루마매트가 적용되게 한 후 완성시킨다.

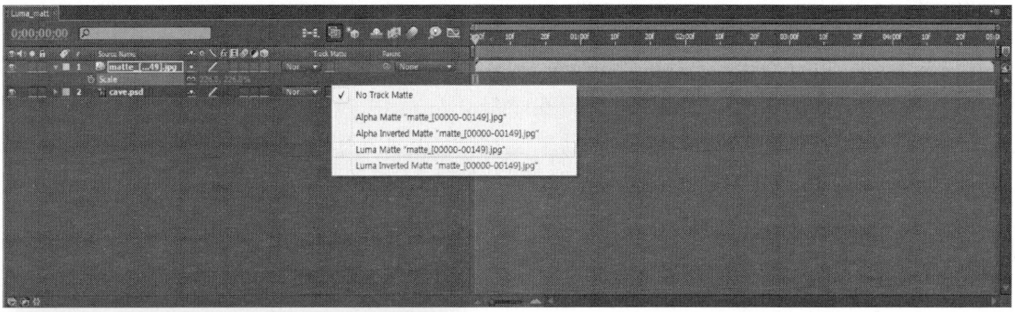

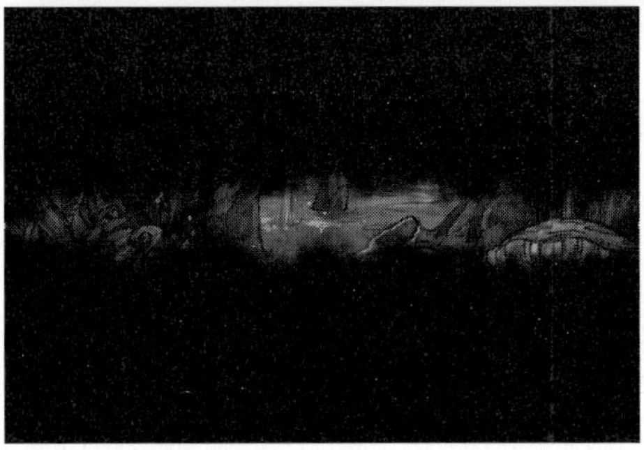

12 3D 이미지 이해하기

애프터이펙트에서 2D 이미지를 3D로 전환하여 입체감을 주는 기능이 있다. 이런 기능 때문에 2D와 3D의 중간인 2.5D라고 말하기도 한다.
이번 예제에서는 2D 이미지가 움직이는 영상으로 표현되는 방법과 움직임을 실감나게 적용하는 방법에 대하여 살펴본다. 조명이 들어가기 전에 간단하게 조명 사용방법에 대하여 살펴본다.

학습메뉴

- 3D Animation/For Comp layer
- Spot Light

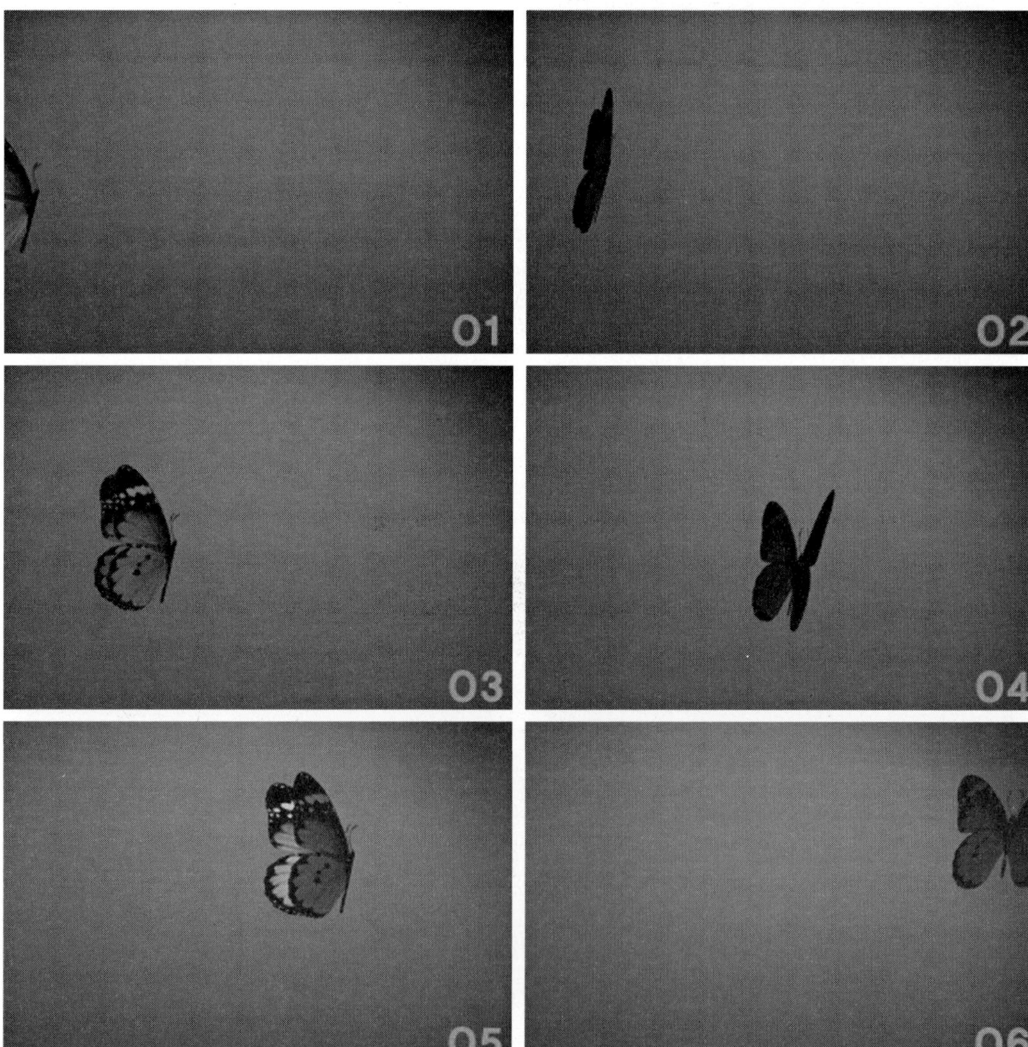

01 **Project** 패널을 더블클릭한 후 **Import File** 옵션 창이 나타나면 **'butterfly01.psd'** 선택한 후 불러와 **Timeline** 패널에 드래그하여 위치시킨다.

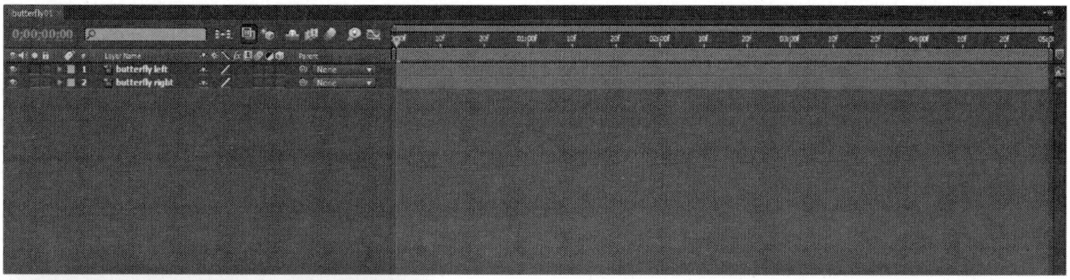

02 **'butterfly left'** Layer를 선택한 후 **'Pan Behind'** 툴을 선택하여 오브젝트의 중심 점(Anchor Point)을 나비 왼쪽 날개의 가운데서 오른쪽 끝으로 이동한다.

03 **'butterfly left'** Layer 3D 난을 클릭하여 이미지를 3D로 전환한다.

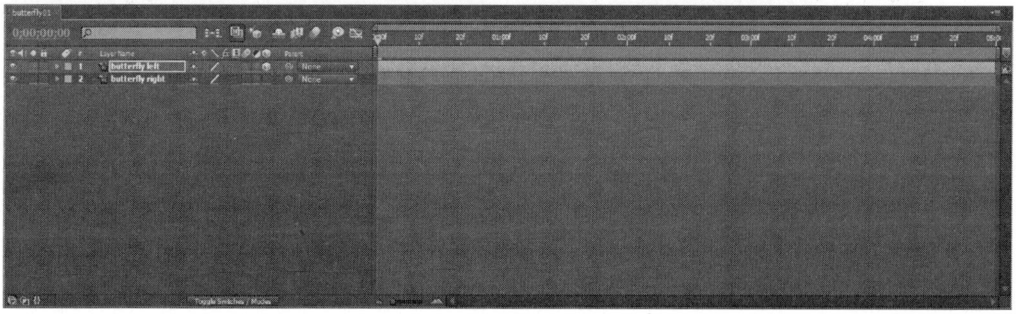

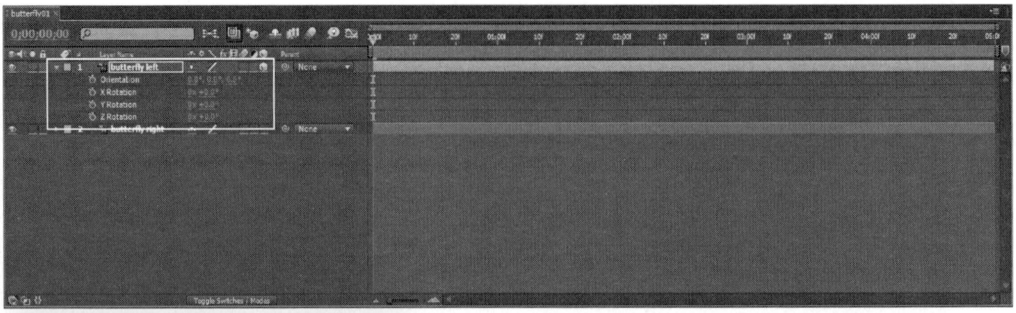

- '2D' 오브젝트에서 '3D' 오브젝트에서 전환하면 Z축이 새롭게 나타난다.
  Z축은 깊이(Depth)를 나타내며 공간감을 표현하여 이미지가 3D로 표현되게 한다.
- X축 : 빨간 화살 / Y축 : 초록 화살 / Z축 : 파란 화살이며 마우스를 해당 화살의 위치로 가져가면 원하는 축만 이동, 회전, 크기 조절 등의 작업을 할 수 있다.

04 **Timeline** 패널에서 '**butterfly left**' Layer가 선택된 상태에서 단축키 '**R**'을 클릭하여 회전 옵션이 나타나게 한 후 **Orientation**의 스톱왓치 아이콘 클릭하여 키프레임을 설정한다.

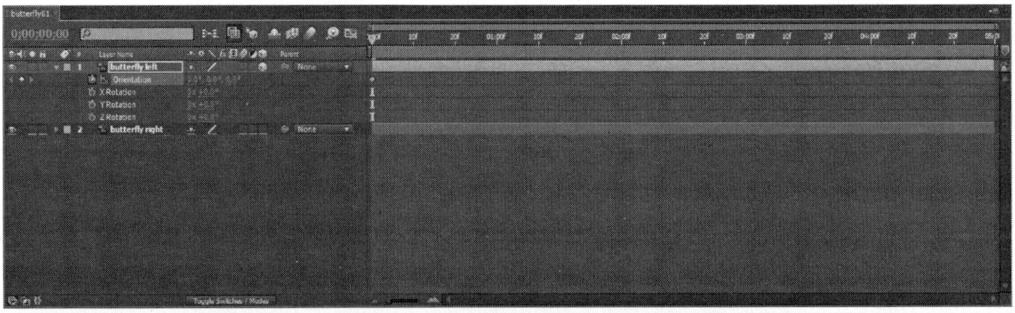

- 'Orientation 0.0°,0.0°,0.0°'은 회전값 X, Y, Z를 조정할 수 있는 입력난이다.
  2D Rotation과 다른 점은 각각 X Rotation / Y Rotation / Z Rotation으로 분리 수정할 수 있다.
- X Rotation / Y Rotation / Z Rotation은 회전횟수와 회전값을 같이 조정할 수 있다는 것이 회전값만 조절할 수 있는 Orientation 메뉴와 다른 점이다.

05 'Current Time'을 클릭한 후 **Go to Time**에 **20**을 입력하여 **20프레임**으로 이동한 후 **Orientation 'Y'축** 값을 **290.0°**로 입력한다.

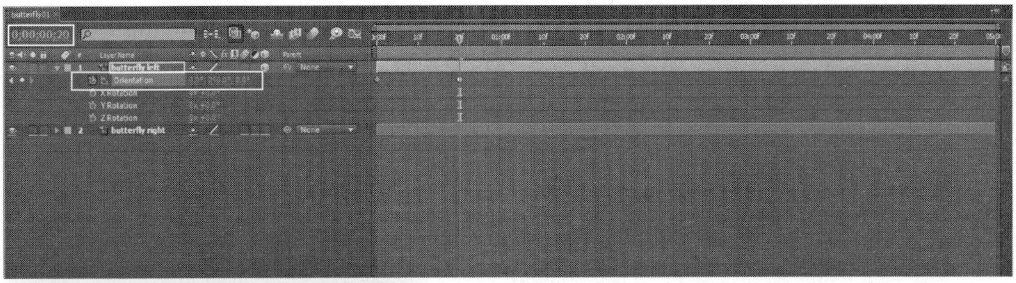

06 **Timeline** 패널에서 설정된 키프레임 두 개를 드래그하여 선택한 후 **'Ctrl+C'**를 클릭한다.

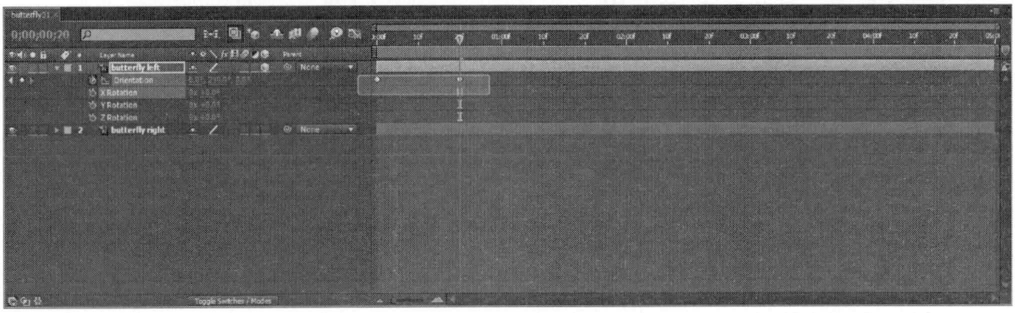

07 **'Current Time'**을 클릭한 후 **Go to Time** 창에 110을 입력하여 1초 10프레임으로 Indicator를 이동한 후 **'Ctrl+V'**를 클릭하여 키프레임을 복제한다.

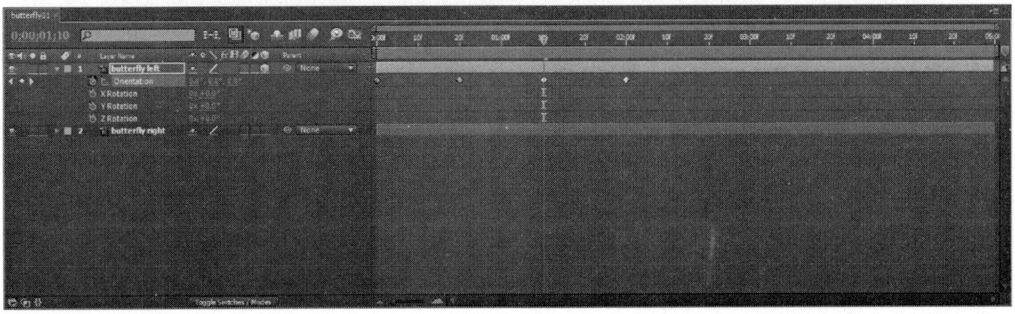

08 **'Current Time'**을 클릭한 후 **Go to Time** 창에 220을 입력하여 Indicator를 이동한 후 **'Ctrl+V'**한 후 다시 **Current Time'**을 클릭한 후 **Go to Time** 창에 400을 입력하여 Indicator를 이동한 후 **'Ctrl+V'**하여 나비 날개 애니메이션을 완성한다.

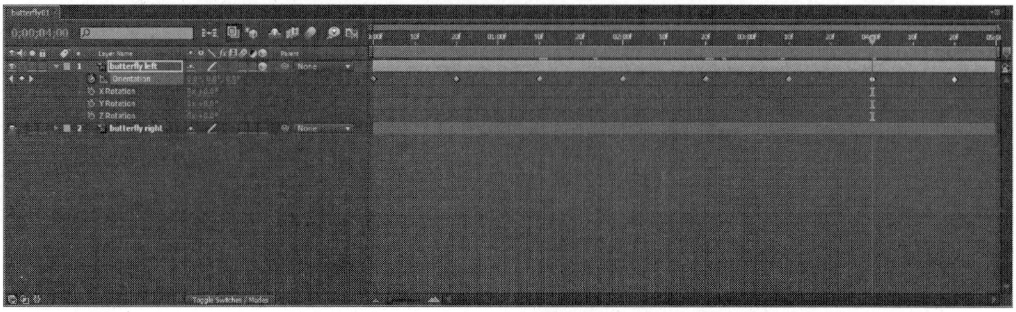

09 **'butterfly right'** Layer를 선택한 후 **'Pan Behind'** 툴을 선택하여 나비 날개 오른쪽의 중심점(Anchor Point)을 오브젝트 가운데서 왼쪽 끝으로 이동한다.

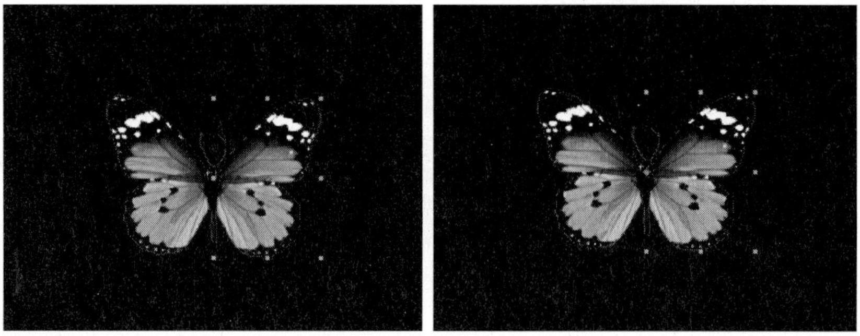

10 **'butterfly right'** Layer 3D 난을 클릭하여 이미지를 3D로 전환한 후 단축키 **'R'**을 클릭하여 **Orientation**의 스톱왓치 아이콘 클릭하여 키프레임을 설정한다.

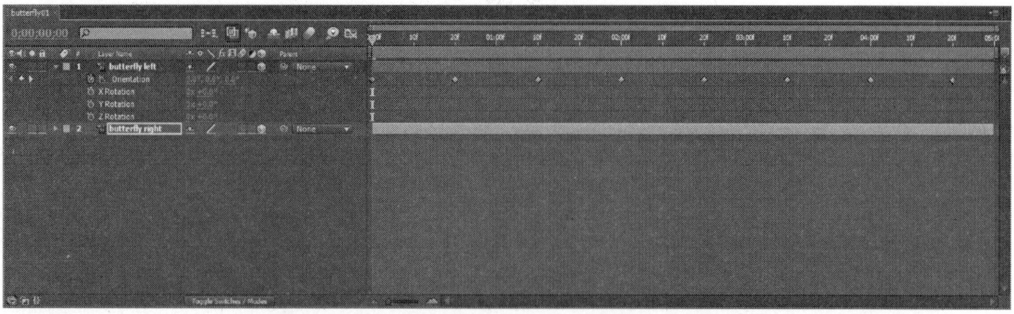

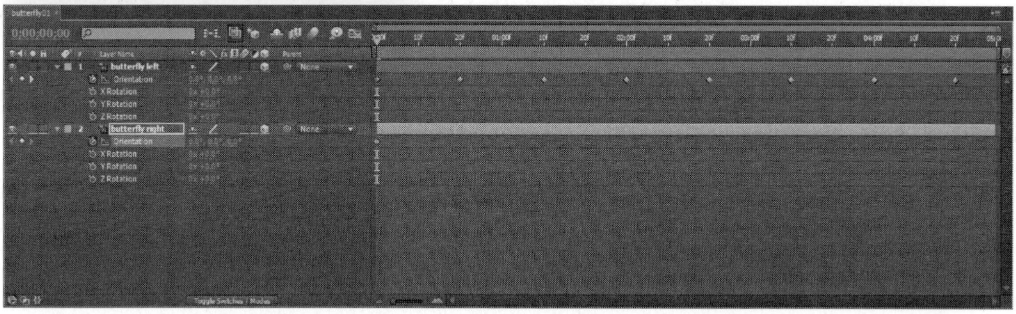

11 **'Current Time'**을 클릭한 후 **Go to Time**에 **20**을 입력하여 **20프레임**으로 이동한 후 **Orientation 'Y'**축 값을 **70.0°**로 입력한다.

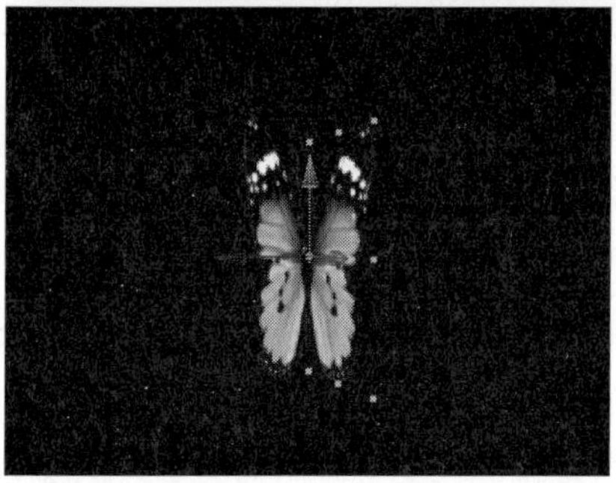

12 **Timeline** 패널에서 설정된 키프레임 두 개를 드래그하여 선택한 후 **'Ctrl+C'**를 클릭한다.

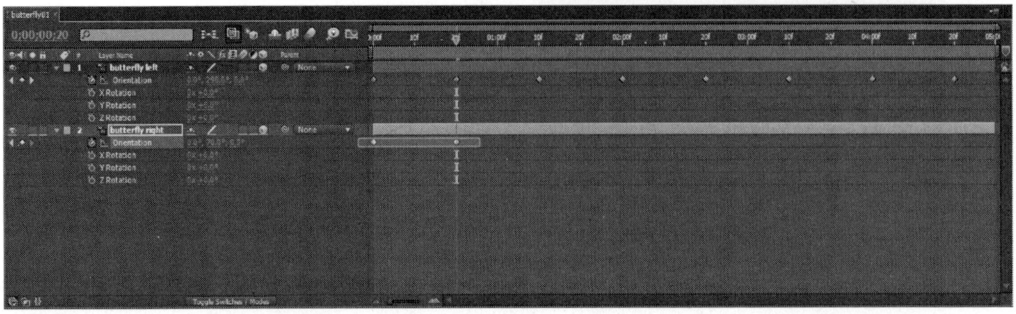

13 **'Current Time'**을 클릭한 후 **Go to Time** 창에 110을 입력하여 1초 10프레임으로 Indicator를 이동한 후 **'Ctrl+V'**를 클릭하여 키프레임을 복제한다.

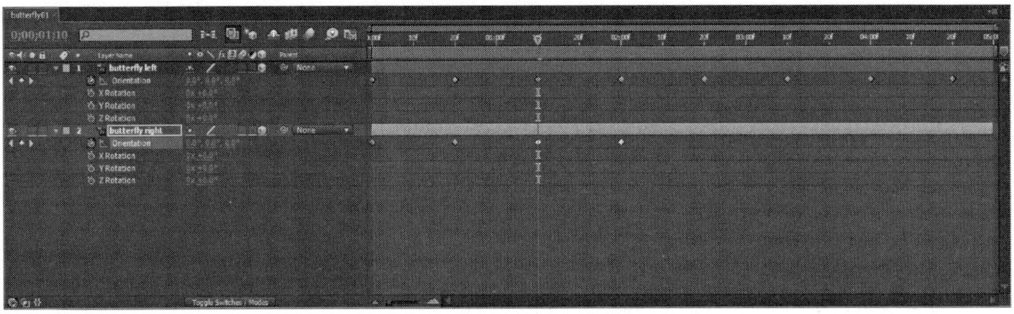

14 **'Current Time'**을 클릭한 후 **Go to Time** 창에 220을 입력하여 Indicator를 이동한 후 **'Ctrl+V'**한 후 다시 **Current Time'**을 클릭한 후 **Go to Time** 창에 400을 입력하여 Indicator를 이동한 후 **'Ctrl+V'**하여 나비 오른쪽 날개 애니메이션을 완성한다.

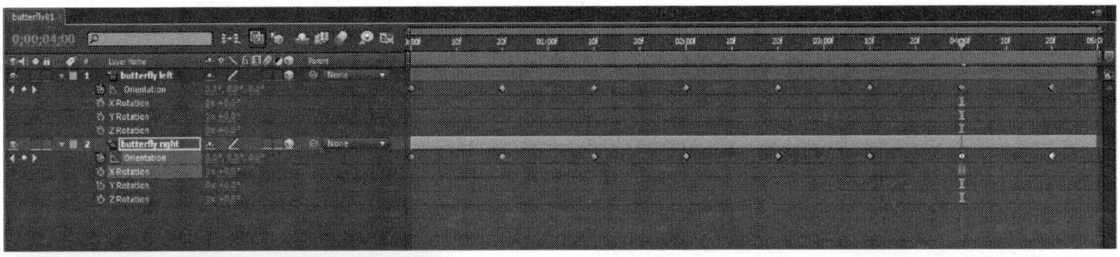

- 숫자 키패드의 '0'을 클릭하여 'Ram Preview' 해보면서 나비의 날개 애니메이션의 결과물을 확인해 본 다음 날개 방향이 뒤집어 보일 경우 왼쪽과 오른쪽의 회전값을 바꾸어서 적용해 본다.
- 키보드의 숫자 키패드 '0'은 'Ram Preview'로 완성된 동영상과 같은 Play의 결과를 보여준다.

15 **[Layer]-[Composition Setting...]**을 선택한 후 Duration:0,00,04,20으로 수정하여 날개 애니메이션이 끝나는 지점과 콤포지션의 시간의 길이를 맞춘다.

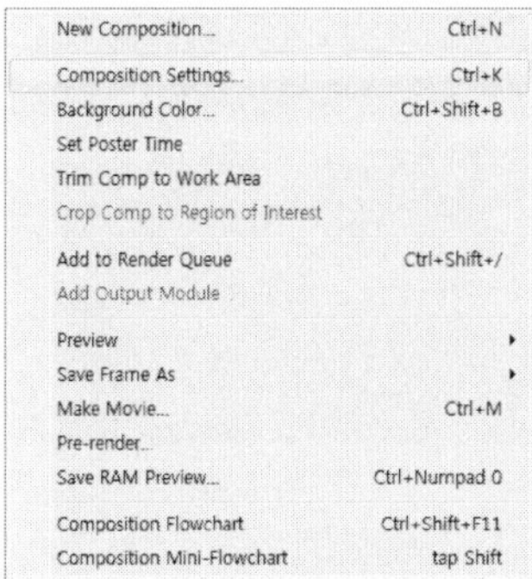

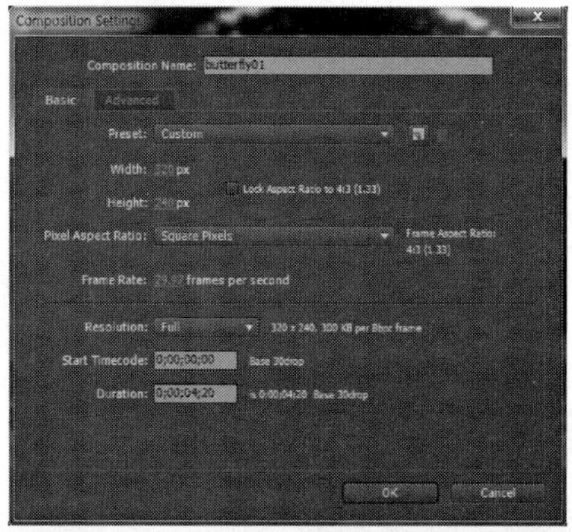

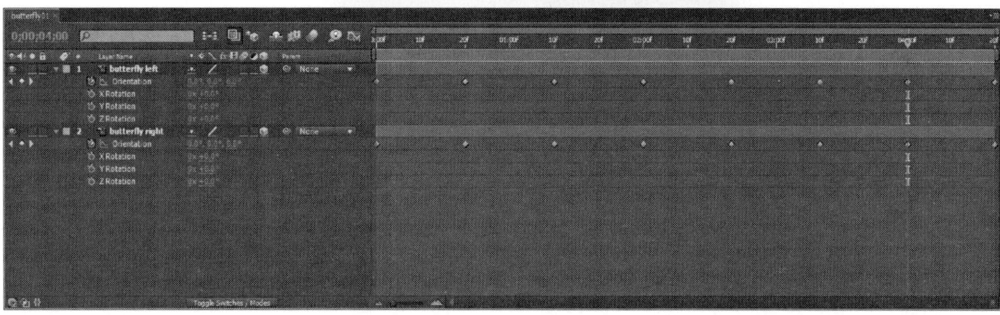

16 **Timeline** 패널에서 '**butterfly left**'와 '**butterfly right**' Layer를 모두 선택한 후 **[Layer]-[Pre Compose...]**를 선택한 후 '**New composition name:fly**'로 설정하고 나온다.

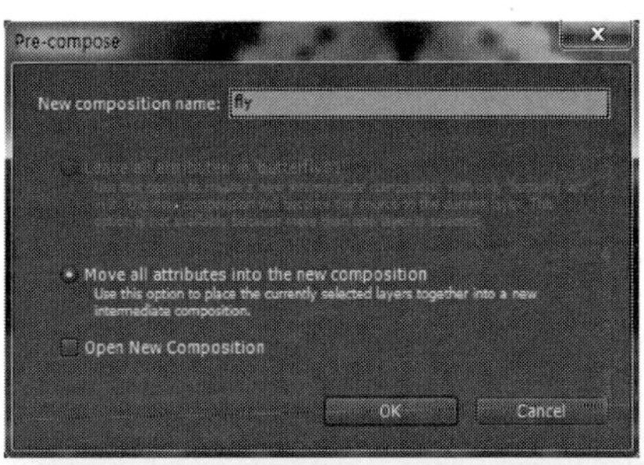

- 2D 이미지의 나비 날개를 각각의 애니메이션으로 작업한 후 하나의 Composition으로 만들어 나비가 날아가는 경로를 만들기 위해 Pre Compose로 다중 콤포지션으로 설정하였다. 이렇게 하나의 오브젝트를 부분으로 애니메이션을 하기 위해서는 포토샵에서 Layer로 분리 작업하여 애프터이펙트로 불러오면 재미있는 작업이 가능하다.

17 '**Fly**' Layer가 선택된 상태에서 3D 난을 클릭하여 3D 이미지로 설정한다.

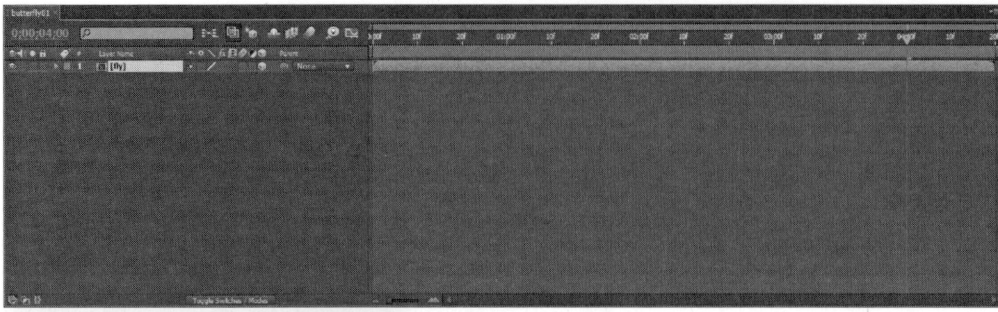

18 **[Layer]-[New]-[Solid]**를 선택한 후 '**Name:bg_image**'로 입력하고 **Make Comp Size**를 클릭하여 화면 크기를 맞춘 후 Timeline에 생긴 Solid Layer를 클릭 드래그하여 Fly Layer 아래로 내린다.

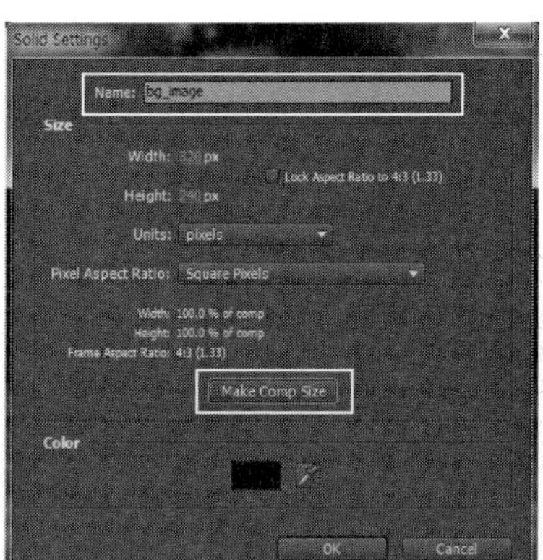

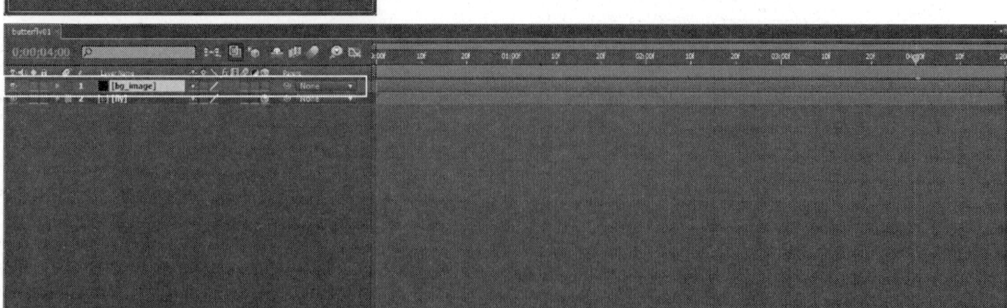

19 **[Effect]-[Generate]-[Ramp]**를 선택하여 Effect 적용시킨 후 **Effect Controls** 패널을 선택한 후 **Animation Presets:Colorize_sunset gradient**로 선택하여 배경 컬러를 수정한다.

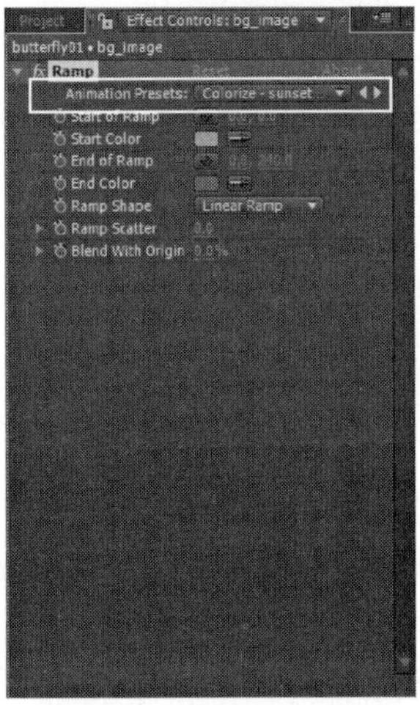

20 **Timeline** 패널에서 '**fly**' Layer를 선택한 후 단축키 '**P**'를 클릭하고 **Shift**키를 누른 채 단축키 '**R**'과 '**S**'를 클릭하여 **Position, Scale, Orientation** 옵션이 나오게 설정한다.

21 **Scale : 80.0, 80.0, 80.0 %**로 수정하여 나비 이미지의 크기를 작게 수정한 후 **For Comp layer** 아이콘을 클릭하여 나비 이미지의 애니메이션 왜곡을 잡아준다.

22 **Orientation : 325.3°, 67.9°, 30.9°**로 수정하여 나비 이미지를 회전시킨다.

23 **Position:－42.4, 186.0, 0.0**으로 수정하여 나비 이미지가 화면 왼쪽 하단 밖에 위치되게 수정한 다음 **Indicator**를 선택하여 **0;00;00;00**으로 드래그하여 위치시킨 다음 스톱왓치 아이콘을 클릭하여 키프레임을 설정한다.

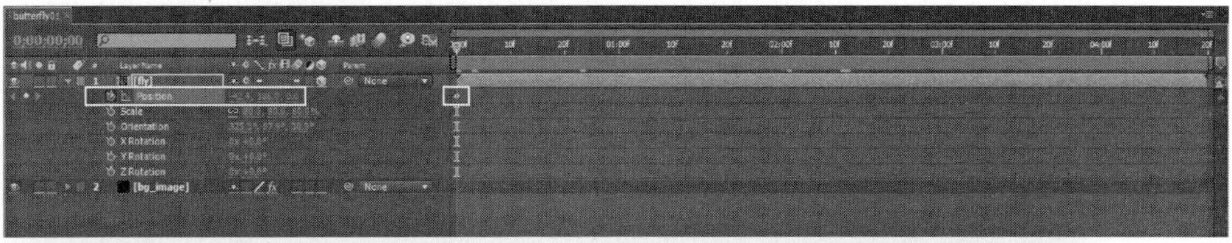

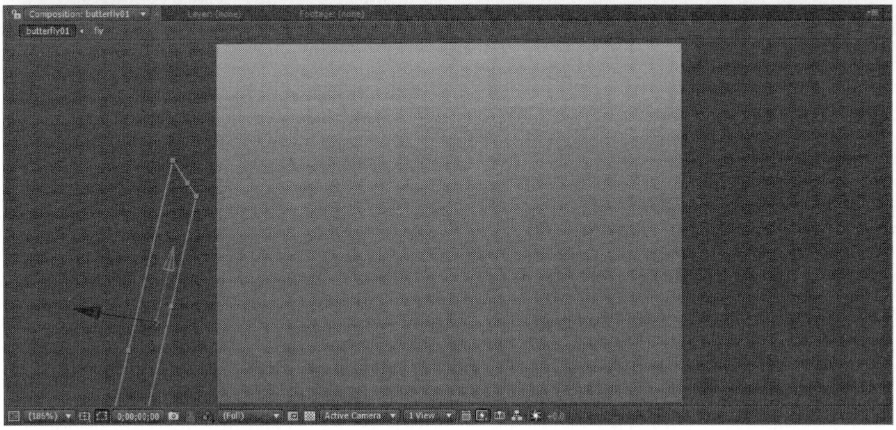

24 **Indicator**를 선택하고 **0;00;04;19**로 드래그한 뒤 **Position:409.6, 55.0, 0.0**으로 수정하여 나비 이미지가 화면 오른쪽 상단 밖으로 위치하게 수정한다.

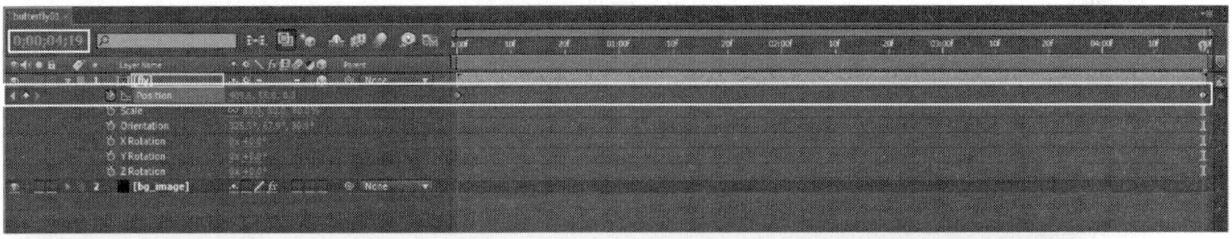

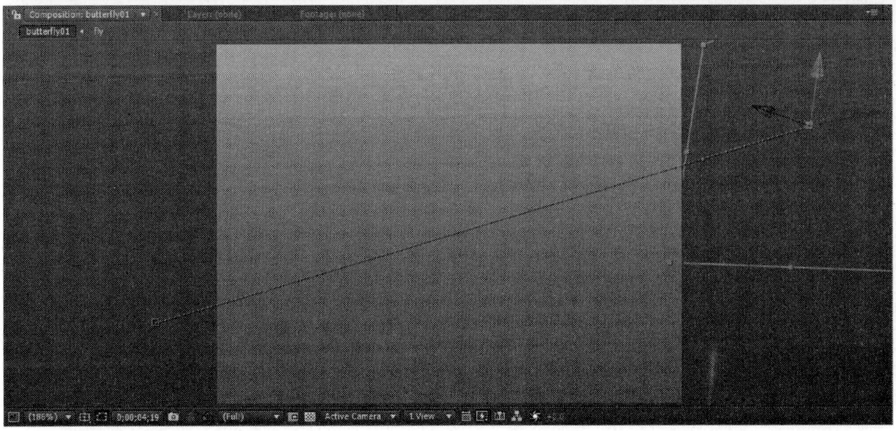

25 **Indicator**를 선택하고 **0;00;00;27**로 드래그한 뒤 **Position:56.3,126.6,7.4**로 위치를 수정하여 나비 이미지 이동경로를 추가한다.

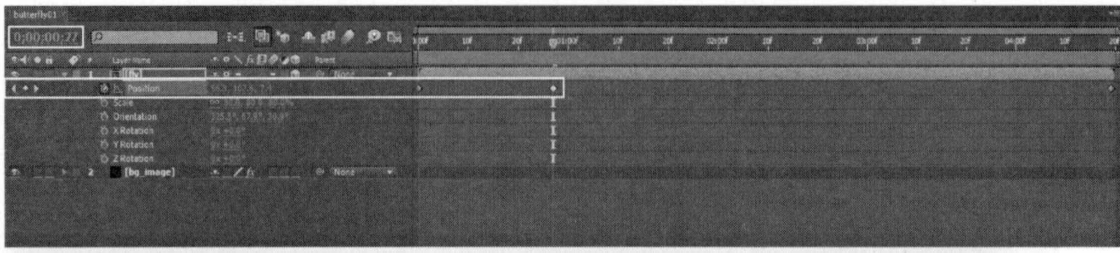

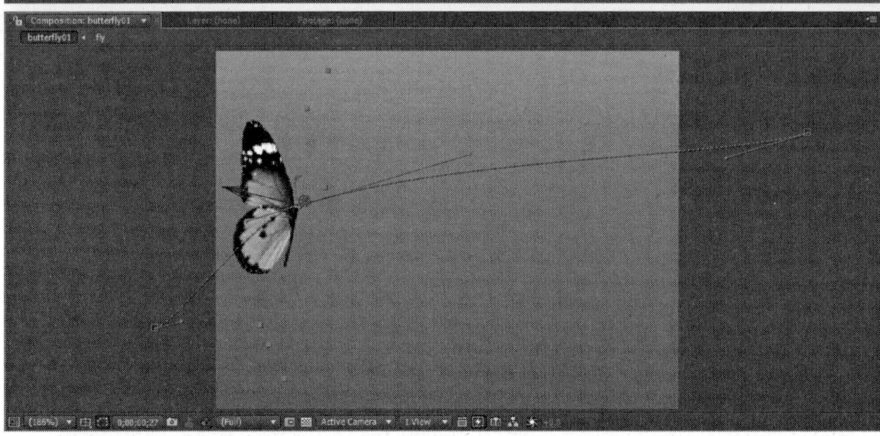

26 **Indicator**를 선택하고 **0;00;01;23**으로 드래그한 뒤 **Position:152.2,141.0,9.7**로 위치를 수정하여 나비 이미지 이동경로를 추가한다.

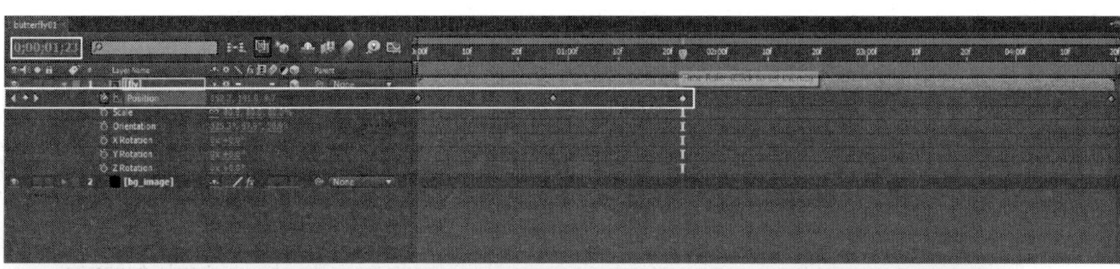

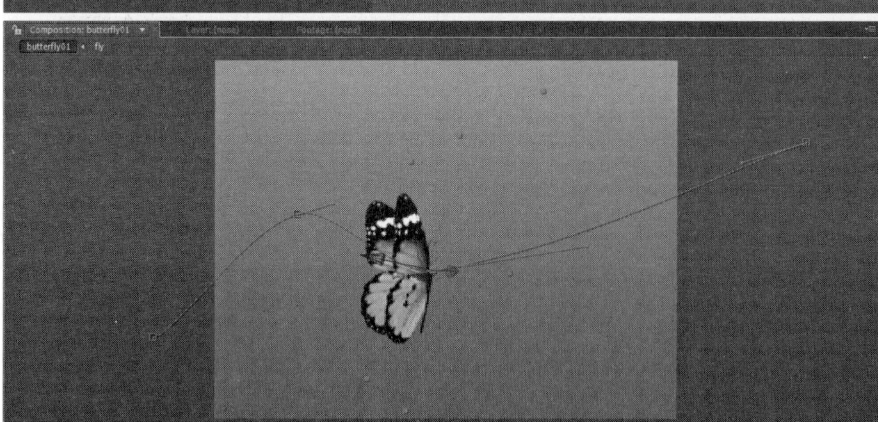

27 **Indicator**를 선택하고 **0;00;02;20**으로 드래그한 뒤 **Position:243.5,79.3,11.5**로 위치를 수정하여 나비 이미지 이동경로를 추가한다.

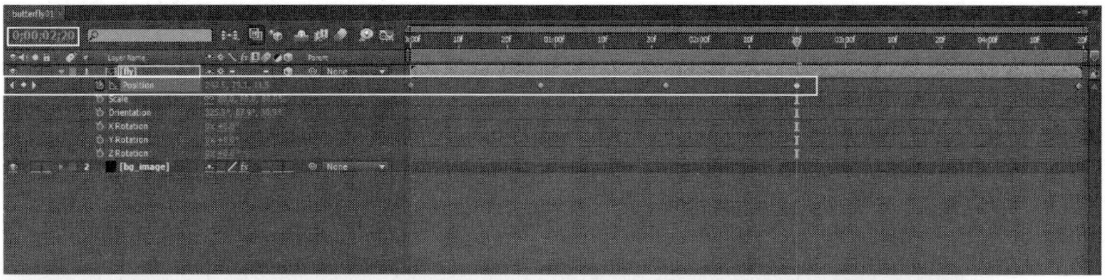

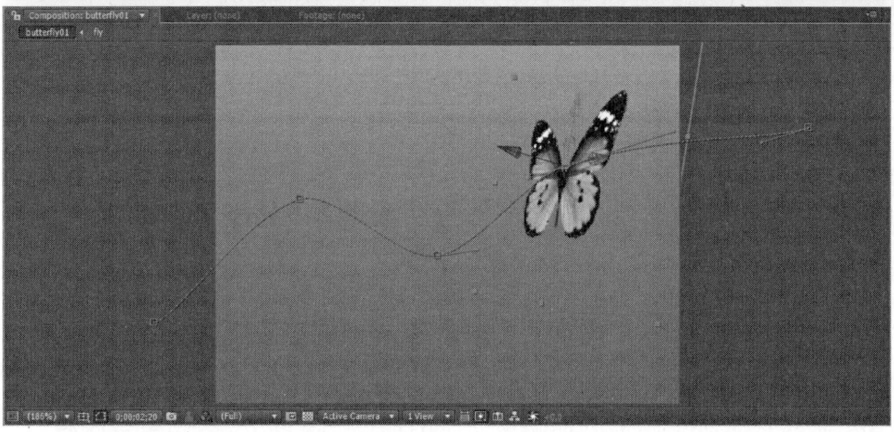

28 중간에 추가된 3개의 키프레임을 선택하여 키프레임 사이에 간격을 벌려서 화면 안에서 나비의 움직임을 위 아래로 조절하여 추가한다.

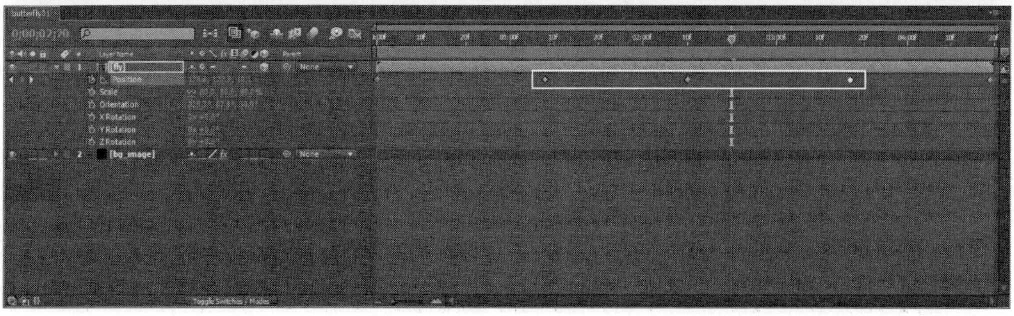

29 '**bg_image**' Layer의 **3D** 난을 클릭하여 배경이미지를 3D로 전환한 후 화면뷰어를 클릭하여 '**2 Views**'로 전환한 후 왼쪽 View는 '**Top**'으로 설정한다. '**Top**' View에서 '**bg_image**'의 '**Z**'축만 선택하여 뒤쪽으로 드래그하여 배경 이미지가 나비 이미지보다 뒤쪽에 배치한다.

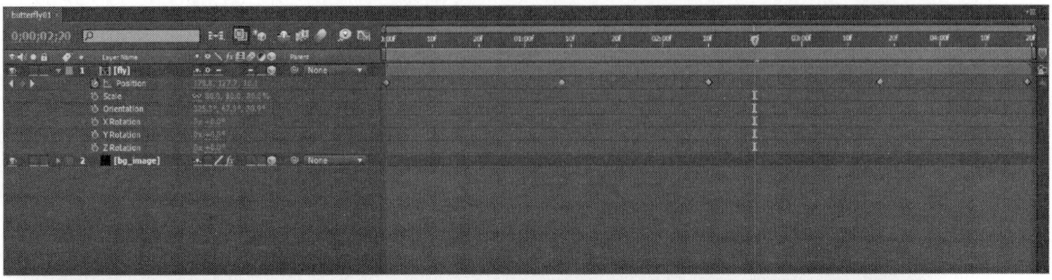

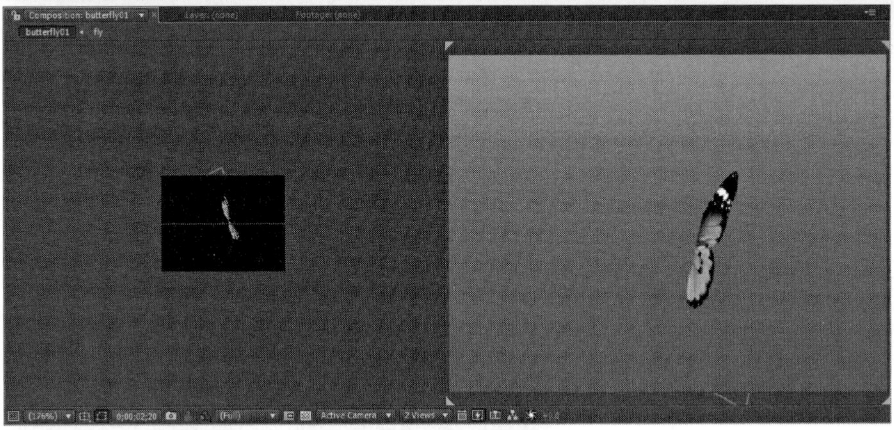

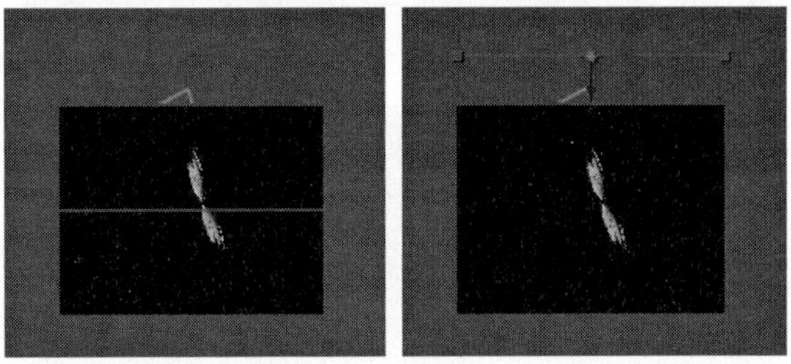

30 단축키 '**S**'를 클릭하여 Scale 옵션이 나오게 한 다음 **Scale:145.0, 145.0, 145.0%**로 배경 이미지의 크기를 화면 전체에 꽉 차게 수정한다.

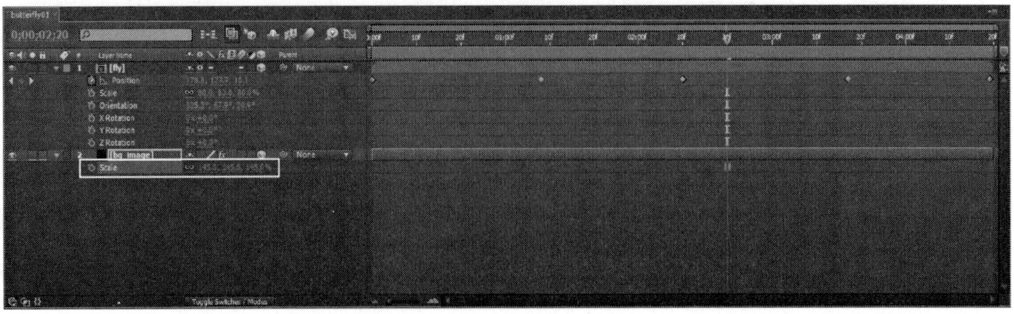

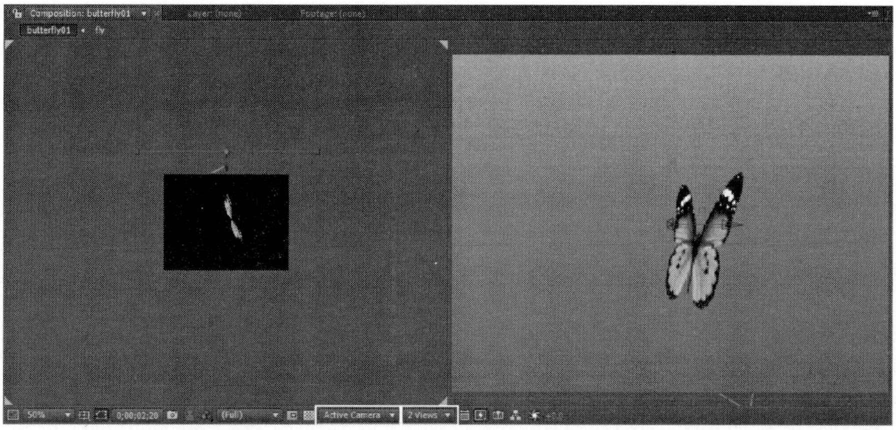

31 **[Layer]-[New]-[Light]**를 선택한 후 Light Settings 창에서 **Name:spot / Light Type:Spot / Intensity:100% / Cone Angle:90° / Cone Feather:50% / Color:FFFFFF**(흰색)으로 설정한다.

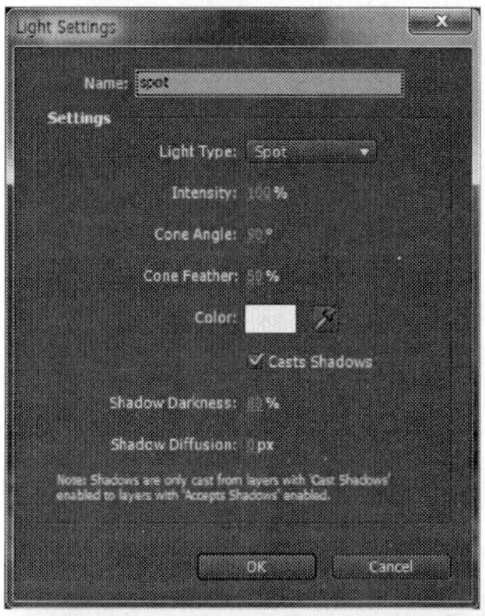

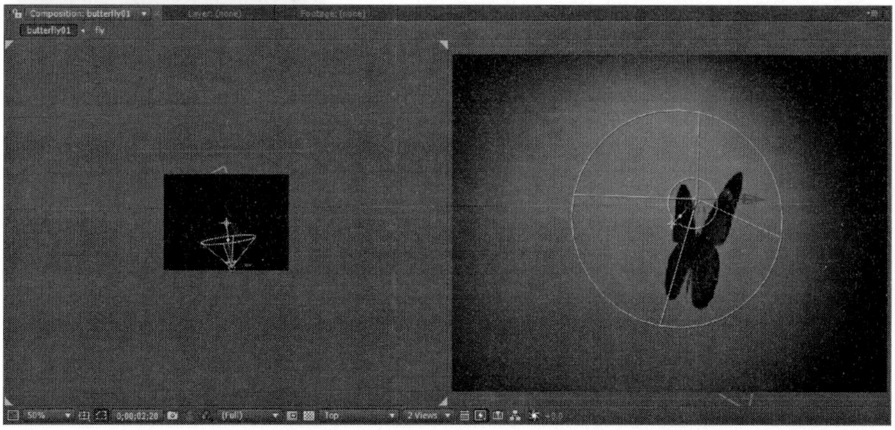

32 **Timeline** 패널의 '**spot**' Layer가 선택된 상태로 **Composition** 패널의 '**Top**' View에서 조명 끝 부분을 **Selection** 툴로 선택한다. 선택 시 조명축에 아무런 표시되지 않을 때 드래그하여 조명의 길이를 나비와 일정 부분 멀어지게 조정한다.

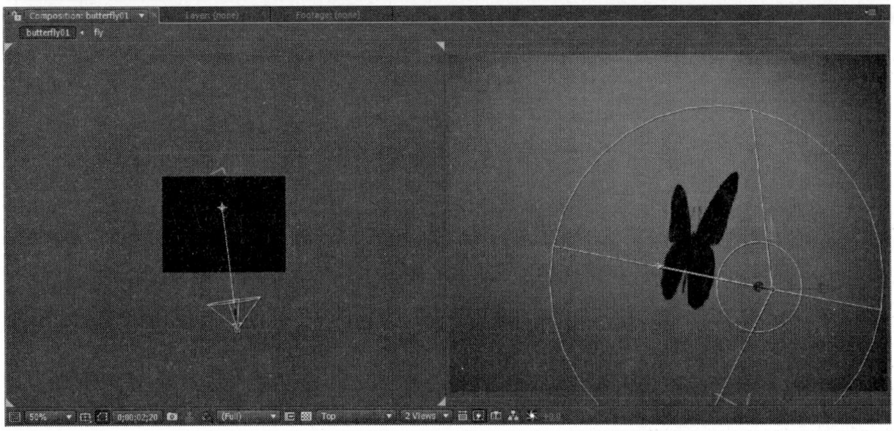

- 조명 X, Y, Z축을 조정할 때 마우스의 포인트를 조명 끝부분에 올려놓고 조정하기 원하는 축이 나타날 때까지 움직여본다. 움직이다 원하는 축이 마우스 포인트에 표시될 때 움직이면 해당 축으로만 움직여 줄 수 있다. 이때 아무런 축이 나타나지 않는 경우가 있는데 이 때 움직이면 3개의 축과 상관없이 자유자재로 움직임을 줄 수 있다.

13 3D 앵커 포인트와 Null Object의 이해 1

여러 개의 이미지를 동시에 같은 값으로 움직임을 주기란 여간 어려운 작업이 아니다. 그러나 애프터 이펙트에서는 Null Object란 구심점을 이용하여 여러 개의 이미지의 움직임이나 카메라, 조명의 움직임까지 쉽게 줄 수 있으며, 특히 초보자들의 카메라 움직임이나 조명의 움직임을 훈련하는데 유용한 툴이다.

학습메뉴

- 3D Anchor Point
- Null Object

01 **Project** 패널을 더블클릭한 후 **Import File** 옵션 창이 나타나면 **'Image2.psd'** 선택한 후 옵션 창에서 **Import Kind:Composition**을 선택한 후 OK버튼을 클릭하여 이미지를 불러온다.

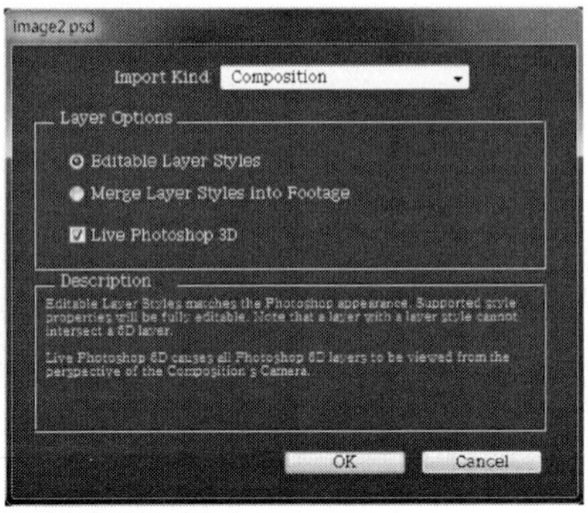

02 **Project** 패널에서 **'Image2'** Composition을 클릭 드래그하여 **Timeline** 패널로 이동한다.

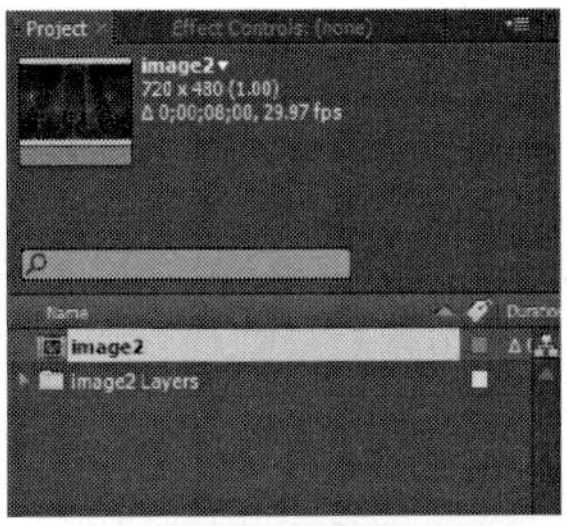

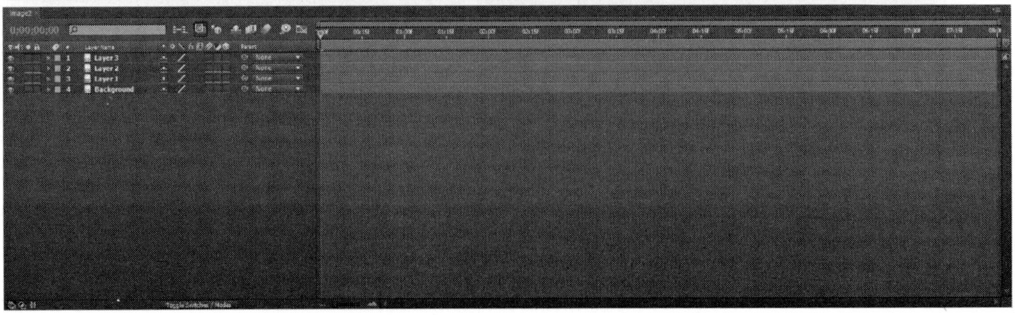

03 **Timeline** 패널의 **'Layer3', 'Layer2', 'Layer1', 'Background'**를 선택한 후 3D 아이콘을 모두 선택하여 3D 이미지로 전환한다.

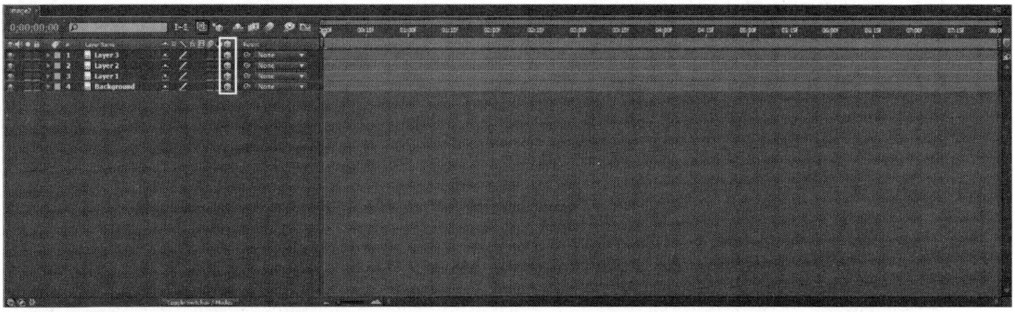

04 **Composition** 패널에서 **'4 Views'**를 선택하여 보이는 화면을 4개로 전환한 다음 **'Top', 'Front', 'Right', 'Active Camera'**로 각각 4개의 시점에서 애니메이션 작업을 확인할 수 있도록 설정한다.

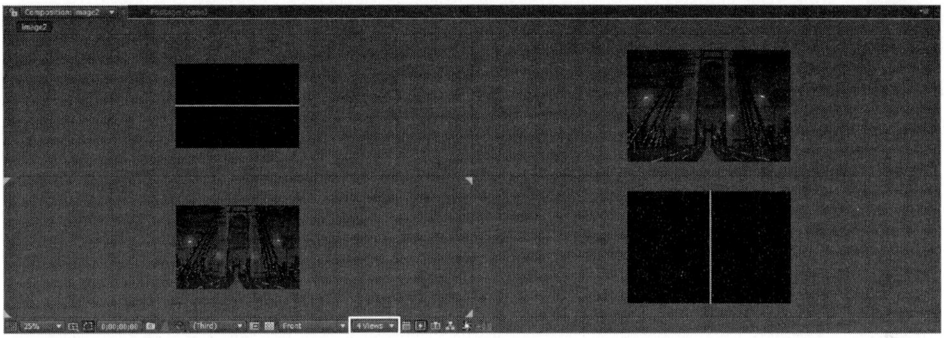

05 **Timeline** 패널의 **'Layer3', 'Layer2', 'Layer1', 'Background'**의 3D 아이콘을 모두 선택된 상태에서 단축키 **'A'**를 클릭한 다음 **Shift**키를 누른 상태에서 **'P'**를 클릭하여 **Anchor Point**와 **Position** 옵션이 선택된 모든 Layer에 나타나게 한다.

06 **'Layer3'**의 **Anchor Point**의 **Z값**을 **360.0**으로 입력하고 **Position**의 값도 **360.0**으로 입력한다.

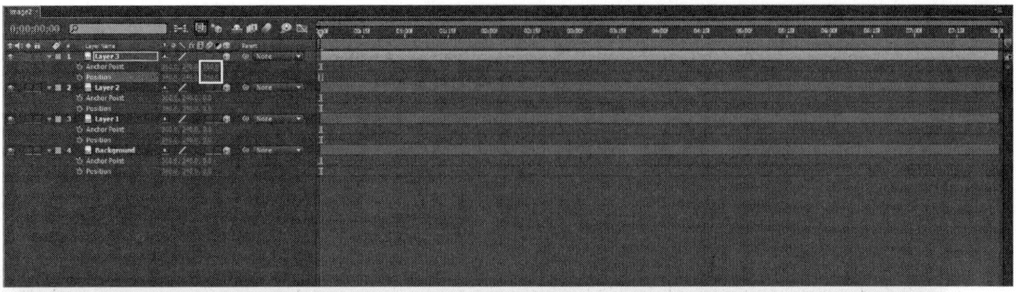

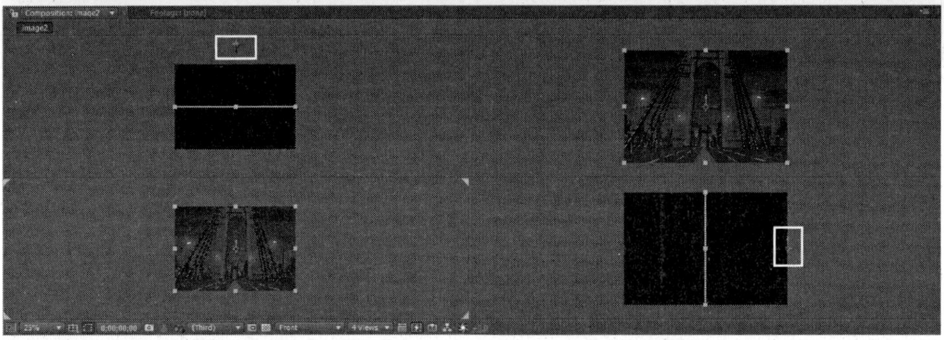

- 'Anchor Point'는 Z축은 이미지의 중심으로 잡혀 있다. 여기서 Anchor Point값을 360으로 준 이유는 불러온 이미지의 가로 값이 720 Pixel이기 때문에 이 길이의 중간 값으로 설정한 것이다. 이는 나중에 회전할 때 중심축으로 삼으려고 하기 때문이다.

07 **'Layer2'**의 **Anchor Point**의 **Z값**을 **−360.0**으로 입력하고 **Position**의 값도 **360.0**으로 입력한다.

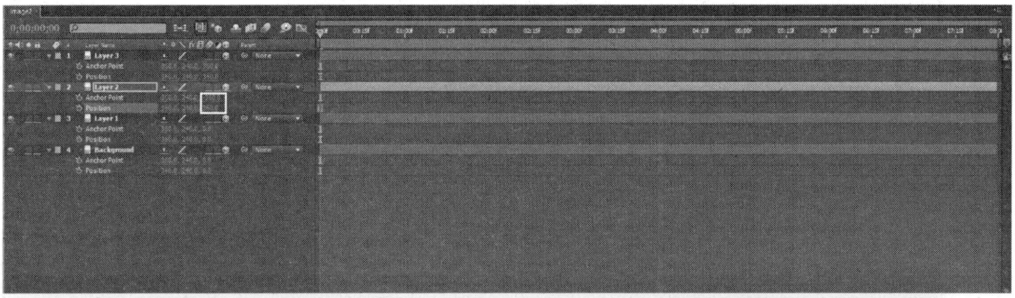

08 **'Layer1'**의 **Anchor Point**의 **Z값**을 **−360.0**으로 입력하고 **Position**의 값도 **360.0**으로 입력하고 **Orientation 0.0°,90.0°,0.0°**으로 Y축으로 90도로 회전한다.

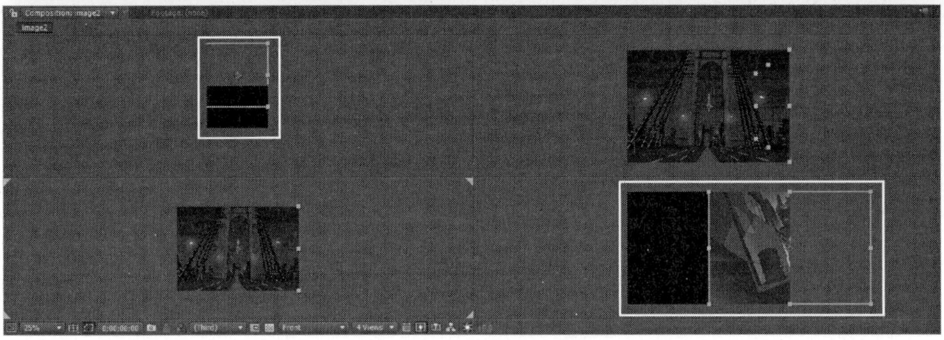

09 **'Layer1'**의 **Anchor Point**의 **Z값**을 **−360.0**으로 입력하고 **Position**의 값도 **360.0**으로 입력하고 **Orientation 0.0°,270.0°,0.0°**으로 Y축으로 270도로 회전한다.

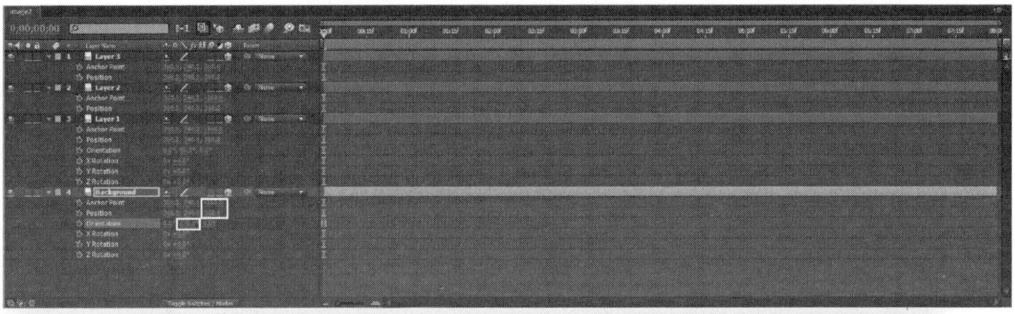

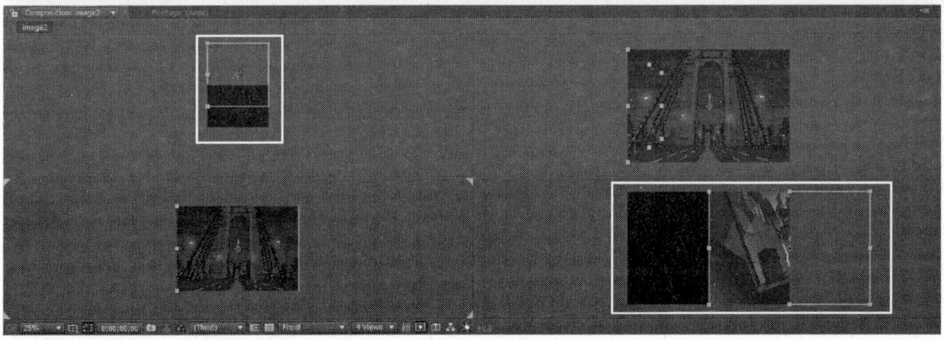

10 **[Layer]-[New]-[Null Object]**를 선택하여 **Timeline** 패널에 [Null 1] layer가 생성되게 한다.

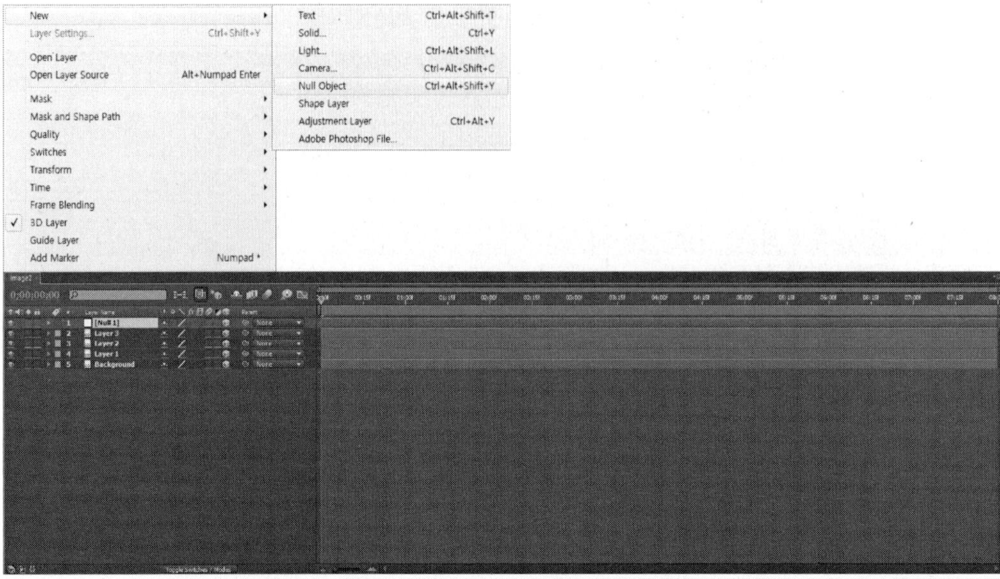

- Null Object는 아무것도 없는 Layer로 여러 개의 이미지들의 하나의 움직임으로 엮고 싶을 때 사용되는 Layer로 Null Object가 부모 Layer가 되고 Null Object와 연결되어 있는 이미지들이 자식 Layer가 되는 것으로 여러 오브젝트의 연결된 애니메이션을 간단하게 작업하고 싶을 때 유용하게 사용되는 메뉴이다.

11 **Timeline** 패널의 '**Null1**'이 선택된 상태에서 단축키 '**P**'를 클릭한 다음 **Shift**키를 누른 상태에서 '**R**'을 클릭하여 **Position**과 **Orientation** 옵션이 모든 Layer에 나타나게 한다.

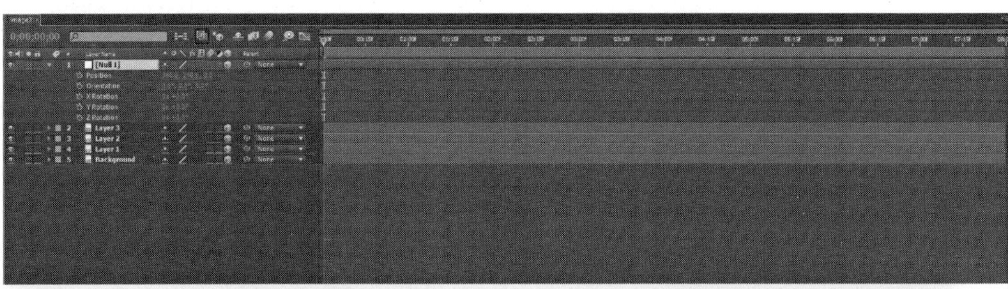

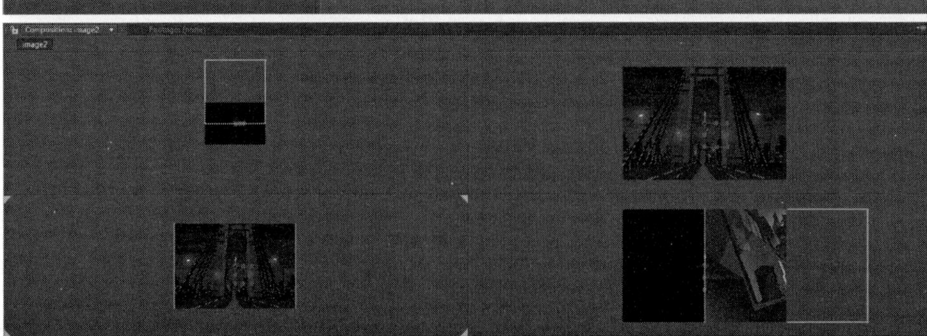

12 **'Null1'**의 **Position**의 값도 **360.0**으로 입력하여 이미지 사각형의 중심으로 이동시킨다.

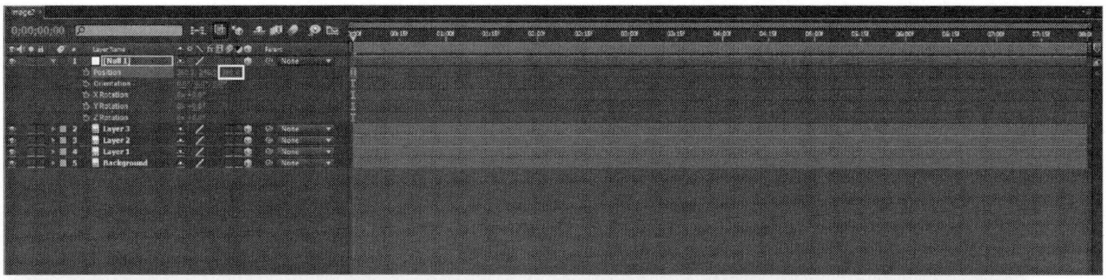

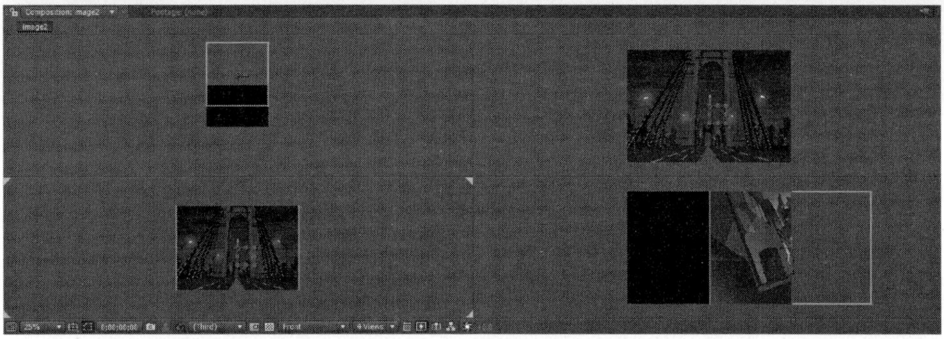

13 **Indicator**를 선택하여 **0;00;01;00**으로 드래그하여 위치시킨 다음 **Y Rotation** 스톱왓치 를 클릭하여 키프레임을 설정한다.

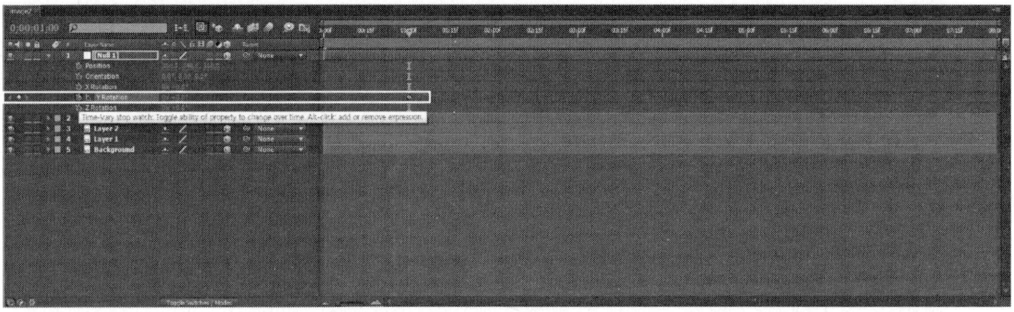

14 **Indicator**를 선택하여 **0;00;02;00**으로 드래그하여 위치시킨 다음 **Y Rotation:0× +90.0°**로 입력하여 이미지 상자를 회전한다.

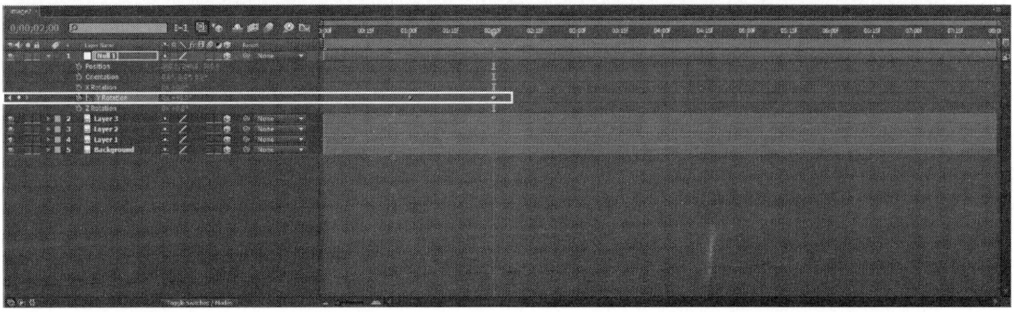

15 **Indicator**를 선택하여 **0;00;03;00**으로 드래그하여 위치시킨 다음 키프레임 아이콘을 클릭하여 키프레임만 추가하여 이미지가 정지화면으로 설정되게 한다.

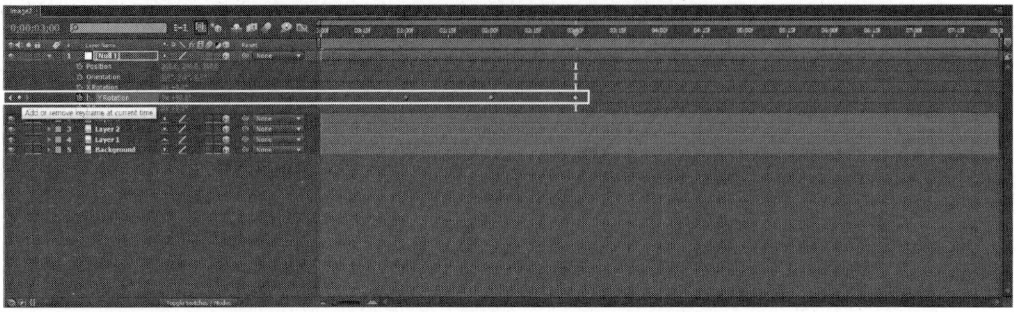

16 **Indicator**를 선택하여 **0;00;04;00**으로 드래그하여 위치시킨 다음 **Y Rotation:0**× **+180.0°**로 입력하여 이미지 상자를 회전한다.

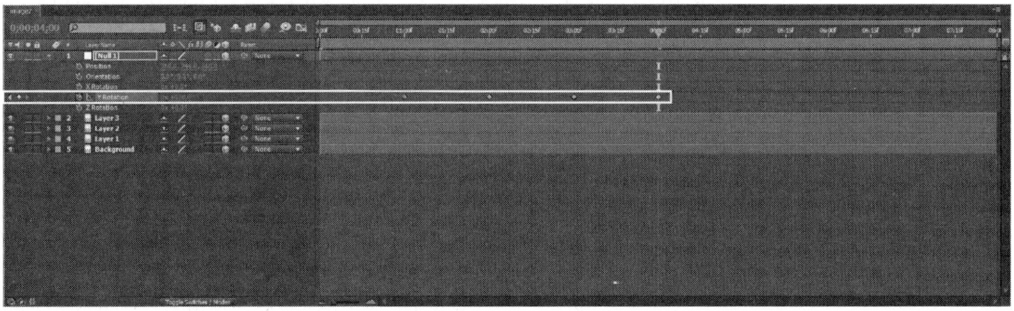

17 **Indicator**를 선택하여 **0;00;05;00**으로 드래그하여 위치시킨 다음 키프레임 아이콘을 클릭하여 키프레임만 추가하여 이미지가 정지화면으로 설정되게 한다.

18 **Indicator**를 선택하여 **0;00;06;00**으로 드래그하여 위치시킨 다음 **Y Rotation:0× +270.0°**로 입력하여 이미지 상자를 회전한다.

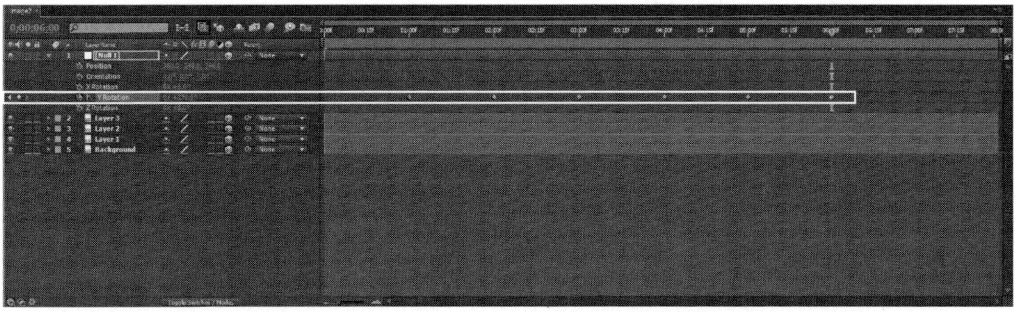

19 **Indicator**를 선택하여 **0;00;07;00**으로 드래그하여 위치시킨 다음 키프레임 아이콘을 클릭하여 키프레임만 추가하여 이미지가 정지화면으로 설정되게 한다.

20 **Indicator**를 선택하여 **0;00;08;00**으로 드래그하여 위치시킨 다음 **Y Rotation:1×0.0°**로 입력하여 이미지 상자를 회전한다.

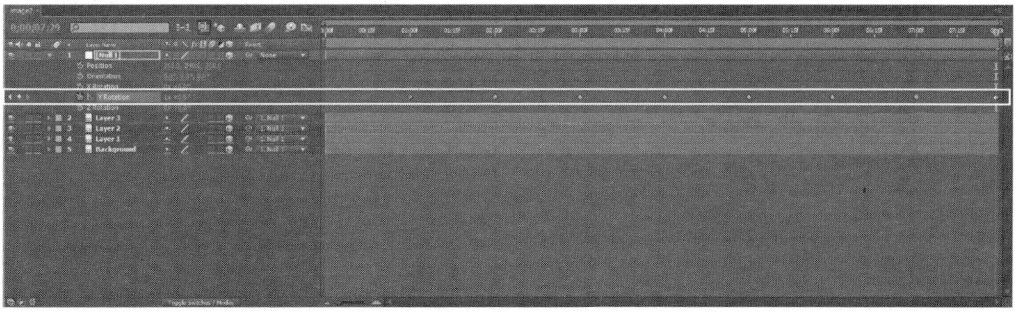

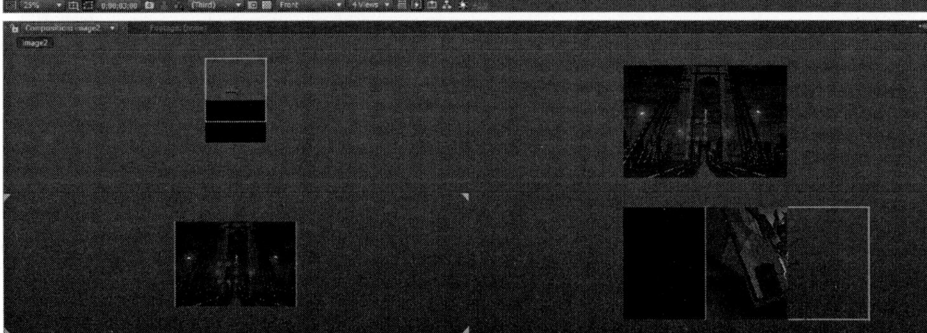

- 현재 4개의 이미지로 된 상자가 동시에 세로축을 기준으로 회전하게 하면서 한 장면씩 보이게 하는 애니메이션을 진행하려고 하는 작업이다. 따라서 Null Object가 세로 축(Y)을 기준으로 90도씩 회전하는 애니메이션 값을 주고 이 Null Object에 이미지 상자를 연결시켜 각기 다른 네 개의 이미지 애니메이션이 일정한 규칙적으로 진행되게 한다.

21 **'Layer3'** Layer의 **Parent** 아이콘을 클릭 드래그하여 **'Null1'** Layer와 연결시킨다.

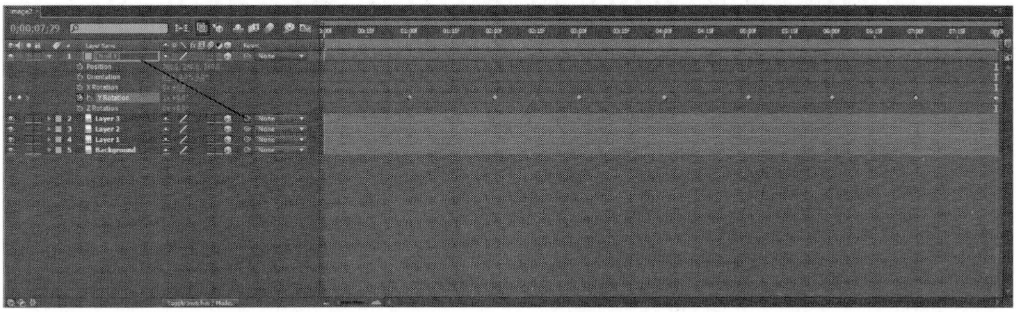

22 **'Layer2'**와 **'Layer1'**과 **'Background'** Layer의 **Parent** 아이콘도 각각 클릭 드래그하여 **'Null1'** Layer와 연결시켜 완성시킨다.

14 3D 앵커 포인트와 Null Object의 이해 2

이번 예제에서는 앵커 포인트의 위치에 따라 애니메이션 결과가 어떻게 나오는지를 확인하면서 앵커 포인트의 사용을 연습한다. 또한 공간감을 줄 수 있는 이펙트를 적용하여 다양한 이펙트의 효과를 학습해 보려고 한다. 앵커 포인트의 개념을 이해하면 조명이나 카메라를 사용할 때 Point of Interest를 이해하는 데 도움이 된다.

학습메뉴

- 3D Anchor Point
- Null Object/CC Star Bust

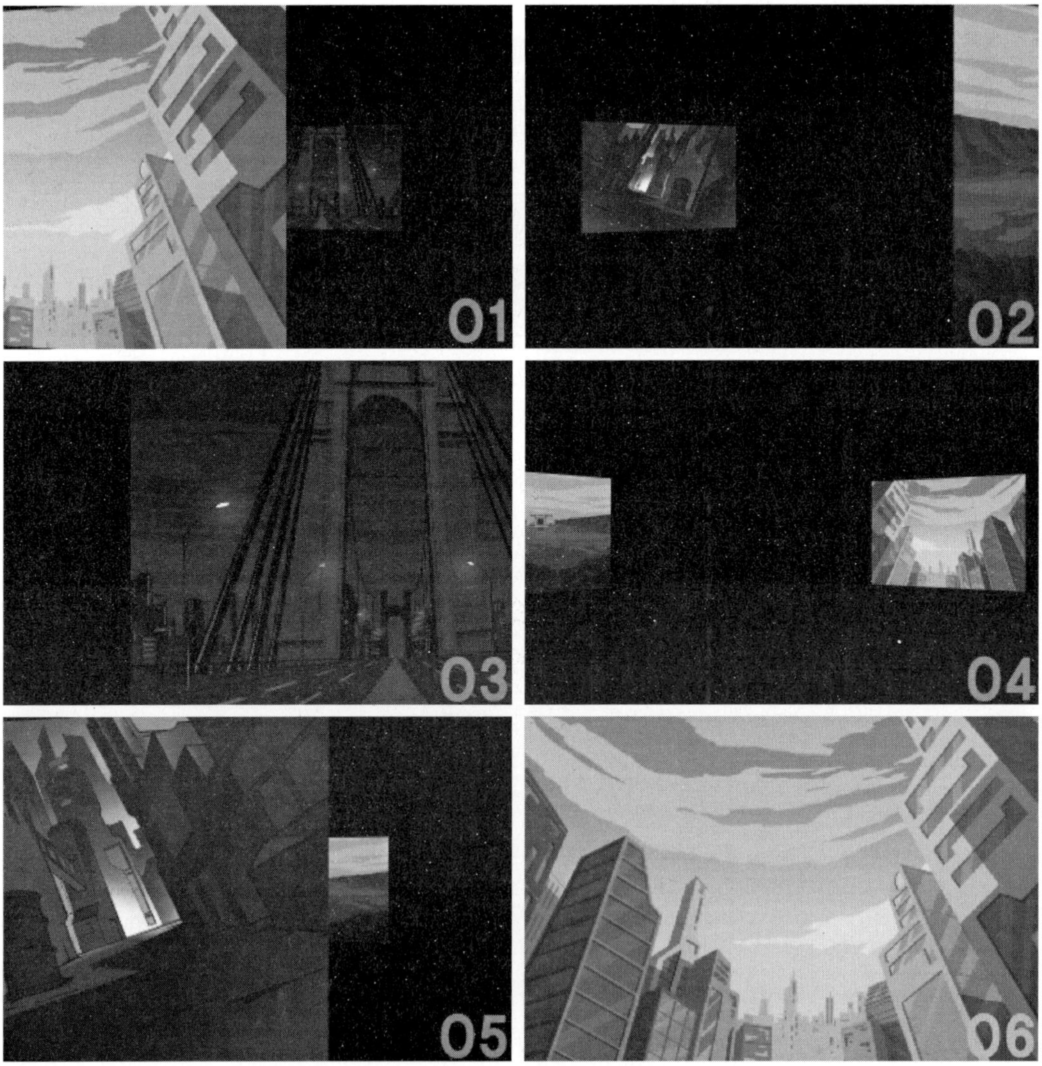

01 **Project** 패널을 더블클릭한 후 **Import File** 옵션 창이 나타나면 **'Image2.psd'**를 선택한 후 옵션 창에서 **Import Kind:Composition**을 선택한 후 OK버튼을 클릭하여 이미지를 불러온다.

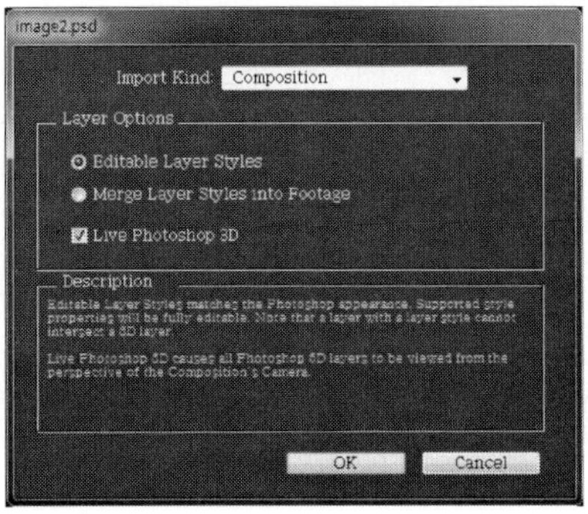

02 **Project** 패널에서 **'Image2'** Composition을 클릭 드래그하여 **Timeline** 패널로 이동하고 **Composition** 패널에서 **'4View'**로 화면을 전환한다.

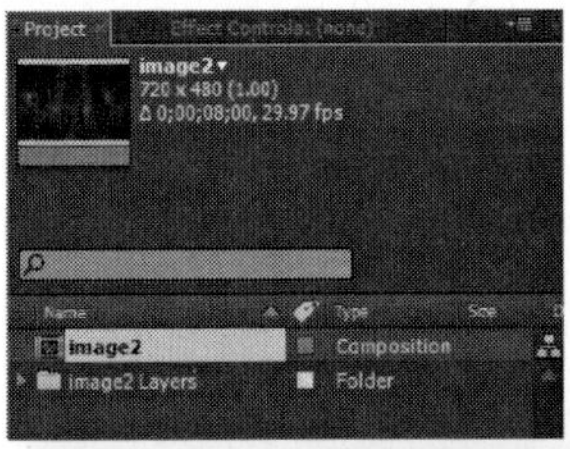

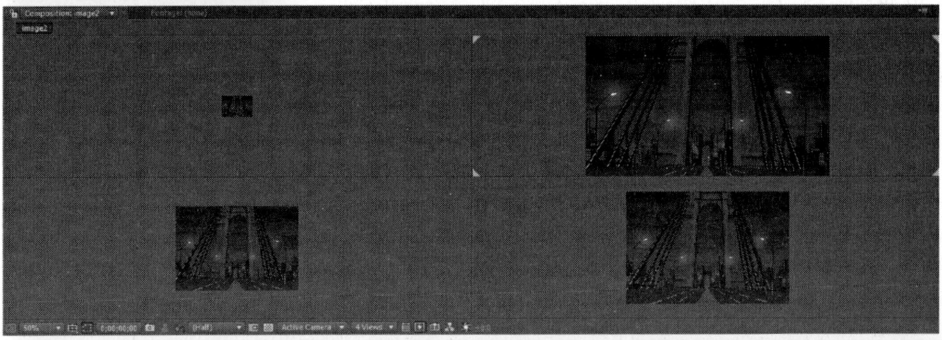

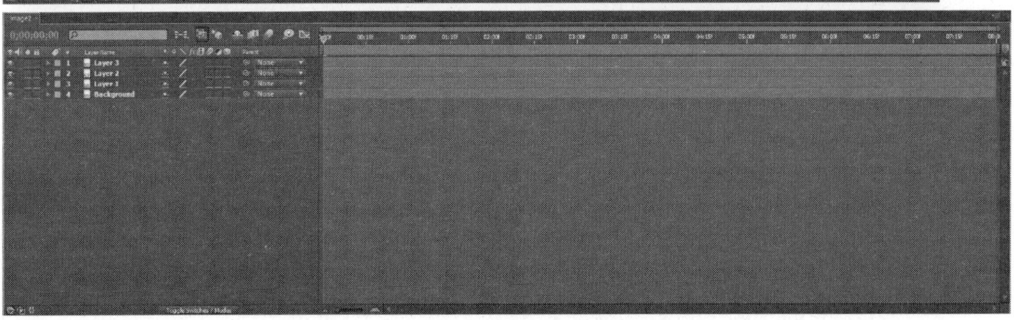

03 **Timeline** 패널의 **'Layer3', 'Layer2', 'Layer1', 'Background'** Layer를 모두 선택한 후 3D 난을 모두 선택하여 3D 이미지로 전환한다.

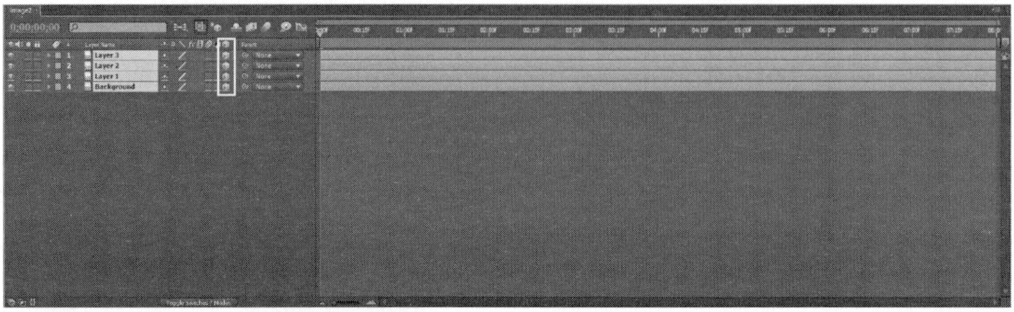

04 **Timeline** 패널의 **'Layer3', 'Layer2', 'Layer1', 'Background'** 모두 선택된 상태에서 단축키 **'A'**를 클릭하여 **Anchor Point** 옵션을 나오게 한 후 **Z:1200** 입력하여 기준점을 이동한다.

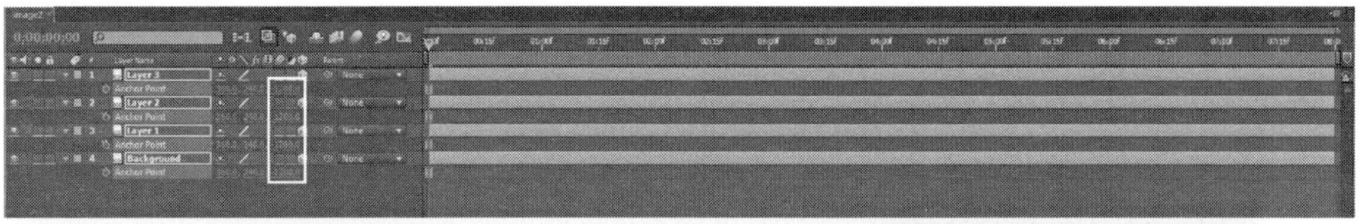

05 **Timeline** 패널의 **'Layer3', 'Layer2', 'Layer1', 'Background'**이 모두 선택된 상태에서 **'R'**을 클릭하여 모든 Layer에 **Orientation** 옵션이 나타나면 **'Layer2'**의 **Orientation:0.0°,90.0°,0.0°** 입력하여 회전한다.

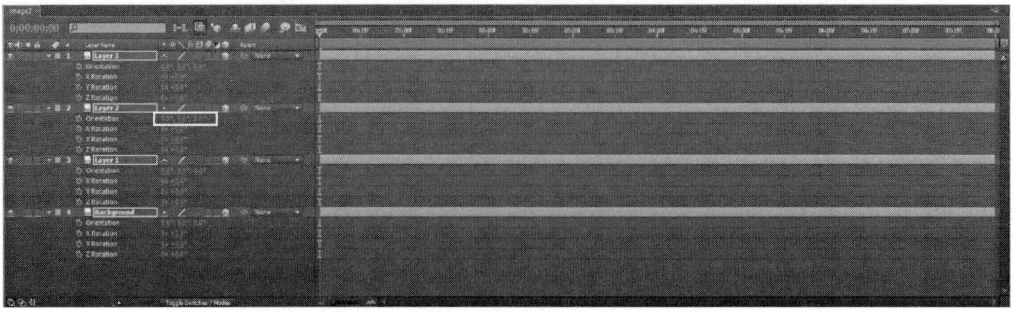

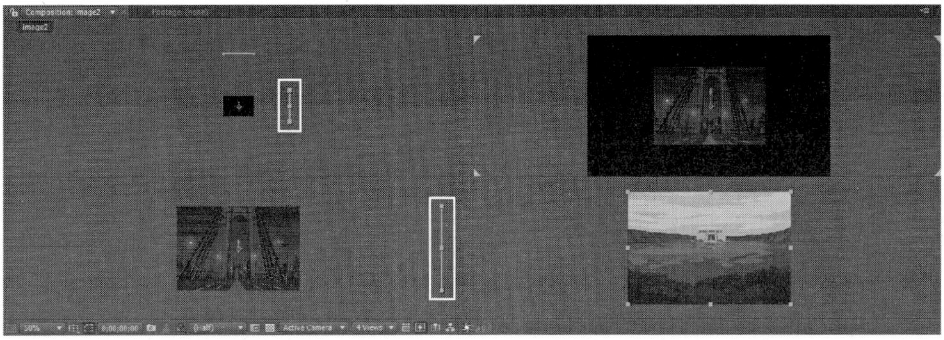

06 **'Layer1'**의 **Orientation:0.0°,270.0°,0.0°** 입력하여 회전한다.

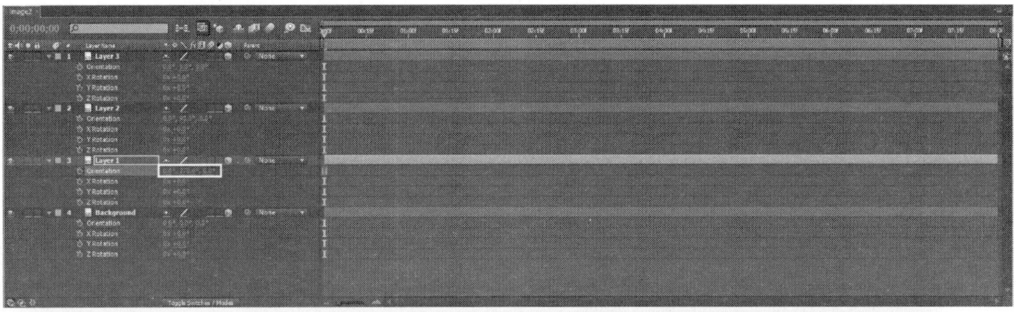

07 **'Background'**의 **Orientation:180.0°,0.0°,180.0°** 입력하여 회전한다.

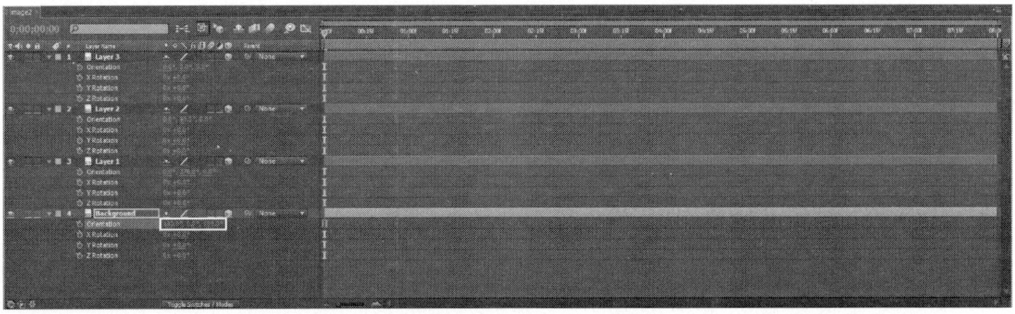

08

[Layer]-[New]-[Null Object]를 선택하여 **Timeline** 패널에 나오게 한 후 3D 아이콘을 클릭하여 3D 이미지로 전환한다.

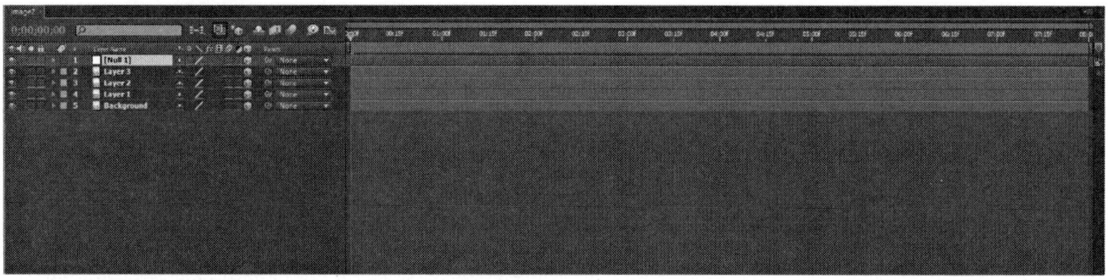

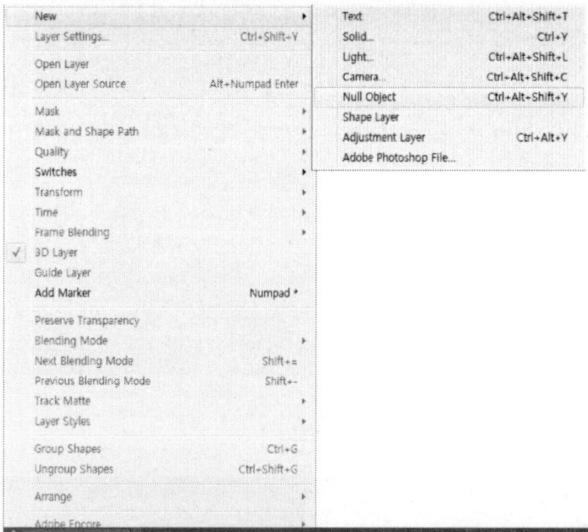

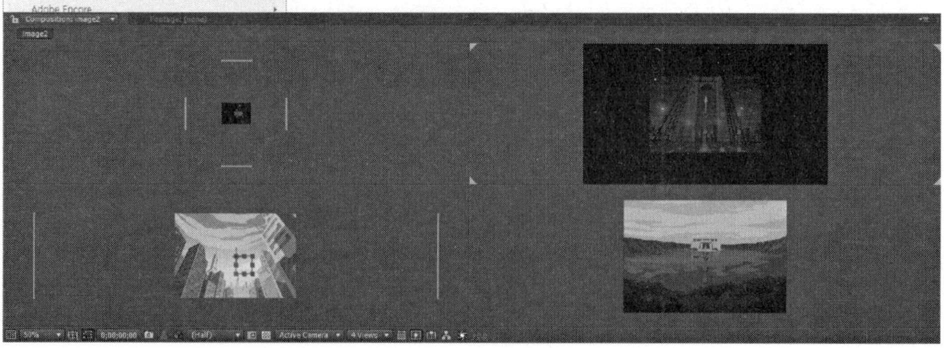

09 **Indicator**를 선택하여 **0;00;01;00**으로 드래그하여 위치시킨 다음 **Y Rotation** 스톱왓치 를 클릭하여 키프레임을 설정한다.

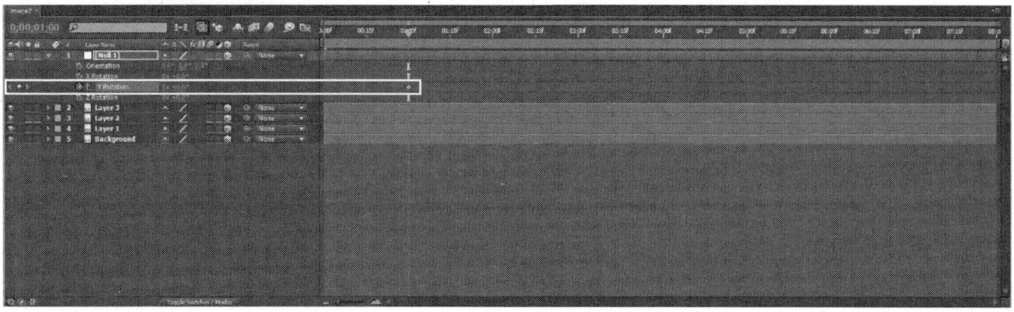

10 **Indicator**를 선택하여 **0;00;02;00**으로 드래그하여 위치시킨 다음 **Y Rotation:0× +90.0°**로 입력하여 이미지 상자를 회전한다.

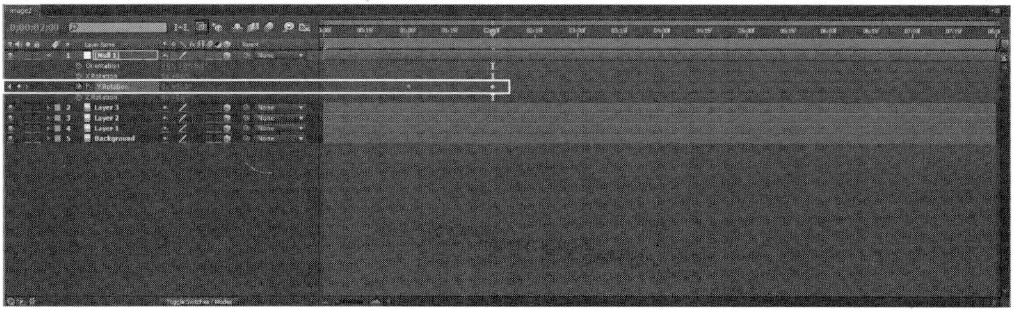

11 **Indicator**를 선택하여 **0;00;03;00**으로 드래그하여 위치시킨 다음 키프레임 아이콘을 클릭해 키프레임만 추가하여 이미지가 정지되게 설정한다.

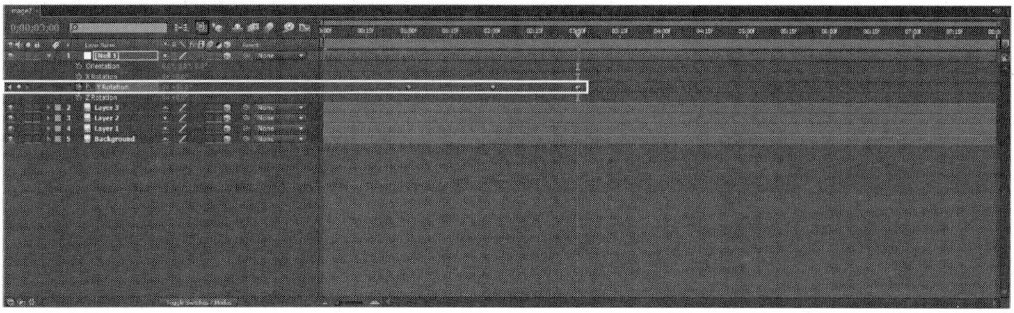

12 **‘Indicator**를 선택하여 **0;00;04;00**으로 드래그하여 위치시킨 다음 **Y Rotation:0× +180.0°**로 입력하여 이미지 상자를 회전한다.

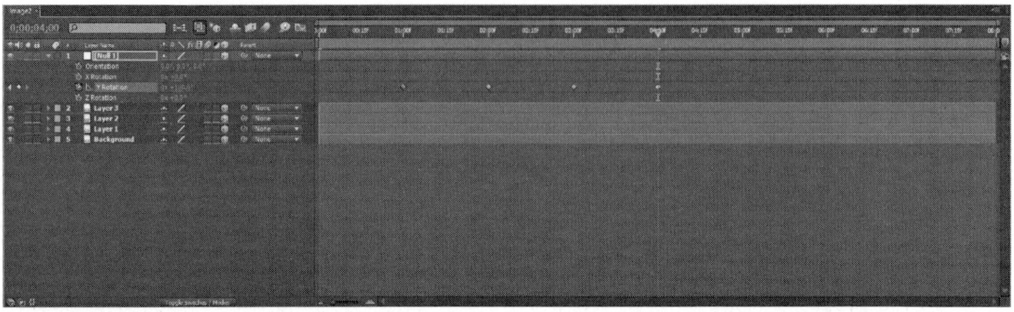

13 **Indicator**를 선택하여 **0;00;05;00**으로 드래그하여 위치시킨 다음 키프레임  아이콘을 클릭하여 키프레임만 추가하여 이미지가 정지되게 설정한다.

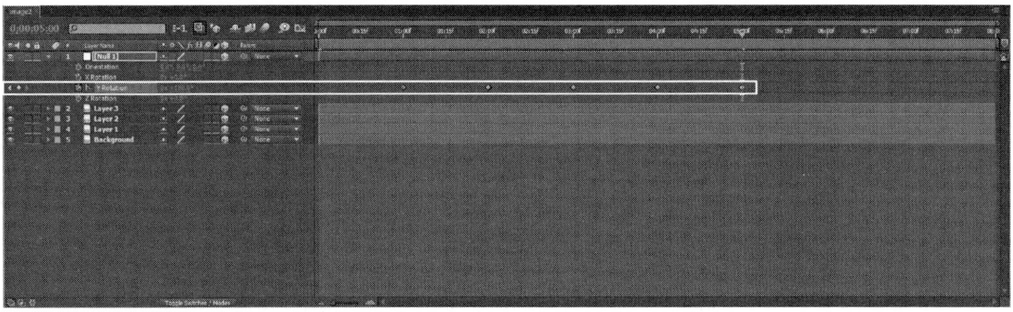

14 **Indicator**를 선택하여 **0;00;06;00**으로 드래그하여 위치시킨 다음 **Y Rotation:0× +90.0°**로 입력하여 이미지 상자를 회전한다.

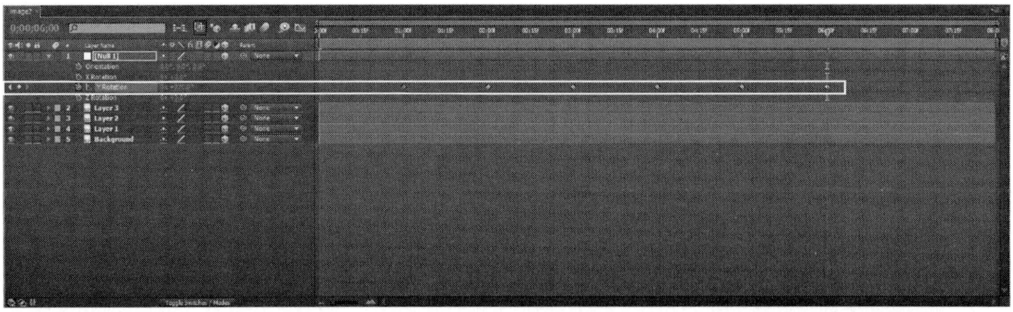

15 **Indicator**를 선택하여 **0;00;07;00**으로 드래그하여 위치시킨 다음 키프레임 아이콘을 클릭하여 키프레임만 추가하여 이미지가 정지되게 설정한다.

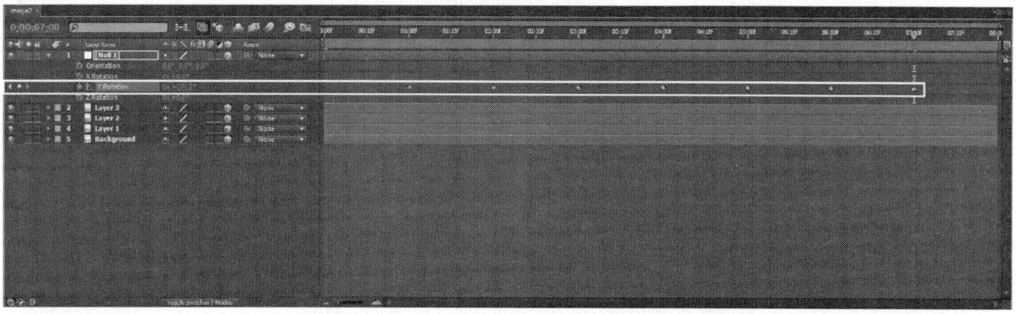

16 **Indicator**를 선택하여 **0;00;07;29**로 드래그하여 위치시킨 다음 **Y Rotation:1×0.0°**로 입력하여 이미지 상자를 회전한다.

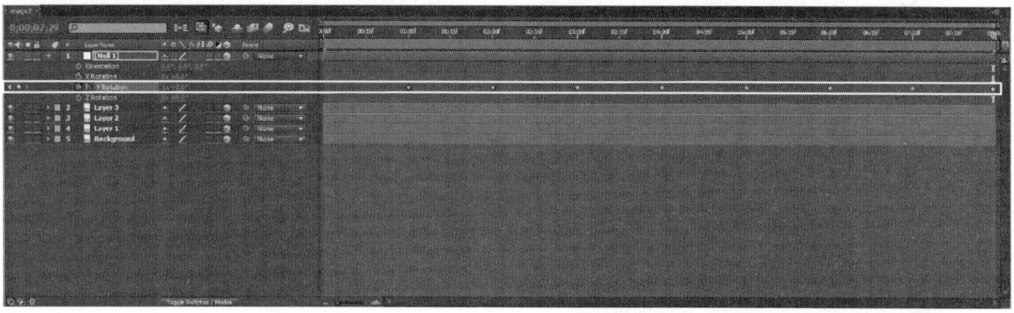

17 **'Layer3'** Layer의 **Parent** 아이콘을 클릭 드래그하여 **'Null1'** Layer와 연결시킨다.

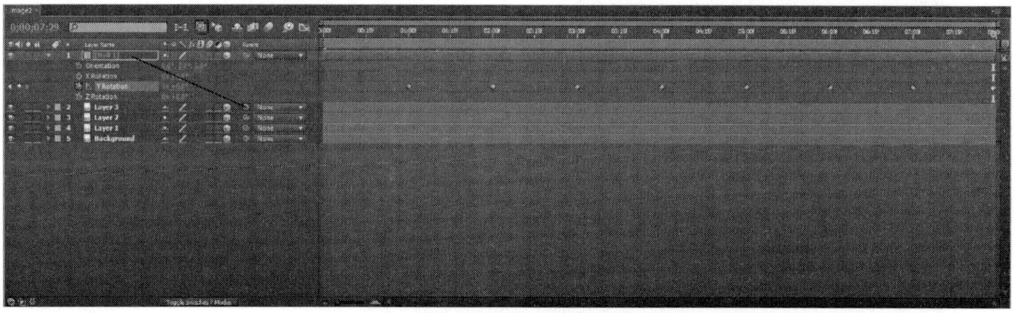

18 **'Layer2'**와 **'Layer1'**과 **'Background'** Layer의 **Parent** 아이콘도 각각 클릭 드래그하여 **'Null1'** Layer와 연결시켜 완성시킨다.

19 **[Layer]-[New]-[Solid]**를 선택한 후 **Solid Settings**에서 **'Make Comp Size'**를 클릭하여 작업 중인 창과 크기를 같게 맞추고 **Color:#FFFFFF**를 선택한 후 OK를 하고 나온다.

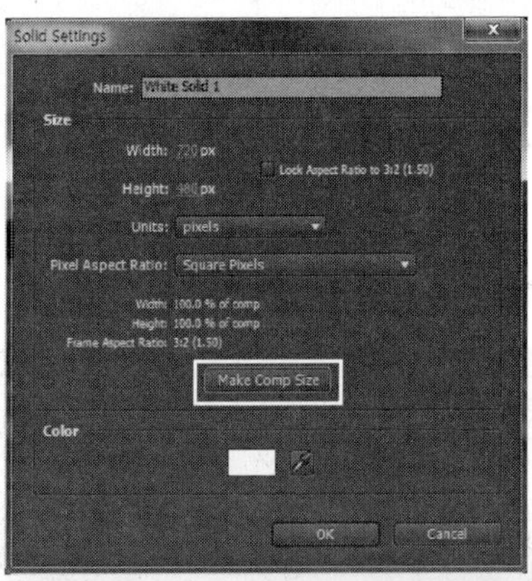

20 **Timeline** 패널에서 '**White Solid 1**'을 선택한 후 맨 아래로 드래그하여 Layer 위치를 가장 아래로 가게 한다.

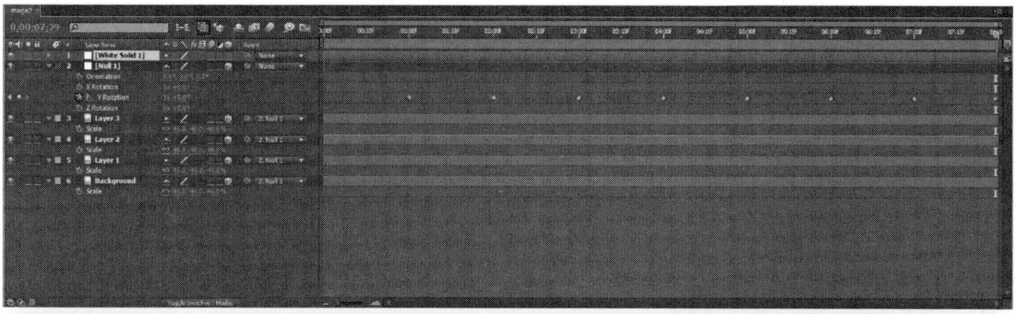

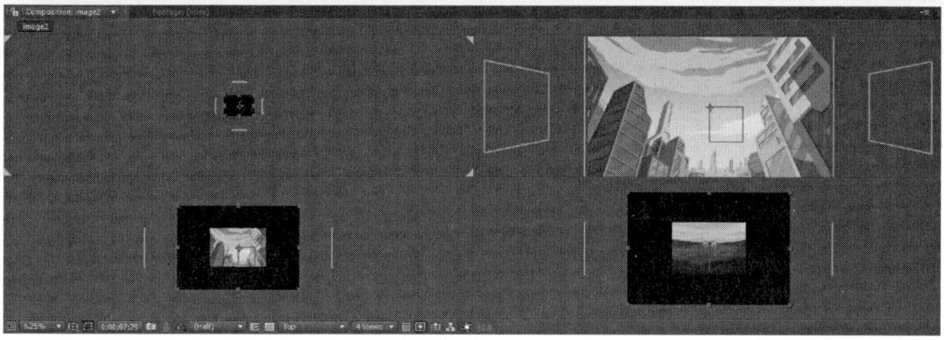

21 **[Effect]-[Simulation]-[CC Star Burst]**를 선택하여 '**White Solid 1**'에 적용시킨다.

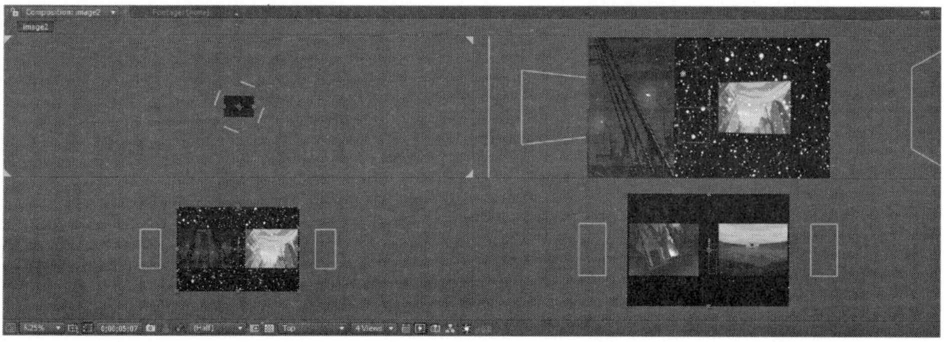

22 **Effect Controls** 패널로 이동하여 **Scatter:70.0 / Grid Spacing:1 / Size:60.0**으로 조절한 뒤 적용하면 완성된다.

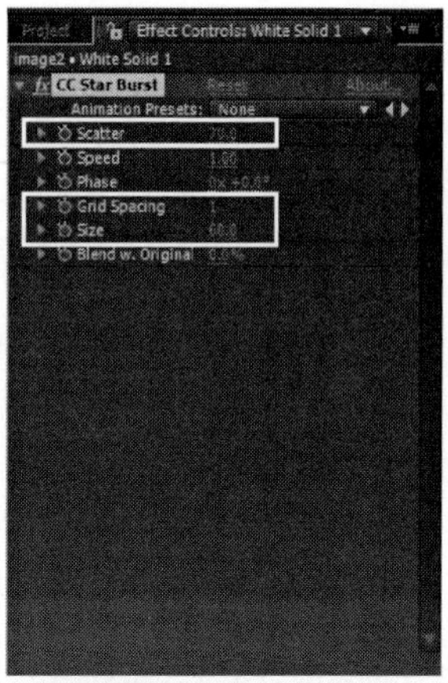

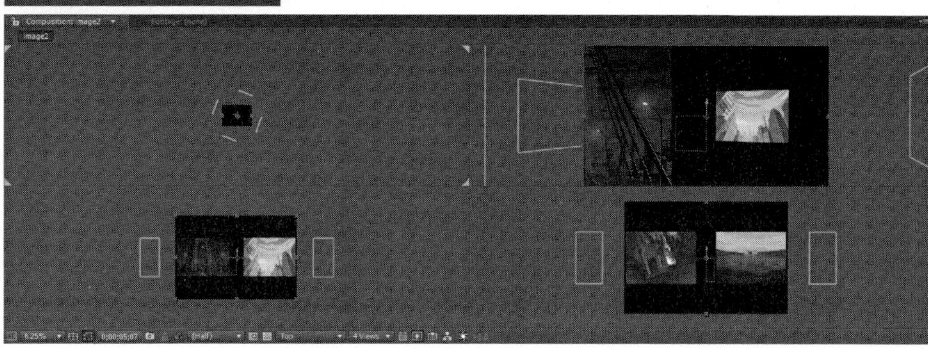

15 조명의 이해 1

애프터이펙트에서 공간감의 표현을 풍부하게 해주는 기능 중 하나가 조명이다. 조명은 오브젝트가 반드시 3D 레이어야만 적용될 수 있으므로 조명을 받는 오브젝트는 3D 레이어로 변경되어야 한다. 조명도 움직임, 색상, 그림자 등 다양한 효과를 줄 수 있으므로 조명에 대한 사용법을 잘 익혀 풍부하고 다양한 결과물을 표현하는 연습을 한다.

학습메뉴

- Ambient Light / Spot Light
- Shadow

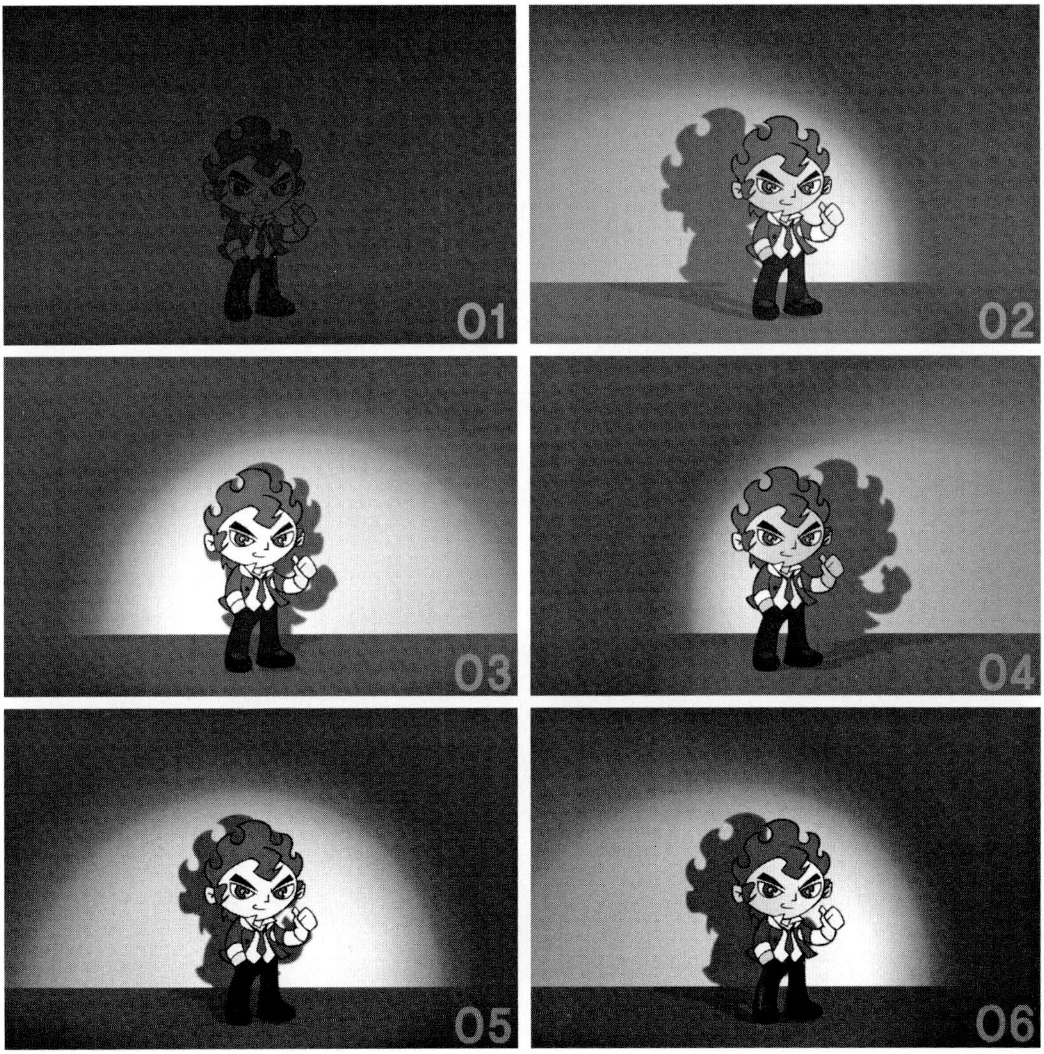

01 **Project** 패널을 더블클릭한 후 **Import File** 옵션 창이 나타나면 **'남주.psd'** 선택한 후 옵션 창에서 **Import Kind:Composition-Cropped Layer**를 선택한 후 OK버튼을 클릭하여 이미지를 불러온다.

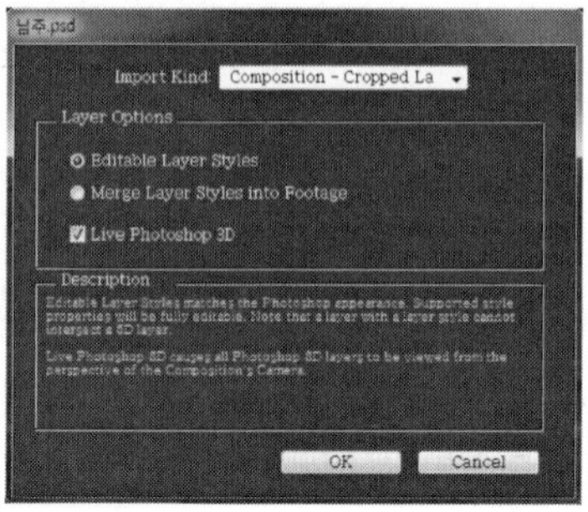

02 **[Composition]-[New Composition]**을 선택한 후 **Composition Settings** 창에서 **Composition Name: light1 / Width:720px, Height:480px / Duration:0,00,08,00**으로 설정한 후 **Project** 패널의 **'Layer 0/남주.psd'**를 클릭 드래그하여 **Timeline** 패널에 위치시킨다.

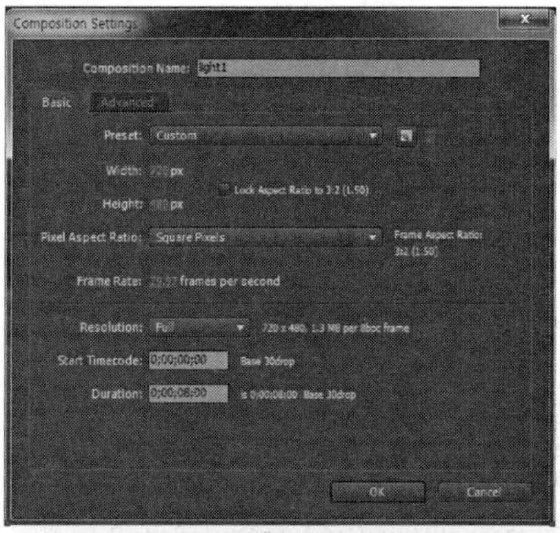

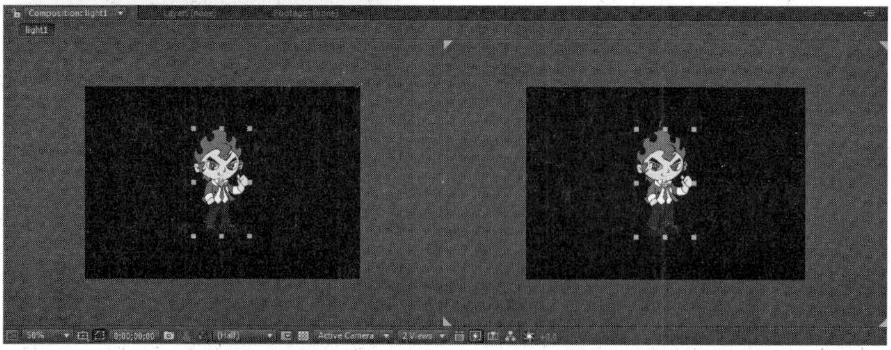

03 **Timeline** 패널의 **'Layer 0/남주.psd'** 선택한 후 단축키 **'S'**를 클릭하여 Scale 옵션이 나오면 **120.0, 120.0%**로 수정하여 이미지의 크기를 키운다.

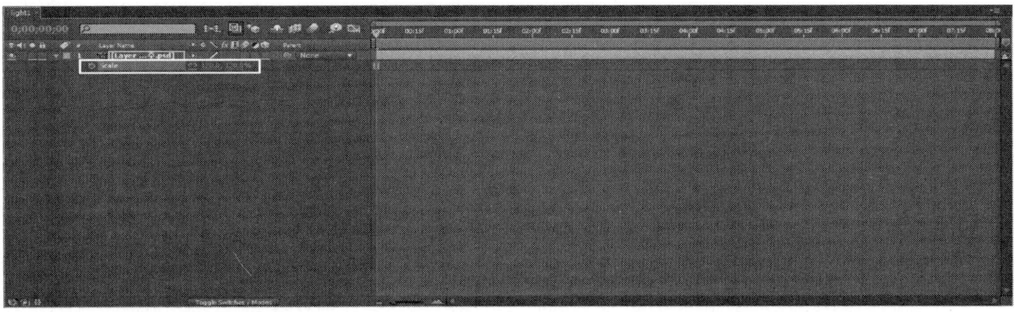

04 **[Layer]-[New]-[Solid]**를 선택한 후 **Solid Settings**에서 **'Make Comp Size'**를 클릭하여 작업 중인 창과 크기를 같게 맞추고 **Color:#A7A7A7**을 선택한 후 OK를 하고 나온다.

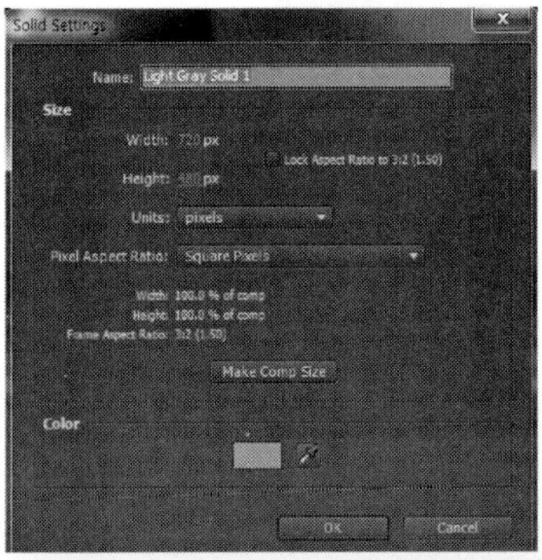

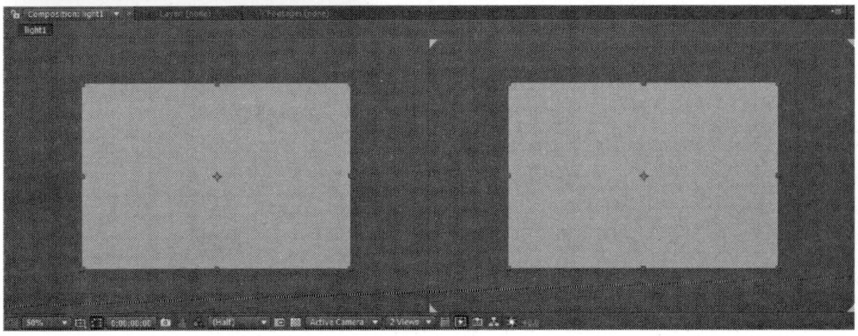

05 **Timeline** 패널에서 '**Light Gray Solid 1**' Layer를 클릭 드래그하여 '**Layer 0/남주.psd**' Layer 아래로 드래그하여 이동한 후 '**Layer 0/남주.psd**'와 '**Light Gray Solid 1**'의 '**3D**'난을 클릭하여 이미지를 3D 이미지로 전환한다.

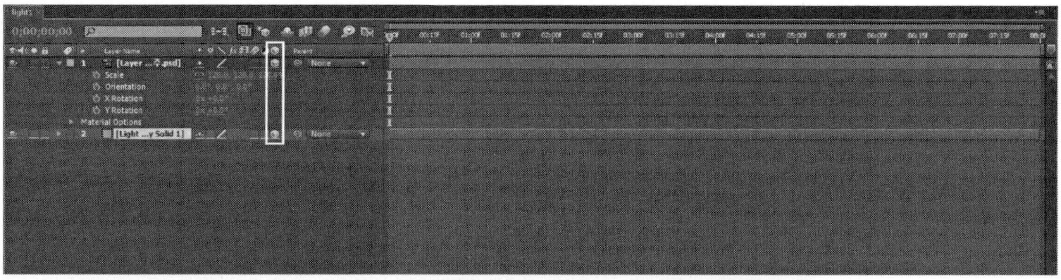

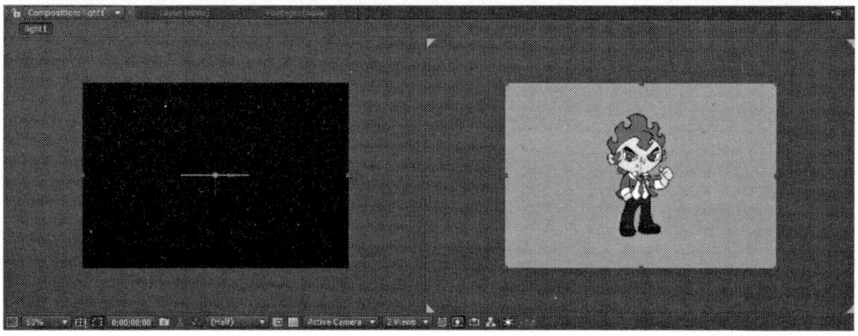

06 '**Top**' View에서 마우스를 '**Z**'축만 잡고 뒤쪽으로 이동하여 배경이 캐릭터 뒤쪽에 놓이도록 조정한다.

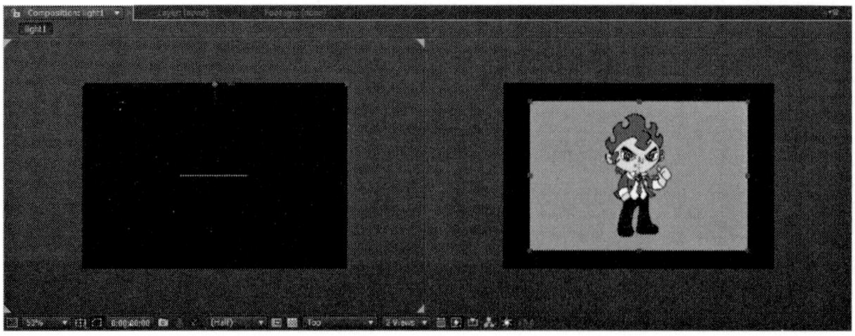

07 단축키 '**S**'를 클릭한 후 **Scale:126.0, 126.0, 126.0%**로 수정하여 이미지 크기를 화면과 맞춘다.

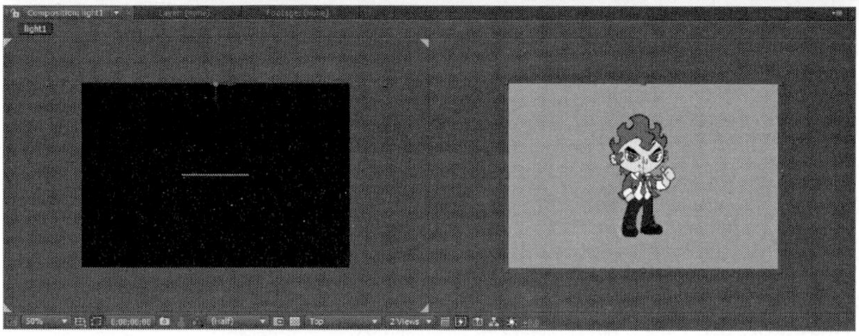

08 '**Active Camera**' View에서 마우스를 '**Y**'축만 잡고 위쪽으로 이동시킨다.

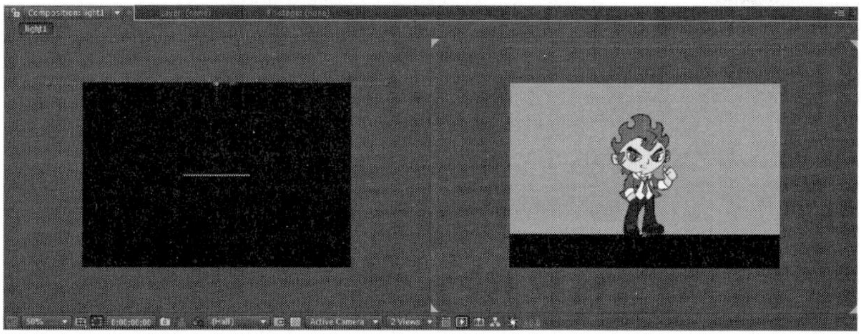

09 **[Effect]-[Generate]-[Ramp]**를 적용시킨다.

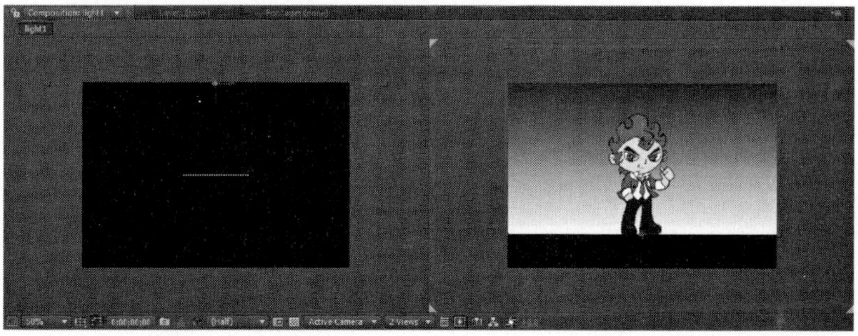

10 **Effect Controls** 패널에서 **'Start Color'**난을 클릭하여 나타난 **Start Color** 옵션 창에서 **#FF9A9A**를 선택한 후 **'OK'**를 클릭하고 나온다. **'End Color'**난을 클릭하여 나타난 **End Color** 옵션 창 **#F8F8184**를 선택하고 나와 배경 **Solid** Layer의 색상 작업을 완성한다.

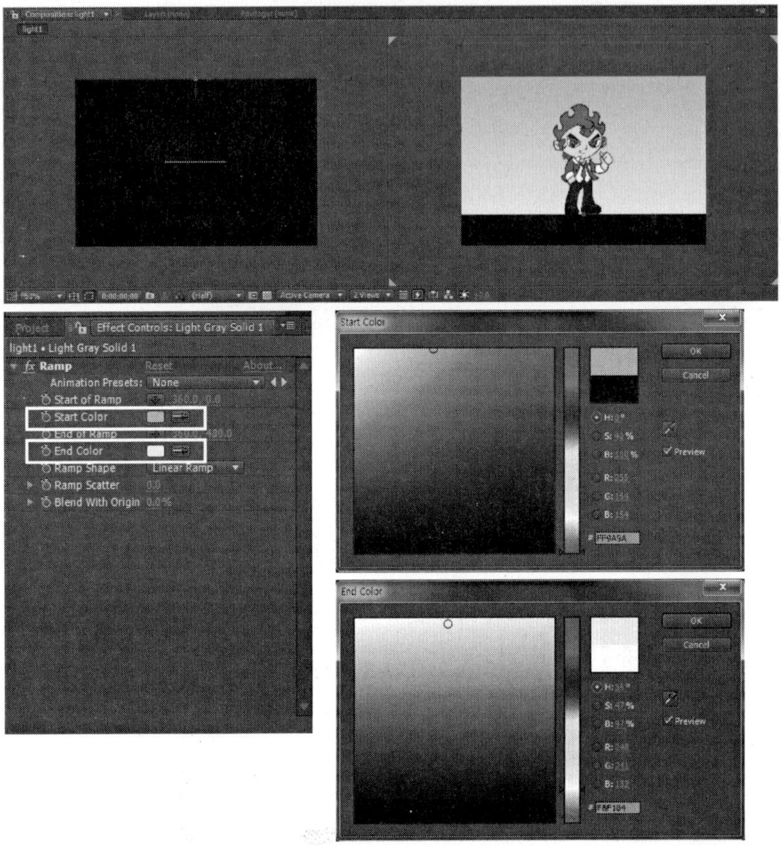

11 **'Light Gray Solid 1'** Layer를 선택한 후 **'Ctrl+D'**를 선택하여 **'Light Gray Solid 1'** Layer를 복제한다.

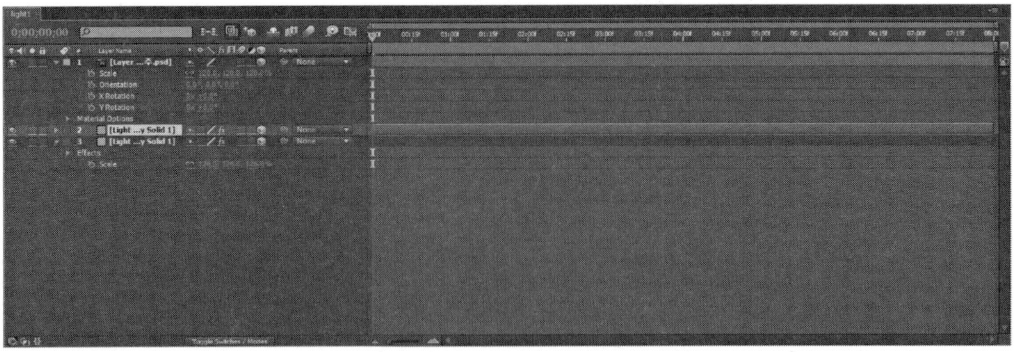

12 복제된 '**Light Gray Solid 1**' Layer를 선택한 상태에서 단축키 '**R**'을 클릭한 다음 **Orientation: 90.0°,0.0°,0.0°**으로 입력하여 회전시킨다.

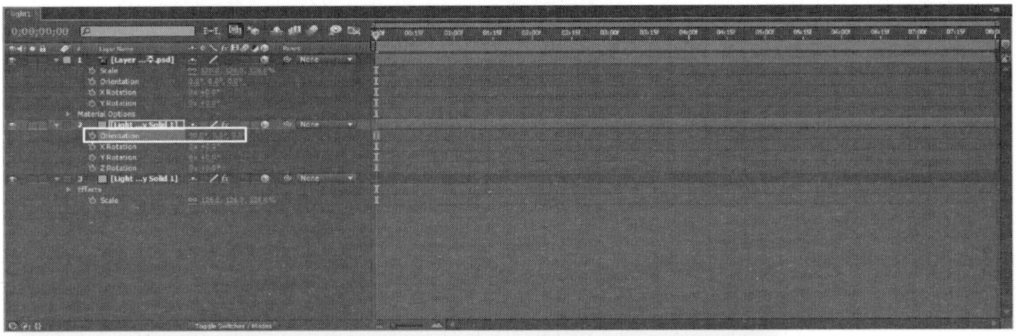

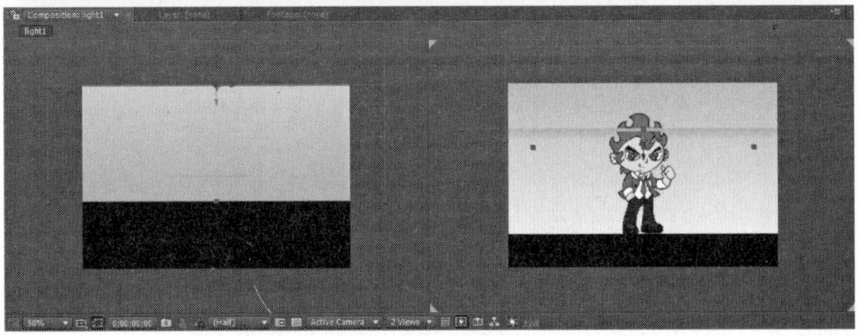

13 '**Active Camera**' View에서 마우스를 '**Z**'축만 잡고 아래쪽으로 이동시킨다.

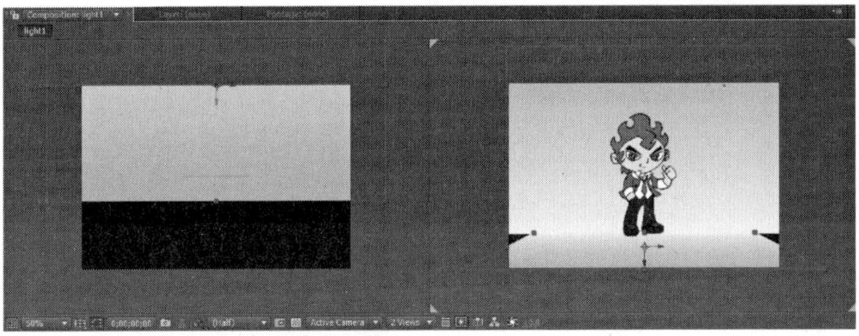

14 단축키 '**S**'를 클릭한 후 **Scale:158.0, 158.0, 158.0%**로 수정하여 이미지 크기를 맞춘다.

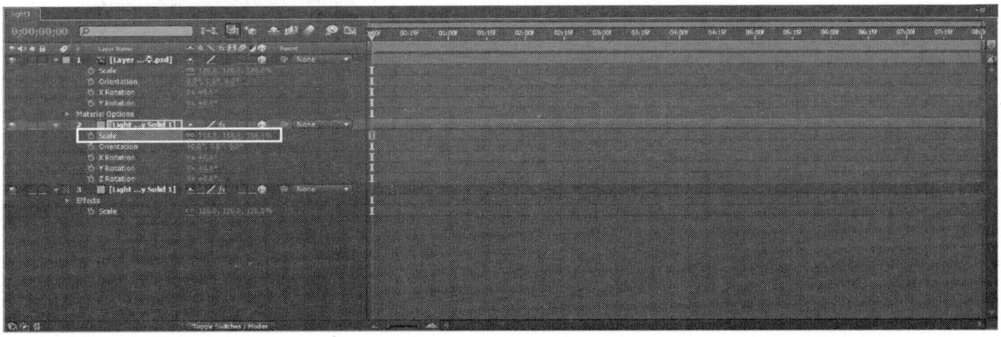

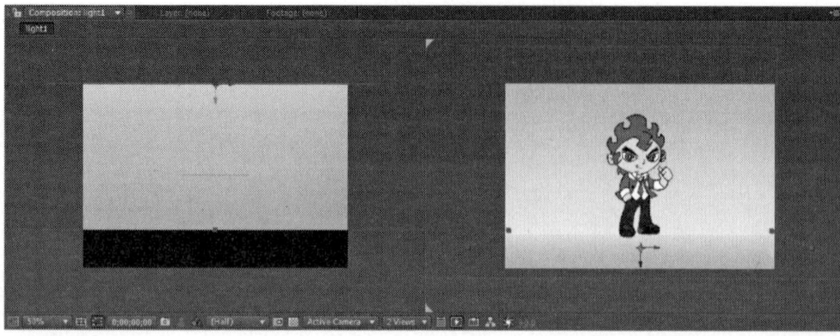

15 'Active Camera' View에서 마우스를 'Y'축만 잡고 아래쪽으로 이동하여 캐릭터가 바닥에 서 있게 조정한다.

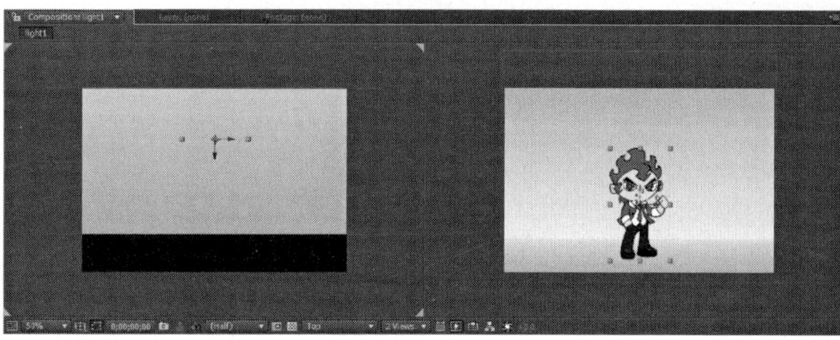

16 **[Layer]-[New]-[Light]**를 선택한 후 **Light Settings** 옵션 창에서 **Name:ambi_Light1 / Light Type:Ambient / Intensity:40% / Color:FFFFFF**로 설정하고 나온다.

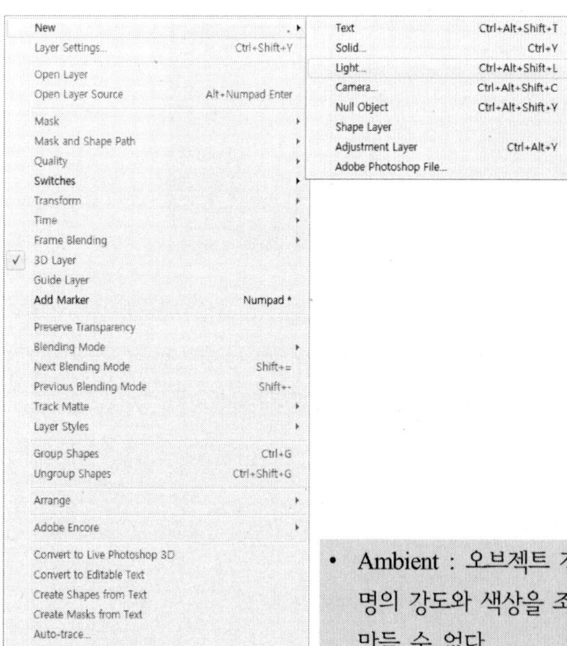

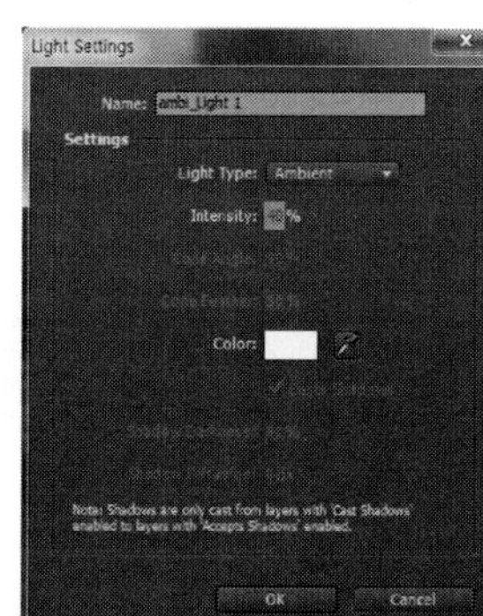

- Ambient : 오브젝트 전체에 동일한 노출을 적용하는 조명으로 조명의 강도와 색상을 조정할 수 있으나 그 외에 방향이나 그림자는 만들 수 없다.

17 **[Layer]-[New]-[Light]**를 선택한 후 **Light Settings** 옵션 창에서 **Name:spot_Light1 / Light Type:Spot / Intensity:75% / Cone Angle:80° / Cone Feather:50% / Color:FFFFFF**로 설정하고 **Casts Shadows**를 체크하고 **Shadows Darkness:80%**로 설정하고 나온다.

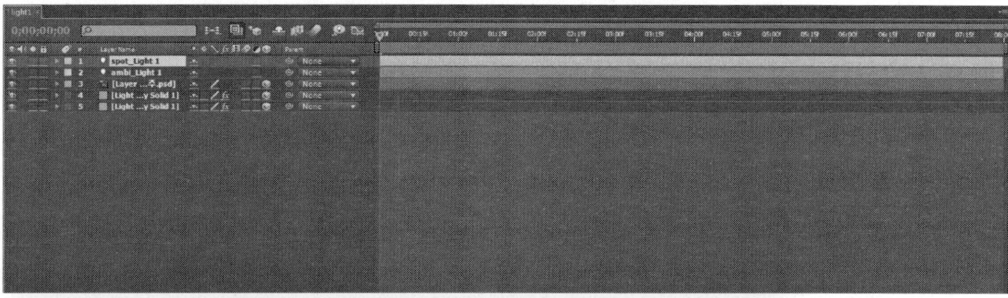

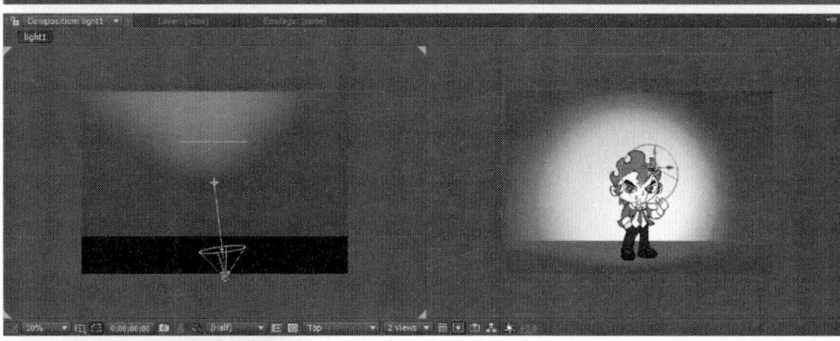

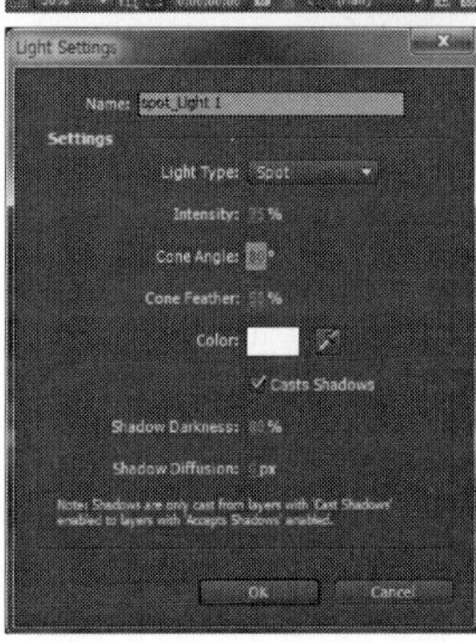

- Spot : 어느 한 곳을 향해 비추는 조명으로 강조하고 싶은 이미지가 있을 때 사용하기에 적합한 조명이다.
연극 무대에서 주인공을 향해 비추는 조명이라고 생각하면 된다.
조명이 비춰질 오브젝트에 따라 조명의 크기와 외곽의 부드러움, 방향, 그림자 등 구체적인 조명값을 조정하여 사용할 수 있다.

18 **'Top'** View에서 조명 끝부분으로 마우스를 가져가 X, Y, Z축이 나오지 않을 때 클릭 드래그하여 조명 위치를 오른쪽으로 옮긴다.

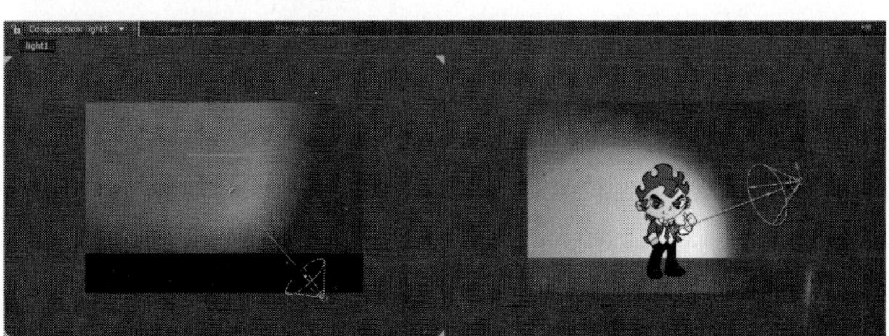

19 '**Layer 0/남주.psd**' Layer를 선택한 후 **Material Options**가 나오게 한 후 **Casts Shadows:On**으로 하여 캐릭터의 그림자가 나오게 한다.

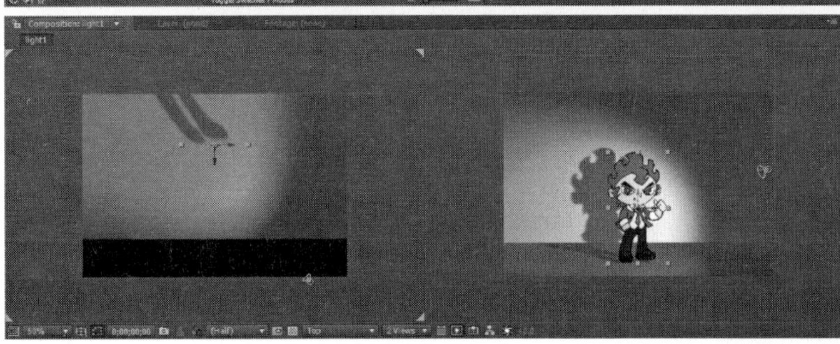

• Spot 조명에서 그림자 옵션을 On으로 설정할 경우 해당 오브젝트에서도 그림자 옵션을 On으로 설정해야 그림자가 나타난다.

20 **Timeline** 패널에서 '**ambi_Light1**' Layer 옵션이 나오게 한 후 **Indicator**를 드래그하여 **0;00;00;23**으로 이동한 후 **Intensity**의 스톱왓치 아이콘을 클릭하여 키프레임을 설정한다.

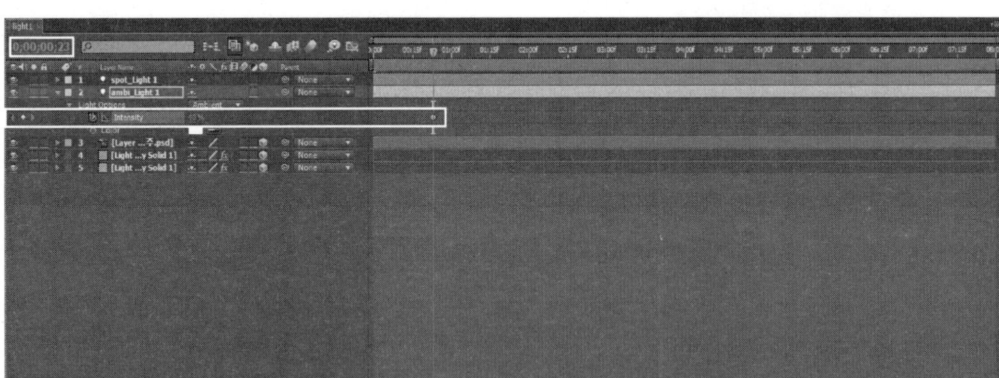

21 **Indicator**를 드래그하여 **0;00;00;00**으로 이동한 후 **Intensity:0%**로 수정한다.

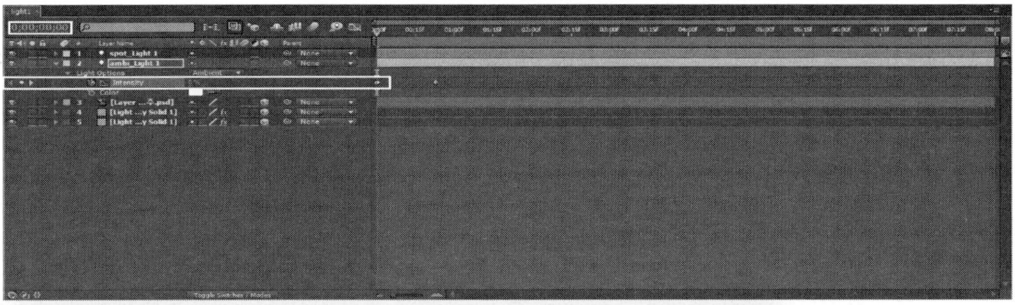

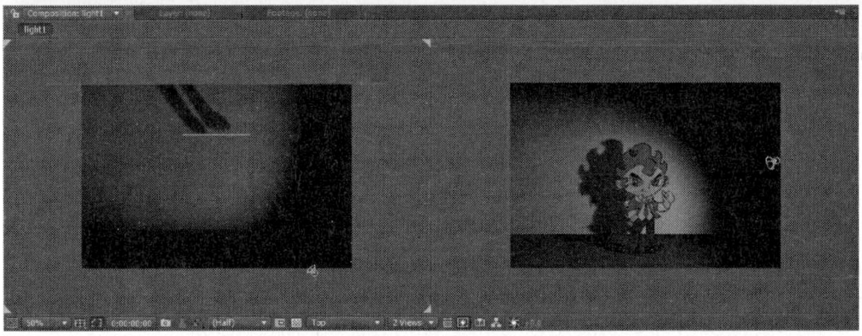

- Ambient와 Spot 두 개가 설치되어 있는 상황에서 Ambient 조명의 밝기는 완전히 사라지게 했으나 Spot 조명에서 값이 있기 때문에 빛이 있게 된다.
  여러 개의 조명이 설치되어 있는 경우 조명값을 조절할 때 각각의 조명값을 잘 계산해야 한다.

22 **Indicator**를 드래그하여 **0;00;07;07**로 이동한 후 키프레임 아이콘을 클릭하여 키프레임을 추가한다.

23 **Indicator**를 드래그하여 **0;00;07;29**로 이동한 후 **Intensity:0%**로 수정한다.

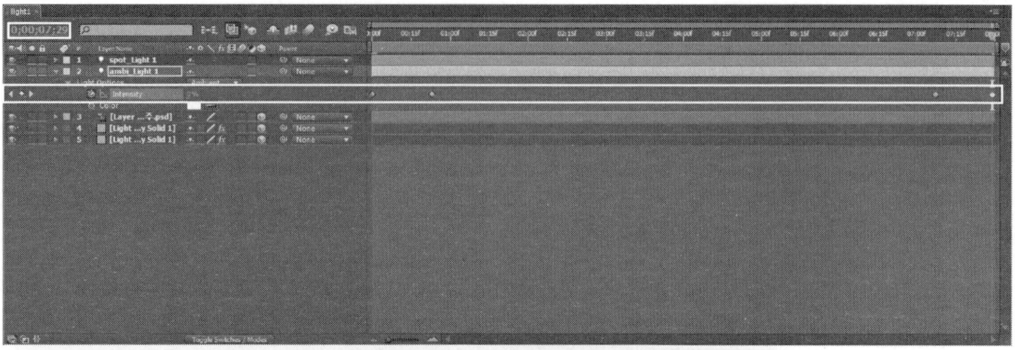

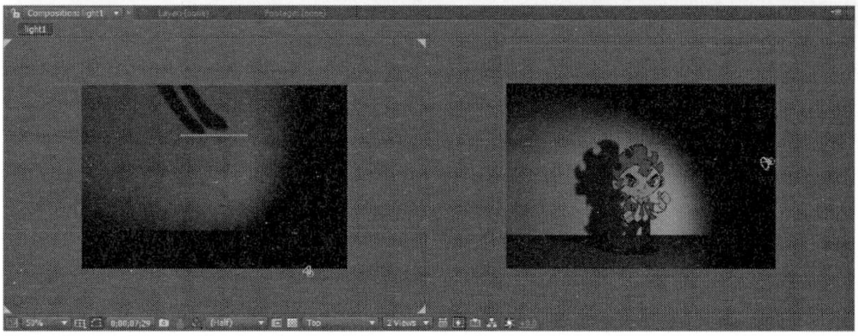

24 **Timeline** 패널에서 '**spot_Light1**' Layer 옵션이 나오게 한 후 **Indicator**를 드래그하여 **0;00;01;00**으로 이동한 후 **Intensity**의 스톱왓치 아이콘을 클릭하여 키프레임을 설정한다.

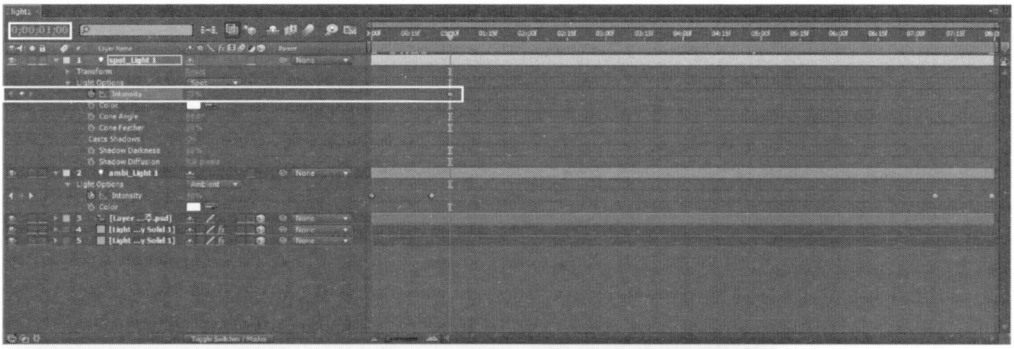

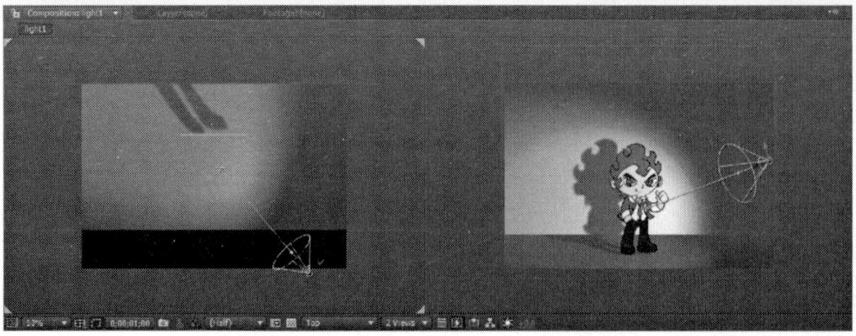

25 **Indicator**를 드래그하여 **0;00;00;15**로 이동한 후 **Intensity:0%**로 수정한다.

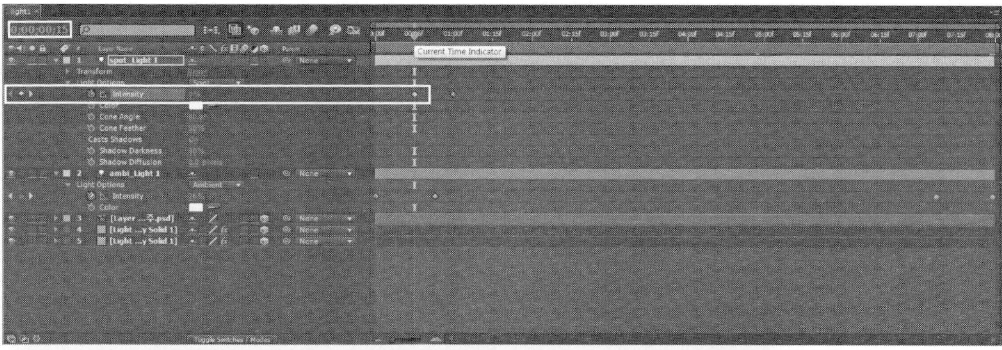

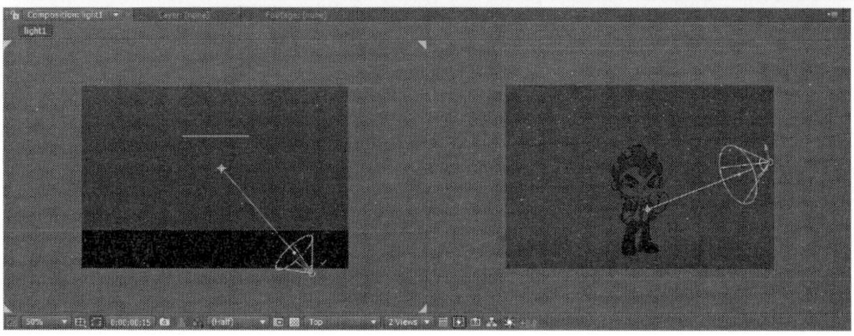

26 **Indicator**를 드래그하여 **0;00;07;00**으로 이동한 후 키프레임 아이콘을 클릭하여 키프레임을 추가한다.

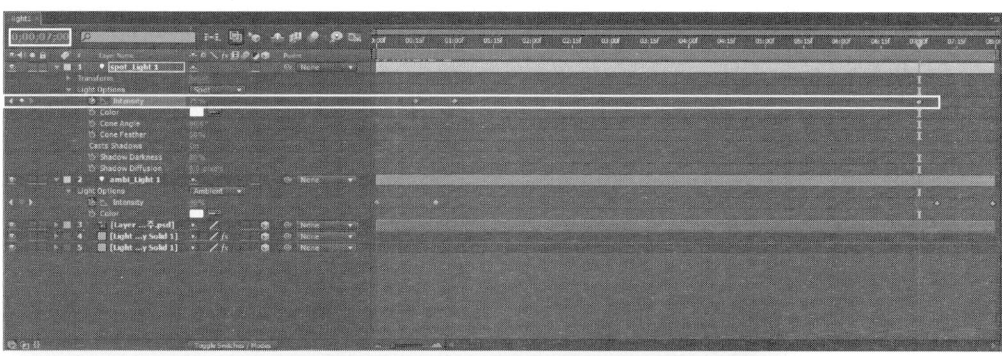

27 **Indicator**를 드래그하여 **0;00;07;18**로 이동한 후 **Intensity:0%**로 수정한다.

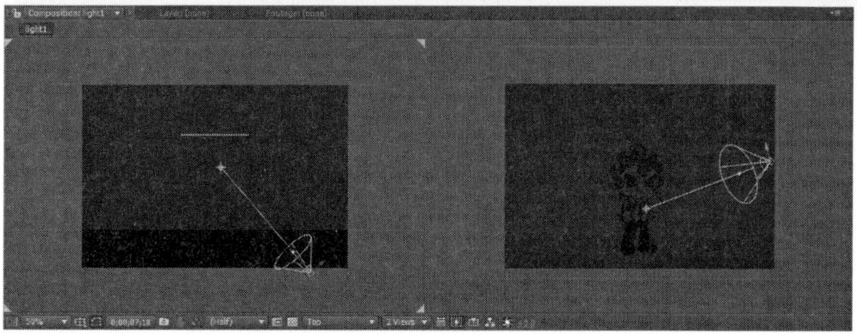

28 **Indicator**를 드래그하여 **0;00;01;00**으로 이동한 후 **'spot_Light1'** Layer의 Trans form 옵션 중 **'Position'**의 키프레임 아이콘을 클릭하여 키프레임을 설정한다.

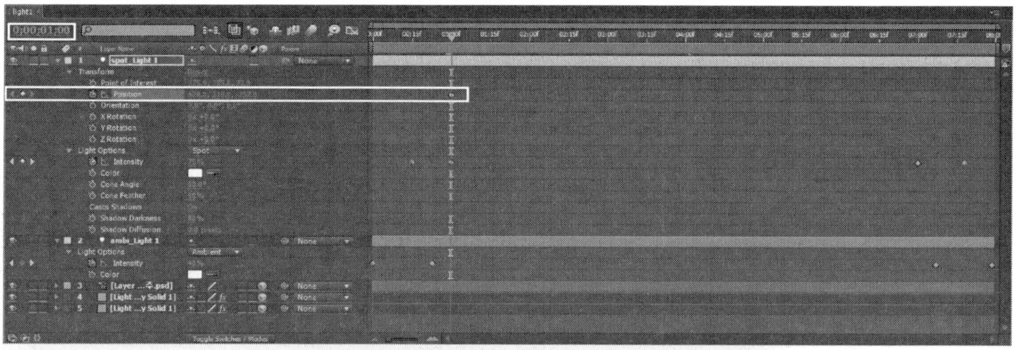

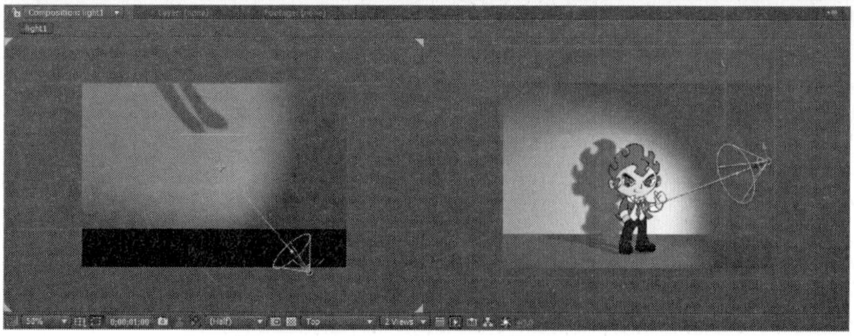

29 **Indicator**를 드래그하여 **0;00;02;15**로 이동한 후 **Composition** 패널의 '**Top**' View를 선택한 후 조명 **X, Y, Z**축이 나타나지 않는 지점에서 끝부분을 잡고 **Shift**키를 누른 채 왼쪽으로 수평 이동한다.

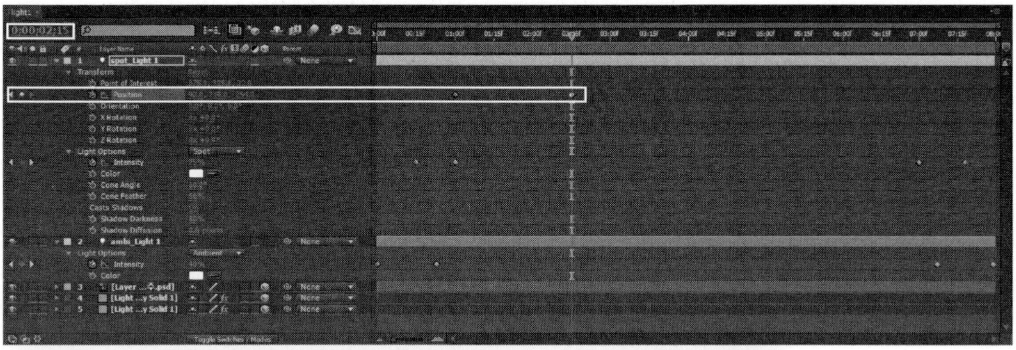

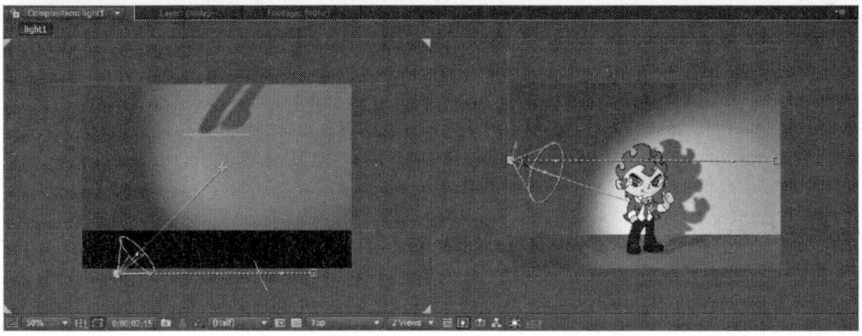

30 **Indicator**를 드래그하여 **0;00;04;00**으로 이동한 후 조명 끝부분을 잡고 같은 방법으로 **Shift**키를 누른 채 오른쪽으로 수평 이동한다.

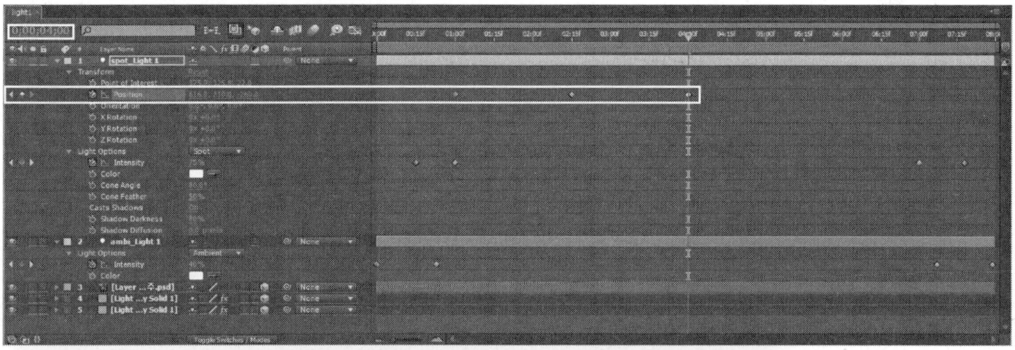

31 **Indicator**를 드래그하여 **0;00;01;22**로 이동한 후 조명 끝부분을 잡고 캐릭터에서 멀어지게 드래그한다.

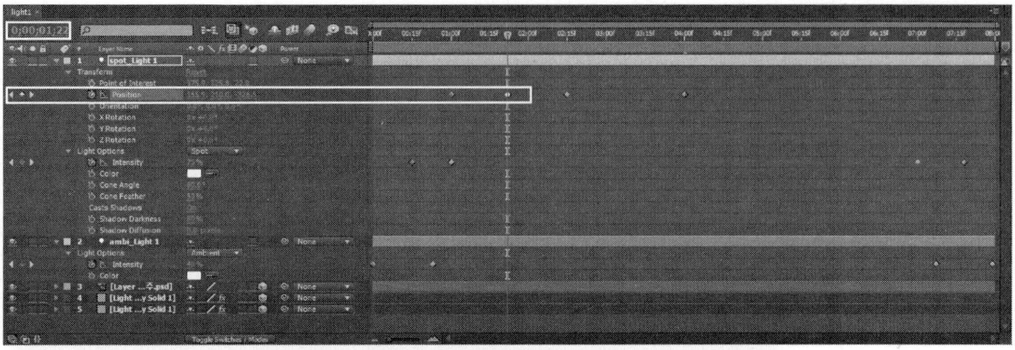

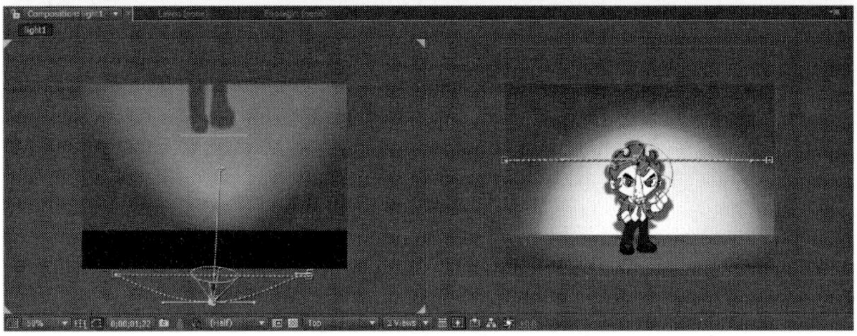

32 **Indicator**를 드려 0;**00;03;08**로 이동한 후 조명 끝부분을 잡고 같은 경로가 되게 캐릭터에서 멀어지게 드래그한다.

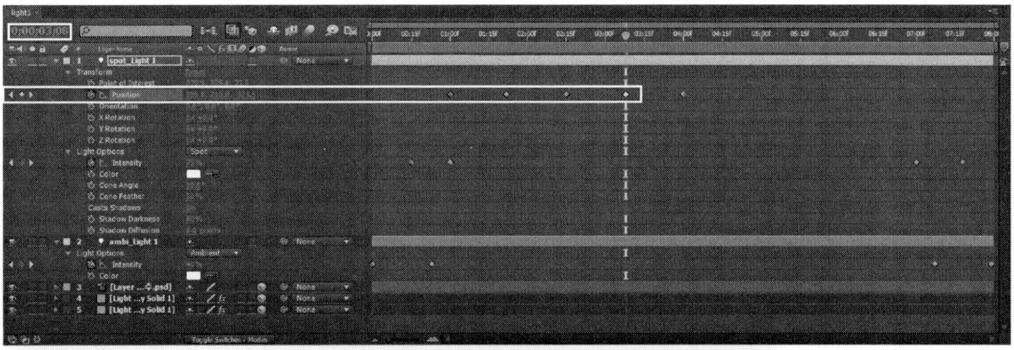

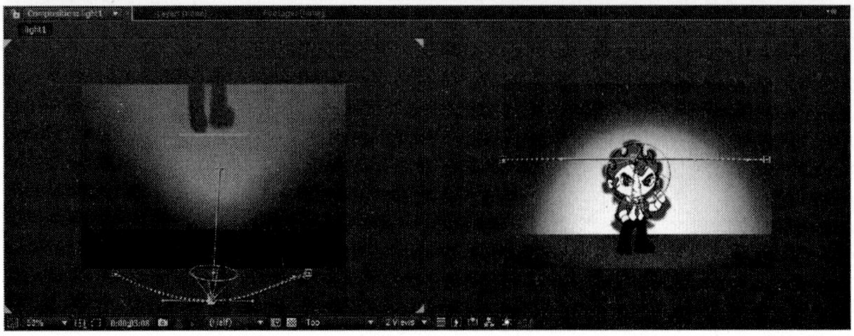

33 **2번째, 3번째, 4번째, 5번째** 키프레임을 드래그하여 동시에 선택한 다음 **'Ctrl+C'** 한다.

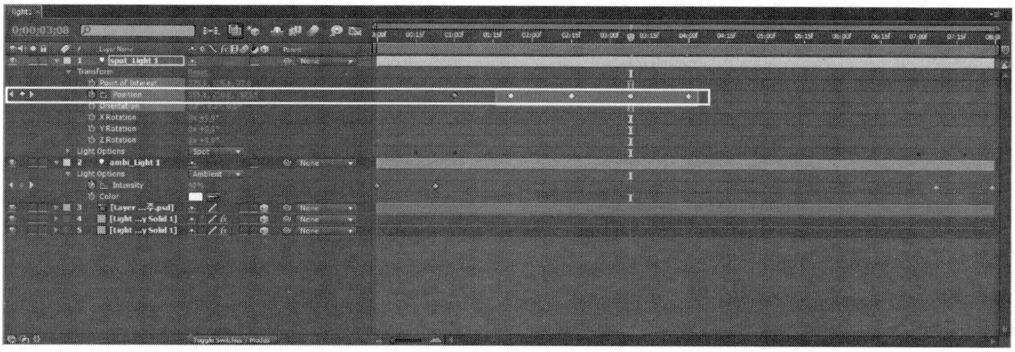

34 **Indicator**를 드래그하여 **0;00;04;23**으로 이동한 후 **'Ctrl+V'**를 하여 복사한 키프레임에 동일한 조명 옵션을 붙여넣기를 하여 완성한다.

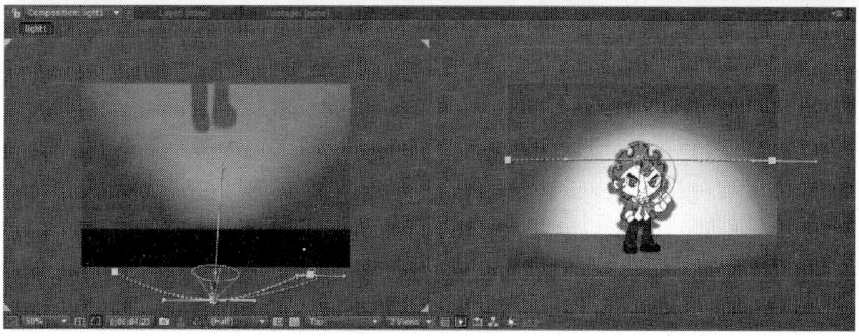

16 조명의 이해 2

애프터이펙트에서 공간감의 표현을 풍부하게 해주는 기능 중 하나가 조명이다. 조명은 오브젝트가 반드시 3D 레이어야만 적용될 수 있으므로 조명을 받는 오브젝트는 3D 레이어로 변경되어야 한다. 조명도 움직임, 색상, 그림자 등 다양한 효과를 줄 수 있으므로 조명에 대한 사용법을 잘 익혀 풍부하고 다양한 결과물을 표현하는 연습을 한다.

학습메뉴

- Ambient Light / Spot Light
- Shadow

01 **Project** 패널을 더블클릭한 후 **Import File** 옵션 창이 나타나면 **'중돈.psd'** 선택한 후 옵션 창에서 **Import Kind:Composition-Cropped Layer를** 선택한 후 OK버튼을 클릭하여 이미지를 불러온 후 **Layer0/중돈.psd** 파일을 드래그하여 **Timeline** 패널에 위치시켜 놓는다.

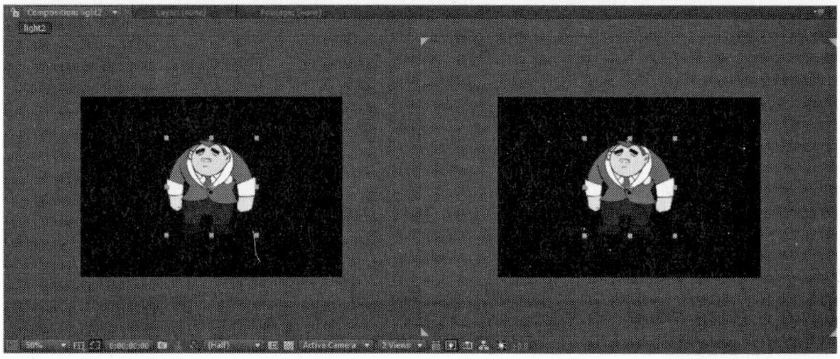

02 **Timeline** 패널에 **'Layer0/중돈.psd'**을 선택한 후 **3D** 아이콘을 클릭하여 3D 이미지로 전환한다.

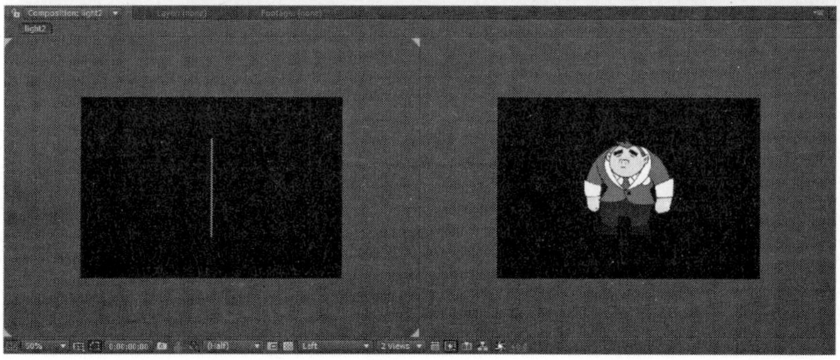

03 **Timeline** 패널의 **'Layer0/중돈.psd'** 선택한 후 단축키 **'S'**를 클릭하여 Scale 옵션이 나오면 **110.0, 110.0, 110.0%**로 수정하여 이미지의 크기를 키운다.

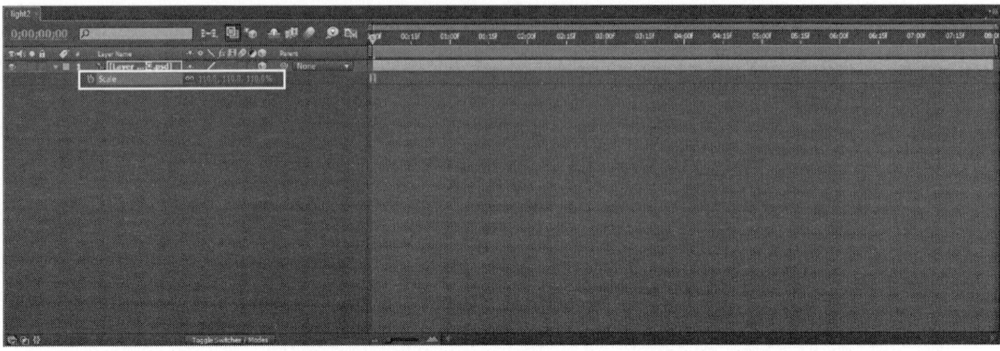

04 **[Layer]-[New]-[Solid]**를 선택한 후 **Solid Settings**에서 **'Make Comp Size'**를 클릭하여 작업 중인 창과 크기를 같게 맞추고 **Color:#A7A7A7**을 선택한 후 OK를 하고 나와 새로운 Layer 를생성한다.

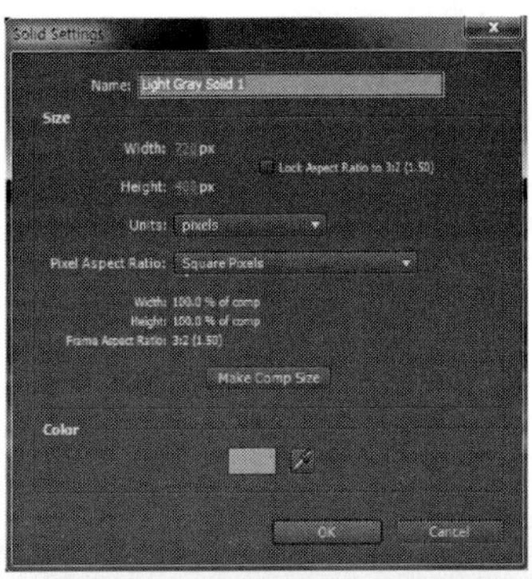

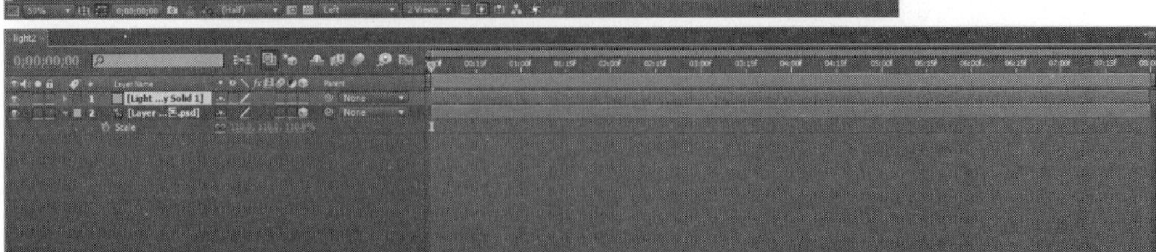

05 **Timeline** 패널에서 '**Light Gray Solid 1**' Layer를 클릭 드래그하여 '**Layer0/중돈.psd**' 밑으로 내린 후 '**Light Gray Solid 1**'의 '**3D**'난을 클릭하여 3D 이미지를 전환한다.

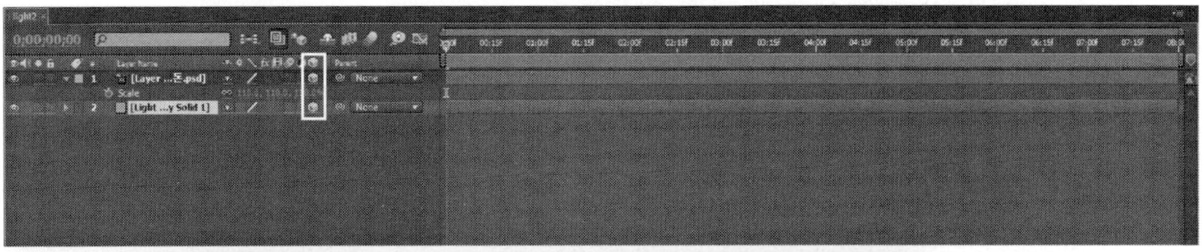

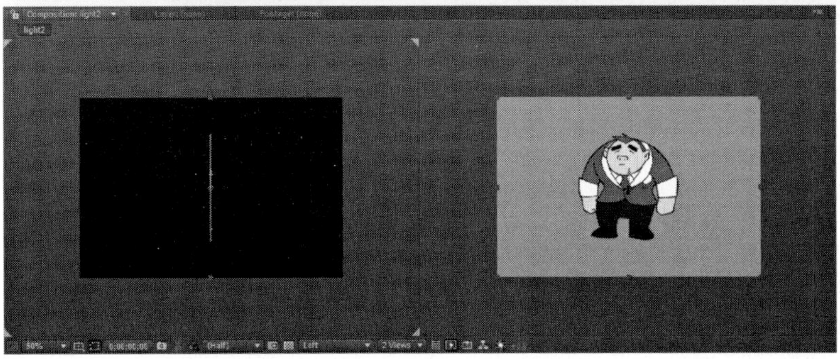

06 '**Left**' View에서 마우스를 '**Z**'축만 잡고 뒤쪽으로 캐릭터보다 뒤쪽으로 이동하여 배경화면을 만든다.

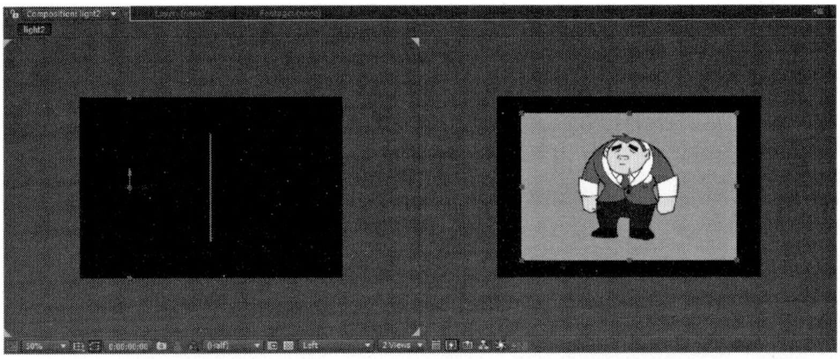

07 단축키 '**S**'를 클릭한 후 **Scale:126.0, 126.0, 126.0%**로 수정하여 이미지 크기를 맞춘다.

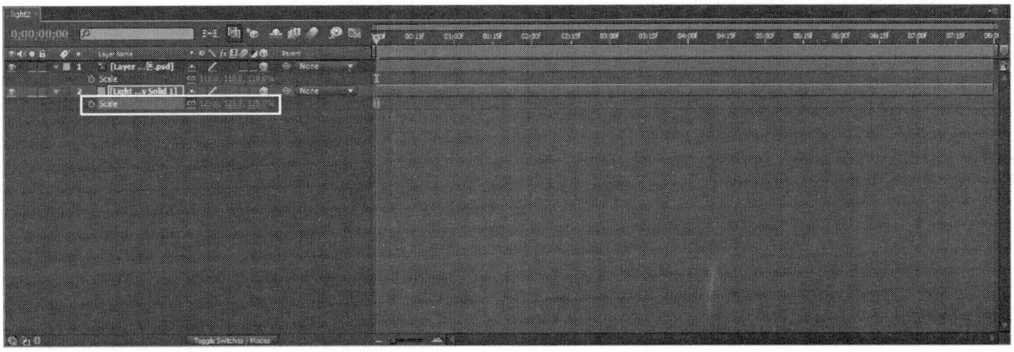

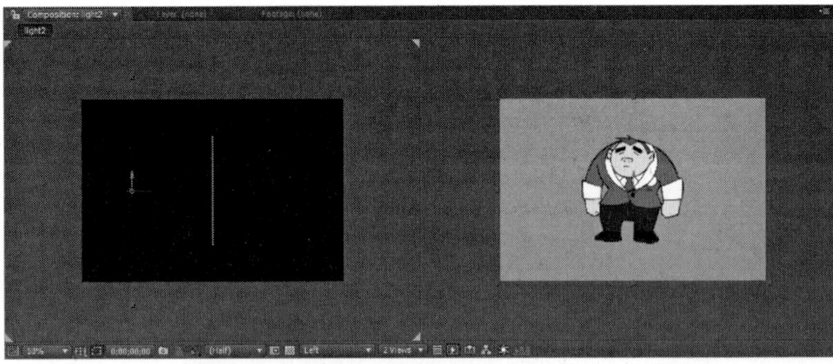

08 **[Effect]-[Generate]-[Ramp]**를 적용시킨다.

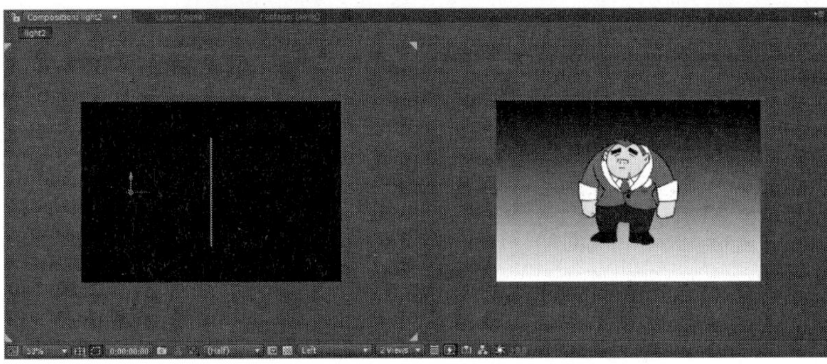

09 **Effect Controls** 패널에서 **'Start Color'**난을 클릭하여 나타난 **Start Color** 옵션 창에서 **#99C2FA**를 선택 후 **'OK'**를 클릭하고 나온다. **'End Color'**난을 클릭하여 나타난 **End Color** 옵션 창 **#247E68**를 선택하여 배경 **Solid** Layer의 그라디언트 색상을 적용한다.

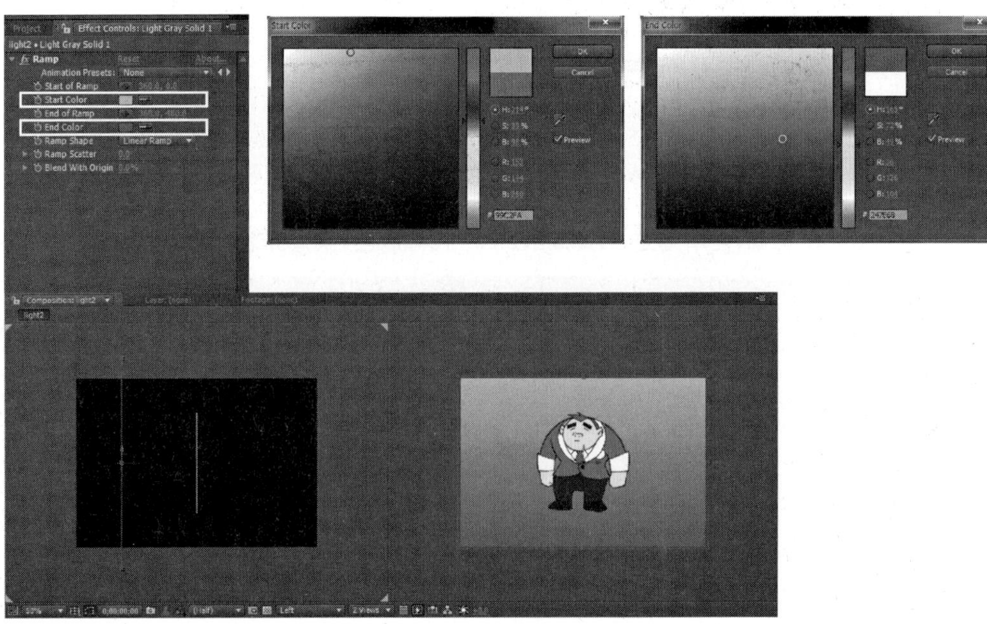

10 '**Light Gray Solid 1**' Layer를 선택한 후 '**Ctrl+D**'를 선택하여 '**Light Gray Solid 1**' Layer를 복제한다.

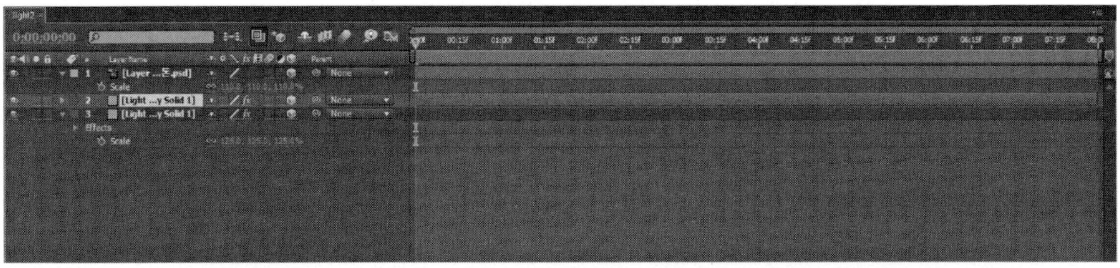

11 복제된 '**Light Gray Solid 1**' Layer를 선택한 상태에서 단축키 '**R**'을 클릭한 다음 **Orientation: 90.0°,0.0°,0.0°**으로 입력하여 회전시킨다.

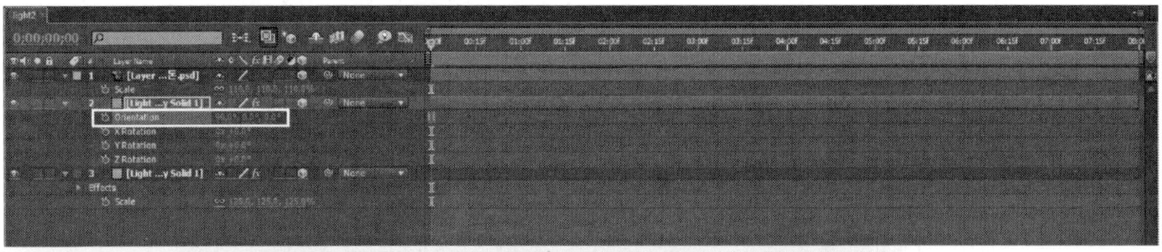

12 '**Active Camera**' View에서 '**Light Gray Solid 1**' Layer의 '**Z**'축만 나오는 곳에 마우스를 클릭 드래그하여 아래쪽으로 이동시킨 후 '**Left**' View에서 '**Y**'축만 잡고 앞쪽으로 이동해서 캐릭터가 서 있을 밑바닥을 완성한다.

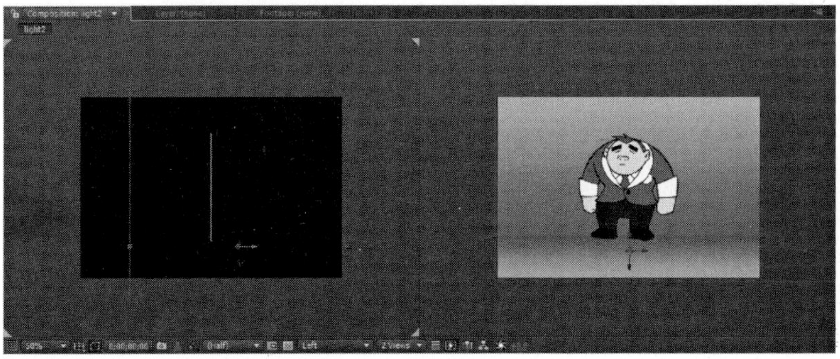

13 'Active Camera' View에서 마우스를 'Layer0/중돈.psd'의 'Y'축만 나오는 곳에 클릭 드래그하여 아래쪽으로 이동하여 캐릭터가 바닥에 서 있게 조정한다.

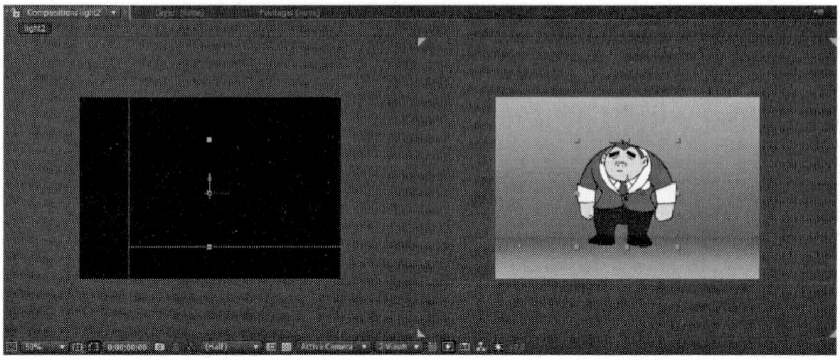

14 [Layer]-[New]-[Light]를 선택한 후 Light Settings 옵션 창에서 Name: ambiLight1 / Light Type: Ambient/Intensity:30% / Color:FFFFFF로 설정하고 이미지에 전체 조명을 준다.

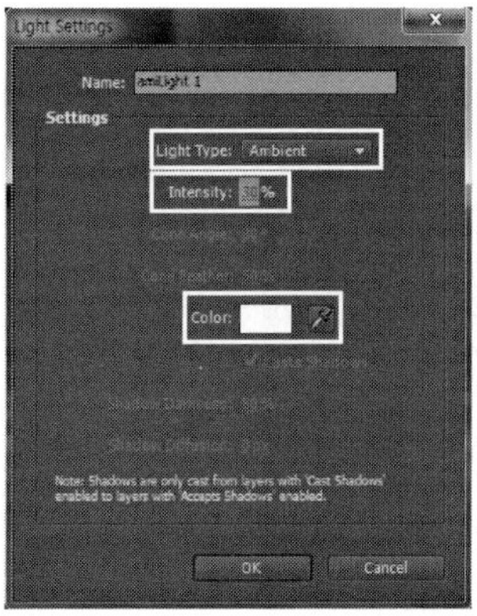

15 [Layer]-[New]-[Light]를 선택한 후 Light Settings 옵션 창에서 Name:spot_Light1 / Light Type: Spot / Intensity:90% / Cone Angle:55 / Cone Feather:50% / Color:FFFFFF로 설정하고 Casts Shadows를 체크하고 Shadows Darkness:80%로 설정하여 캐릭터에 집중조명을 설정한다.

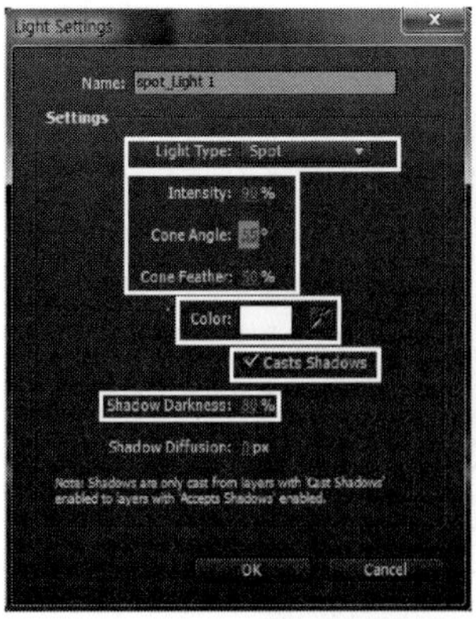

16 **'Left'** View에서 조명의 끝부분을 클릭 드래그하여 위쪽에서 멀어지게 위치시키고 앞의 **'Point of Interest'**를 드래그하여 캐릭터 앞쪽 위에 위치시킨다.

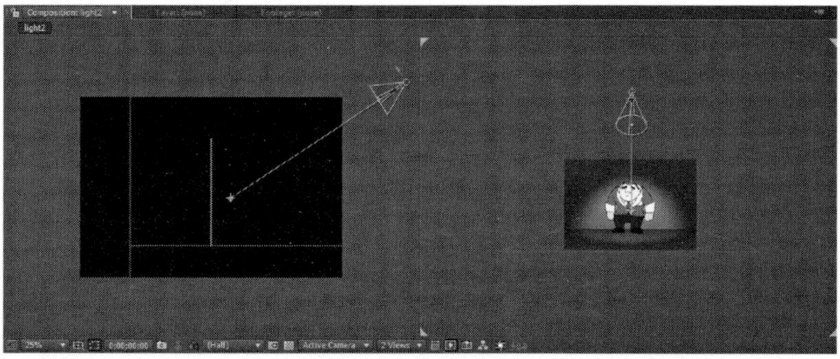

17 **Timeline** 패널에서 **'Layer0/중돈.psd'** Layer를 선택한 후 **Material Options**를 클릭하여 옵션이 나오게 한 후 **'Casts Shadows:On'**을 선택하여 캐릭터에 그림자가 설정되게 한다.

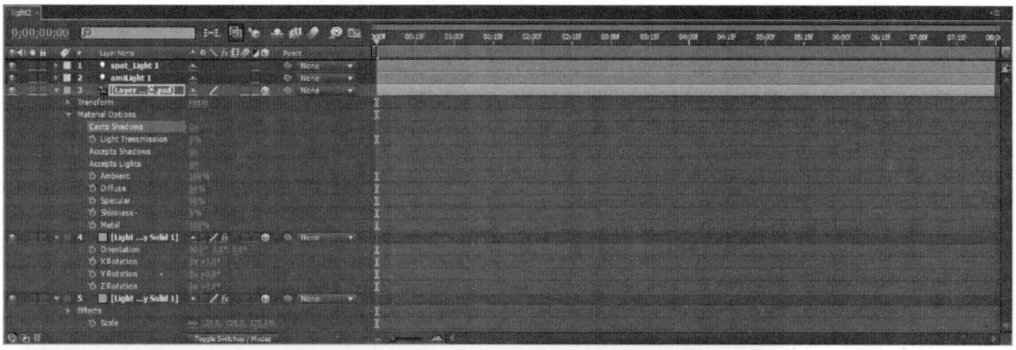

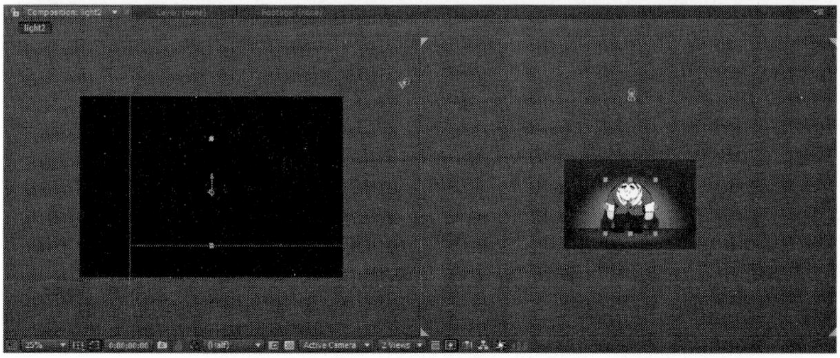

18 **spot_Light1** Layer의 **Transform** 옵션이 나오게 한 후 **Indicator**를 **0;00;01;00**으로 드래그한 후 스톱왓치 아이콘을 클릭하여 키프레임을 설정한다.

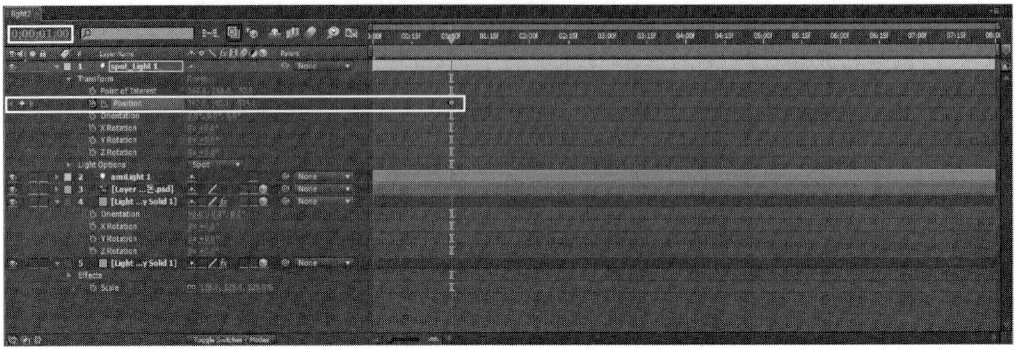

19 **Timeline** 패널에서 **'spot_Light1'** Layer 옵션이 나오게 한 후 **Indicator**를 드래그하여 **0;00;04;00**으로 이동한 후 **'Left'** View에서 조명의 끝부분을 클릭 드래그하여 캐릭터의 뒤쪽으로 이동하여 조명의 위치가 캐릭터 뒤로 넘어가게 설정한다.

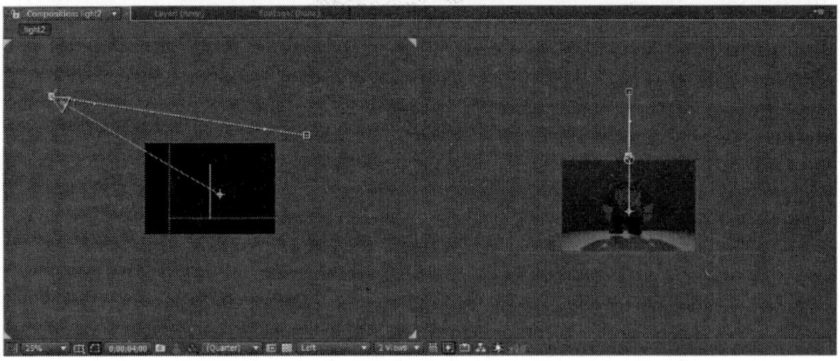

20 **Indicator**를 드래그하여 **0;00;02;15**로 이동한 후 **'Left'** View에서 조명의 끝부분을 클릭 드래그하여 위쪽으로 이동하여 조명을 조정한다.

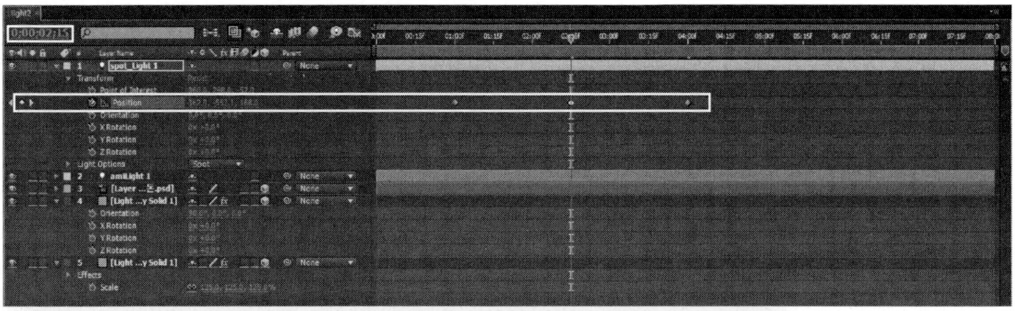

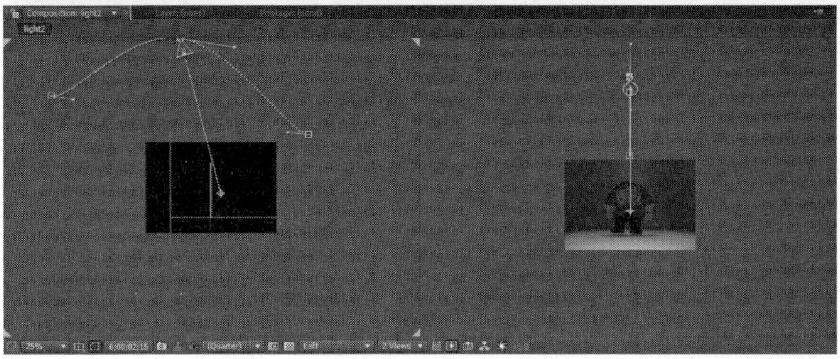

21 **Indicator**를 드래그하여 **0;00;04;00**으로 이동한 후 **Light Options**의 **Color**의 스톱왓치 아이콘을 클릭하여 키프레임을 설정한다.

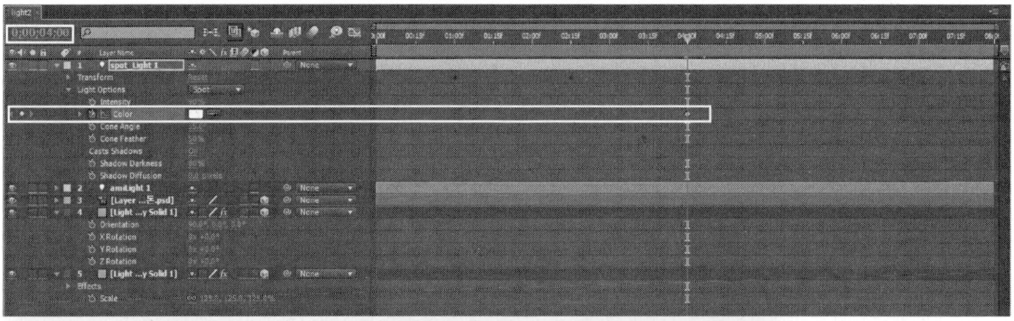

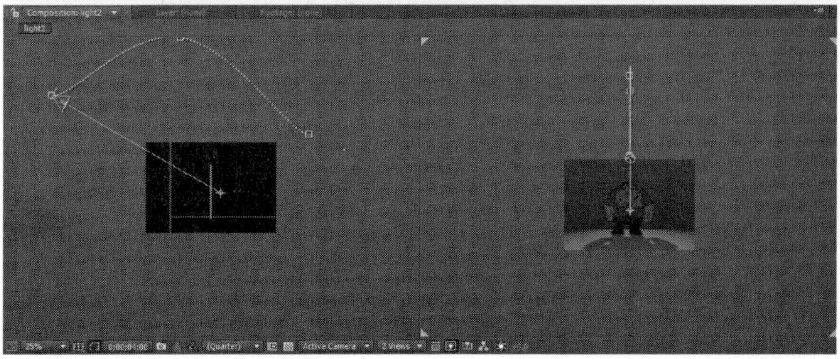

22 **Indicator**를 드래그하여 **0;00;05;00**으로 이동한 후 **Color**의 난을 클릭한 후 옵션 창에서 Color값을 **#FF0000**으로 설정한다.

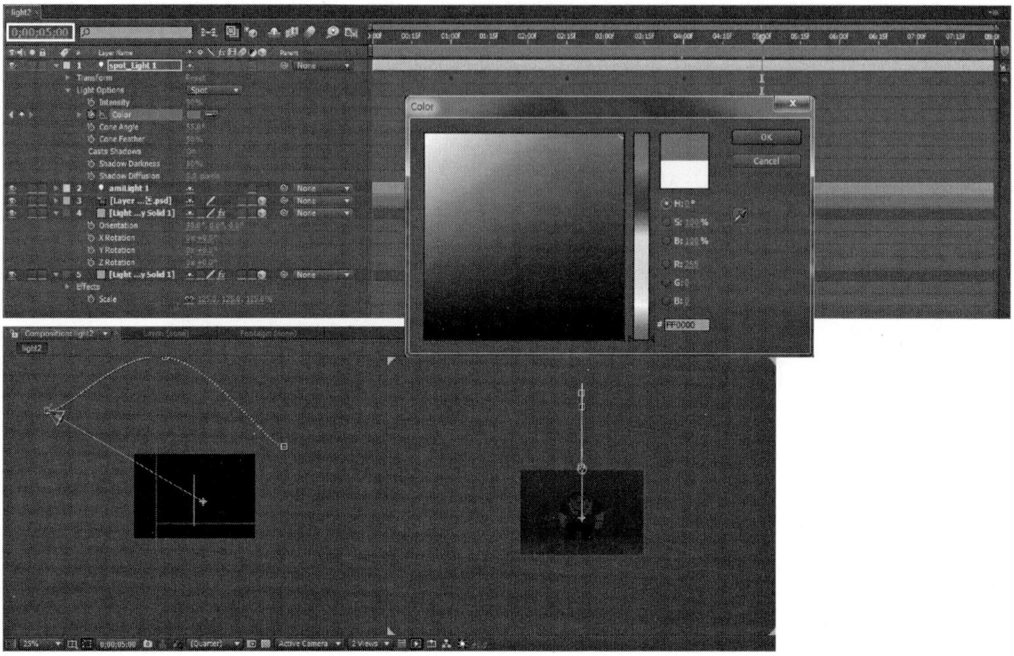

23 **Indicator**를 드래그하여 **0;00;06;00**으로 이동한 후 **Color**의 난을 클릭한 후 옵션 창에서 Color값을 **#FFE400**으로 조명 색상을 바꾼다.

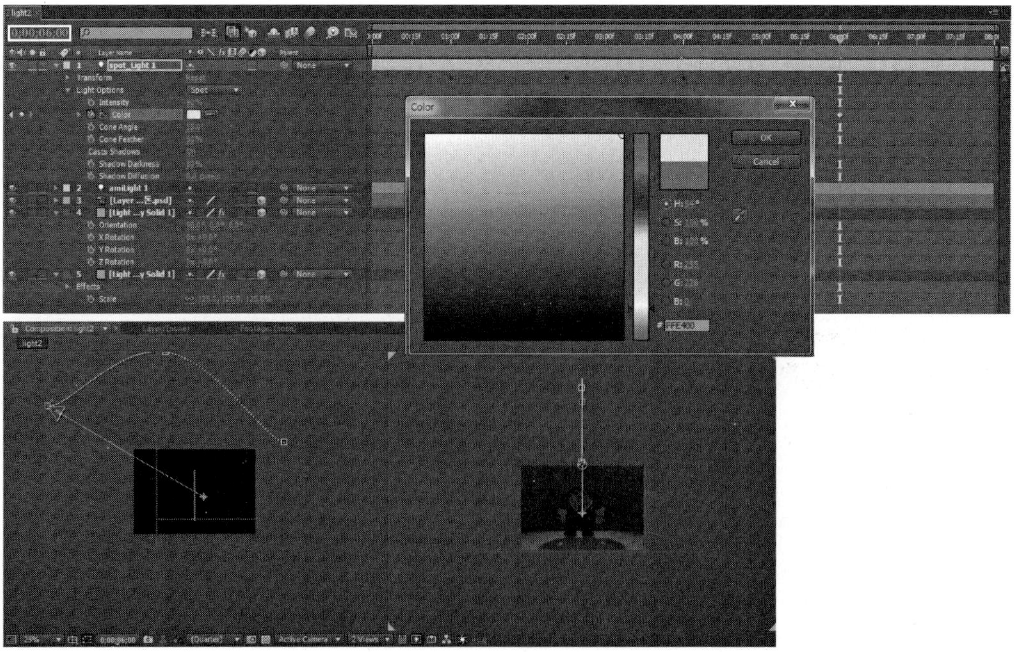

24 **Indicator**를 드래그하여 **0;00;07;00**으로 이동한 후 **Color**의 난을 클릭한 후 옵션 창에서 Color값을 **#8400FF**으로 설정한다.

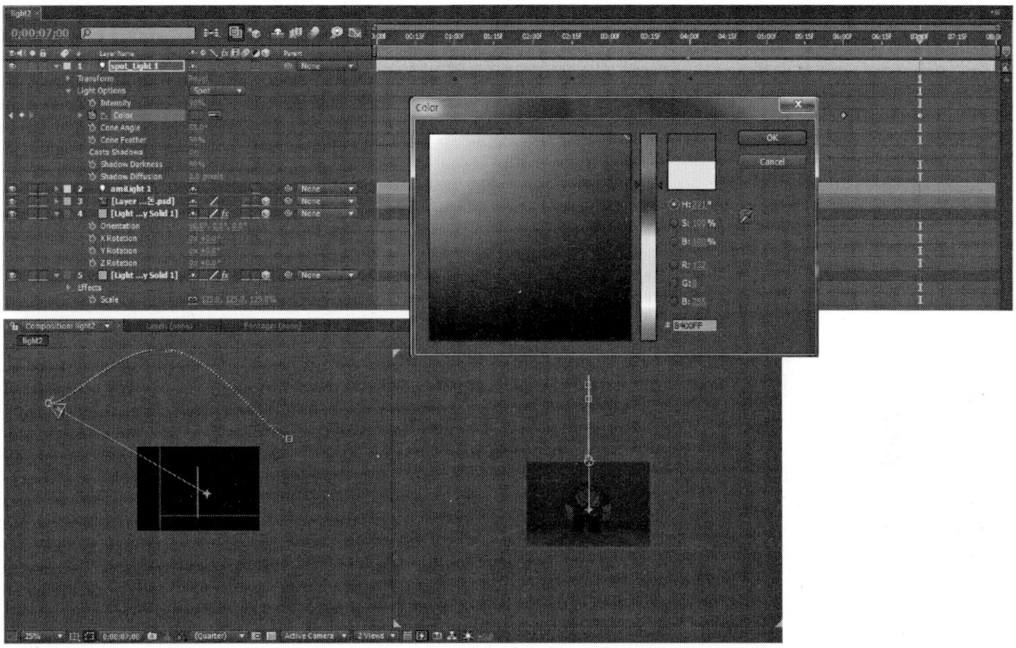

25 **Indicator**를 드래그하여 **0;00;07;29**로 이동한 후 **Color**의 난을 클릭한 후 옵션 창에서 Color값을 **#00FF78**로 설정하면 완성된다.

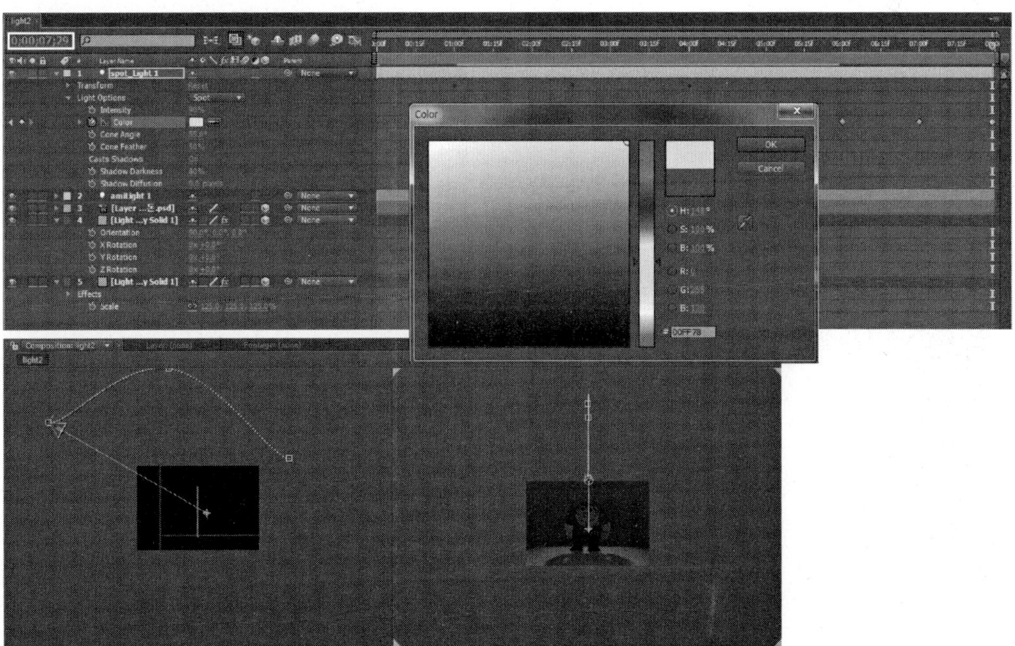

17 조명의 이해 3

조명 컬러를 이용하면 다양한 연출을 할 수 있다. 애프터이펙트에서 조명은 RGB를 기본으로 하고 모든 조명의 컬러가 합쳐지면 흰색 조명값이 연출된다. 또한 카메라의 연출법을 간단하게 익히면서 카메라의 연출에 따른 캐릭터 이미지의 움직임을 Puppet Pin을 이용하여 역동적인 움직임을 만들어 보려고 한다.

학습메뉴

- Ambient Light / Spot Light
- Camera / Puppet Pin

01 **Project** 패널을 더블클릭한 후 **Import File** 옵션 창이 나타나면 **'서리.psd'** 선택한 후 옵션 창에서 **Import Kind:Composition-Cropped Layer**를 선택한 후 OK버튼을 클릭하여 이미지를 불러온다.

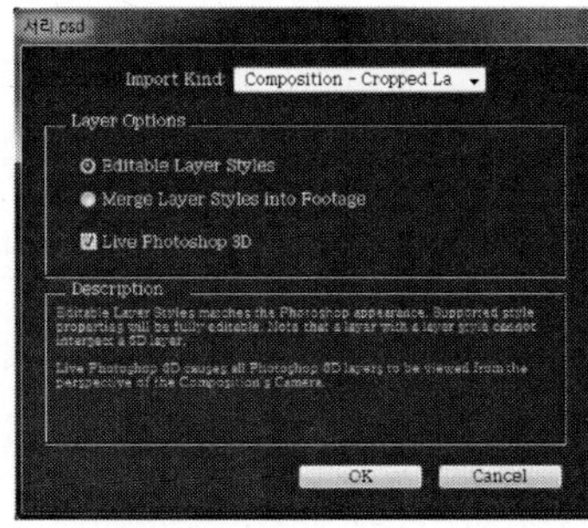

02 **[Composition]-[Composition settings]** 옵션 창에서 **Composition Name:light_m / Width:720px, Height:480px / Duration:o;00;08;00**으로 설정하고 **Composition** 패널에서 **'4 Views'**를 선택한다.

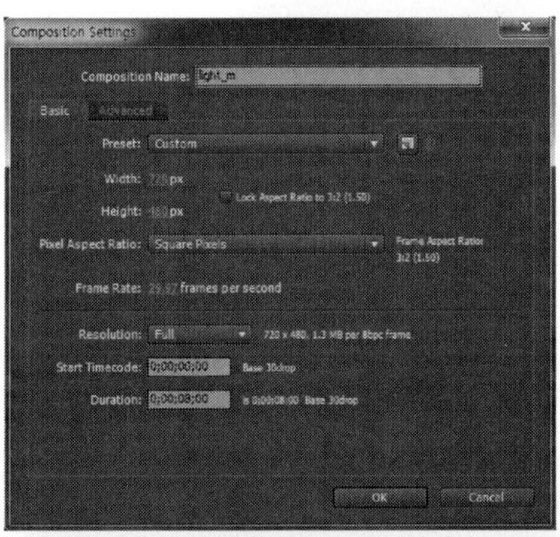

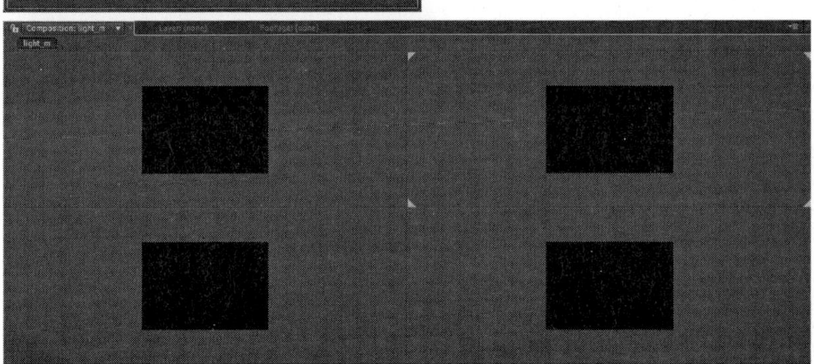

03 **Project** 패널에서 **'서리.psd'**를 선택한 후 **Timeline** 패널로 드래그한 후 **3D** 난을 클릭한 후 단축키 **'S'**를 클릭하여 Scale 옵션이 나오게 한다.

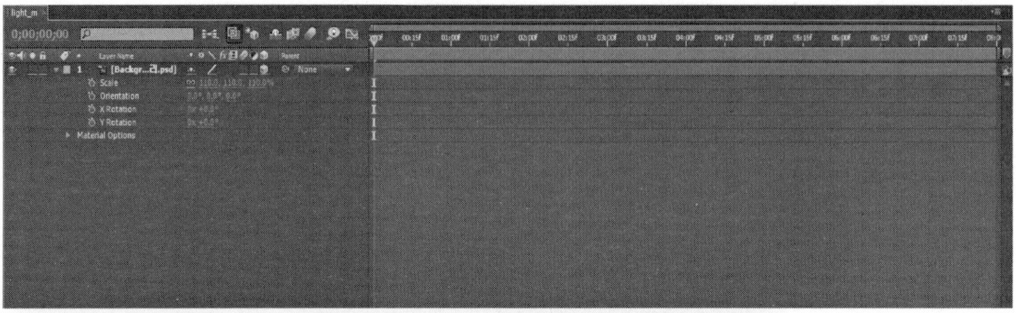

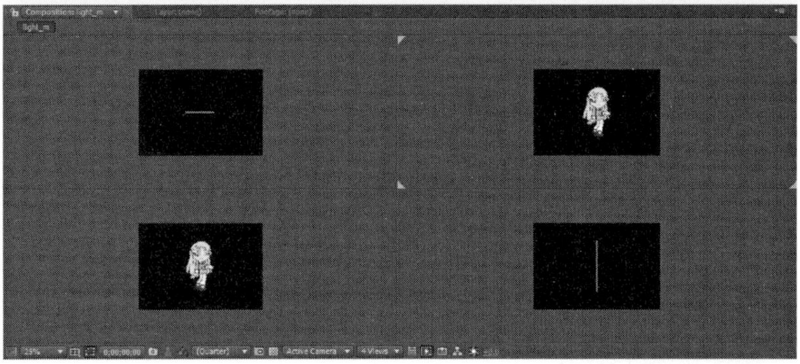

04 **[Layer]-[New]-[Solid]**를 선택한 후 **Solid Settings**에서 Name:**Light Gray Solid 1** / **Color:A7A7A7**를 선택한 후 **'Make comp Size'**난을 클릭하여 새로운 solid를 생성한다.

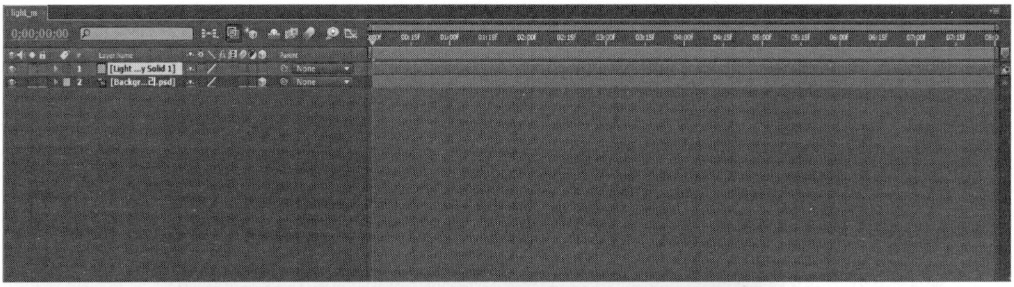

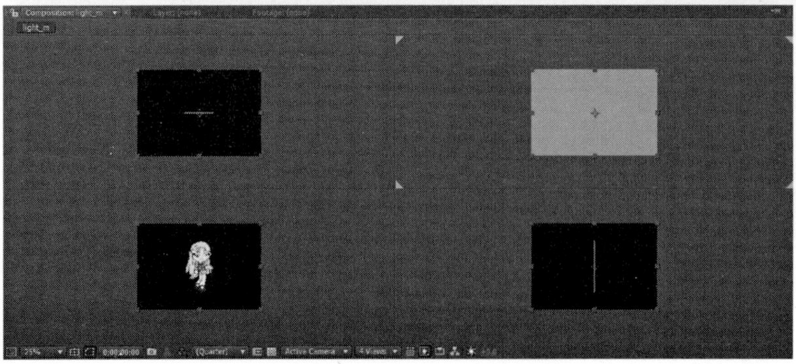

05 **Timeline** 패널에서 **'Light Gray Solid 1'** Layer를 클릭 드래그하여 **'서리.psd'** 밑으로 내린 후 **Top View**에서 **'Light Gray Solid 1'**의 **'Z'**축을 클릭 드래그하여 뒤쪽으로 이동하여 위치한다.

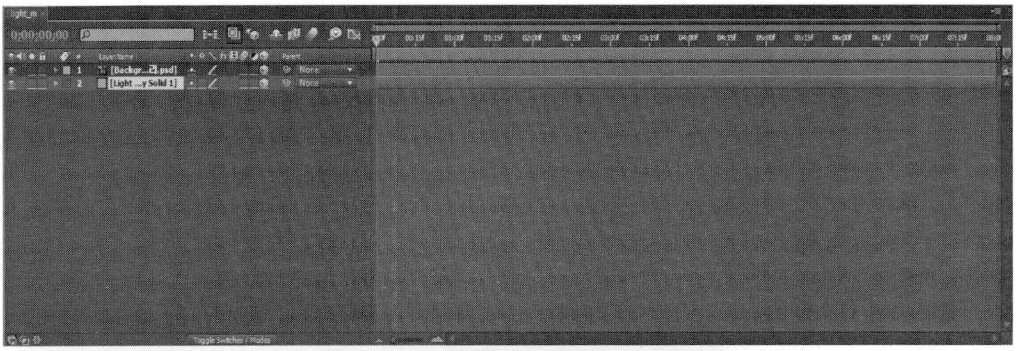

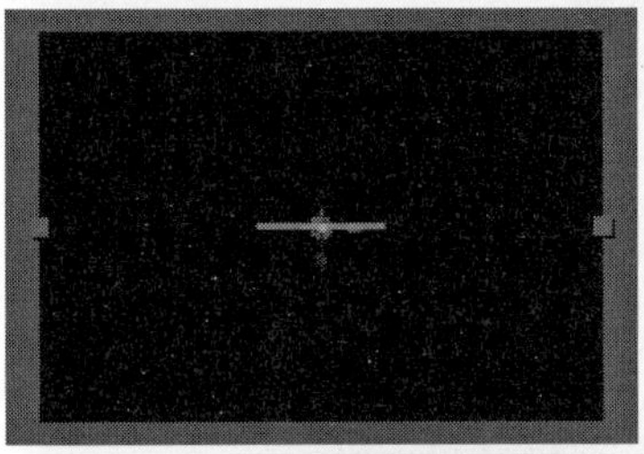

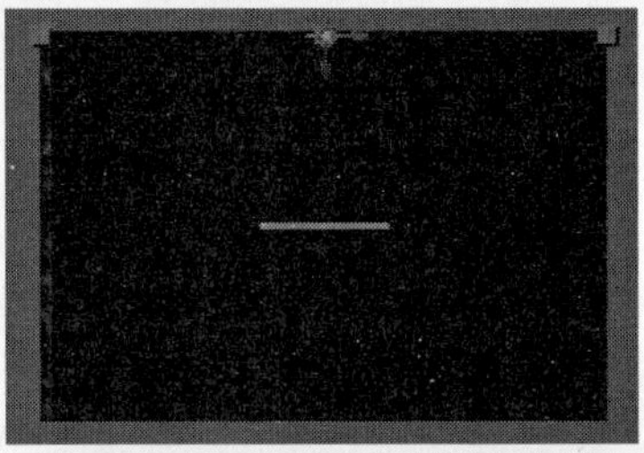

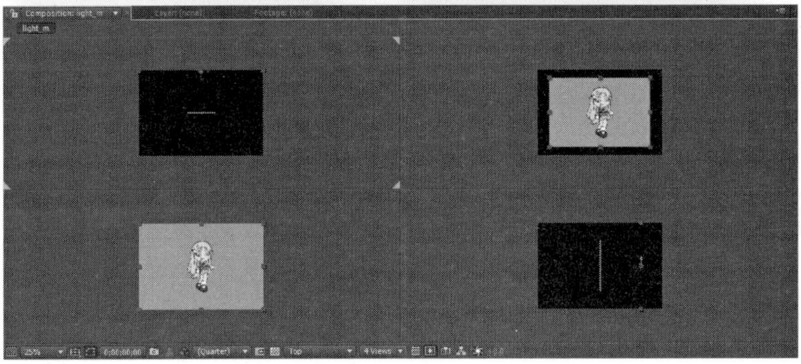

06 **[Effect]-[Generate]-[Ramp]**를 적용시킨다.

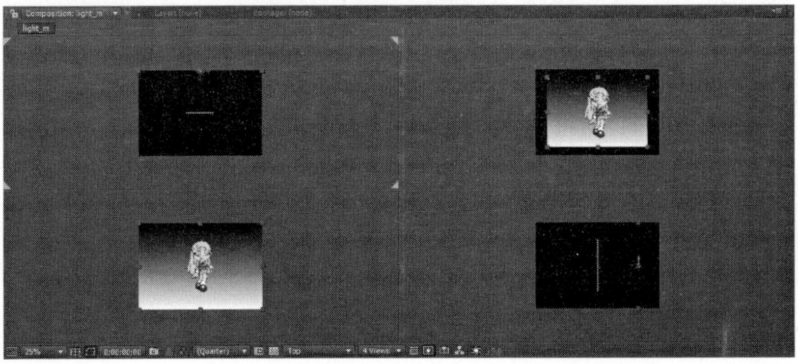

07 **Effect Controls** 패널에서 **'Start Color'**난을 클릭하여 나타난 **Start Color** 옵션 창에서 **#9AFFAF**를 선택 후 **'OK'**를 클릭하고 나온다. **'End Color'**난을 클릭하여 나타난 **End Color** 옵션 창 **#EAACFF**를 선택하고 나와 배경 **'Solid'** Layer의 색상 작업을 한다.

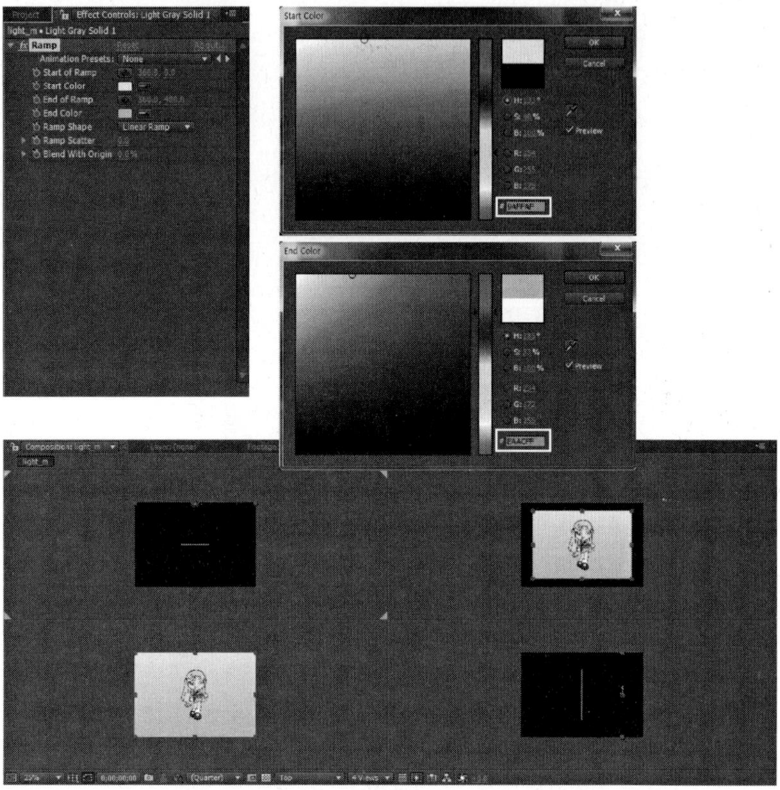

08 **'Light Gray Solid 1'** Layer를 선택한 후 **'Ctrl+D'**를 선택하여 **'Light Gray Solid 1'** Layer를 복제한다.

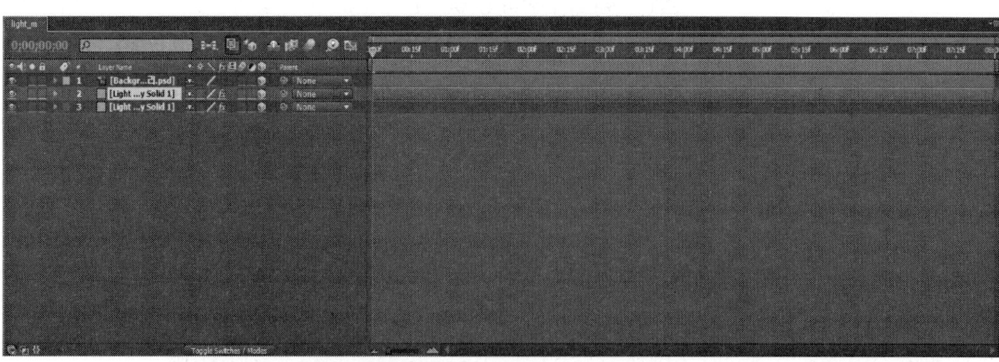

09 복제된 '**Light Gray Solid 1**' Layer를 선택한 상태에서 단축키 '**R**'을 클릭한 다음 **Orientation: 90.0°,0.0°,0.0°**으로 입력하여 X축으로 회전시킨다.

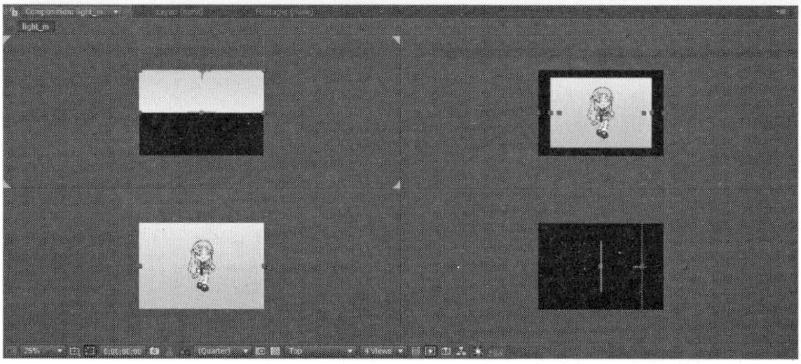

10 '**Active Camera**' View에서 '**Light Gray Solid 1**' Layer의 '**Z**'축만 나오는 곳에 마우스를 클릭 드래그하여 아래쪽으로 이동시킨 후 '**Left**' View에서 '**Y**'축만 잡고 앞쪽으로 이동해서 캐릭터가 서 있을 밑바닥을 완성한다.

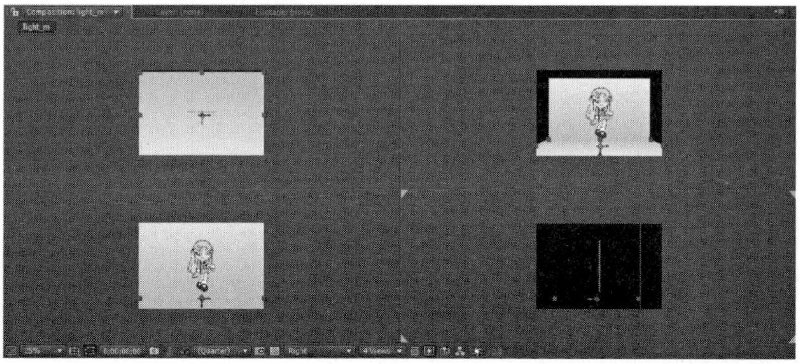

11 두 개의 'Light Gray Solid 1' Layer를 선택한 상태에서 단축키 'S'를 클릭한 다음 Scale:125.0, 125.0, 125.0%로 입력하여 크기를 키운다.

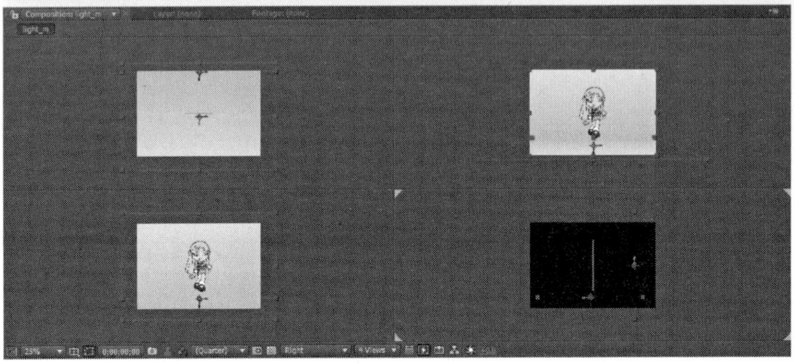

12 'Left' View에서 모서리의 위치를 조정하여 배경을 완성시킨다.

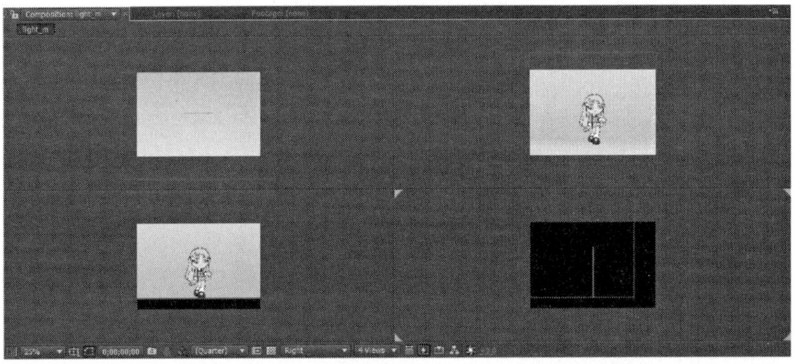

13 [Layer]-[New]-[Light]를 선택한 후 Light Settings 옵션 창에서 Name:ambi_Light1 / Light Type: Ambient / Intensity:30% / Color:FFFFFF로 설정하여 전체 조명값을 준다.

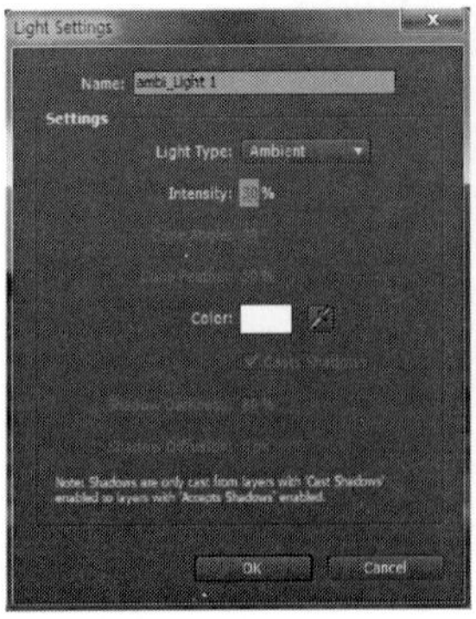

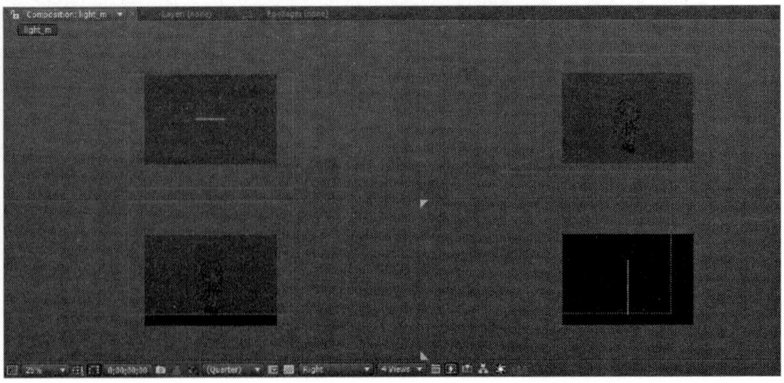

14 **[Layer]-[New]-[Light]**를 선택한 후 **Light Settings** 옵션 창에서 **Name:red_Light1 / Light Type: Spot / Intensity:90% / Cone Angle:40°/ Cone feather:50% / Color:FF0000 / Shadow Darkness: 60%**로 설정하고 캐릭터에 집중조명을 준다.

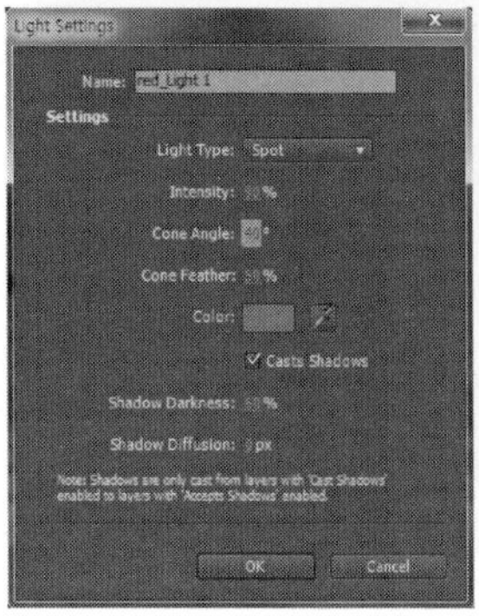

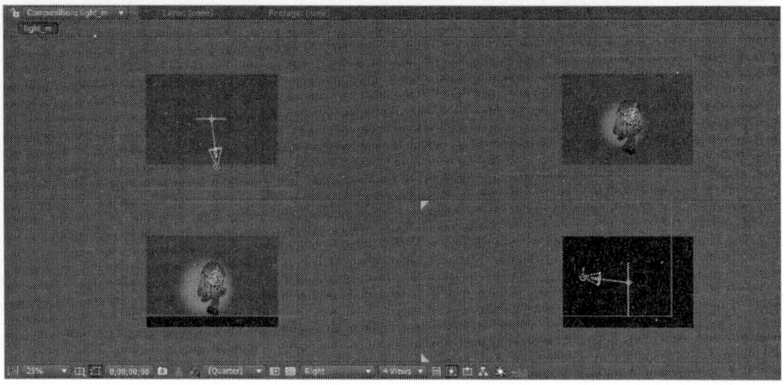

15 **Top** View와 **Right** View에서 조명 뒷부분을 클릭한 후 뒤쪽으로 드래그하여 조명을 조절한 후 '**Point of Interest**'를 클릭하여 조명이 비추는 위치를 조정한다.

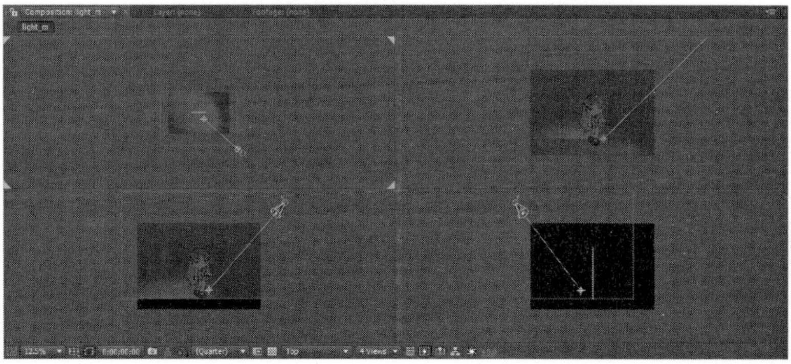

16 **[Layer]-[New]-[Light]**를 선택한 후 **Light Settings** 옵션 창에서 **Name:green_Light1 / Light Type: Spot / Intensity:90% / Cone Angle:40°/ Cone feather:50% / Color:00FF32 / Shadow Darkness: 60%**로 설정하고 나온다.

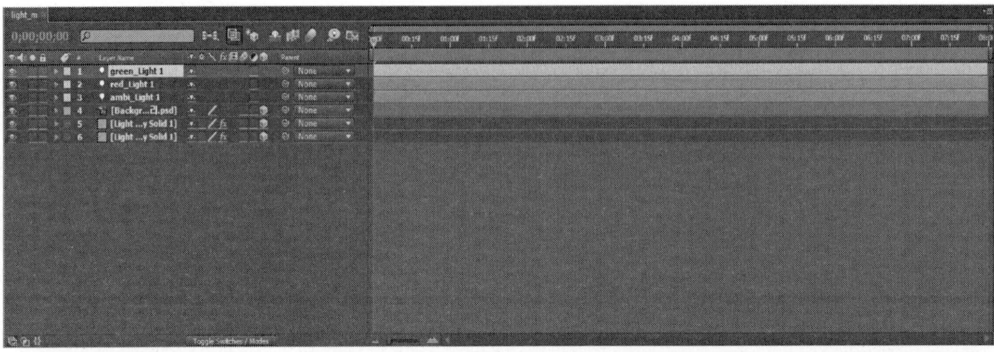

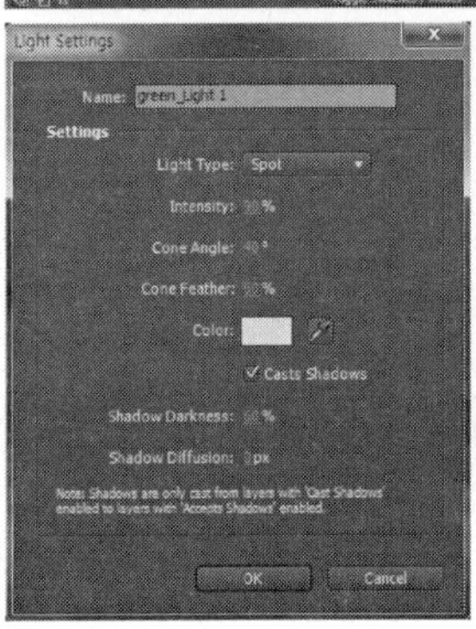

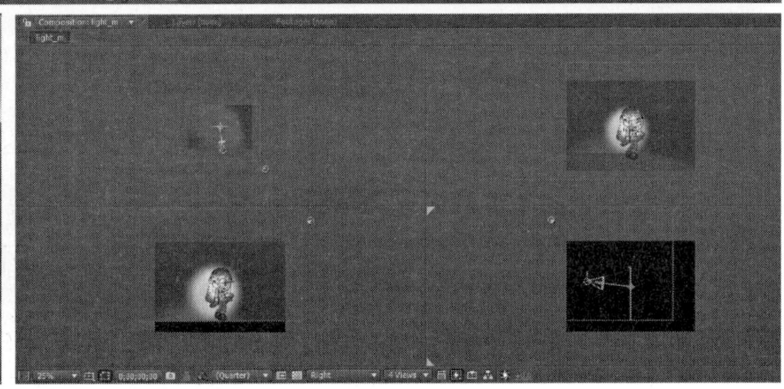

17 **Top** View와 **Right** View에서 조명 뒷부분을 클릭한 후 뒤쪽으로 드래그하여 조명을 조절한 후 '**Point of Interest**'를 클릭하여 조명이 비추는 위치를 조정한다.

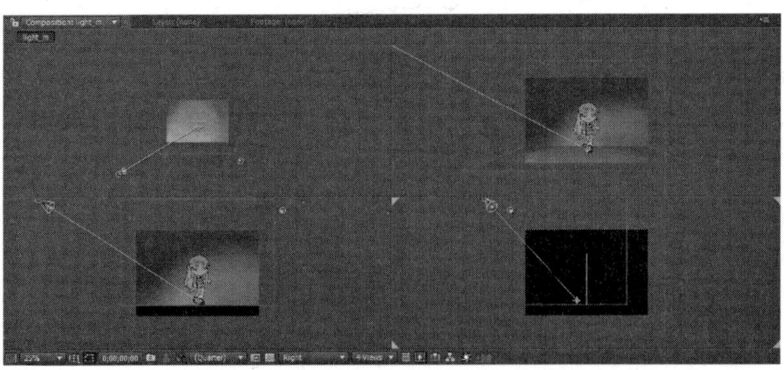

18 [Layer]-[New]-[Light]를 선택한 후 **Light Settings** 옵션 창에서 **Name:blue_Light1 / Light Type: Spot / Intensity:90% / Cone Angle:40°/ Cone feather:50% / Color:002AFF / Shadow Darkness: 60%**로 설정하고 나온다.

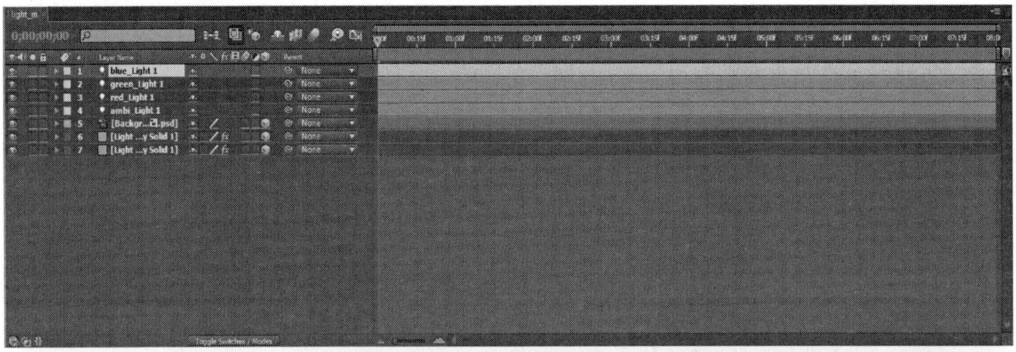

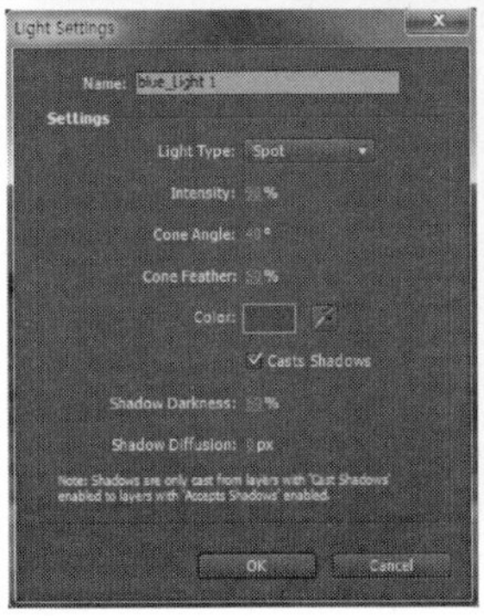

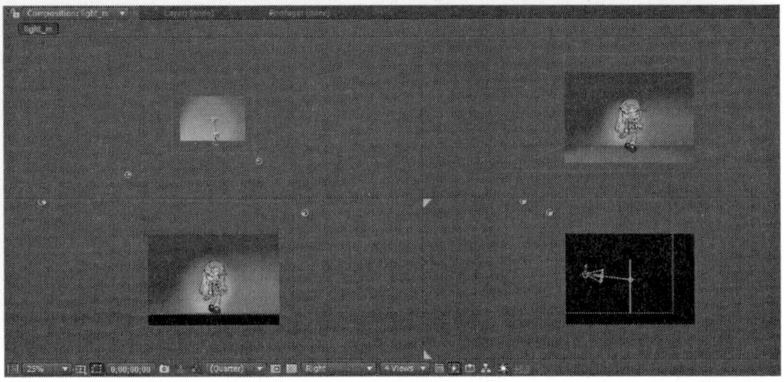

19 **Top** View와 **Right** View에서 조명 뒷부분을 클릭한 후 뒤쪽으로 드래그하여 조명을 조절한 후 **'Point of Interest'**를 클릭하여 조명이 비추는 위치를 조정한다.

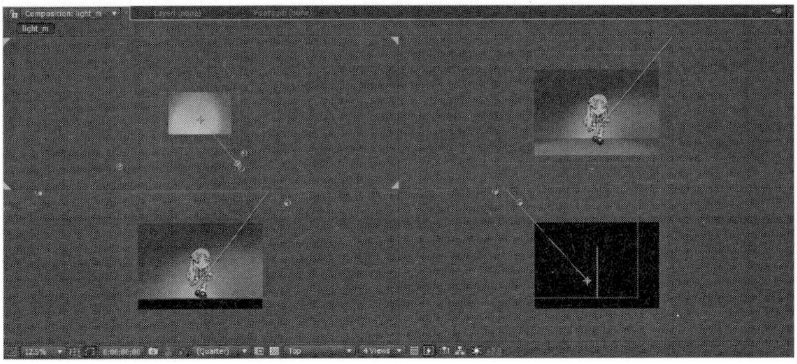

20 **'서리.psd'** Layer를 선택한 후 **Timeline** 패널에서 **Material Option**을 선택한 후 **Casts Shadows:On**으로 설정하여 캐릭터에 그림자가 나오게 한다.

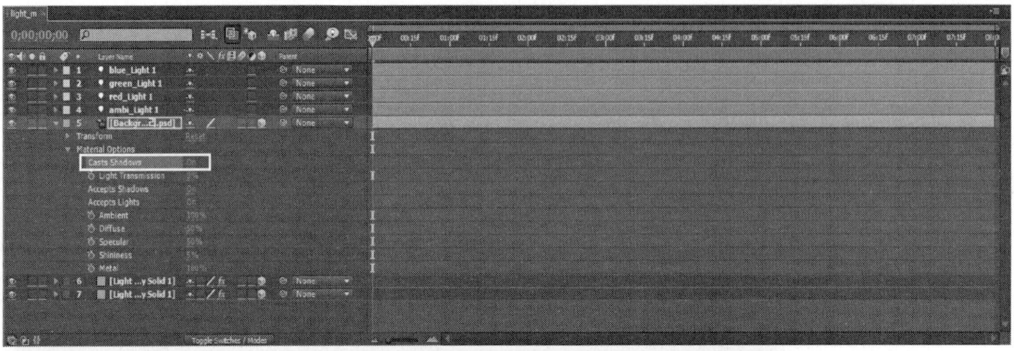

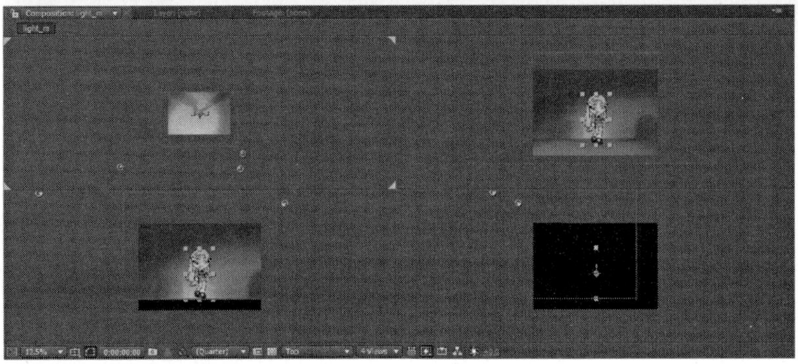

21 **Indicator**를 드래그하여 **0;00;00;15**로 이동한 후 **ambi_light1**의 **Intensity**의 스톱왓치 아이콘을 클릭하여 키프레임을 설정한다.

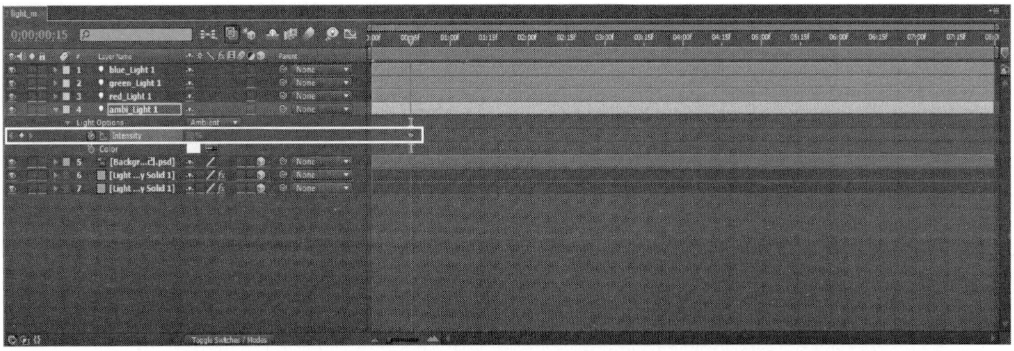

22 **Indicator**를 드래그하여 **0;00;00;00**으로 이동한 후 **Intensity:0%**로 설정하여 전체 조명값을 없앤다.

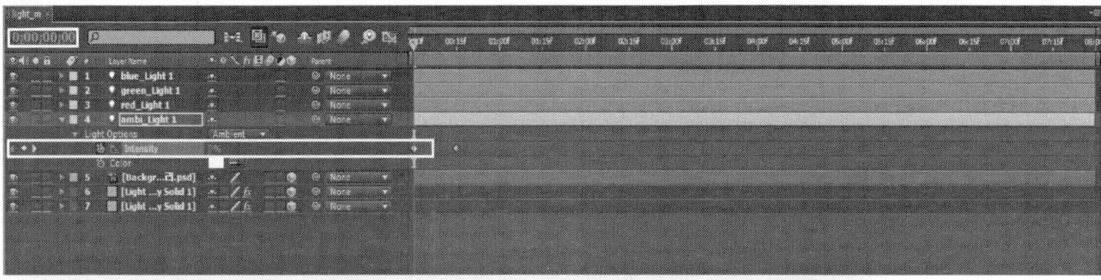

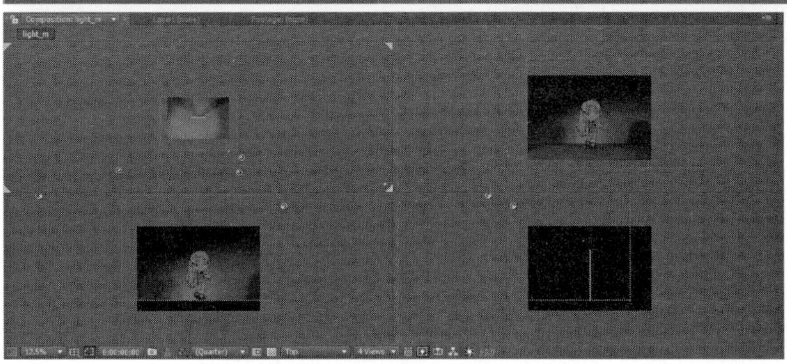

23 '**red_Light1**' Layer를 선택한 후 **Indicator**를 드래그하여 **0;00;00;00**으로 이동한 후 **Intensity:0%** 설정하여 red 조명을 끈다.

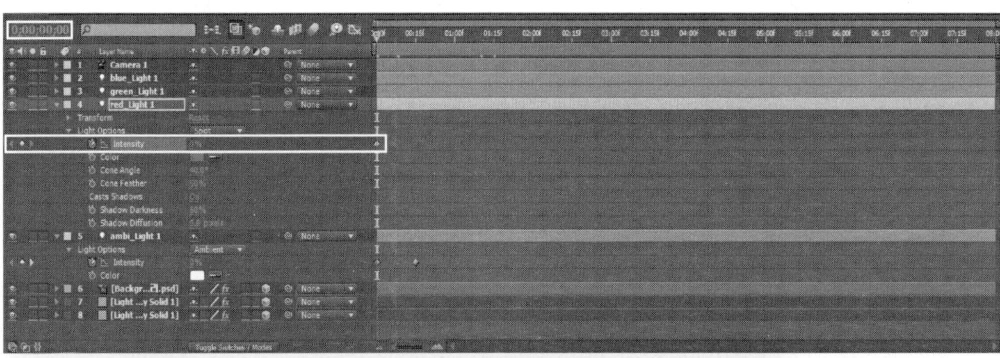

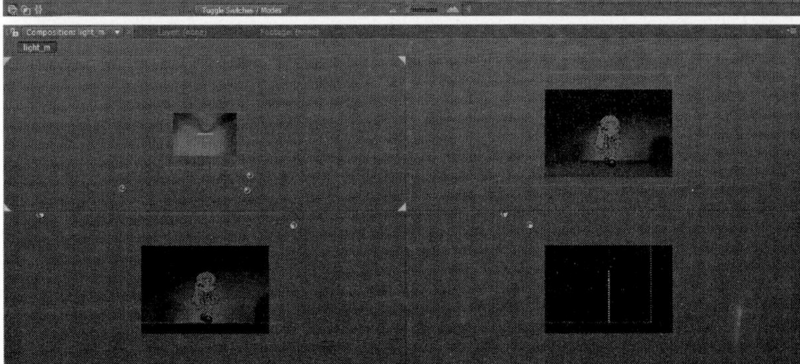

24 **Indicator**가 **0;00;00;00**으로 설정된 상태에서 '**green_Light1**' Layer를 선택한 후 **Intensity:0%** 설정하여 green 조명을 끈다.

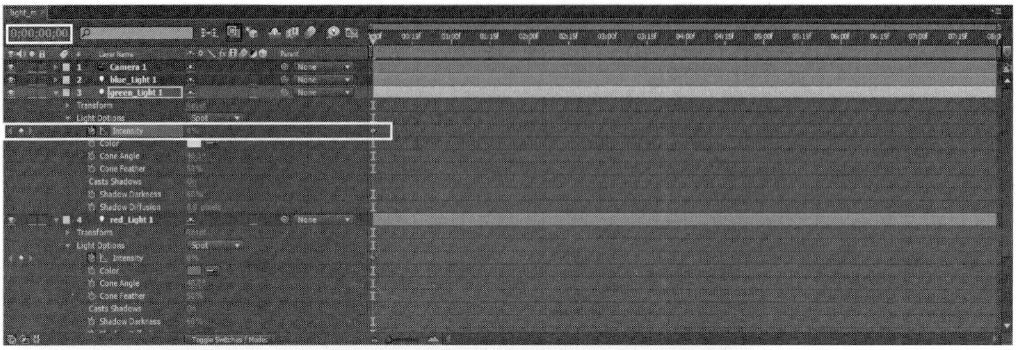

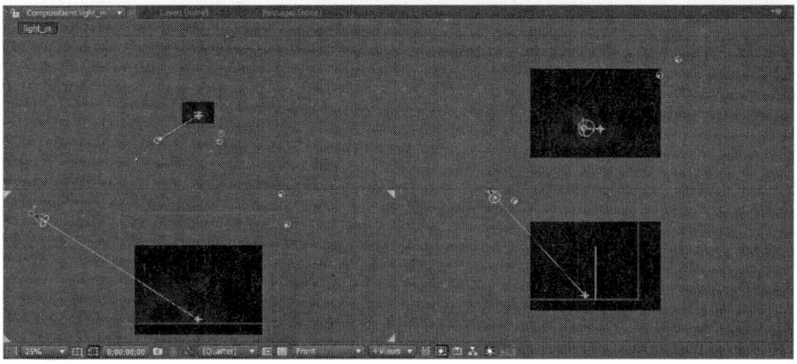

25 **Indicator**가 **0;00;00;00**으로 설정된 상태에서 '**blue_Light1**' Layer를 선택한 후 **Intensity:0%** 설정하여 blue 조명을 끈다.

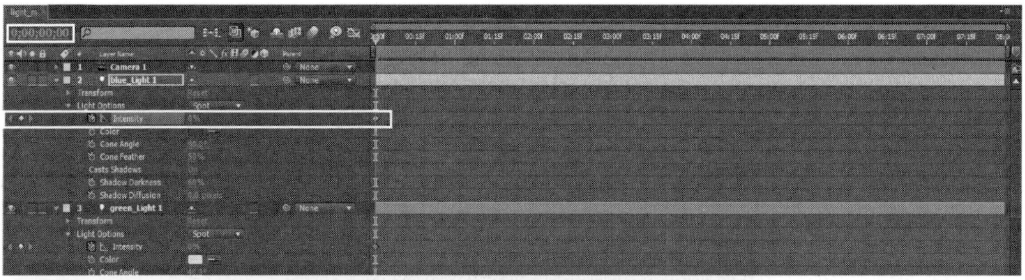

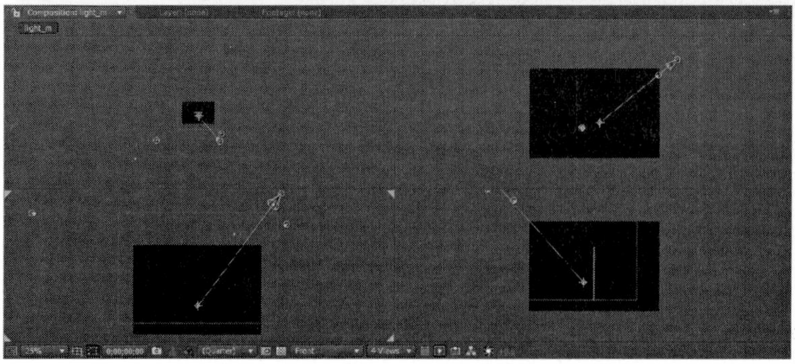

26 '**blue_Light1**' Layer가 선택된 상태에서 **Indicator**를 드래그하여 **0;00;01;15**로 이동한 후 **Intensity: 90%** 설정하여 blue 조명값을 올려준다.

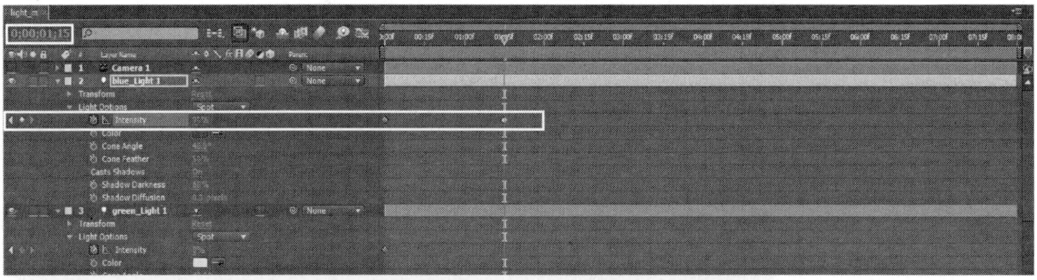

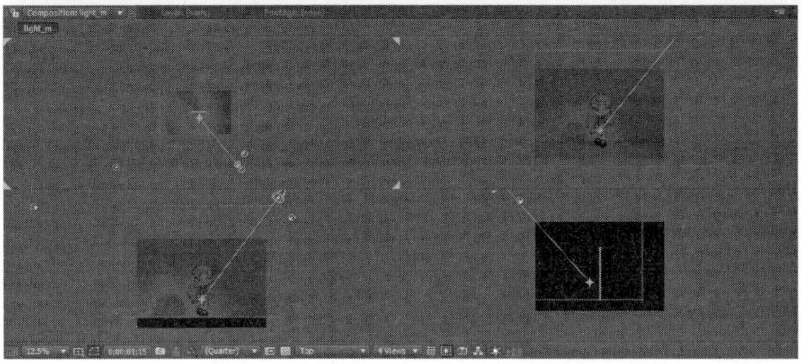

27 **Indicator**가 **0;00;01;15**로 설정된 상태에서 '**green_Light1**' Layer를 선택한 후 **Intensity:90%** 설정하여 green 조명값을 올려준다.

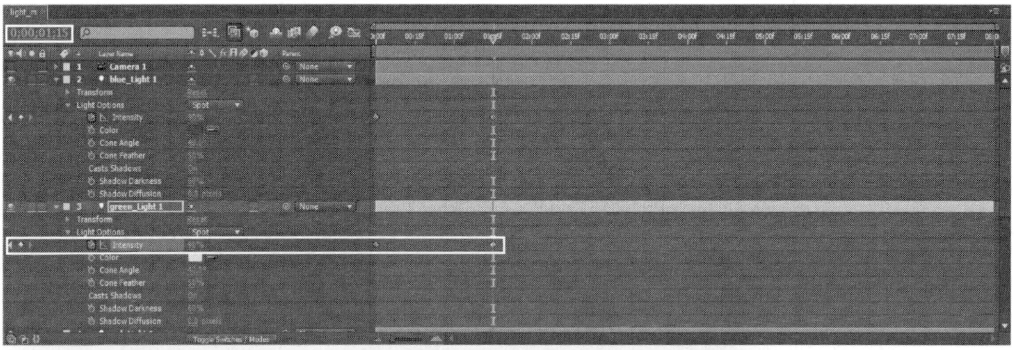

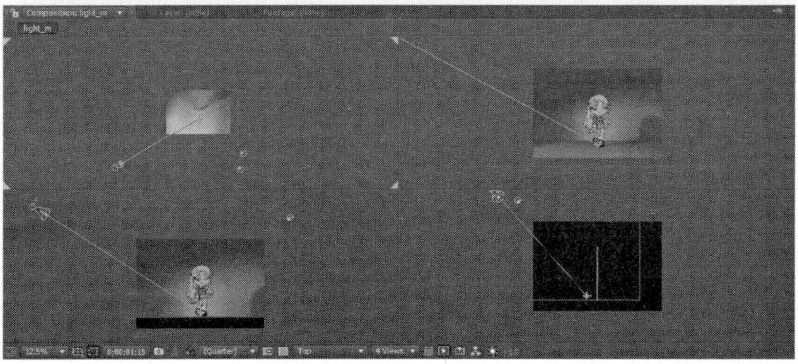

28 **Indicator**가 **0;00;01;15**로 설정된 상태에서 '**red_Light1**' Layer를 선택한 후 **Intensity:90%** 설정하여 red 조명값을 올려준다.

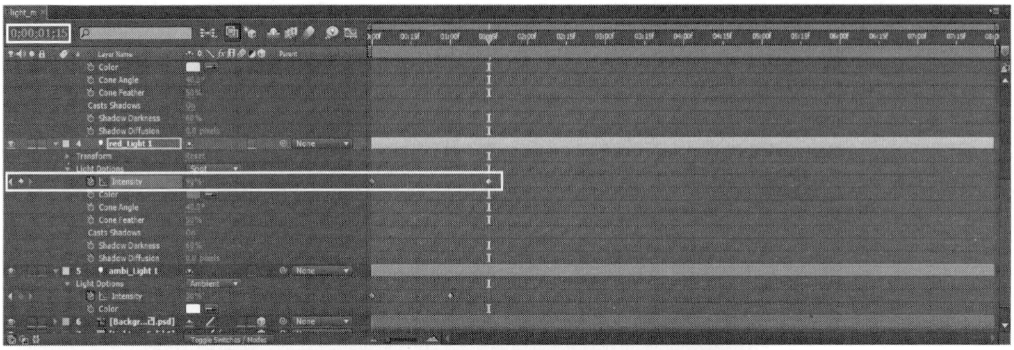

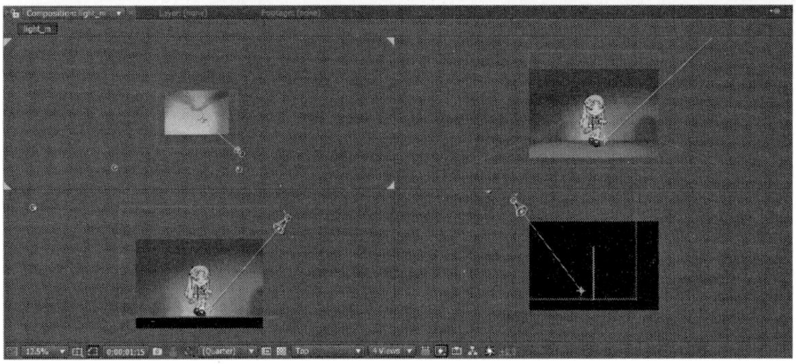

29 '**blue_Light1**' Layer가 선택한 후 Timeline 패널에서 **Transform** 옵션 중 '**Point of Interest**'의 스톱왓치 아이콘을 클릭하여 키프레임을 설정한다.

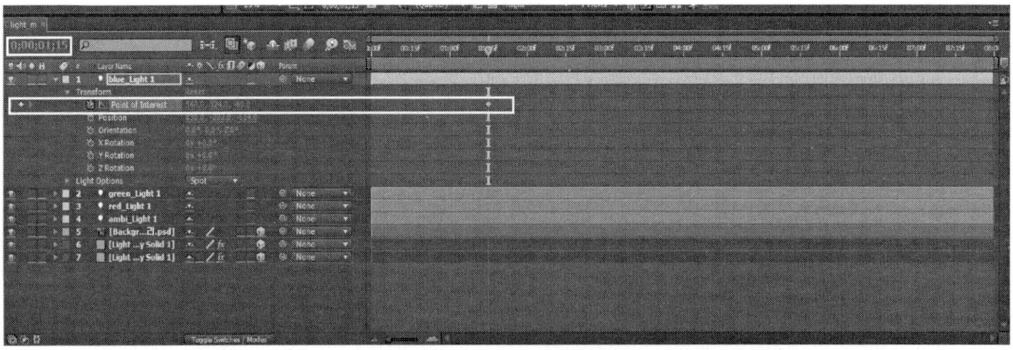

30 **Indicator**를 **0;00;02;15**로 드래그한 후 **Right** View를 선택한 후 **Point of Interest**를 클릭하여 캐릭터 위쪽으로 움직여 조명위치를 변경한다.

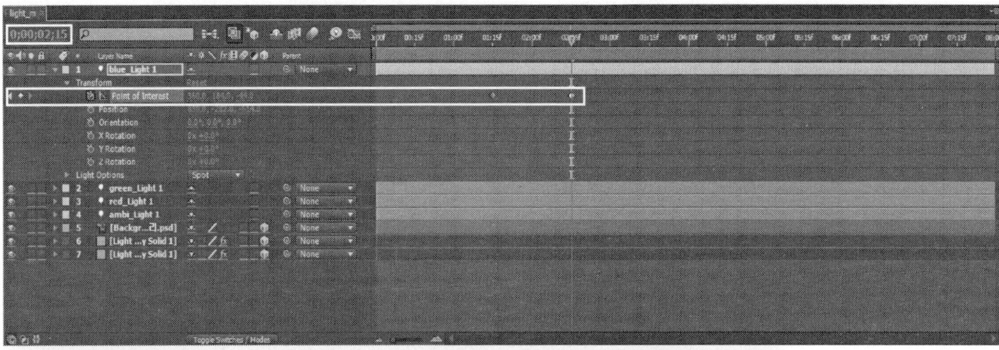

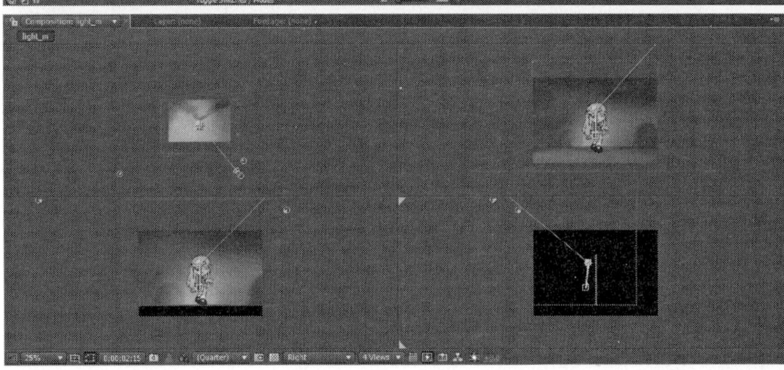

31 **Indicator**를 **0;00;03;14 / 0;00;04;18 / 0;00;06;00 / 0;00;07;00 / 0;00;07;29**로 차례로 드래그하면서 **Front** View에서 조명값을 드래그하며 조정한다.

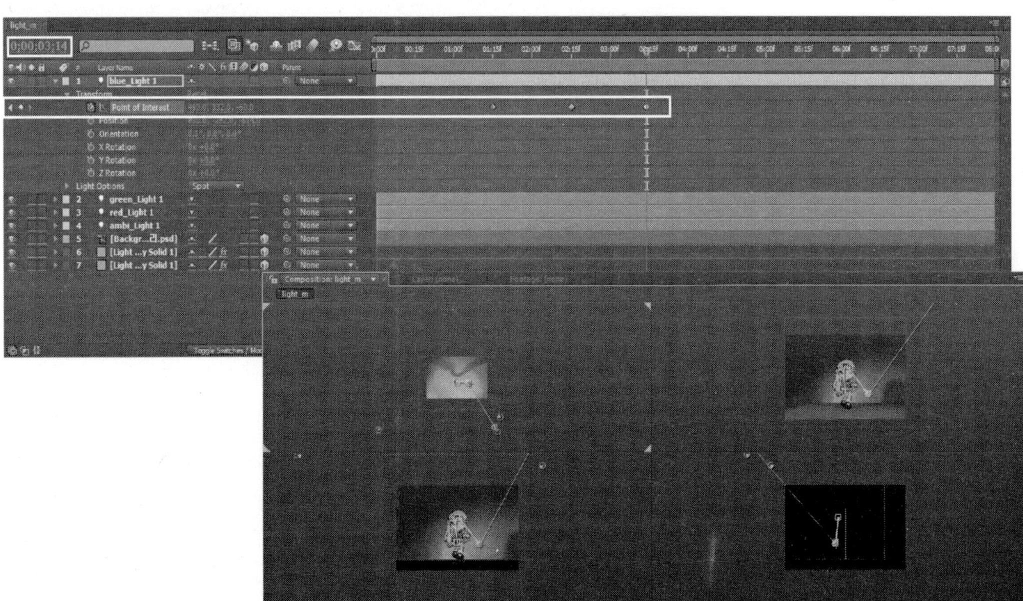

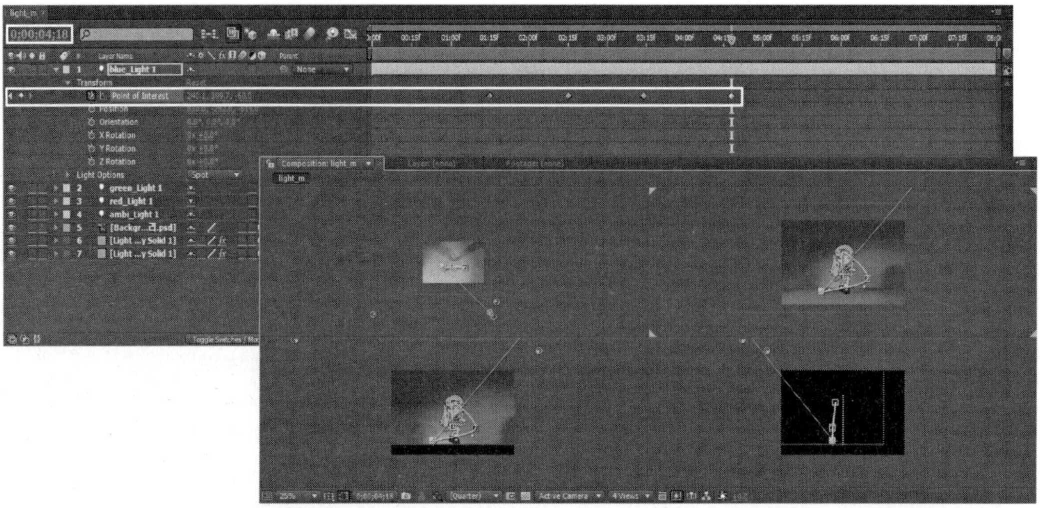
0;00;04;18
blue_Light 1
Transform
Point of Interest
Orientation
X Rotation
Y Rotation
Z Rotation
Light Options
green_Light 1
red_Light 1
ambi_Light 1

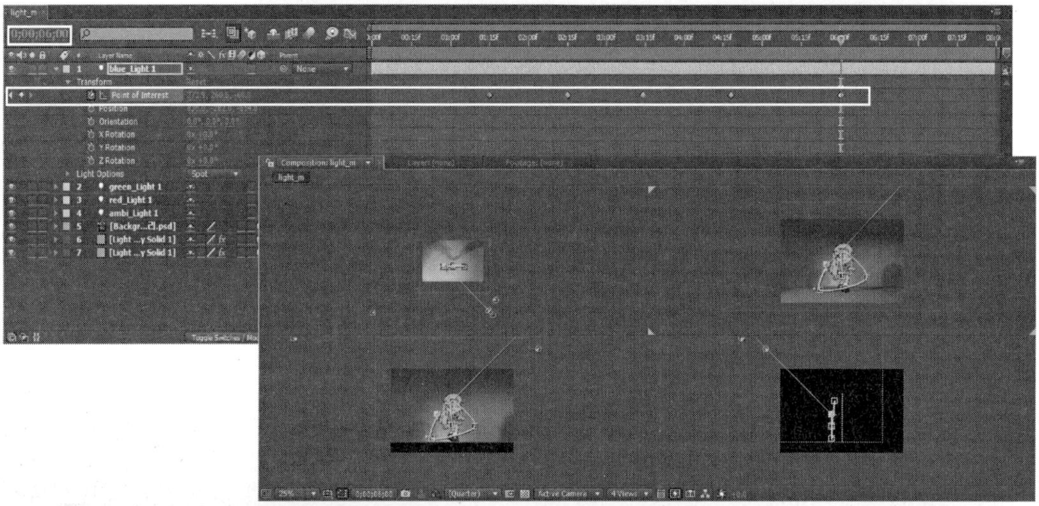
0;00;06;00
blue_Light 1
Transform
Point of Interest
Orientation
X Rotation
Y Rotation
Z Rotation
Light Options
green_Light 1
red_Light 1
ambi_Light 1

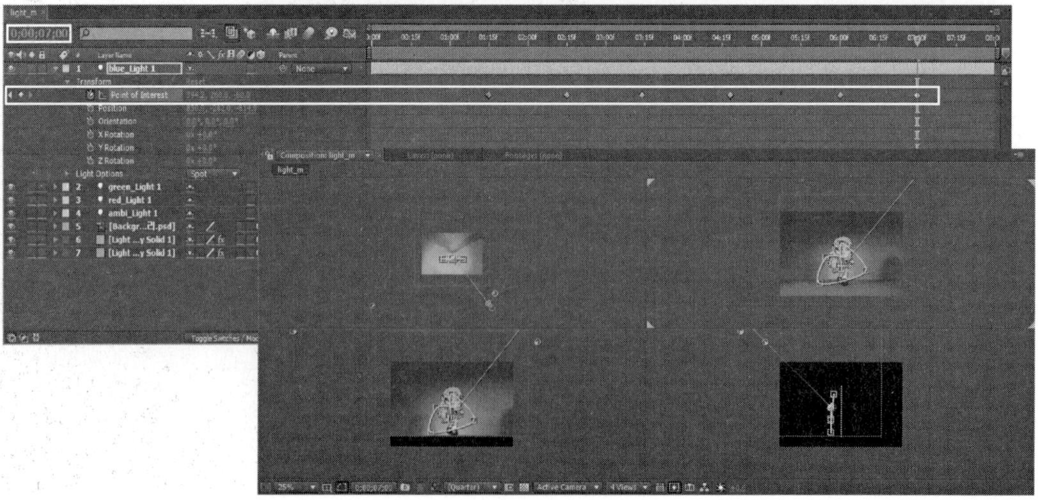
0;00;07;00
blue_Light 1
Transform
Point of Interest
Orientation
X Rotation
Y Rotation
Z Rotation
Light Options
green_Light 1
red_Light 1
ambi_Light 1

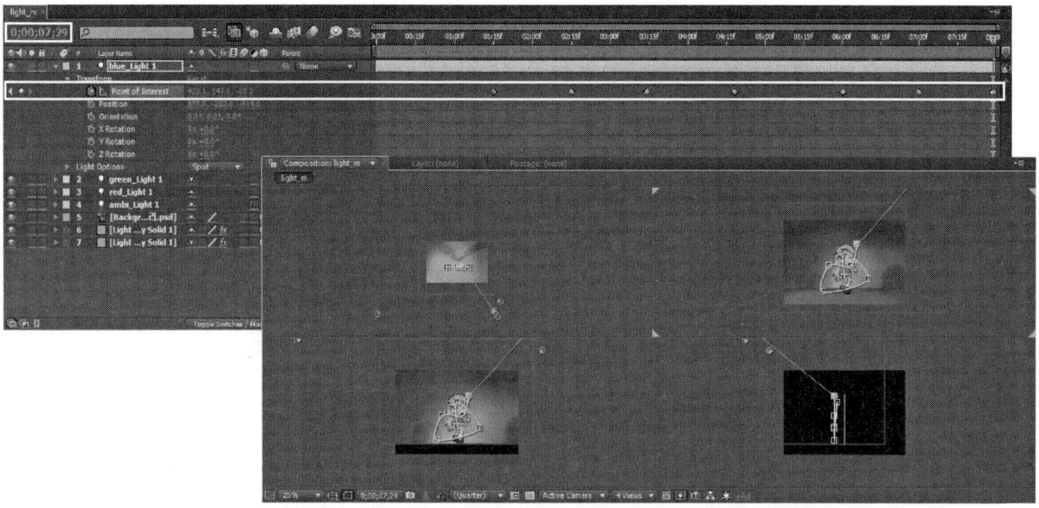

• Point of Interest값과 키프레임값은 자유자재로 작업 화면을 보면서 조절하는 연습을 한다.

32 **green_Light1**' Layer가 선택한 후 **Indicator를 0;00;01;15**로 드래그한 후 Timeline 패널에서 **Transform** 옵션 중 '**Point of Interest**'의 스톱왓치 아이콘을 클릭하여 키프레임을 설정한다.

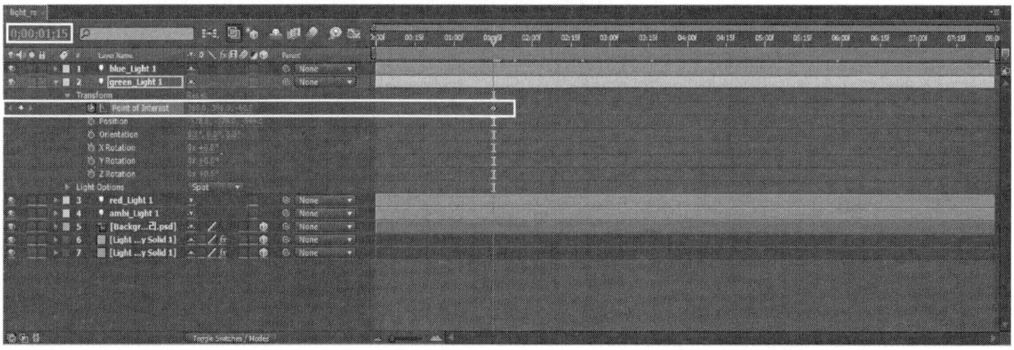

33 **Indicator를 0;00;03;06**으로 드래그한 후 **Active** View를 선택한 후 **Point of Interest**를 클릭하여 위쪽으로 움직여 조명위치를 변경한다.

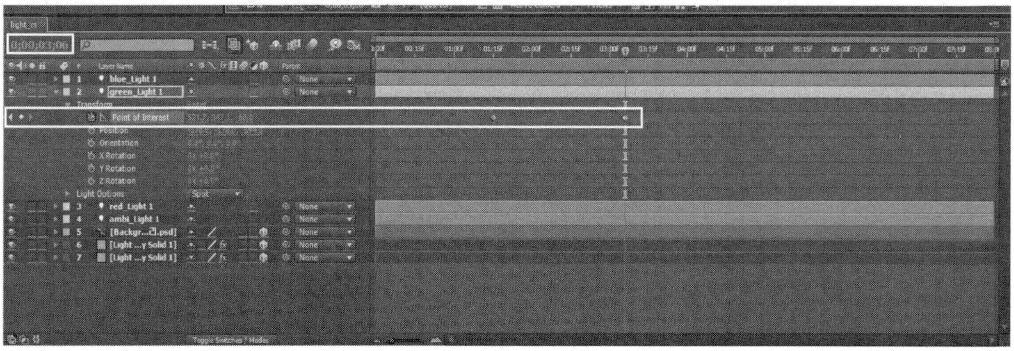

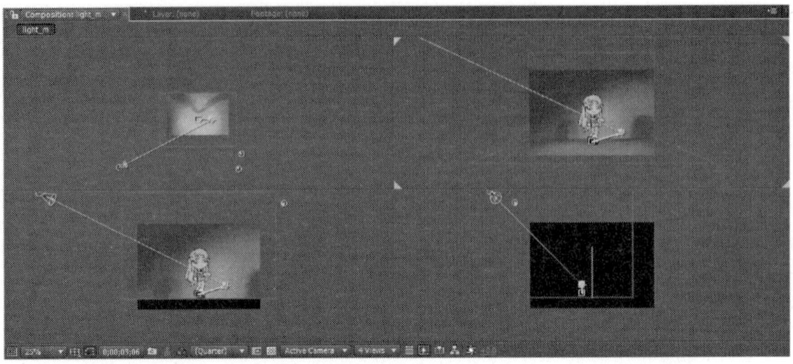

34 **Indicator**를 **0;00;04;21 / 0;00;06;06 / 0;00;07;29**로 차례로 드래그하면서 **Active** View에서 조명값을 드래그하며 조정한다.

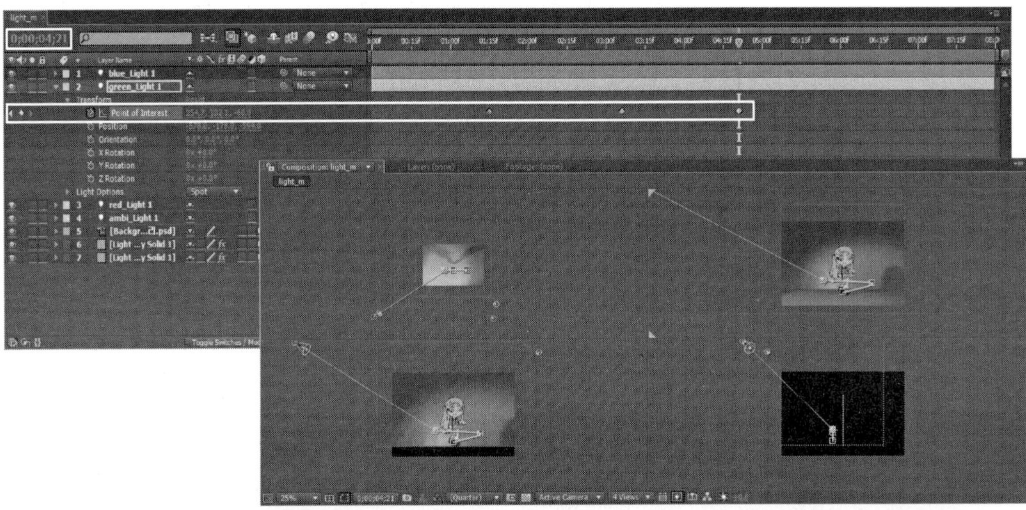

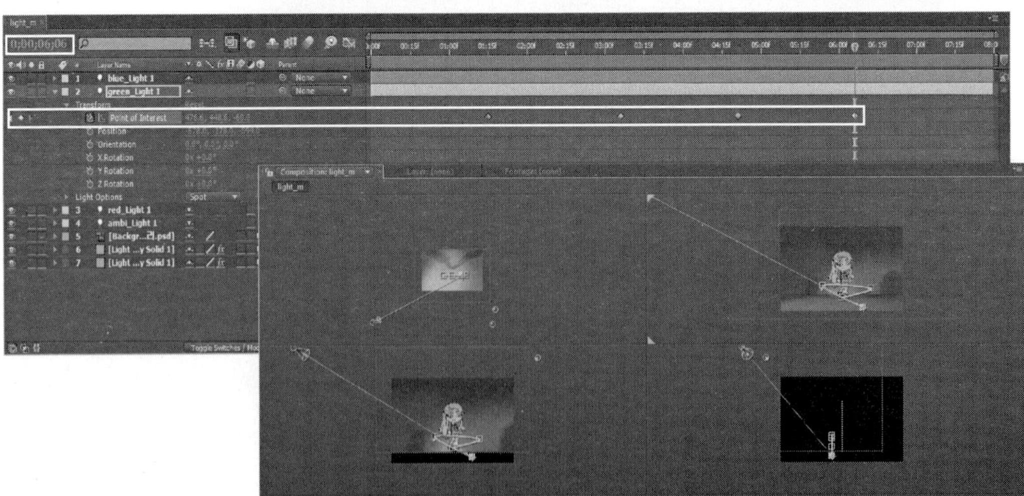

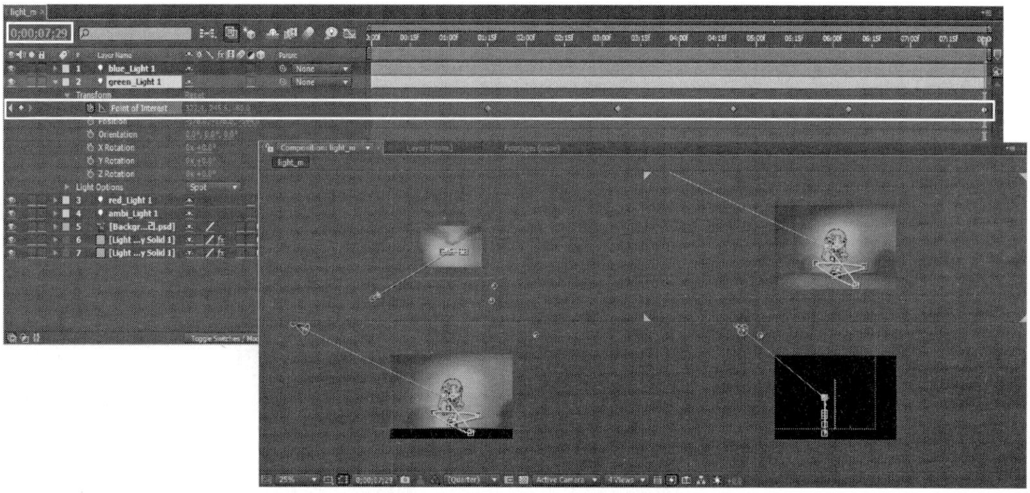

35 **'red_Light1'** Layer가 선택한 후 **Indicator**를 **0;00;01;15**로 드래그한 후 Timeline 패널에서 **Transform** 옵션 중 **'Point of Interest'**의 스톱왓치 아이콘을 클릭하여 키프레임을 설정한다.

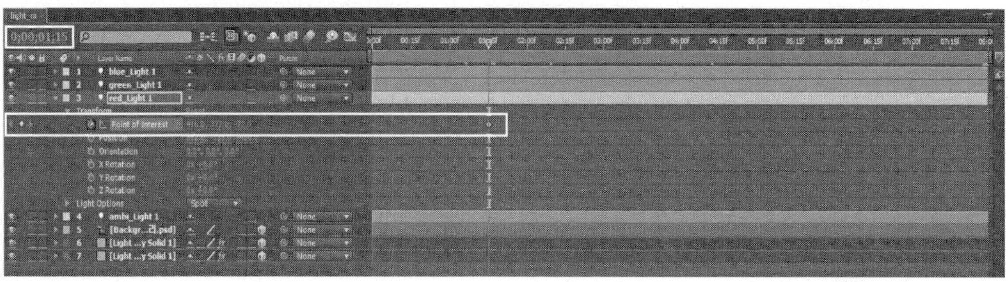

36 **Indicator**를 **0;00;02;25**로 드래그한 후 **Active** View를 선택한 후 **Point of Interest**를 클릭하여 위쪽으로 움직여 조명위치를 변경한다.

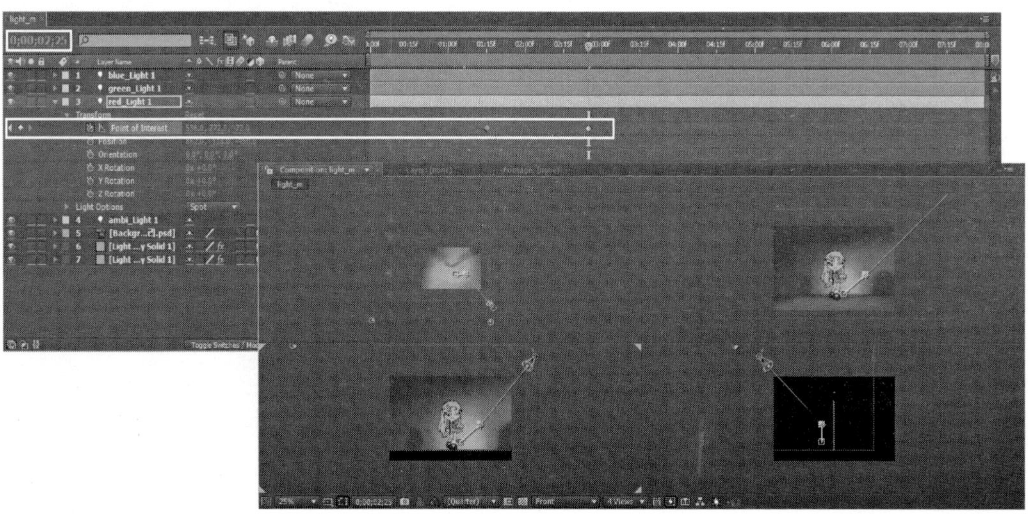

37 **Indicator**를 **0;00;04;09** / **0;00;05;23** / **0;00;06;29** / **0;00;07;29**로 차례로 드래그하면서 **Active** View에서 조명값을 드래그하며 조정한다.

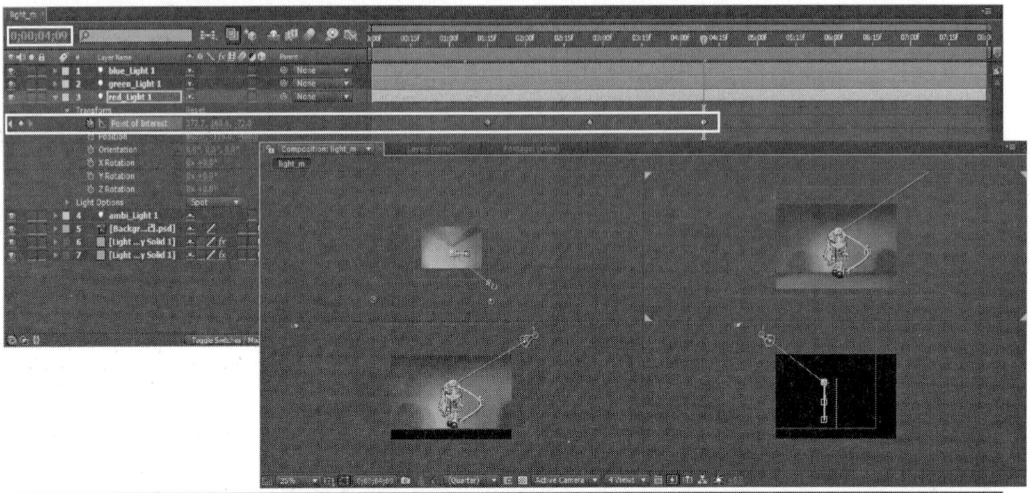

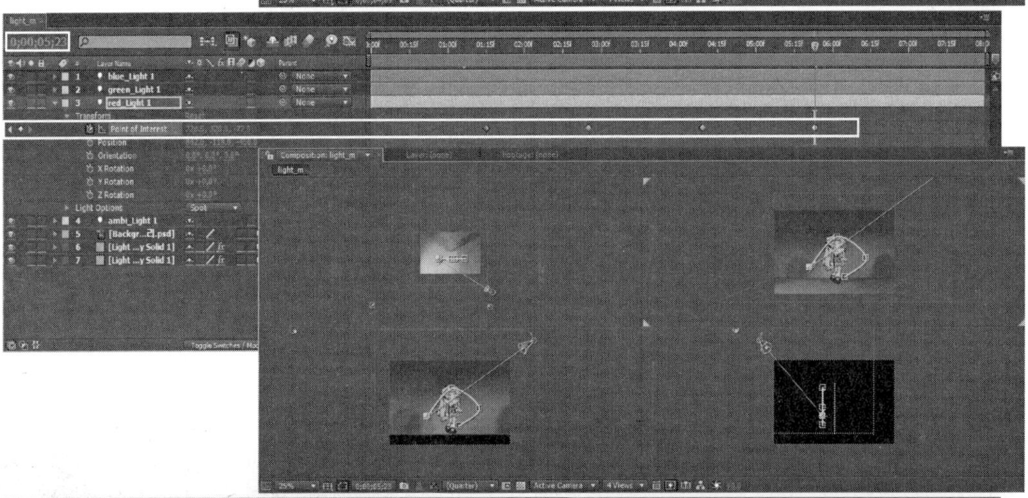

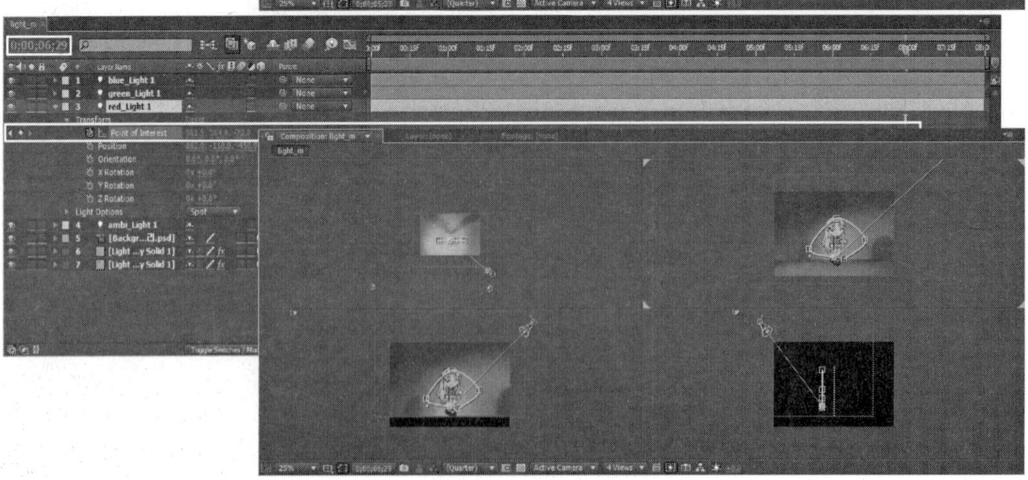

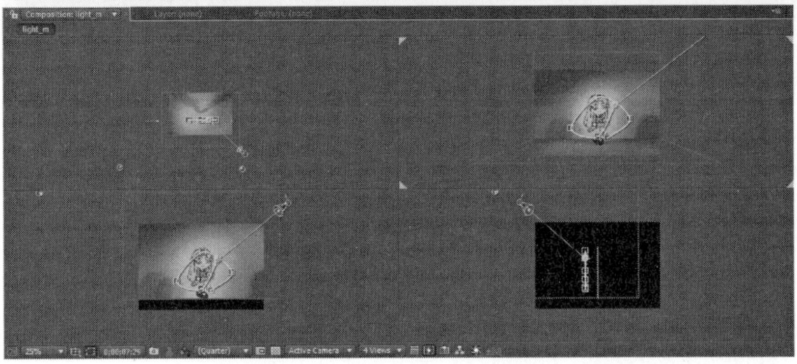

38 **Timeline** 패널에서 '**서리.PSD**' Layer를 선택한 후 **Indicator**가 **0;00;00;15**로 위치시킨 후 **Puppet Pin** 툴로 **Composition** 패널에서 서리 캐릭터에 3곳을 클릭한다.

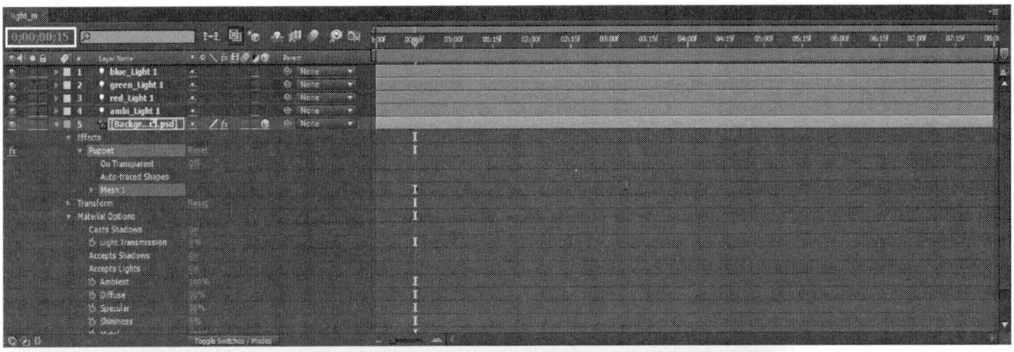

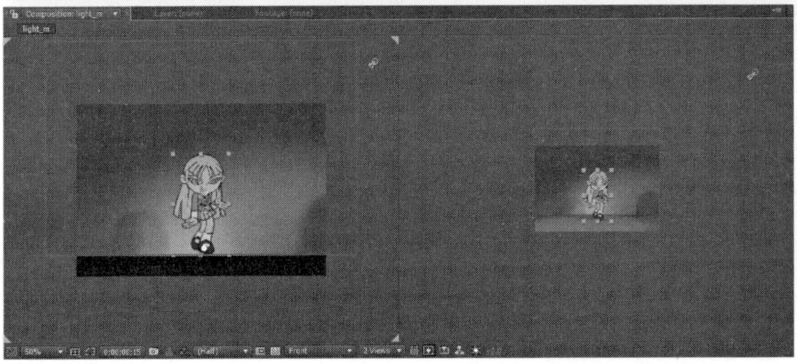

39 **Indicator**를 **0;00;01;00**으로 위치시킨 후 **'Puppet Pin 2'**를 선택하여 오른쪽으로 이동한다.

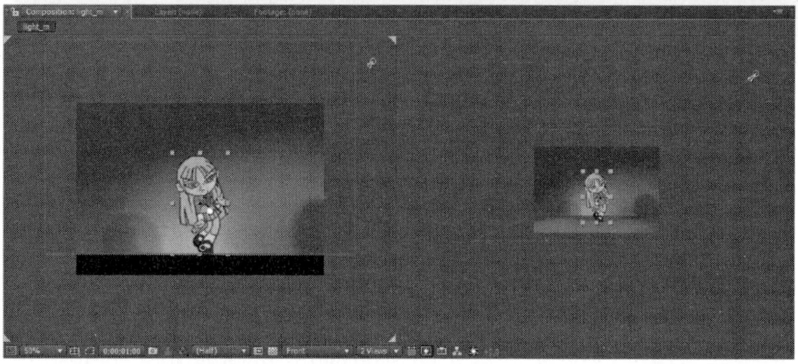

40 **Indicator**를 **0;00;01;15**로 위치시킨 후 **'Puppet Pin 2'**를 원래 자리로 이동한다.

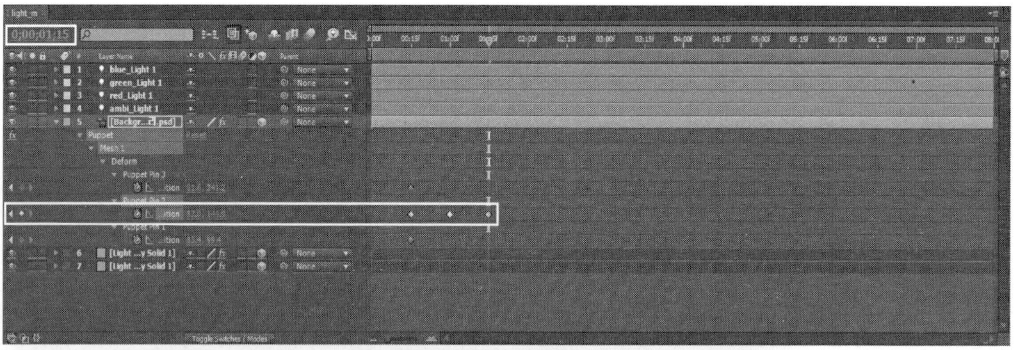

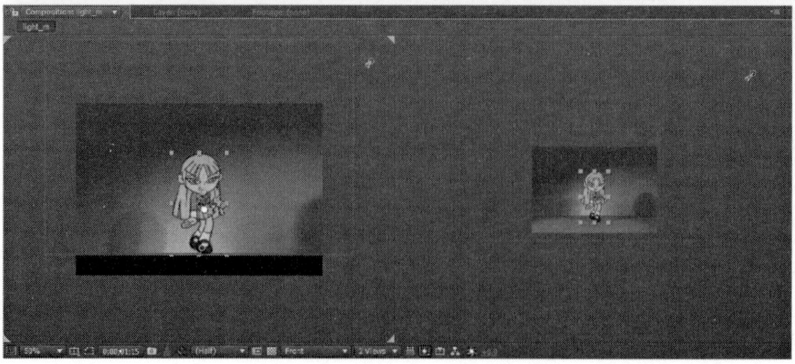

41 Indicator를 0;00;01;29로 위치시킨 후 'Puppet Pin 2'를 왼쪽으로 이동한다.

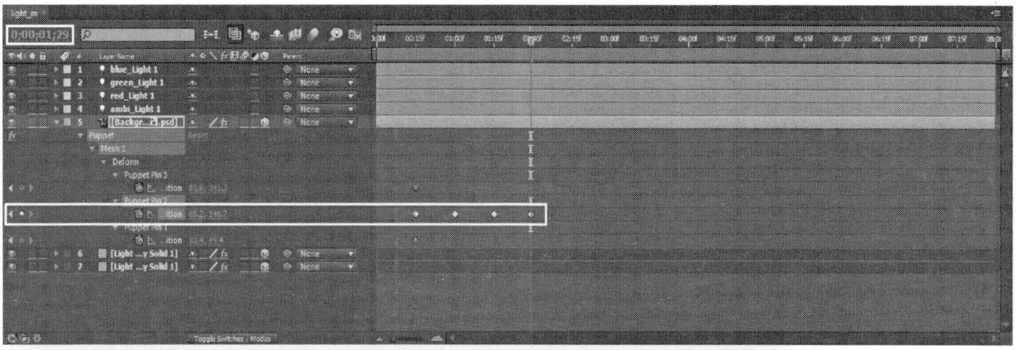

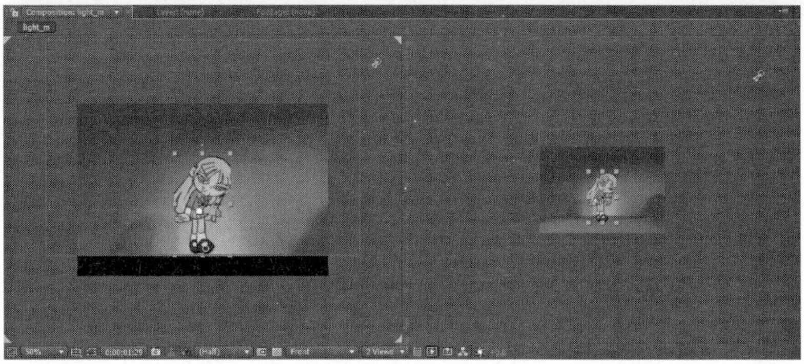

42 Indicator를 0;00;02;16으로 위치시킨 후 'Puppet Pin 2'를 원래 자리로 이동한다.

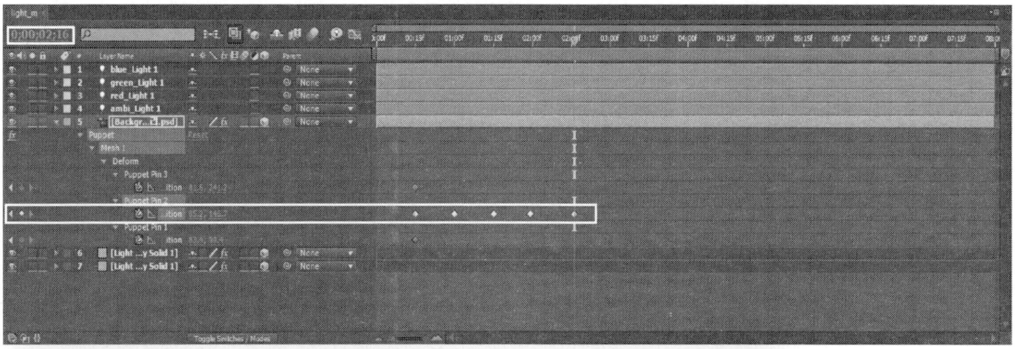

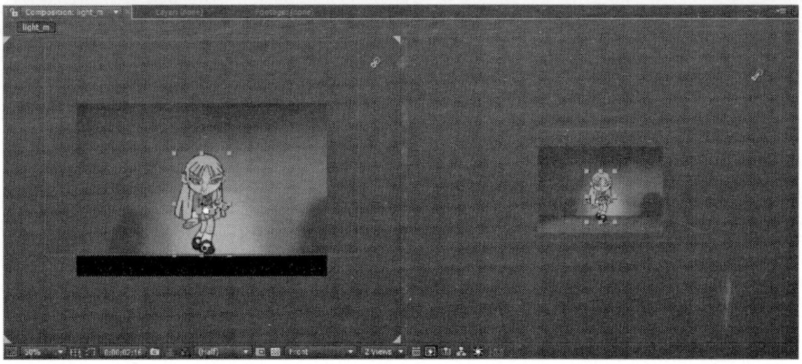

43 작업된 키프레임 5개를 드래그하여 모두 선택한 다음 **'Ctrl+C'**를 한 다음 **Indicator**를 **0;00;05;15**로 위치시킨 후 **'Ctrl+V'**를 하여 캐릭터에 작업한 키프레임을 복사한다.

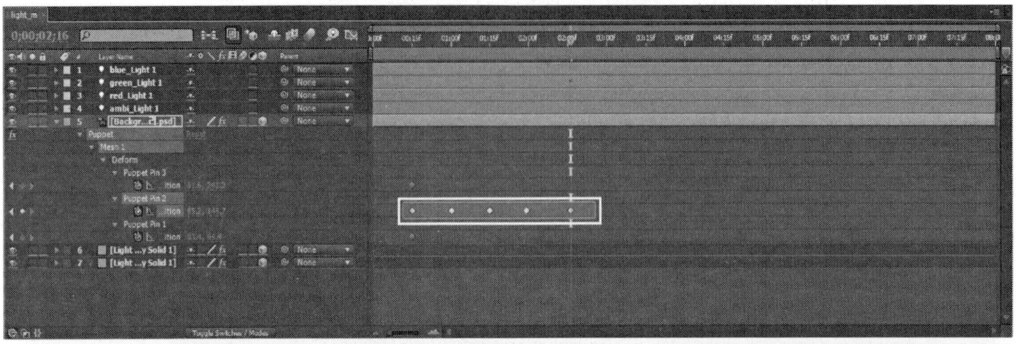

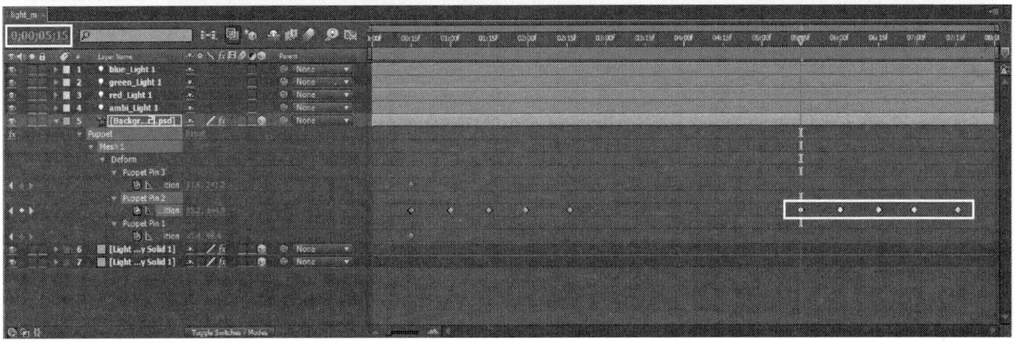

44 **[Layer]-[New]-[Camera]**를 선택한 후 **Name:Camera 1 / Preset:50mm**를 선택한다.

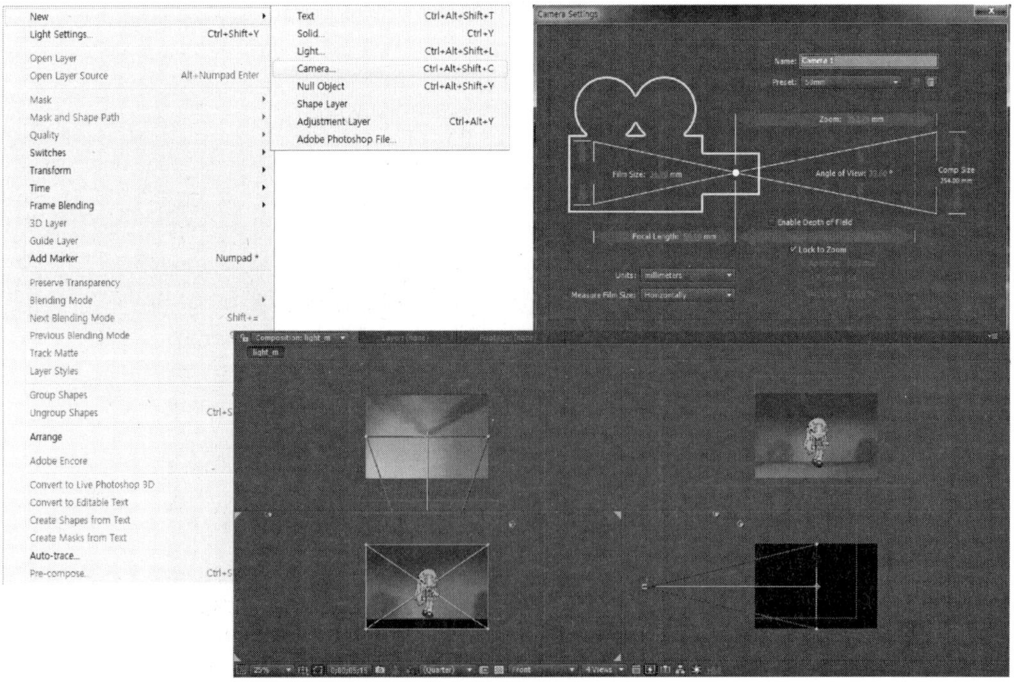

45 **Timeline** Layer에서 **'Camera 1 Layer'**를 선택한 후 **Transform** 옵션 중 Position의 스톱왓치 아이콘을 클릭하여 키프레임을 설정한다.

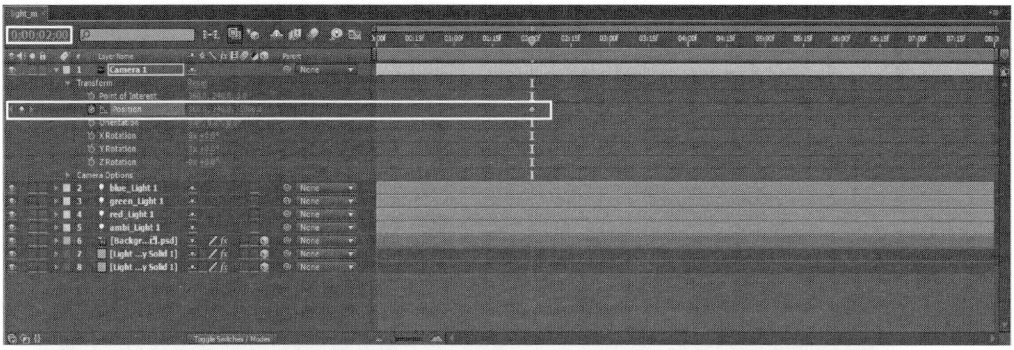

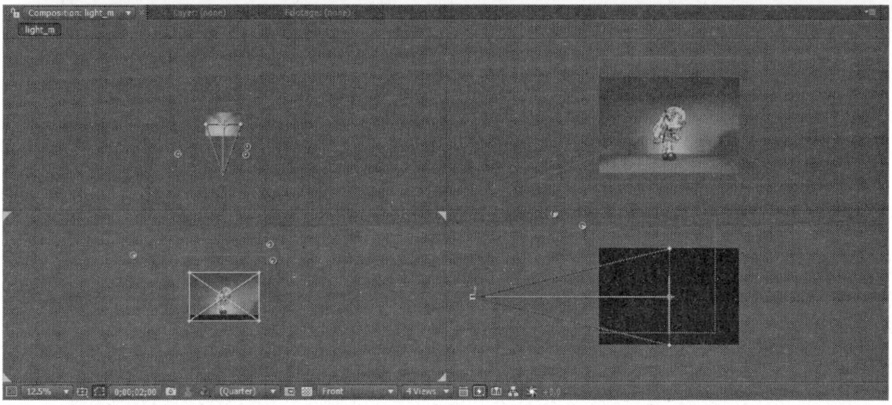

46 **Indicator**를 **0;00;00;00**으로 위치시킨 후 '**Top**' View에서 카메라의 끝부분에서 '**X**'축만 잡고 왼쪽으로 드래그하여 이동시킨다. '**Front**' View를 선택한 후 카메라의 끝 부분에서 '**Y**'축만 잡고 위쪽으로 이동하여 캐릭터에서 카메라의 앵글이 멀어지도록 설정하여 완성한다.

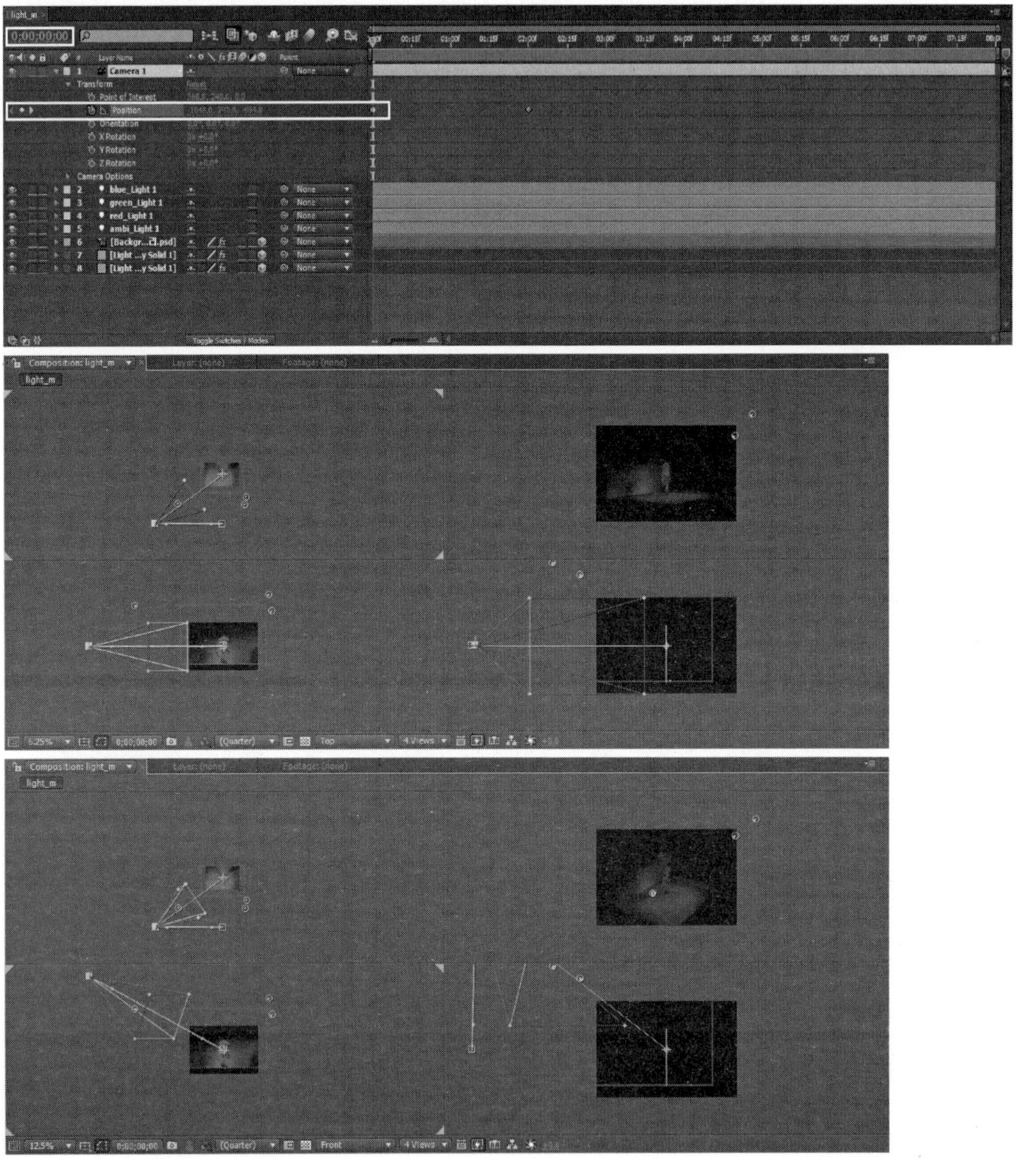

18 카메라 사용과 조명연출하기

애프터이펙트의 기능 중 카메라를 활용하여 화면의 스피드와 역동성을 표현할 수 있다. 카메라의 렌즈 크기와 위치 변경, 회전 등을 통해 평면적인 이미지가 다양한 각도와 위치로 보여지게 할 수 있다. 이번 예제에서 카메라의 스피드한 움직임의 연출을 통해 화면이 긴장감 있게 표현되는 영상을 만들어 보려고 한다.

학습메뉴

- Camera
- Wiggler

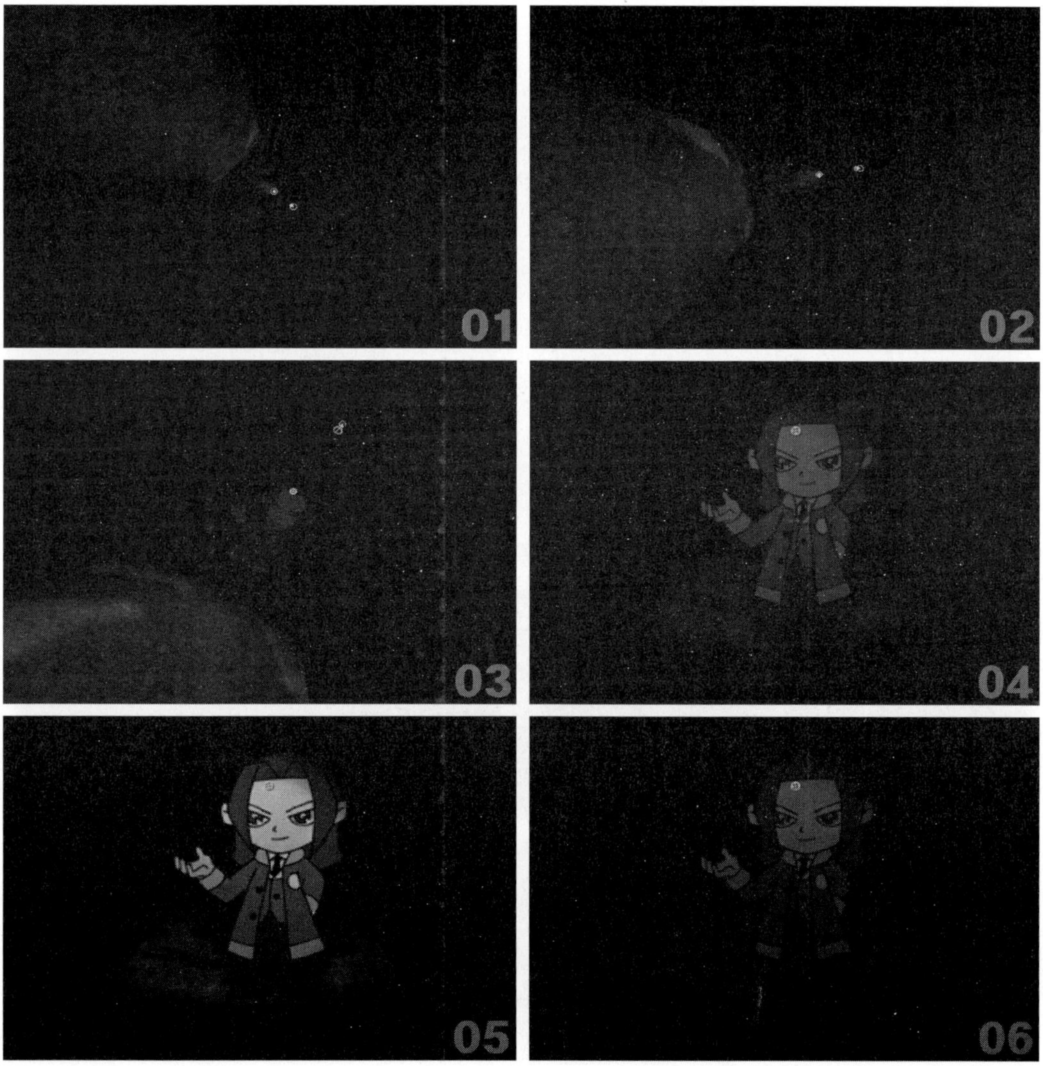

01 **Project** 패널을 더블클릭한 후 **Import File** 옵션 창이 나타나면 '**북두.psd**' 선택한 후 옵션 창에서 **Import Kind:Composition-Cropped Layer**를 선택한 후 OK버튼을 클릭하여 이미지를 불러온다. '**road bg.jpg**'도 같은 방법으로 **Project** 패널로 불러온다.

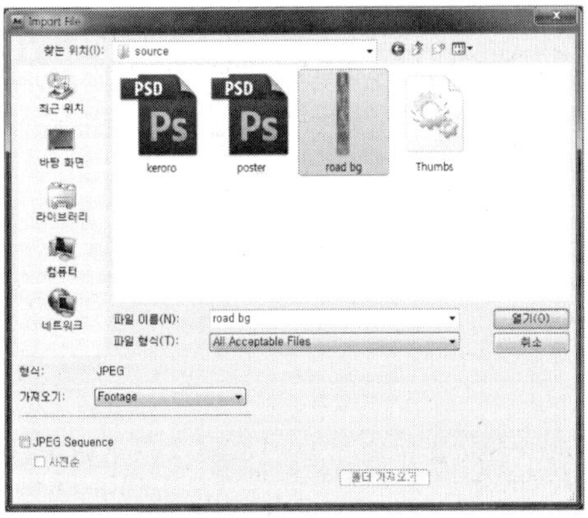

02 **[Composition]-[Composition settings]** 옵션 창에서 **Composition Name:road_move / Width:320px, Height: 240px / Duration:0;00;06;00**으로 설정한다.

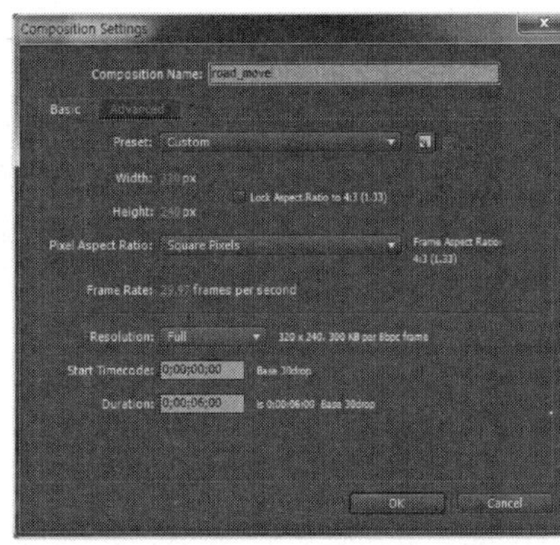

03 **Project** 패널에서 '**road bg.jpg**'를 선택한 후 **Timeline** 패널로 드래그한 후 **3D** 난을 클릭한다.

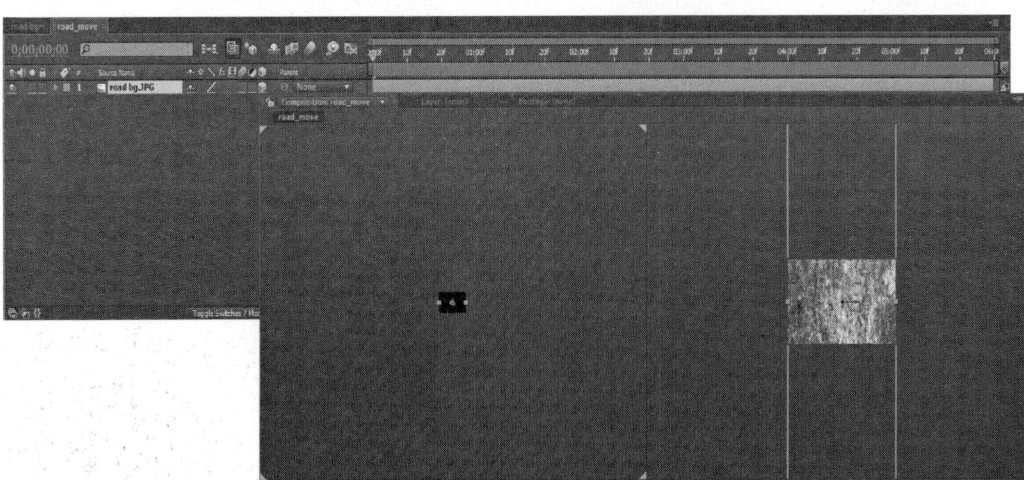

04 **Timeline** 패널에서 **'road bg.jpg'**가 선택된 상태에서 단축키 **'R'**을 클릭한 후 **Orientation: 90.0°,0.0°,0.0°**를 입력하여 이미지를 **'X'**축으로 회전시킨다.

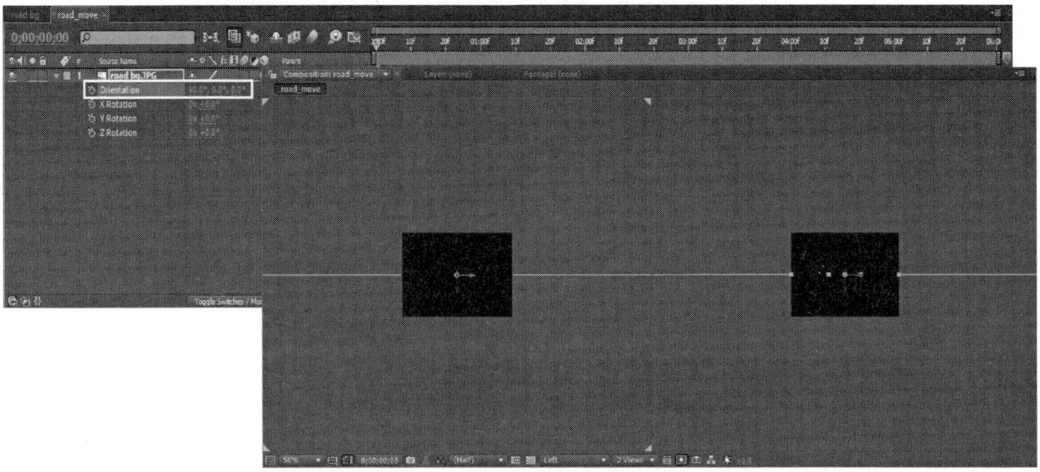

05 **Composition** 패널에서 **Left View**를 클릭한 후 **'Z'**축을 클릭 드래그하여 아래쪽으로 이동하여 한 후 **'Y'**축을 클릭하여 왼쪽으로 드래그한다.

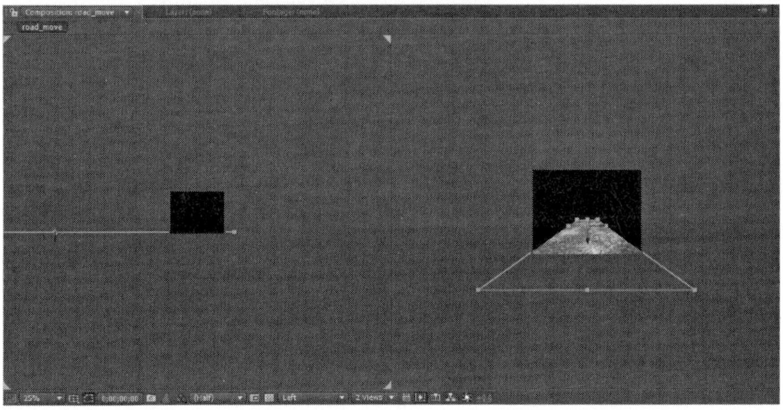

06 **'road bg.jpg'**를 **'Ctrl+D'**하여 **Layer**를 하나 더 복제한 다음 **Left View**에서 **'Y'**축을 잡고 왼쪽으로 드래그하여 연결한다.

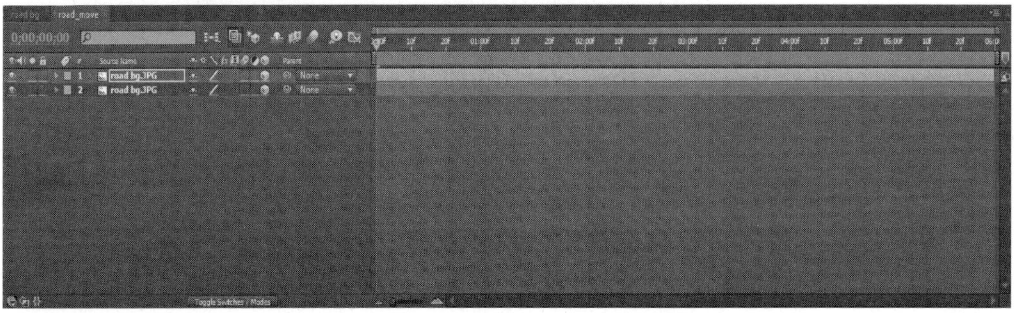

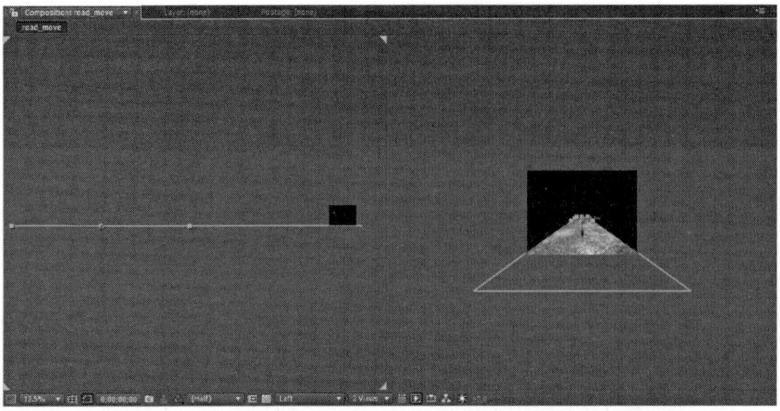

07 **Project** 패널에서 '**북두.psd**'를 클릭하여 **Timeline** 패널로 드래그하여 위치시킨 후 '**3D**'난을 클릭하여 3D 이미지로 만든 후 '**Left**' View에서 '**Z**'축을 잡고 왼쪽으로 드래그하여 캐릭터가 '**road.jpg**'의 끝부분에 위치하게 한다.

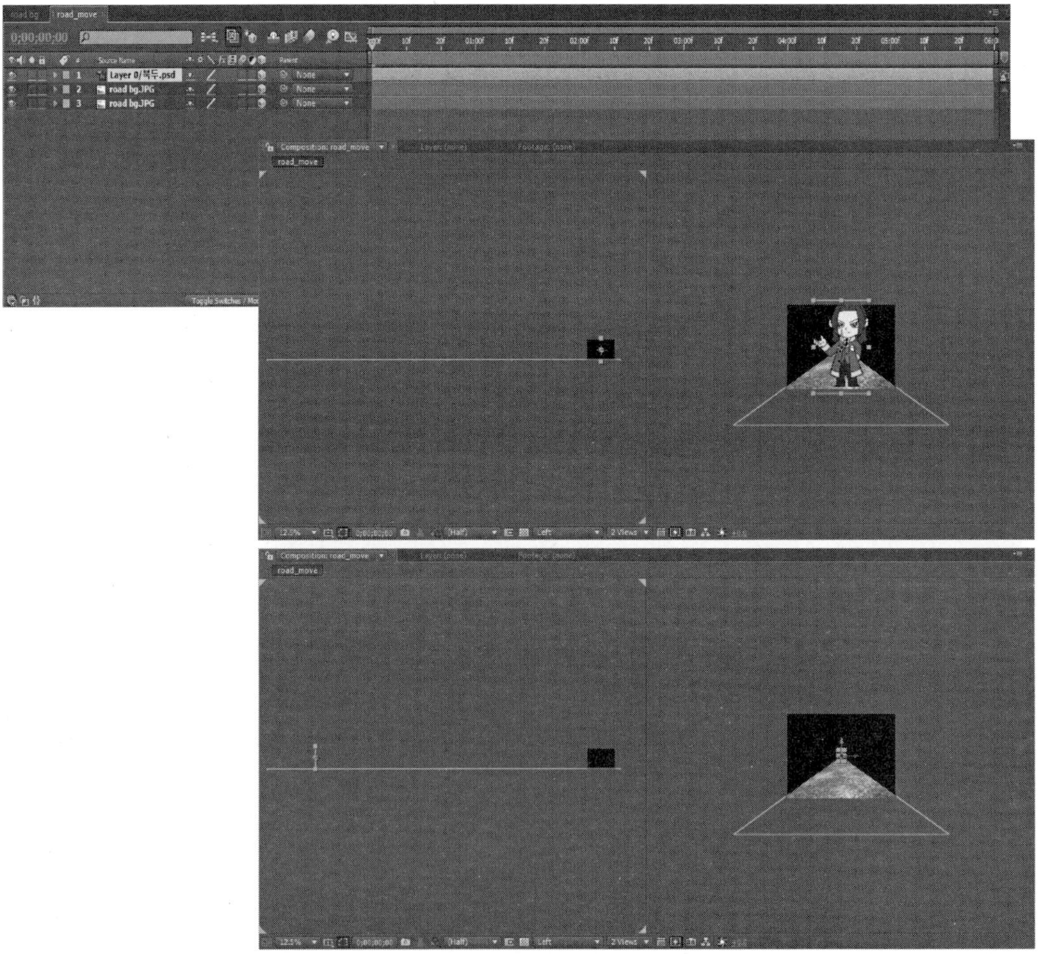

08

[Layer]-[New]-[Light]를 선택한 후 옵션 창에서 **Light Type:Spot / Intensity:90% / Cone Angle:40% / Cone Feather:50% / Color:FFFFFF / Casts Shadows / Shadow Darkness:60%**로 설정한다.

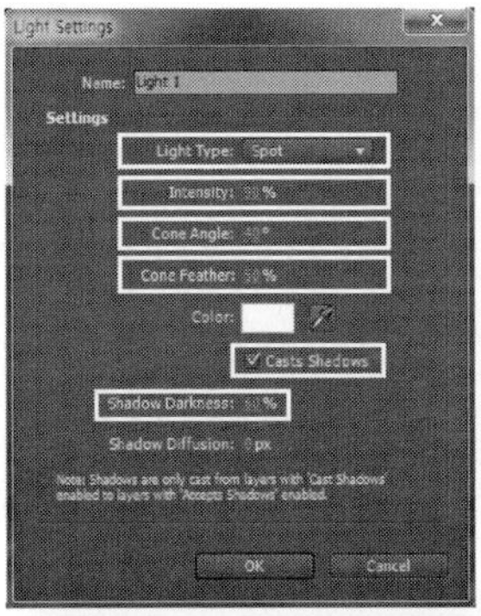

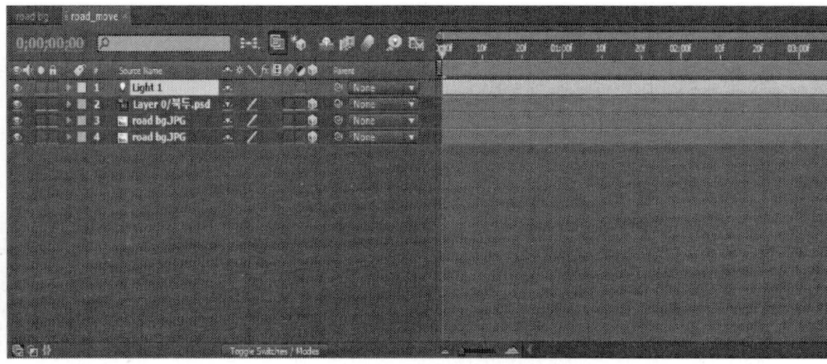

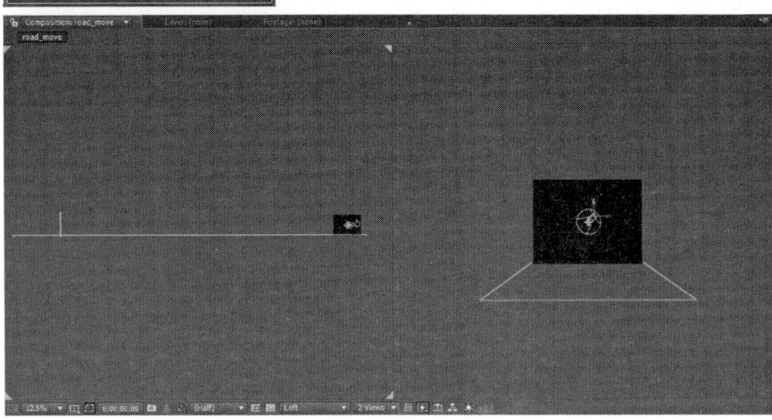

09

'Left' View에서 조명의 끝부분을 잡고 드래그하여 캐릭터의 뒤쪽으로 뒤쪽에서 앞쪽으로 비춰지게 설정한다.

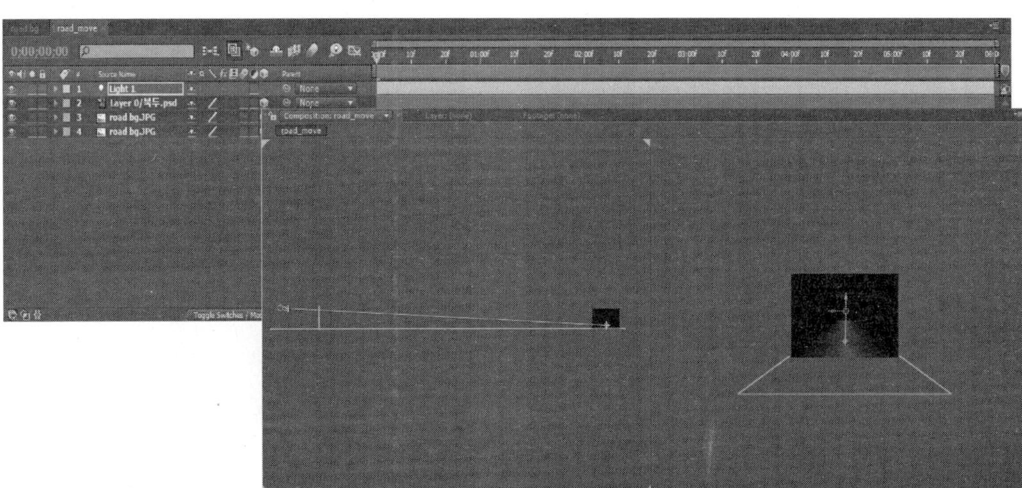

10 **[Layer]-[New]-[Light]**를 선택한 후 옵션 창에서 **Name:Front_Light2 / Light Type:Spot / Intensity:90% / Cone Angle:40% / Cone Feather:50% / Color:FFFFFF / Casts Shadows / Shadow Darkness:60%**로 설정한다.

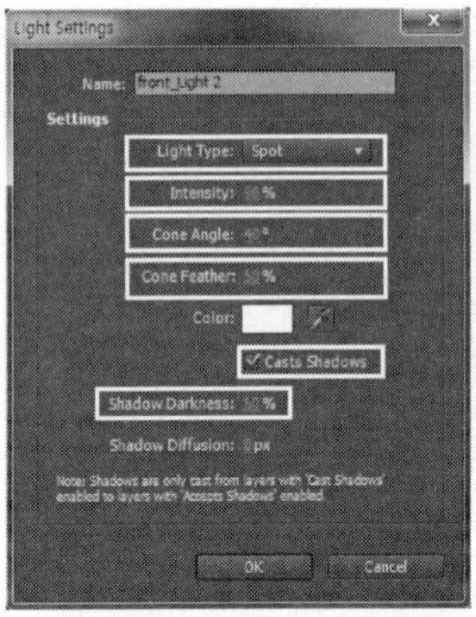

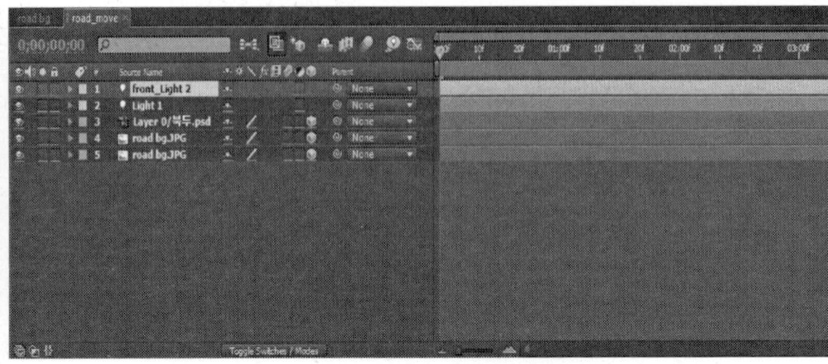

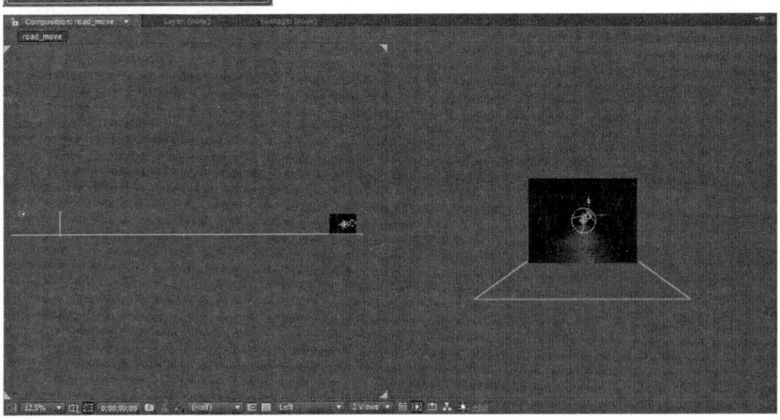

11 **'Left'** View에서 조명의 **Point of Interest**를 캐릭터 앞으로 이동한 후 조명 끝부분을 잡고 드래그하여 캐릭터의 바로 위로 위에서 캐릭터를 향해 비춰지게 설정한다.

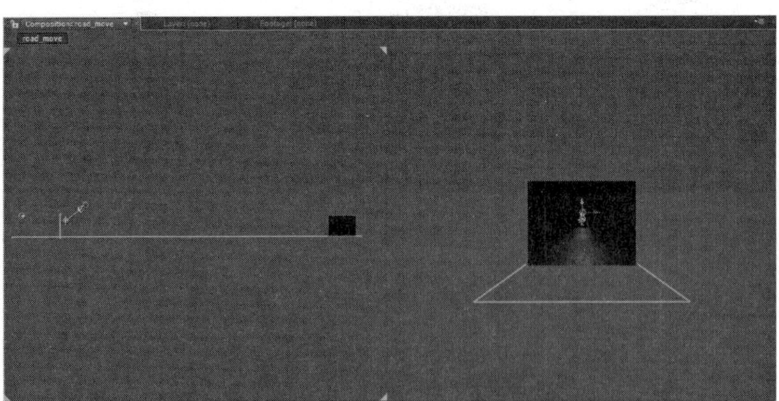

12 **Timeline** 패널에서 '**북두.psd**'를 선택한 후 **Material Options**에서 **Casts Shadows:On**을 하여 캐릭터에 그림자가 나타나게 한다.

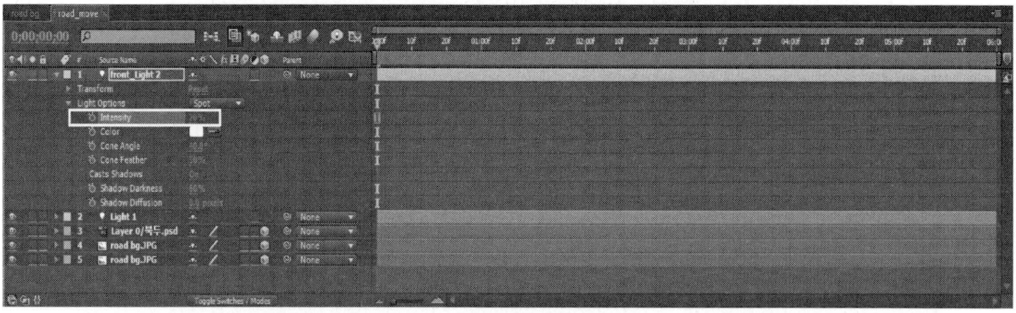

13 **[Layer]-[New]-[Camera]**를 선택한 후 '**Name:Camera 1 / Preset:50mm**'으로 설정한다.

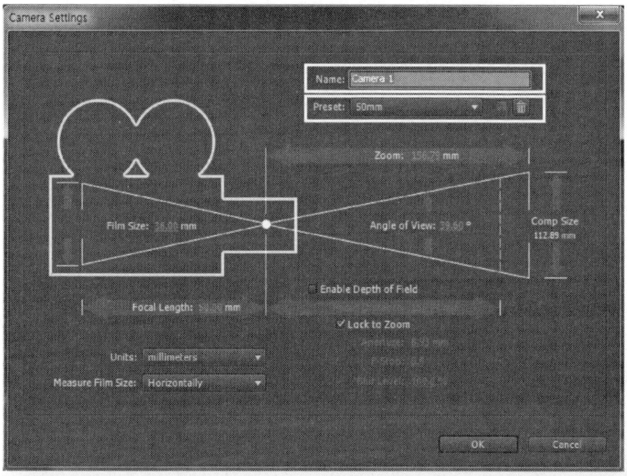

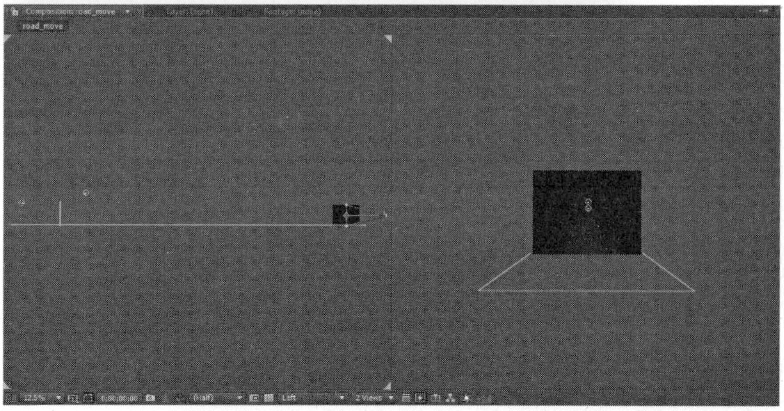

14 **'Left'** View에서 **Camera**의 **'Point of Interest'**를 캐릭터 앞쪽으로 이동시킨다.

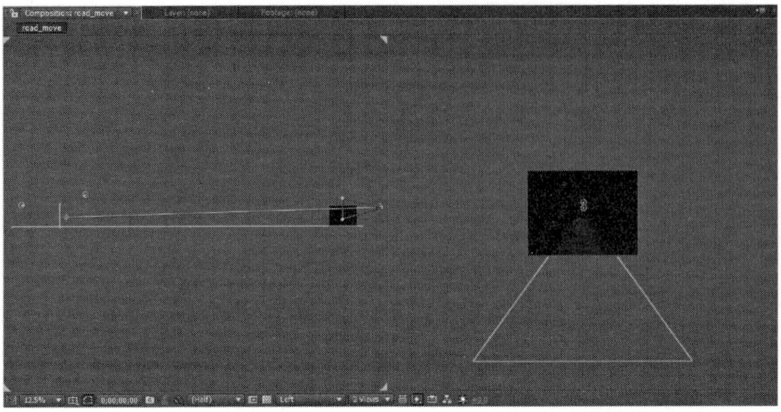

15 **Timeline** 패널에서 **'Camera 1'** Layer를 선택한 후 **Transform** 옵션 중 **Position**에서 **0;00;00;00** 에 스톱왓치 아이콘을 클릭하여 키프레임을 설정한다.

16 **Indicator**를 **0;00;03;00**으로 이동한 후 단축키 **'P'**를 클릭한 후 Shift키를 누르고 **'R'**을 클릭하여 Position과 Rotation이 나오게 한 후 **Composition** 패널 **'Left'** View에서 카메라의 뒷부분을 클릭하여 왼쪽으로 드래그하여 캐릭터 앞쪽까지 이동시킨다.

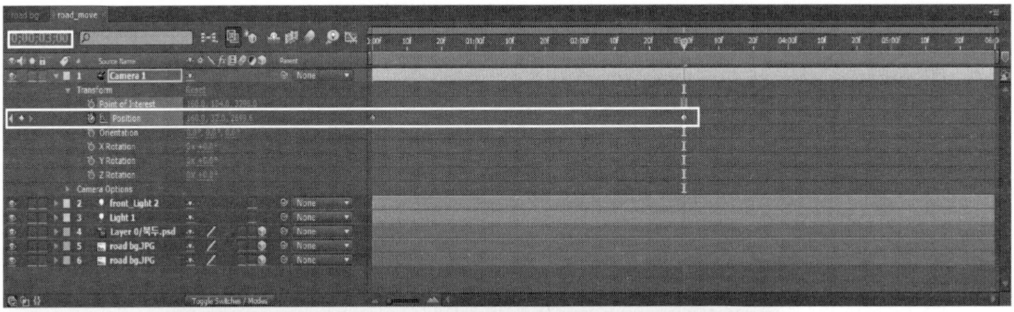

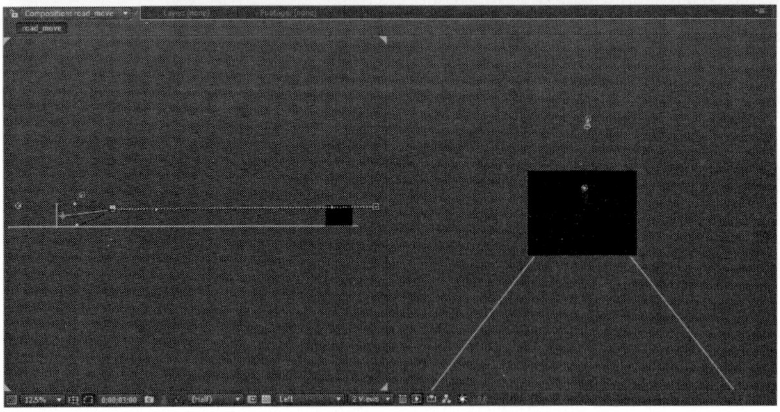

17 **'Z Rotation'**의 스톱왓치 아이콘을 클릭하여 키프레임을 설정한 후 **Indicator**를 **0;00;00;00**으로 이동한 후 **Z Rotation0× −132.0°**으로 입력하여 회전시킨다.

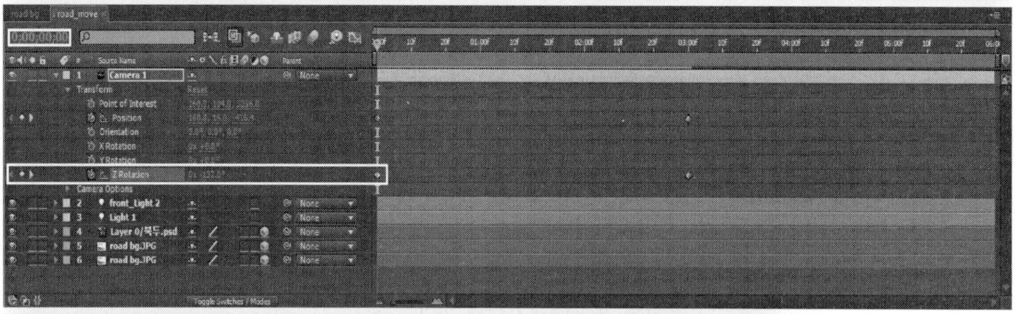

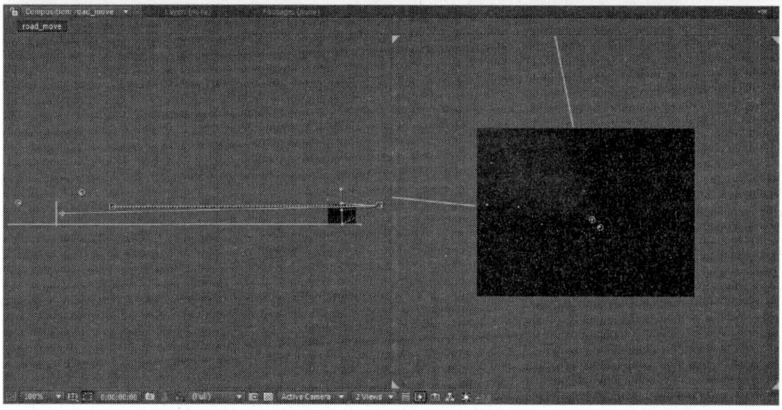

18 **Current Time 0;00;03;00**에서 **Front_Light 2** Layer를 선택한 후 **Light Options**의 **Intensity:20**으로 설정한다.

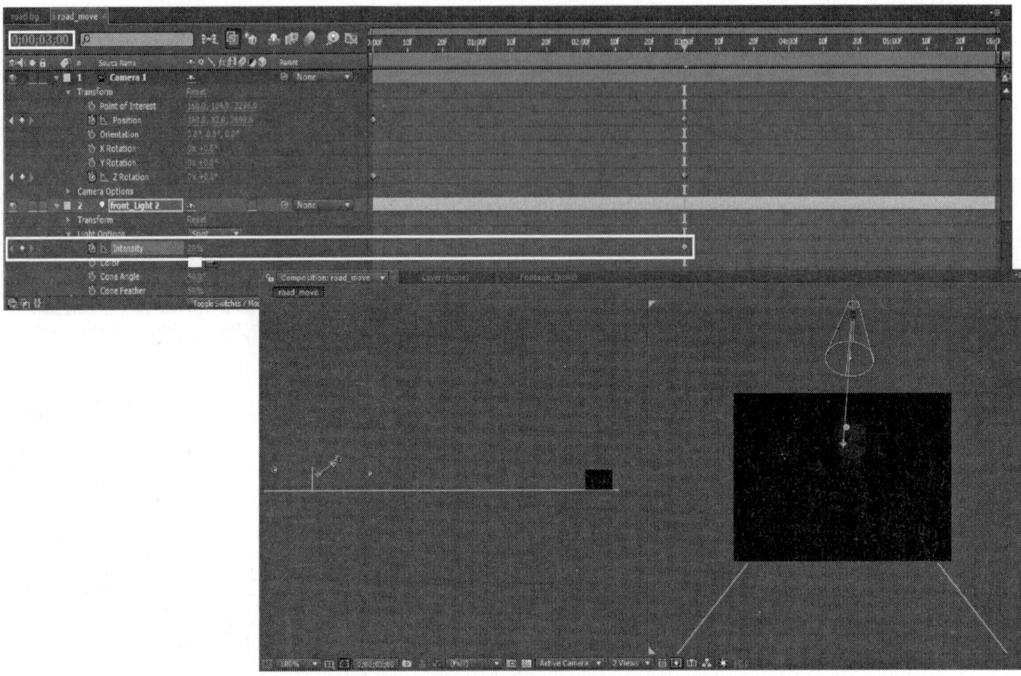

19 **Indicator**를 **0;00;03;10**으로 이동한 후 **Front_Light 2** Layer의 **Light Options**를 **Intensity:90**으로 설정한다.

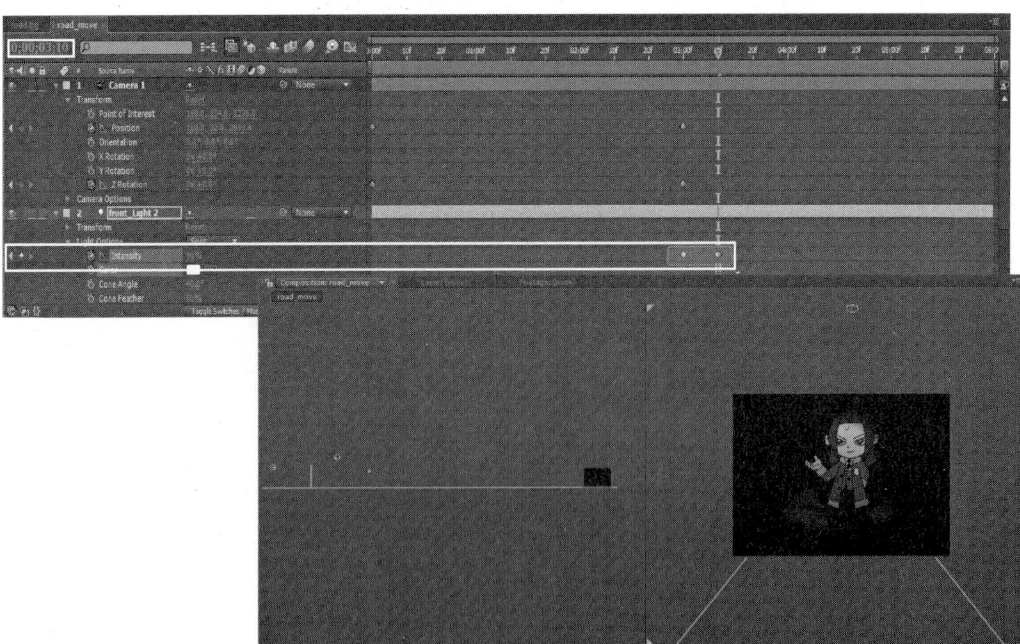

20 마우스로 **Front_Light 2** Layer의 설정한 키프레임을 드래그하여 모두 선택한 후 '**Ctrl+C**'한다.

21 **Indicator**를 **0;00;03;20 / 0;00;04;10**으로 이동한 후 '**Ctrl+V**'를 하여 앞에서 작업한 조명값을 복사한다.

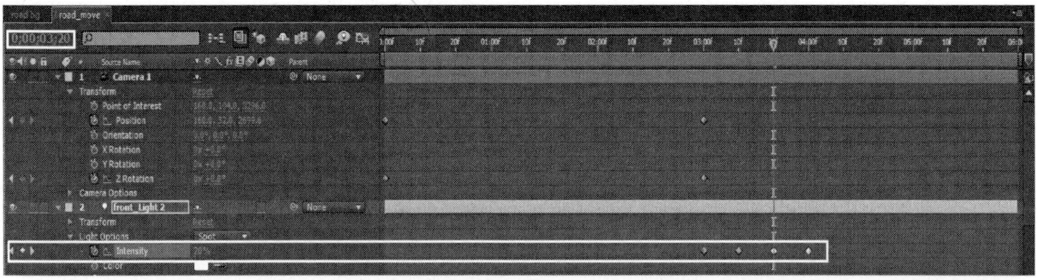

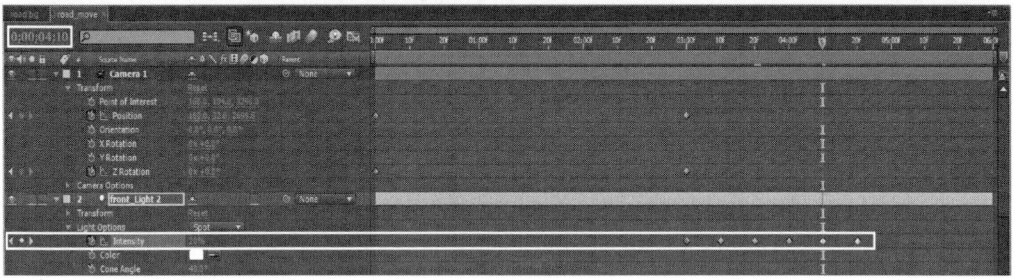

22 **Current Time 0;00;04;10**에서 '**북두.psd**' Layer를 선택한 후 단축키 '**P**'를 클릭한 후 스톱왓치 아이콘을 클릭하여 키프레임을 설정한 후 **Indicator**를 **0;00;05;29**로 이동하여 키프레임 아이콘을 클릭하여 추가한다.

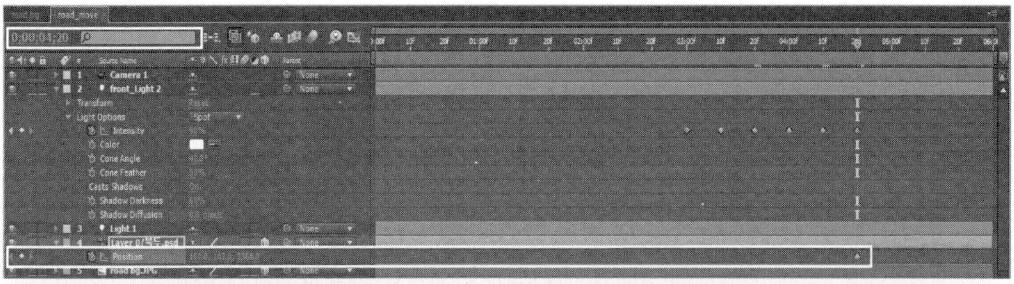

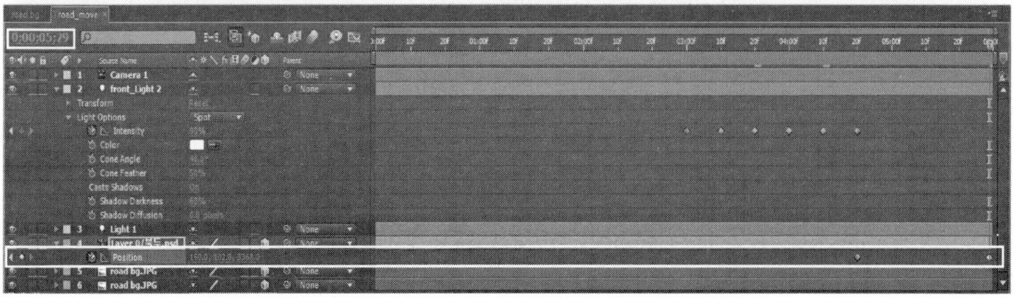

23 설정한 키프레임을 드래그하여 모두 선택한다.

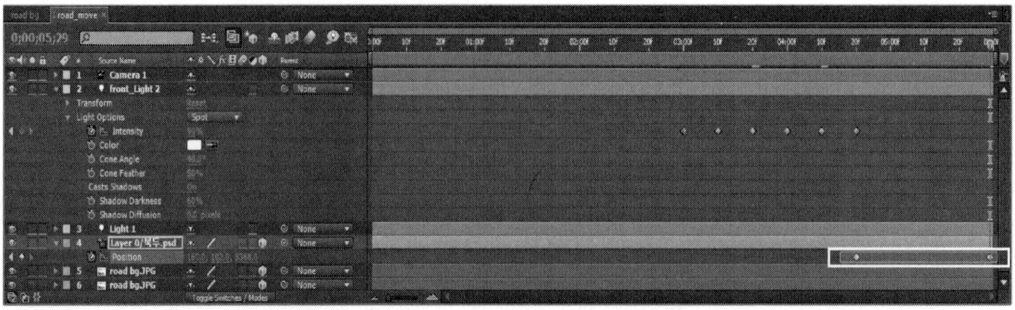

24 **[Window]-[Wiggler]**를 선택한 후 옵션 창에서 **Apply To:Spatial Path / Noise Type:Jagged / Dimensions:Y / Frequency:6.0 / Magnitude:7.0**으로 설정한 후 **Apply**하여 적용하여 완성한다.

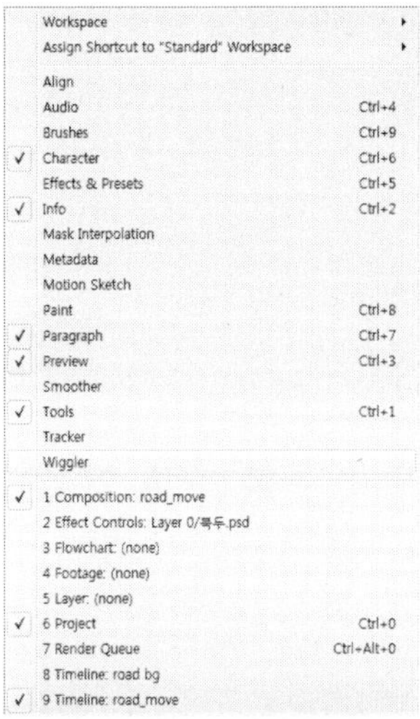

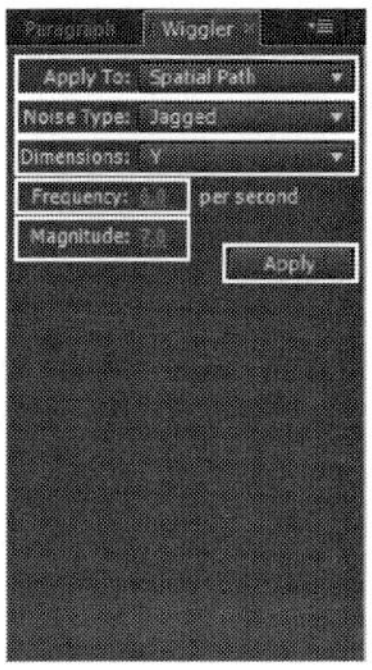

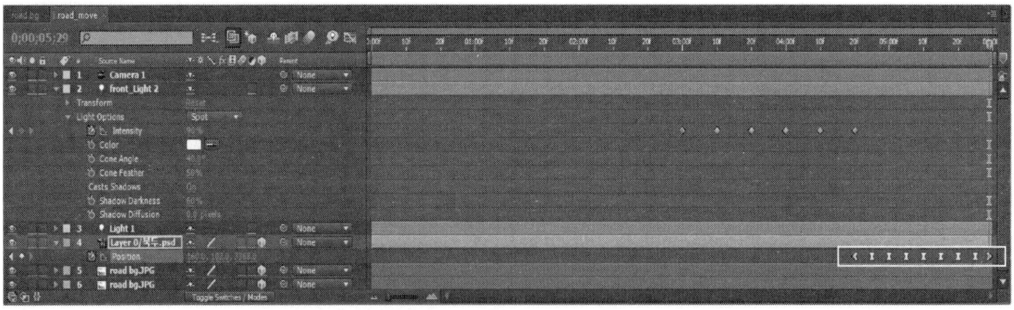

19 카메라와 조명의 연출법 1

하나의 그래픽 이미지로 공간을 만들어 본다. 이미지를, X, Y, Z축으로 회전하면서 미로를 만들어 공간을 만드는 연습을 통해 3D 이미지 연습을 해본다. 카메라와 조명의 움직음을 통해 실감나는 공간 이동법을 연습해 본다.

학습메뉴

- Ambient Light / Spot Light
- Camera / Puppet Pin

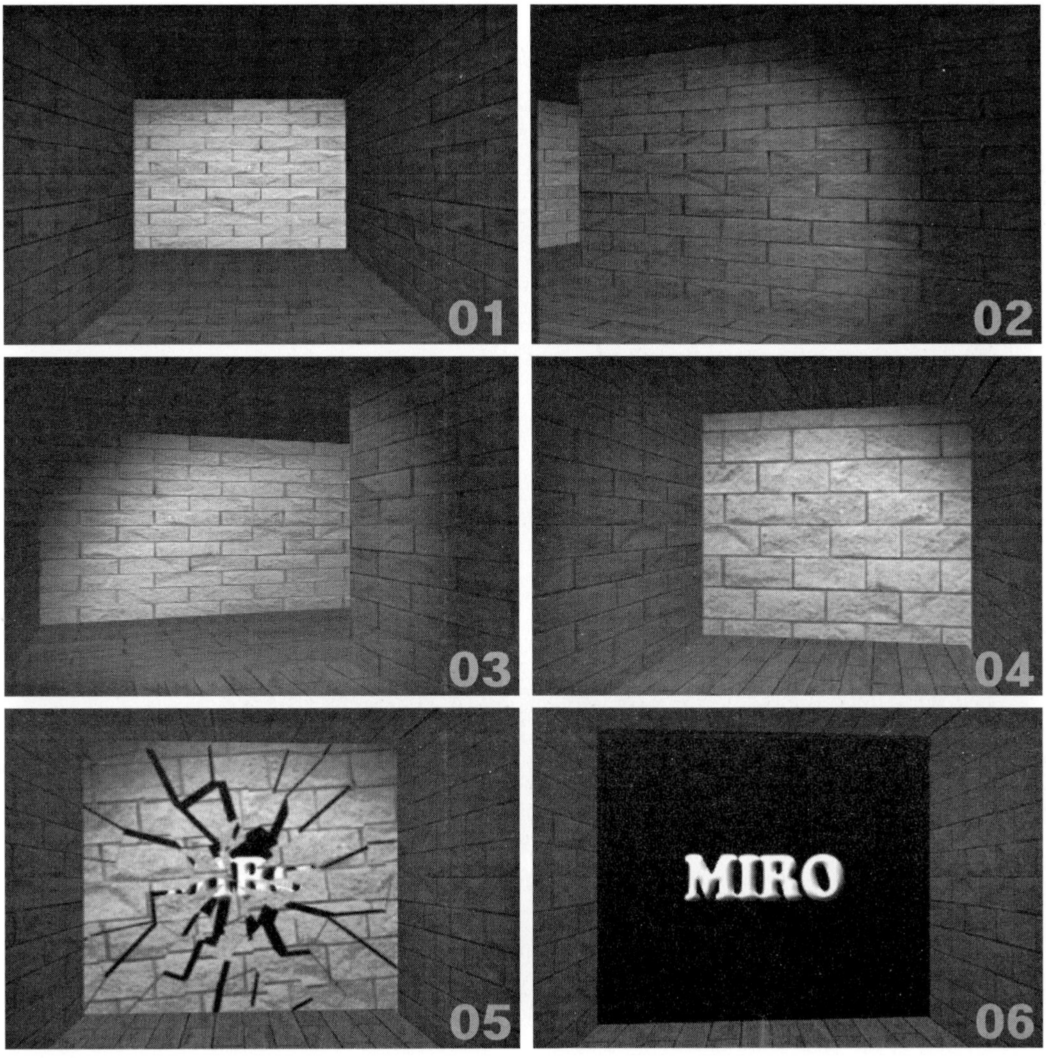

01 **Project** 패널을 더블클릭한 후 **Import File** 옵션 창이 나타나면 '**AB_Exteriors**' 선택한다.

02 **[Composition]-[Composition settings]** 옵션 창에서 **Composition Name:miro / Width:320px, Height:240px / Duration:0;00;06;00**으로 설정하여 콤포지션을 생성한 후 **Composition** 패널에서 '**4 Views**'를 선택한다.

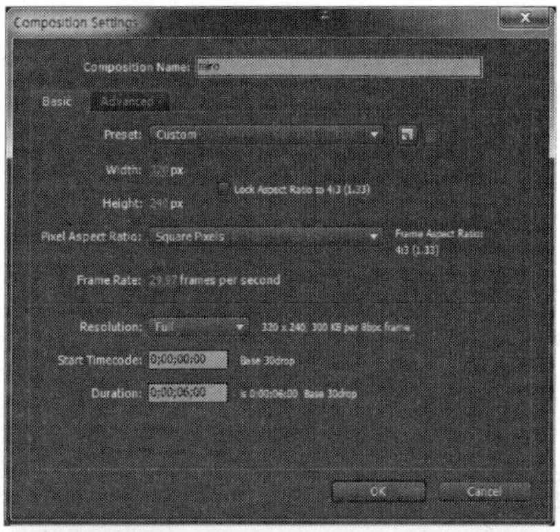

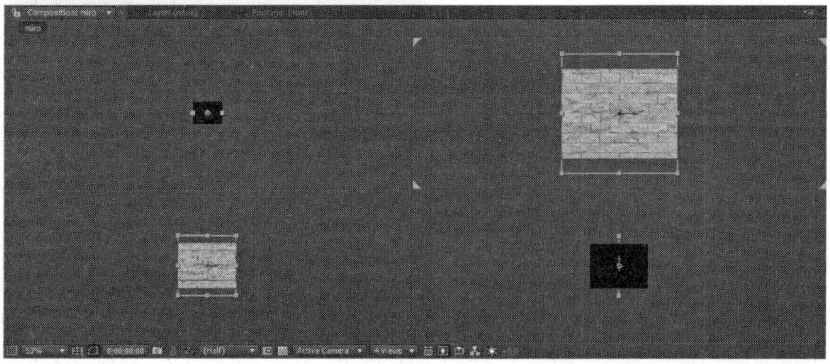

03 **Timeline** 패널로 드래그한 후 **3D** 난을 클릭한 후 단축키 '**R**'을 클릭하여 Rotation 옵션이 나오게 한 후 **Orientation:0.0°,90.0°,0.0°**로 입력하여 'Y'축으로 회전시킨다.

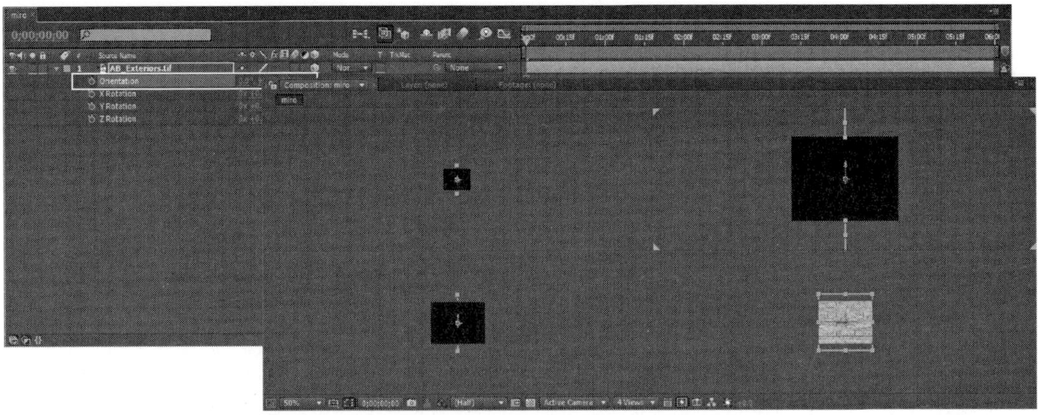

04 **Composition** 패널에서 '**Top**' View를 선택한 후 '**Z**'축을 잡고 왼쪽으로 드래그하여 이동한 후 '**X**'축을 잡고 위쪽으로 드래그하여 이동한다.

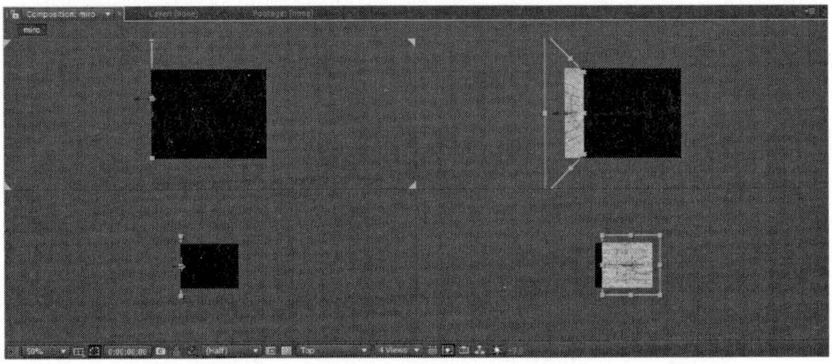

05 **Timeline** 패널에서 '**AB_Exteriors**' Layer를 선택한 후 '**Ctrl+D**'를 하여 Layer를 복제한 후 단축키 '**S**'를 클릭하여 Scale 옵션이 나타나게 한 후 을 클릭하고 **Scale:200.0, 200.0, 200.0%**를 입력하여 X축으로 이미지를 키운다.

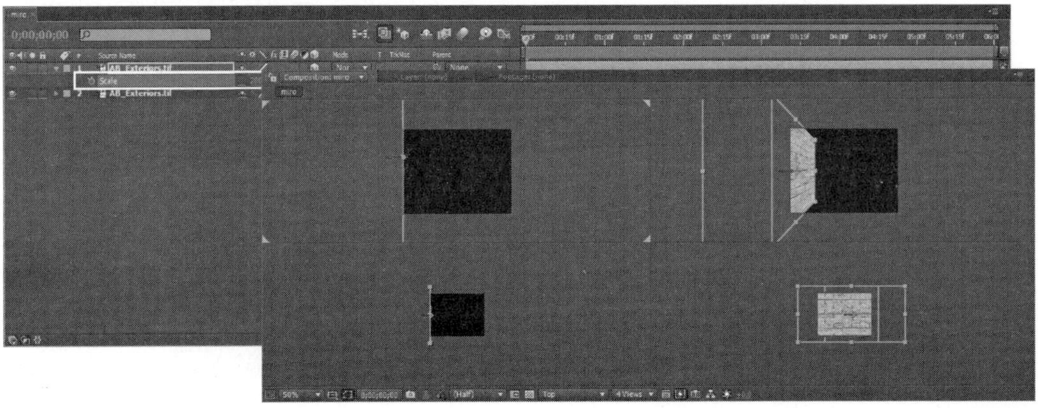

06

Composition 패널에서 'Top' View를 선택한 후 'Z'축을 잡고 왼쪽으로 드래그하여 이동한 후 'X'축을 잡고 위쪽으로 드래그하여 이동한다.

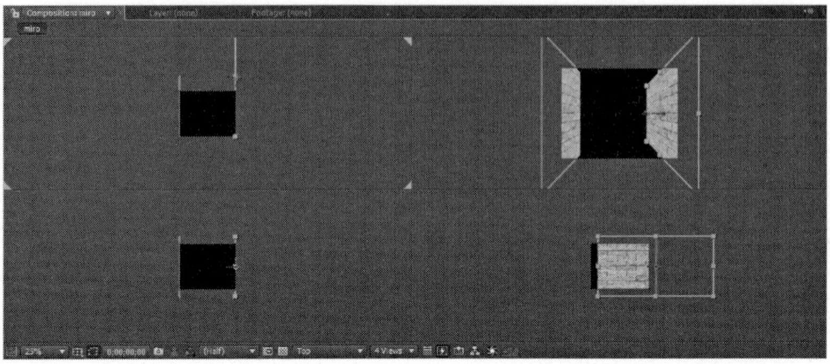

07

Timeline 패널에서 'Ctrl+D'를 하여 Layer를 복제한 후 단축키 'R'을 클릭하여 Rotation 옵션이 나오게 한 후 **Orientation:0.0°,0.0°,0.0°**로 입력한다.

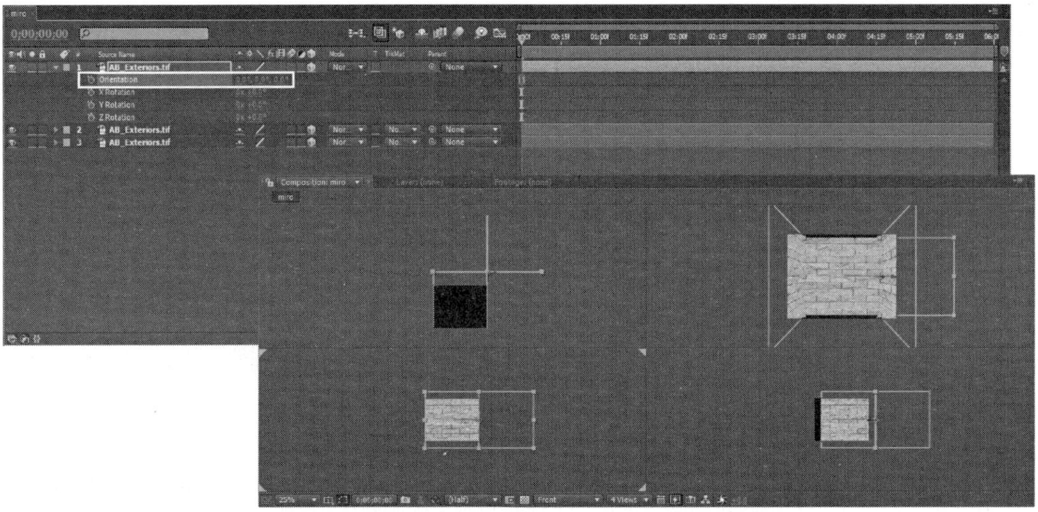

08

Composition 패널에서 'Top' View를 선택한 후 'Z'축을 드래그하여 뒷벽을 만든다.

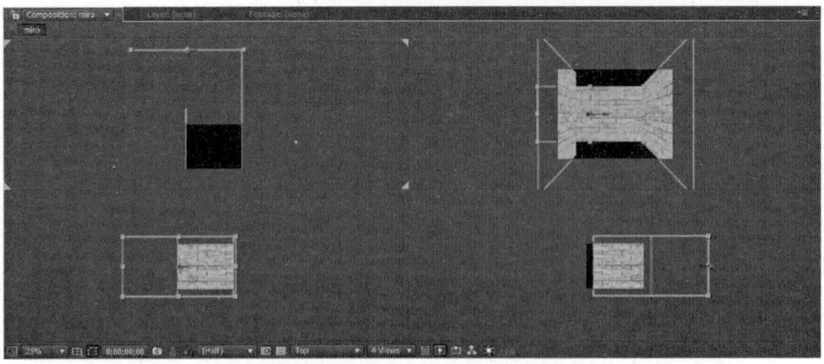

09 **Timeline** 패널에서 **'Ctrl+D'**를 하여 Layer를 복제한 후 **'Top'** View를 선택한 후 **'Z'**축과 **X'**축을 드래그하면서 이동하여 앞쪽 벽면을 만든다.

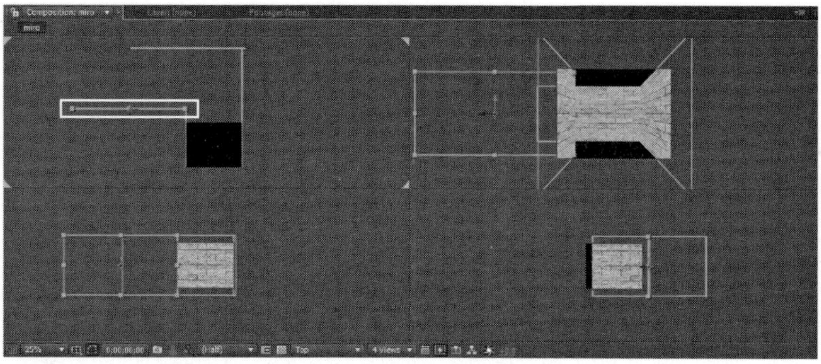

10 **Timeline** 패널에서 Layer 3의 **AB_Exteriors.tif**를 선택한 후 **'Ctrl+D'**를 클릭하여 복제한 다음 **Top** View에서 **'Z'**축과 **'X'**축으로 이동하여 벽면을 만든다.

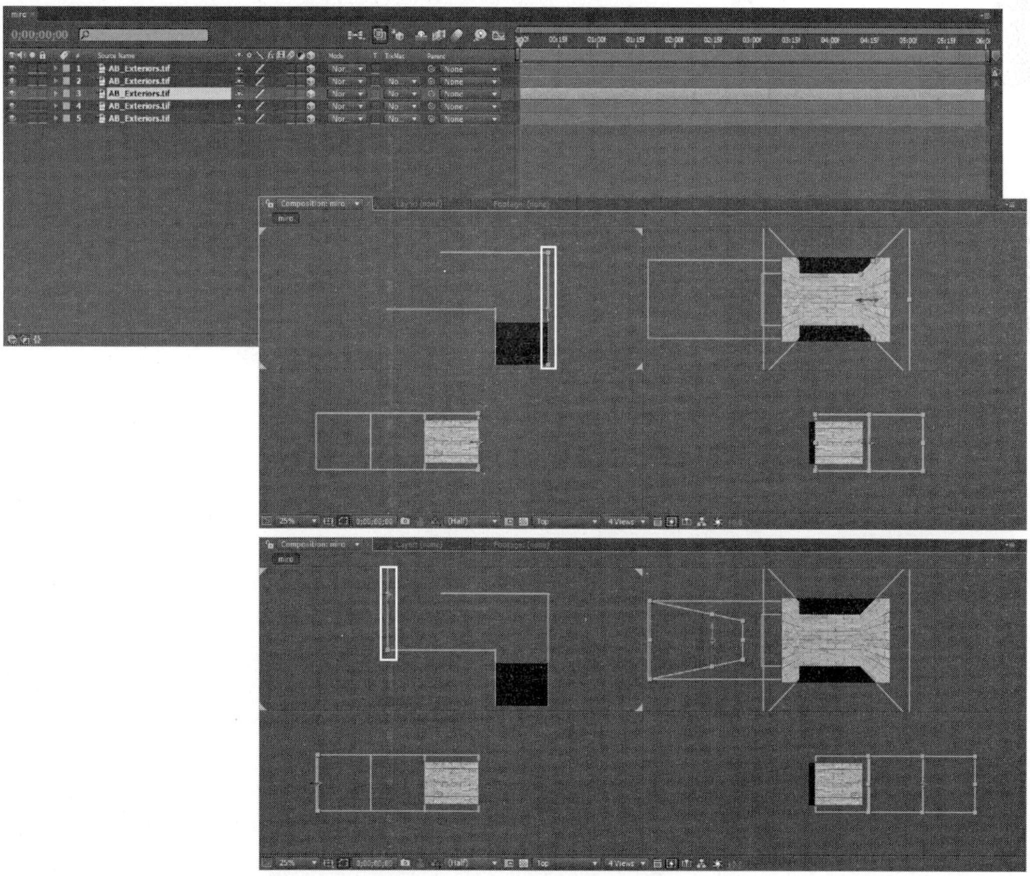

11 **Timeline** 패널에서 Layer 5의 **AB_Exteriors.tif**를 선택한 후 **'Ctrl+D'**를 클릭하여 복제한 다음 **Top** View에서 **'Z'**축과 **'X'**축으로 이동하여 벽면을 만든다.

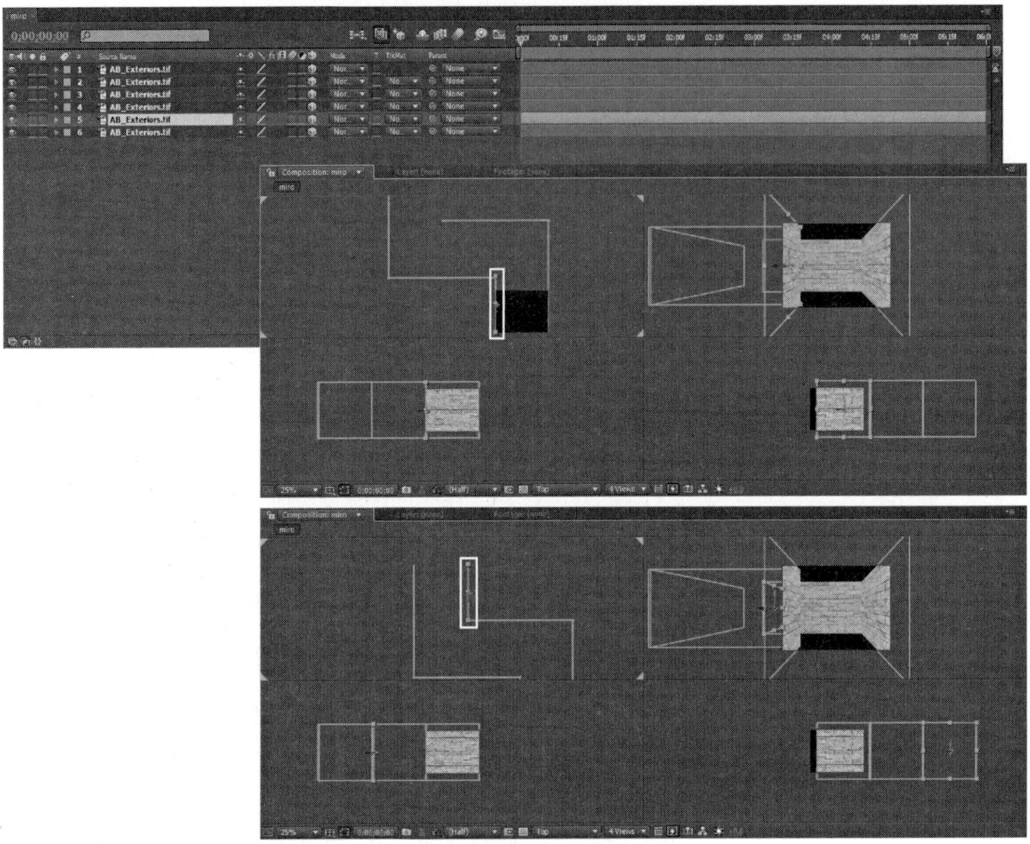

12 **Timeline** 패널에서 Layer 5의 **AB_Exteriors.tif**를 선택한 후 **'Ctrl+D'**를 클릭하여 복제한 다음 단축키 **'R'**을 클릭한 다음 **Orientation:90.0°,0.0°,0.0°**을 입력하여 'X'축으로 회전시킨다.

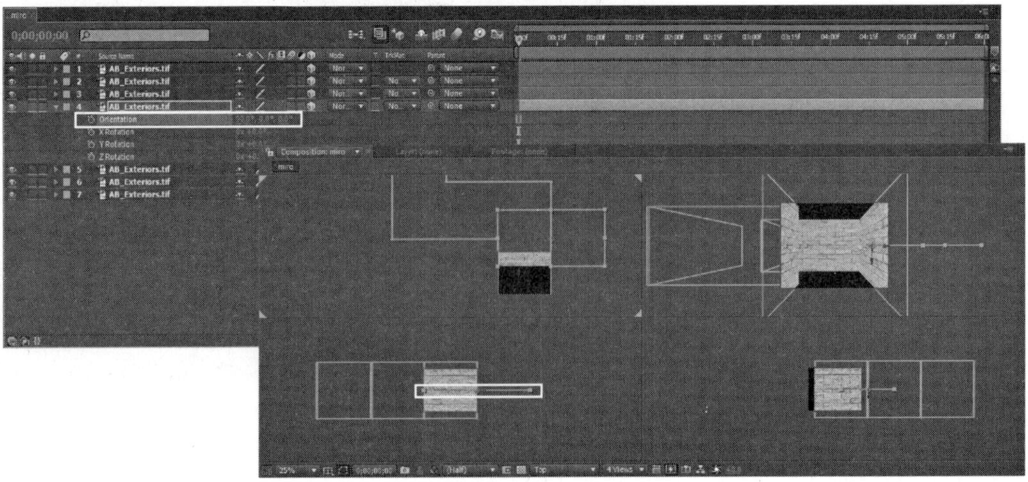

13 복제된 이미지를 선택한 다음 **Front** View에서 **'Z'**축과 **'Y'**축으로 이동하여 바닥을 만든다.

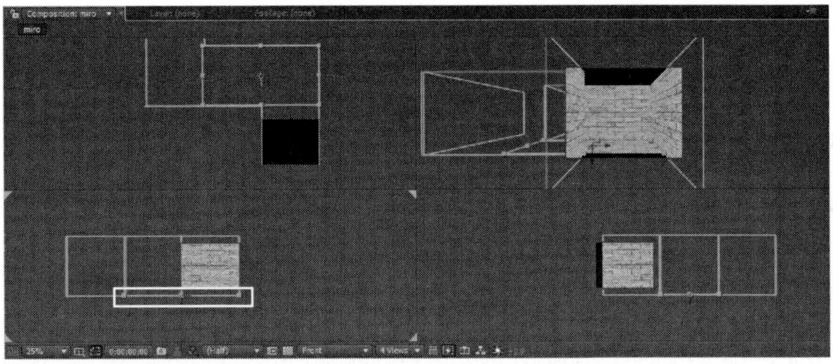

14 **Timeline** 패널에서 Layer 4의 **AB_Exteriors.tif**를 선택한 후 **'Ctrl+D'**를 클릭하여 복제한 다음 단축키 **'R'**을 클릭한 다음 **Orientation:90.0°,0.0°,90.0°**를 입력하여 회전시킨다.

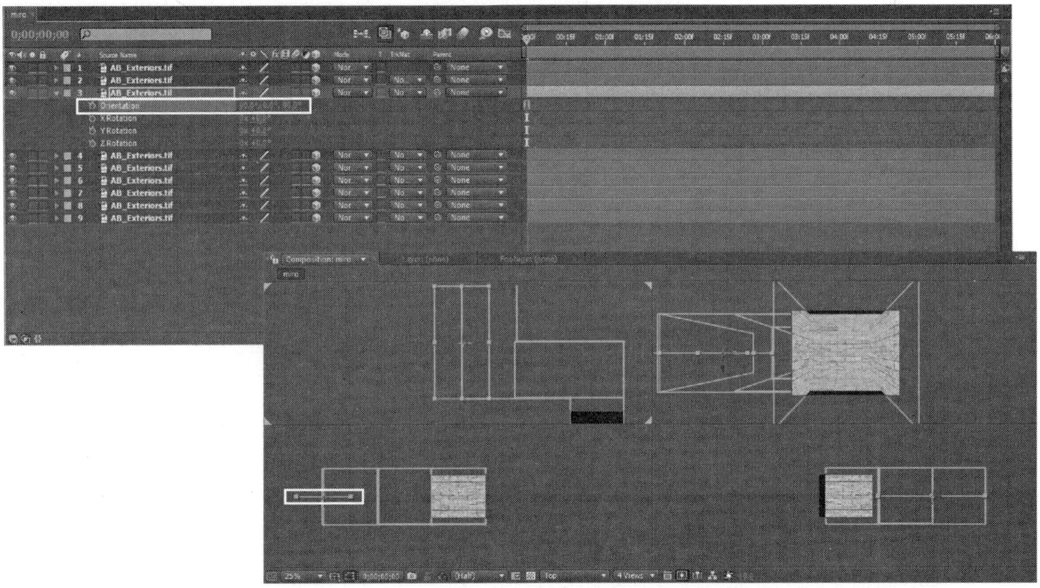

15 복제된 이미지를 선택한 다음 **Front** View에서 **'Z'**축과 **'Y'**축으로 이동하여 바닥을 만든다.

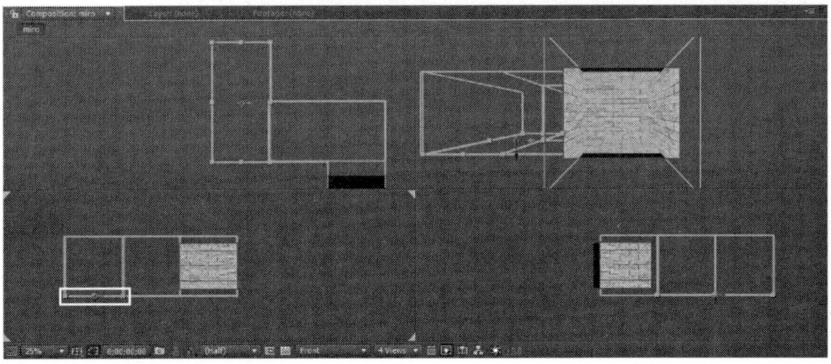

16 **Timeline** 패널에서 Layer 3의 **AB_Exteriors.tif**를 선택한 후 '**Ctrl+D**'를 클릭하여 복제한 다음 **Front** View에서 '**Z**'축을 클릭한 후 위쪽으로 이동하여 천장을 만든다.

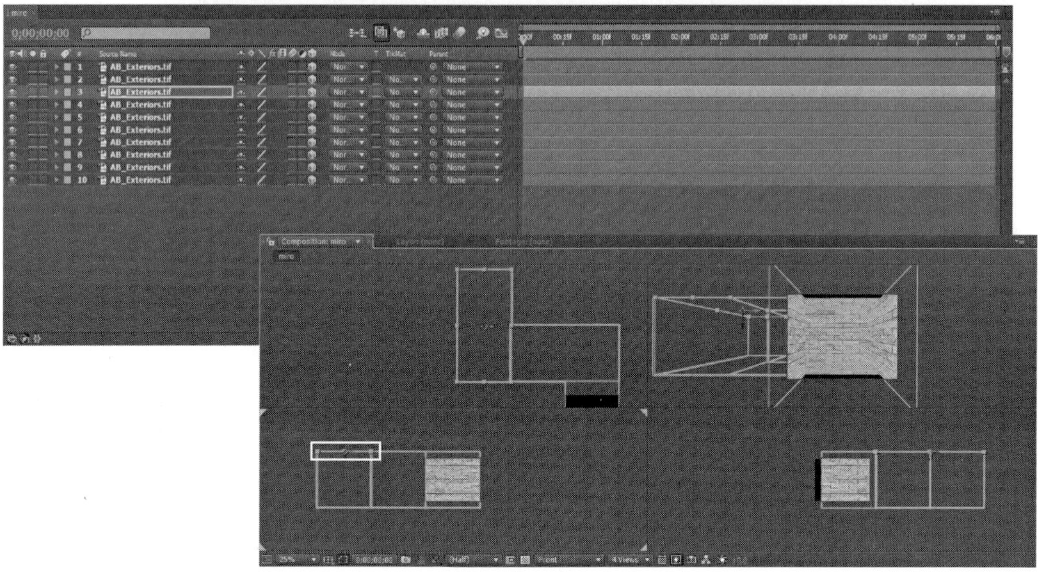

17 **Timeline** 패널에서 Layer 10의 **AB_Exteriors.tif**를 선택한 후 '**Ctrl+D**'를 클릭하여 복제한 다음 단축키 '**R**'을 클릭한 다음 **Orientation:90.0°,0.0°,0.0°**를 입력하여 회전시킨다.

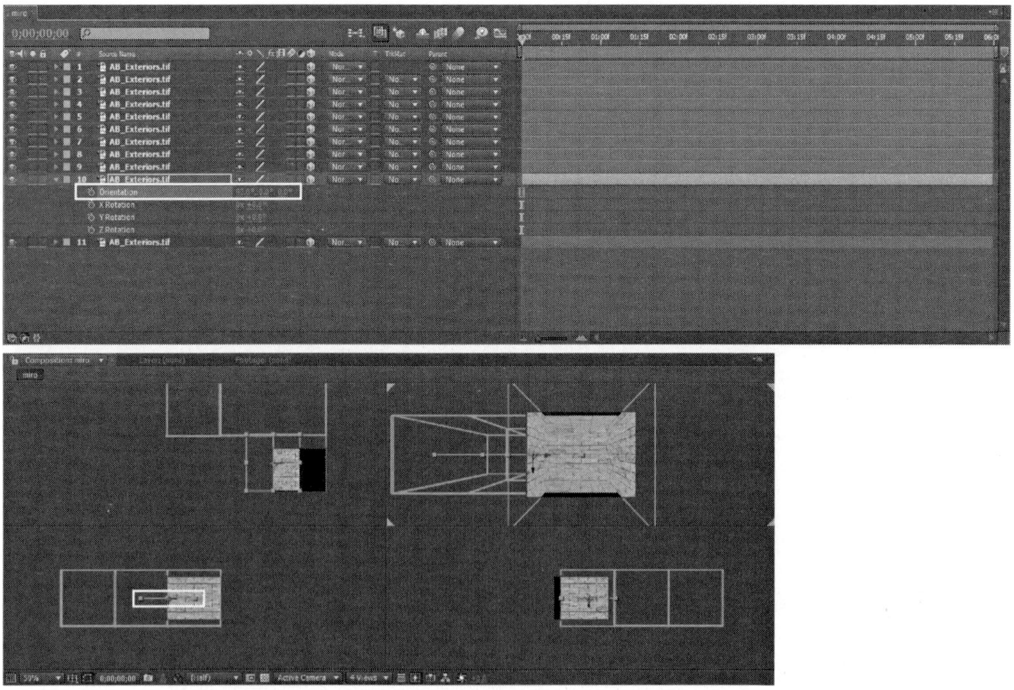

18 복제된 이미지를 선택한 다음 **Active** View에서 **'Z'**축과 **'X'**축으로 이동하여 바닥을 만든다.

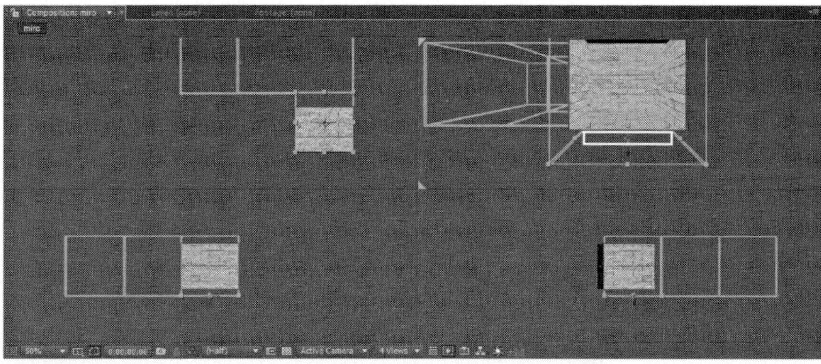

19 **Timeline** 패널에서 Layer 10의 **AB_Exteriors.tif**를 선택한 후 **'Ctrl+D'**를 클릭하여 복제한 후 **Active** View에서 **'Z'**축으로 이동하여 천장을 만든다.

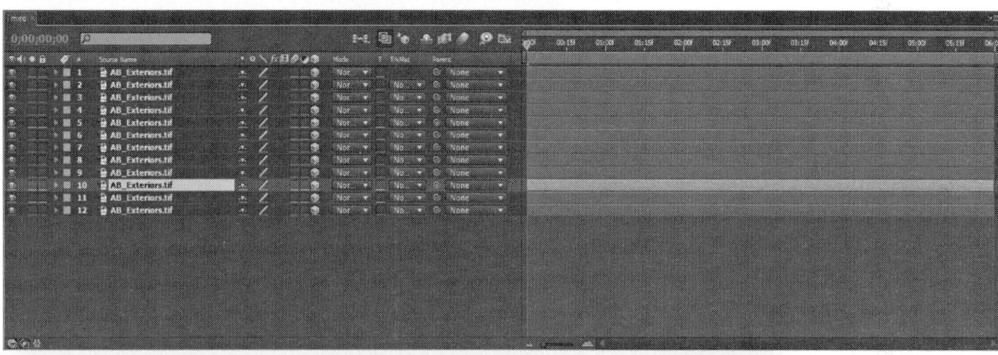

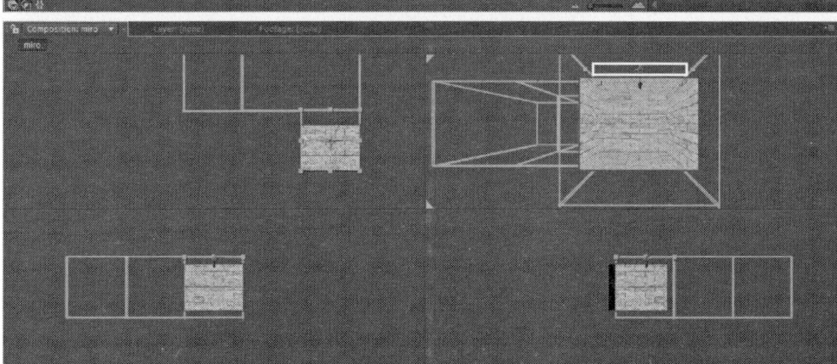

20 [Layer]-[New]-[Camera]를 선택한 후 옵션 창에서 **Name:Camera1 / Preset:35mm**를 선택한다.

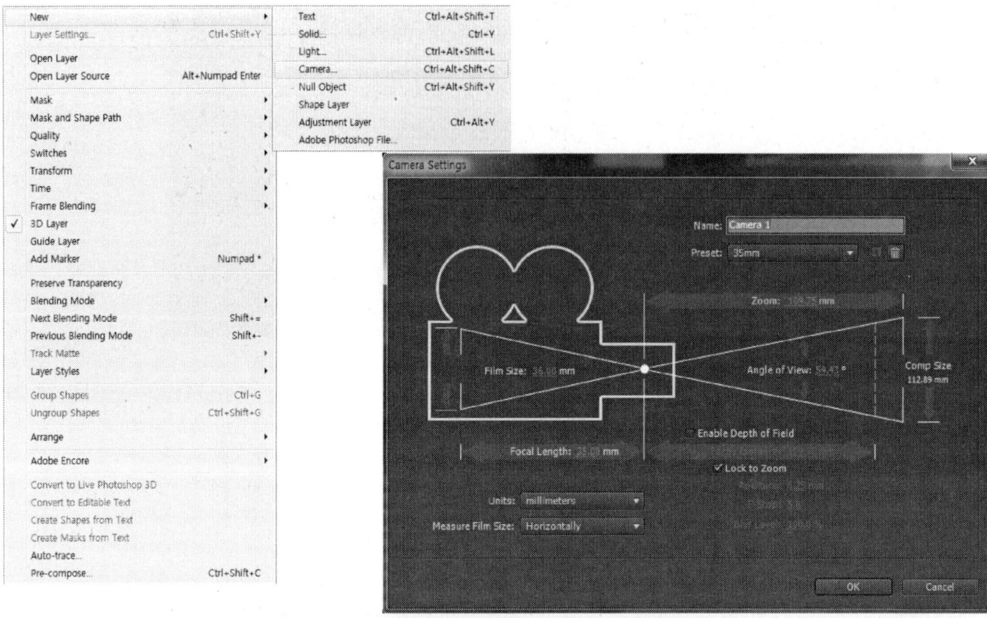

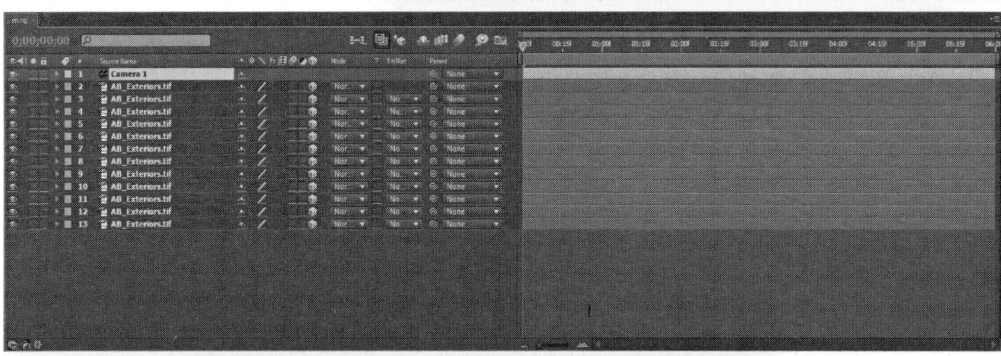

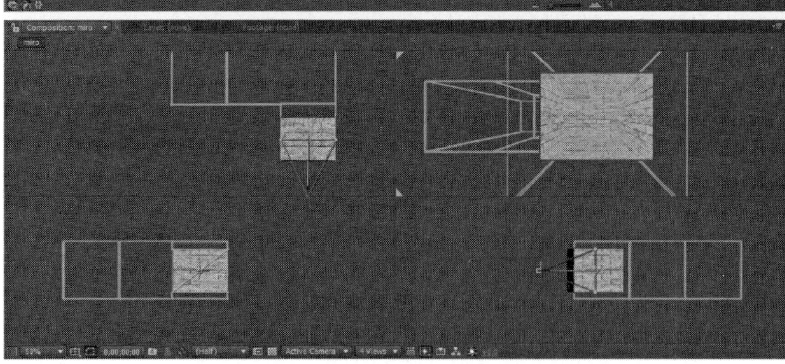

21 Top View에서 카메라를 잡고 카메라 앵글의 위치를 미로의 입구에 맞춘다.

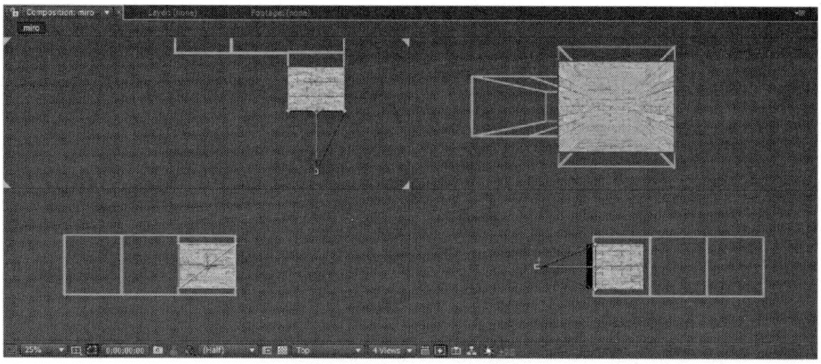

22 [Layer]-[New]-[Light]를 선택한 후 옵션 창에서 Name:Ambi_Light 1 / Light Type:Ambient / Intensity:30% / Color:B7EDFF를 설정하여 전체 조명값을 준다.

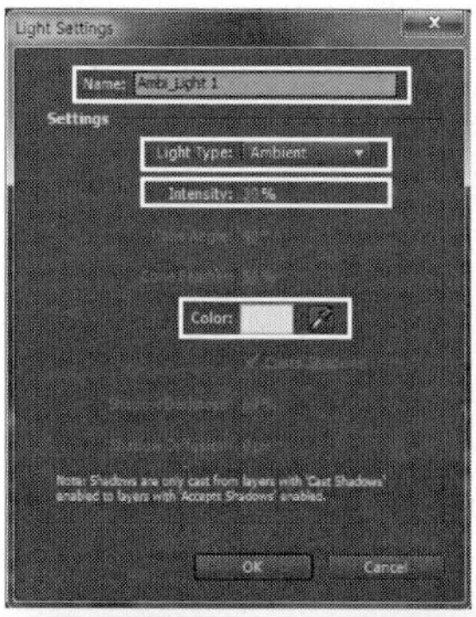

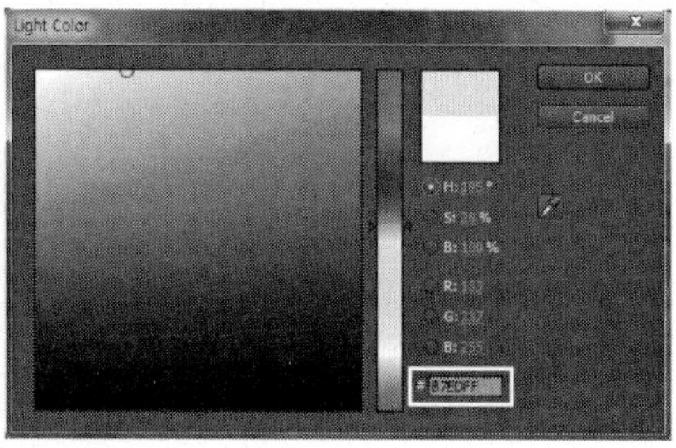

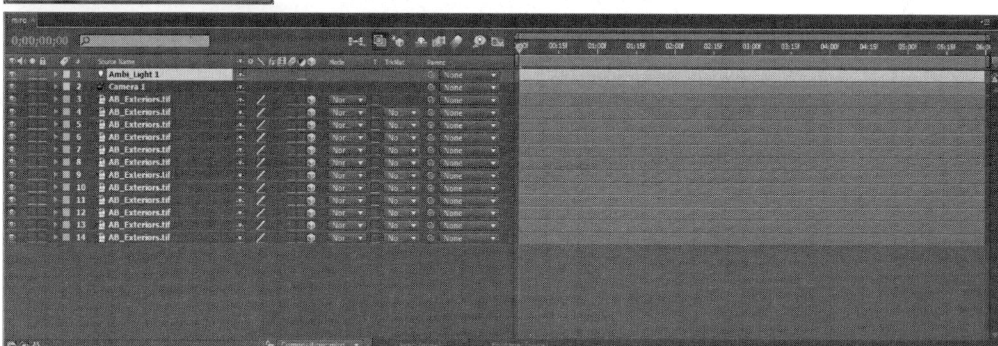

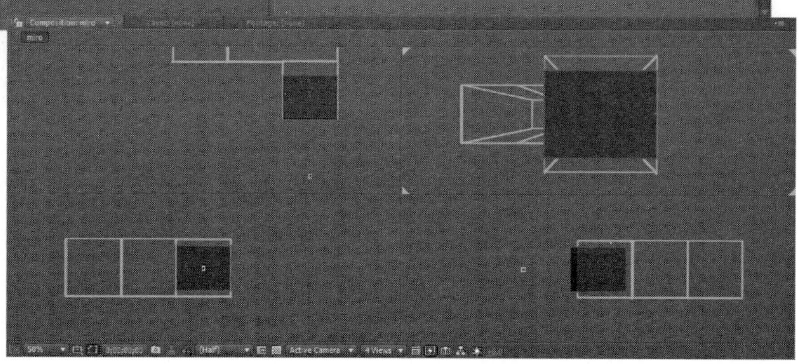

23 **[Layer]-[New]-[Light]**를 선택한 후 옵션 창에서 **Name:spot_Light 1 / Light Type:Spot / Intensity:90% / Cone Angle:80°/ Cone Feather:50% / Color:FFFFDA / Casts Shadows / Shadow Darkness:60%**를 설정한다.

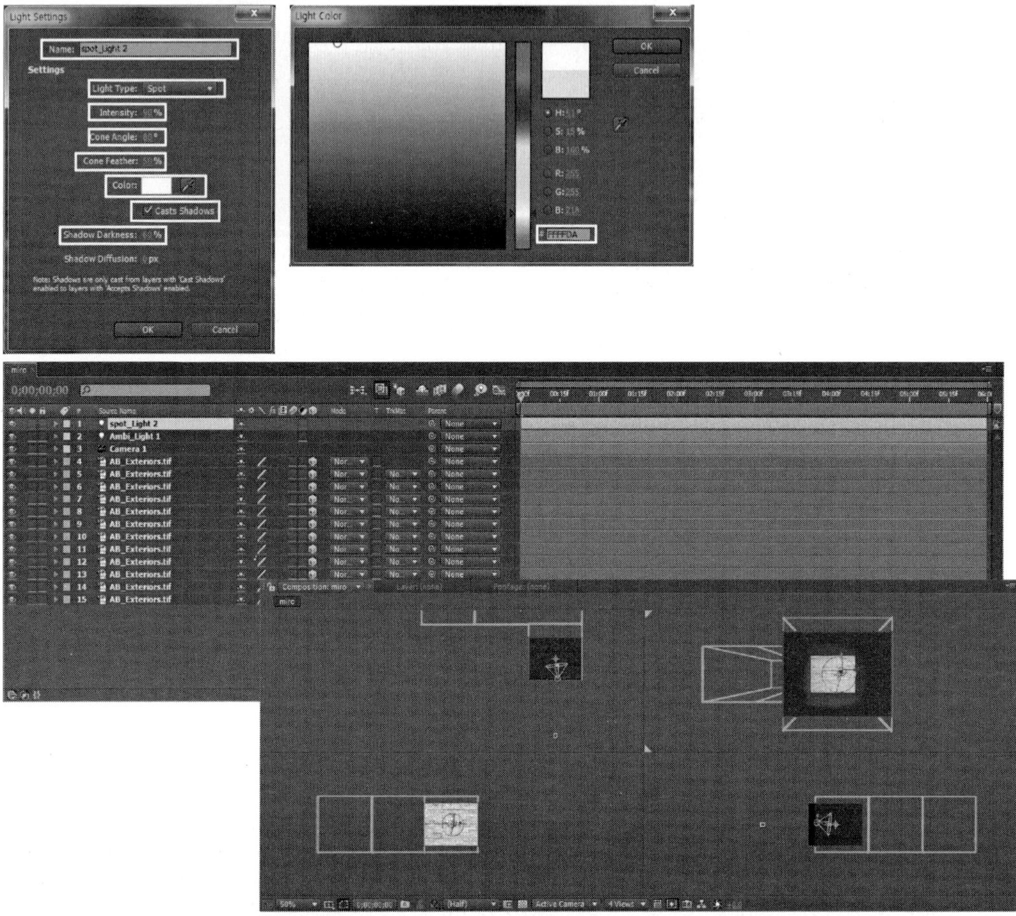

24 **Right** View에서 카메라 뒷부분을 잡고 조명을 뒤쪽 위로 이동한 후 **Point of Interest**를 잡고 아래쪽 바닥으로 조명이 나타나게 조절한다.

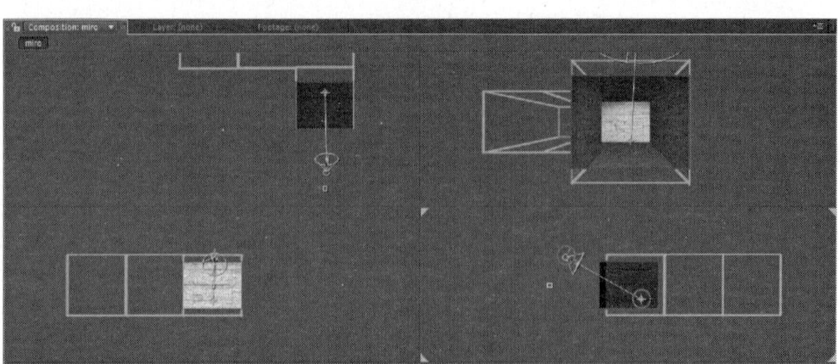

25 **Timeline** 패널에서 **'Camera 1'** Layer를 선택하고 단축키 **'A'**를 클릭하고 Shift를 클릭한 상태에서 **'P'**를 클릭하여 **Point of Interest**와 **Position** 옵션이 나타나면 스톱왓치 아이콘을 클릭하여 키프레임을 설정한다.

26 **Composition** 패널을 **2 View**로 설정한 후 왼쪽 View 는Top View로 수정하여 카메라 이동 작업을 하기 편하게 한다.

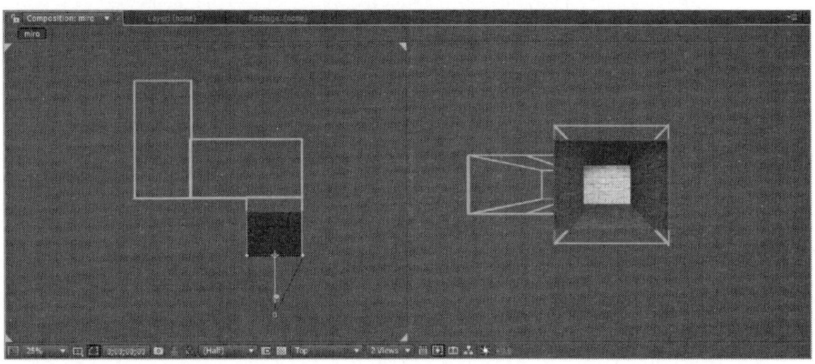

27 **Indicator**가 **0;00;00;08**로 이동한 후 **Composition** 패널의 **Top** View에서 **Point of Interest**를 앞쪽으로 이동한다.

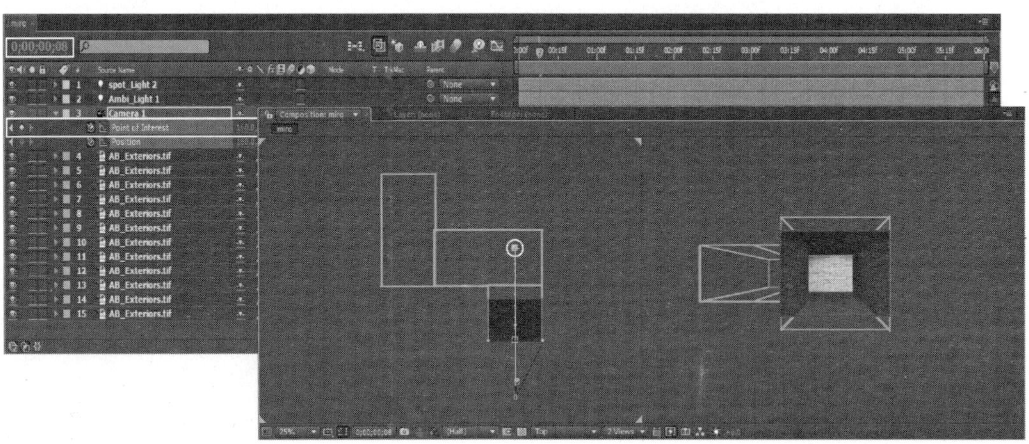

28 **Composition** 패널의 '**Top**' View에서 카메라 뒷부분을 클릭하여 '**Z**'축 방향으로 이동하여 미로 안쪽으로 카메라를 움직인다.

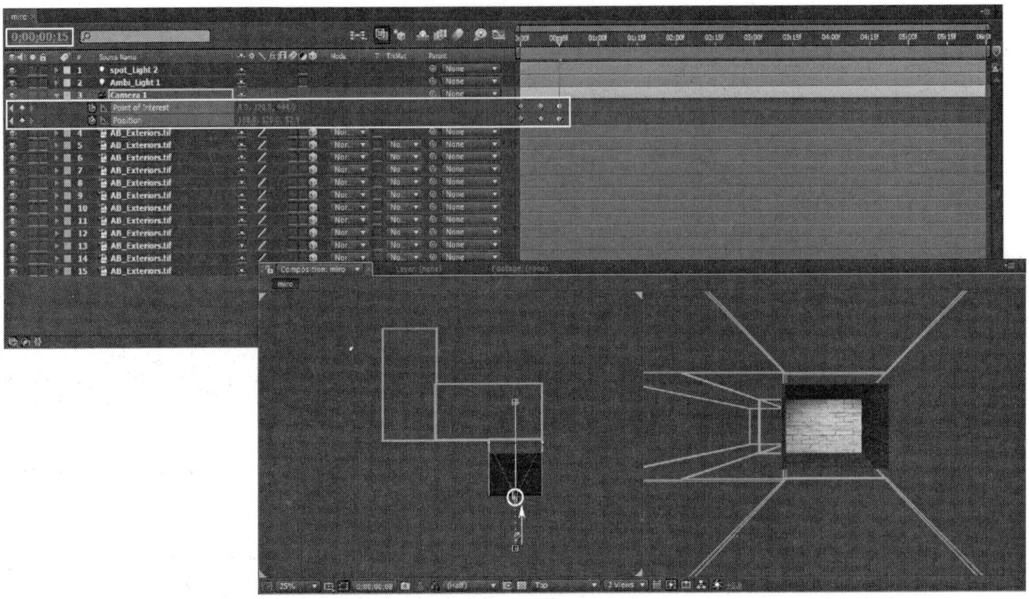

29 **Timeline** 패널에서 **Indicator**를 **0;00;00;15**로 이동한 후 **Composition** 패널의 '**Top**' View를 선택하고 **Point of Interest**를 앞쪽으로 이동한 후 카메라 뒷부분을 클릭하여 미로를 따라 통로 안쪽으로 카메라를 이동한다.

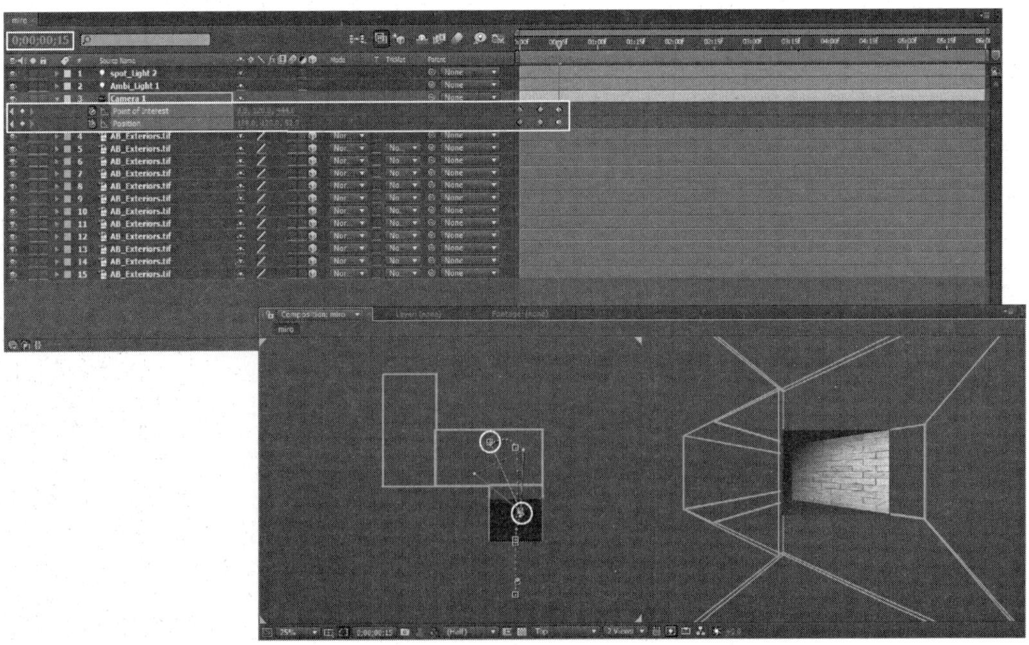

30 **Indicator**를 **0;00;00;23**로 이동한 후 **Composition** 패널의 **'Top'** View에서 **Point of Interest**를 앞쪽으로 이동한 후 카메라 뒷부분을 클릭하여 미로를 따라 통로 안쪽으로 카메라를 이동한다.

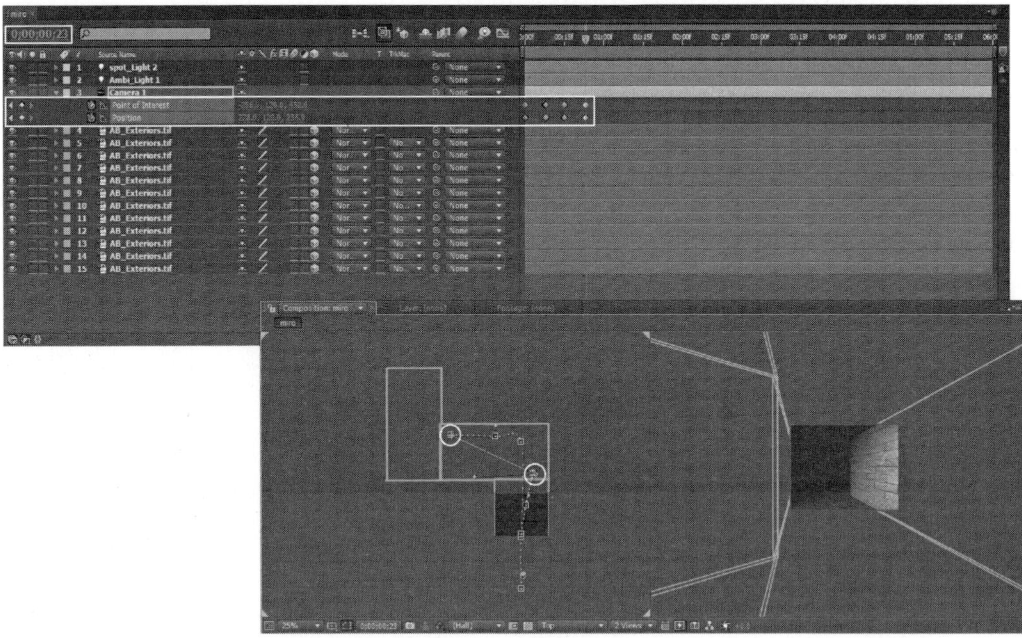

31 **Indicator**를 **0;00;01;00 / 0;00;01;07 / 0;00;01;14**로 이동하면서 카메라의 **Point of Interest**를 먼저 움직이고 **Position**을 움직이면서 미로통로 경로를 따라 카메라를 움직인다.

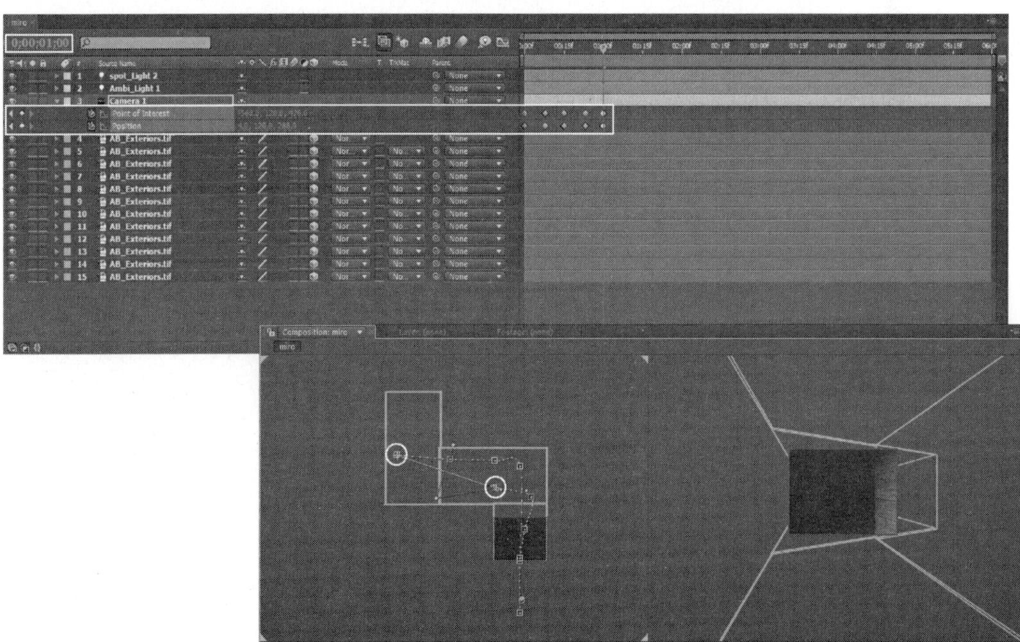

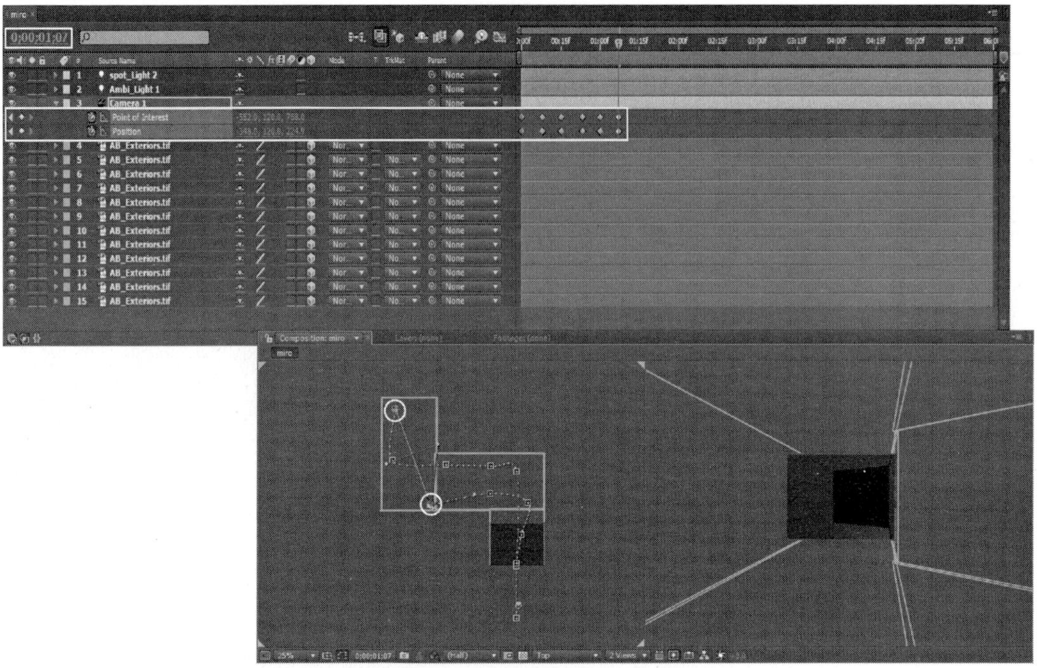

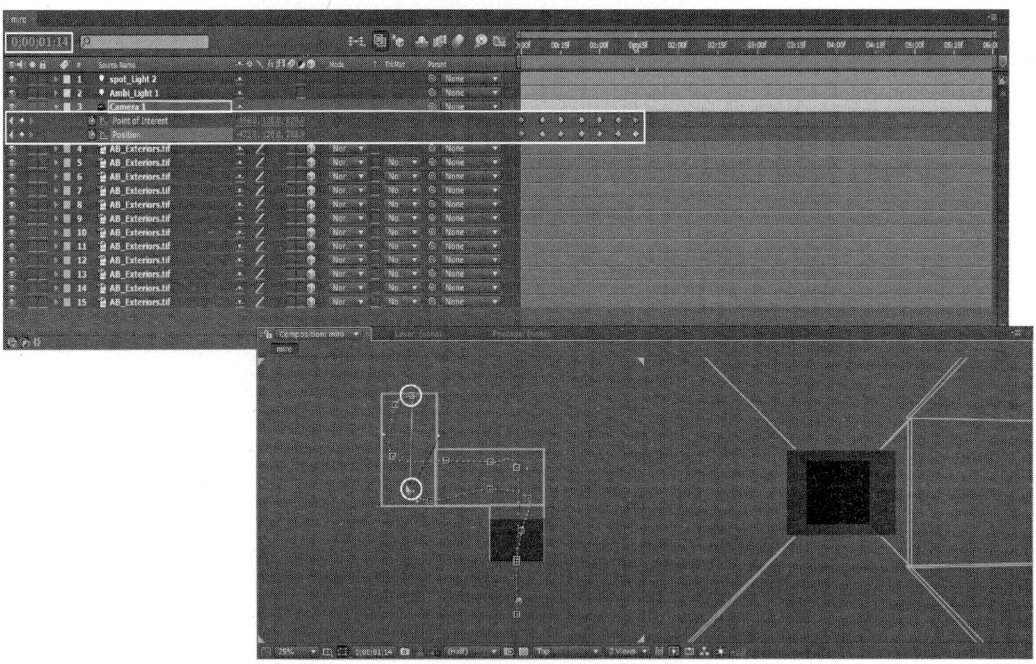

32 **Timeline** 패널에서 **Indicator**를 **0;00;00;00**으로 이동한 후 **'spot_light2'** Layer를 선택한 후 단축키 **'A'**를 클릭한 후 Shift키를 누르고 **'P'**를 클릭하여 **Point of interest**와 **Position** 옵션이 나오게 한 후 스톱왓치 아이콘을 클릭하여 키프레임을 설정한다.

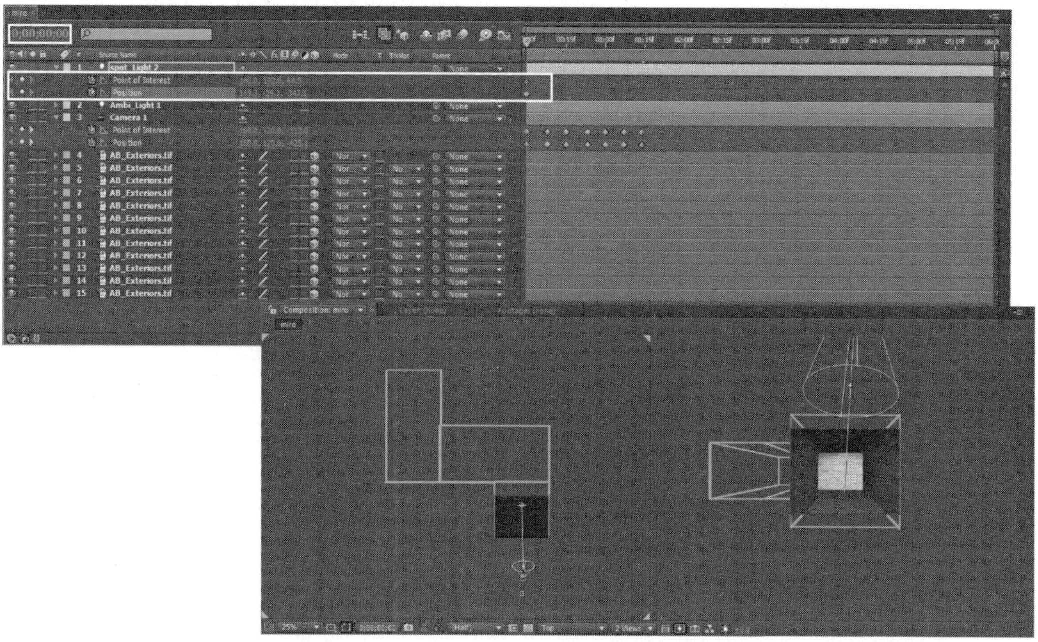

33 **Indicator**를 **0;00;00;08**로 이동한 후 **'Top'** View를 선택한 후 **Point of Interest**를 클릭하여 앞쪽으로 움직인 다음 조명 뒷부분을 클릭 드래그하여 **position**을 수정하여 조명위치를 조정한다.

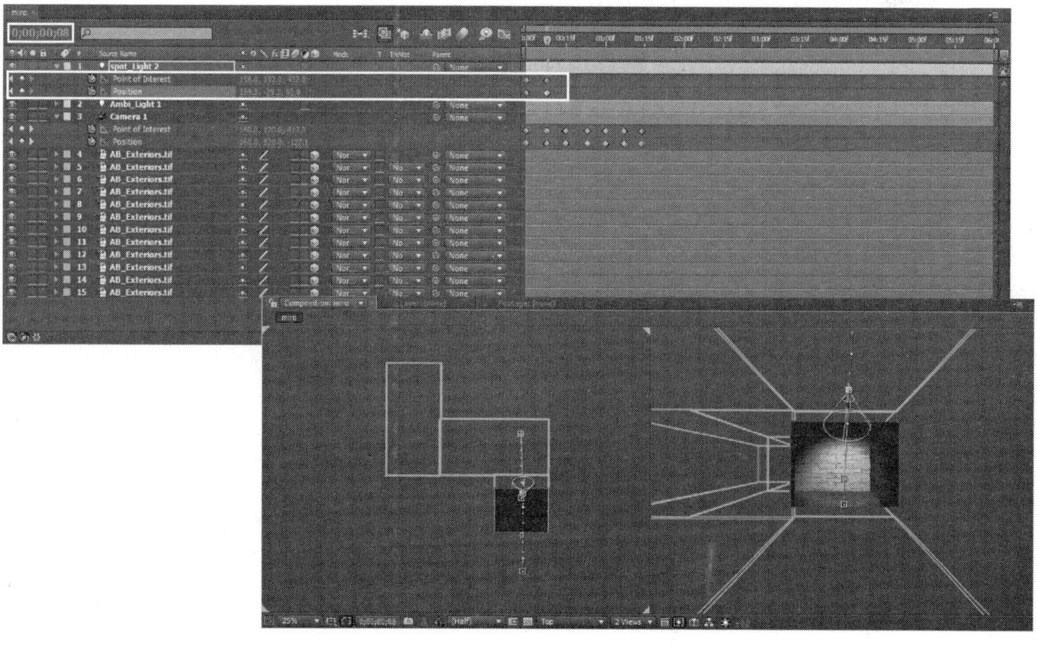

34 **Indicator**를 **0;00;00;15 / 0;00;00;23 / 0;00;07;29**로 차례로 드래그하면서 '**Top**' View에서 조명 위치를 드래그하며 조정한다.

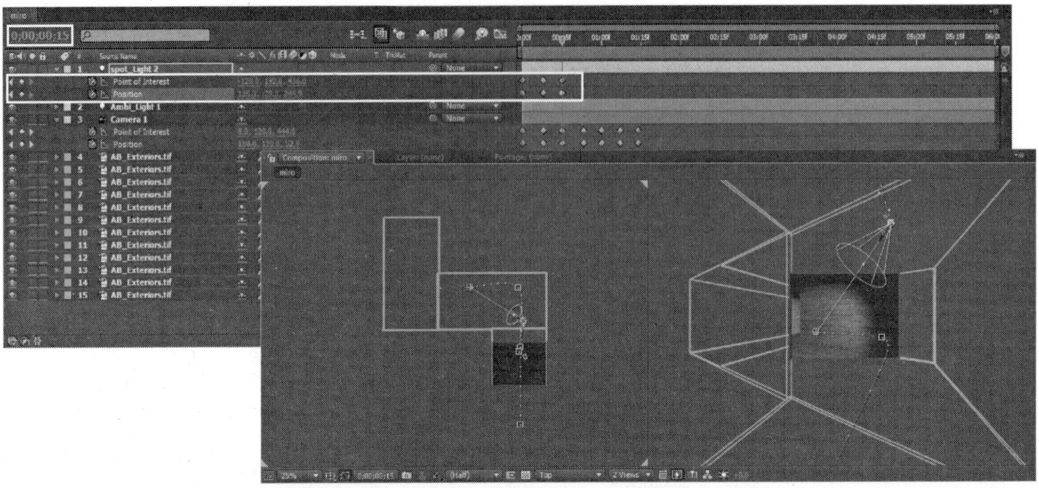

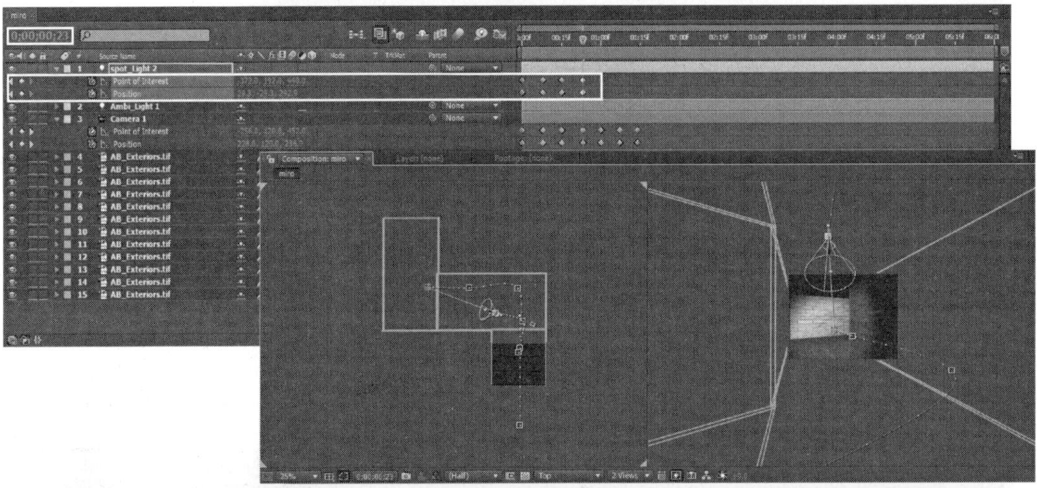

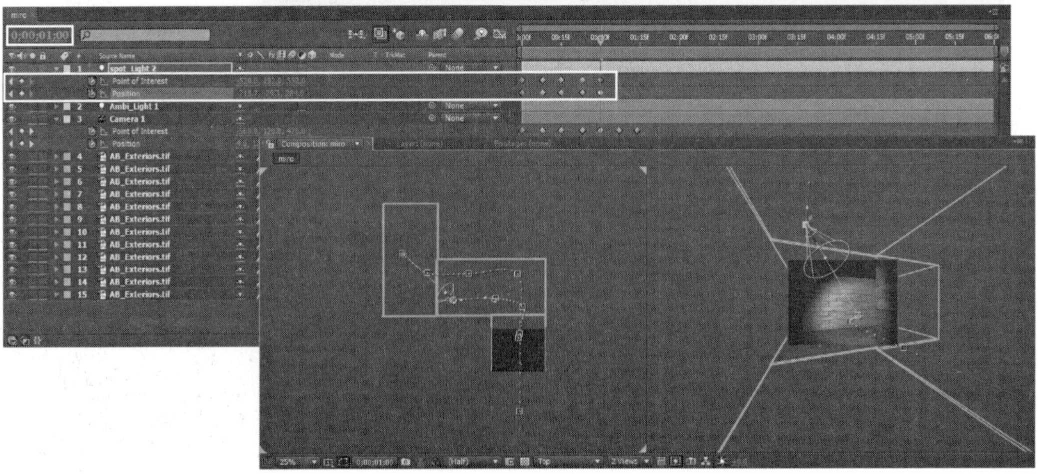

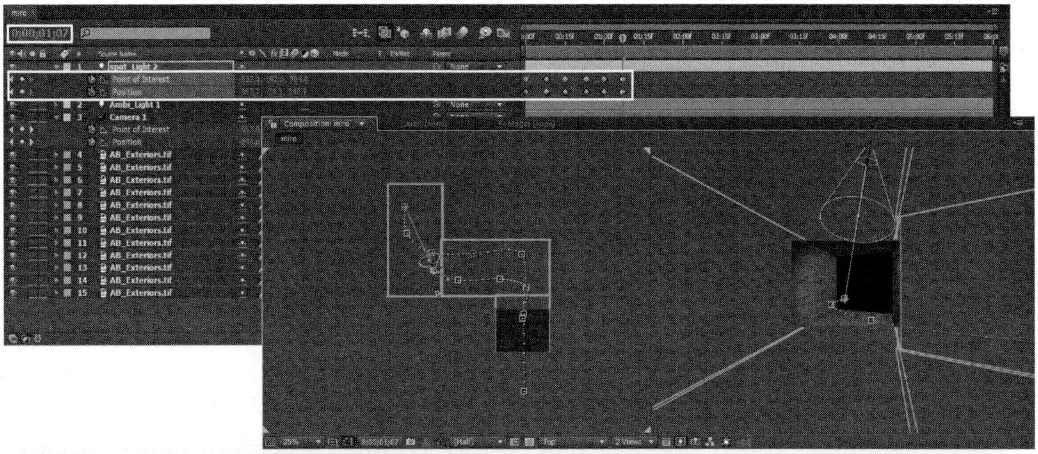

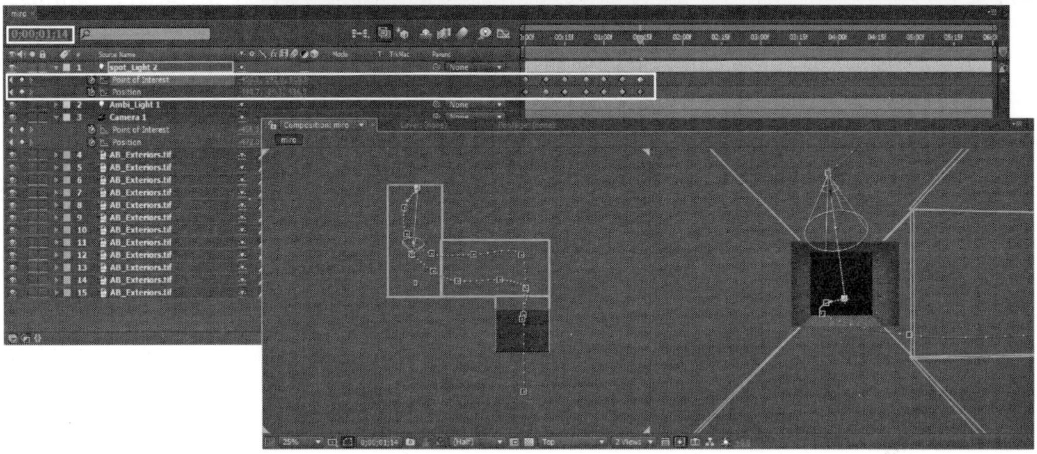

35 **[Composition]-[Composition settings]** 옵션 창에서 **Composition Name:Shatter / Width:320px, Height:240px / Duration:0;00;06;00**으로 설정하여 새 콤포지션을 생성한 다음 **Project** 패널의 **AB_Exteriors.tif**를 클릭 드래그하여 Timeline 패널에 놓는다.

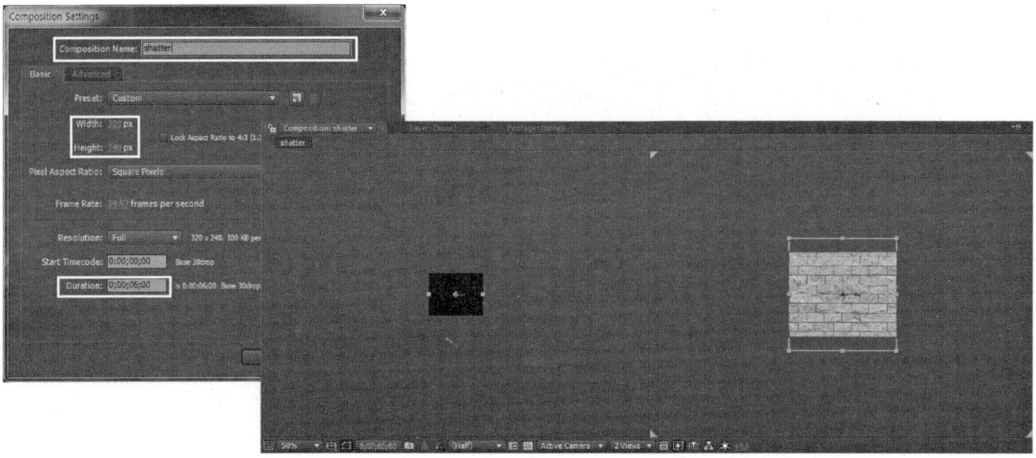

36 **AB_Exteriors.tif** Layer에 **[Effect]-[Simulation]-[Shatter]**를 적용한다.

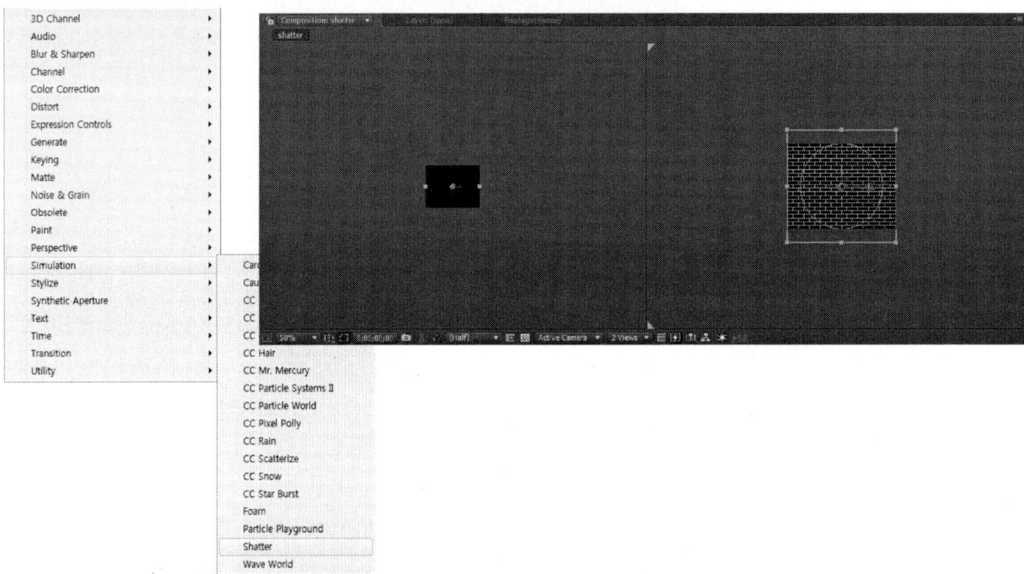

37 **Effect Controls** 패널에서 **View:Rendered / Pattern:Glass / Repetitions:12.00 / Randomness:0.66**으로 조정한다.

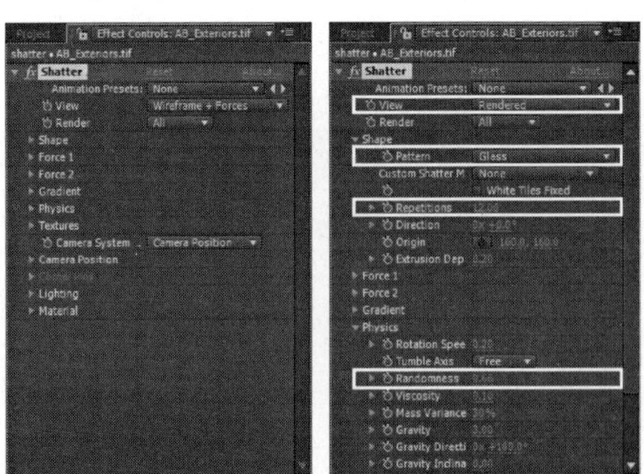

- Effect값은 작업자가 원하는 결과가 나올 때까지 옵션의 수치를 조절해 본다.

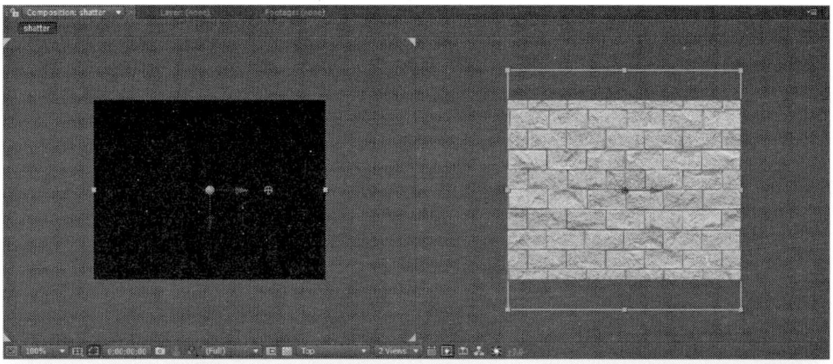

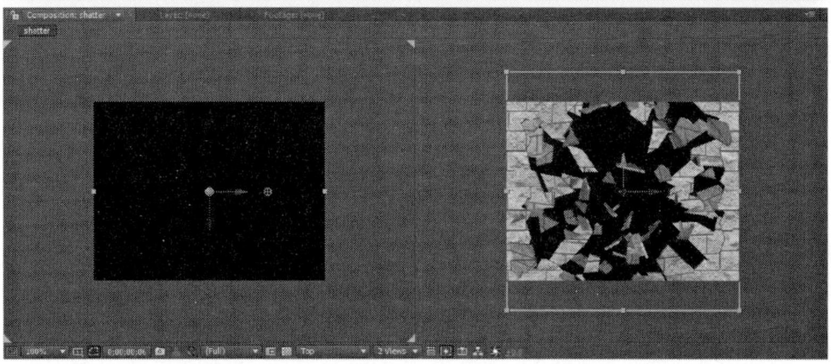

38 **Timeline** 패널에서 '**AB_Exteriors.tif**' Layer를 선택한 후 **[Layer]-[Pre Compose]**를 선택한 후 옵션 창에서 **Name:Shatter**로 입력한 후 '**Move All Attributes into the new composition**'을 선택 적용한다.

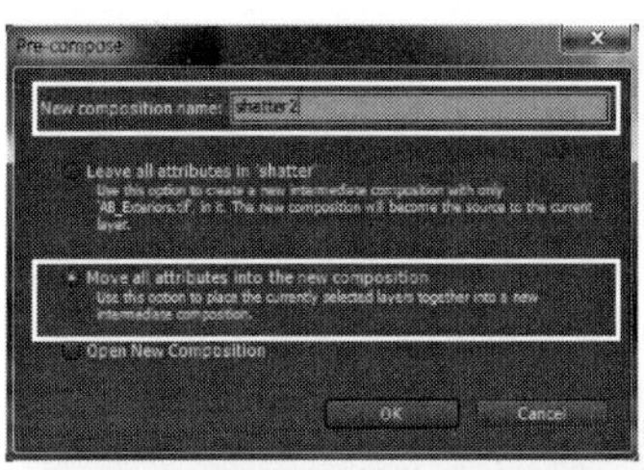

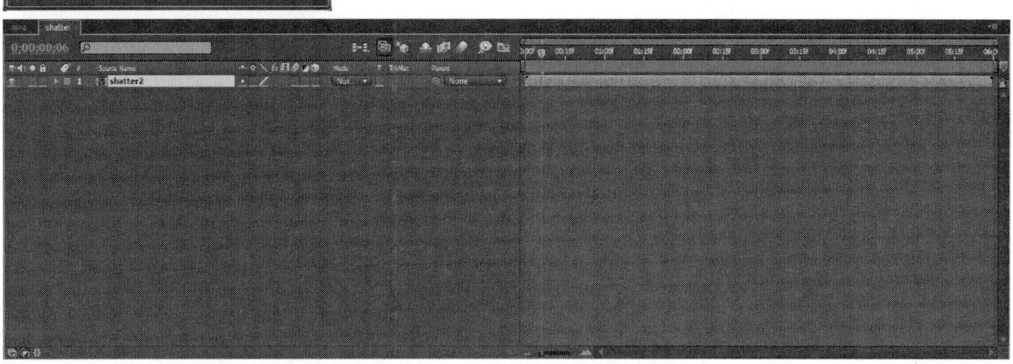

39 **Timeline** 패널에서 '**Shatter 2**' Layer를 선택한 후 마우스 오른쪽 버튼을 클릭한 후 **Time-Enable Time Remapping**을 선택 적용한다.

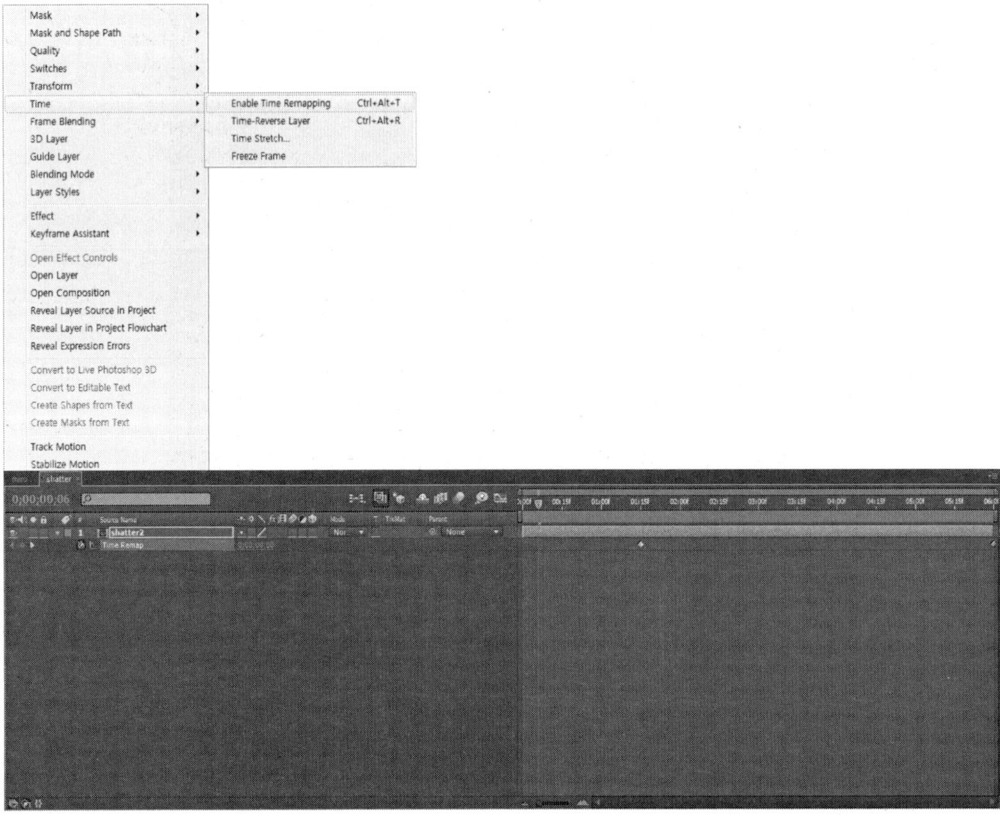

40 **Time Remap:0;00;00;00**으로 설정된 키프레임을 클릭 드래그하여 **01:15f**로 이동하여 시작 지점을 변경한다.

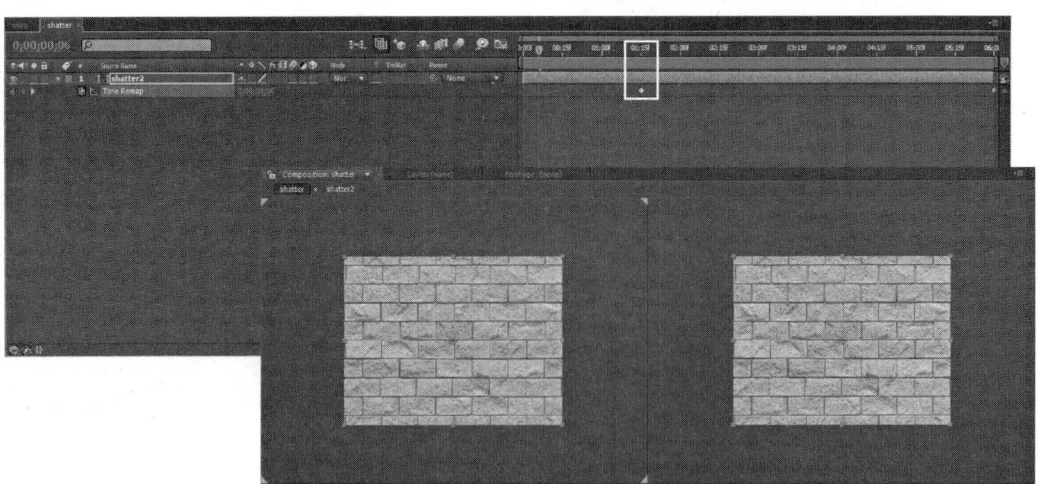

41 **Indicator**를 **0;00;01;23**으로 위치시킨 후 **Time Remap:0;00;00;01**로 설정으로 설정하여 금가는 이미지를 8프레임 간 지연되게 한다.

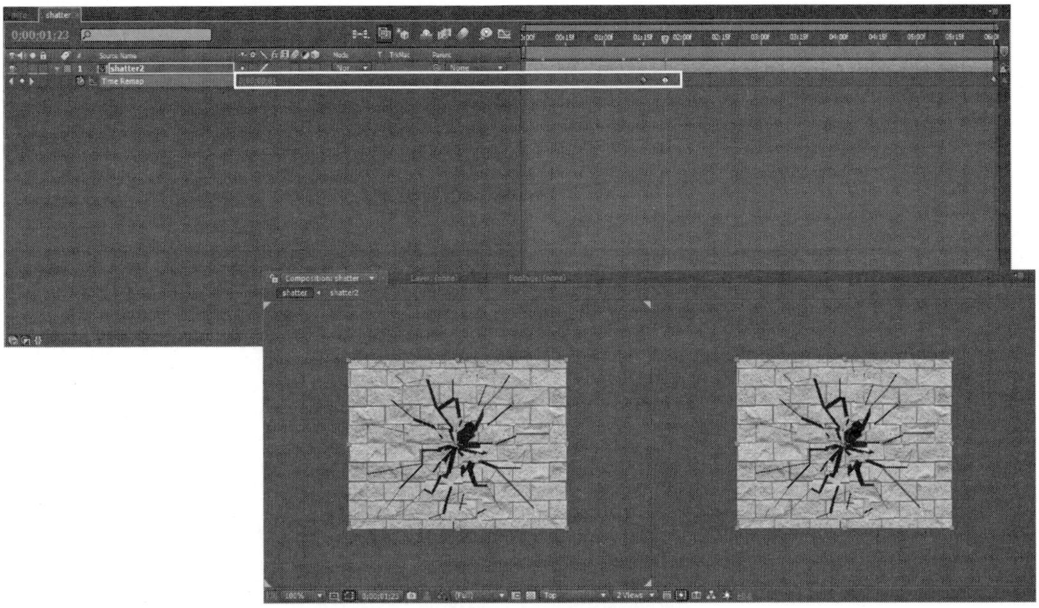

42 **Indicator**를 **0;00;01;23**으로 위치시킨 후 '**Time Remap:0;00;00;01**로 설정하여 금이 간 상태에서 이미지가 고정되게 한다.

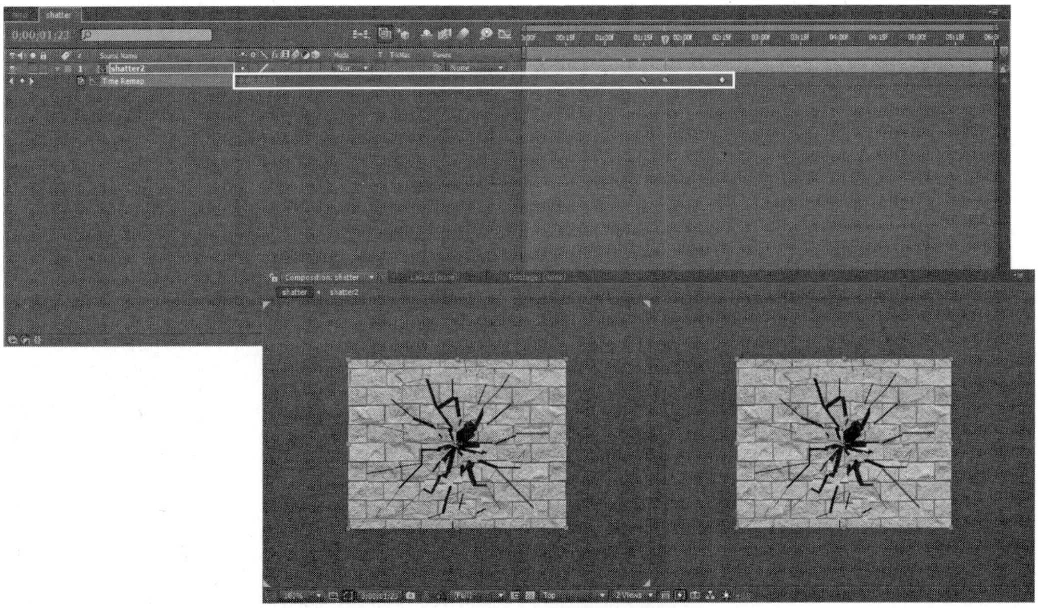

43 **Indicator**를 **0;00;01;15**로 위치시킨 후 단축키 **'P'**를 클릭한 상태에서 **Shift**키를 누르고 **'S'**와 **'R'**을 눌러 **Position, Scale, Rotation** 옵션이 나오게 한 후 **Position, Rotation** 스톱왓치 아이콘을 클릭하여 키프레임을 설정한다.

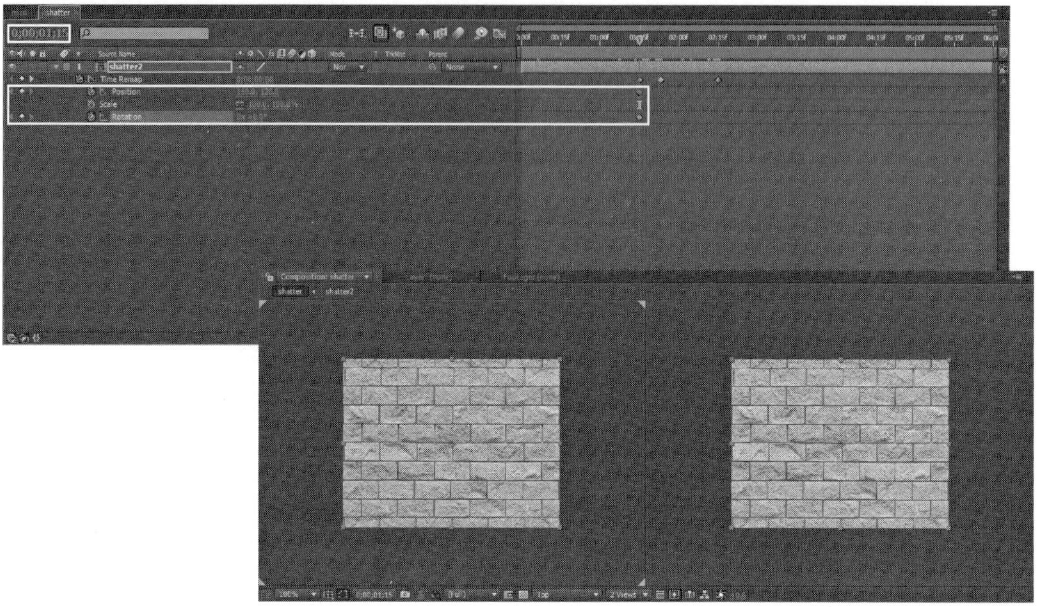

44 **Indicator**를 **0;00;02;15**로 위치시킨 후 **Position, Rotation** 키프레임 아이콘을 클릭하여 키프레임 추가한다.

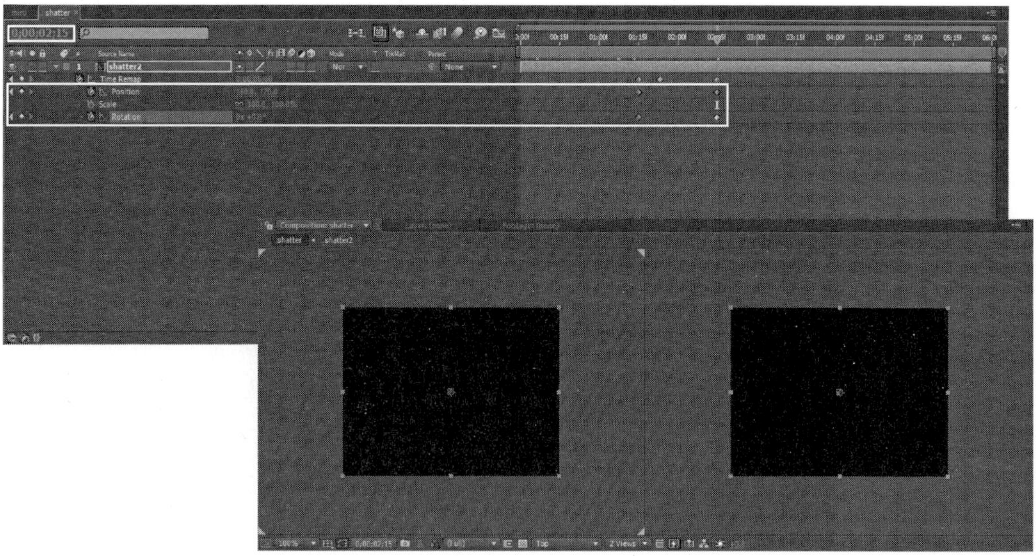

45 **Position**에 설정된 두 개의 키프레임을 드래그하여 모두 선택한 후 **Wiggler** 옵션 창에서 **Nois Type:Jagged / Dimensin:Allthe same / Frequency:10.0 / Magnitude:8.0**으로 설정하고 **Apply**한다.

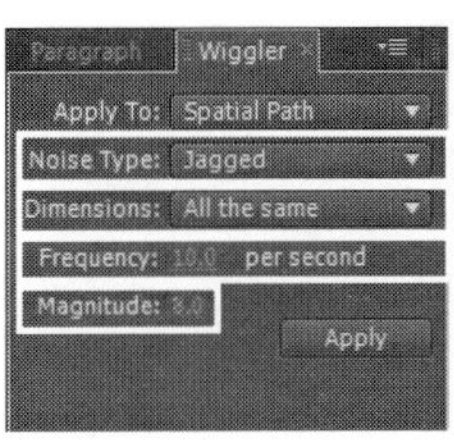

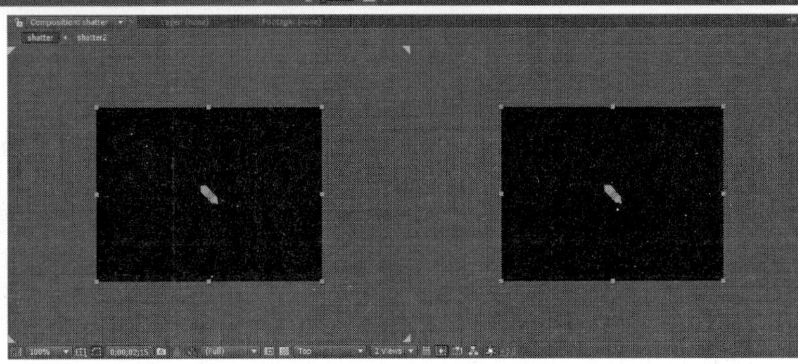

46 **Rotation**에 설정된 두 개의 키프레임을 드래그하여 모두 선택한 후 **Wiggler** 옵션 창에서 **Apply: Temporal Graph / Noise Type:Jagged / Frequency:10.0 / Magnitude:8.0**으로 설정하고 **Apply** 한다.

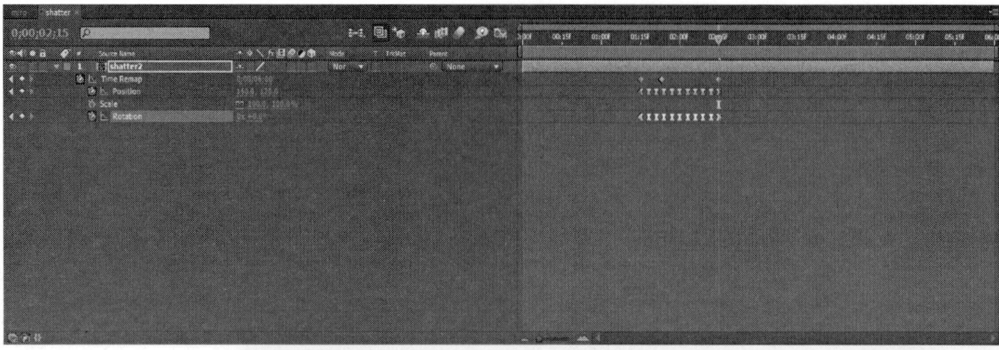

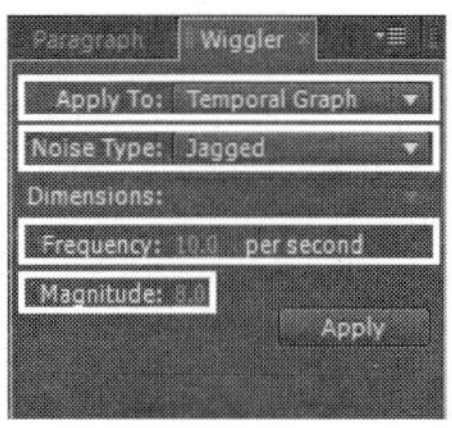

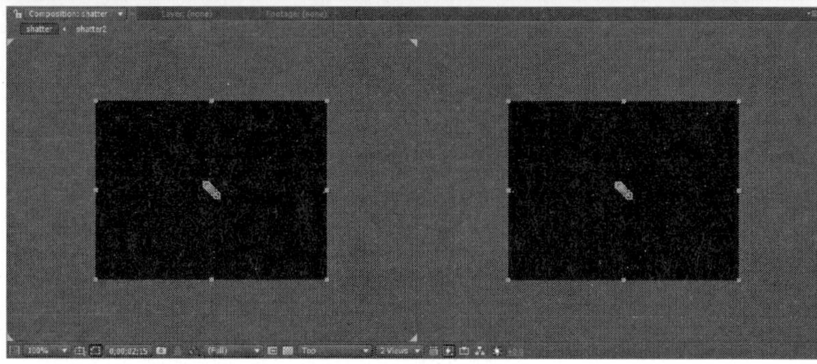

47 **Scale:120.0, 120.0%**로 이미지를 키운다.

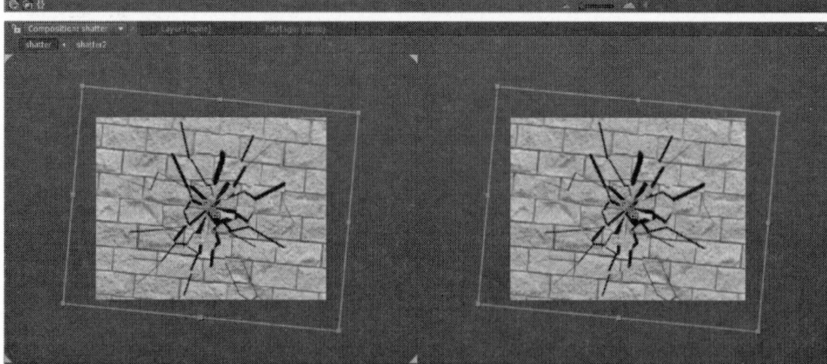

48 '**miro**' Composition을 선택한 후 **Project** 패널에서 **Shatter** composition을 클릭 드래그하여 **Camera** Layer 바로 밑에 위치시킨 후 3D난을 클릭하여 3D 이미지로 전환시킨다.

49 **Shatter** Layer가 선택된 상태에서 단축키 '**S**'를 클릭하여 옵션이 나오면 **Scale:139.0, 139.0, 139.0%**로 입력하여 이미지의 크기를 수정한 다음 Top View에서 '**Z**'축과 '**X**'축을 잡아서 미로가 끝나는 지점의 벽면 위치로 배치시킨다.

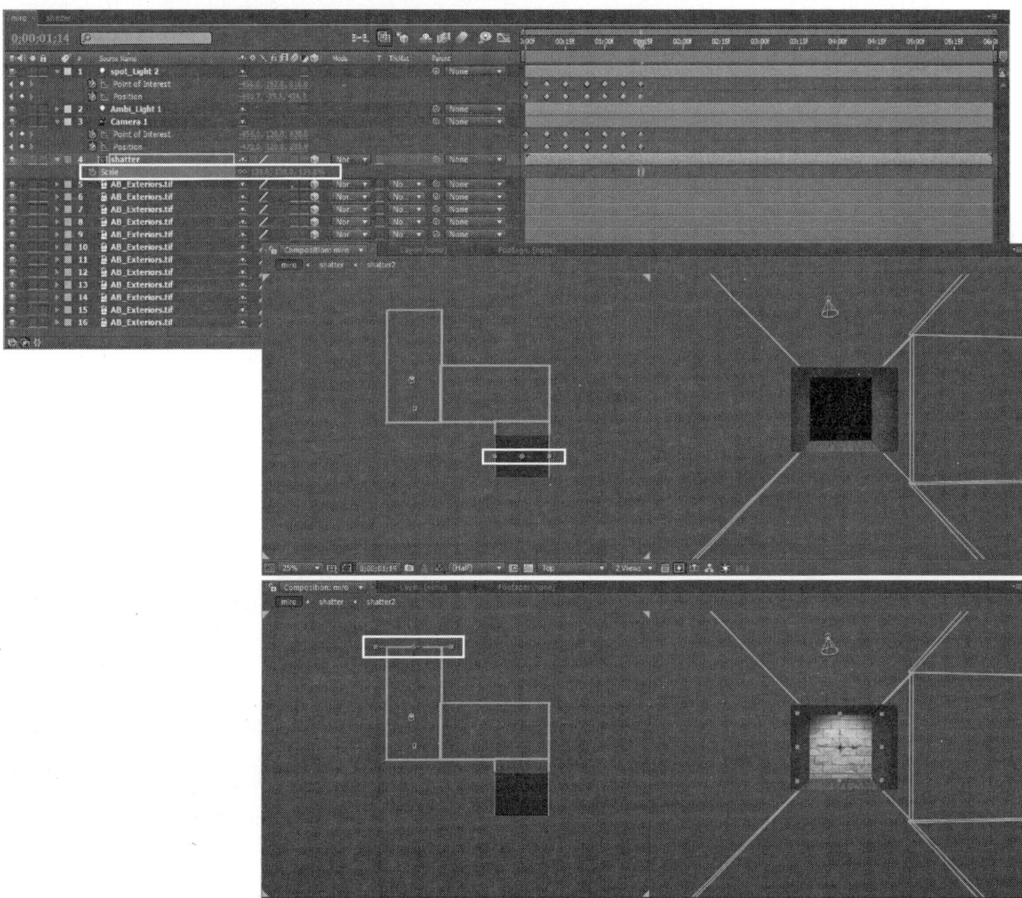

50 **Type** 툴을 선택한 후 '**MIRO**'라고 입력한 후 **서체:Cooper Blk BT / Color:FFFFFF/ 크기: 60px / 자간:－50 / 장체:130%**로 설정하여 텍스트를 꾸민다.

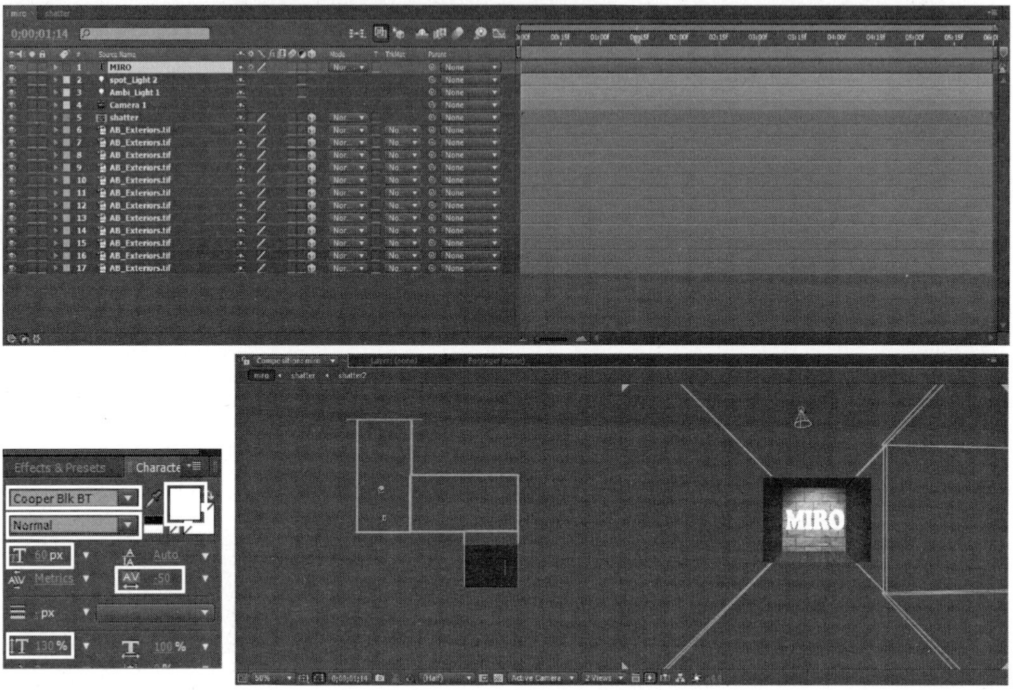

51 **Timeline** 패널에서 '**MIRO**' Layer를 선택한 후 마우스 오른쪽 버튼을 클릭한 후 **[Layer Styles]-[Bevel Emboss]**를 선택하여 적용시킨다.

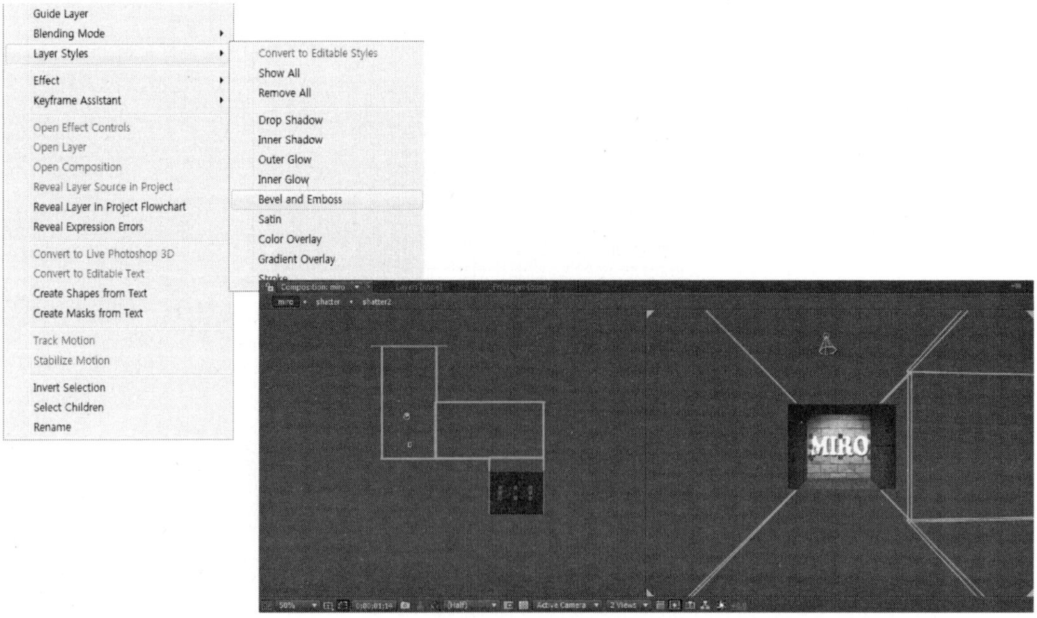

52 **Timeline** 패널에서 '**MIRO**' Layer의 3D 난을 클릭하여 3D 이미지로 만든 후 드래그하여 Layer의 가장 아래로 배치시킨 후 **Composition** 패널의 **Top** View에서 '**Z**'축으로 드래그하여 '**Shatter**' Layer 뒤쪽으로 이동한 후 '**X**'축을 잡아서 벽면의 중앙으로 배치시킨 후 완성시킨다.

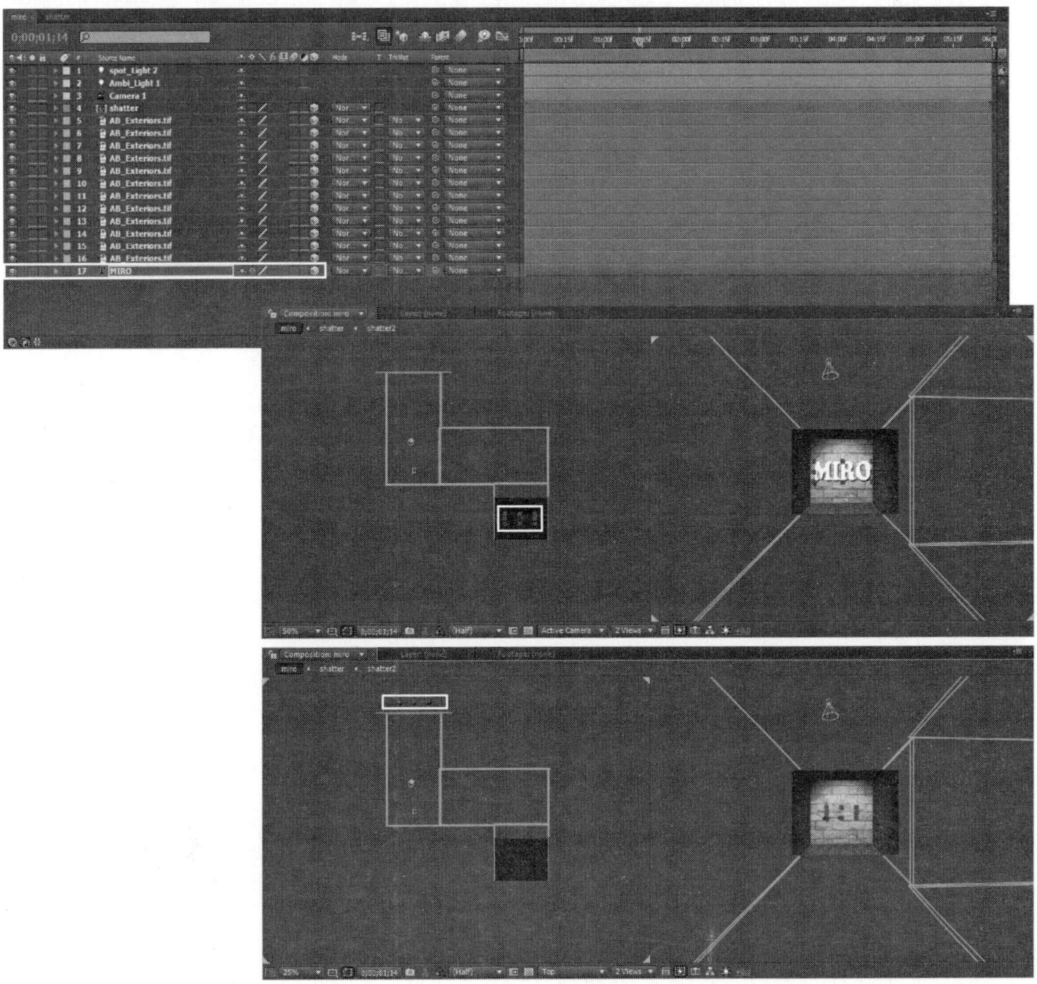

20 카메라와 조명의 연출법 2

이미지와 어울리는 카메라 워킹법을 통해 표현하려는 영상의 메시지를 잘 표현하여 전달해 보는 법을 연습해 본다. 애프터이펙트가 가장 많이 활용되는 타이틀 애니메이션 작업을 연습해 봄으로써 앞에서 배운 다양한 효과와 조명 카메라 활용법을 종합해 본다.

학습메뉴
- Ambient Light / Spot Light
- Camera / Puppet Pin

01 **Project** 패널을 더블클릭한 후 **Import File** 옵션 창이 나타나면 **'inline.PSD'**을 선택한 후 나타난 옵션 창에서 **Import Kind:Composition-Cropped Layer**를 선택하여 이미지를 불러온다. **'Texture bg.JPG'** 파일도 같은 방식으로 Project 패널로 불러온다.

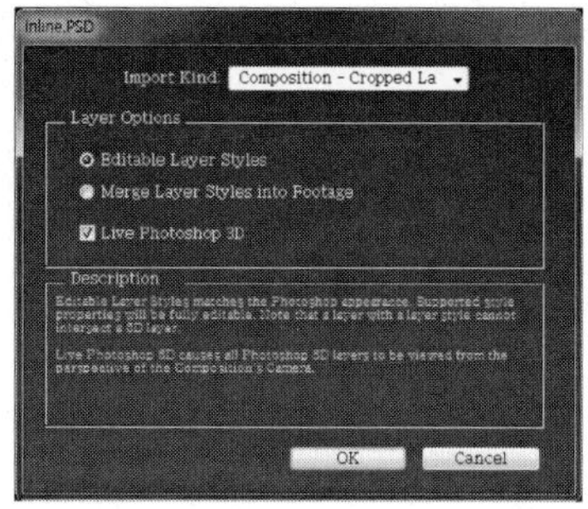

02 **[Composition]-[Composition settings]** 옵션 창에서 **Composition Name:inline / Width:320px, Height: 240px / Duration:0;00;07;00**으로 설정하여 콤포지션을 생성한다.

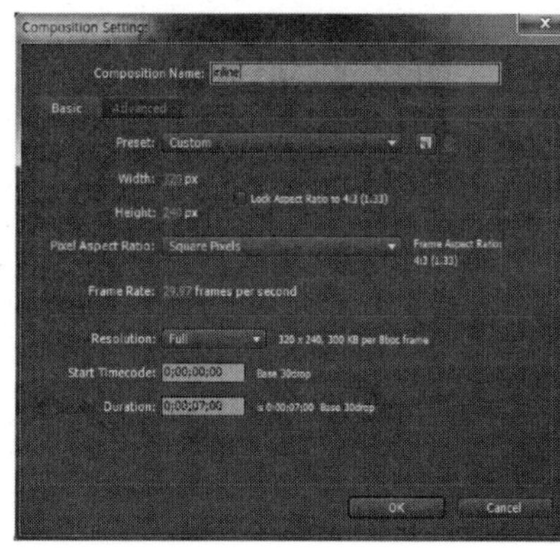

03 **[Layer]-[New]-[Solid]**를 선택한 후 옵션 창에서 **'Make Comp Size'**를 클릭하여 화면과 크기를 맞춘 후 Color난을 클릭한 후 **#AFAFAF**를 선택하고 OK 버튼을 클릭한다.

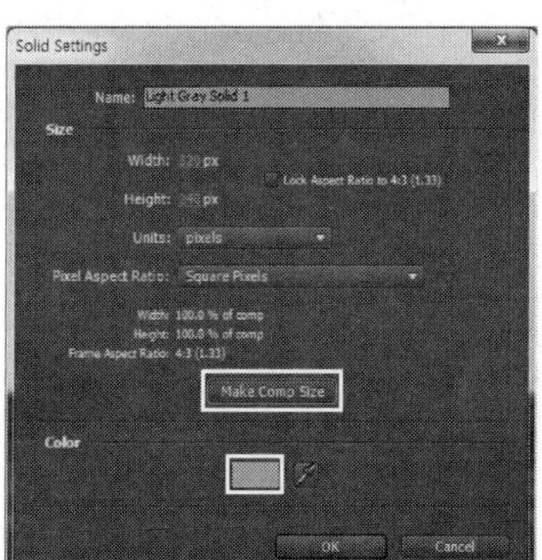

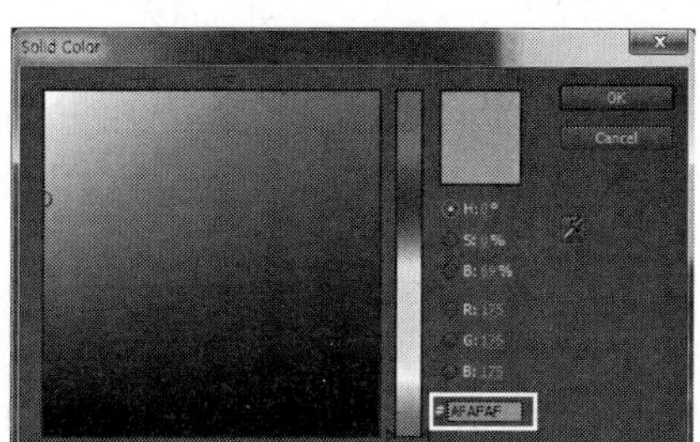

04 **Project** 패널에서 '**Texture bg.JPG**' 파일을 선택한 후 **Timeline** 패널로 드래그하여 위치시킨 후 단축키 '**S**'를 클릭하여 **Scale:60.0, 60.0%**로 입력하여 크기를 줄인다.

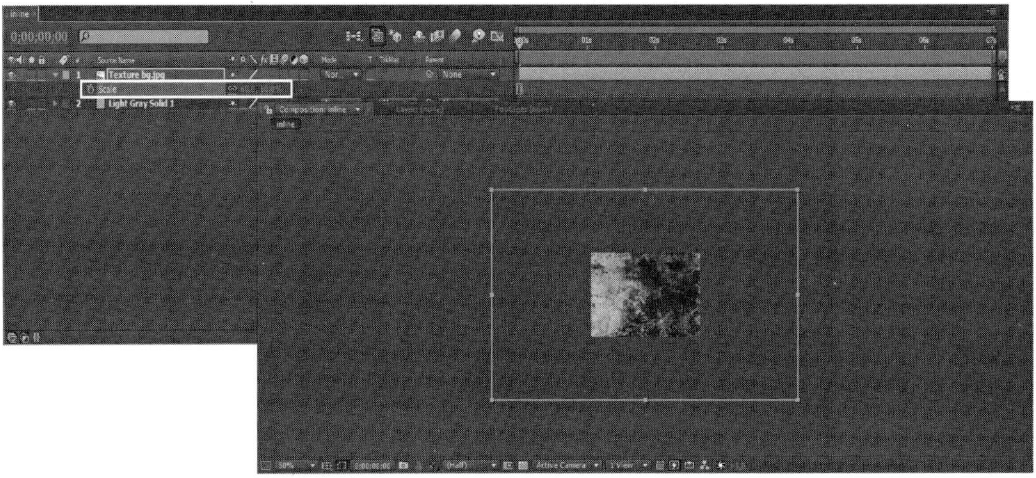

05 **Timeline** 패널의 '**Texture bg.JPG**' Layer를 선택한 후 Mode난을 클릭하여 '**Darker Color**'를 선택하여 적용한다.

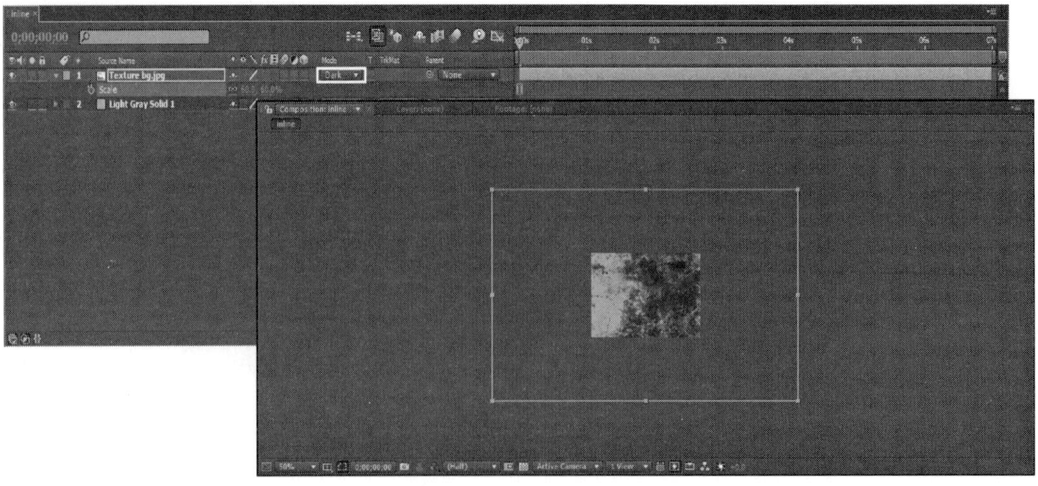

06 **Texture bg.JPG'** Layer에 **[Effect]-[Color Collection]-[Hue/Saturation]**을 선택하여 적용시킨 후 **Effect Controls** 패널에서 **'Master Hue:0× +306.0°'**로 적용시킨다.

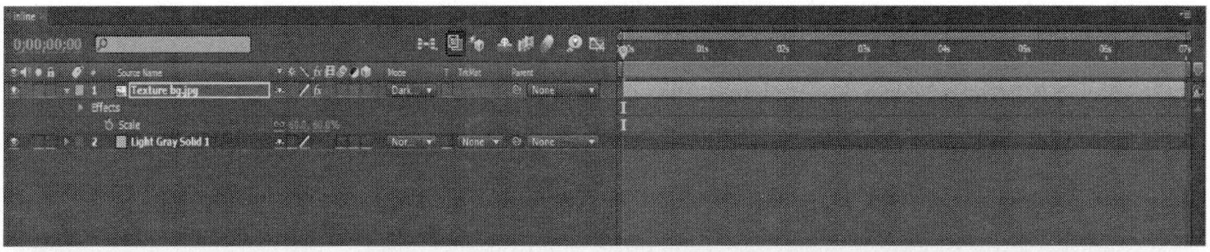

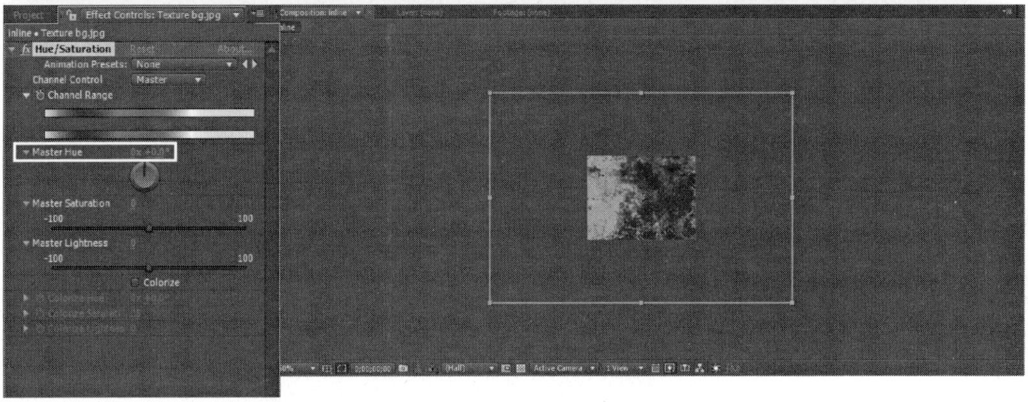

07 **Project** 패널에서 inline Layers 폴더의 하위 디렉터리를 열어 **'man01.PSD / man02.PSD / man03.PSD / man04.PSD'** 파일을 선택한 다음 **Timeline** 패널로 드래그하여 **'Texture bg.JPG'** 위에 위치시킨다.

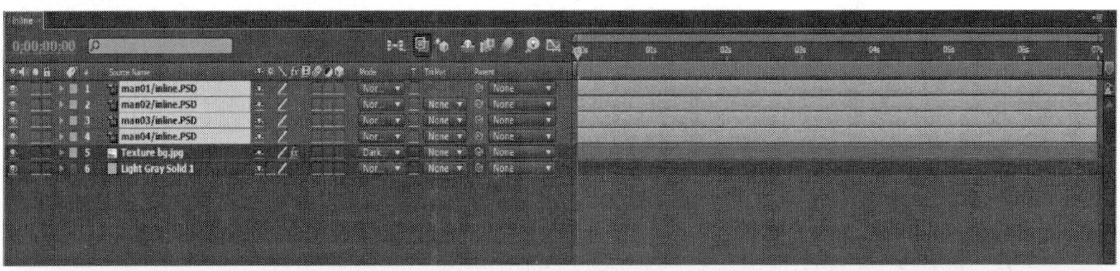

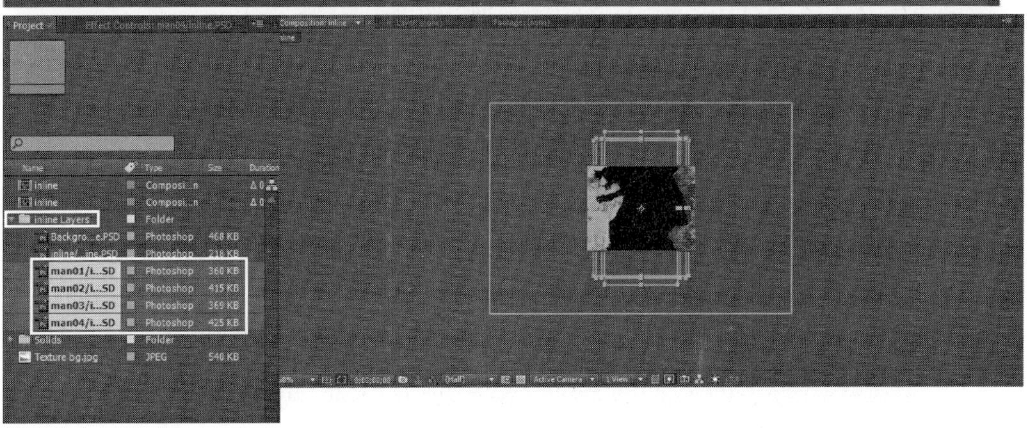

08 **Timeline** 패널에서 '**man01.PSD / man02.PSD / man03.PSD / man04.PSD**' 선택한 상태에서 **3D** 난을 클릭하여 **3D** 이미지로 전환한 다음 단축키 '**S**'를 클릭하여 **Scale:80.0, 80.0, 80.0%**로 조절하여 이미지의 크기를 줄인다.

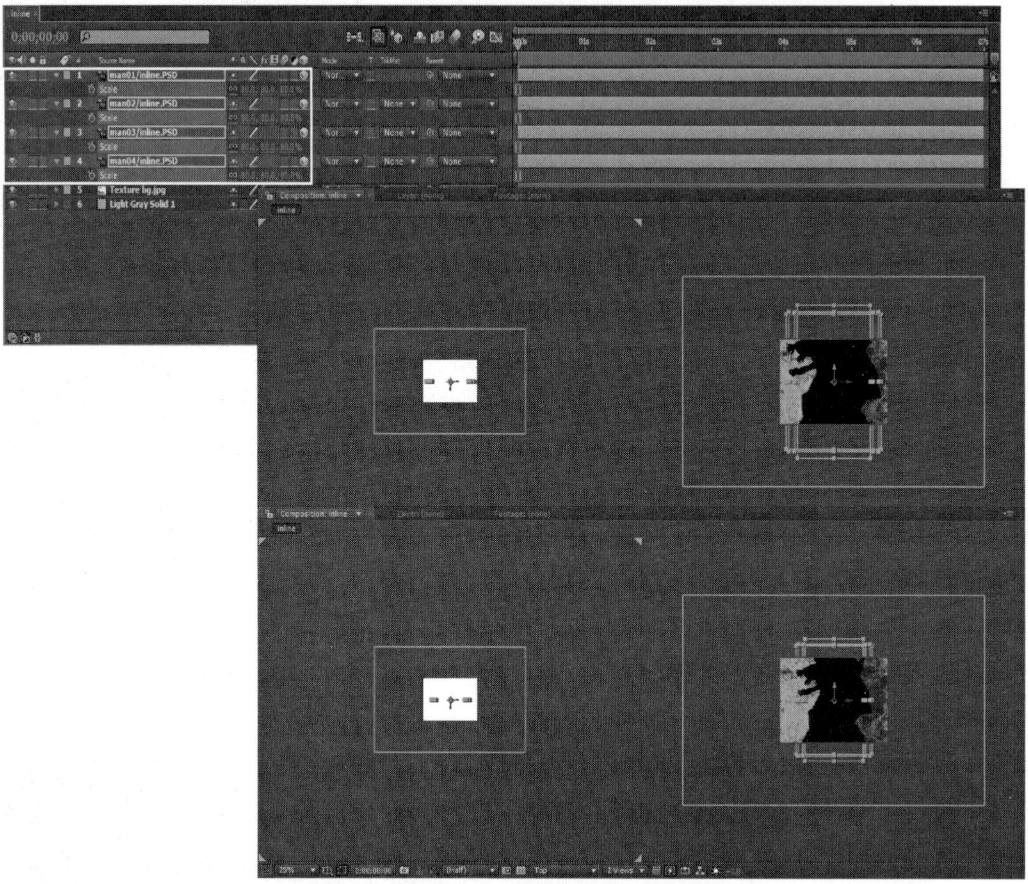

09 **Timeline** 패널에서 '**man01.PSD**'만 선택한 후 **Composition** 패널에서 **Top** View를 선택한 후 '**Z**'축과 **X**'축을 움직이면서 화면 뒤쪽으로 배치한다.

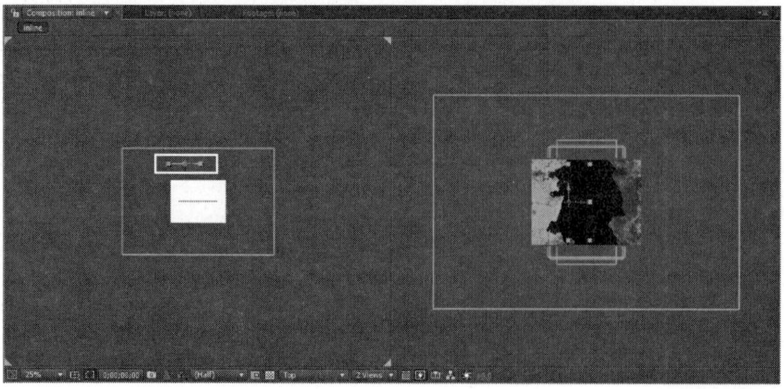

10 **Timeline** 패널에서 **'man02.PSD'**만 선택한 후 단축키 **'R'**을 클릭하여 **Orientation:0.0°,90.0°, 0.0°**를 입력하여 이미지를 회전시킨 후 **Top** View를 선택한 **'Z'**축과 **X'**축을 움직이면서 이미지를 오른쪽 앞으로 0도 회전하면서 이동시킨다.

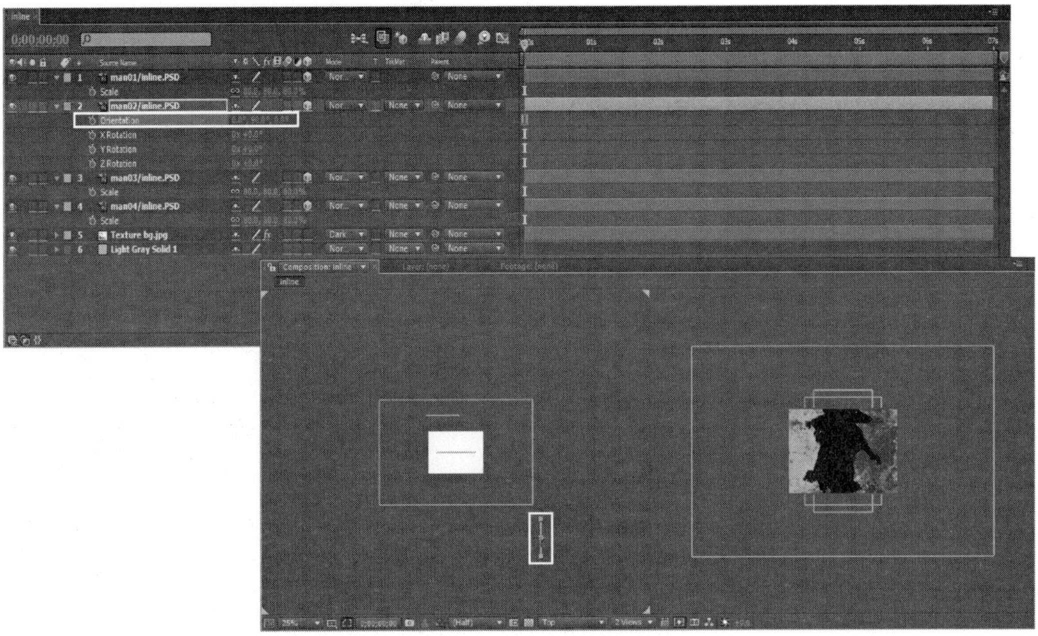

11 **Timeline** 패널에서 **'man03.PSD'**만 선택한 후 단축키 **'R'**를 클릭하여 **Orientation:0.0°, 90.0°, 0.0°**를 입력하여 이미지를 회전시킨 후 **Top** View를 선택한 **'Z'**축과 **'X'**축을 움직이면서 이미지를 오른쪽 앞으로 0도 회전하면서 이동한다 'main02.PSD' 이미지 뒤쪽에 배치한다.

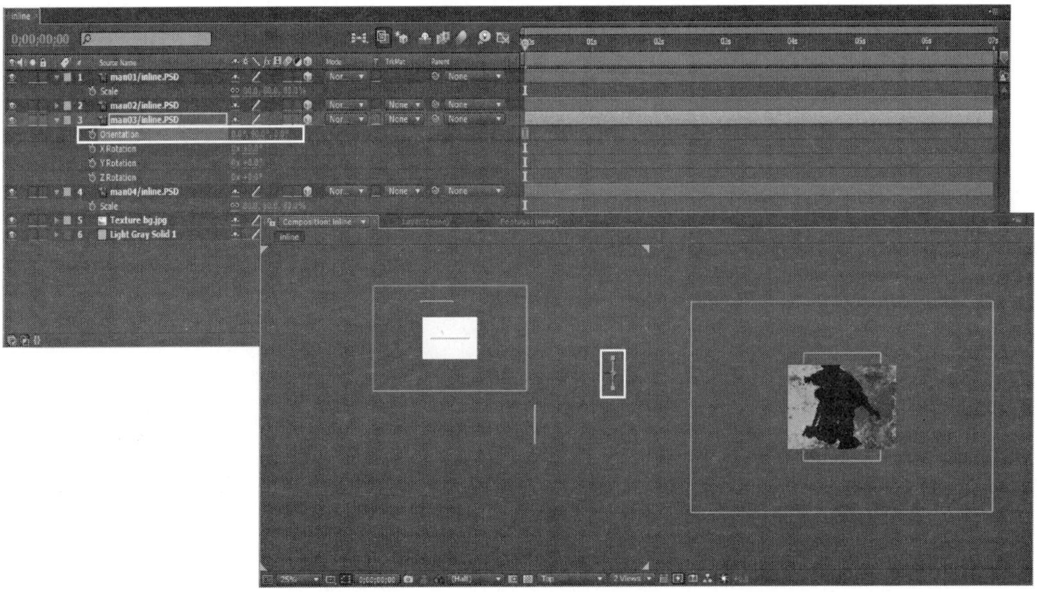

12 **Timeline** 패널에서 **'man04.PSD'**만 선택한 후 단축키 **'R'**을 클릭하여 **Orientation:0.0°, 346.0°, 0.0°**를 입력하여 이미지를 회전시킨 후 **Top** View를 선택한 **'Z'**축과 **'X'**축을 움직이면서 이미지를 오른쪽 앞쪽으로 이동시킨다.

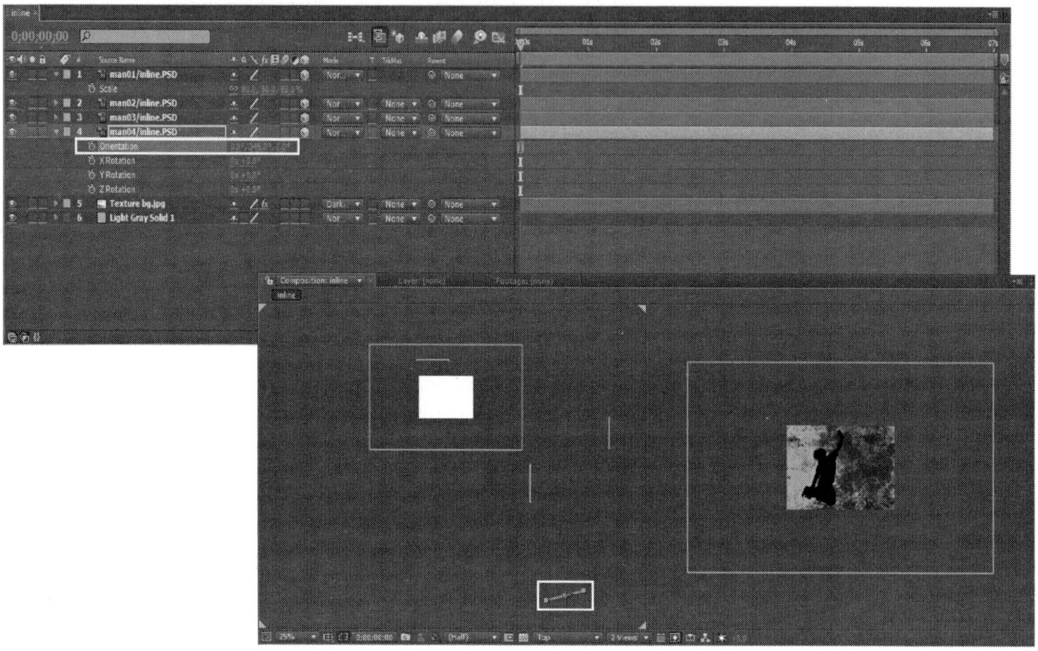

- Layer에 키프레임이 설정되어 있는 상황을 확인하고 싶을 경우 단축키 'U' 누르면 설정되어 있는 단축키가 나타나고 나타난 상태에서 다시 'U' 누르면 숨겨진다.

13 **[Layer]-[New]-[Camera]**를 선택한 후 옵션 창에서 **Name:Camera 1 / Preset:35mm**를 선택한 후 **Top** View를 선택하고 카메라를 **'Z'**축과 **'X'**축을 움직여 **'man01.PSD'** 앞으로 배치한다.

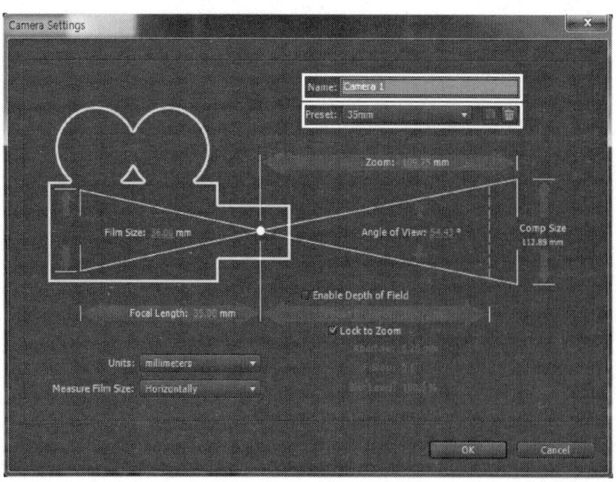

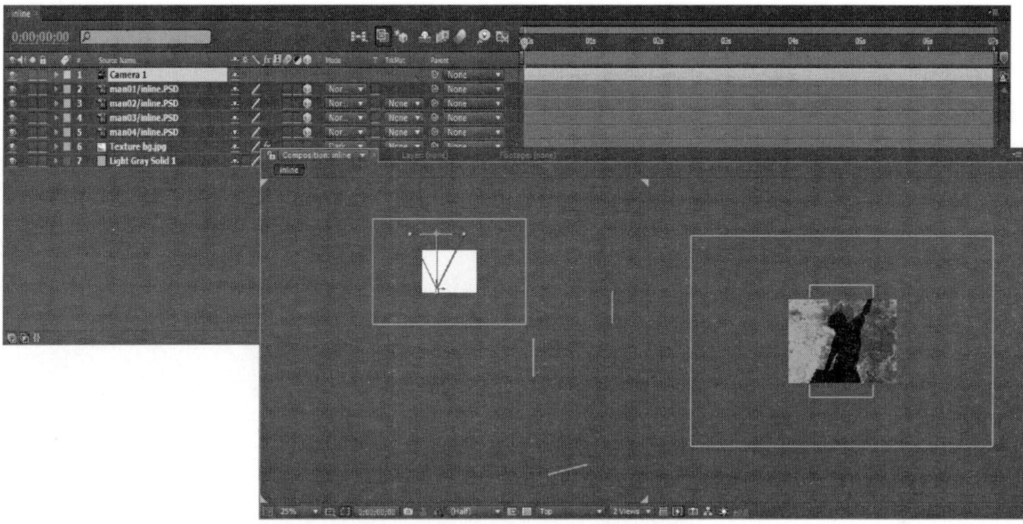

14 **Timeline** 패널의 **Camera1**이 선택된 상태에서 단축키 **'A'**와 **Shift**키를 누르고 **'P'**를 클릭하여 옵션이 나타나게 한 후 **Composition** 패널에서 **Top** View를 **Camera 1**의 **Point of Interest**를 클릭하고 'main01.PSD' 이미지 뒤쪽으로 이동한다.

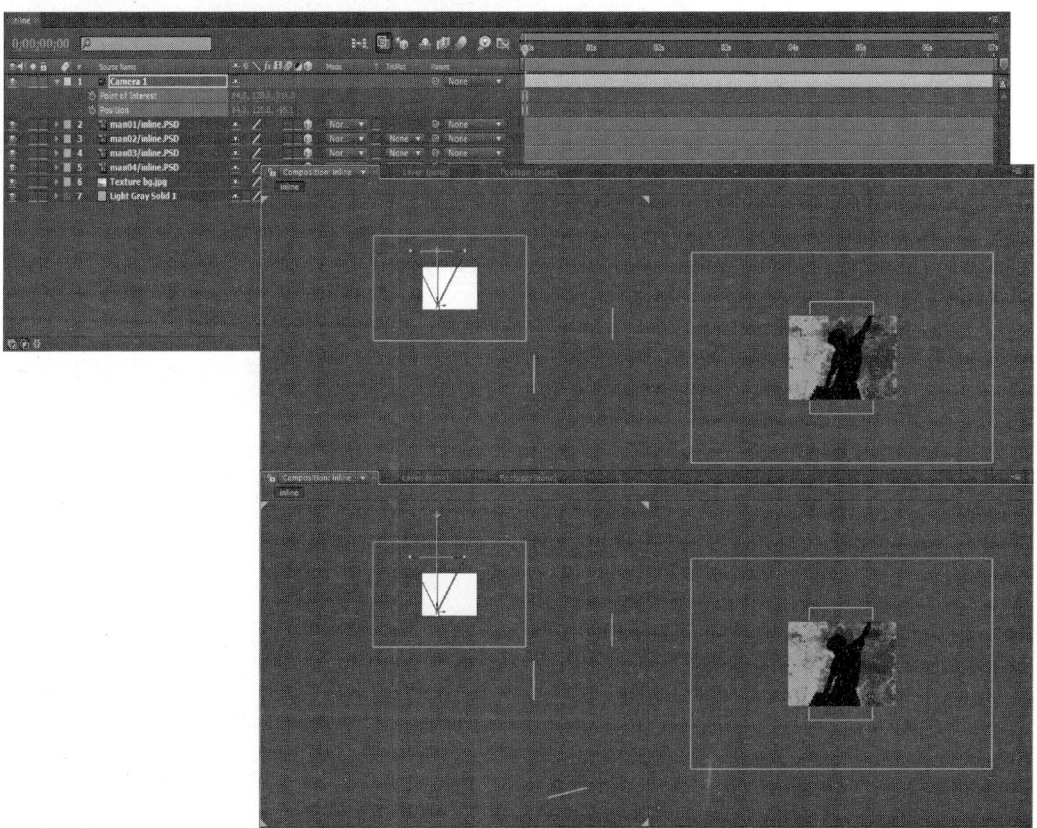

15 **Composition** 패널에서 **'Top'** View의 **Camera 1**의 뒷부분을 잡고 클릭 드래그하여 **'man01.PSD'** 이미지 앞까지 당겨서 화면이 블랙으로 잡히게 **Position** 이동한 후 **Point of Interest**와 **Position**의 스톱왓치 아이콘을 클릭하여 키프레임을 설정한다.

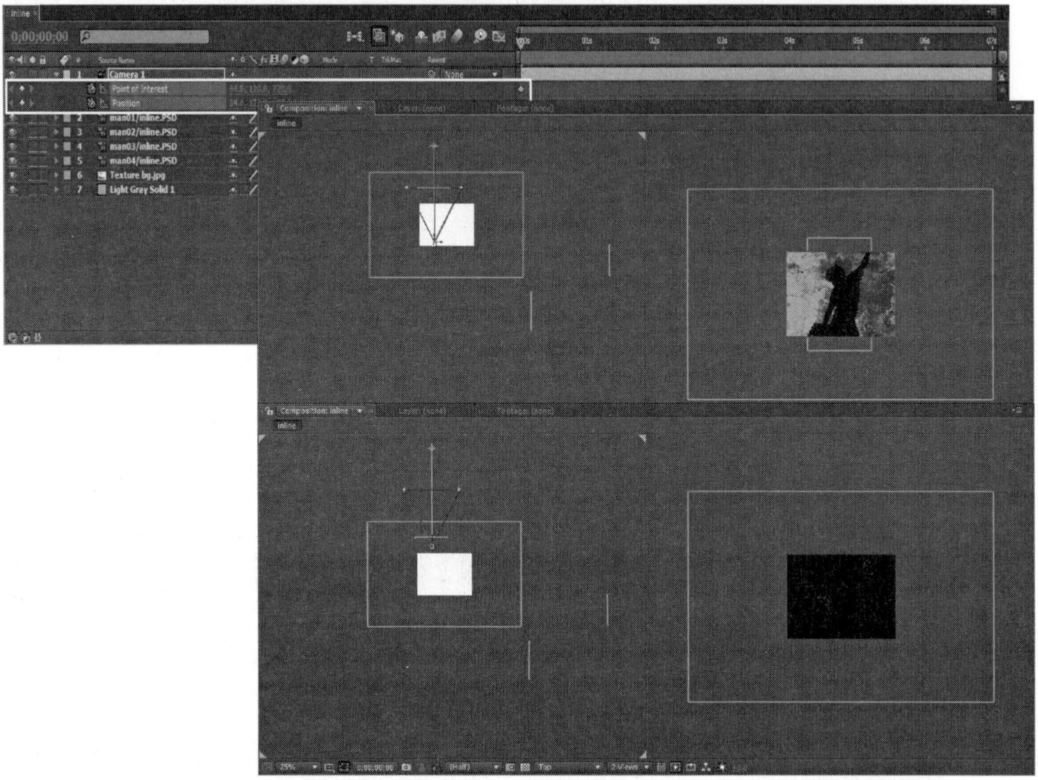

16 **Timeline** 패널에서 **Indicator**를 **0;00;00;00**으로 이동한 후 **Composition** 패널에서 **'Top'** View의 **Camera 1**의 뒷부분을 잡고 **'man01.PSD'** 이미지 **'Active'** View에 보이게 드래그한다.

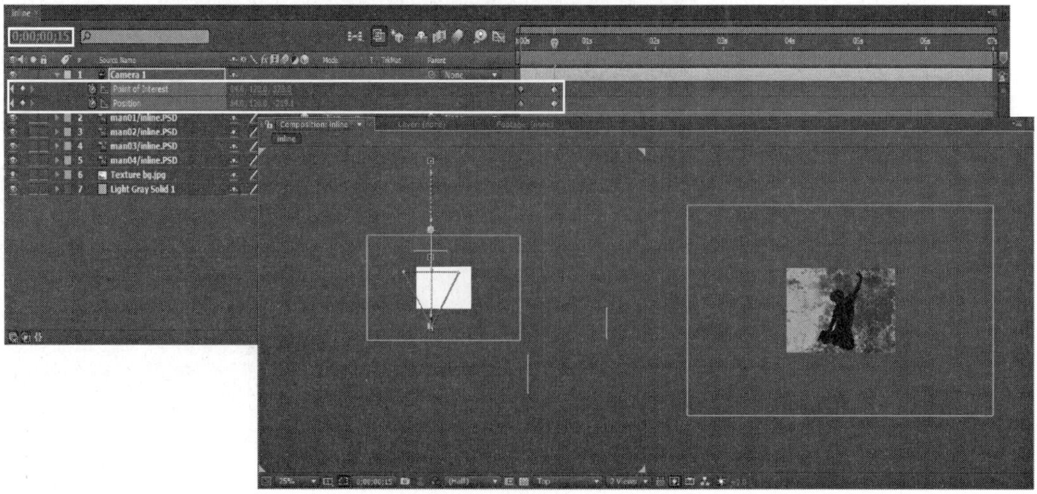

17 **Timeline** 패널에서 **Indicator**를 **0;00;01;00**으로 이동한 후 키프레임 아이콘 [◀ ◆ ▶]을 클릭하여 키프레임을 삽입한다.

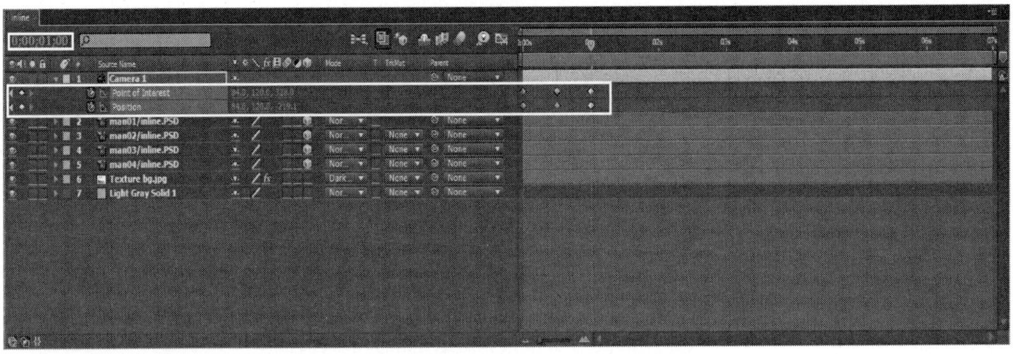

18 **Timeline** 패널에서 **Indicator**를 **0;00;01;16**로 이동한 후 **Composition** 패널에서 **'Top'** View의 **Camera 1**의 뒷부분을 잡고 **'man02.PSD'** 이미지가 **'Active'** View에서 정면으로 보이게 **'Point of Interest'**와 **'Position'**을 드래그하여 위치를 수정한다.

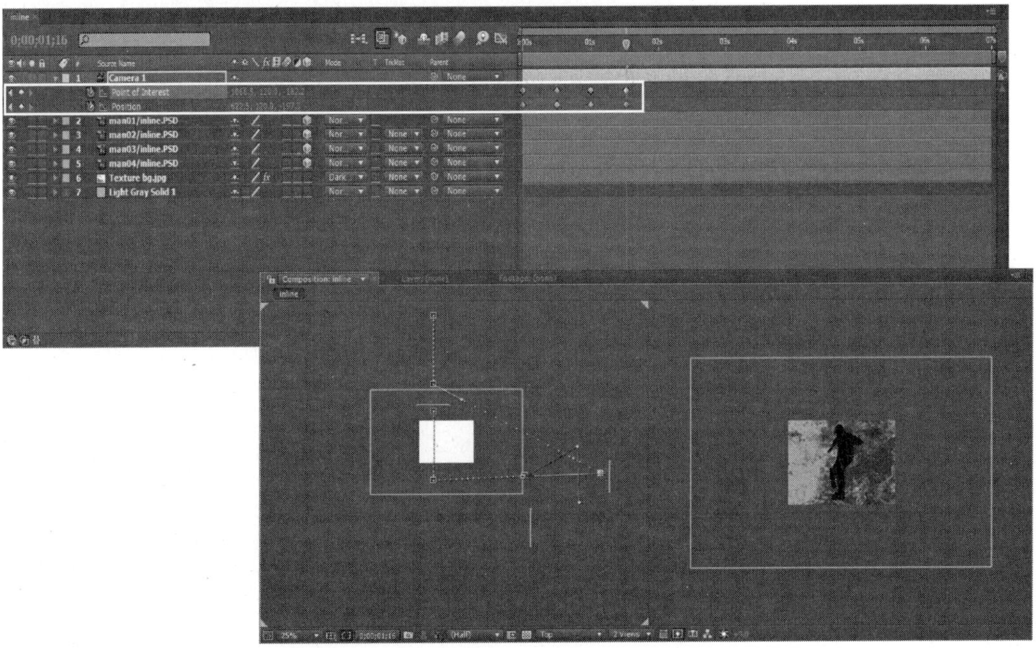

19 **Timeline** 패널에서 **Indicator**를 **0;00;02;00**으로 이동한 후 키프레임 아이콘 [◀ ◆ ▶]을 클릭하여 키프레임을 삽입한 후 **Indicator**를 **0;00;02;14**로 이동한 후 **Composition** 패널에서 **'Top'** View의 **Camera 1**의 뒷부분을 잡고 **'man03.PSD'** 이미지가 **'Active'** View에서 정면으로 보이게 **'Point of Interest'**와 **'Position'**을 드래그한다.

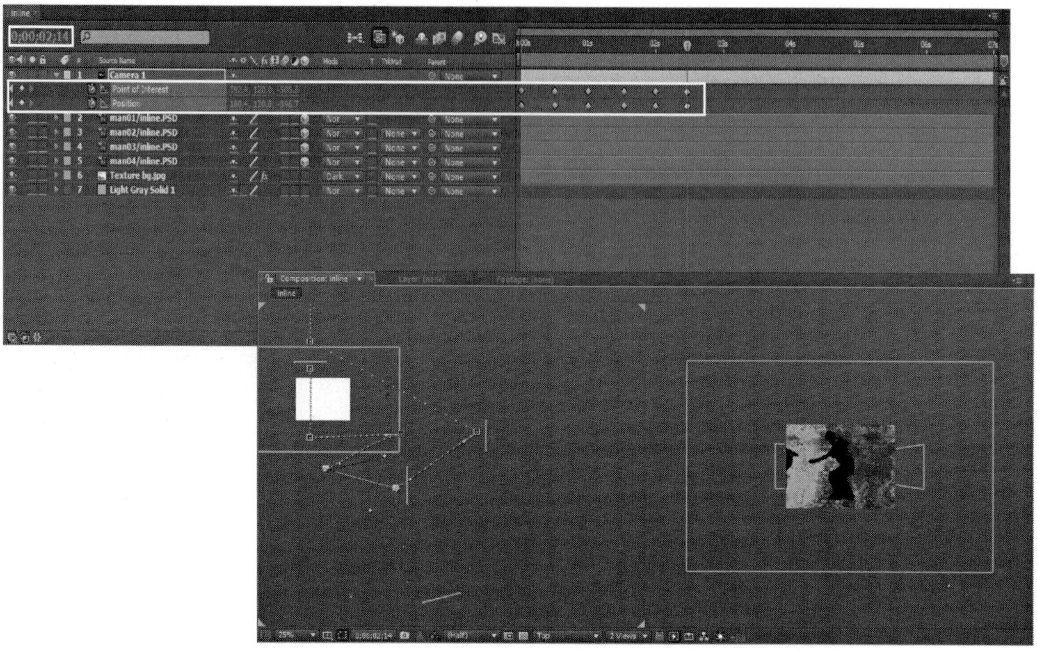

20 **Timeline** 패널에서 **Indicator**를 **0;00;03;00**으로 이동한 후 키프레임 아이콘 을 클릭하여 키프레임을 삽입한 후 **Indicator**를 **0;00;03;15**로 이동한 후 **Composition** 패널에서 '**Top**' View의 **Camera 1**의 뒷부분을 잡고 '**man04.PSD**' 이미지가 '**Active**' View에서 정면으로 보이게 '**Point of Interest**'와 '**Position**'을 드래그하여 위치를 수정한다.

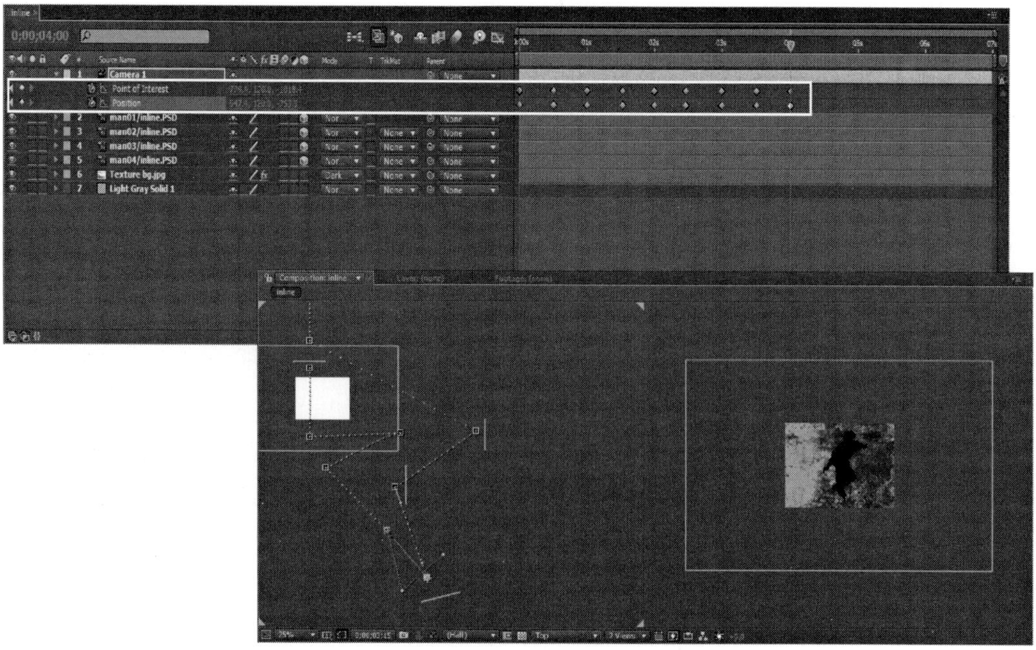

21 **Timeline** 패널에서 **Indicator**를 **0;00;04;00**으로 이동한 후 키프레임 아이콘 ◀◆▶을 클릭하여 키프레임을 삽입하여 화면을 잡아준 후 '**Point of Interest**'를 선택하여 이미지 앞쪽으로 이동한다.

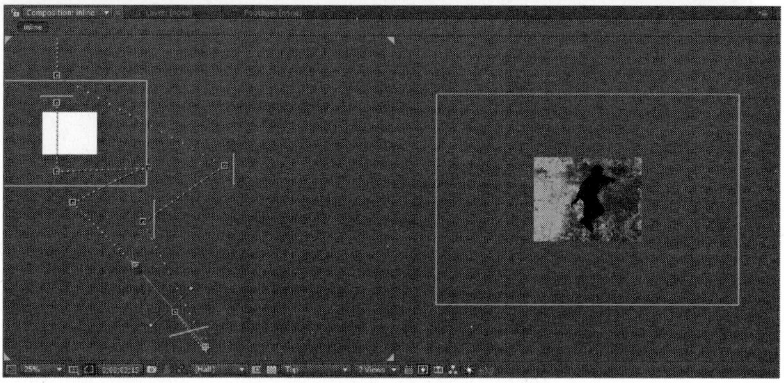

22 **Timeline** 패널에서 **Indicator**를 **0;00;04;15**로 이동한 후 **Composition**패널에서 '**Camera 1**의 뒷부분을 잡고 '**man04.PSD**' 이미지를 지나 배경 쪽을 바라보게 위치를 수정한다.

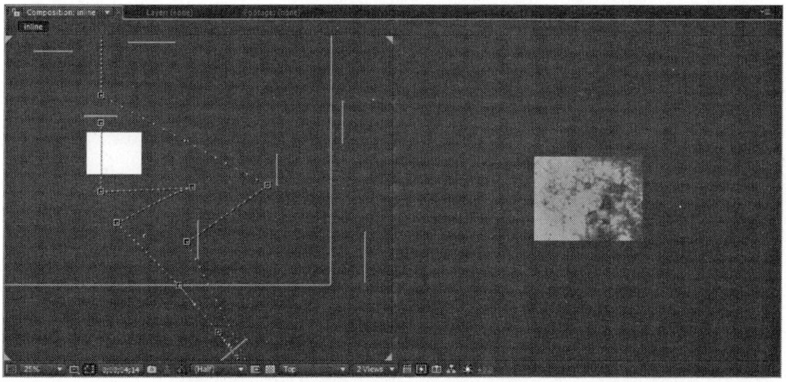

23 **Timeline** 패널에서 **'man01.PSD'**, **'man03.PSD'**, **'man04.PSD'** 레이어를 차례로 선택한 후 **[Eidt]-[Duplicate]**를 설정하여 레이어를 복사하여 배경으로 배치한다.

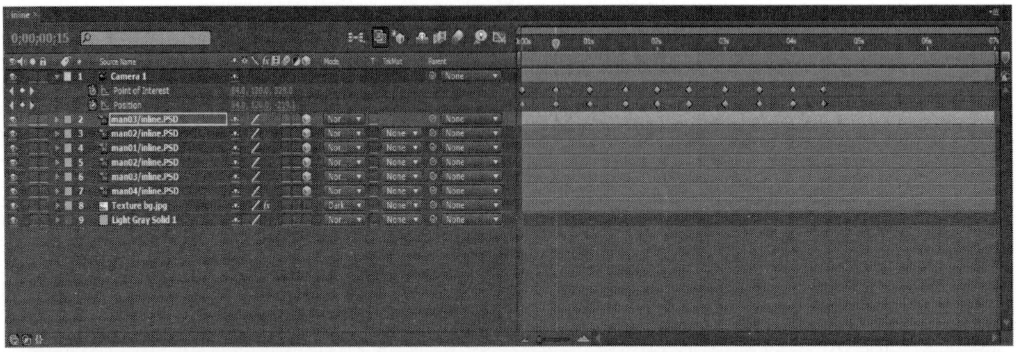

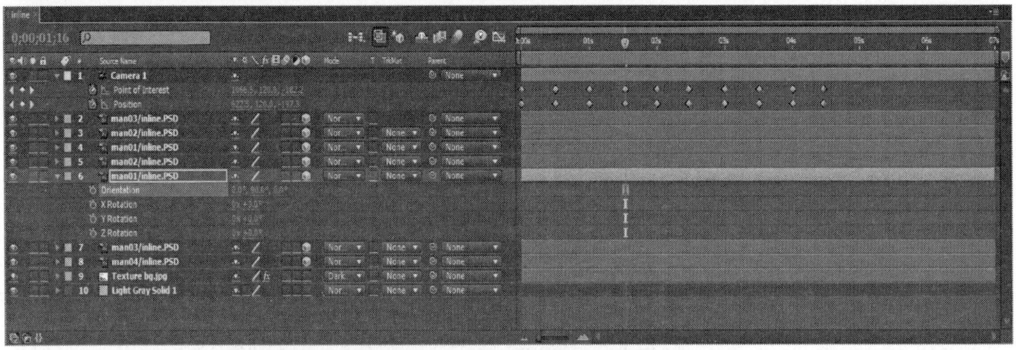

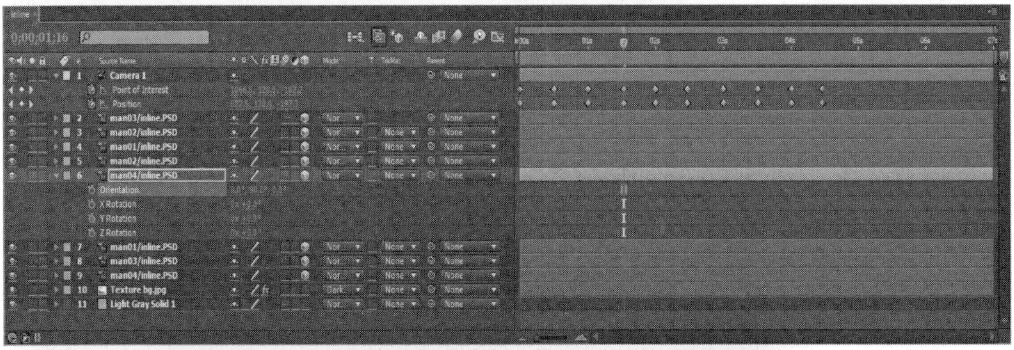

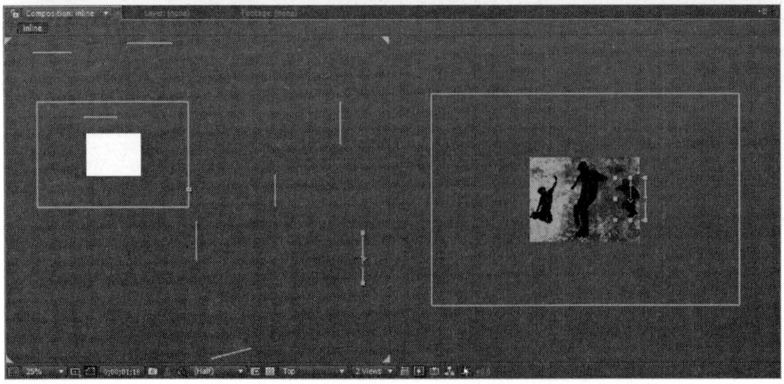

24 **'Texture bg.jpg'** 레이어를 선택한 후 **'P'**를 클릭하고 **'Shift'**를 클릭한 상태에서 **'S'**를 클릭하여 **'Position'**과 **'Scale'** 옵션이 나타나게 한 후 **Indicator**를 이동하면서 배경의 위치와 크기를 변경하여 배경도 이미지와 같이 움직임을 준다.

- 'Position'은 카메라가 돌아가는 방향에 따라 좌/우로 움직임을 주고 'Scale'은 이미지로 카메라가 다가갈 때 확대해 주고 멀어질 때 축소하면서 배경의 움직임을 추가하여 실감나는 앵글을 보여준다.

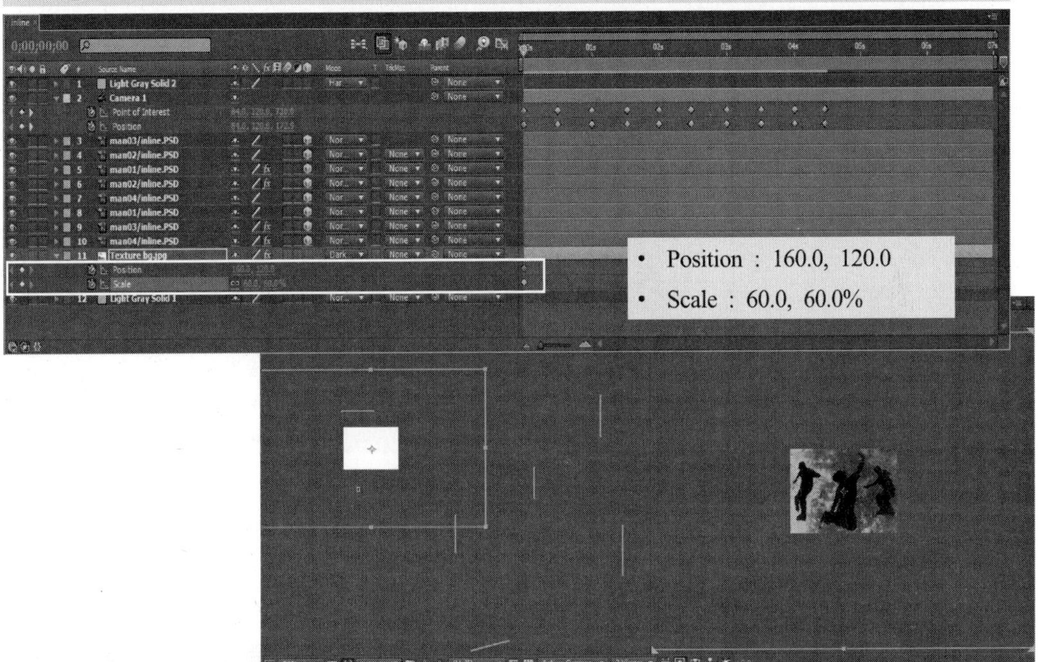

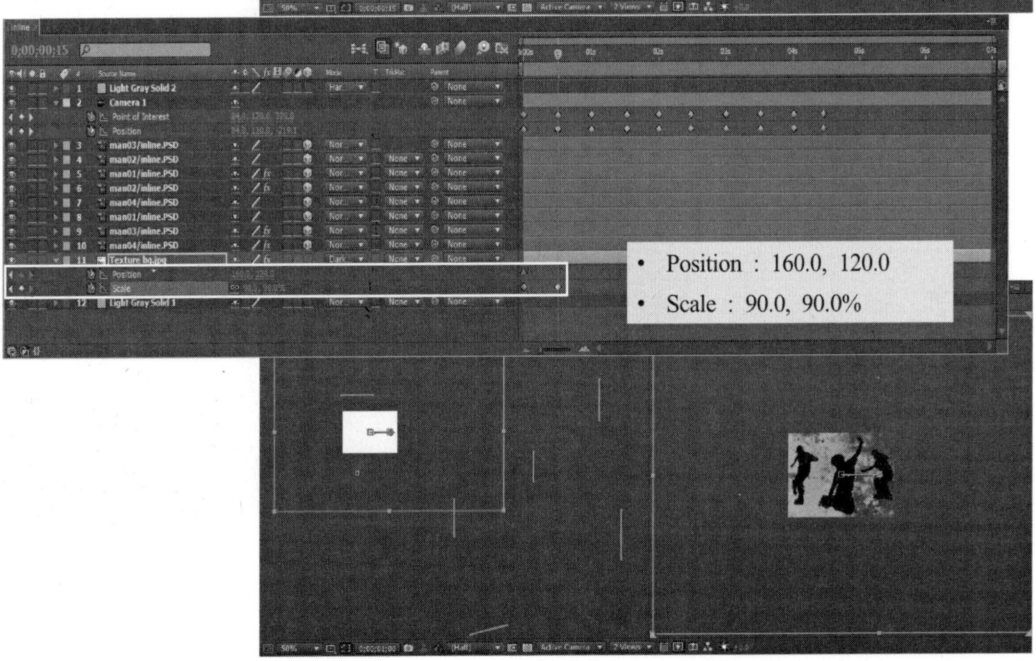

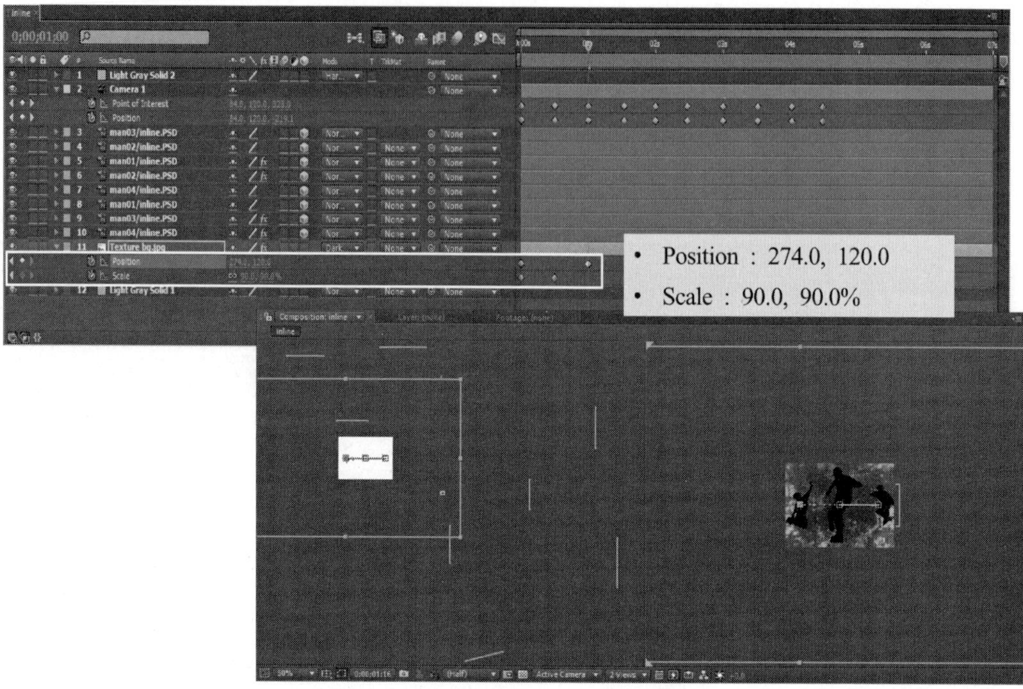
• Position : 274.0, 120.0
• Scale : 90.0, 90.0%

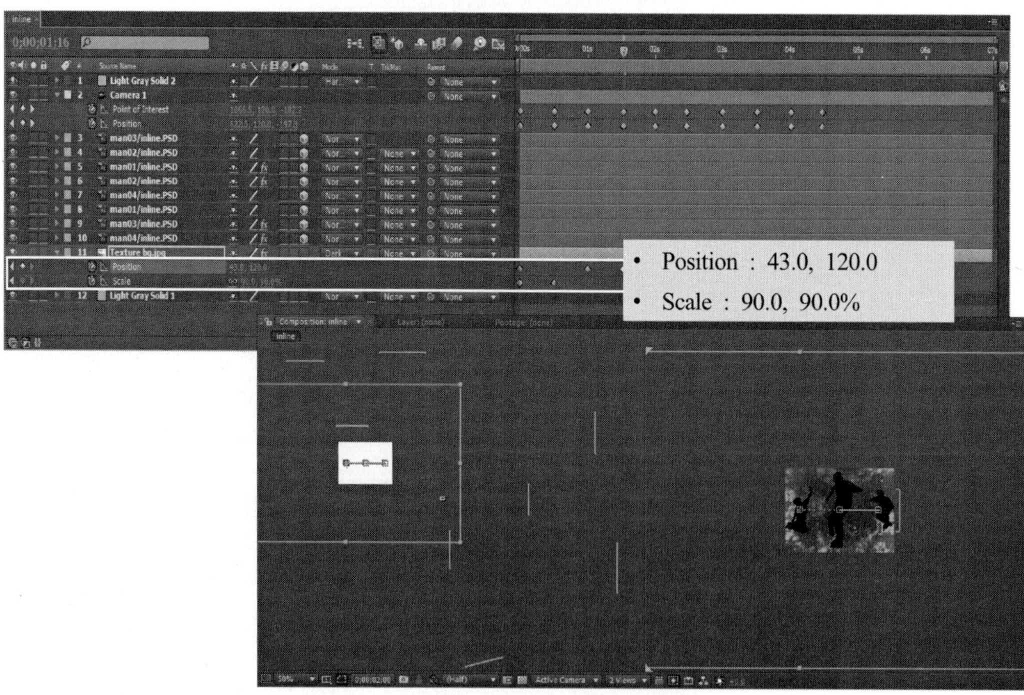
• Position : 43.0, 120.0
• Scale : 90.0, 90.0%

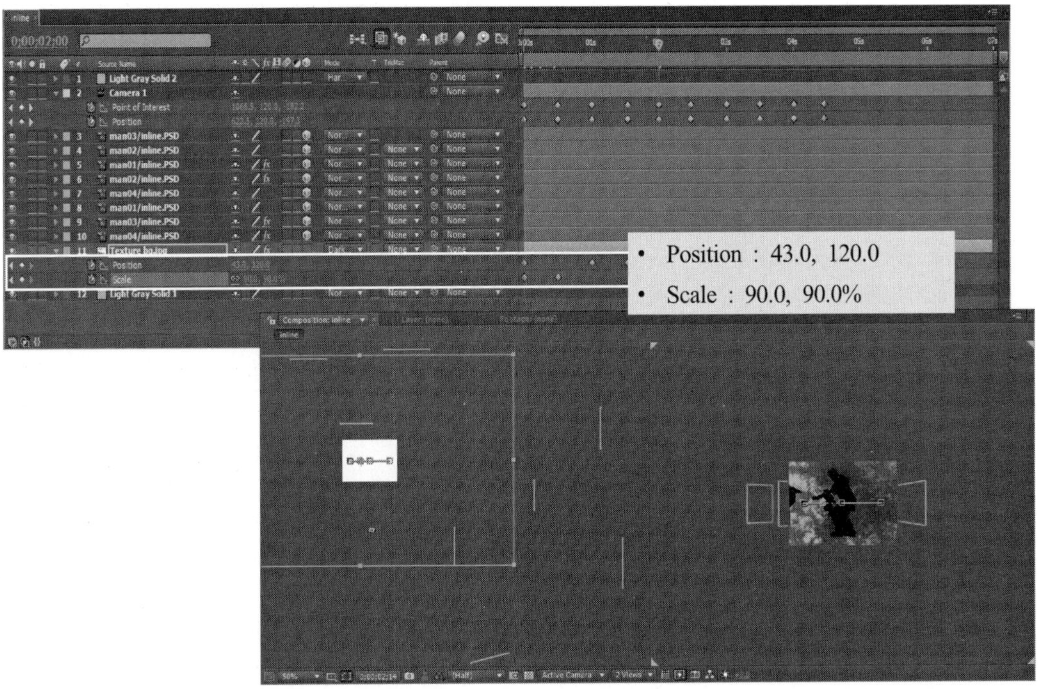
• Position : 43.0, 120.0
• Scale : 90.0, 90.0%

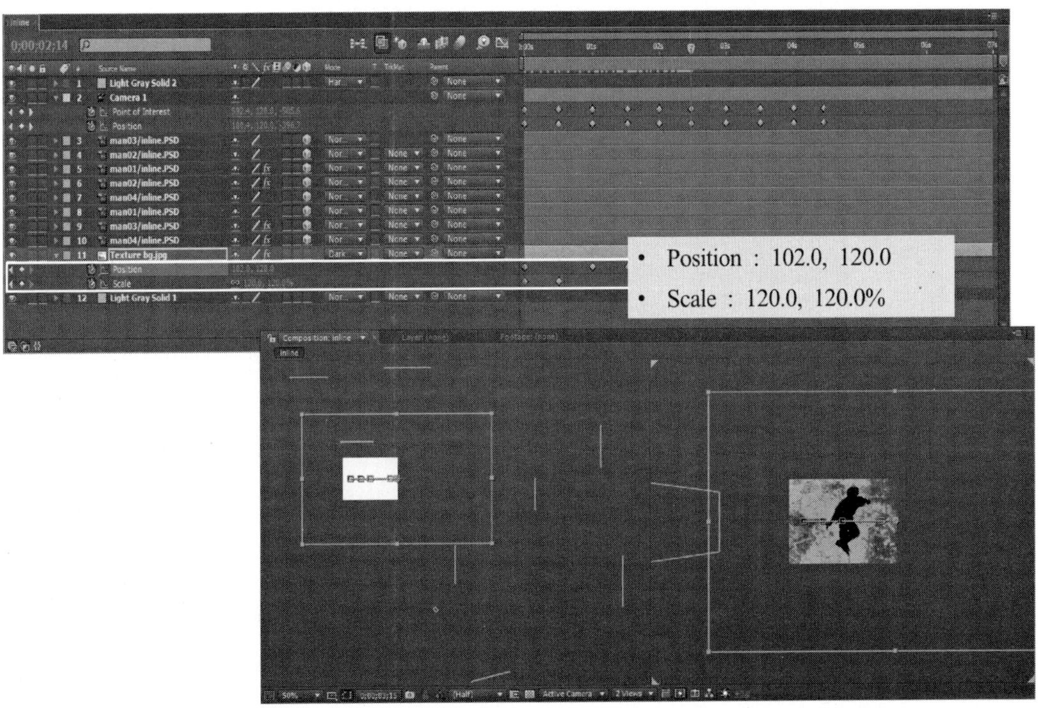
• Position : 102.0, 120.0
• Scale : 120.0, 120.0%

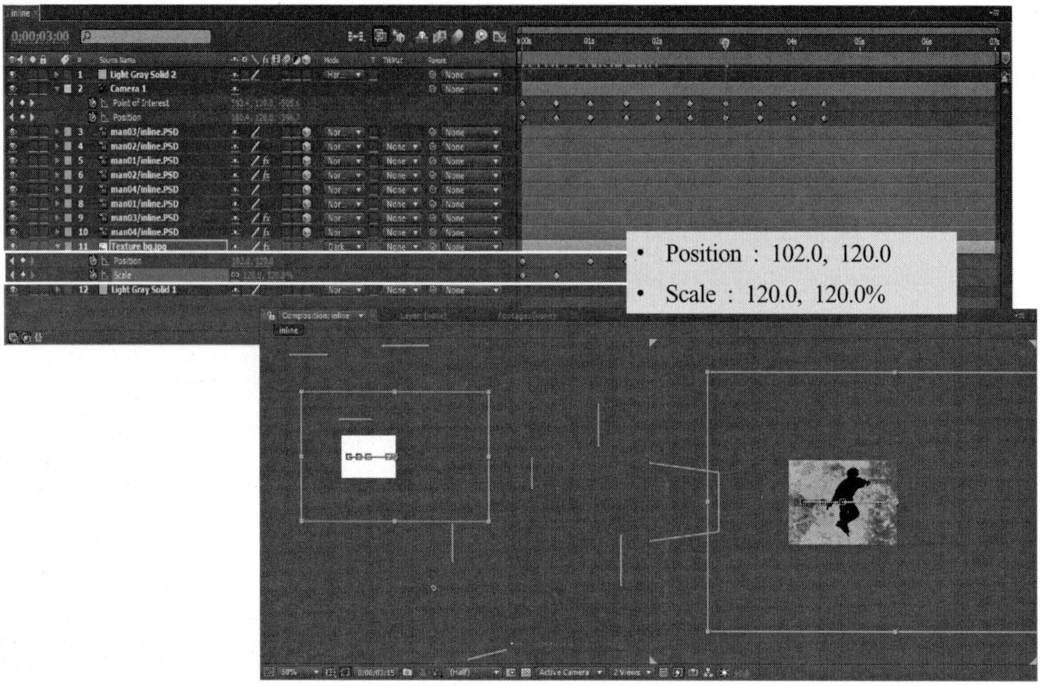
• Position : 102.0, 120.0
• Scale : 120.0, 120.0%

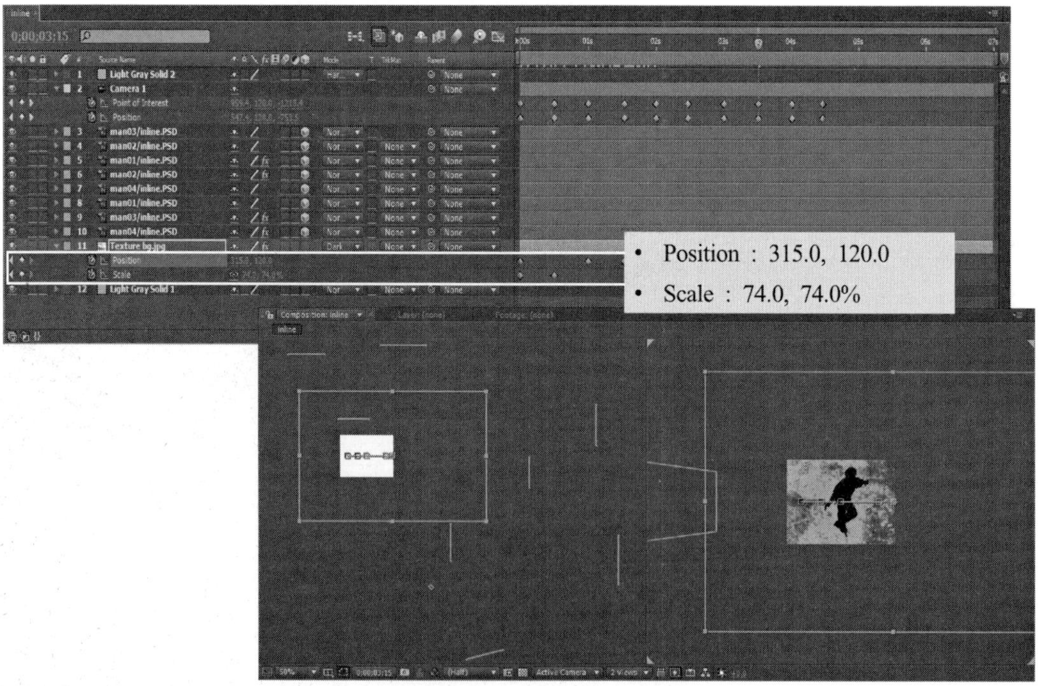
• Position : 315.0, 120.0
• Scale : 74.0, 74.0%

25 **'man01.PSD'**를 선택한 후 **Indicate**를 **0;00;00;15**로 이동한 후 **[Effect]-[Generate]-[CC Light Sweep]**를 선택하여 움직이는 이미지에 빛나는 효과를 추가해 본다.

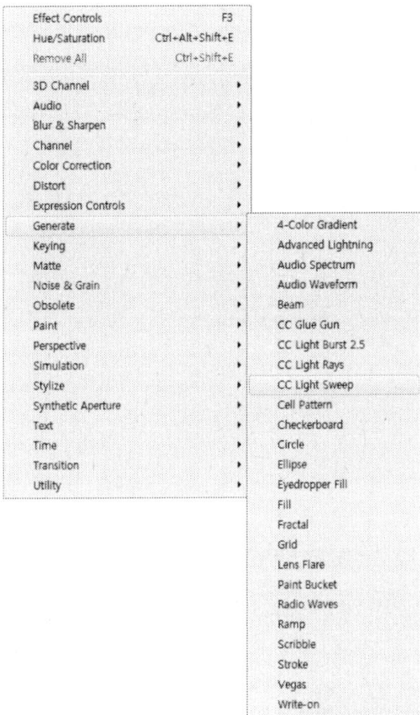

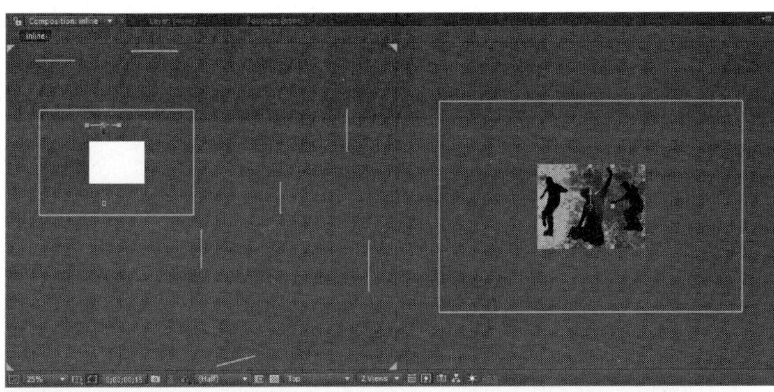

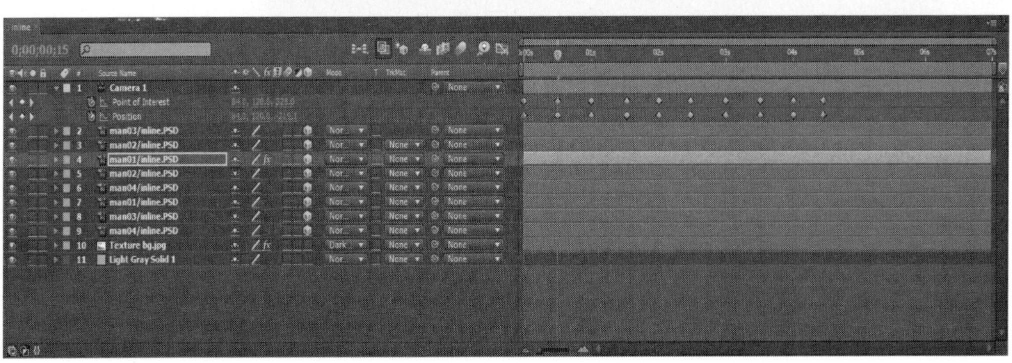

26 **Effect Controls** 패널의 **CC Light sweep** 옵션에서 **'Center'**의 수치를 수정하여 좌표값을 이미지의 오른쪽 상단으로 이동한 후 **Indicate**를 **0;00;01;00**으로 이동한 후 **Center'**의 수치 하단 왼쪽으로 이동하여 이미지에서 빛이 상단 오른쪽에서 하단 왼쪽으로 지나가게 한다.

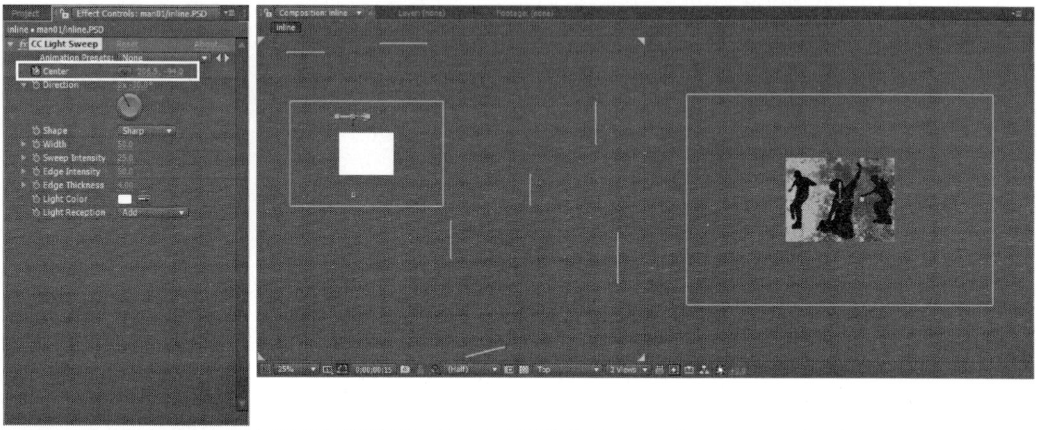

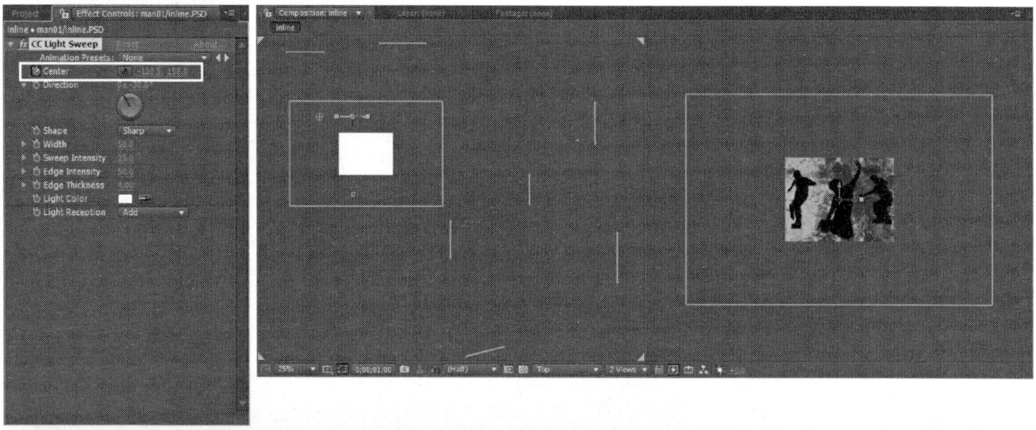

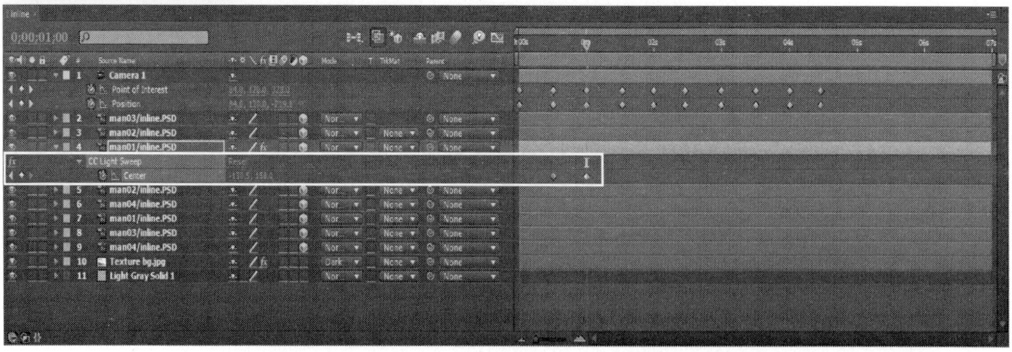

27 **'man03.PSD'**를 선택한 후 **Indicate**를 **0;00;01;16**로 이동한 후 **[Effect]-[Generate]-[CC Light Sweep]**를 선택하여 빛나는 효과를 설정한다.

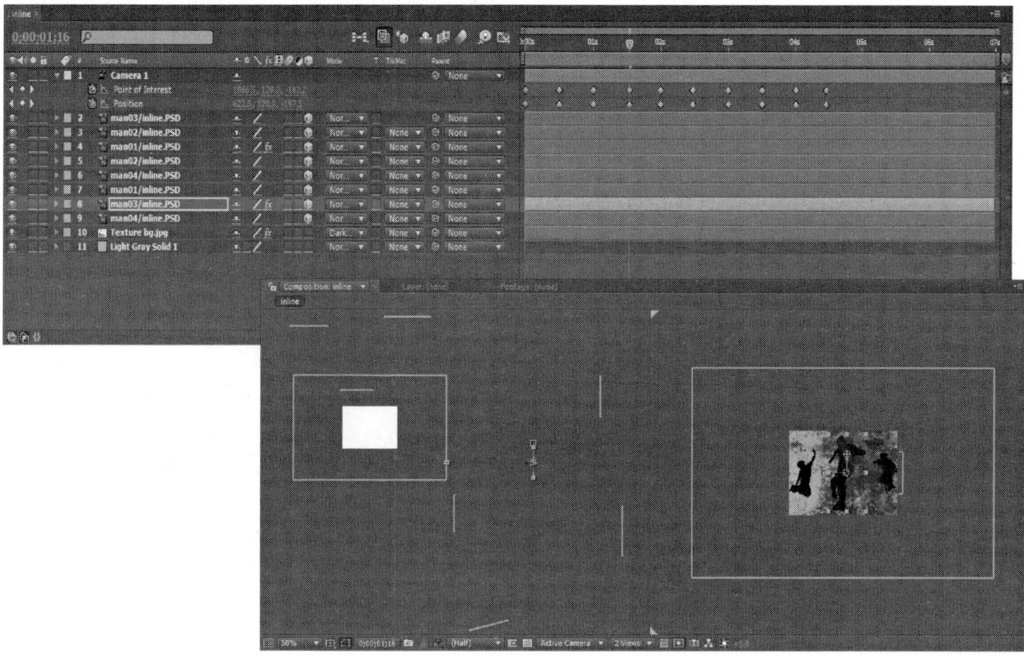

28 **Effect Controls** 패널의 **CC Light sweep** 옵션에서 **'Center'**의 수치를 수정하여 좌표값을 이미지의 오른쪽 상단으로 이동한 후 **Indicate**를 **0;00;02;00**으로 이동한 후 **Center'**의 수치 하단 왼쪽으로 이동하여 이미지에서 빛이 상단 오른쪽에서 하단 왼쪽으로 지나가게 한다.

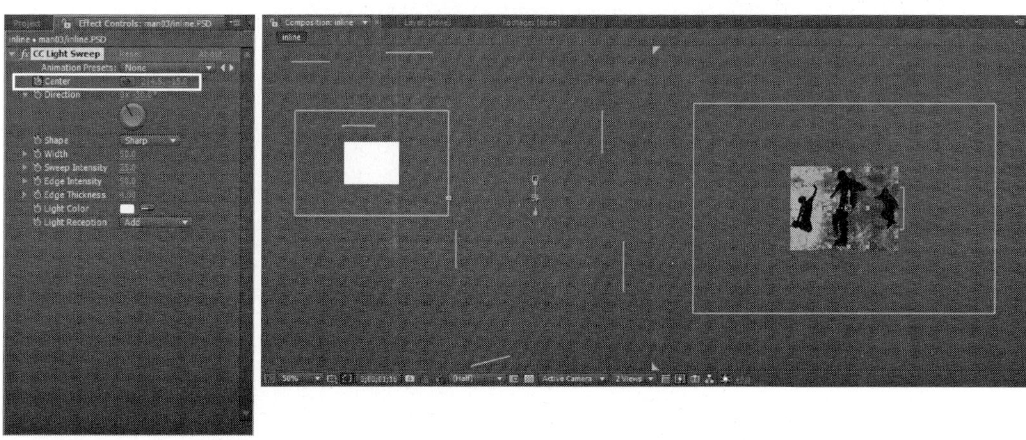

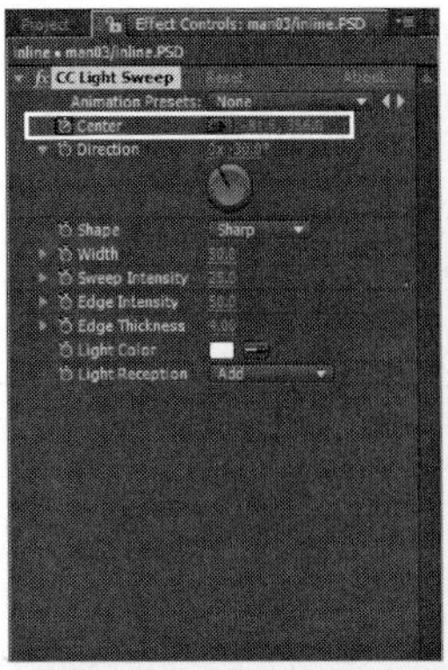

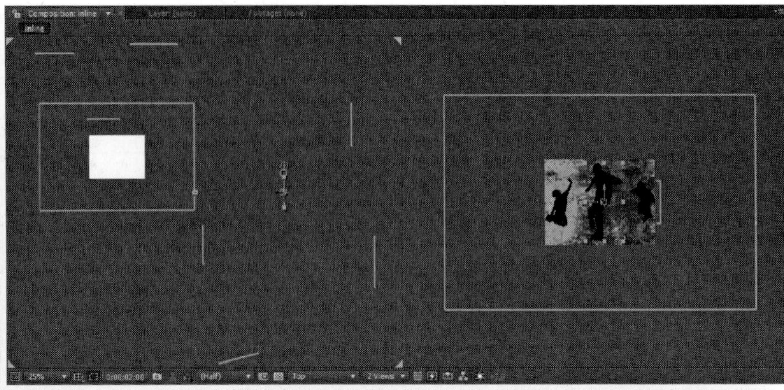

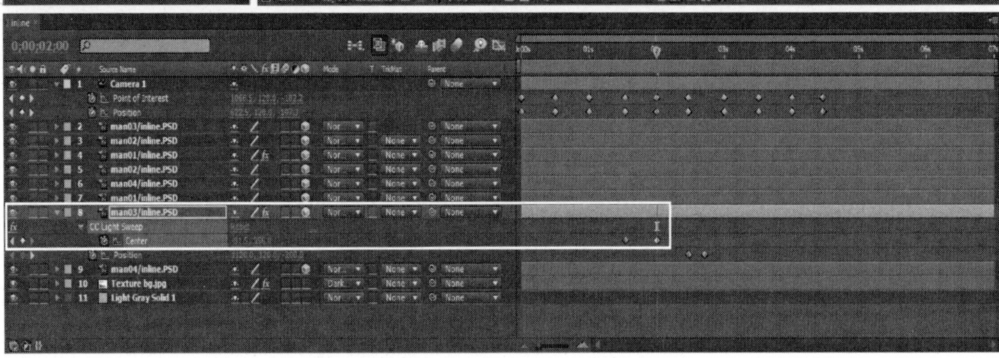

29 'man02.PSD'를 선택한 후 **Indicate**를 **0;00;02;14**로 이동한 후 **[Effect]-[Generate]-[CC Light Sweep]**를 선택하여 빛나는 효과를 설정한다.

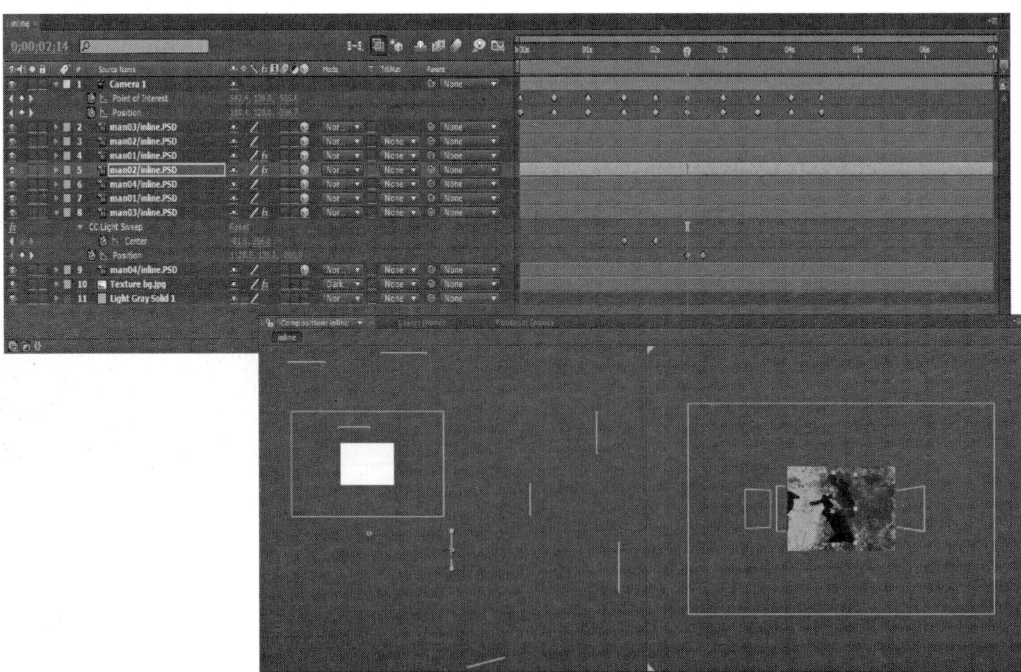

30 **Effect Controls** 패널의 **CC Light sweep** 옵션에서 '**Center**'의 수치를 수정하여 좌표값을 이미지의 오른쪽 상단으로 이동한 후 **Indicate**를 **0;00;03;00**으로 이동한 후 **Center**'의 수치 하단 왼쪽으로 이동하여 이미지에서 빛이 상단 오른쪽에서 하단 왼쪽으로 지나가게 한다.

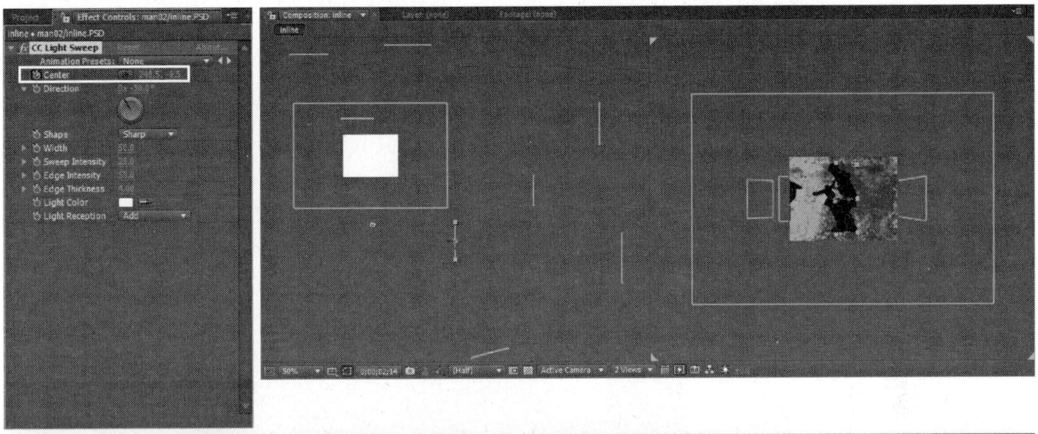

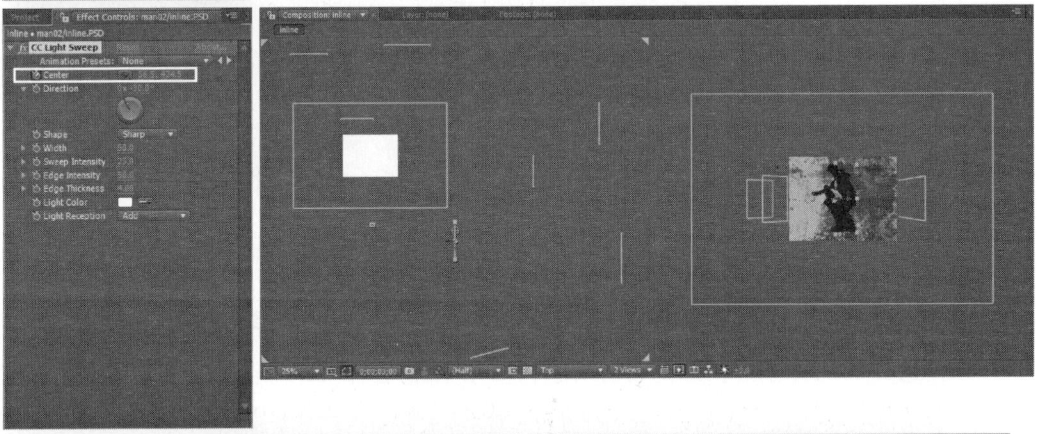

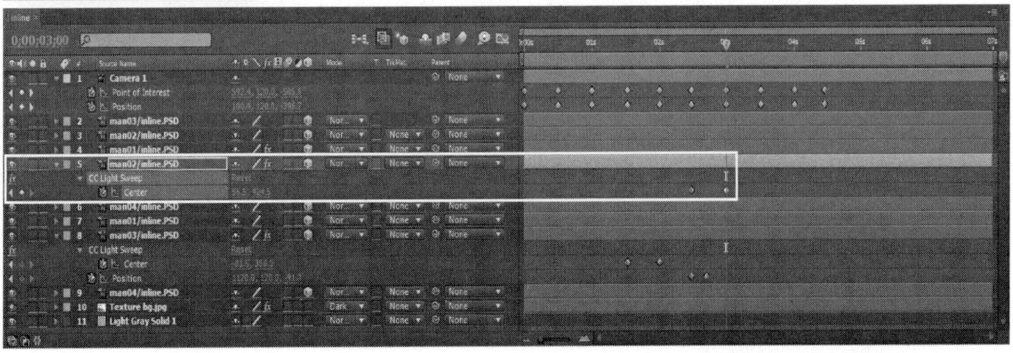

31 **'man04.PSD'**를 선택한 후 **Indicate**를 **0;00;03;15**로 이동한 후 **[Effect]-[Generate]-[CC Light Sweep]**를 선택하여 빛나는 효과를 설정한다.

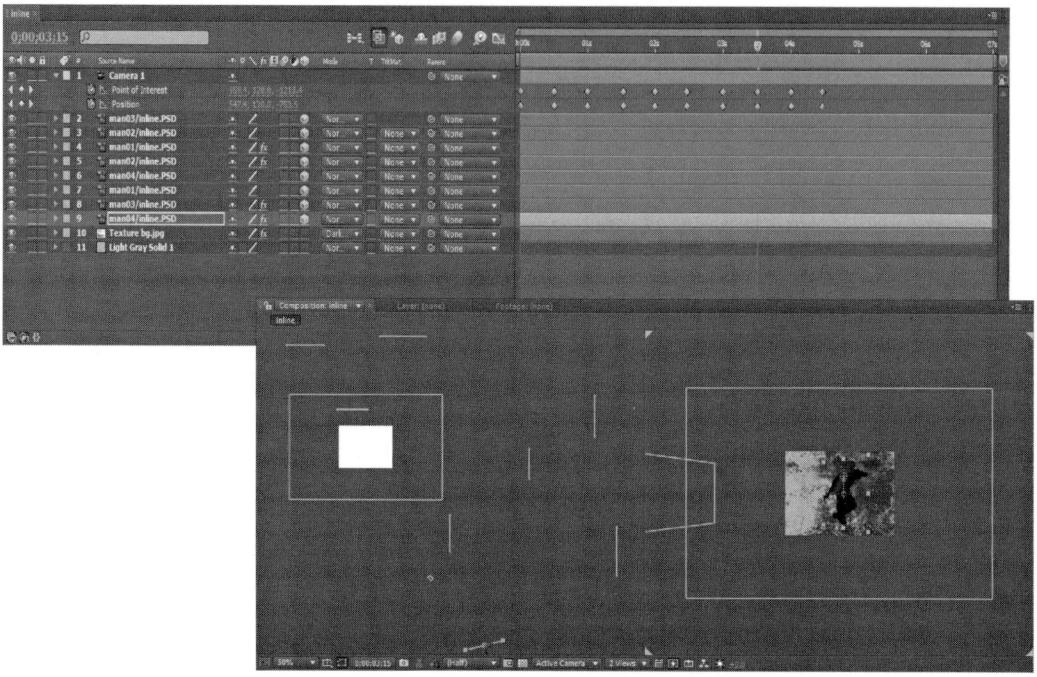

32 **Effect Controls** 패널의 **CC Light sweep** 옵션에서 **'Center'**의 수치를 수정하여 좌표값을 이미지의 오른쪽 상단으로 이동한 후 **Indicate**를 **0;00;03;00**으로 이동한 후 **Center'**의 수치 하단 왼쪽으로 이동하여 이미지에서 빛이 상단 오른쪽에서 하단 왼쪽으로 지나가게 한다.

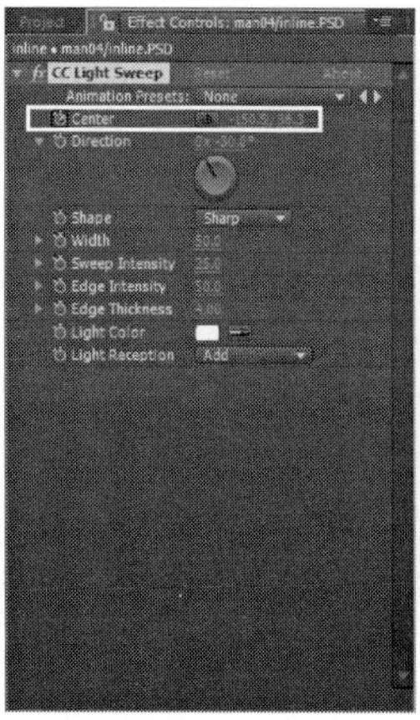

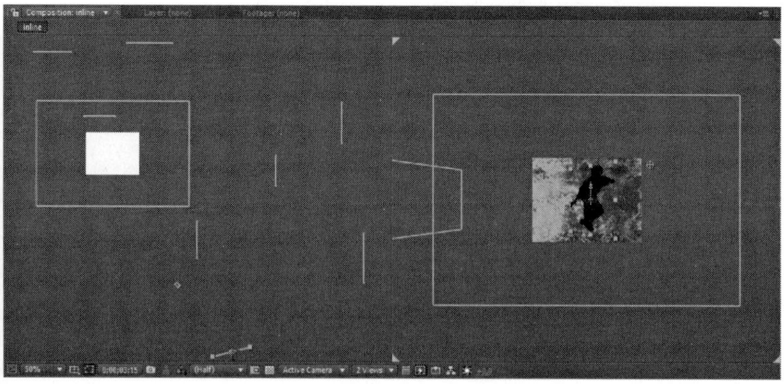

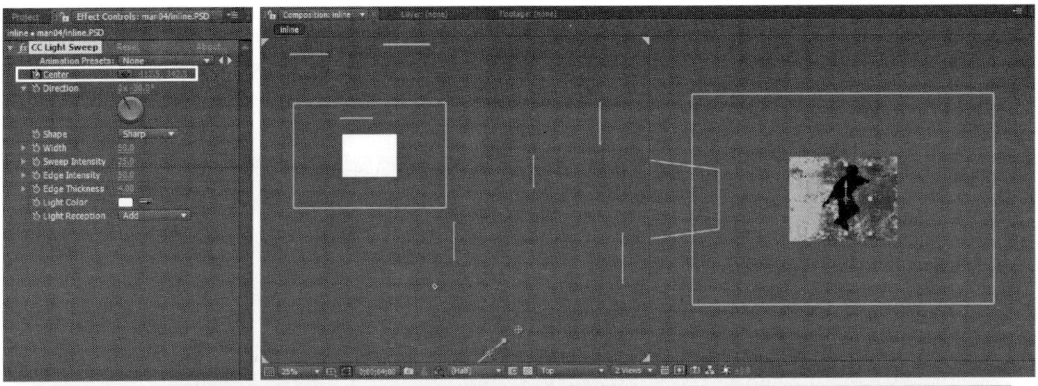

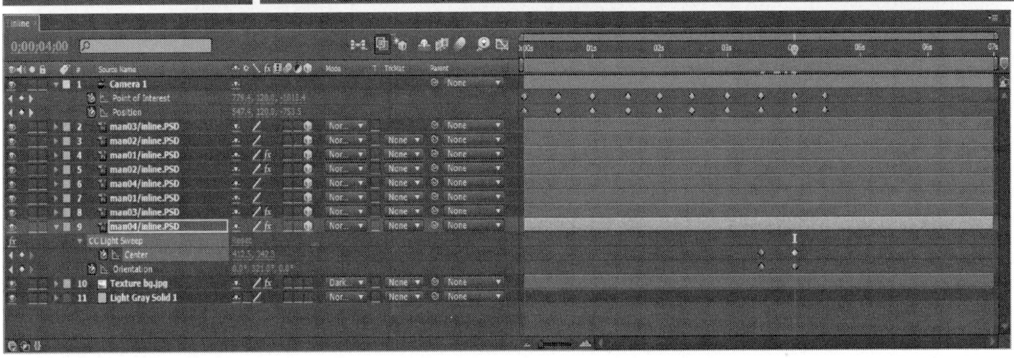

33 **[Layer]-[New]-[Solid]**를 선택한 후 **Light Gray Color**를 선택하여 새로운 Layer를 만든 후 상단 툴박스에서 '**Ellipse**' 를 선택한 후 화면에 드래그하여 Mask를 생성한다.

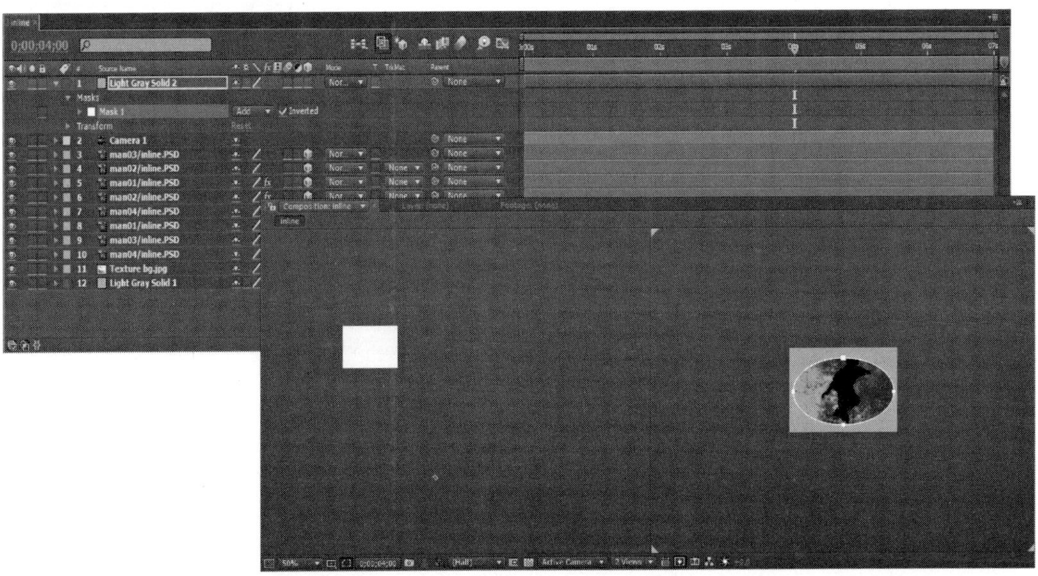

- Mask를 적용할 때 이미지가 꼭 선택된 상태여야 한다. 만약 이미지가 선택되지 않았을 경우 새로운 도형 레이어가 생성된다.

34 **Timeline** 패널에서 **'light Gray solid 2'** 레이어에 적용된 **Mask1** 옵션을 클릭하여 하위옵션이 나타나게 한 후 **Mask Feather:80.0, 80.0pixel / Mask Expansion:15.0pixel** 마스크 주변이 자연스럽게 흐려지게 한다.

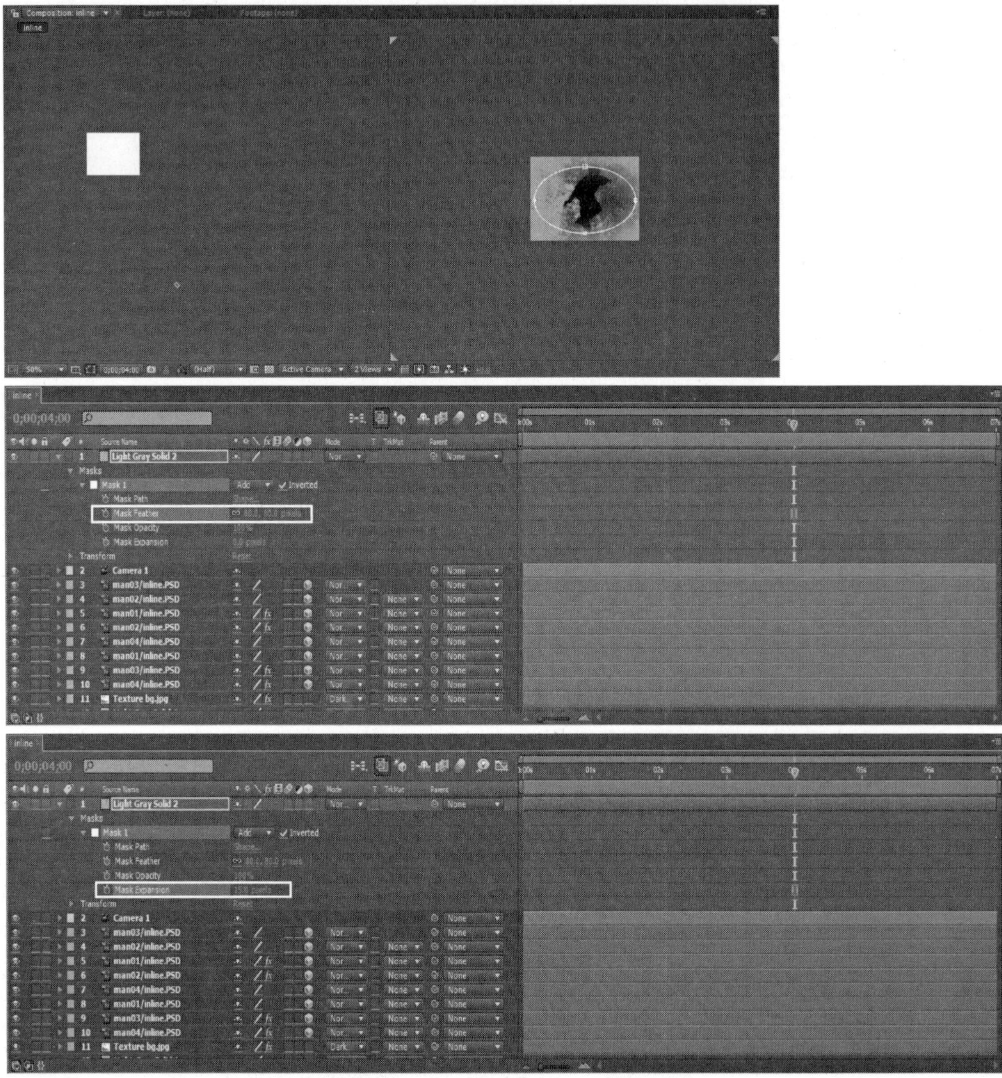

35 **Transform**의 하위 옵션에서 **Opacity:50%**로 조정하여 레이어의 톤을 낮춘다.

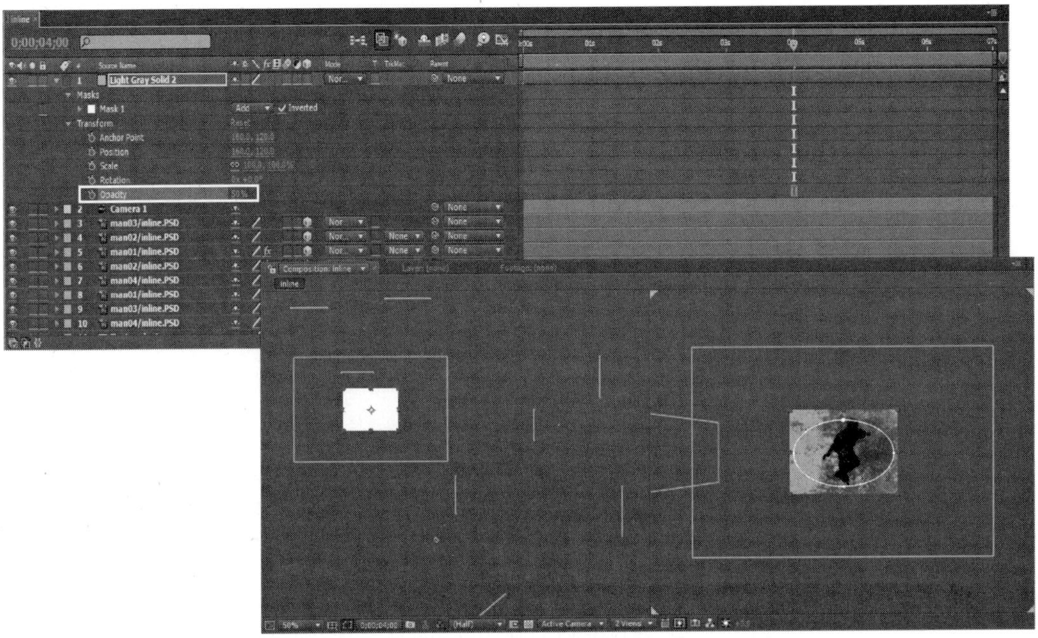

36 **[Composition]-[New Composition]**을 선택한 후 **Width:2000px / Height:100px, Duration 0;00;07;00**으로 설정한 후 **[Layer]-[New]-[Solid]**를 선택하여 White Solid를 생성한다.

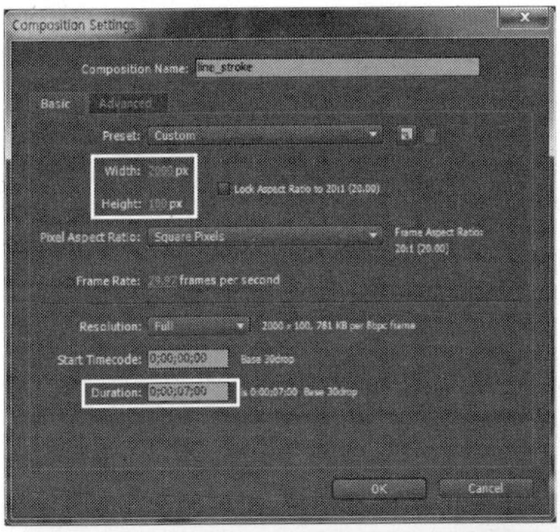

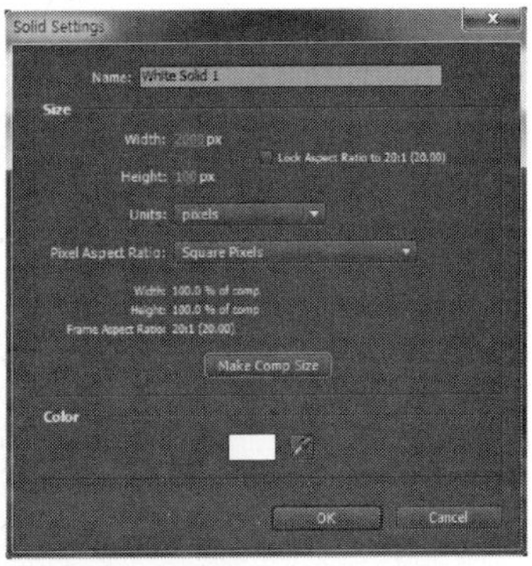

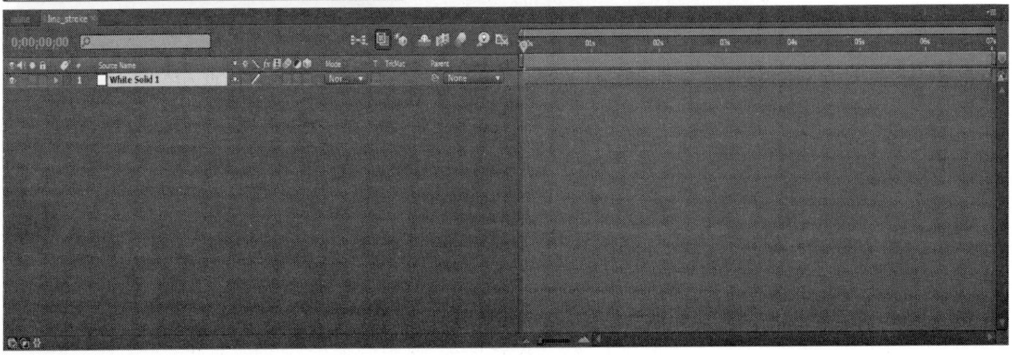

37 **White Solid 1**이 선택된 상태에서 **Tool** 패널의 **Pen** 툴을 선택한 후 가로로 선을 만들어 마스크 영역을 설정한다. **Mask1**이 선택된 상태에서 **[Edit]-[Duplicate]**를 두 번 선택하여 **Mask2, Mask3**를 만들어 동일한 간격으로 배치한다.

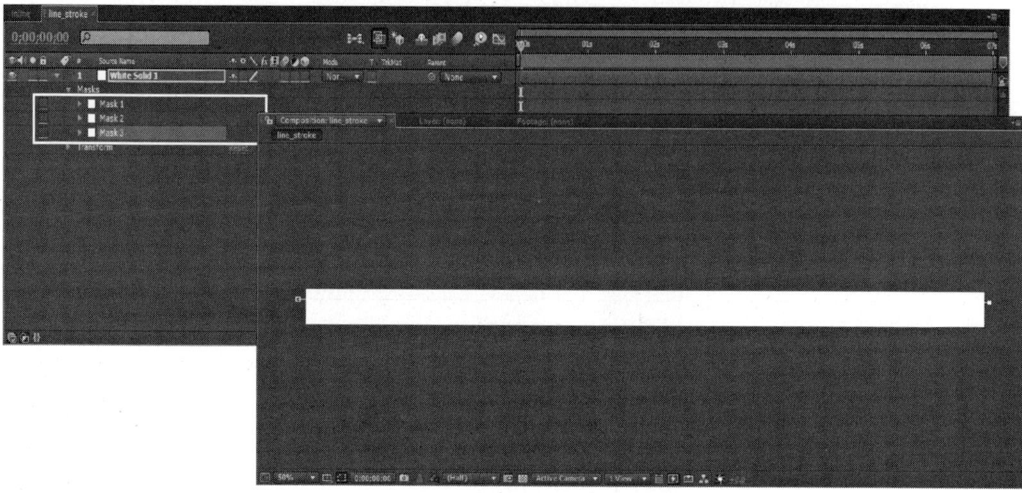

38 **Mask1, Mask2, Mask3** 모두 선택된 상태에서 **[Effect]-[Generate]-[Stroke]**를 선택하여 효과를 적용한 후 **Effect Controls** 패널에서 **Color:#000000, Bursh Size:5.0**을 설정한다.

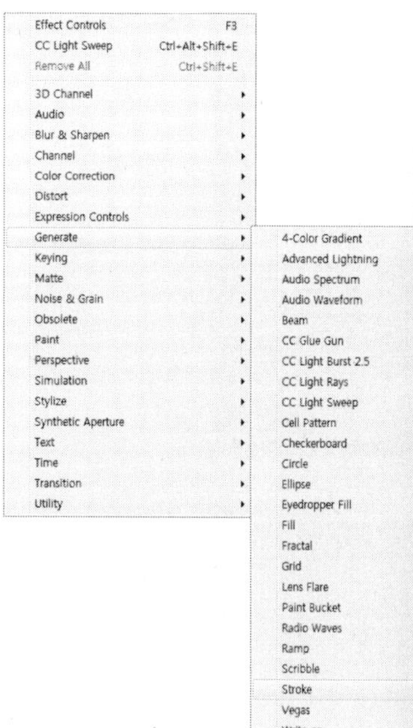

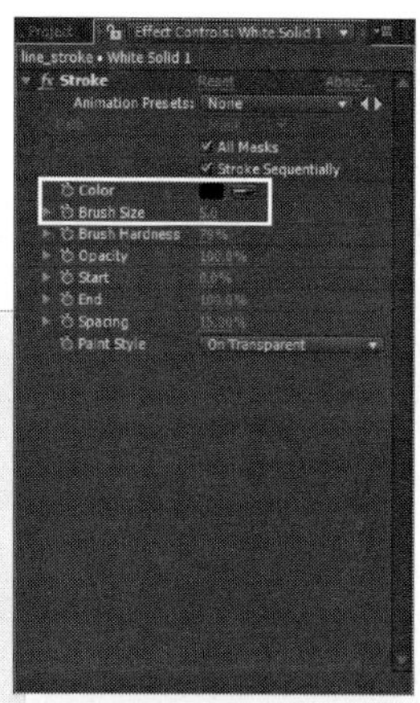

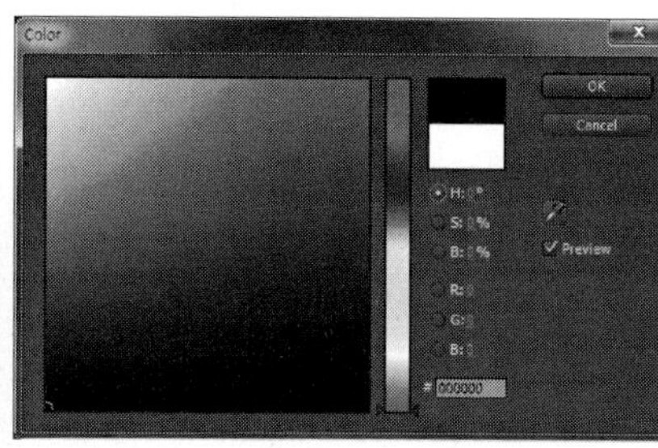

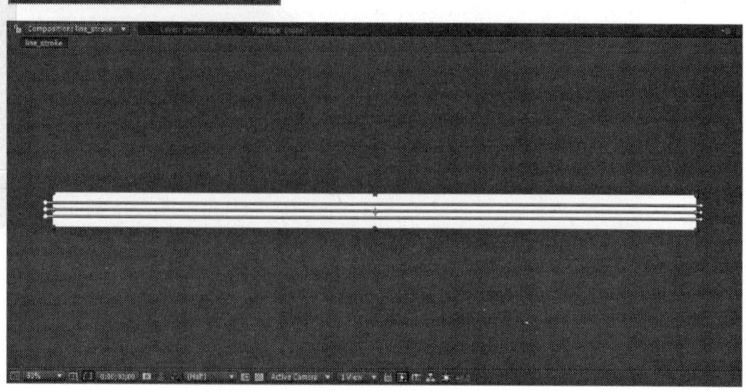

39 **Timeline** 패널에서 **Indicator**를 **0;00;00;00**에 위치한 후 **Stroke** 옵션에서 **End:0.0%**로 설정한 후 스톱왓치 아이콘을 클릭하여 키프레임을 설정한 후 **0;00;01;00**으로 이동한 후 **End:100.0%**로 수정하여 두 번째 키프레임을 설정한다.

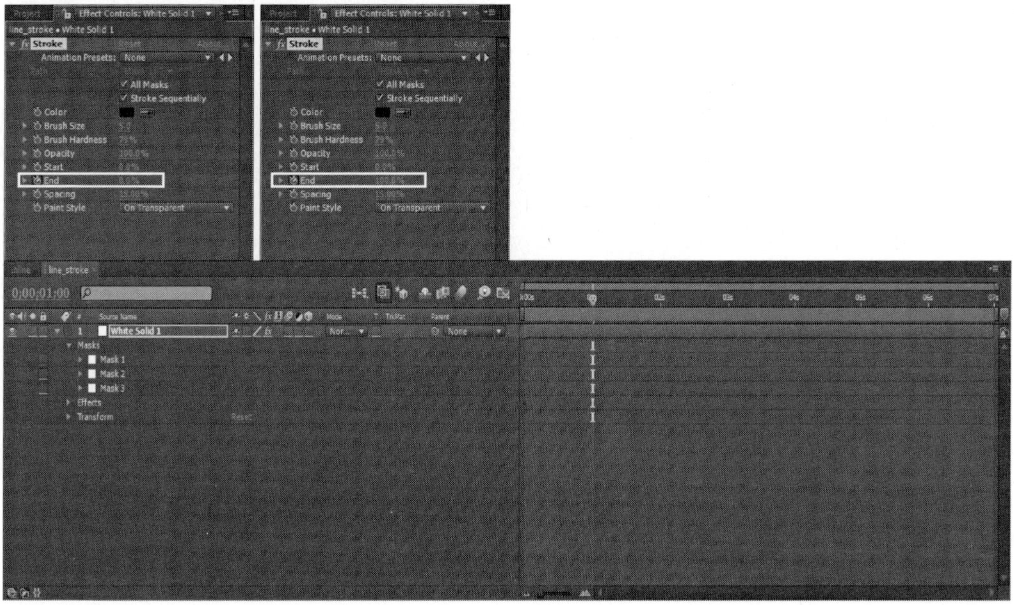

40 **[Layer]-[Pre Compose]**를 선택한 후 **Project** 패널에서 **'inlie_strok'**을 클릭 드래그하여 **Timeline** 패널의 **'Camera'** Layer 바로 위에 위치시킨다.

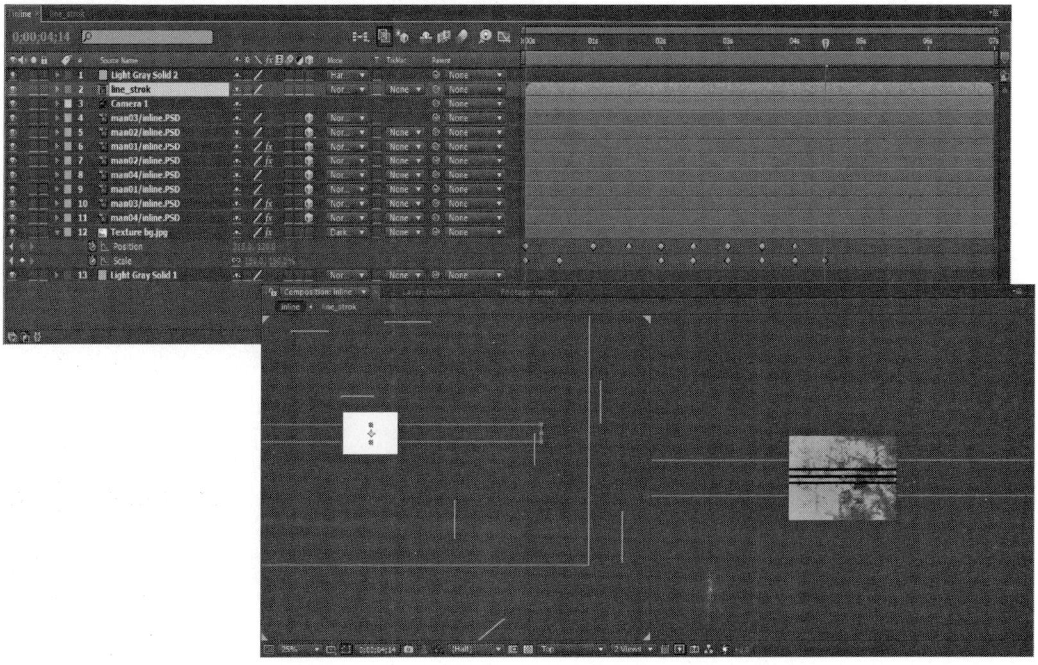

41 **'inlie_strok'** Layer를 드래그하여 시작은 **0;00;03;21**에 맞추고 화면에서 위치를 수정한다.

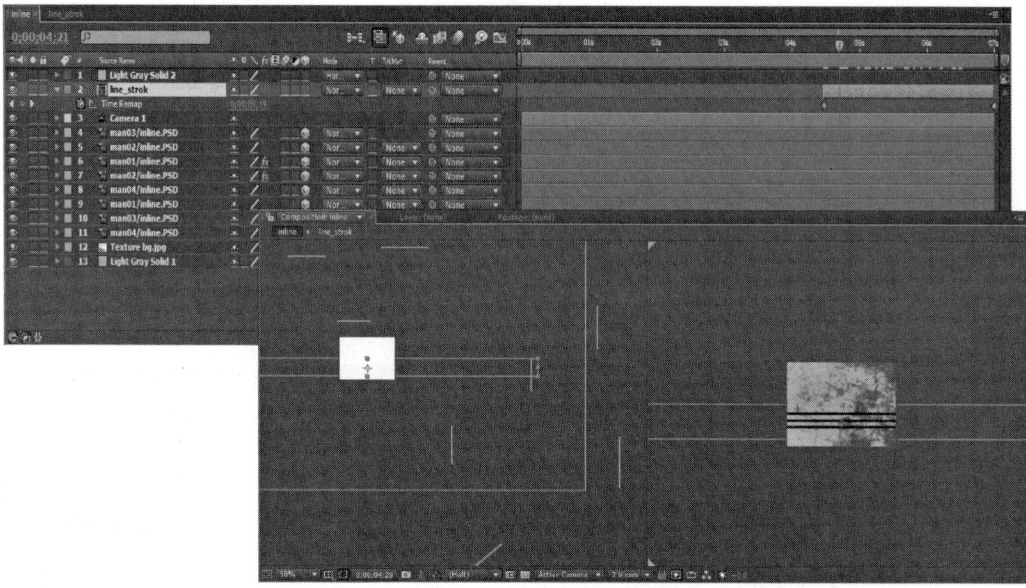

42 **Project** 패널에서 **'Inline'** Layers를 선택하여 하위메뉴에서 **'inline/...e.PSD'**를 선택하여 **Timeline** 패널로 드래그하여 화면에 배치한다.

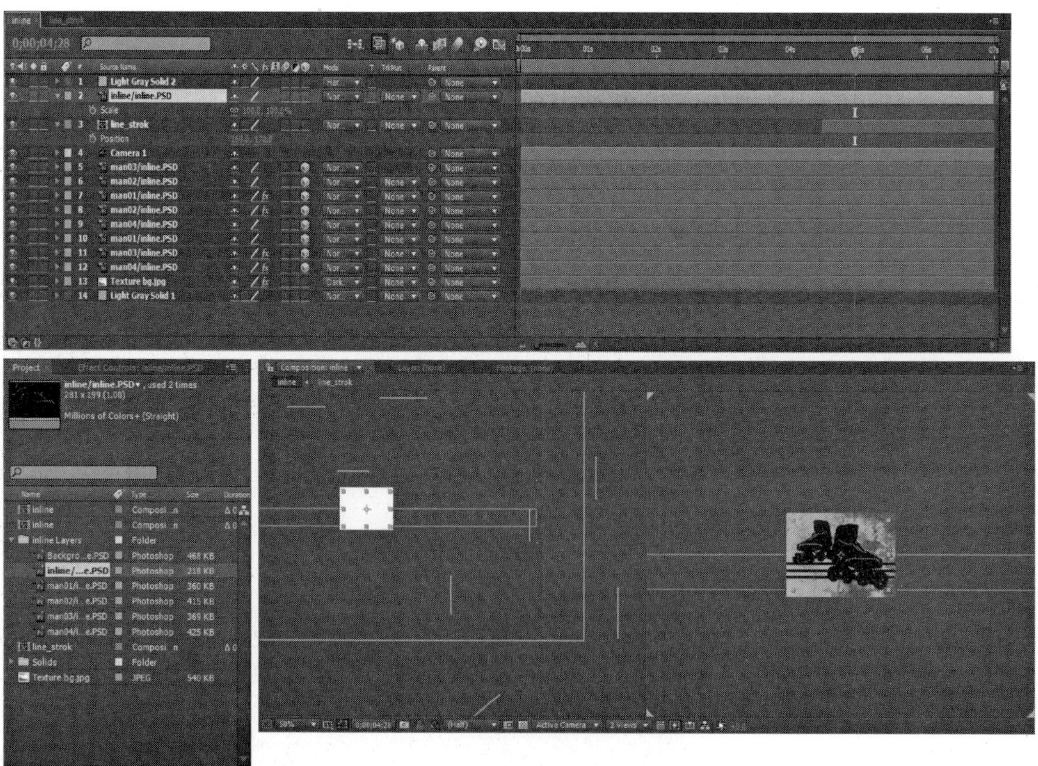

43 **'inline/...e.PSD'**가 선택된 상태에서 단축키 **'S'**를 클릭하여 **Scale:50.0, 50.0%**로 이미지를 축소시킨 후 화면 오른쪽 상단에 드래그하여 위치한다.

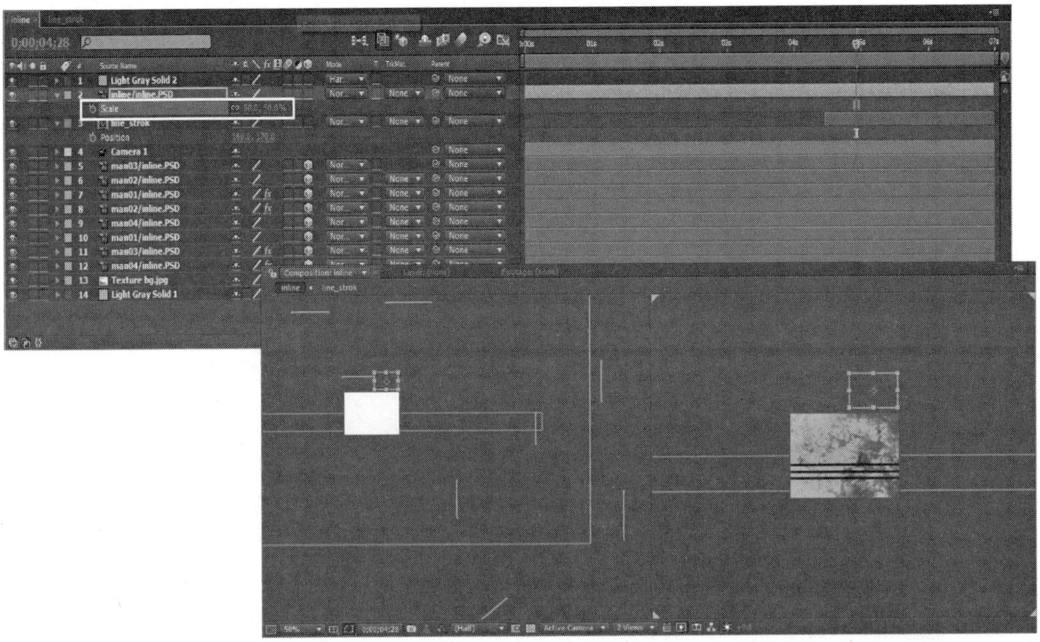

44 **'inline/...e.PSD'** Layer를 클릭 드래그하여 시작을 **0;00;04;14**로 길이를 맞춘 다음 단축키 **'p'**를 클릭한 후 **'Shift+S'**를 클릭하여 **Position**과 **Scale** 옵션이 나타나게 한 후 스톱왓치 아이콘을 클릭하여 키프레임을 설정한다.

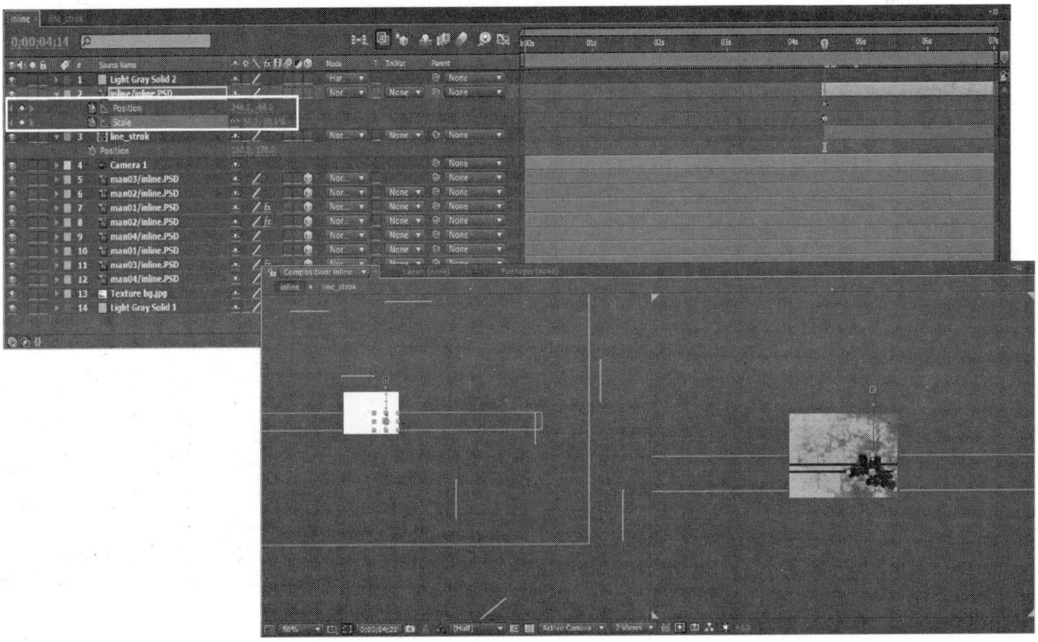

45 **'inline/...e.PSD'** Layer의 **Position, Scale, Rotation**의 값들을 시간대별로 조정하여 인라인 이미지가 위에서 떨어지면 흔들거리는 이미지의 움직임을 준다.

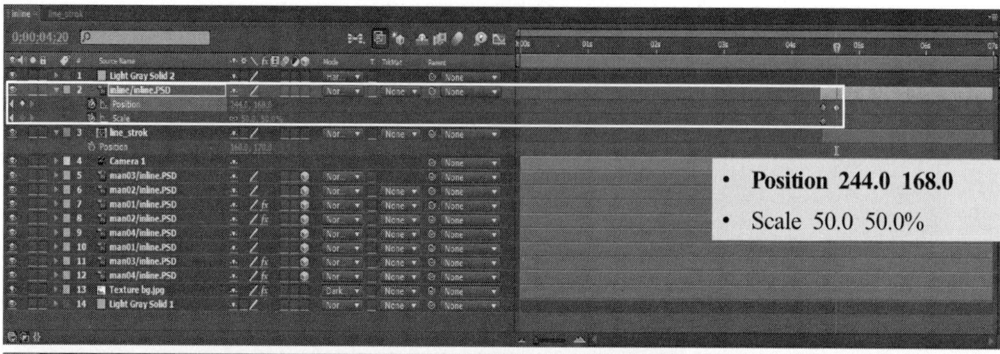

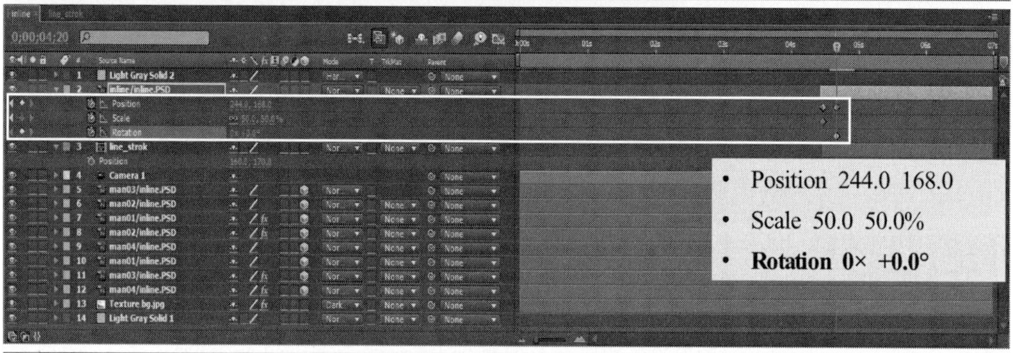

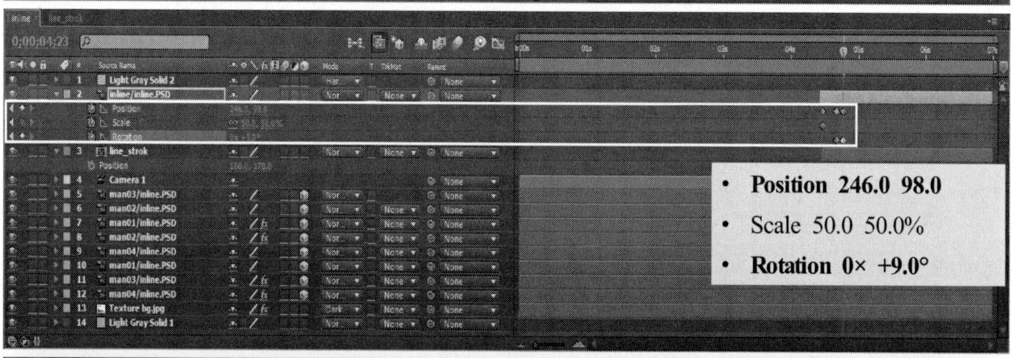

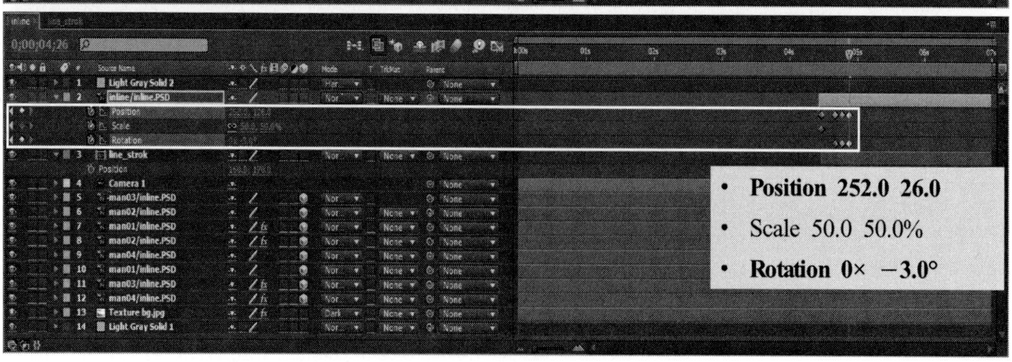

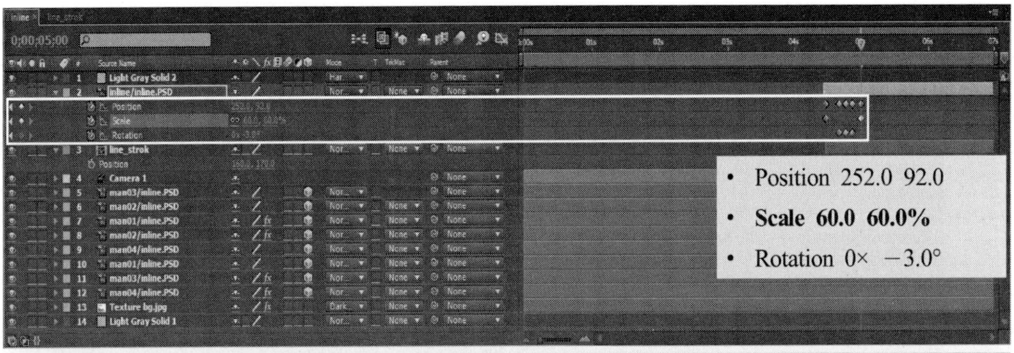
• Position 252.0 92.0
• **Scale 60.0 60.0%**
• Rotation 0× −3.0°

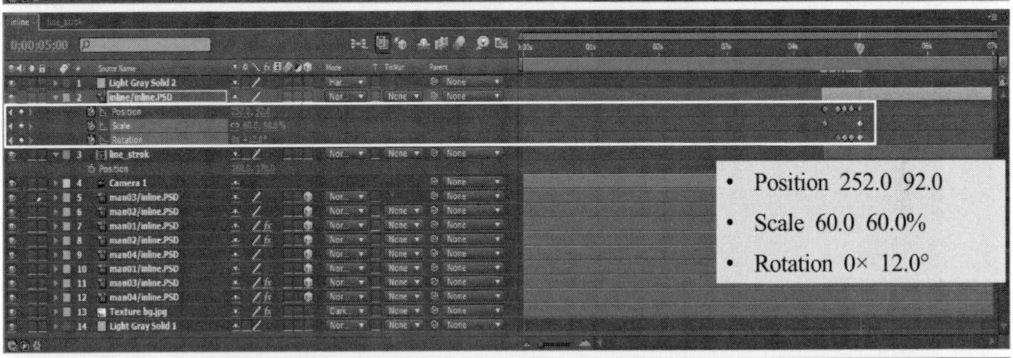
• Position 252.0 92.0
• Scale 60.0 60.0%
• Rotation 0× 12.0°

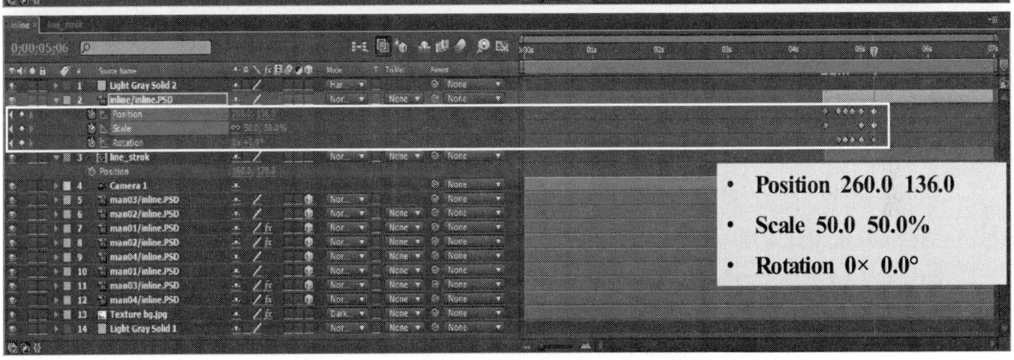
• **Position 260.0 136.0**
• **Scale 50.0 50.0%**
• **Rotation 0× 0.0°**

46 **Tool** 패널에서 **Text** 툴을 선후 '**Inlineskate**'라고 입력한 후 **Font:Impact, Size:41px, Color: 1241c9**를 설정한 후 화면의 라인 위에 배치한다.

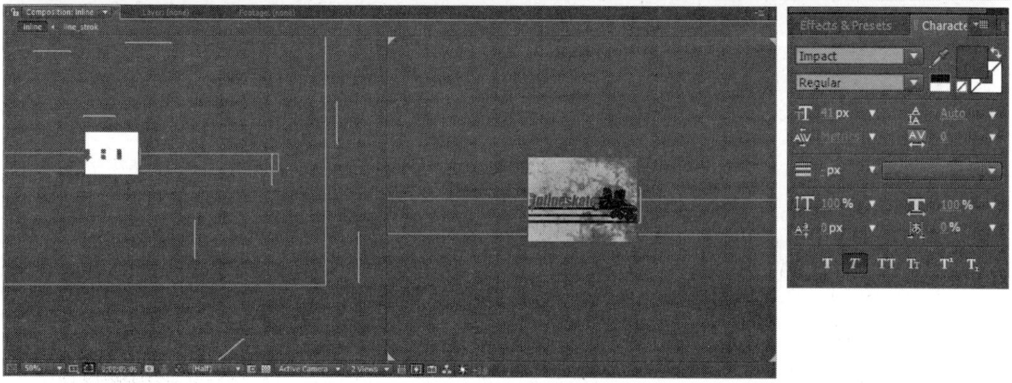

47 '**Inlineskate**' Layer를 선택한 후 **Indicator를 0;00;05;00**으로 이동하고 단축키 '**S**'를 클릭하여 '**Scale:0.0, 0.0%**'로 설정하여 글자가 화면에서 사라지게 한다.

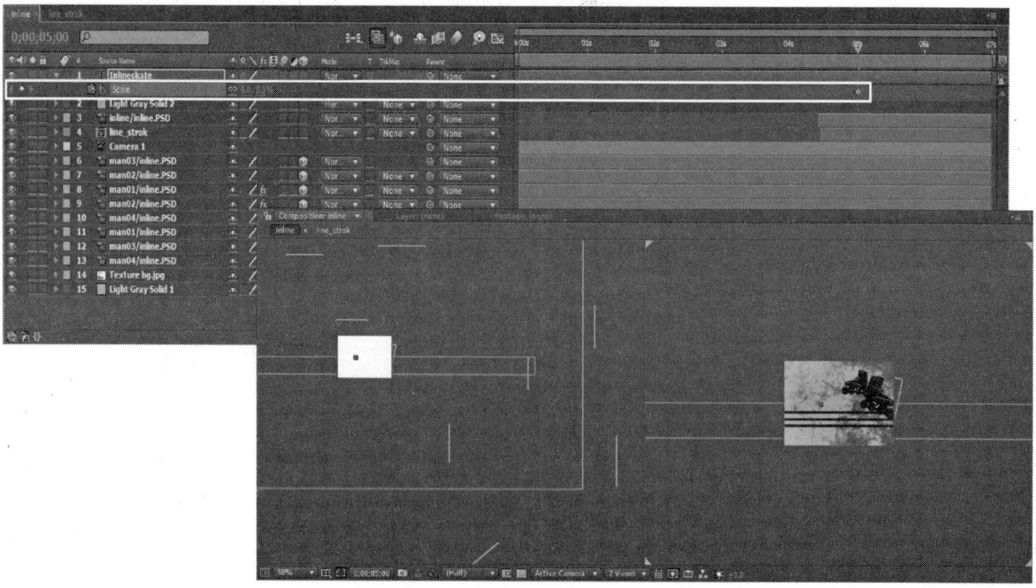

48 **'Inlineskate'** Layer의 **Indicator를 0;00;05;18**로 이동하고 **'Scale:130.0, 130.0%'**로 설정하여 글자가 확대되면서 나타나게 한다.

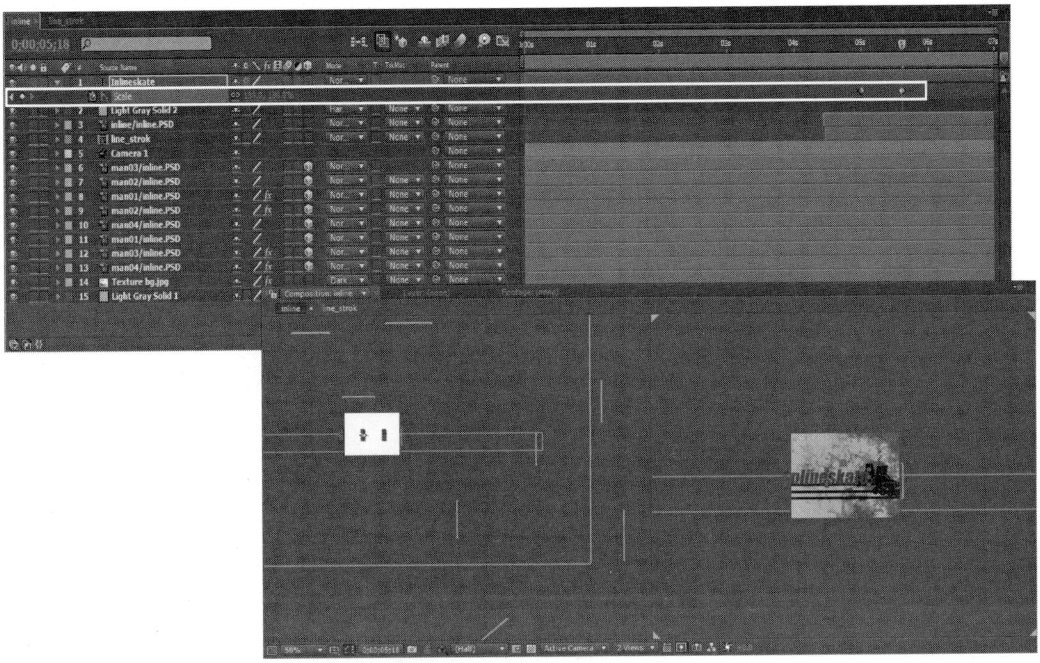

49 **'Inlineskate'** Layer의 **Indicator를 0;00;05;22**로 이동하고 **'Scale:80.0, 80.0%'**로 설정하여 글자가 화면에서 축소되게 한다.

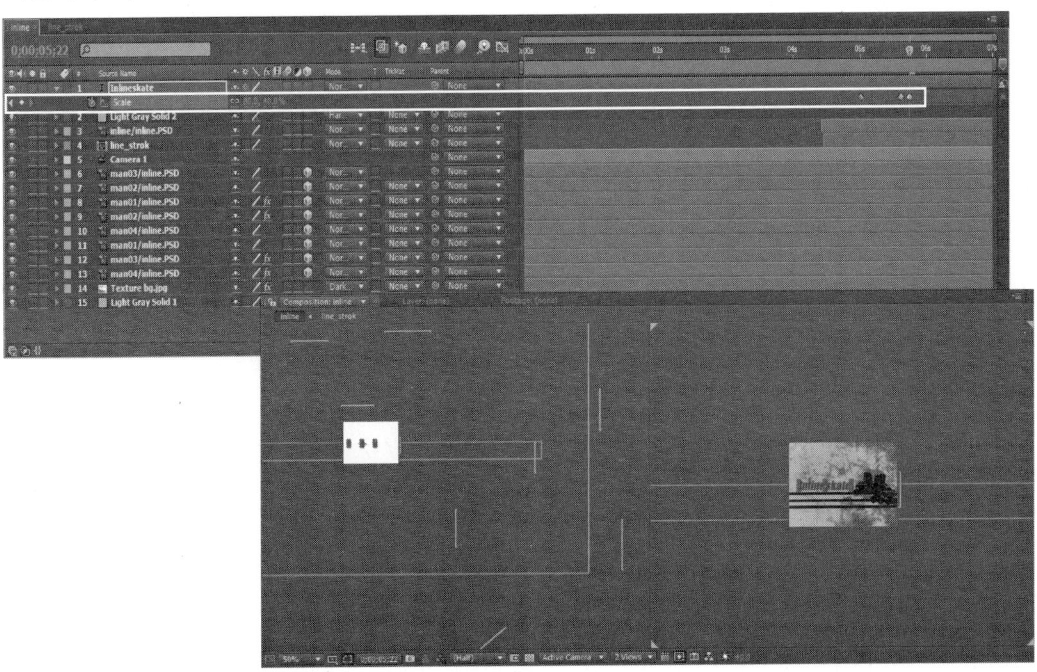

50 **'Inlineskate'** Layer의 **Indicator**를 **0;00;05;27**로 이동하고 **'Scale:100.0, 100.0%'**로 설정하여 글자의 크기 변화작업을 완성한다.

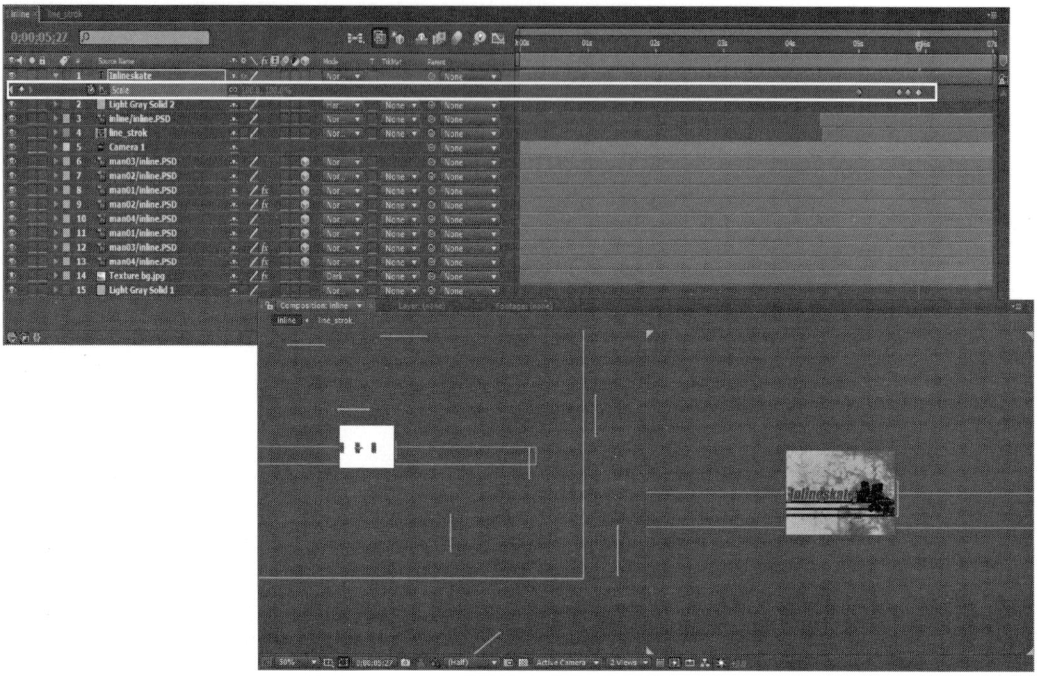

21 다양한 이펙트 활용법

애프터이펙트는 이미지나 영상의 후반 작업을 하면서 다양한 효과들을 활용하여 결과물을 대중들에게 시각적인 다양한 연출로 표현하는 강점을 가지고 있다. 이번 예제는 하나의 이미지를 가지고 작업자의 의도에 의하여 재미있는 영상을 제작하는 방법에 대하여 연습하려고 한다.

학습메뉴

- 다양한 Effect의 활용(Liner Wipe/Noise/Grid/Lens Flare/Tint/Corner pin)
- Expression : LoopOut

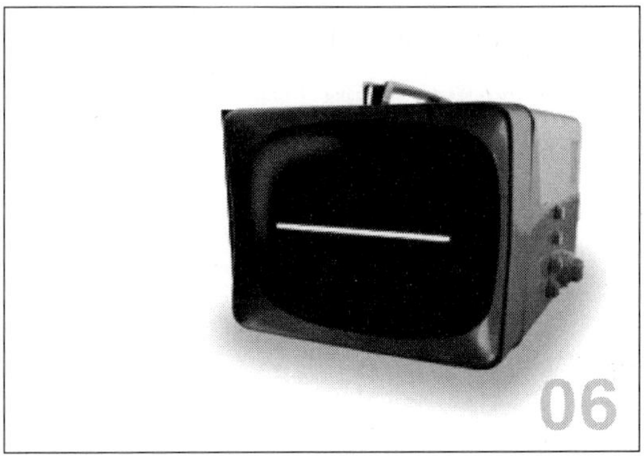

01 **Project** 패널을 더블클릭한 후 **Import File** 옵션 창이 나타나면 **'building'**을 선택하여 이미지를 불러온다. 같은 방법으로 **Import File** 옵션 창이 나타나게 한 후 **'tv'**을 클릭한 후 옵션 창이 나타나면 'Straight-Unmatted'를 선택하고 'Guess' 버튼을 클릭하여 배경의 투명을 설정하고 이미지를 불러온다. **'run01'** 파일을 선택한 후 **'Targa Sequence'**를 체크하여 달리는 연결 동작을 시퀀스 파일로 불러온다.

02 **[Composition]-[Composition settings]** 옵션 창에서 **Composition Name:part1 / Width:320px, Height: 240px / Duration:0;00;05;00**으로 설정하여 콤포지션을 생성한다.

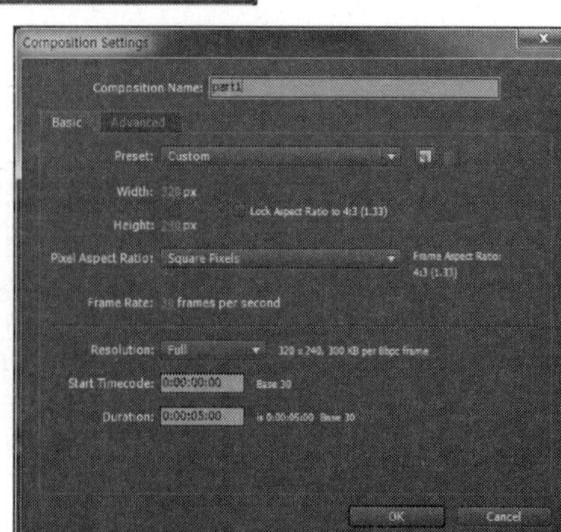

03 **Project** 패널에서 '**run[01-08].TGA**' 파일을 선택한 후 마우스 오른쪽 버튼을 클릭한다. 나타난 부메뉴 중나는 옵션에서 **[Interpret Footage]-[Main...]**을 선택하고 나타나는 **Interpret Footage** 옵션창에서 '**Other Option**'에서 **Loop:7 Times**로 수정하여 이미지의 반복이 7번으로 늘어나게 설정한다. '**run[01-08]. TGA**' 드래그하여 **TimeLine** 패널에 위치한다.

- Project 패널에 run[01-08].TGA 파일의 정보를 확인해보면 0;00;00;08의 시간이었던 이미지의 애니메이션 길이가 Loop Time을 7번으로 늘리고 나서 0;00,01;26으로 늘어난 것을 확인할 수 있다.

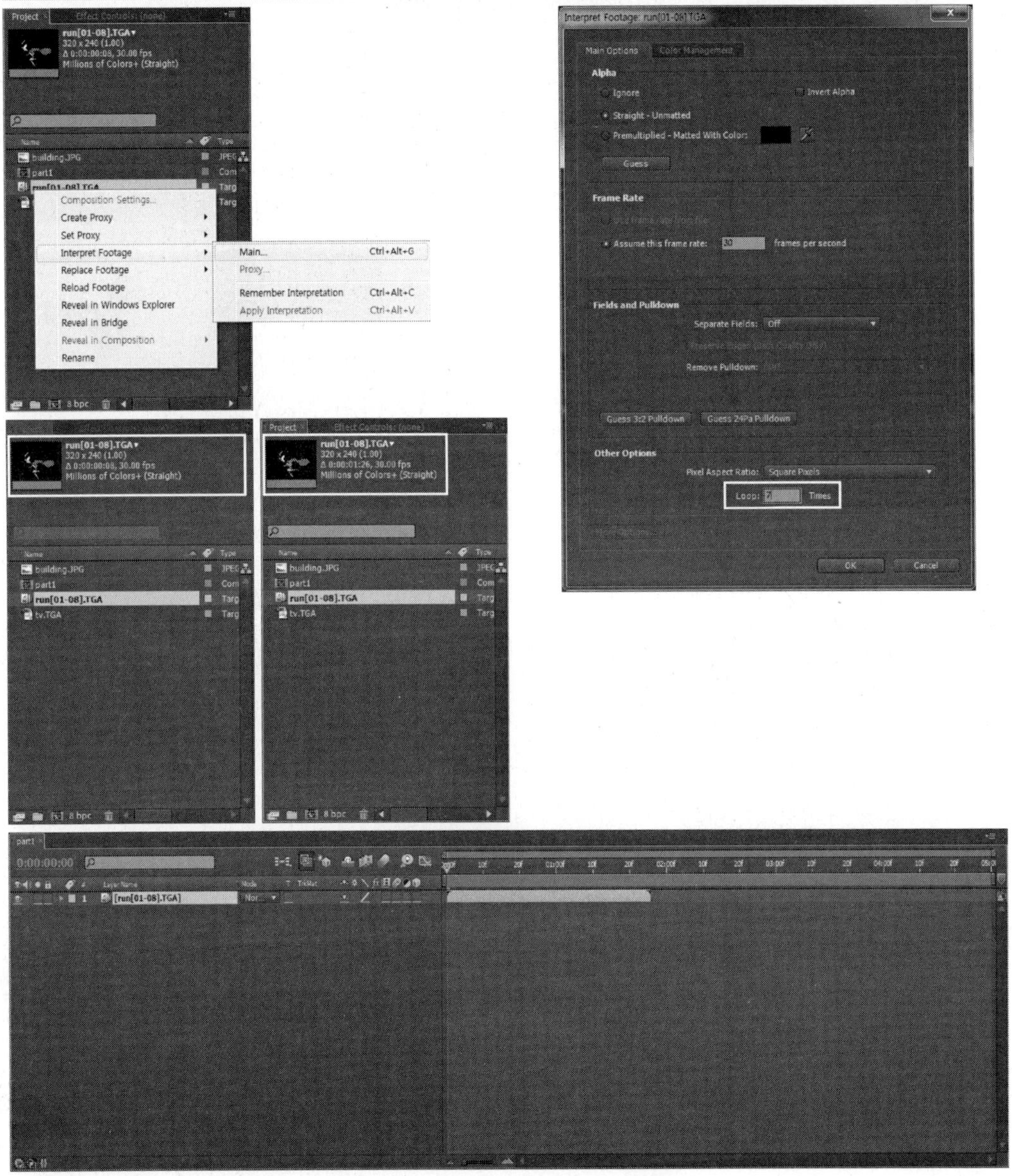

04 '**run[01-08].TGA**'의 **3D** 아이콘을 클릭하여 이미지를 **3D**로 전환한 후 단축키 '**S**'를 클릭하여 '**Scale:80.0, 80.0, 80.0%**'로 조정하여 이미지의 크기를 축소한다. 'Ctrl+D'를 클릭하여 '**run[01-08].TGA**'를 하나 더 복제한다.

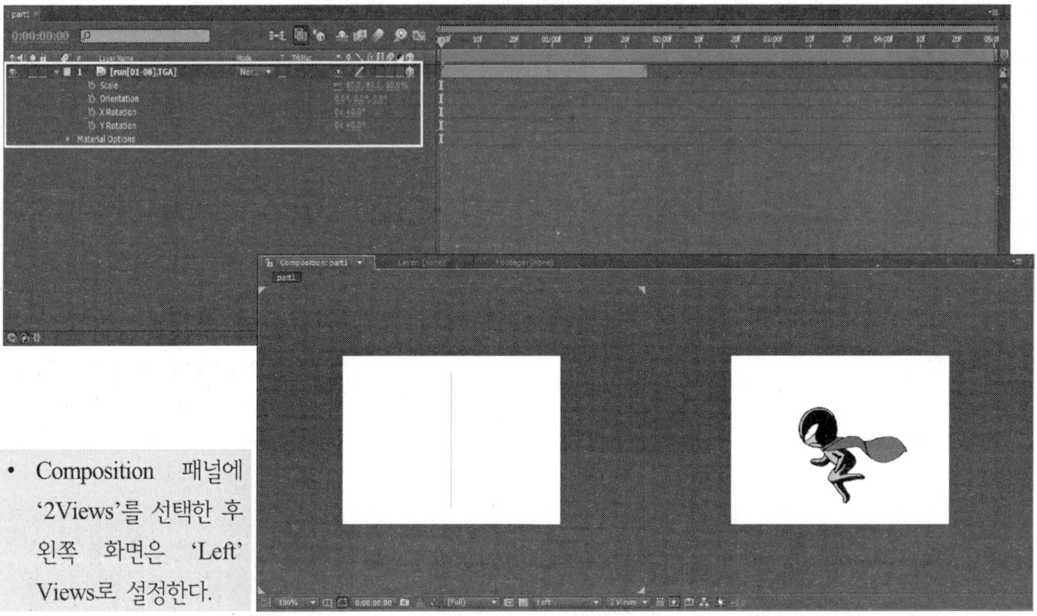

- Composition 패널에 '2Views'를 선택한 후 왼쪽 화면은 'Left' Views로 설정한다.

05 복제한 '**run[01-08].TGA**' Layer가 선택된 상태에서 단축키 '**R**'을 클릭하여 '**Orientation 90.0°, 0.0°, 0.0°**'으로 입력하여 이미지를 '**X**'축으로 **90°**로 회전한다.

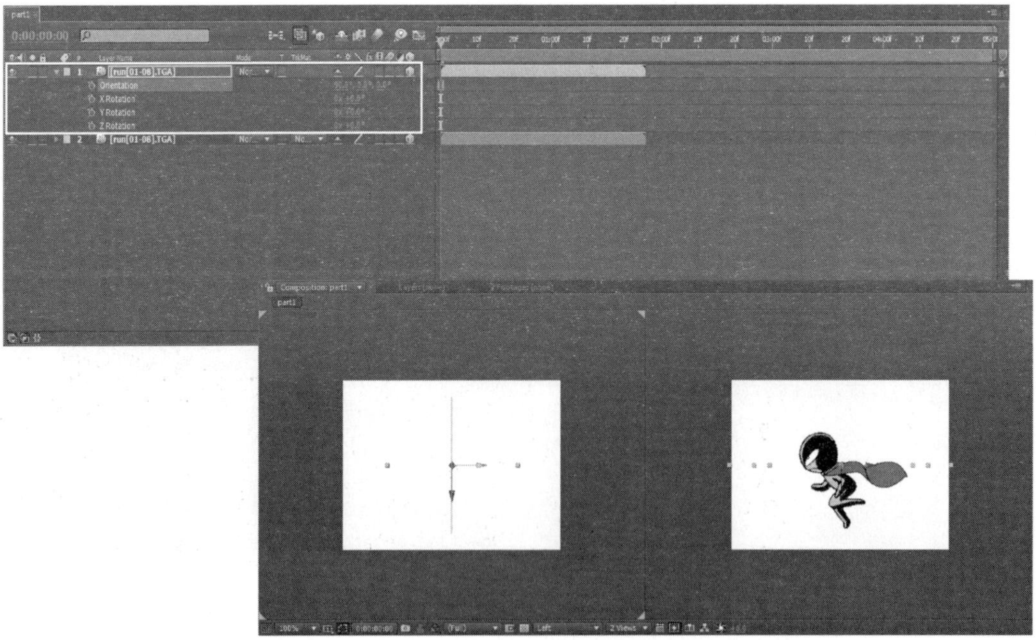

06 **Composition** 패널의 **Left** Views에서 마우스를 '**Z**'축이 나타나는 곳에 위치한 후 아래로 드래그하여 캐릭터의 그림자 위치를 잡아준다.

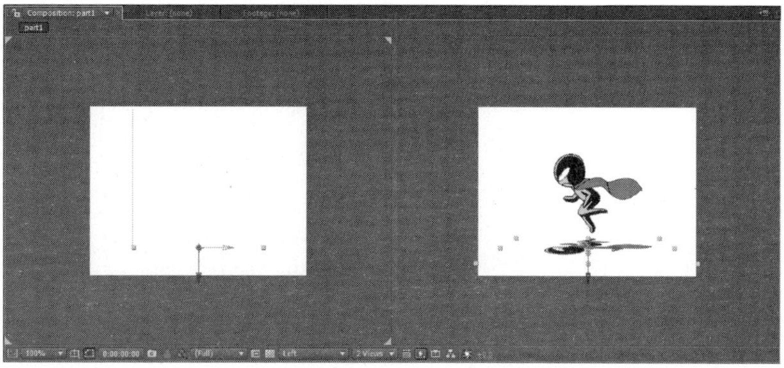

07 **Timeline** 패널에서 **Stretch 100.0%**를 클릭하고 **Time Stretch** 옵션 창에서 **Stretch Factor:300%**로 입력하여 움직임의 속도를 3배 느리게 조정해 준다.

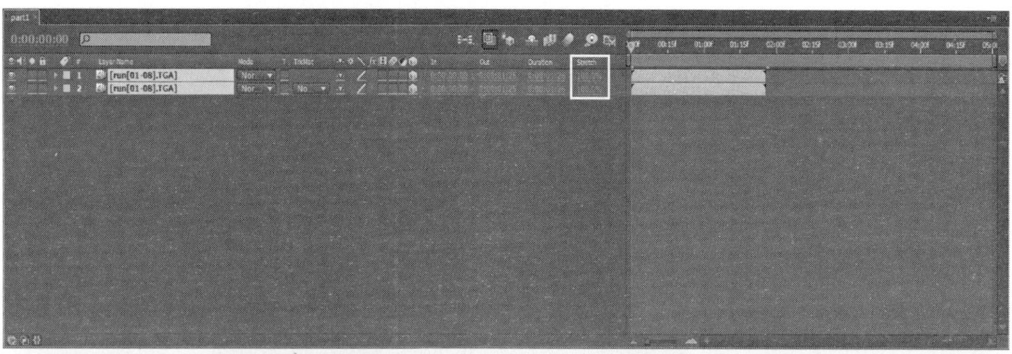

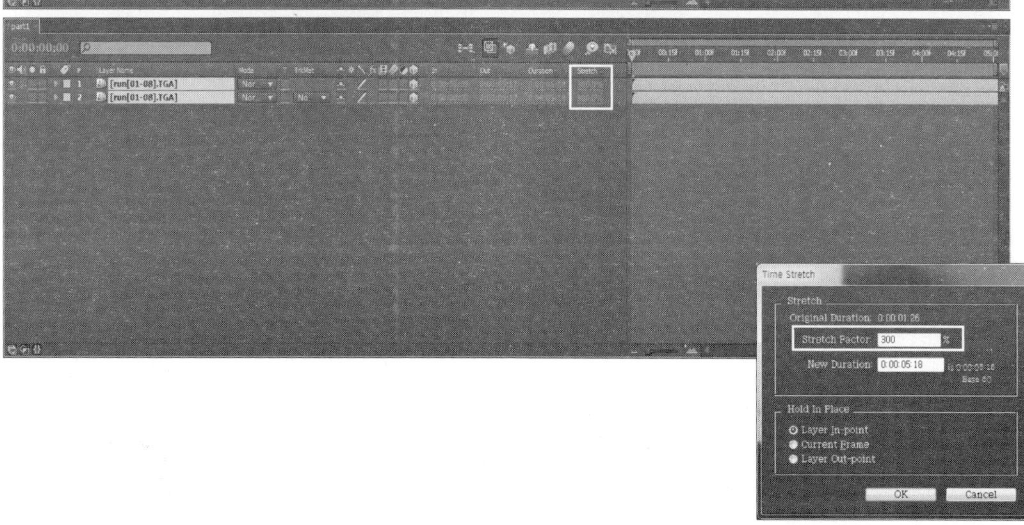

08 **'run[01-08].TGA'** Layer를 선택한 후 **[Effect]-[Color Correction]-[Tint]**를 선택하여 그림자의 색상을 보정하기 위한 이펙트를 적용한 후 **Effect Controls** 패널의 **Tint**의 옵션 중 **Map White To**를 검정색(#000000)으로 변경하여 그림자의 색상이 전체 검정색으로 표현되게 한다.

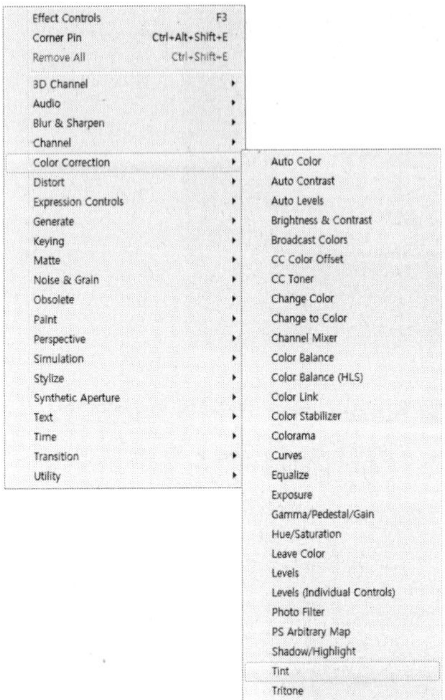

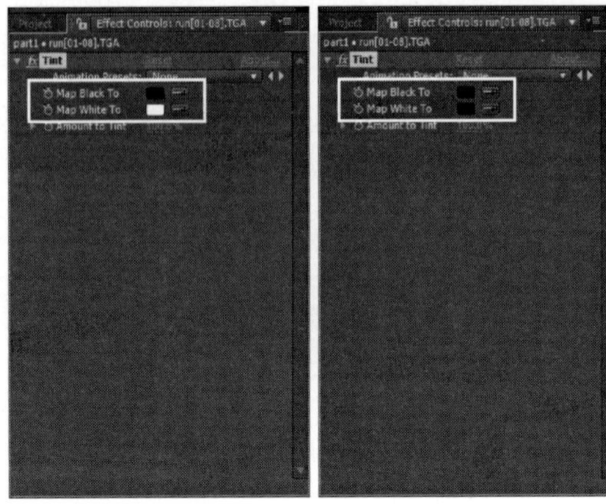

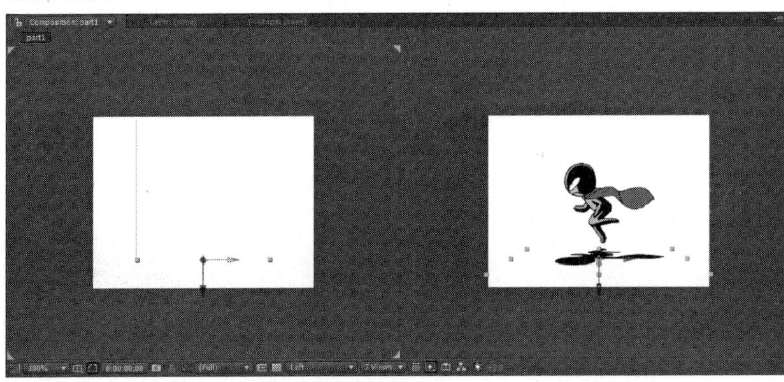

09 **[Effect]-[Transition]-[Linear Wipe]**를 선택하여 적용한 후 **Effect Controls** 패널의 **Linear Wipe**의 옵션 중 **Transition Compl:45%, Wipe Angle:0× +180°, Feather:40.0**으로 설정하여 그림자가 흐려지는 효과를 표현한다.

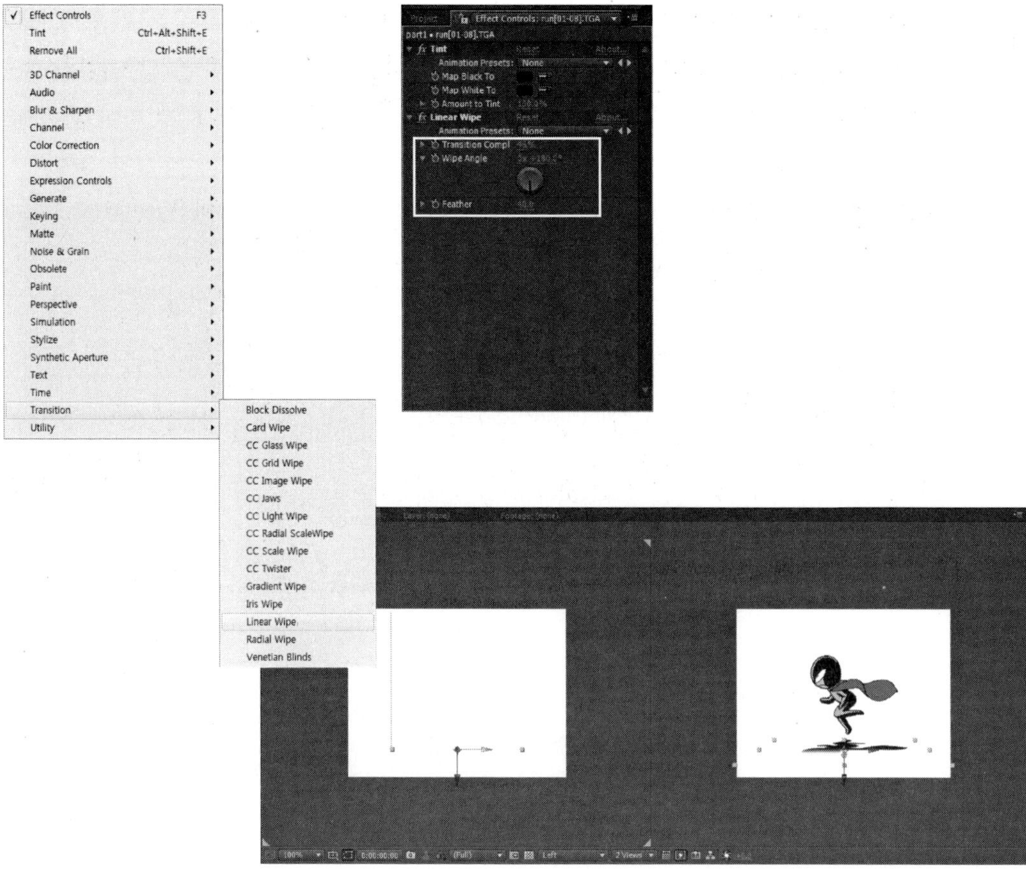

10 **Timeline** 패널에서 Layer를 모두 선택한 후 **[Layer]-[Pre compose]**를 선택한 후 옵션 창에서 'part2'로 입력한 후 **'part2'** Layer의 **3D** 아이콘을 클릭한다.

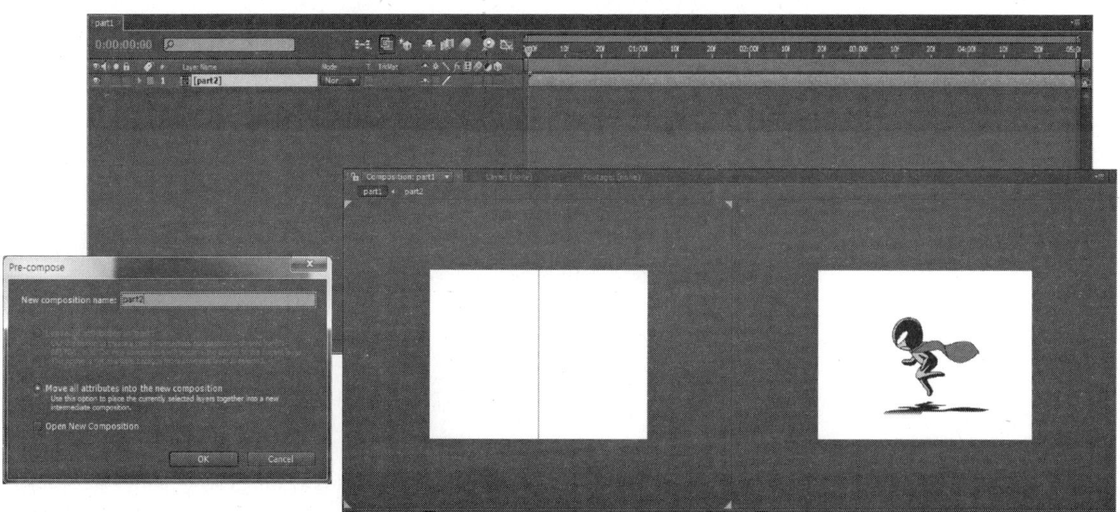

11 **Project** 패널에서 '**building.JPG**'을 선택하여 **Timeline** 패널의 '**[part2]**' **Layer**보다 아래에 위치시킨 후 3D 아이콘을 클릭하여 3D 이미지로 전환시킨 후 단축키 'S'를 클릭한 후 Scale:130.0, 130.0, 130.0%로 확대하고 '**Left**' View에서 '**Z**'축과 '**Y**'축을 움직여 배경 이미지를 캐릭터 뒤쪽으로 위치를 잡는다.

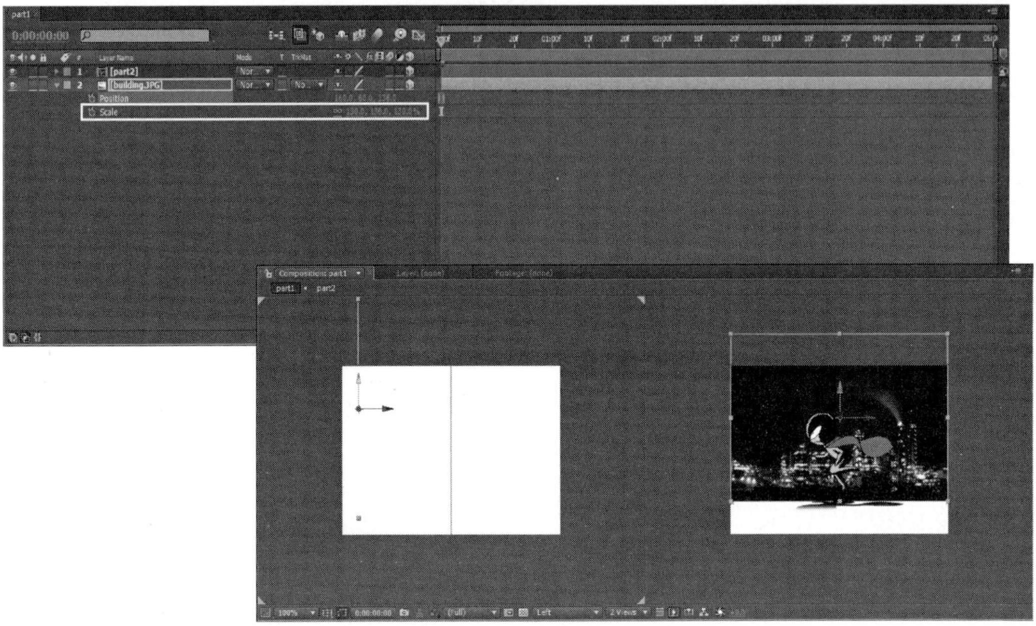

12 '**[part2]**' Layer를 선택한 후 '**Left**' View에서 '**Z**'축 캐릭터 이미지의 위치를 수정한다.

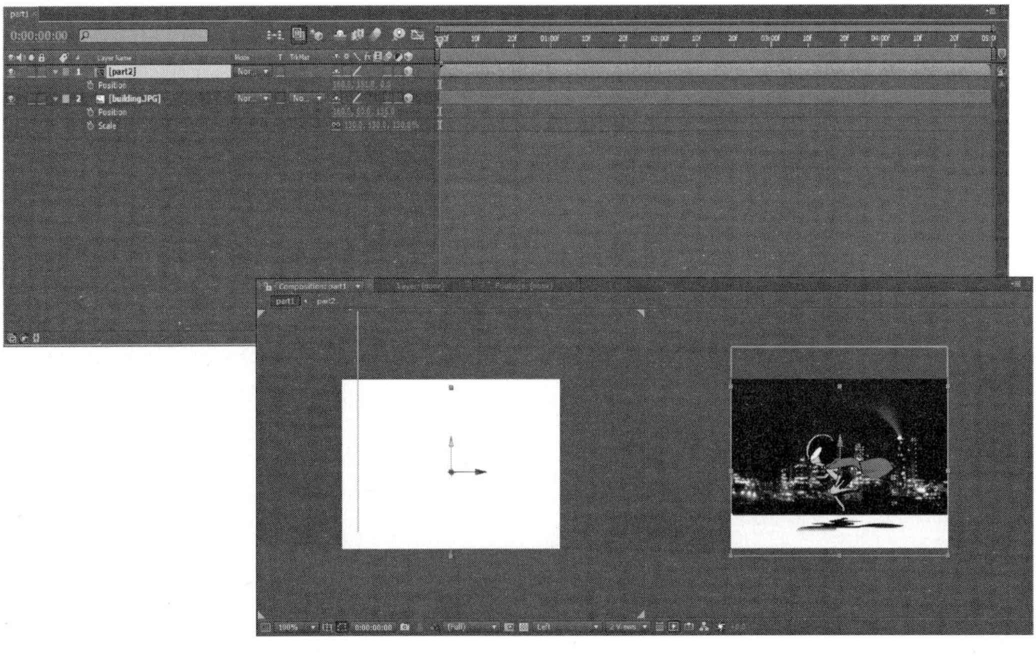

13 **[Layer]-[New]-[Solid]**를 선택한 후 옵션 창에서 **Color:#FFFFFF** 흰색을 선택한 후 Timeline 패널에서 3D 아이콘을 클릭하여 3D 이미지로 전환한 후 단축키 **'S'**와 **'R'**을 클릭하여 옵션이 나타나게 한 후 **Scale:130.0, 130.0, 130.0% / Orientation:90.0°, 0.0°, 0.0°**를 입력하여 확대 회전시켜 바닥을 만든다. Left View에서 'Z'축을 선택 드래그하여 위치를 캐릭터 아래로 이동한다.

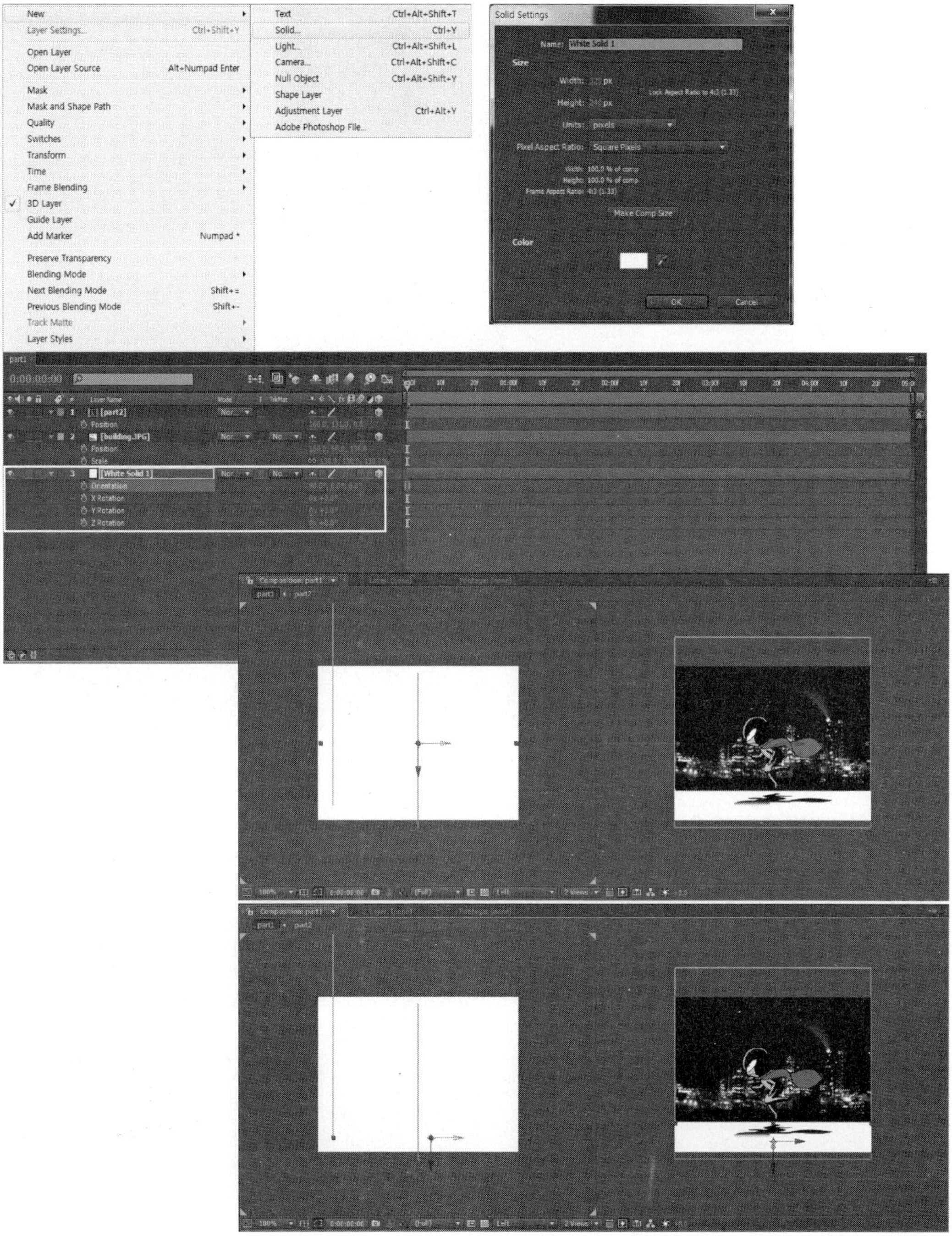

14 '**[part2]**' Layer가 선택된 상태에서 **[Effect]-[Generate]-[Ramp]**를 선택하여 적용한 후 **Effect Controls** 패널에서 '**Start Color**'의 스포이트 아이콘을 클릭하여 배경 이미지의 밝은 파랑색(#346a9c)을 클릭하여 선정한다. '**End Color**'의 스포이트 아이콘을 클릭하여 배경 이미지의 검은 색을(#000000)을 클릭하여 선정한다.

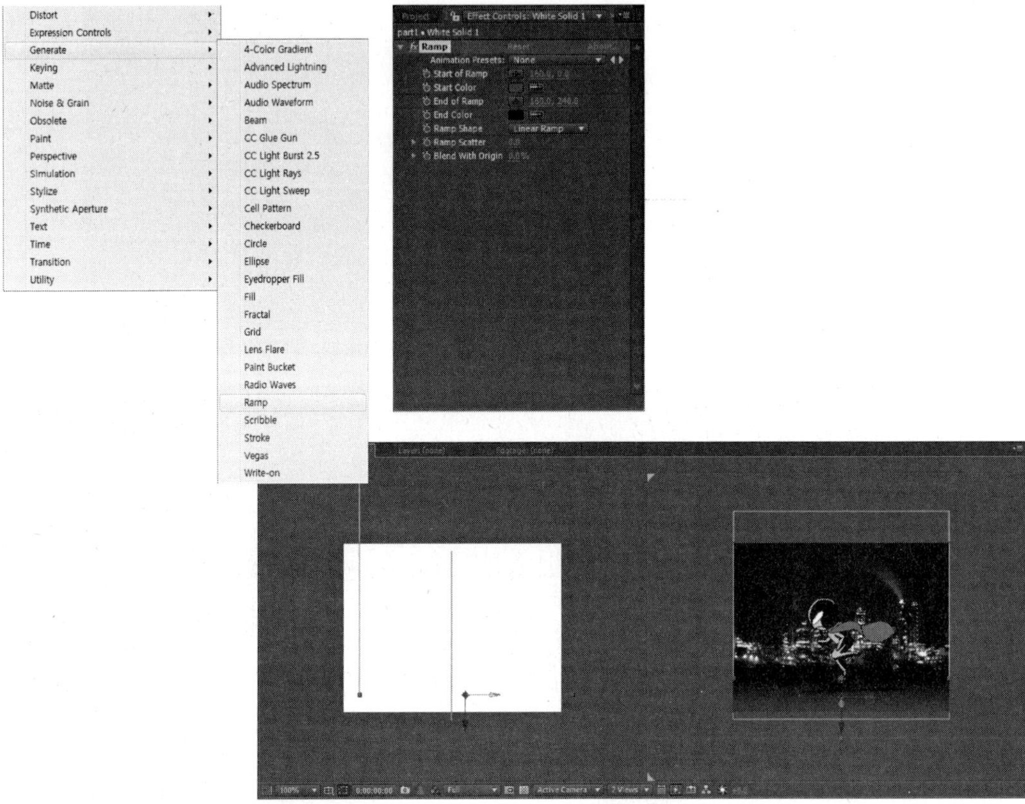

15 **Timeline** 패널에서 Layer를 모두 선택한 후 **[Layer]-[Pre compose]**를 선택한 후 옵션 창에서 'part3'로 입력하여 하나의 콤포지션으로 만든다.??

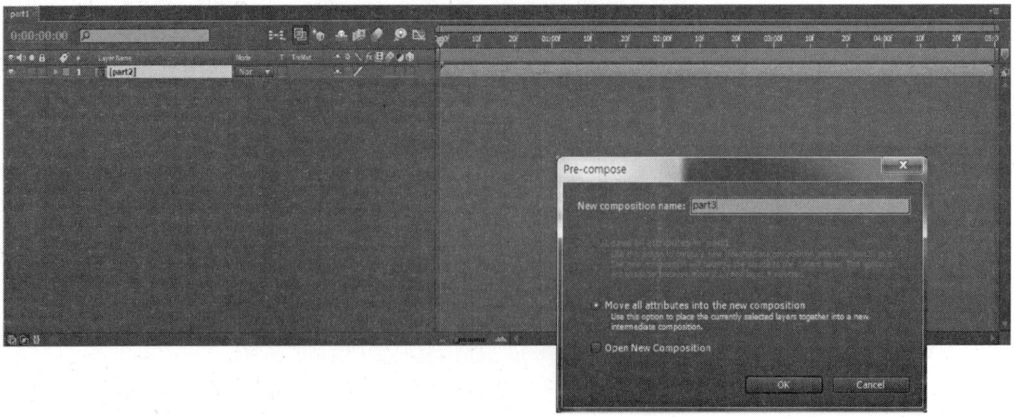

16 **[Layer]-[New]-[Solid]**를 선택한 후 옵션 창에서 **Color:#000000** 검정색을 선택하여 새로운 **'[Black Solid1]'**이 선택된 상태에서 **[Effect]-[Noise & Grain]-[Noise]**를 선택하여 적용한다.

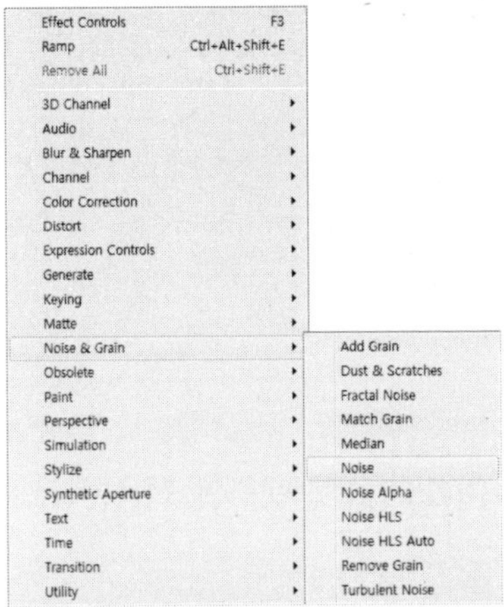

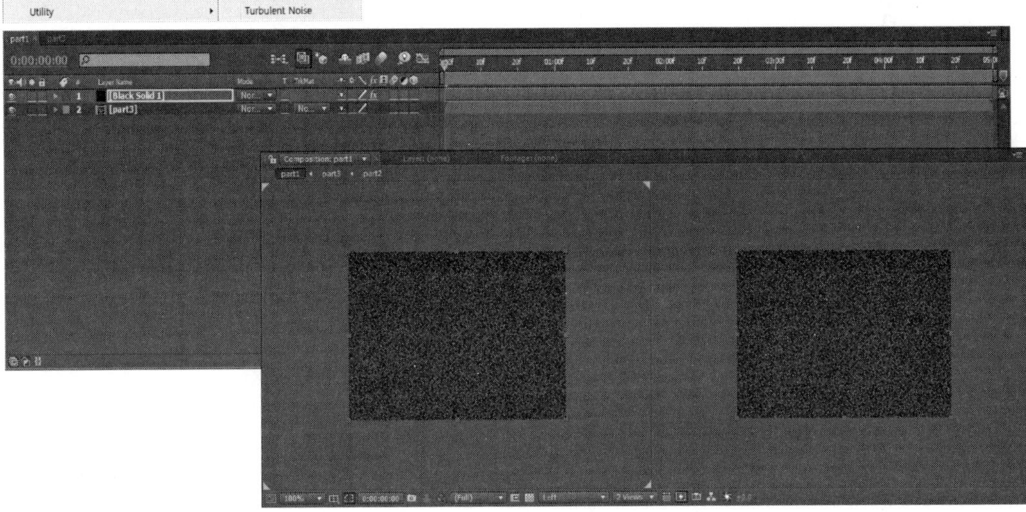

17 **Effect Controls** 패널에서 **'Amount of Noise:100.0%'**로 노이즈를 설정한 후 **Timeline** 패널에서 Mode를 'Screen'으로 설정한다.

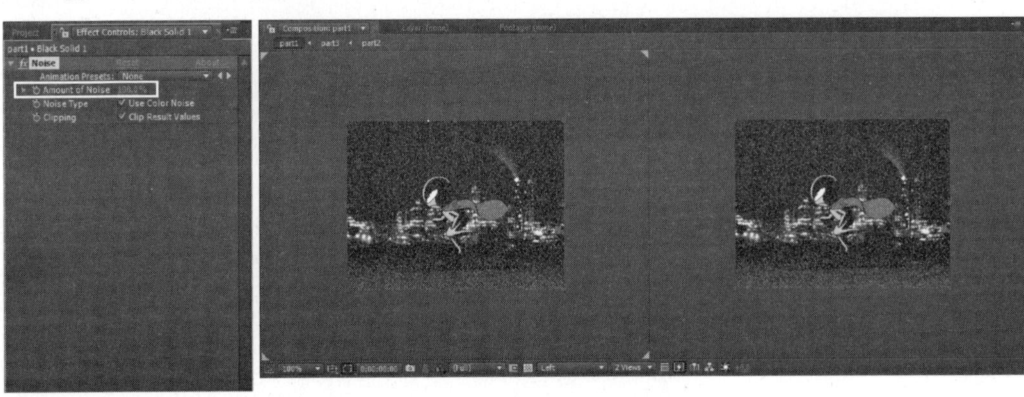

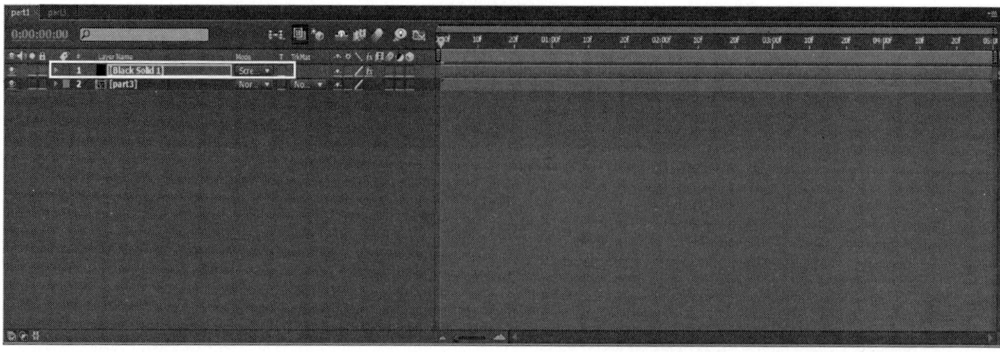

18 **[Layer]-[New]-[Solid]**를 선택한 후 옵션 창에서 **Color:#000000** 검정색을 선택하여 새로운 '**[Black Solid2]**'가 선택된 상태에서 **[Effect]-[Generate]-[Grid]**를 선택하여 적용한다.

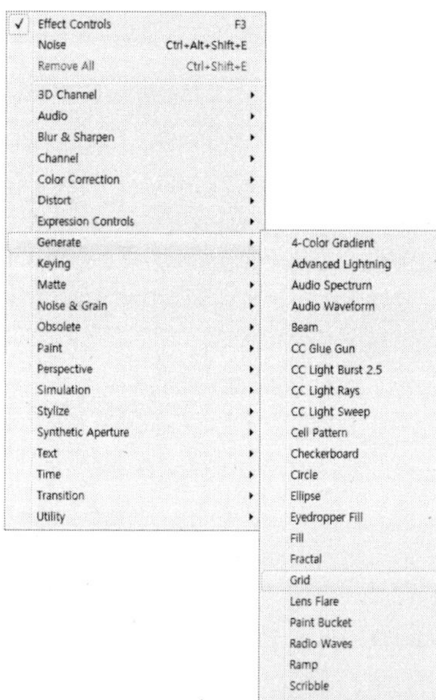

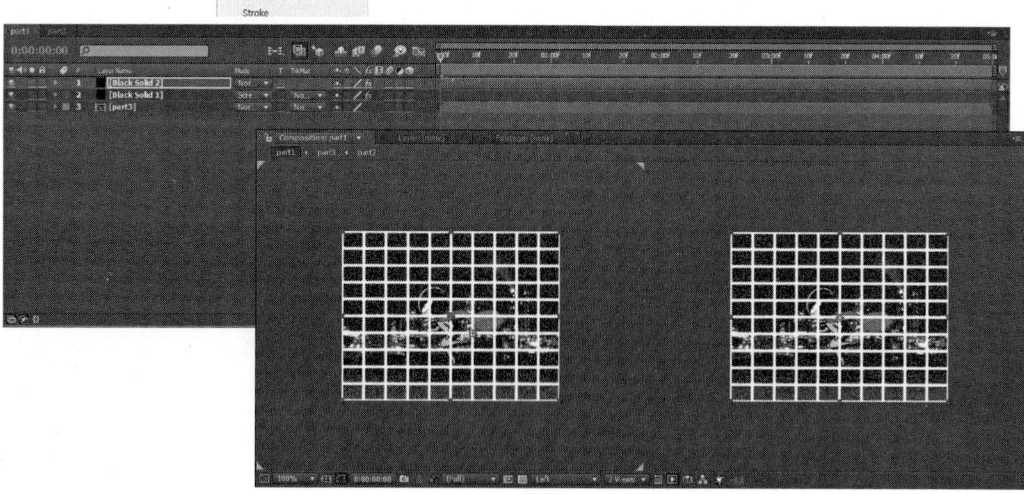

19 **Effect Controls** 패널에서 Color를 '#000000'을 선택하여 그리드 컬러를 검정색으로 전환한다. **Border:2.0 / Size Form:Width & Height Sliders / Width:458.0 / Height:6.0 / Anchor:332.0, 120.0** 으로 수정하여 그리드 라인 스타일을 만든다.

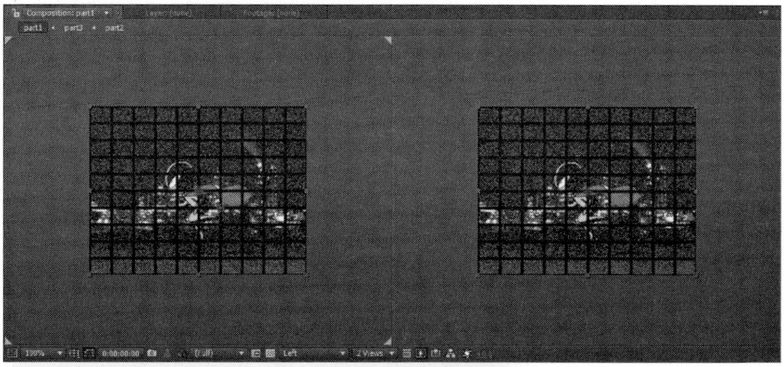

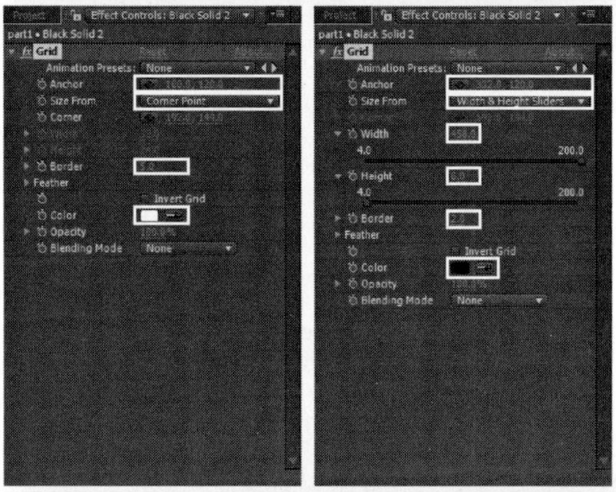

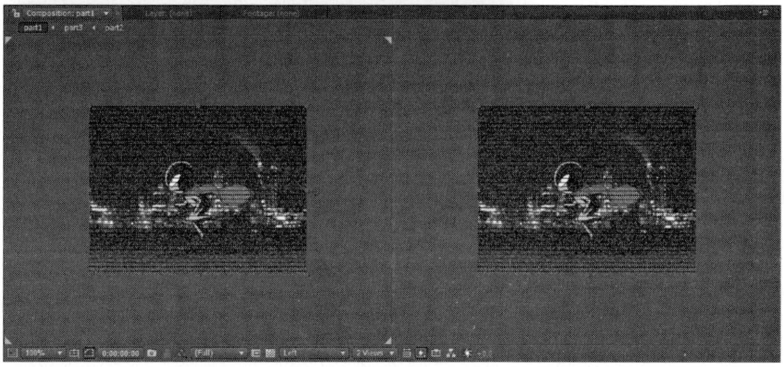

20 **[Layer]-[New]-[Solid]**를 선택한 후 옵션 창에서 **Color:#FFFFFF** 흰색을 선택하여 새로운 '**[White Solid2]**'가 선택된 상태에서 선택 툴로 Solid의 세로방향으로 드래그하여 직사각형을 만든다.

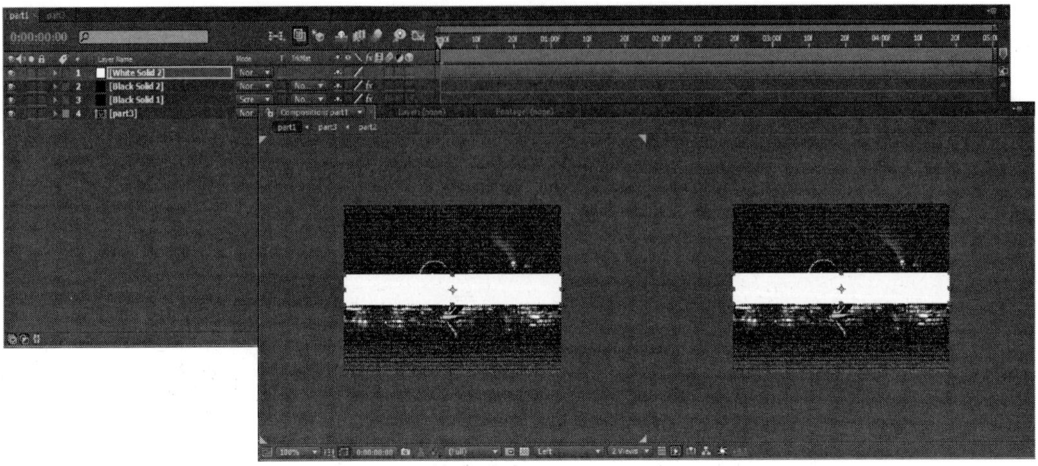

21 **Timeline** 패널에서 **Indicator**를 **0;00;00;00**으로 설정하고 '**[White Solid2]**'를 화면 상단으로 이동한 다음 단축키 'P'를 클릭하여 **Position**이 나오면 스톱왓치 아이콘을 클릭하여 키프레임을 설정한 다음 **Indicator**를 **0;00;01;20**으로 이동한 다음 '**[White Solid2]**'를 화면 하단으로 이동하여 이동값을 만든다.

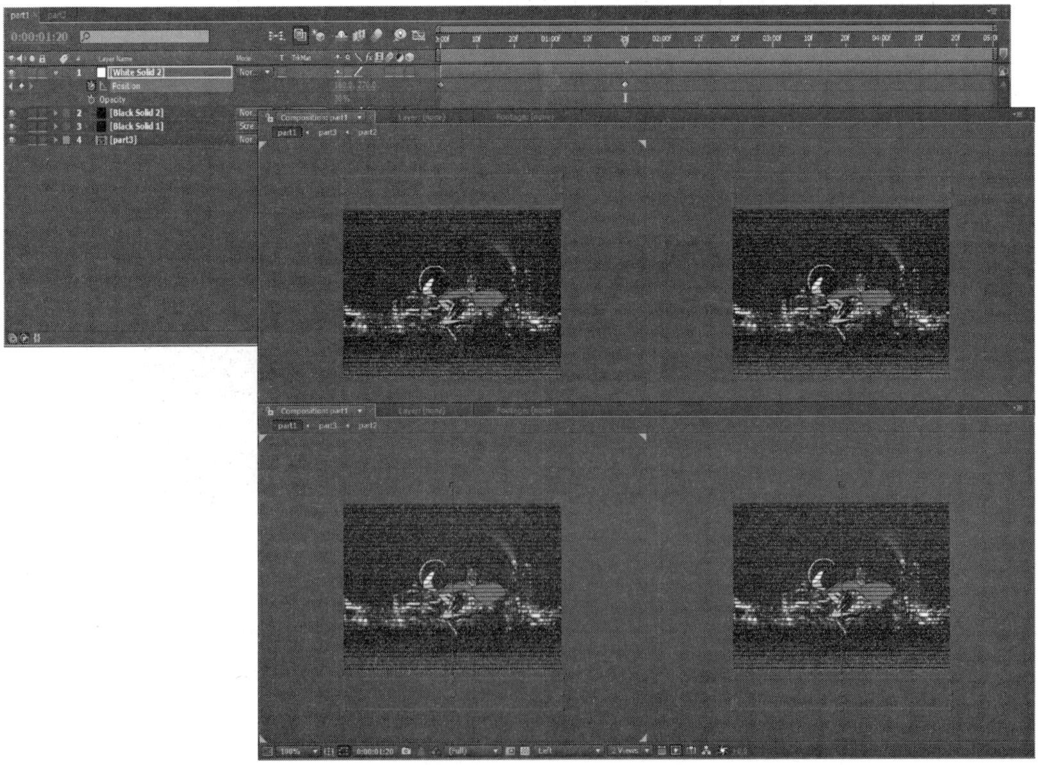

22 'Alt' 버튼을 클릭한 상태에서 **Position**의 스톱왓치 아이콘을 클릭하여 **Expression** 메뉴가 나오면 **[Property]-[loopOut(type="cycle", numkeyframes = 0)]**을 선택하여 적용한다.

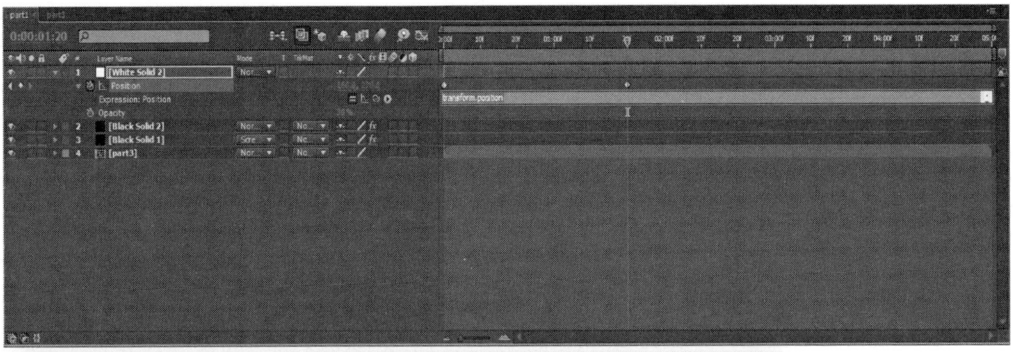

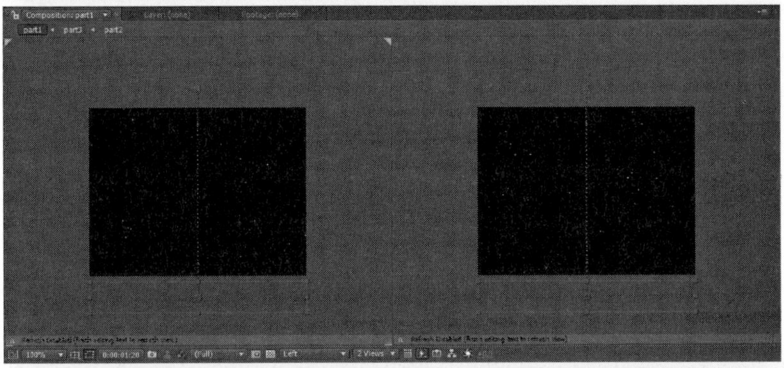

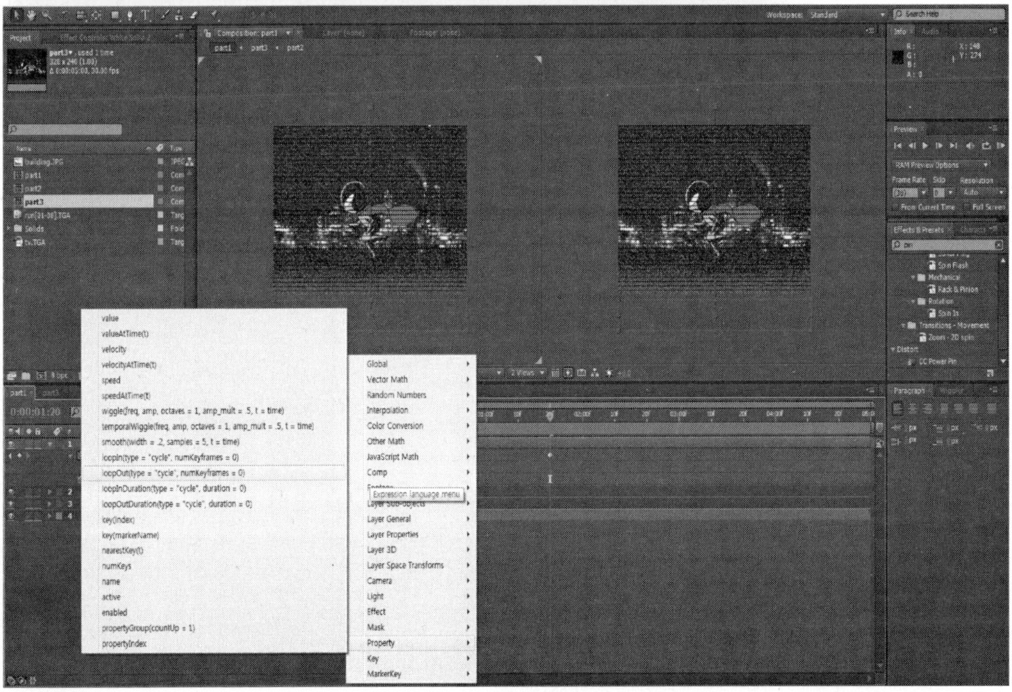

23 **Expession:position**의 **loopOut(type="cycle", numkeyframes = 0)**이 설정되면 **loopOut(type= "cycle")**으로 수정하여 **position**의 값이 반복되게 한다.

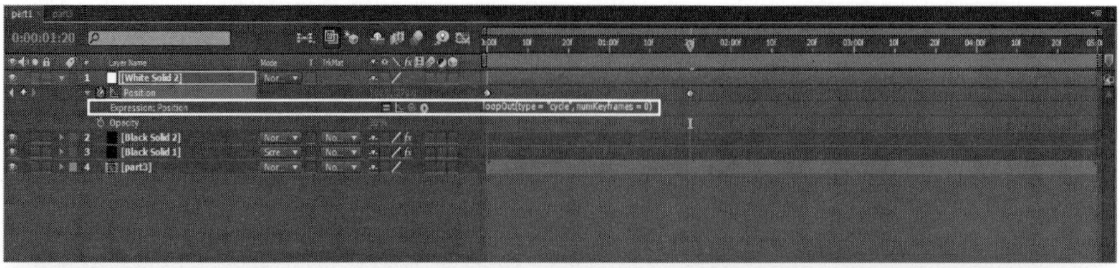

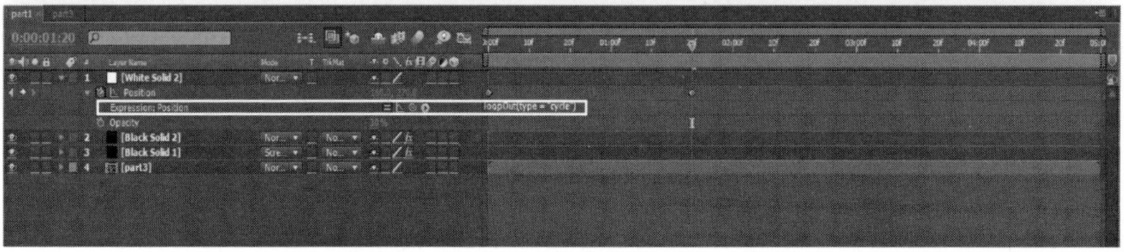

24 **Timeline** 패널에서 **Indicator**를 **0;00;00;01**로 설정하고 단축키 'T'를 클릭하여 '**Opacity:30%**'를 설정한 다음 스톱왓치 아이콘을 클릭하여 키프레임을 설정한다. 설정된 키프레임을 클릭한 후 마우스의 오른쪽 버튼을 클릭한 후 **Toggle Hold Keyframe**을 선택하여 1frame에서만 Opacity값이 적용되게 한다.

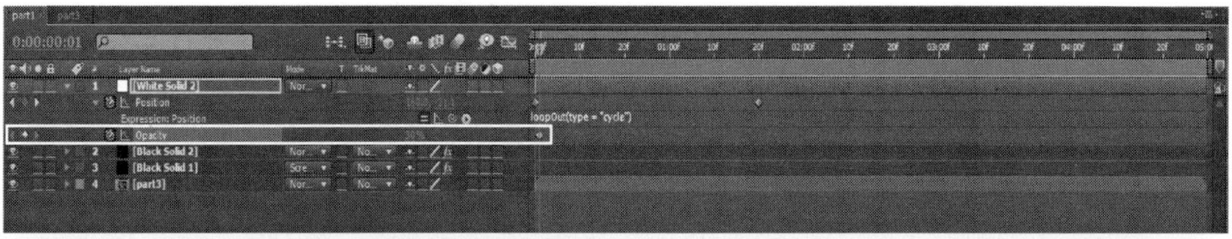

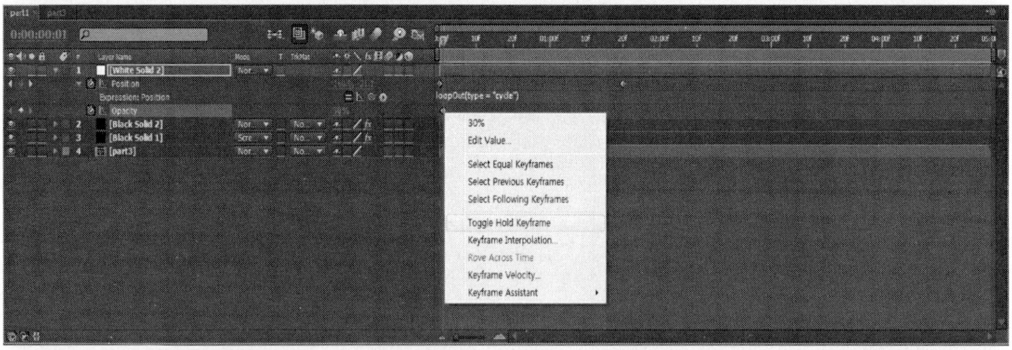

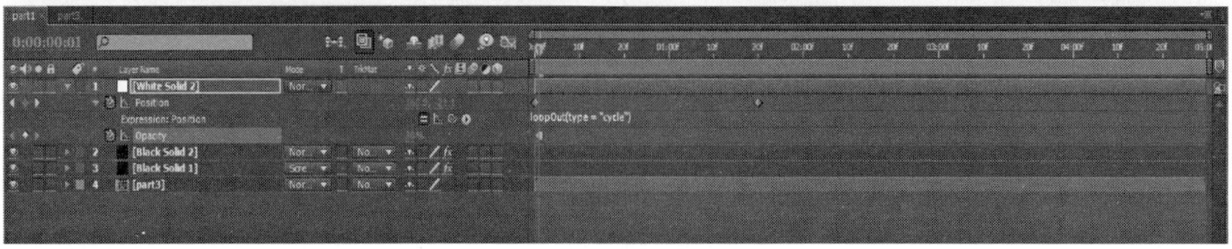

25 키보드의 '**Page Down**' 버튼을 두 번 클릭하여 **Indicator**를 **0;00;00;03**으로 이동하고 '**Opacity:0%**'로 수정한 후, 또 '**Page Down**' 버튼을 두 번 클릭하여 **Indicator**를 **0;00;00;05**로 이동하고 '**Opacity:25%**'로 수정하여 사각형의 투명도 설정을 마친다.

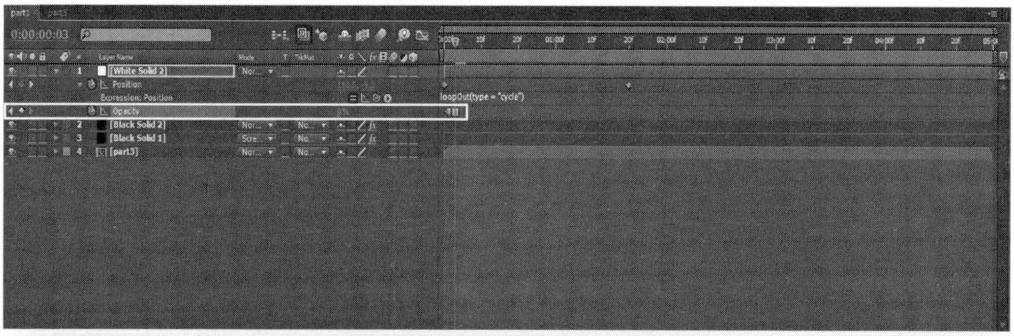

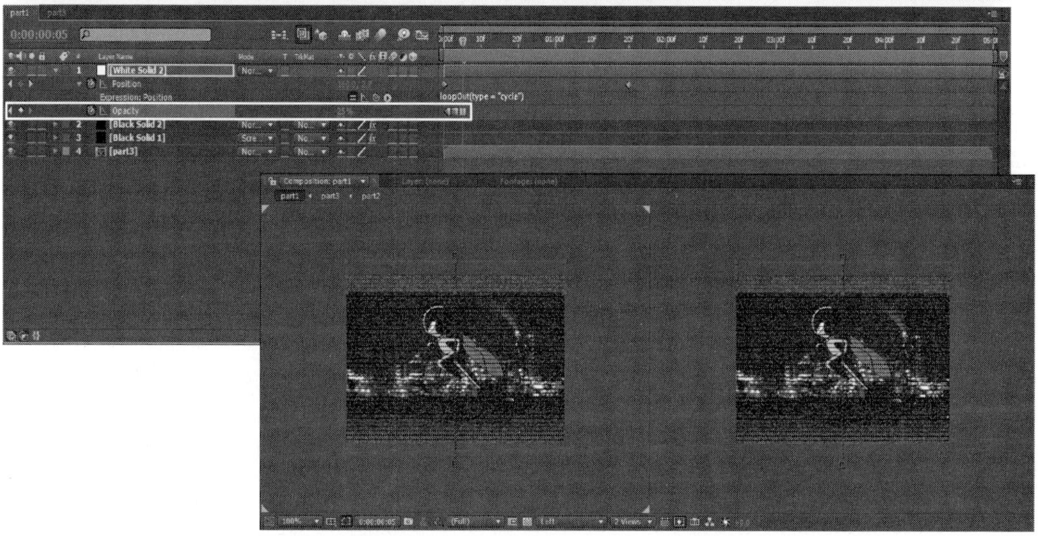

26 '**Alt**' 버튼을 클릭한 상태에서 **Opacity**의 스톱왓치 아이콘을 클릭하여 **Expression** 메뉴가 나오면 **[Property]-[loopOut(type="cycle", numkeyframes = 0)]**을 선택한 다음 **loopOut(type="cycle")**로 수정하여 설정된 투명도가 반복하여 적용되게 한다.

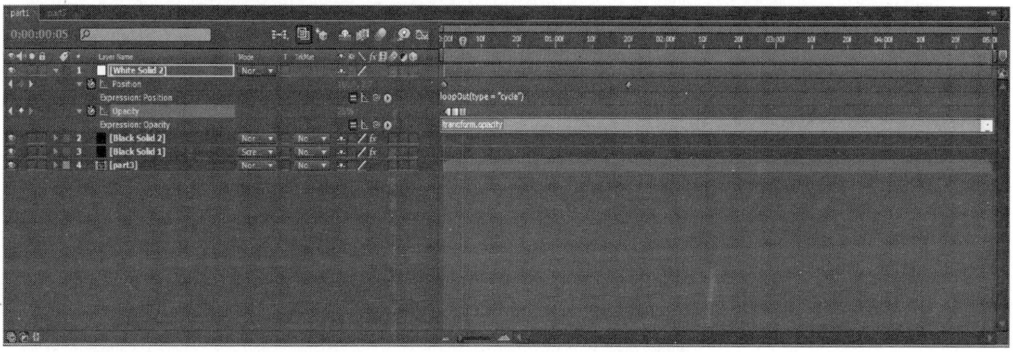

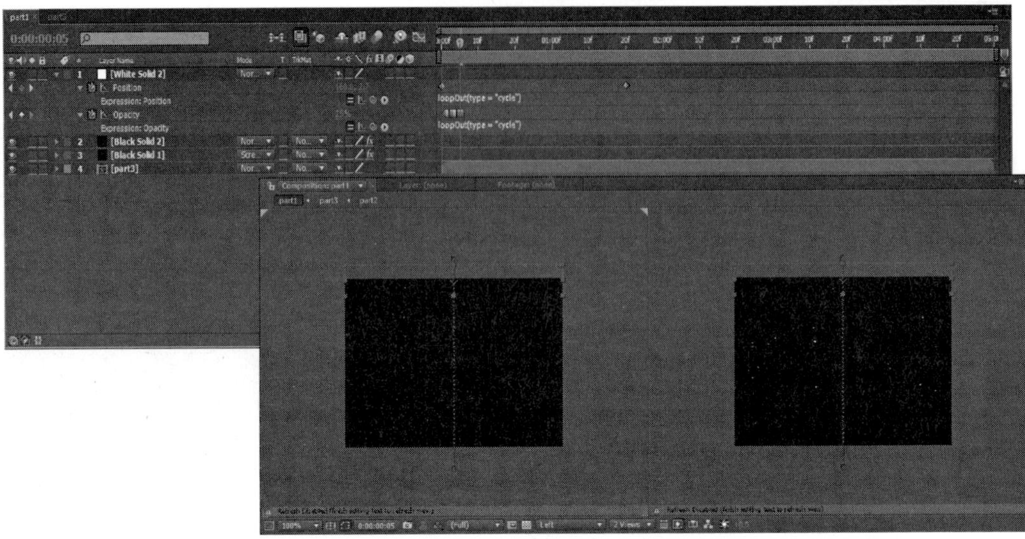

27 '**[White Solid2]**'가 선택된 상태에서 Rectangle 툴을 선택하여 드래그하여 마스크 사각형을 생성한다. 마스크가 설정된 후 Timeline 패널의 'Mask' 옵션 중 'Mask Feather'의 비례 아이콘을 클릭하여 비례상태를 해제한 후 '**Mask Feather:0.0, 200.0 pixel**'를 입력하여 세로방향으로만 **Feather**가 적용되게 설정한다.

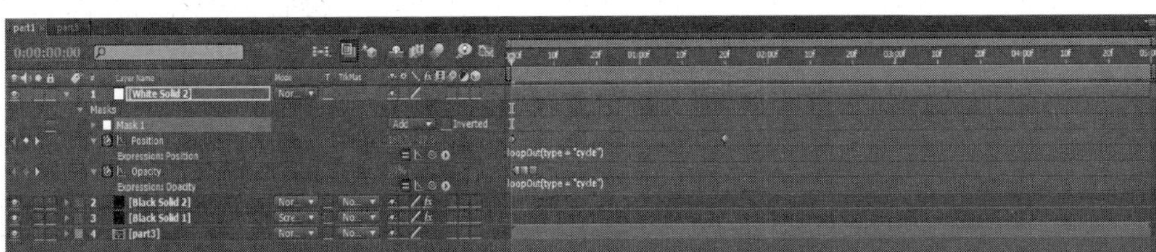

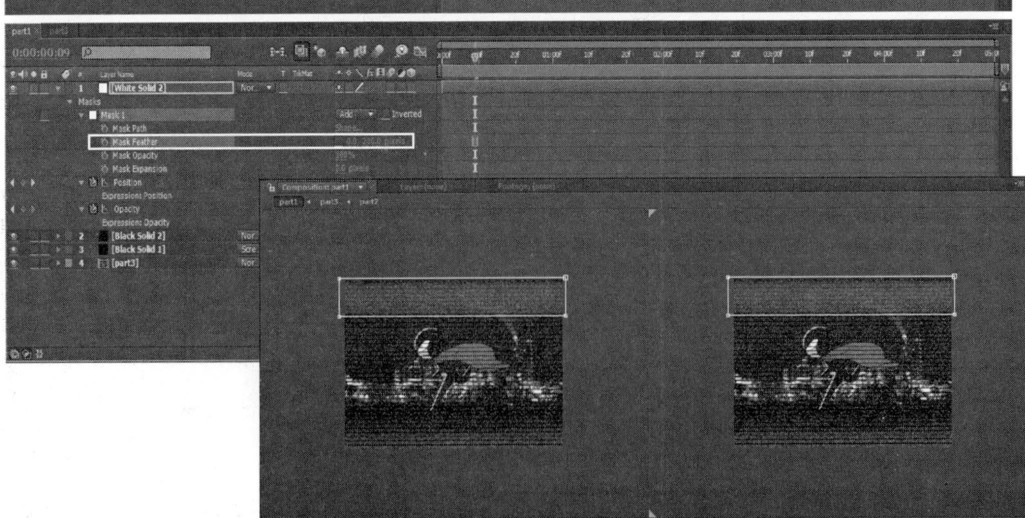

28 **Timeline** 패널에서 Layer를 모두 선택한 후 **[Layer]-[Pre compose]**를 선택한 후 옵션 창에서 '**part4**'로 입력하여 하나의 콤포지션으로 만든다.

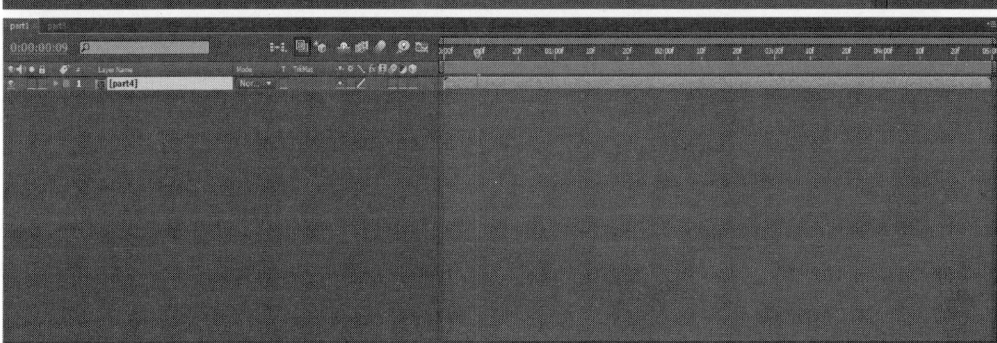

29 **[Layer]-[New]-[Solid]**를 선택한 후 옵션 창에서 **Color:#FF0000** 빨간색을 선택하여 새로운 '**[Red Solid1]**'를 생성한다.

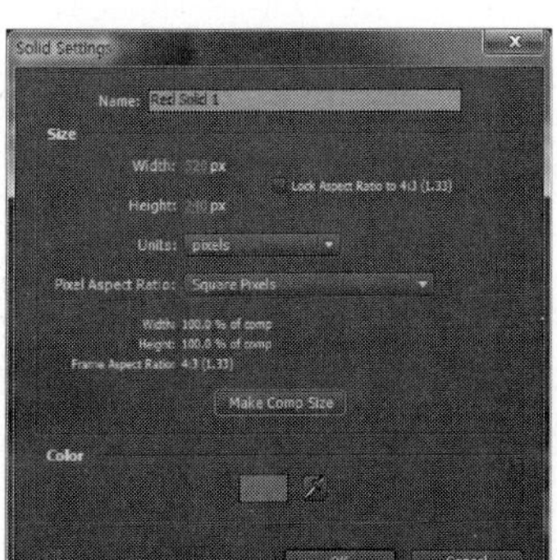

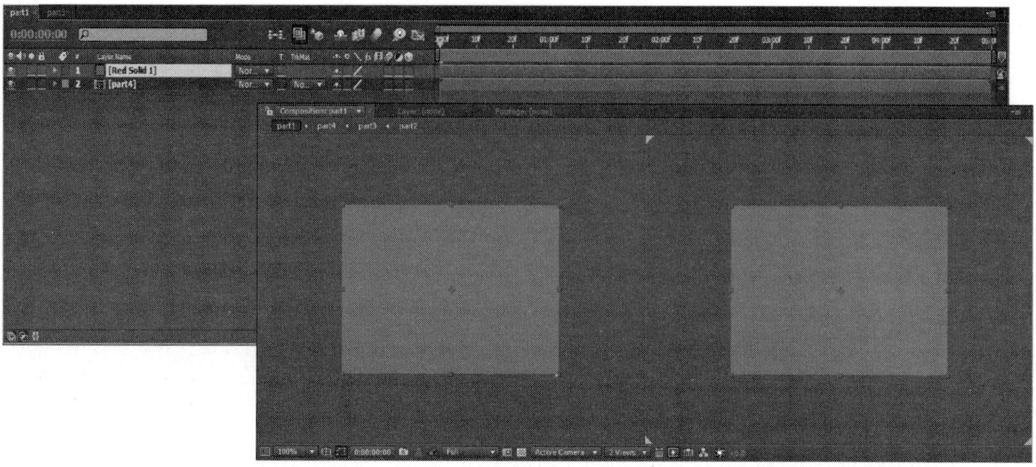

30 '**[Red Solid1]**'이 선택된 상태에서 Rectangle 툴을 선택하여 'Shift'를 클릭한 상태로 드래그하여 마스크 정사각형을 만든다.

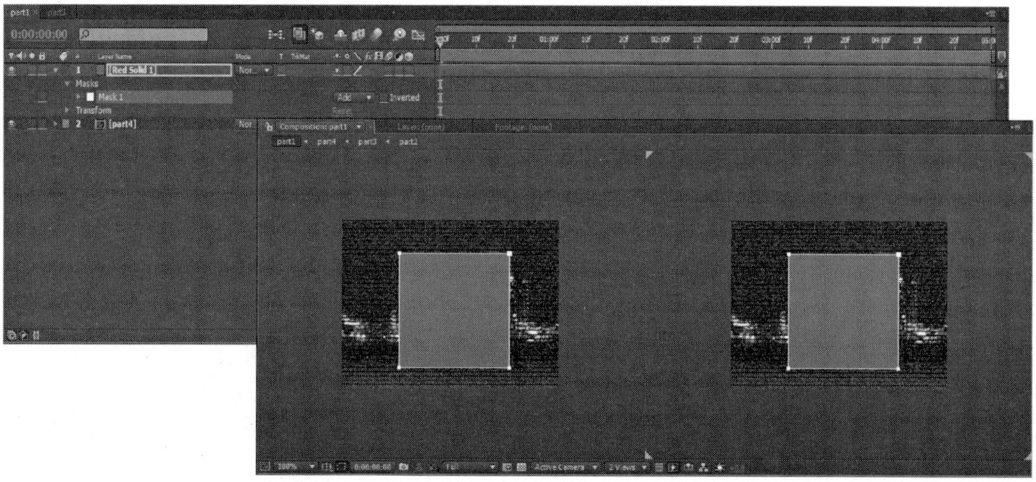

31 **Timeline** 패널의 **0;00;00;00**에 **Indicator**가 위치된 상태에서 **Mask Path** 항목에 스톱왓치 아이콘을 클릭하여 키프레임을 설정한다.

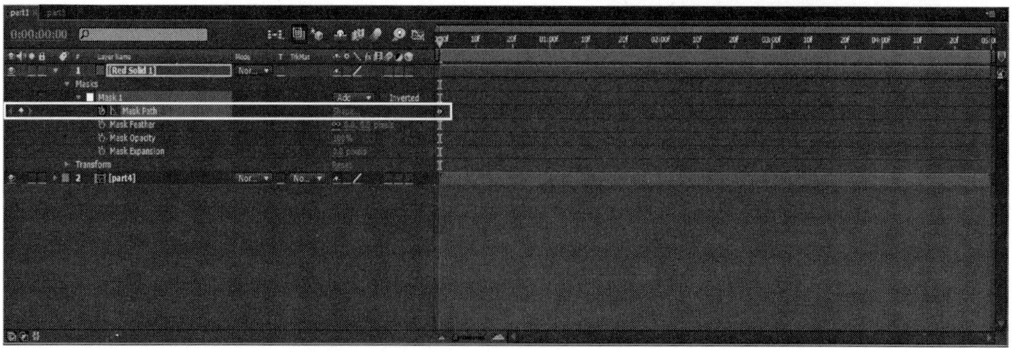

32 **Timeline** 패널의 **Indicator**를 **0;00;01;00**으로 옮긴 후 **Mask Path**의 '**Shape**' 메뉴를 클릭한 후 나타난 '**Mask Shape**' 대화상자에서 '**Shape:Ellipse**'를 선택하여 도형의 형태를 원형으로 바꾼다.

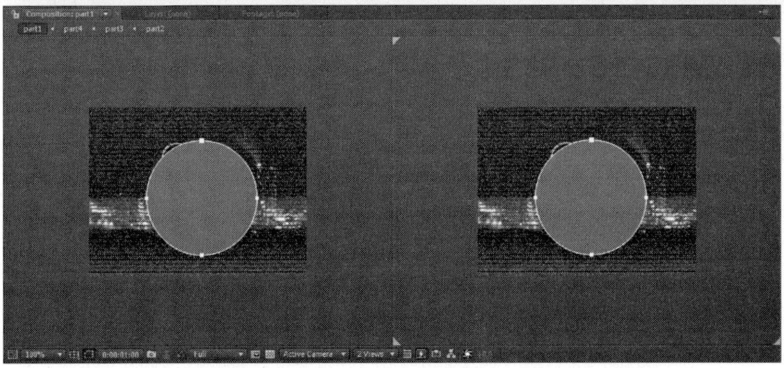

33 원의 패스 포인트를 더블클릭하여 변형 툴이 나오게 한 후 회전툴 을 선택한 후 'Shift'키를 클릭한 상태에서 오른쪽 방향으로 회전하여 패스의 포인트를 회전시킨다.

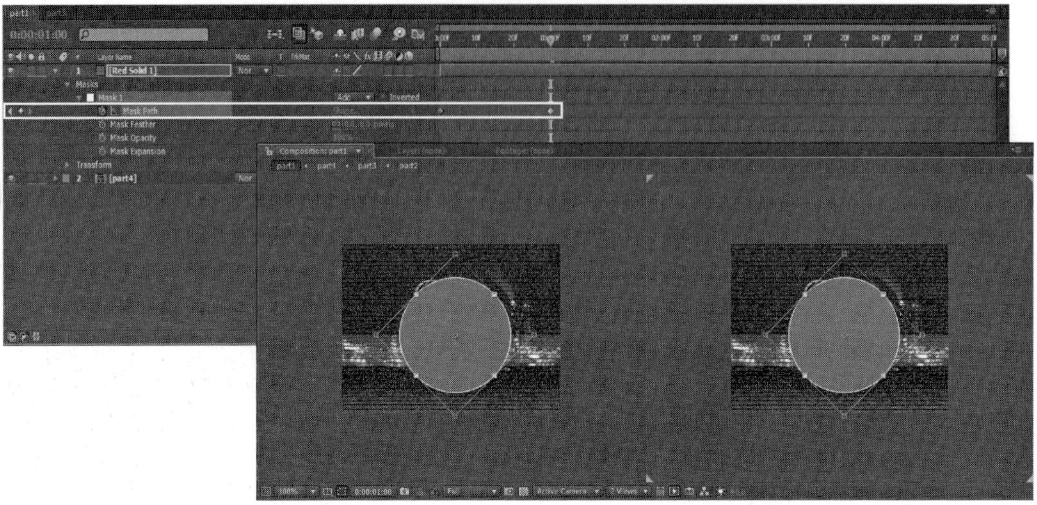

34 **Timeline**에서 **Indicator**를 0;00;00;14로 이동하여 사각형과 원형의 중간형태가 잡혀지면 스톱왓치 아이콘을 클릭하여 키프레임을 해제한다.

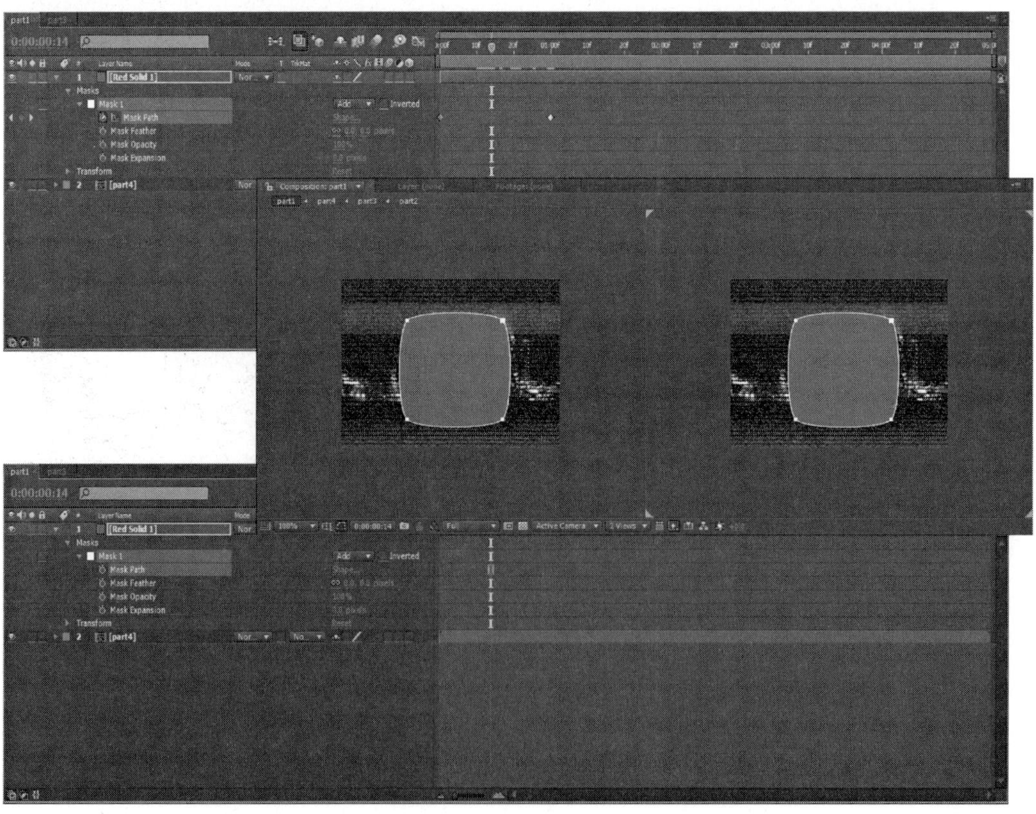

35 패스 포인트를 더블클릭하여 **Transform**의 상태에서 화면크기를 조절한 다음 **Timeline** 패널에서 **[part4]**의 **Track Matte** 항목에서 **Alpha Matte "Red Solid 2"**로 선택하여 마스크 영역 안으로 이미지가 나타나게 한다.

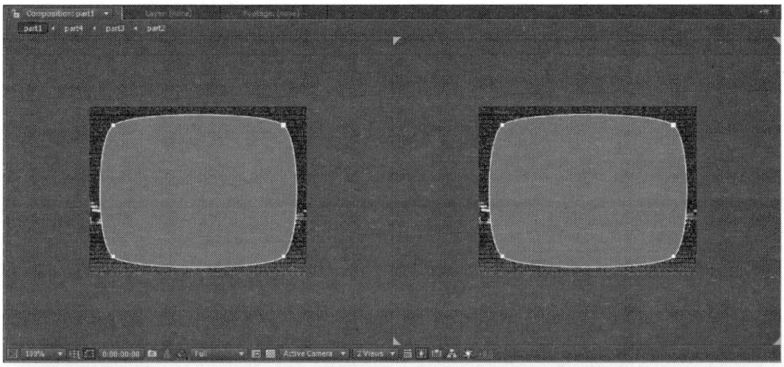

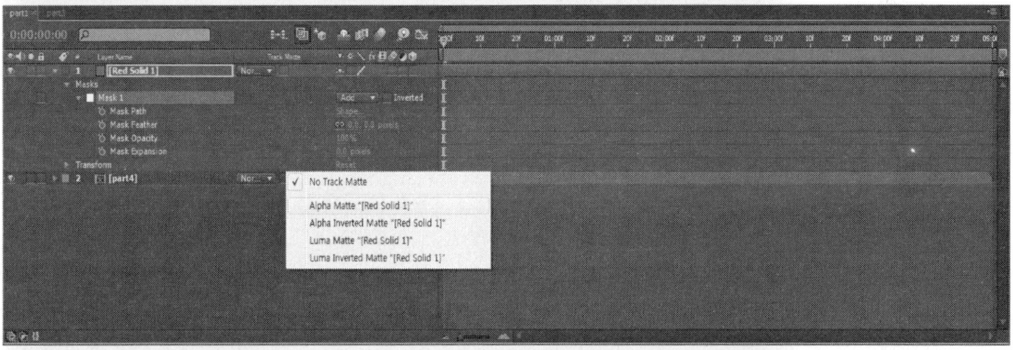

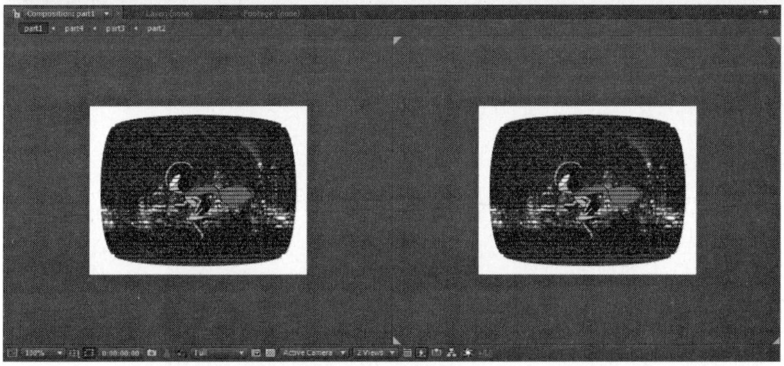

36 **[part4]**를 클릭 선택한 후 **Indicator**가 **0;00;00;00**에 위치된 상태에서 단축키 'S'를 클릭하여 **Scale** 옵션이 나타나면 연결 아이콘을 클릭하여 비례로 크기 조절 상태를 해제한다. **Scale:0.0,2.0%**로 수치를 조절하여 이미지의 크기를 아주 작게 줄인 후 스톱왓치 아이콘을 클릭하여 키프레임을 설정한 후 **Indicator**를 **0;00;00;20**으로 이동한 후 **Scale:90.0,2.0%**로 입력하여 이미지가 가로로 길게 확대 되게 설정한다.

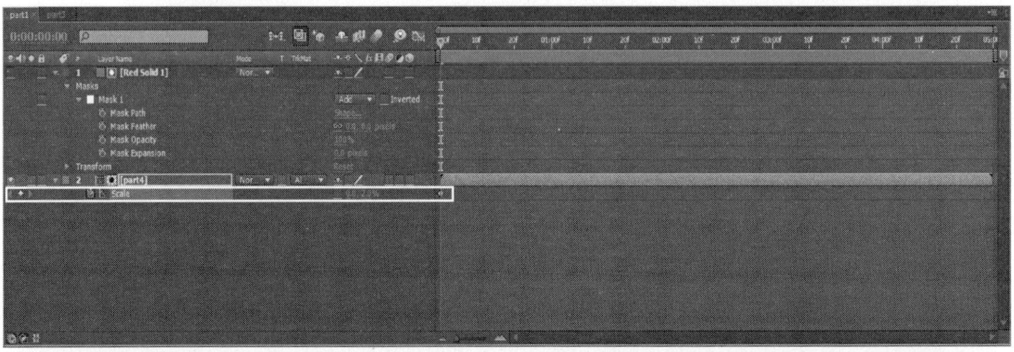

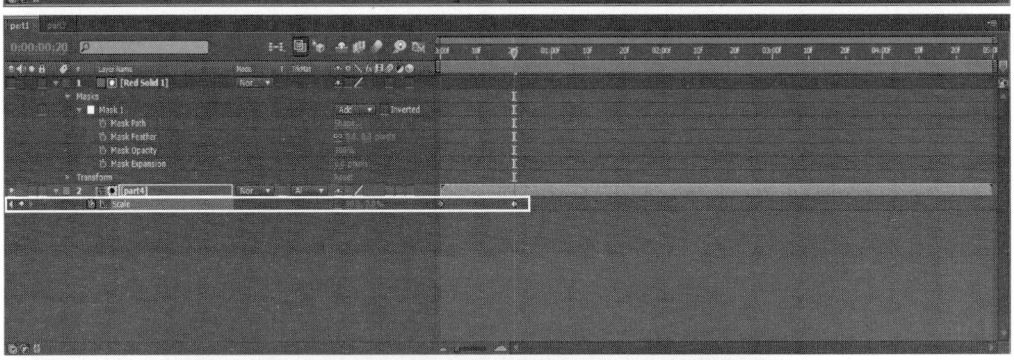

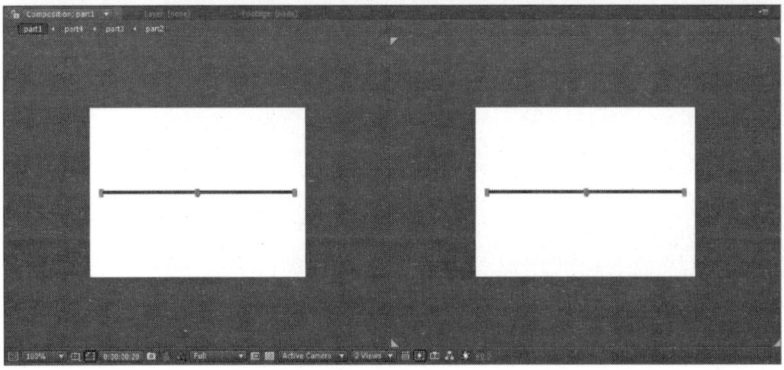

37 **Indicator**를 **0;00;01;00**으로 이동한 후 **Scale:100.0,100.0%**로 입력하여 이미지가 완전하게 커지게 설정한다.

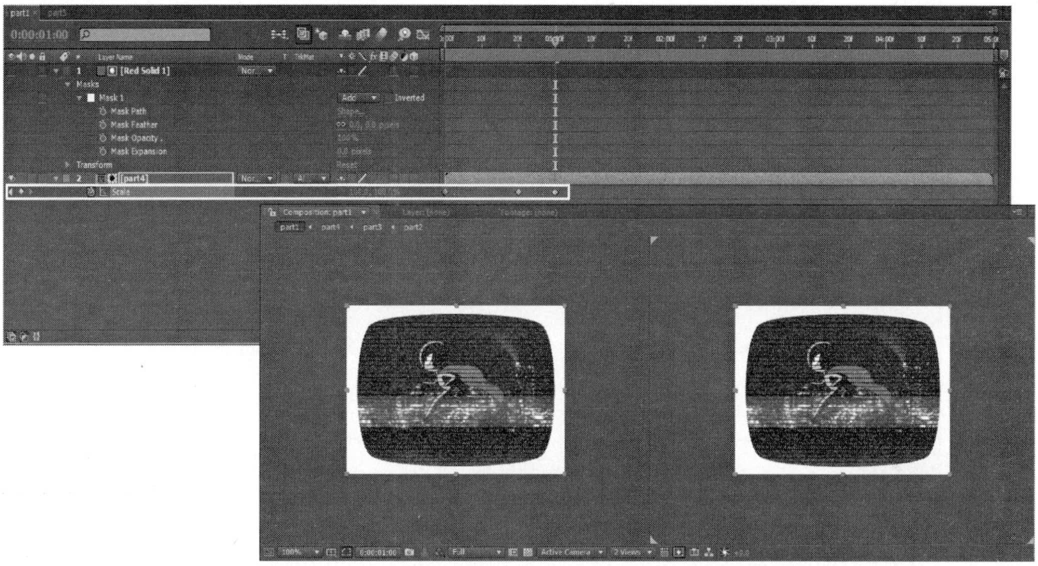

38 **Indicator**를 **0;00;04;00**으로 이동한 후 키프레임을 추가한다. **0;00;04;10**으로 **Indicator** 이동한 후 **Scale:90.0,2.0%**로 입력하여 이미지가 가로로 길게 축소시킨다. **Indicator**를 **0;00;04;29**로 이동한 후 **Scale:0.0,2.0%** 입력하여 화면의 이미지가 사라지게 만든다.

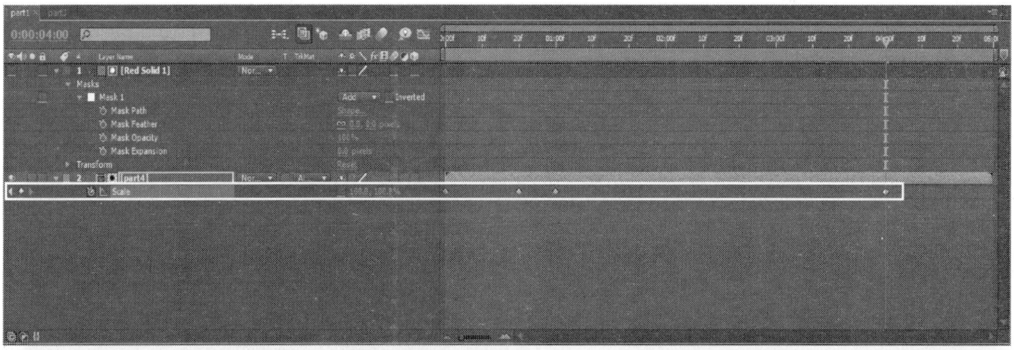

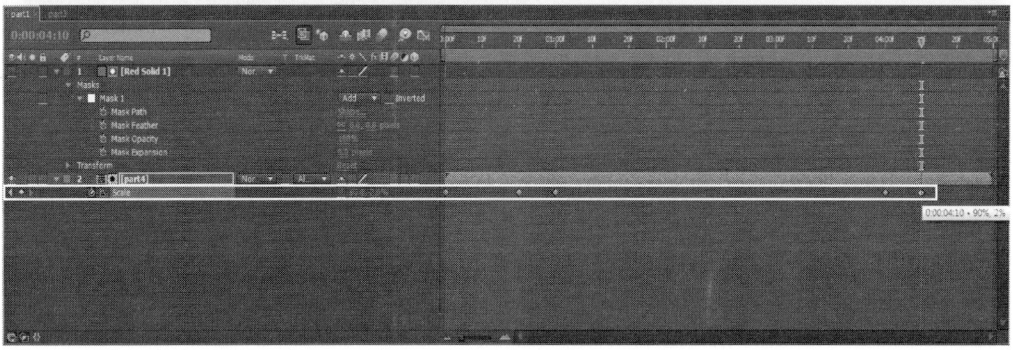

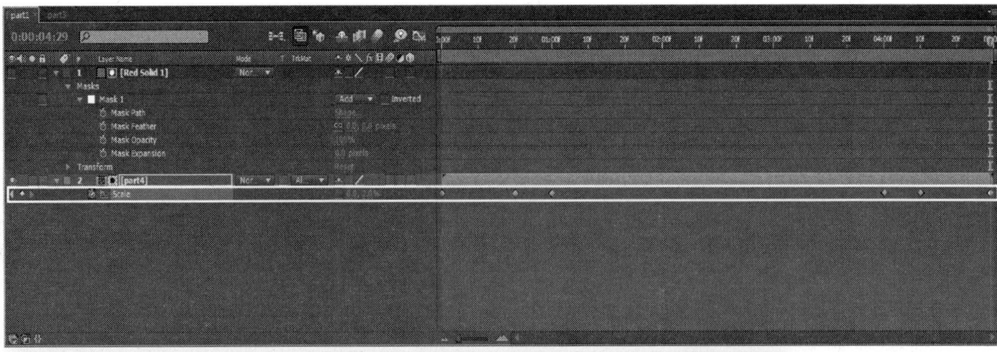

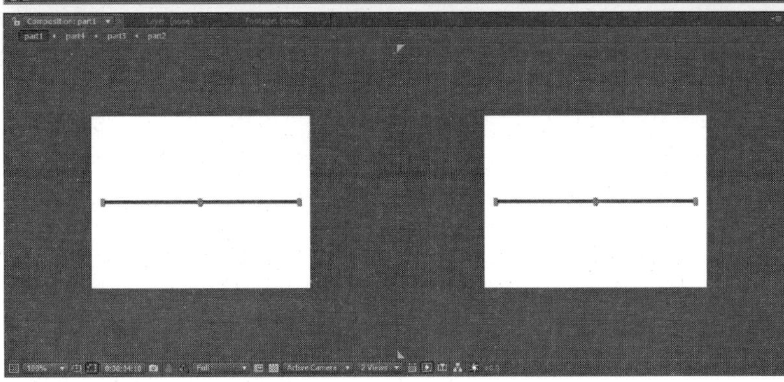

39 **[Effect]-[Color Correction]-[Tint]**를 선택한 후 **Effect Controls** 패널에서 Map Black To의 컬러 난을 클릭한 후 컬러 옵션 창에서 #FFFFFF를 설정하여 흰색으로 바꿔 이미지의 색상이 모두 흰색으로 설정되게 한다.

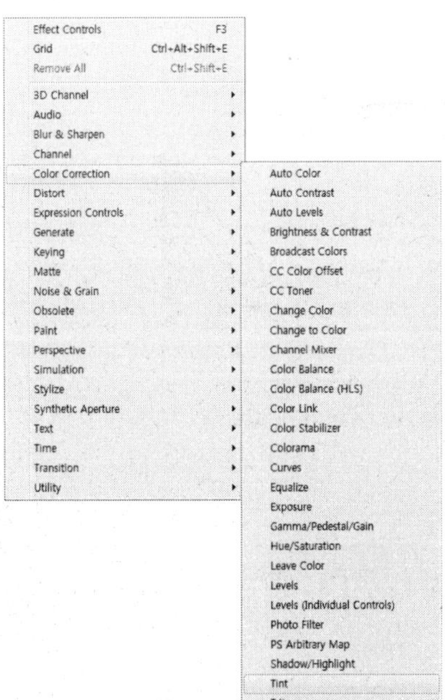

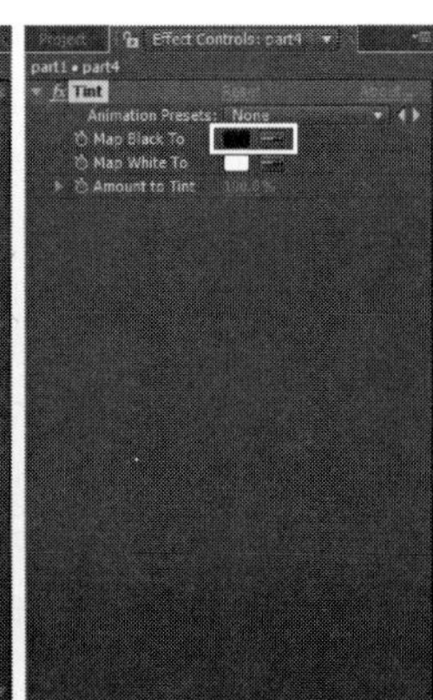

40 **Effect Controls** 패널에서 '**Amount to Tint:100.0%**'로 수치를 조절한 후 **Timeline** 패널의 **Indicator**를 0;00;00;15 이동한 후 스톱왓치 아이콘을 클릭하여 키프레임을 넣어준다.

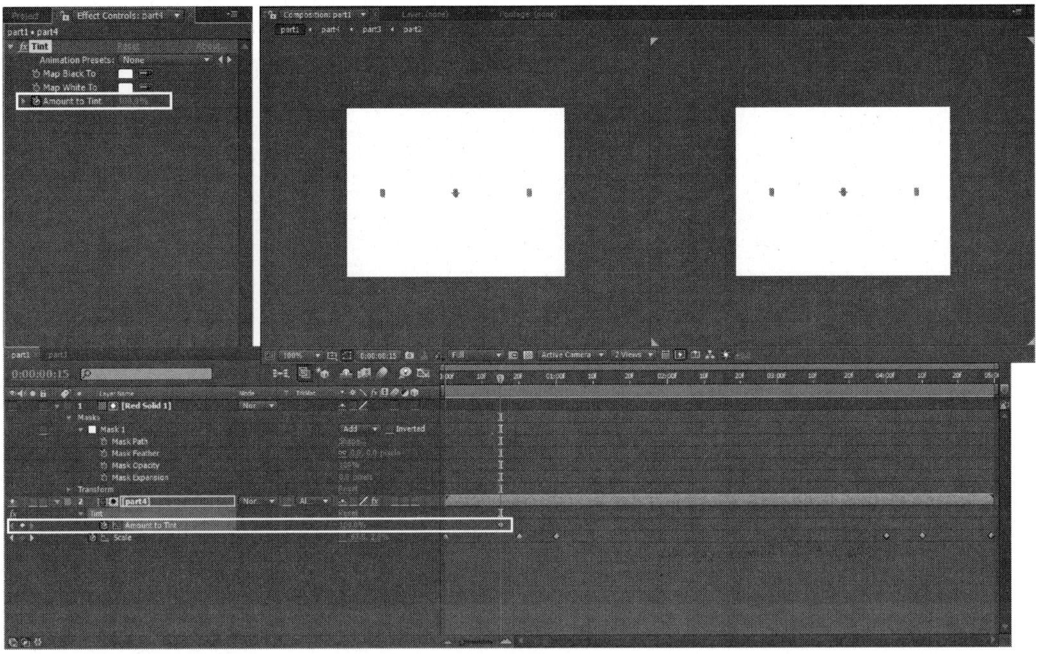

41 **Indicator**를 **0;00;01;00** 이동한 후 **Effect Controls** 패널의 '**Amount to Tint:0.0%**'로 수치를 조절하여 이미지에 적용되었던 컬러값을 모두 제외시킨다.

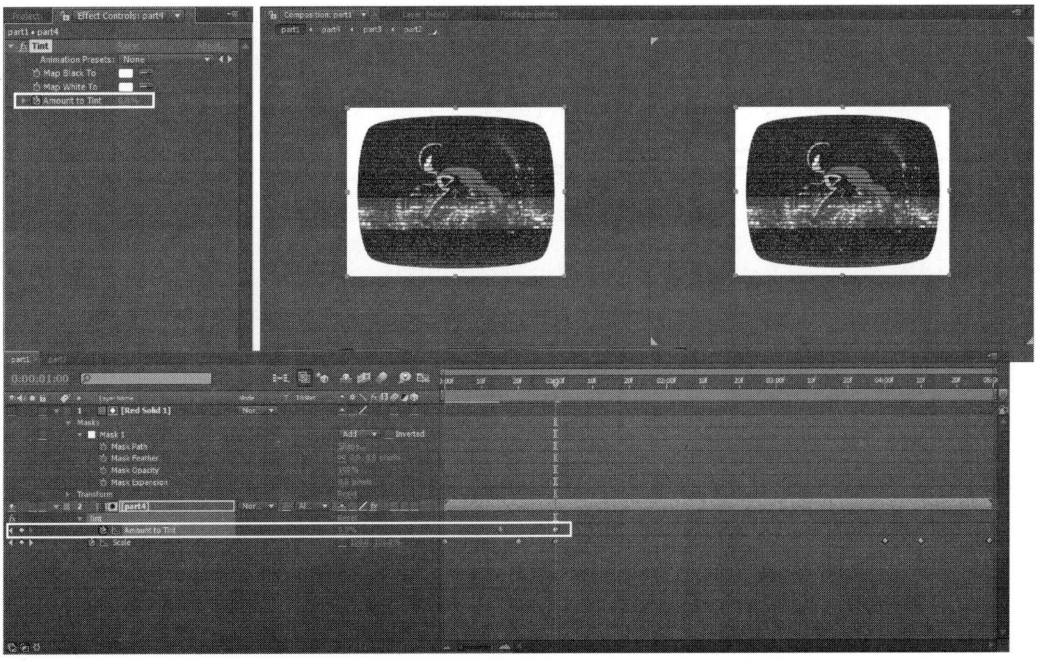

42 **Indicator**를 **0;00;04;00** 이동한 후 키프레임 아이콘을 클릭하여 앞에 설정했던 **'Amount to Tint: 0.0%'**와 같은 값으로 추가한 후 **Indicator**를 0;00;04;15 이동한 후 **'Amount to Tint:100.0%'**으로 수정하여 이미지 전체에 흰색 색상이 적용되게 한다.

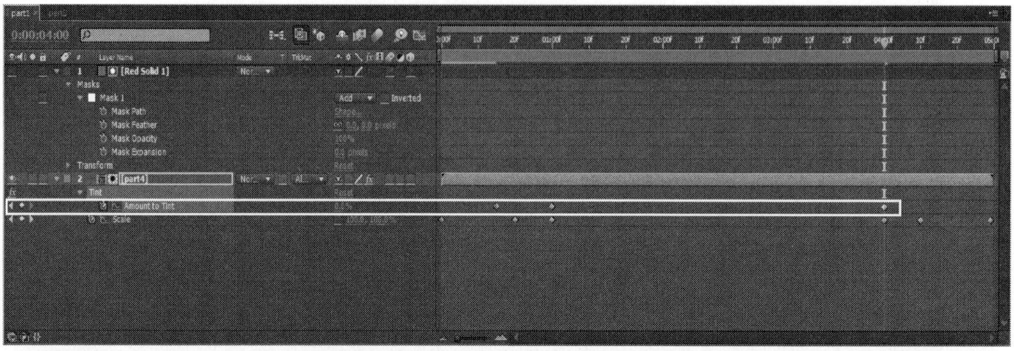

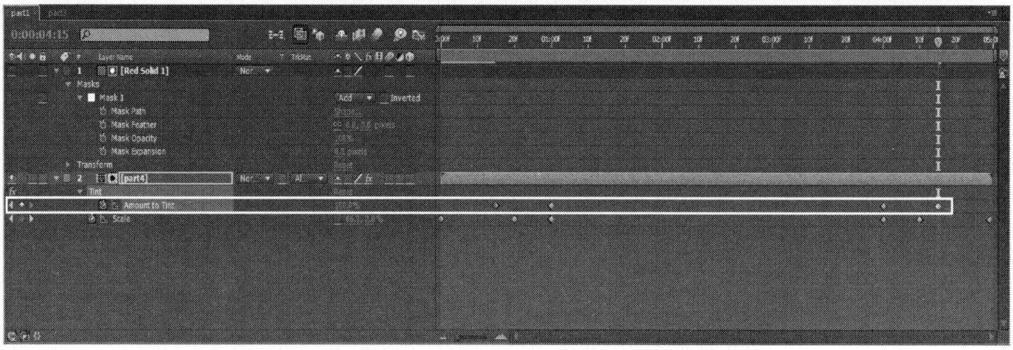

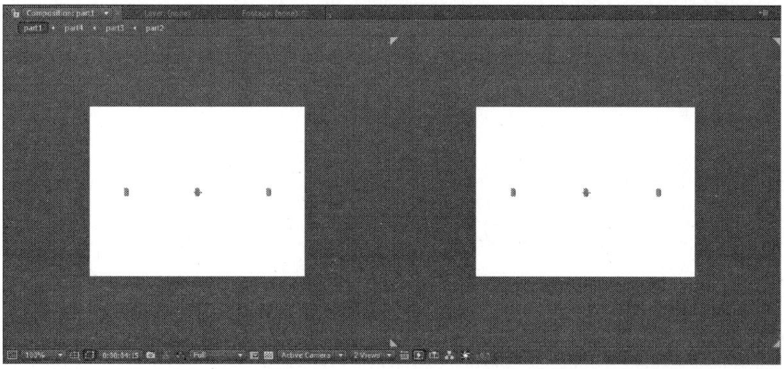

43 **[Layer] -[New]-[Solid]**를 선택한 후 옵션 창에서 **Color:#000000** 검정색을 선택하여 새로운 '**[Black Solid3]**'을 생성한 후 **[Effect]-[Generate]-[Lens Flare]**를 선택한다.

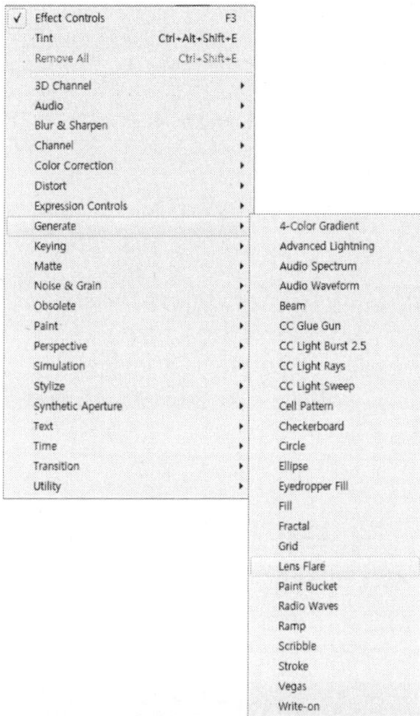

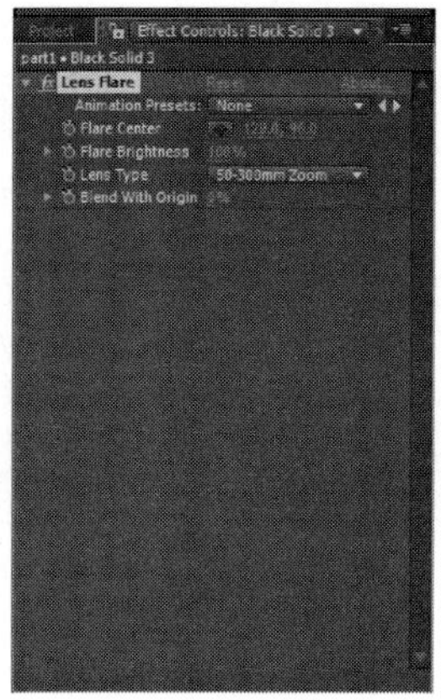

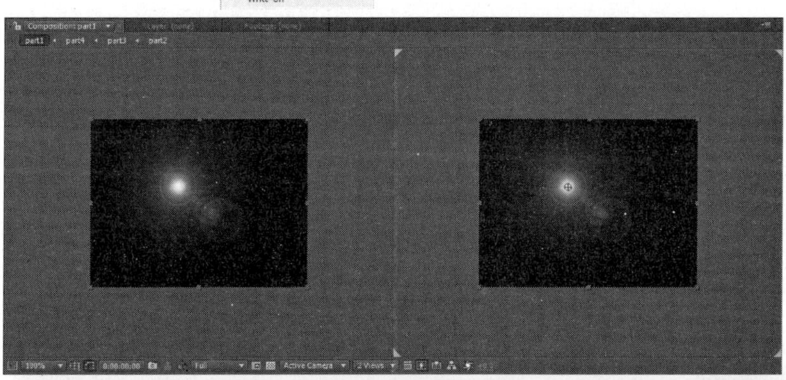

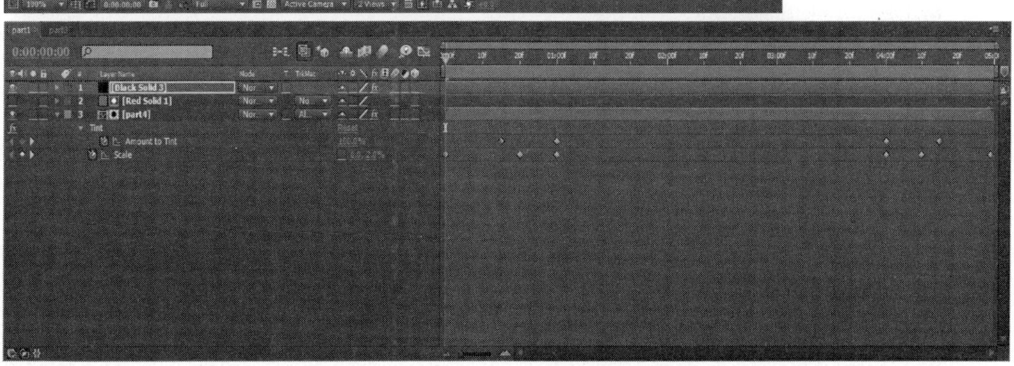

44 **Effect Controls** 패널의 **'flare Center:160.0, 120.0'**으로 수정하여 렌즈의 밝기가 화면의 중앙으로 오도록 한다.

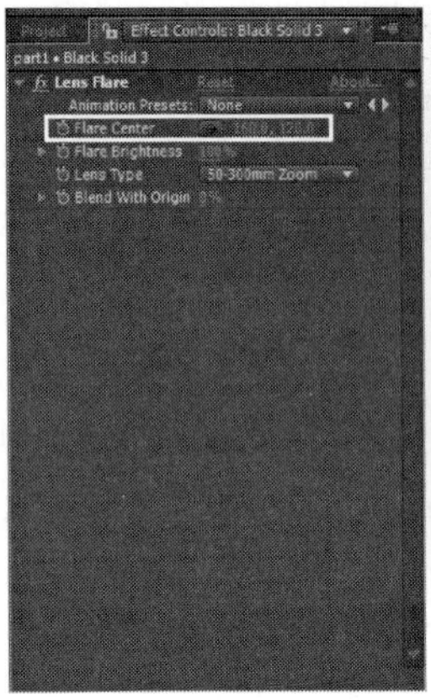

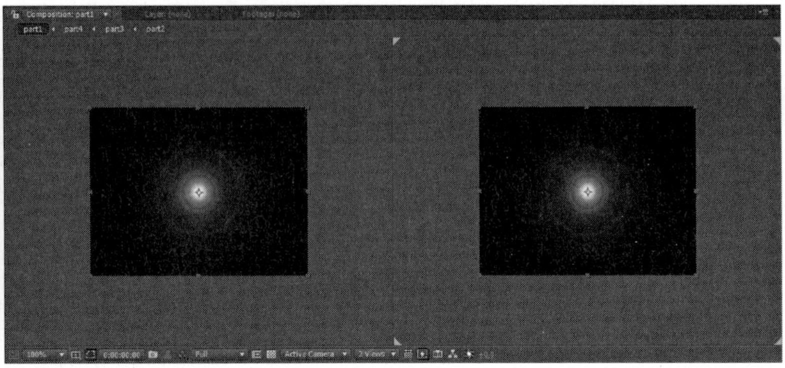

45 **Indicator**를 **0;00;00;00**으로 설정하고 **Effect Controls** 패널의 **'Flare Brightness:0%'**로 설정하고 스톱왓치 아이콘을 클릭하여 키프레임을 넣어 화면에서 렌즈의 빛이 사라지게 한다. 단축키 **'U'**를 클릭하여 키프레임이 설정된 것을 확인한다.

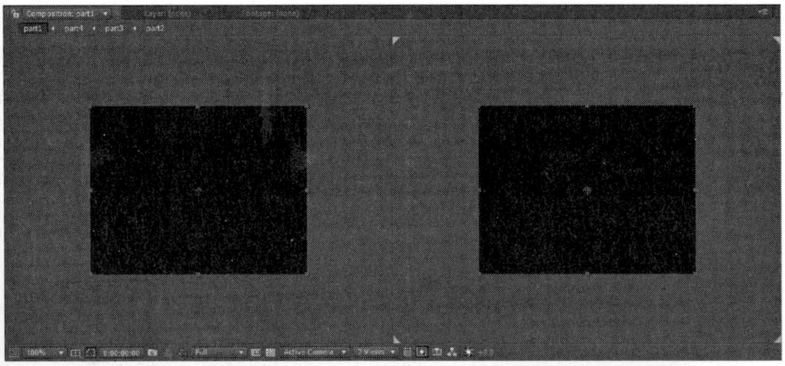

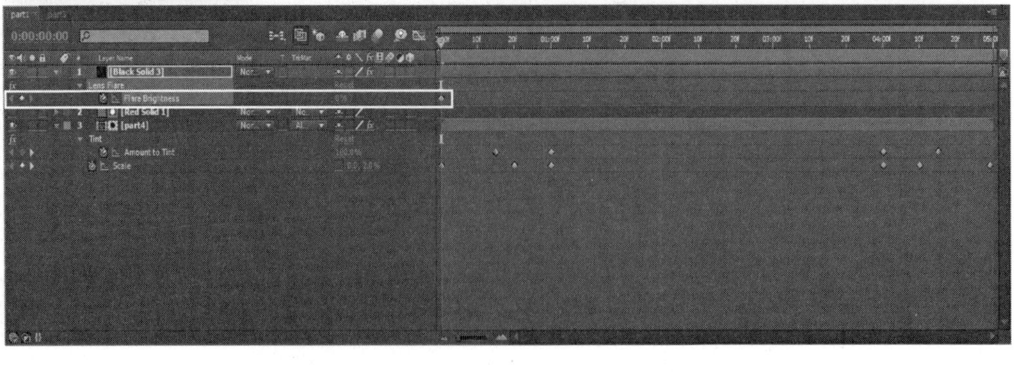

46

Indicator를 **0;00;00;03**로 설정하고 **Effect Controls** 패널의 **'Flare Brightness:85%'**로 설정하여 렌즈의 밝기가 나타나게 한다.

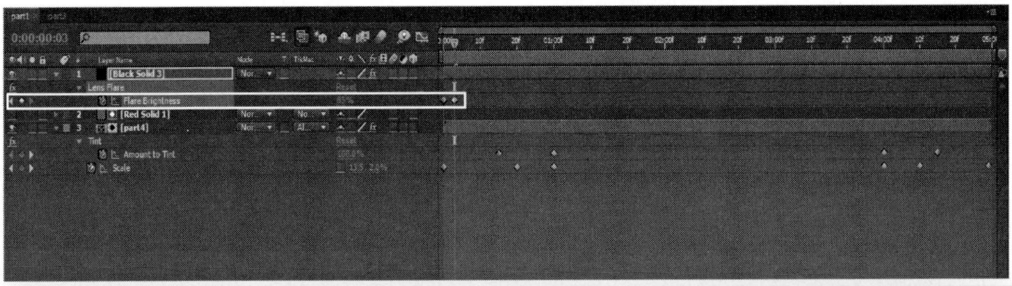

47

Indicator를 **0;00;00;14**로 설정하고 **Effect Controls** 패널의 **'Flare Brightness:0%'**로 설정하여 렌즈의 밝기가 사라지게 한다.

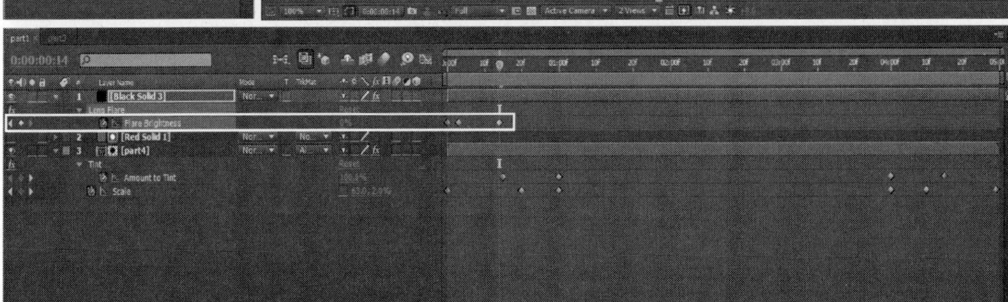

48 **Indicator**를 **0;00;04;16**로 설정하고 키프레임 아이콘을 클릭하여 Brightness가 0%로 설정된 값이 유지되게 한다. **Indicator**를 **0;00;04;26**으로 설정하고 **'Flare Brightness:85%'**로 설정하여 렌즈 밝기가 나타나게 한다. **Indicator**를 **0;00;04;29**로 설정하고 **'Flare Brightness:0%'**로 설정하여 렌즈의 밝기가 사라지게 한다. **Lens Flare Effect**의 설정이 완성된 다음 Layer의 Mode를 **'Add'**로 설정하여 레이어의 컬러가 자연스럽게 합성되게 한다.

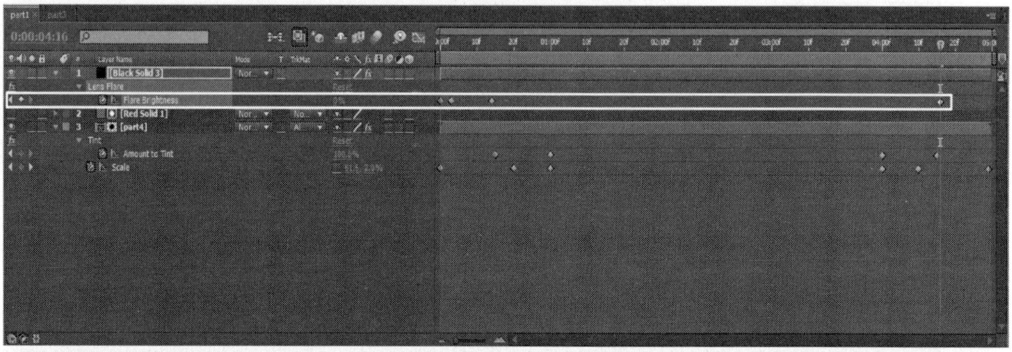

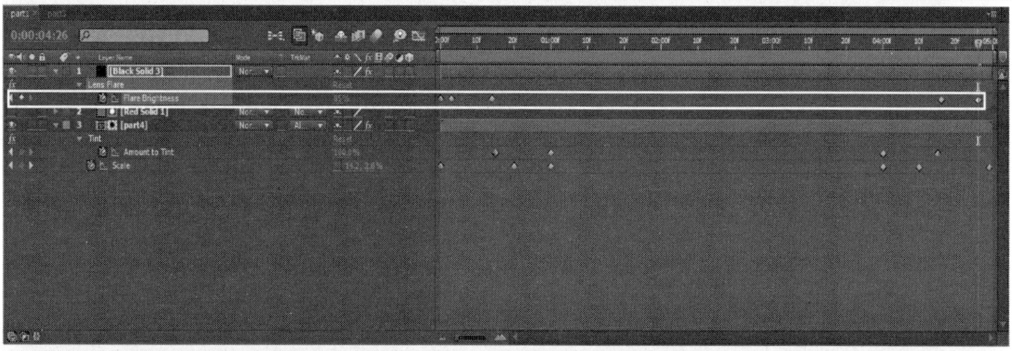

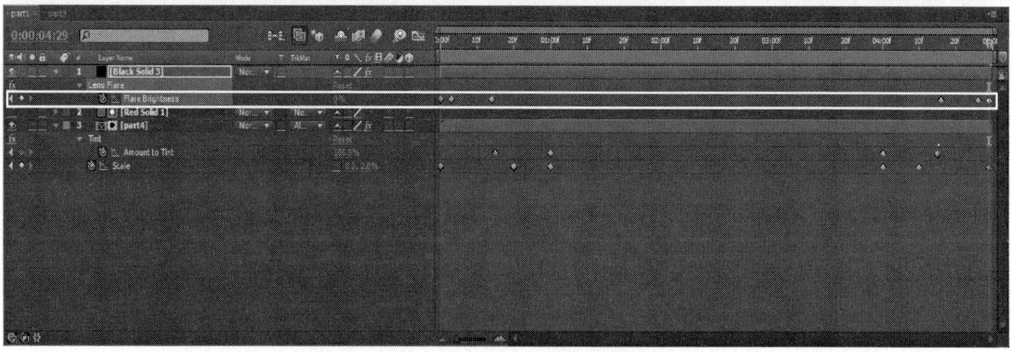

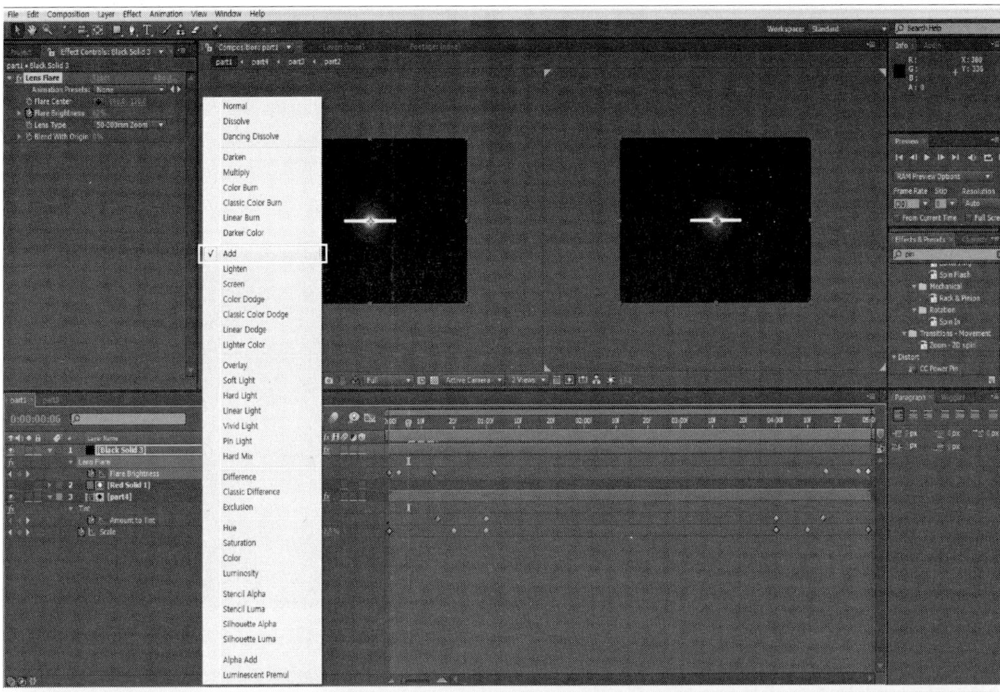

49 **[Layer]-[New]-[Adjustment layer]**를 선택한다.

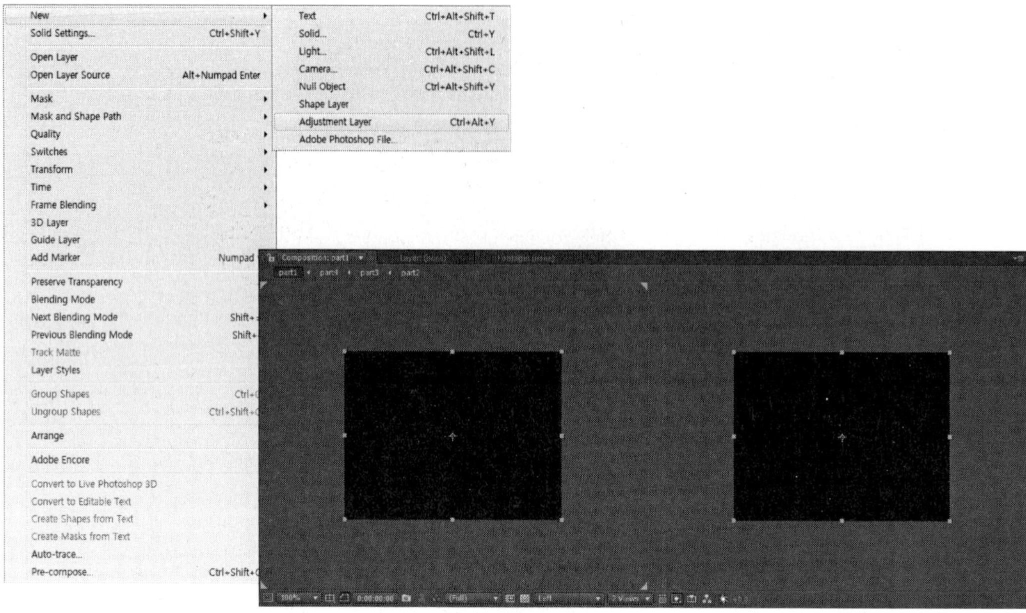

50 [Effect]-[Stylize]-[Glow]를 선택한다.

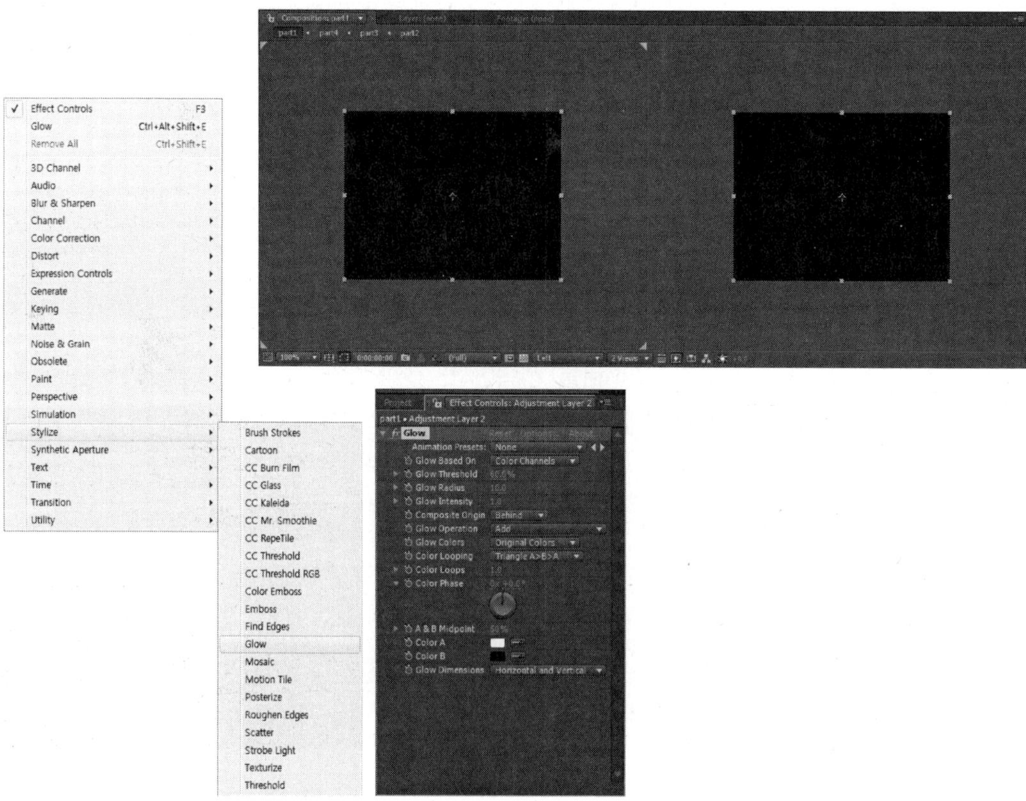

51 **Indicator를 0;00;00;15**로 이동하고 **Effect Controls**패널의 **'Glow Intensity:1.0'**로 설정하고 스톱왓치 아이콘을 클릭하여 키프레임을 설정한다. 단축키 **'U'**를 클릭하여 설정된 키프레임이 Timeline에 나타나게 한다.

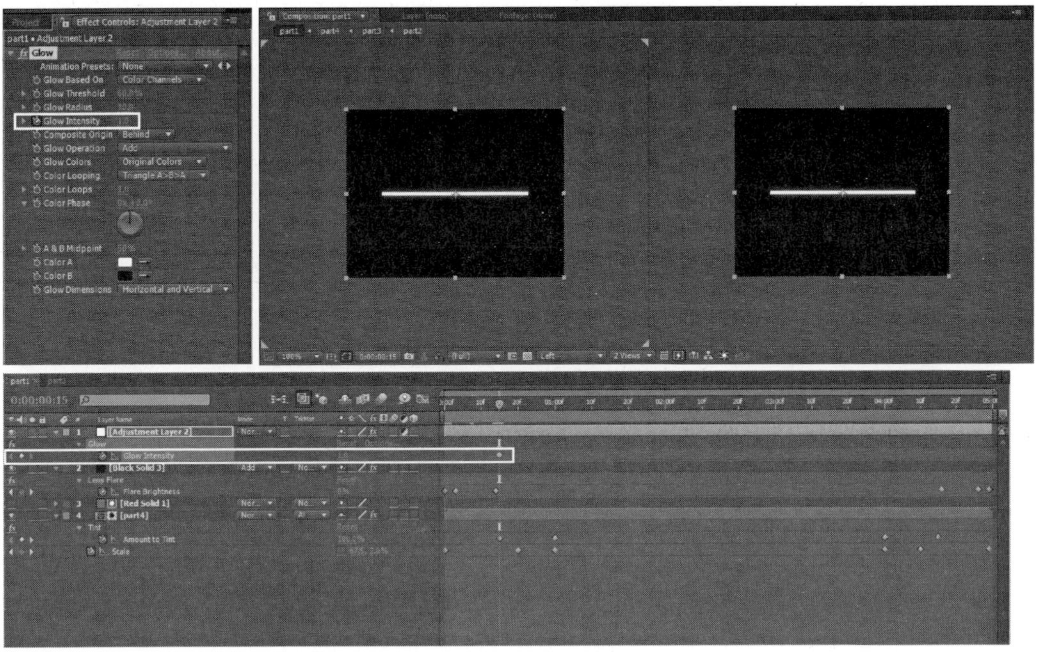

52 **Indicator**를 **0;00;01;00**으로 이동하고 **Effect Controls** 패널의 **'Glow Intensity:0.0'**으로 키프레임을 설정한다.

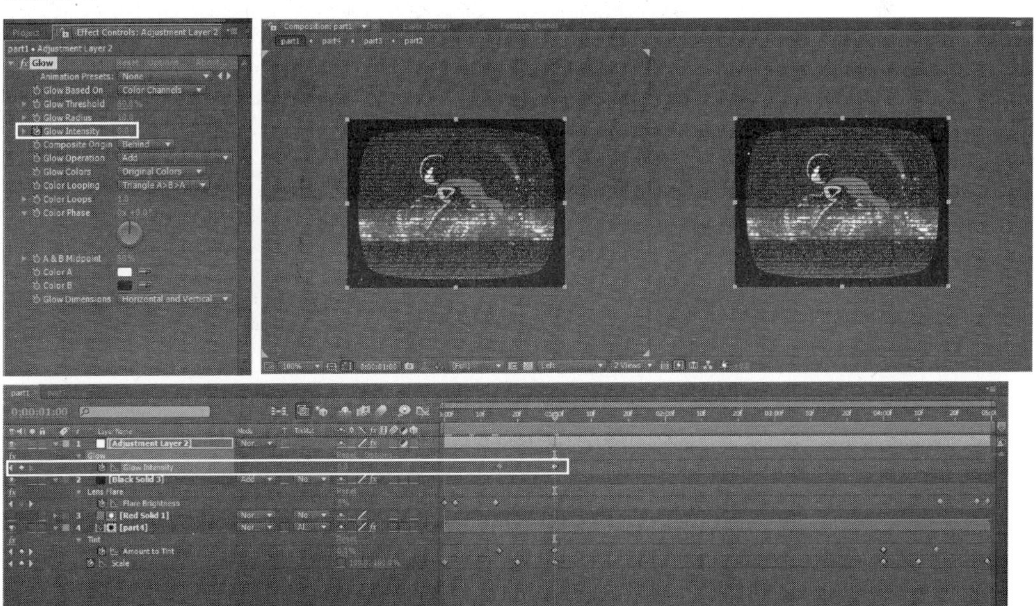

53 **Indicator**를 **0;00;04;00**으로 이동하고 키프레임 아이콘을 클릭하여 **Glow Intensity:0.0**이 계속 적용되게 한다. **Indicator**를 **0;00;04;17**로 이동하고 **'Glow Intensity:1.0'**으로 설정한다.

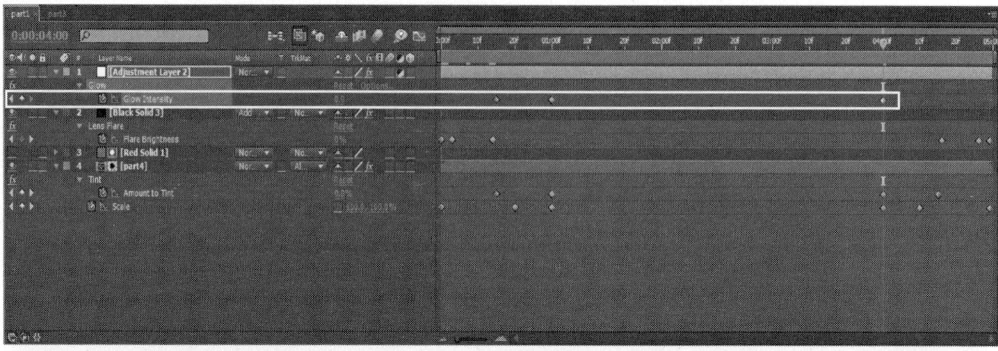

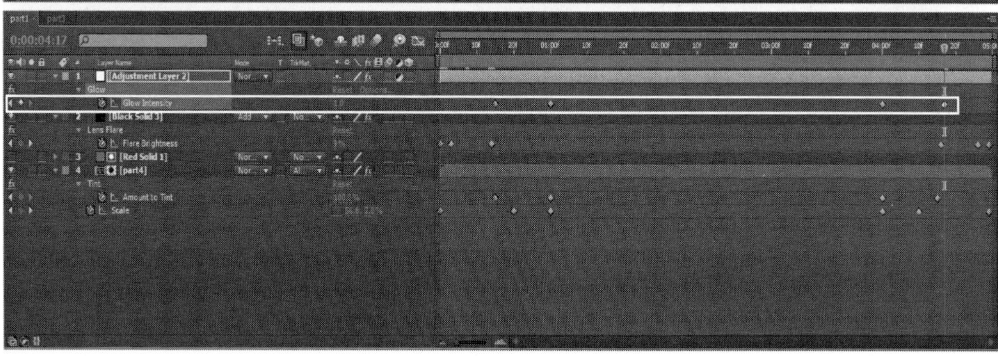

54 **Timeline** 패널에서 **[Red Solid 1]**을 선택한 후 **[Edit]-[Duplcate]**를 선택하여 레이어를 복제한다.

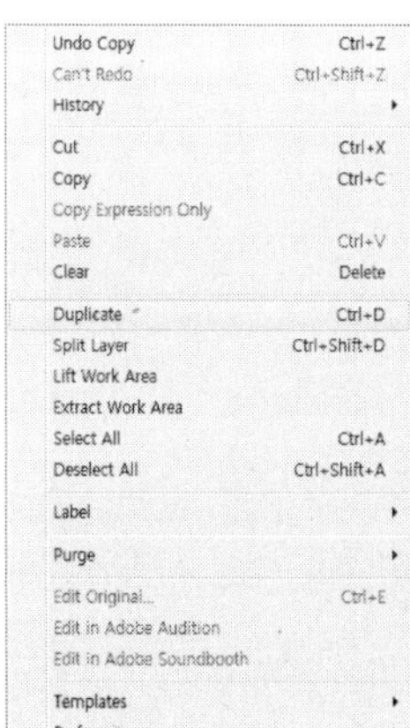

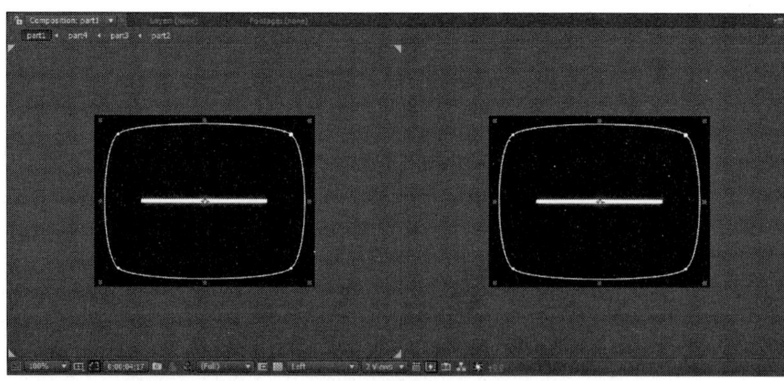

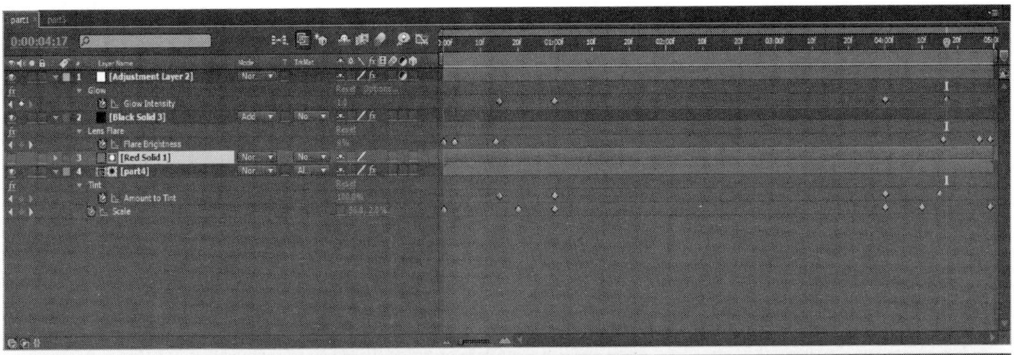

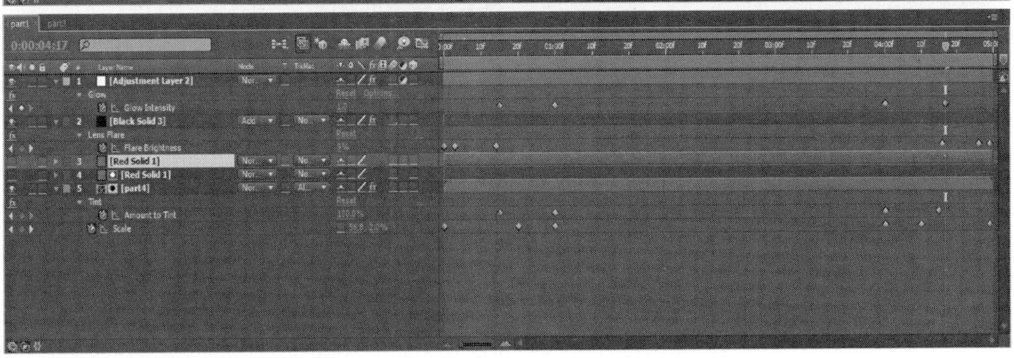

55 복제된 **[Red Solid 1]**을 '**Show**'아이콘을 클릭하여 이미지가 보이게 한 후 드래그하여 **Timeline** 패널 맨 위로 이동한 후 **[Layer]-[Solid Settings...]**를 선택한 후 **Color:#FFFFFF**를 선택하여 복제된 레이어를 흰색으로 수정한다.

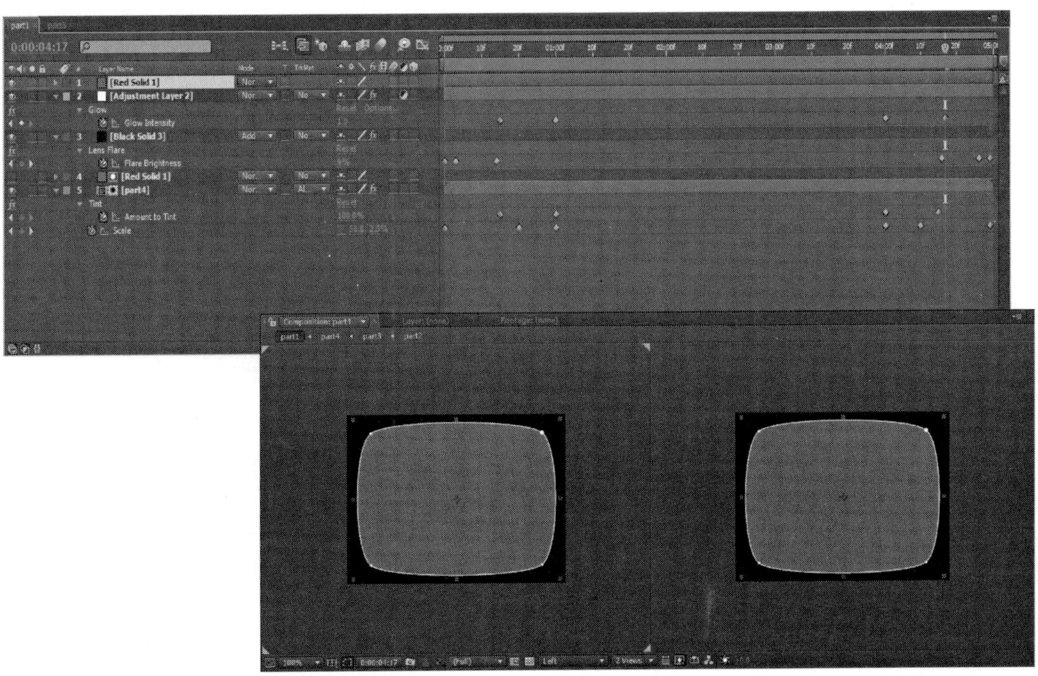

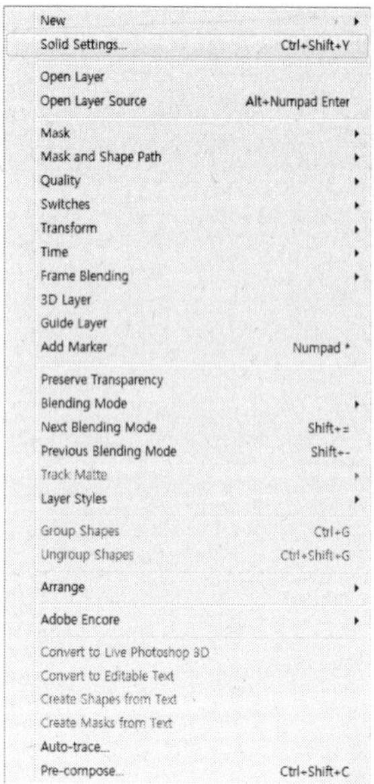

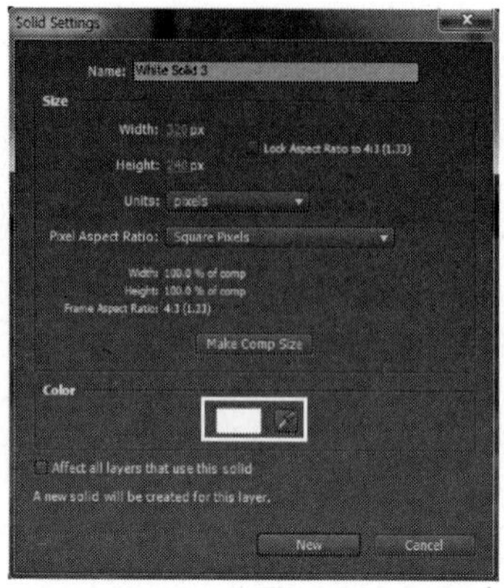

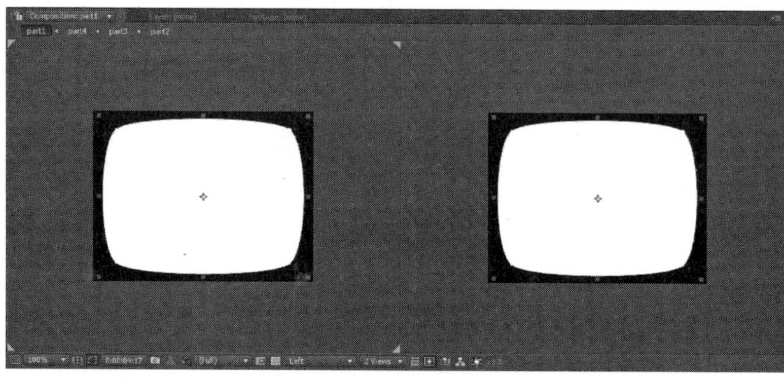

56 Select 툴을 선택하여 흰색 Layer의 각 포인트를 클릭하여 형태를 수정하여 왼쪽 상단의 빛나는 형태로 잡아준다.

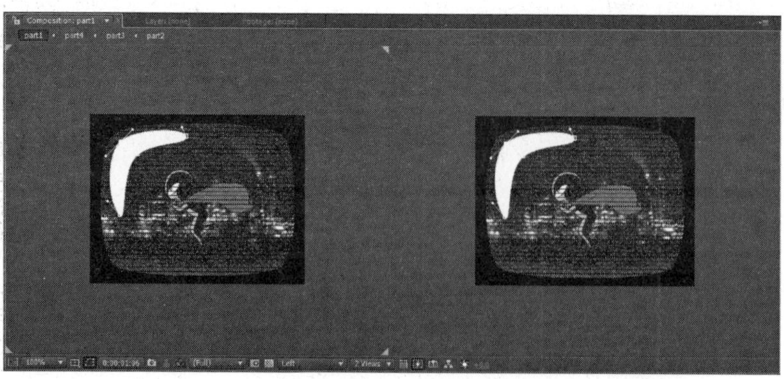

57 **Timeline** 패널에서 **[White Solid 1]**의 **Masks**의 **Mask 1**의 옵션을 선택한 후 '**Mask feather:15.0, 15.0 pixel**'을 수정하여 외곽을 부드럽게 처리한다.

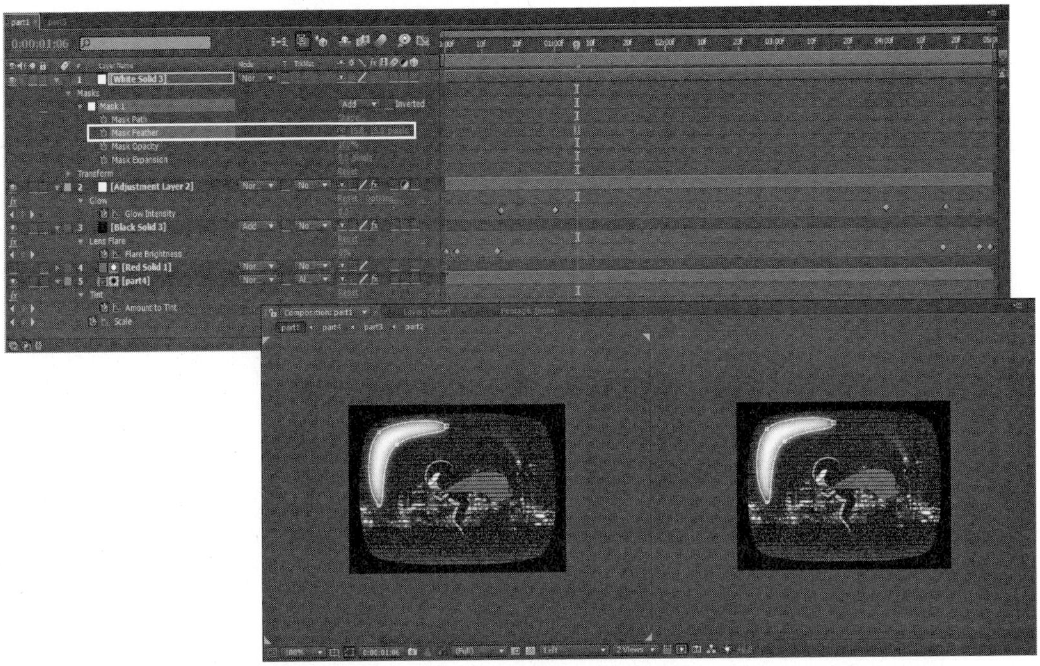

58 **Timeline** 패널에서 **[White Solid 1]**의 **Masks**의 **Mask 1**의 옵션을 선택한 후 '**Mask Opacity:40%**'을 수정하여 흰색의 강도를 약하게 한다.

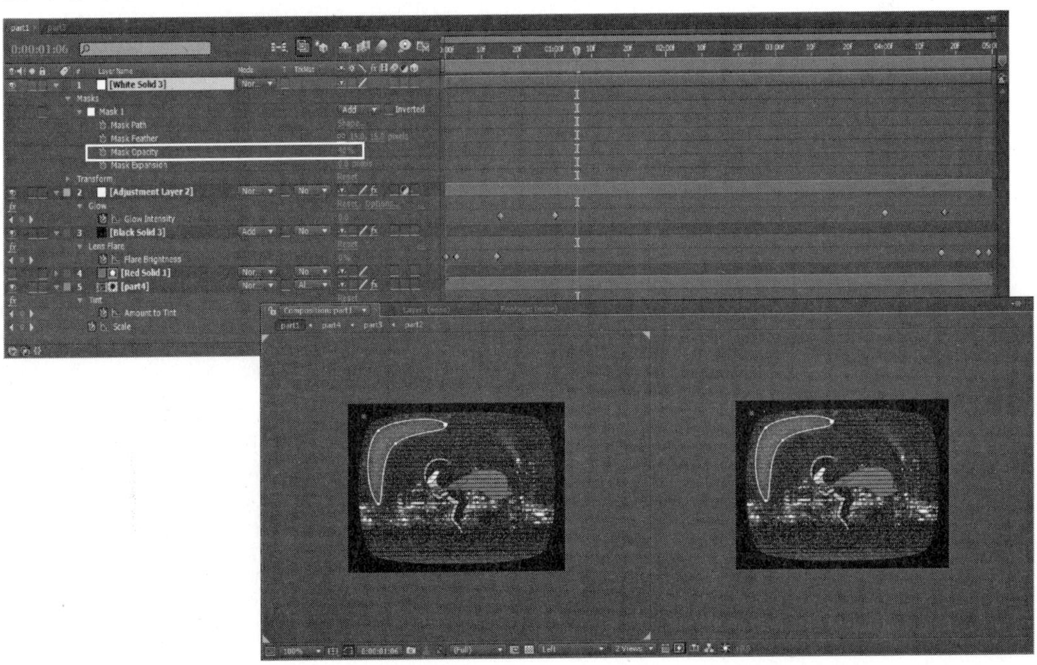

59 **Timeline** 패널에서 Layer를 모두 선택한 후 **[Layer]-[Pre compose]**를 선택한 후 옵션 창에서 '**total**'로 입력하여 하나의 콤포지션으로 만든다.

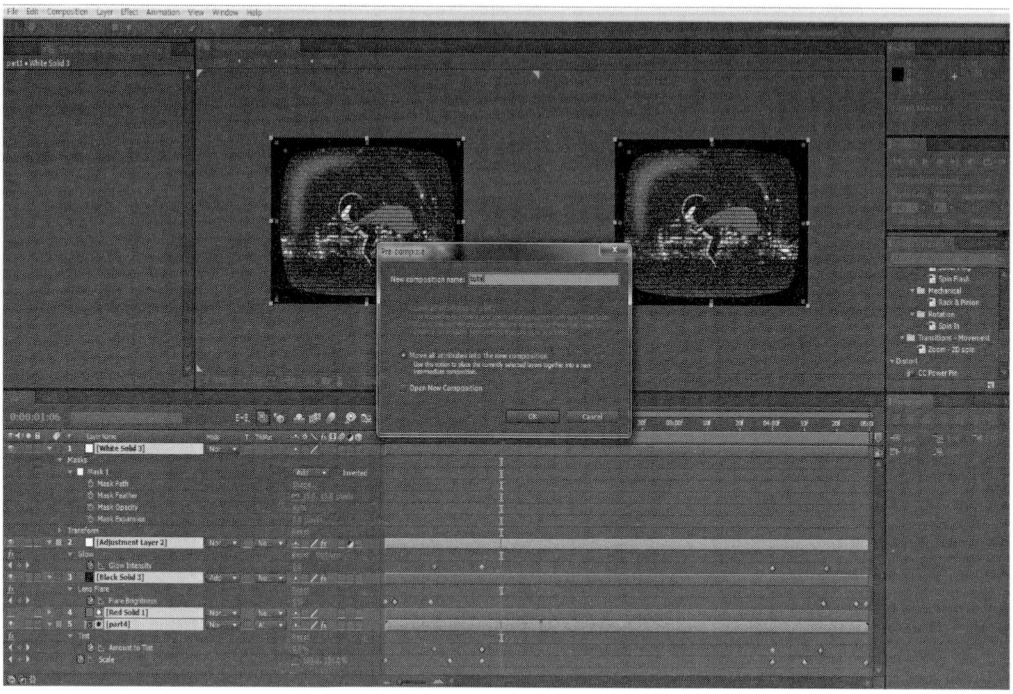

60 **Project** 패널에서 '**tv.TGA**'를 선택한 후 클릭 드래그하여 **Timeline** 패널의 '**[total] Layer**'에 위에 놓는다. 단축키 '**S**'를 클릭하여 '**Scale:80.0, 80.0%**'로 입력하여 크기를 축소한다.

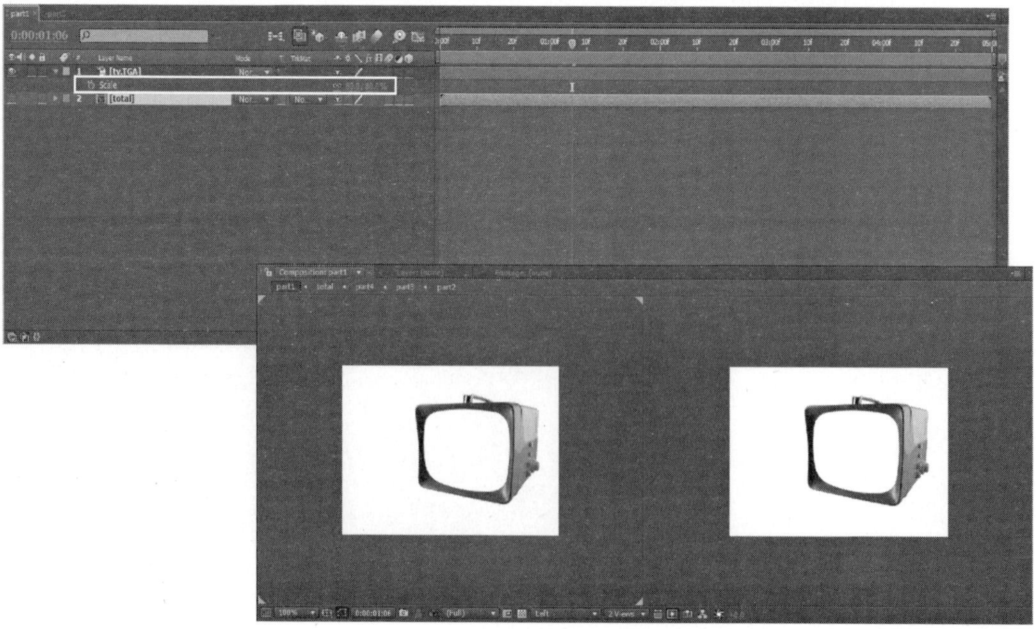

61 **[Effect]-[Distort]-[Corner Pin]**을 선택한 후 **Effect Controls** 패널에 나타난 옵션 중 **'Upper Left'** 의 좌표 아이콘을 클릭하고 **Composition** 패널의 tv이미지의 좌측 상단을 클릭하여 이미지의 위치를 tv 안쪽으로 이동한다. **'Upper Right'**의 좌표 아이콘을 클릭하고 **Composition** 패널의 tv 이미지의 우측 상단을 클릭한 후 **'Lower Left'**의 좌표 아이콘을 클릭하고 **Composition** 패널의 tv 이미지의 좌측 하단을 클릭하여 tv 안쪽으로 이미지를 이동한다. 마지막으로 **'Lower Right'**의 좌표 아이콘을 클릭하여 **Composition** 패널의 tv 이미지의 우측 하단을 클릭하여 tv 안쪽으로 이미지를 이동한다. 작업한 이미지의 위치를 보며 tv 안쪽으로 작업한 [total] composition이 잘 들어가도록 수정하여 작업을 완성시킨다.

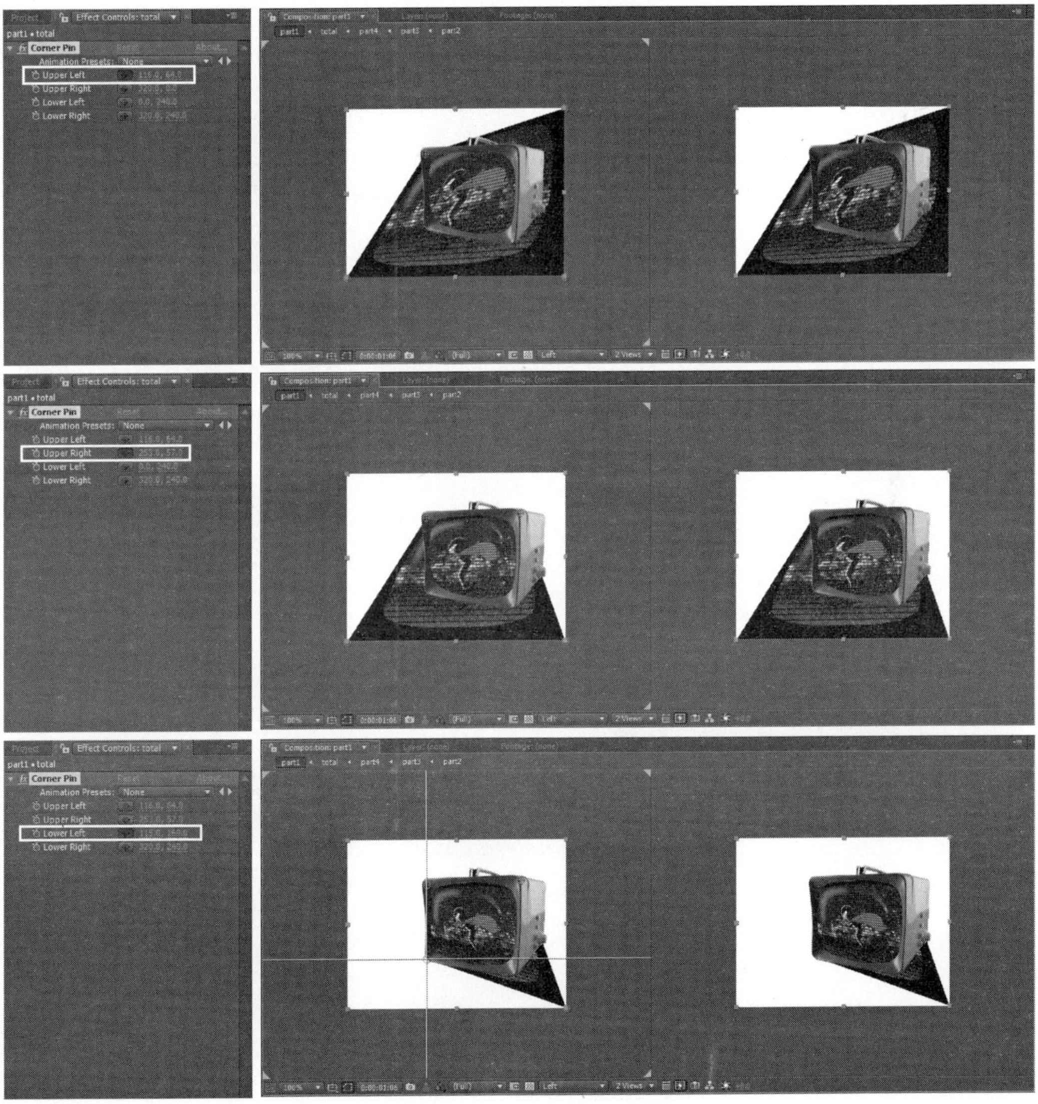

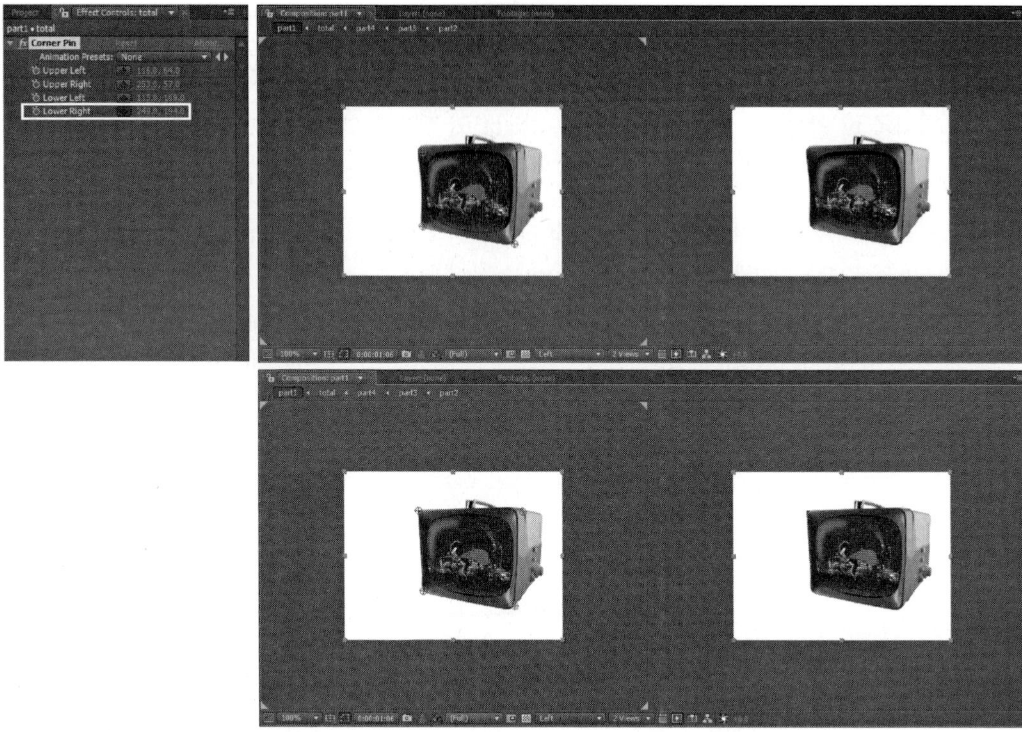

62 **[Layer]-[New]-[Solid]**를 선택하여 **Solid Setting** 창이 나오면 **Color:#B6B6B6**을 선택하여 회색의 **Solid layer**를 생성한다.

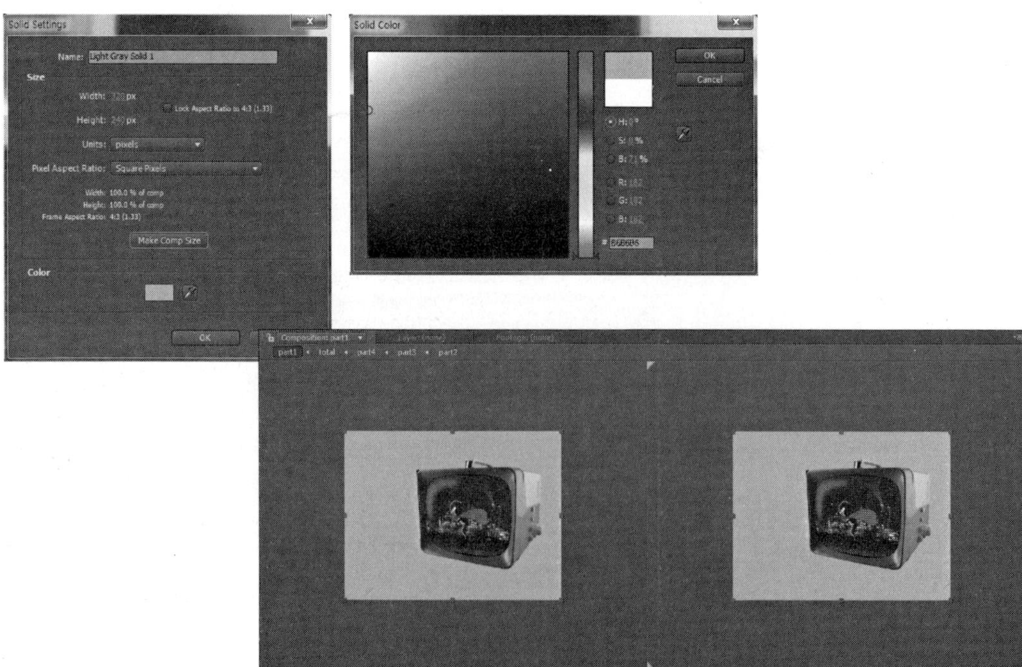

63 **Timeline** 패널에서 '**[Light Gray Solid 1]**' Layer를 선택하여 가장 아래도 드래그하여 이동한 후 **Layer**가 선택된 상태에서 '**Pen**' 툴로 그림자 형태로 드래그하여 마스크 영역을 설정한다.

64 '**[Light Gray Solid 1]**' Layer의 '**Masks**'의 하위 옵션을 클릭하여 '**Mask 1**'을 클릭하여 활성화시킨 후 '**Mask Feather:18.0, 18.0 pixels**' / '**Mask Opacity:90%**'로 조정하여 그림자의 색상과 톤을 조정하여 완성시킨다.

❑ 저자 약력 ❑

■ **이 나영**

인덕대학교 만화영상애니메이션과 교수
숙명여자대학교 대학원 졸업
(주)바른손 근무
디지털 헐리우드 근무
대한교과서 뉴미디어사업부 근무

제1회 개인전 "디지털 이미지 크리에이션" 인데코화랑
제2회 개인전 "디지털 통섭을 위한 유목민" 서울 애니메이션센터
"신화수사대" SBS 애니갤러리 방영
"남북한 어린이가 함께하는 통일윷놀이게임 제작" 통일교육원
"사이버통일교육 스피드게임 개발_양궁대회" 통일교육원
한국 도자기의 VR 영상매체 제작

■ **저 서**

인터넷 방송 영상제작 실무, (주)디인퍼닛
컴퓨터 그래픽스 운용 기능사, (주)영진출판사

애니메이션 작업을 위한
모션그래픽 활용법

정가 20,000원

저 자	이 나 영
발행인	문 형 진

판 권 검 인

2012년 8월 30일 제1판 제1인쇄발행
2016년 3월 9일 제1판 제2인쇄발행

발행처 **세 진 사**

(02859) 서울특별시 성북구 보문로 38 세진빌딩
TEL : 922-6371~3, 923-3422·7224 / FAX : 927-2462
〈등록. 1976. 9. 21 / 등록번호. 서울 제6-28호〉